Roswitha Lauber
Walter Leimeier
Heike E. Krüger-Brand

Handlungsraum Sprache

Ein Deutschbuch für weiterführende berufliche Schulen

Lehrerhandbuch

D1641160

Stam 5911

Stam Verlag Köln · München

Vorwort

Sehr geehrte Lehrerinnen und Lehrer,

der vorliegende Lehrerband zum Deutschlehrbuch „Handlungsraum Sprache" bietet vielfältige Möglichkeiten zur Erweiterung und Vertiefung der im Schülerband angesprochenen Sprachhandlungen, somit ist dieser Lehrerband Arbeits- und Lesebuch sowie Nachschlagewerk zugleich.

Zunächst einmal finden Sie zu vielen Arbeitsanregungen des Schülerbandes „Lösungen", das heißt genauer gesagt „Lösungsvorschläge", denn eindeutige Erklärungen sind nur in wenigen Teilbereichen erforderlich und möglich, zum Beispiel im Bereich von Grammatik und Rechtschreibung. Hier wurden - neben den derzeitig geltenden Regelungen und Normen - die Änderungen, die sich durch die Reform der deutschen Rechtschreibung ergeben werden, zusätzlich berücksichtigt. Die Lösungsvorschläge beinhalten zudem Querverweise auf andere Texte im Schüler- oder im Lehrerband und unterstreichen die integrative Struktur der beiden Bände.

Weiterhin enthält dieses Buch eine Fülle von Materialien und Anregungen, aus der die jeweils geeignete Auswahl für den Unterricht in der jeweiligen Schulform getroffen werden kann. Bewußt haben wir Wert auf eine breitgefächerte Palette an Themen und Textsorten gelegt. Die Texte und zusätzlichen Arbeitsanregungen unterscheiden sich darüber hinaus im Schwierigkeitsgrad, um sowohl den Anforderungen nach Differenzierung und Progression als auch den unterschiedlichen Interessen gerecht zu werden.

Dieser Lehrerband ist mithin als ein Angebot zu verstehen, das helfen kann, den Unterricht motivierend und abwechslungsreich zu gestalten. Dieses Angebot enthält im einzelnen:
- Texte, welche die Interessen der Schülerinnen und Schüler berühren,
- Texte, die Lehrerinnen und Lehrer ansprechen,
- Alternativtexte (zum Beispiel für Hausaufgaben und Klassenarbeiten),
- mögliche Lösungen, zum Teil mit weiteren Anregungen,
- Tafelbilder,
- Hinweise auf Autoren, Textsorten und Entstehungsgeschichte,
- weitere Literaturhinweise,
- Anregungen zum produktionsorientierten Arbeiten.

Der Lehrerband gliedert sich - ähnlich wie das Lehrbuch - in zwei Teile: Während der erste Teil Erläuterungen, weiterführende Hinweise und zusätzliche Arbeitsanregungen zu den einzelnen Seiten des Lehrbuches enthält, besteht der zweite Teil aus einer - wiederum nach den Themen des Lehrbuches strukturierten - Textsammlung. Innerhalb dieses Lehrerbandes wird, um eine schnellere Orientierung zu ermöglichen, mit drei Arten von Seitenverweisen gearbeitet, die jeweils optisch durch das Pfeilsymbol ⇨ angekündigt werden; dies sind:
⇨ Verweise auf Seiten im **Lehrbuch** „Handlungsraum Sprache",
⇨ Verweise auf Seiten im **Lehrerband**,
⇨ Verweise auf Seiten in der **Textsammlung des Lehrerbandes.**

Wir wünschen Ihnen nun, daß Sie den „Handlungsraum Sprache" für einen schülerorientierten Unterricht gewinnbringend nutzen können. Viel Freude und Erfolg bei der Arbeit!

Die Verfasser

Stam Verlag
Fuggerstraße 7 · 51149 Köln

ISBN 3-8237-**5911**-6

Inhalt

Sprachhandlungskompetenz

Bei der Konzeption von Kapitel 1 wurde davon ausgegangen, daß mit diesen Seiten zu Beginn des Bildungsganges gearbeitet wird. Wenn eine Lerngruppe neu gebildet wird, treten für Schülerinnen und Schüler sowie für die Lehrkräfte insbesondere zwei Probleme auf:
- die Schülerinnen und Schüler sowie die Lehrkräfte müssen sich kennenlernen,
- die Lehrkräfte müssen die Vorbildung der Schülerinnen und Schüler einschätzen.

Beide Aspekte sind wichtig und sollten im Deutschunterricht thematisiert werden, denn nur dadurch kann ein Schülerbezug gewährleistet und die soziale Funktion, die das Fach Deutsch haben soll, erfaßt werden.

Die Schülerinnen und Schüler sollen/können:
- ❏ ihr Interesse an unterschiedlichen Texten artikulieren und Texte unterscheiden (Welche Texte werden als interessant, welche als uninteressant bewertet? Welche Texte und Autoren sind bekannt? ...),
- ❏ das Kennenlernen der Mitschüler und der Lehrkräfte thematisieren (der erste Eindruck, Vorurteile), das heißt, sich diesen Prozeß bewußt machen, darüber nachdenken und miteinander darüber reden mit dem Ziel, das soziale Klima in der Klasse positiv zu beeinflussen,
- ❏ Inhaltsangaben anfertigen,
- ❏ Zusammen- und Getrenntschreibung üben (die Regeln zur Sprachnorm sollten integrativ behandelt werden),
- ❏ Personenbeschreibungen und Charakteristika anfertigen,
- ❏ Grundlagen der Texterfassung wiederholen/kennenlernen,
- ❏ Texte nach verschiedenen Gesichtspunkten unterscheiden,
- ❏ den Aufbau des Lehrbuches kennenlernen (Verknüpfung mit anderen Kapiteln und mit Texten aus der Textsammlung, offener Zugang, Progression u. a.).

Verknüpfungsmöglichkeiten mit anderen Kapiteln

Da Kapitel 1 als Einführung in den Deutschunterricht konzipiert ist, sind Verknüpfungspunkte mit allen anderen Kapiteln vorhanden, zum Beispiel Unterscheidung von Texten, Anfertigen von Inhaltsangaben usw.

S. 8 - 13, T 1 - T 19

Allgemeine Hinweise: Diese Seiten bilden das erste Kapitel des Buches. Sie sollten zu Beginn des Deutschunterrichts in einer neu gebildeten Klasse bearbeitet werden. Die 19 hier abgedruckten Texte sind sehr unterschiedlich: Primär- und Sekundärliteratur, Sachtexte und fiktionale Texte, Werbetexte, Pressetexte, epische, lyrische und dramatische Texte, Texte von und über bekannte(n) Autoren, Schülertexte, Karikaturen, Hinweise auf Fernsehsendungen, Texte von Autoren aus unterschiedlichen Epochen usw. Man sollte diese Texte nicht systematisch alle durchsprechen, sondern diese Textauswahl soll dazu dienen, herauszufinden, welche Texte die Schüler und Schülerinnen besonders ansprechen und welche sie kennen. Man erhält so einen ersten Einblick in die Neigungen und Vorkenntnisse der Schüler.

Gemeinsam ist allen Texten ein bestimmtes inhaltliches Merkmal: In jedem der Texte wird - wenn auch auf unterschiedliche Art und Weise - eine Person beschrieben bzw. ausschnitthaft vorgestellt. Durch das Sprechen über diese Texte sollen sich Lehrer und Schüler, aber vor allem die Schüler untereinander kennenlernen. Nachfolgend wird dann anhand eines einfachen wissenschaftlichen Textes das Thema "Der erste Eindruck" angesprochen.

Die Textsammlung wurde bewußt recht umfangreich gehalten, um so möglichst jedem Schüler die Möglichkeit zu geben, etwas "Passendes" für sich zu finden. Auf Arbeitsaufträge und Zwischentexte wurde verzichtet, um einen offenen Zugang zu den Texten und zu dem Thema zu ermöglichen.

Diese Textsammlung läßt sich auch gut um andere Texte, die sich mit einer bestimmten Person oder Personengruppe beschäftigen, erweitern. Hierbei sollte insbesondere auch auf Vorschläge der Schüler zurückgegriffen werden.

S. 8, T 1 und T 2

Zusatzinformationen: T 1 wurde dem 7. Kapitel des Buches ("Campingplatz Medizinische Klinik - Transplantation") entnommen, T 2 dem 10. Kapitel ("Die Autorinnen und Autoren über sich"). Das Buch erhielt 1990 den Gustav-Heinemann-Friedenspreis für Kinder- und Jugendbücher. Im folgenden ist das Vorwort des Buches (in Auszügen) wiedergegeben:

Reinhart Lempp Vorwort

"Tränen im Regenbogen" - das ist ein Buch von Kindern geschrieben, gedichtet und gemalt. Wenn Kinder ein Buch schreiben, dann denkt jeder, es ist auch ein Buch für Kinder: ein
5 Kinderbuch. Da dies nun ein Buch von Kindern ist, die in Tübingen in die Kinderklinik aufgenommen worden sind und dort für eine mehr oder weniger lange Zeit leben müssen, liegt es nahe, anzunehmen, es sei also ein Buch
10 für Kinder, die erfahren sollen, wie es in einer Klinik zugeht, falls sie selber einmal in ein Krankenhaus müssen.

Das ist richtig, aber doch nur zum Teil richtig: Wohl kann man das alles in diesem Buch lesen.
15 Der Klinikalltag wird lebendig und anschaulich beschrieben. Man kann auch erfahren, wie Kinder ihre Zeit, von der sie dort viel übrig haben, nutzen und sich Geschichten und Märchen ausdenken, Gedichte machen und
20 zeichnen, ein eigenes Gespenst für ihre Station erfinden und mit diesem allerlei erleben.

Es ist jedoch viel mehr. Es ist eigentlich noch mehr ein Buch von Kindern über sich selbst, geschrieben aber für andere: für die Eltern, die
25 Geschwister, für Freundinnen und Freunde, für

Lehrer, für Verwandte und Bekannte, eben für alle, die es interessiert. Und gerade Erwachsene sollten sich dafür interessieren, denn noch mehr als über kranke Kinder können sie über sich selbst etwas erfahren. Sie können erkennen, wie 30 töricht und falsch wir "Großen" die "Kleinen" oft einschätzen und behandeln. Wir meinen doch, wir müßten Kinder vor dem Leben in seiner Wirklichkeit, auch vor dem Tod - und der gehört auch zum Leben - schützen. Sie könnten 35 so etwa gar nicht begreifen. Man könne ihnen, den auf den Tod kranken Kindern, nicht die Wahrheit sagen. Wir Erwachsenen wollen so den Kindern das Leben vorenthalten, als ob es nur etwas für Erwachsene wäre. Und diese zum 40 Teil lebensgefährlich kranken Kinder, die über lange Tage und Wochen dem Tode gegenüberstehen, zeigen den klugen Erwachsenen in diesem Buch, daß sie selbst viel erwachsener, viel reifer sind, als wir sie 45 einschätzen. Sie ertragen nicht nur die bedrohliche Wahrheit, sondern zeigen auch, wie man mit ihr umgeht, wie man sie einbezieht in den Tagesablauf und wie dann sogar noch Zeit, Phantasie und Freude bleibt, Geschichten zu 50 erfinden, auch heitere Geschichten.

a.a. O., S. 9 f.

Weitere Arbeitsanregungen

* *Wie beschreibt das Mädchen sein Leben im Krankenhaus? Was könnte sie dazu veranlaßt haben, den Klinikalltag so zu beschreiben?*
* *Welche Wirkung hat der Text auf den Leser? Weshalb ist die Art und Weise, wie das Mädchen sein Leben beschreibt, so überraschend und entgegen der "Erwartungshaltung"?*
* *Welche Barrieren und Probleme haben die "Gesunden" möglicherweise im Umgang mit kranken Menschen? Wie könnten diese abgebaut werden? Welche Möglichkeiten bieten hierzu Bücher wie dieses?*

S. 8, T 3

Textsorte: Werbetext

Zusatzinformationen: Im weiteren Text der Anzeige stellt die Organisation, die die Anzeigenserie in verschiedenen Publikumszeitschriften ab 1992 geschaltet hat, kurz ihre Arbeit vor: Durch Patenschaften würden sinnvolle Kleinprojekte in der Dritten Welt - wie Schulen, Brunnen und Krankenstationen - gefördert. Mit 42,- DM im Monat könnten auch die angesprochenen Zeitungsleser den benachteiligten Kindern den Start erleichtern. Mit Hilfe eines Coupons kann der Leser Informationsmaterial hierzu anfordern.

Weitere Arbeitsanregungen

* *Die Anzeige wurde in unterschiedlicher Größe (ganzseitig, halbseitig, sehr klein: ca. 5 - 8 cm) und in Schwarzweiß abgedruckt. Die Aufmachung der Anzeige wurde beibehalten, lediglich das Bild des Kindes sowie der dazugehörige Text wurden variiert. Diskutieren Sie darüber, ob die Anzeige ansprechend aufgemacht ist. Welche alternative Aufmachung wäre möglicherweise ansprechender?*
* *Sind Patenschaften eine gute und sinnvolle Möglichkeit, Kindern in der Dritten Welt zu helfen? Welche weiteren Möglichkeiten gibt es hierzu?*

S. 8, T 4

Autor:

Roth, Eugen, *24.01.1895 München, †28.04.1976 ebd. Mit dem satirisch-heiteren Versuch *Ein Mensch* erzielte er 1935 einen außergewöhnlichen Erfolg. Sein tiefgründiger und heiterbesinnlicher, im Grunde skeptischer Humor wird von Verständnis für das Menschliche wie auch für die Welt des Kindes und des Tieres getragen. Mit viel Wortwitz und sprachlicher Treffsicherheit, in einer Kongruenz von Wort- und Situationswitz skizziert und karikiert R. allgemeinmenschliche Situationen und Schwächen, was zu einer Mischung aus Scherz, Satire, Ironie und tieferer Bedeutung führt.

Manfred Brauneck (Hrsg.): Autorenlexikon deutschsprachiger Literatur des 20. Jahrhunderts. Hamburg 1988.

Zusatzinformationen: Der abgedruckte Vers bildet das Vorwort zu dem Buch "Ein Mensch. Heitere Verse von Eugen Roth".

Weshalb wurde dieser Text neben Text 1 bis 3 auf einer Seite plaziert?

S. 9, T 5

Autor: Melchior Schedler, geboren 1936 in Oberammergau, lebt als freier Autor in München, schreibt auch Kinderromane und Kindertheaterstücke.

Zusatzinformationen: Das Buch ist eine Sammlung unterschiedlicher Geschichten von 120 Autoren rund um das Thema "Namen", siehe zum Thema auch das "Nachwort", ⇨ Textsammlung, S. 258.

Weitere Arbeitsanregungen

* *Wie stellen Sie sich das Mädchen Claudia vor? Woraus gewinnen Sie Ihre Erkenntnisse?*
* *Der abgedruckte Text ist der Beginn einer kurzen Geschichte. Der Text geht weiter mit "Ich, brieflich: ..." Wie könnte die Geschichte weitergehen?*
* *Lesen Sie die vollständige Geschichte, und beschreiben Sie das "Verhältnis" zwischen Claudia und dem Autor. Was erfahren Sie über beide Personen?*

Melchior Schedler Claudia

Sie telefonisch: „Ich bins die Claudia (lacht) also was soll ich denn da sagen ich bin einfach baff da komm ich grad nach Haus full gestreßt glaubst gar nicht was einen die
5 Antiquitätenbranche schafft die Kundschaft dieses neureiche Gesox das verblödet im Quadrat von Tag zu Tag und was soll ich sagen da liegt dein Brief so ein lieber Brief ich weiß gar nicht mehr wann mir wer einen Brief
10 geschrieben hat geschweige denn daß ich selber einen... (lacht) das kommt ja heut ganz aus der Mode ist doch alles bloß noch Geschäftspost und Stromabrechnung du bist über sowas erhaben natürlich bist halt (lacht) eine andere
15 Generation und dazu noch ein Schriftsteller ach ich fühl mich ja so geschmeichelt... (holt zum ersten mal Luft) Aaaah da klingelts grad wo ich noch nicht einmal fertig bin mit dem Haarefönen ich werd nämlich abgeholt ich ruf dich wieder an
20 weil das mit dem Schwan das glaub ich nicht..."
Ich, brieflich: „Es stimmt aber! Als wir uns vorgestern getroffen haben, zufällig, da kreiste ein Schwan über uns. Wer möchte da noch von Zufall plappern, unter solchen geflügelten Omen
25 am Vorfrühlingshimmel. Und siehe da: als ich *Dich* reden sah über Deine frische Trennung von Jürgen, als ich *mich* das Debakel mit Gerda erklären hörte - da fiel mir, der ich ihretwegen zwei böse Jahre lang nichts zu Papier bringen
30 konnte, auf der Stelle ein neues Hörspiel ein. Deine leuchteblauen Augen haben es in meinen leeren Kopf angebrannt! Ich widme es Dir!."

Sie, telefonisch: „Ich bin die Claudia (lacht) also sowas ist mir ja noch nie passiert halt einmal doch in der Mittelstufe (lacht) da hat mir unser 35 Mathepauker was Persönliches reingeschrieben in so eine Algebrabroschüre von ihm verfaßt fürs Stadtschulamt ist doch wohl ein Hohn oder (lacht) aber was du vorhast das ist ja eindeutig Dichtung da hab ich ja überhaupt keine 40 Berührung mehr damit seit dem Deutschleistungskurs ich bin schon ganz bibbrig... (holt zum erstenmal Luft) Aaaah da klingelts das muß das Taxi sein wo mein Nagellack noch nicht einmal trocken ist ich ruf 45 wieder an gell Bussi..."
Ich, brieflich: „Jetzt hast Du mich das erste Mal geküßt, wenn auch nur mit Deinem eiligen letzten Wort. Aber Dein Telefonkuß hallt wider in meinen Sinnen und spielt Echo mit Deinem 50 Namen: seine beiden ersten Konsonanten pochen auf meinem trauerverhockten Schädel: 'Aufwachen, der Frühling ist da' Die beiden Vokale danach wehen mir herein wie blauer Fön, und das D in der Mitte gluckst wie ein 55 ungestümer Zungenkuß, ehe der Rest Deines Namens verhaucht wie ein hinsinkendes Jaaaa..."
Sie, telefonisch: „Ich bins die... (lacht) also du kommst vielleicht auf Vergleiche bei meinem Dutzendnamen wo er mich doch immer lästig 60 war in der Abiturklasse haben gleich sechs genau so geheißen... (holt zum erstenmal Luft) ich ruf dich wieder an bin nämlich im Geschäft und grad kommt Kundschaft also gell Bussi...

65 ʼGuten Tag Herr Generalkonsulʼ° ...
Ich, brieflich: „Deine Telefonate leitest Du stets
ein mit ʼIch binsʼ - ja Du bist es, Du Du Du! Alle
Welt buchstabier ich nach Deinem Namen, weil
mir alle anderen Worte ausgegangen sind und
70 der Sätzeschmied in mir nur noch jonglieren mag
mit C und L und A und... und die neue Welt, die
ich in meinen Phantasien daraus baue, die will
ich Dir hier zu zeichnen versuchen...“
Sie, telefonisch: „Ich bins die... (lacht) also deine
75 Zeichnung ich hätte das nicht für möglich
gehalten die weist dich ja echt als
Doppelbegabung aus so wie Picasso Wilhelm
Busch Michelangelo doch doch ich darf das
sagen als promovierte Kunsthistorikerin ich hab
80 mir natürlich gleich einen Klarsichtschuber
besorgt so ein Autograph muß ja pfleglich
konservatorisch gesichert werden vor Staub und
UV-Licht du glaubst ja gar nicht was da für eine
rasante Wertsteigerung eintreten kann im
85 Kunsthandel kaum daß ein Künstler tot ist
(lacht) entschuldige ich hab jetzt nicht direkt
dich persönlich gemeint (lacht) obwohl du auch
schon auf die fünfzig zugehst... (holt zum
erstenmal Luft) Mein Gott es ist schon wieder
90 so weit ich muß zur Auktion und die Biomaske
ist noch drauf also ganz lieb gell ich ruf wieder
an Bussi Bussi Bussi...“
Ich, mir ein Herz fassend, nun auch telefonisch:
„Ich bins, der Melchior. Der Claassen Verlag
95 Düsseldorf macht da ein Buch über Namen. Du

wirst erraten, welchen ich mir ausgesucht hab.
(Sie lacht) Ich werde ein Gedicht drauf machen.
Mit Endreimen, weil dich das immer so
beeindruckt hat (Sie lacht). Hör mal es beginnt
so: ʼDiesen Sommer wird man Claudia taufen / 100
für sein küssefeuchtes Schnurren / den verliebten
Singsang seiner Regentraufen...“
Sie, unterbrechend: „Ich werds ja dann lesen im
fertigen Buch du schickst mir doch eins zu ich
reihe es ein in die Sammlung (lacht) bloß jetzt 105
bin ich furchtbar im Druck weil mein Freund
steht neben mir ach entschuldige ich hab dir
noch gar nicht von ihm erzählt (lacht) wirst es
dir ja eh schon gedacht haben daß da einer da
sein muß wir gehen nämlich essen du bist doch 110
nicht (lacht) eifersüchtig nein das bist du nicht
als großer Künstler mein Freund schätzt deine
Sachen auch sehr ihm würde sowas nie einfallen
sagt er willst du ihn sprechen nein er macht mir
Zeichen es ist letzte Eisenbahn er steht nämlich 115
im Halteverbot ich ruf dann wieder zurück gell
ganz lieb Bussi Bussi Bussi...“

Ich, verdattert: „Bussi Claudia!“ Die ersten
beiden Konsonanten pochen auf meinen
trauerverhockten Schädel: ʼAufwachen, der 120
Frühling ist da!ʼ Die beiden ersten Vokale
danach wehen mir herein wie blauer Föhn, das D
in der Mitte gluckst wie ein ungestümer
Zungenkuß, ehe der Rest ihres Namens
verhaucht wie ein hinsinkendes ʼJaaaaʼ. 125

Hanne Kulessa: Nenne deinen lieben Namen, den du mir so lang verborgen. München 1989, S. 73 f.

- *Untersuchen Sie die Zeichensetzung in dem Text: Weshalb fehlen in einigen Textpassagen die Kommas? Setzen Sie die fehlenden Satzeichen ein.*
- *Vergleichen Sie die Schreibweise von "Haarefönen" und "... wehen mir herein wie blauer Föhn ..." (erster und letzter Absatz).*
- *Welche Bedeutung haben für Claudia und für den Autor das Briefeschreiben und das Telefonieren? (⇨ Lehrbuch, S. 134 f. "Briefe schreiben oder lieber telefonieren?")*

Arbeitsanregung über den Text hinaus

Auszug aus dem Klappentext zum o. g. Buch:

Goethe hörte seinen Namen gern: „Der Eigenname eines Menschen ist nicht etwa wie ein
Mantel, der bloß um ihn her hängt und an dem
man allenfalls noch zupfen und zerren kann,
5 sondern ein vollkommen passendes Kleid, ja wie
die Haut selbst und über und über angewachsen,
an dem man nicht schaben und schinden darf,
ohne ihn selbst zu verletzen.“ Wer immer einen
Namen zugewiesen bekommt, die literarische

Gestalt von ihrem Erfinder oder das Kind von 10
seinen Eltern, er muß damit leben. Namen können Mode sein, apart oder schick, und es gibt
Namen, die uns durch einen einzigen Träger
sympathisch oder auf immer verleidet sind. Den
Wunsch, daß der Name etwas mit dem Wesen, 15
mit der Eigenart des Namensträgers zu tun habe,
teilen Schriftsteller und Eltern.

Sprechen Sie zum Kennenlernen in der Klasse über Namen. Woher kommen die Namen? Wer ist mit seinem Namen zufrieden (oder auch nicht?)? Welche gedanklichen Verbindungen haben wir mit bestimmten Namen? Welche Namen sind zur Zeit "in" oder "out"? Welche Namen würden Sie gerne sich selbst oder anderen geben?

Hinweis: Es ist vorteilhaft, wenn der Lehrer ein Namenslexikon zur Hand hat.

Weitere Texte
"Nenne deinen lieben Namen, den du mir so lang verborgen - Nachwort".⇨ Textsammlung, S. 258. Constanze Günther: Auf den Punkt gebracht. ⇨ Textsammlung, S. 399.

S. 9, T 7

Zusatzinformationen: Diese Schüleraussage wurde im Bericht "Jugend '92" (Grundlage war eine repräsentative Umfrage bei 16- bis 21jährigen zu ihren Wünschen, Träumen, Ängsten und Ansichten) veröffentlicht. ⇨ Vgl. auch Kapitel 2.

Andere Aussagen:
"Mir macht am meisten Sorgen, daß ich hier keinen Arbeitsplatz bekommen werde. Meine Eltern sind ihren schon los. Ich würde zur Not in den Westen ziehen. Aber als Ossi hab' ich da kaum Chancen." (Diana Kaupke, 18, Azubi in der Maschinenfabrik Magdeburg-Buckau)

"Jeden Tag 12 bis 14 Stunden arbeiten macht mir nichts aus. Schon mit 15 hab' ich mir geschworen: Ich will mehr verdienen als alle anderen. Ich bin gern ein Yuppie." (Guido Simon, 21, Finanzberater aus Hamburg)

⇨ Lehrbuch, S. 56, zum Thema "Umfrage".

Die Schüler können zu den verschiedenen Aussagen Stellung nehmen und vielleicht auch ihre eigenen Ängste, Träume, Wünsche und Ansichten darlegen (problematisch!). Vielleicht kann man an dieser Stelle die Erwartungen der Schüler an ihre jetzige Schule bzw. Bildungsanstalt ansprechen.

S. 9, T 8

Textsorte: Zeitungsbericht
Zusatzinformationen: **Fersengeld:** Die scherzhafte Wendung 'Fersengeld geben' "fliehen" erscheint im 13. Jh. und wird *frühnhd.* als "Bezahlung mit der Ferse" beim heimlichen Verlassen einer Herberge aufgefaßt. Doch ist *mhd.* versengelt auch für bestimmte Abgaben und Bußen bezeugt und kann sich auf eine Strafe für Flucht vor dem Feinde bezogen haben. 'Fersen oder Fußsohlen zeigen' war schon bei den Griechen und Römern Umschreibung für "fliehen".

Duden, Bd. 7: Etymologie. 1989, S. 183.

An dieser Stelle könnte man über weitere Redewendungen und Sprichwörter sprechen, Anregungen: ⇨ Lehrbuch, Kapitel 2.3.3 "Begriffe klären", sowie Lehrerband, S. 38 ff.

Textsorte: Auszug aus einem Roman
Autor (siehe auch ⇨ Lehrerband, S. 20 f., alternative Kurzbiographie):

Frisch, Max, 1911-1991, Architektensohn, Stud. Germanistik Zürich 1931-33, Journalist, schrieb Reiseberichte aus Balkanstaaten und Türkei; 1936 Stud. Architektur TH Zürich, 5 1940-55 Architektenbüro ebda. 1939 im Grenzdienst, nach Kriegsende Reisen in Polen, Dtl., Italien, Frankreich; 1951-52 Studienreise in Amerika und Mexiko, seit 1955 freier Schriftsteller bis 1961 in Zürich, bis 1965 Rom, 10 dann Berzona/Tessin und Küsnacht. 1969 Ehe Marianne Oellers, Schweizer Dramatiker und Erzähler, dessen variantenreiches zeitkrit. Werk desillusionierend die geist. Krise der Gegenwart, die Gespaltenheit und Widersprüchlich- 15 keit der Existenz, das Rätselhafte, Unversicherte menschl. Seins und den Zweifel an herkömml. Ordnungen gestaltet und auf individuell-privater oder allgor. Ebene mit modernen Stilmitteln gleichnishaft allg.-menschl. Zeitprobleme aufzeigt. Moralist mit wachem krit. Be- 20 wußtsein; als Realist Gegner aller Ideologien und widersinniger, künstl. erhaltener Gesellschaftsordnungen, dem e. neues Menschentum nur im kompromißlosen Wissen um die Gespaltenheit der Welt möglich erscheint. Von Brecht 25 und Th. Wilder beeinflußte desillusionsreiche und verfremdete Dramatik von dialekt. offenem Bau mit Vorliebe für Farce, Moritat, Groteske und Balladenform, in denen die reiche intellektuelle Phantasie dennoch die Problemstellung 30 überspielt. Dichte, klare, ausdrucksscharfe und wohlproportionierte Prosa; Ich-Romane mit fingierten Erzählern um die Frage nach Schuld und Identität des Menschen. Auch Tagebuch, Essay, Hörspiel. 35

nach Gero von Wilpert: Lexikon der Weltliteratur. Bd. 1. Autoren. Stuttgart 1988

Inhalt des Romans: Klappentext

Bei der Einreise in die Schweiz wird Mr. White festgenommen, weil er für die Grenzpolizei mit dem verschwundenen Bildhauer Anatol Ludwig Stiller identisch ist. Frühere Freunde, sein Bru- 5 der, seine Frau Julika und der Staatsanwalt bestätigen in Aussagen und gemeinsamen Erinnerungen diesen Verdacht. Die Aufzeichnungen des Mr. White in der Untersuchungshaft aber wehren sich gegen diese Festlegung mit der 10 Behauptung: „Ich bin nicht Stiller!“ In immer neuen Erzählungen will er dieser Fixierung entgehen, weil ihm die Identität fragwürdig geworden ist, und weil er sich die Freiheit der Wahl, ein anderer zu sein, erhalten will. - „Das 15 Ich wird eine Behauptung der Welt, der man eine Gegenbehauptung, ein Nicht-Ich entgegenstellt. Anders gesagt: an Stelle des Ichs tritt ein fingiertes Ich, und das Ich wird ein Objekt. Romantechnisch gesehen: das Ich wird ein Kriminalfall. Einfacher ausgedrückt: Frisch hat 20 sich durch diese Form, die gleichzeitig Handlung, gleichzeitig Problematik selbst ist, in einen anderen verwandelt, der nun erzählt, nicht von Stiller zuerst, sondern von sich, von White eben, für den Stiller der andere ist, für 25 den er sich nun zu interessieren beginnt und dem er nachforscht, weil man doch ständig behauptet, er sei mit ihm identisch. Gerade durch diese Romanform wird so Selbstdarstellung möglich, gesetzt -, der Leser mache auch mit, 30 spiele mit. Ohne Mitmachen ist der *Stiller* weder zu lesen noch zu begreifen.“

Friedrich Dürrenmatt: a.a.O., S. 2.

S. 10, T 11

Textsorte: Zeitungsbericht

Weitere Arbeitsanregungen

- *Besprechen Sie Annette von Droste-Hülshoffs "Bilder aus Westfalen".*
- *Sprechen Sie über die Schreibweise "20er".*
- *Welche Portraits sind auf den anderen Geldscheinen (oder -münzen) zu finden?*

5,- DM

Die Vorderseite zeigt die Schriftstellerin Bettina von Arnim (1785 - 1859) im Alter von 24 Jahren. Die Hintergrundzeichnung neben dem Kopfbildnis ist eine Teilansicht des Gutes Wiepersdorf, auf dem die Schriftstellerin lebte.

10,- DM

Als Hauptmotiv der Vorderseite ist der Mathematiker, Astronom, Geodät und Physiker Carl Friedrich Gauß (1777 - 1855) im Alter von 63 Jahren abgebildet. Das im Hintergrund abgebildete Stadtmotiv (Göttingen) wird überlagert von einem rechtwinkligen Koordinatensystem mit einer gaußschen Normalverteilungskurve als Symbol für seine Arbeit auf dem Gebiet der Mathematik.

50,- DM

Das nach einem Ölgemälde angefertigte Portrait zeigt den Barockbaumeister Balthasar Neumann (1687 - 1753), der u. a. wesentlich den Baustil der Stadt Würzburg prägte.

100,- DM

Auf der Vorderseite ist die Pianistin und Komponistin Clara Schumann (1819 - 1896) nach einer etwa um 1840 entstandenen Elfenbeinminiatur abgebildet. Sie gehörte zu den großen Klaviervirtuosen des 19. Jahrhunderts in Europa. Clara war die Ehefrau des Komponisten Robert Schumann.

200,- DM

Der Mediziner und Serologe Paul Ehrlich (1854 - 1915) bildet das Hauptmotiv der Vorderseite. Ehrlich entwickelte das Syphilis-Medikament Salvarsan.

500,- DM

Auf der Vorderseite ist die Malerin, Kupferstecherin und Naturforscherin Maria Sibylla Merian (1647 - 1717) abgebildet.

1000,- DM

Das Hauptmotiv der Vorderseite stellen die Sprachwissenschaftler und Sammler deutschen Sprach- und Kulturguts Wilhelm (links, 1786 - 1859) und Jacob Grimm (1785 - 1863) nach einem Gemälde aus dem Jahre 1855 dar.

S. 11, T 13

Zusatzinformationen: Die Zeitschrift (vgl. die Quelle) beinhaltet Werke junger Autoren, die an deutschen Universitäten studieren:

Liebe Leserinnen,
liebe Leser,
vor Euch liegt die neueste Ausgabe des „Literaturdienstes"; wie immer eine Coproduktion des Bundesverbandes junger Autoren und Autorinnen mit dem Bundesverband Jugendpresse.
Er beinhaltet Werke junger Autoren, die an deutschen Universitäten studieren. Die Werke dieser Autoren bieten wir den Redaktionen von Studentenzeitungen zum kostenlosen Ab- bzw. Nachdruck an; einzige Bedingung für den Nachdruck ist die Übersendung von zwei Belegexemplaren Eurer Zeitung: Eines ist für unser Archiv, das andere für die junge Autorin/den jungen Autor, die sich über einen Beleg eines solchen Abdrucks sehr freuen. (...)

Gerhard Brack

Hrsg.: Bundesverband Jugendpresse e. V.,
Postfach 12 03 12, 53113 Bonn
Redaktion: Gerhard Brack (V.i.S.d.P.)

Einsendung an:
Bundesverband junger Autoren
und Autorinnen e. V.
Virchowstr. 5
91413 Neustadt/Aisch

Satz: Satzstudio Hartmann, Bonn
Druck: Offset-Druck Bernd Eilers, Bonn

Weitere Arbeitsanregungen

Untersuchen Sie die Groß- und Kleinschreibung in diesem Text. Weshalb hat der Autor bestimmte Buchstaben/Wörter groß geschrieben?

Weiterer Text
Birgit Puck: Sie wollte Liebe. ⇨ Textsammlung, S. 310 (Im Text wird der Lebensweg eines ungewollten Kindes beschrieben.)

S. 11, T 14

Textsorte: Comic

Weitere Comics
⇨ Lehrbuch, S. 7, S. 12, S. 17, S. 42, S. 110, S. 170, S. 203, S. 207, S. 248, S. 266
"Das Gleichnis von der verlorenen Tochter". ⇨ Textsammlung, S. 286

S. 12, T 15

Autor: Matthias Claudius

Claudius, Matthias (Ps. Asmus, Wandsbecker Bote), 15. 8. 1740 Reinfeld/Holst. - 21. 1. 1815 Hamburg, Pfarrerssohn, 1755 Gelehrtenschule Plön, 1759-63 Stud. erst Theol., dann Jura und
5 Staatswiss. Jena, 1764/65 Sekretär des Grafen Holstein in Kopenhagen, 1768-70 Mitarbeiter der „Hamburgischen Neuen Zeitung" und der „Adreß-Comptoir-Nachrichten". 1770-75 Hrsg. des „Wandsbecker Boten" zur christl.-sittl. Bil-
10 dung in volkstüml.-naiver Prosa; 1776/77 auf Herdes Empfehlung Oberlandeskommissar in Darmstadt; seit 1777 freier Schriftsteller in Wandsbek und Erzieher der Söhne F. H. Jacobis. 1785 Jahresgehalt vom dän. Kronprinzen,
15 1788 Revisor der Holstein. Bank Altona, Winter 1814 Übersiedlung zu s. Schwiegersohn Perthes nach Hamburg.

Bescheidenes, von Frömmigkeit erfülltes Leben. Freund von Lavater, Herder, Hamann, F. L. Stolberg, Boie, Voß u. a. Mitgliedern des Hain- 20 bundes. - Volkstüml. Lyriker und Prosaschriftsteller, originaler Denker und Dichter der absoluten naiven Einfachheit und tiefen Innigkeit. Anfangs im anakreont. Stil Gerstenbergs, dann ursprüngl., liedhafte Lyrik ohne künstl. lit. Ab- 25 sicht aus der Einfalt e. gläubigen Herzens und ergreifender Andacht zum Kleinen als Spiegel des Großen und Ewigen („ Der Mond ist aufgegangen", „Rheinweinlied", „Der Tod und das Mädchen", vertont von Schubert). Kritiker jeder 30 verstiegenen Überschwenglichkeit. Gespräche, Briefe, Besprechungen, Fabeln und Sprüche in naiv-volkstüml. Plauderton.

Gero von Wilpert: Lexikon der Weltliteratur. Bd. I. A. a. O.

Zusatzinformationen:

Der Mensch ist im vorliegenden Gedicht eingefügt in die übergreifende göttliche Ordnung, was besonders in der dritt- und viertletzten Verszeile evident ist. Diese Zeilen korrespondieren mit Psalm 90, Vers 10 in der Bibel. Dargestellt ist im Text eine Art Lebenslauf. Dieser spricht wichtige Stationen im menschlichen Leben an:

- Die Geburt (Empfangen... vom Weibe)
- den jungen Menschen (gelüstet und begehrt; Freunde und Gefahr)
- die Fähigkeit, sowohl positiv als auch negativ zu handeln (erbauet und zerstöret)
- den Übergang ins Alter (trägt braun und graues Haar)
- den Tod (dann legt er sich zu seinen Vätern nieder).

Befremdend wirkt allerdings die Schlußzeile, die in der Claudius davon spricht, daß der Mensch nicht wiederkomme (Leben nach dem Tode).

Mit dem irdischen Tode findet auch der alltägliche Ablauf des Lebens, der von Gegensätzen geprägt ist, sein Ende.

Dieser inhaltliche Einschnitt zeigt sich auch formal. Während Claudius durchgehend den Kreuzreim mit immer gleichklingendem Silbenauslaut verwendet, wechselt dieses Schema in den beiden Schlußzeilen zum Paarreim mit anderem Silbenauslaut. Der Tod setzt den Schlußpunkt.

Auffallend im Text ist ferner die häufige Verwendung von Alliterationen (Weib wunderbar; verachtet und verehrt; wachet, wächst), die imZusammenspiel mit den Gegensätzen der Aussage einen einprägsamen Charakter verleihen.

Herauszustellen ist noch die Doppeldeutigkeit des Wortes „wunderbar" in der zweiten Zeile; sicherlich ist hier nicht nur die Schönheit der Frauen angesprochen (im übrigen ein schönes Beispiel für den Bedeutungswandel Weib-Frau), sondern ebenso der kaum vorstellbare Vorgang der Entstehung neuen Lebens (wie ein Wunder!). Dies zeigt die mehrfache Verwendung der Konjunktion „und" am Zeilenanfang mit reihendem Charakter!

Weitere Arbeitsanregungen

- *Äußern Sie sich schriftlich zum Thema "Der Mensch" (mögliche Gesichtspunkte: Verhaltensweisen, Aussehen, Menschlichkeit, Gefühle usw.).*
- *Verfassen Sie ein Gedicht oder eine Geschichte, in welcher (ein) der Mensch im Mittelpunkt steht. Ziel könnte sein:*
  - *einen Menschen in einer bestimmten Lebenssituation zu beschreiben,*
  - *Charakterzüge eines Menschen zu verdeutlichen,*
  - *Verhaltensweisen von Menschen kritisch zu betrachten.*

Didaktische Hinweise: Nach eingehender Besprechung des Gedichttextes könnten andere Gedichte zum gleichen Thema herangezogen und ein Gedichtvergleich durchgeführt werden. Beispiele:

Johannes Bobrowski: Das Wort Mensch.
Erich Fried: Aufzählung zum Abzählen.
Eugen Roth: Ein Mensch.
Kurt Tucholsky: Der Mensch.

Im Unterrichtsgespräch sollten weitere Impulse durch den Lehrer gesetzt werden, sofern nicht bereits diese Punkte durch die Schüler angesprochen wurden, z. B.:

- Klärung der unbekannten sprachlichen Wendungen (wähnt, währt, Trug)
- Welche Aufgabe hat das Wort „wunderbar" im Zusammenhang der beiden ersten Verse? (Doppeldeutigkeit; Alliteration, Stabreim)
- Spricht der Autor in Bildern oder Metaphern über den Menschen, oder zählt er sachlich Tätigkeiten des Menschen auf?
- Warum kann von einer „Sonderstellung" der beiden Schlußverse gesprochen werden? (Reimschema, Schlußpunkt)
- Beachten Sie das Gedicht genauer! Welche Stationen des Lebens werden vom Dichter angesprochen? (Geburt, junger Mensch, reifer Mensch, Greis)
- Welche Auffassung vom Leben des Menschen und vom Sinn menschlichen Lebens wird in dem Gedicht offenbar? (Eingehen auf Gegensätze!)
- Ziehen Sie zur Ausdeutung der Zeilen:
  „Und all dies währet, Wenns hoch kommt, achtzig Jahr" Psalm 90, Vers 10 heran:
  „Die Zeit unseres Lebens währt insgesamt siebzig Jahre, wenn es hoch kommt, achtzig Jahre, und ihr Gehetze ist Mühsal und Unheil. Ja, eilends ist es dahin, im Fluge vergangen."

S. 12, T 16

Textsorte: Inhaltsangabe
Zusatzinformationen: Bei dem Text handelt es sich um eine Inhaltsangabe zu der Kurzgeschichte "Ein Tisch ist ein Tisch" von Peter Bichsel. Der erste Teil dieser Kurzgeschichte ist im Lehrbuch, S. 95 f., abgedruckt.
Peter Bichsel, geb. 1935 in Luzern, Verfasser von Romanen und Erzählngen mit hintergründigen Genrebildern aus dem Alltagsleben. ⇨ Siehe auch S. 13, T 18.

S. 13, T 19

Textsorte: Auszug aus einem Drama

Zusatzinformationen:

Andorra, Drama des schweiz. Schriftstellers M. →Frisch, erschienen 1961, Uraufführung: Zürich, 1961. - Mit Andorra schuf Frisch eine dramatische Parabel, die das Gebot „ Du sollst dir kein
5 Bildnis machen von Gott, deinem Herrn, und nicht von den Menschen, die seine Geschöpfe sind" in den Mittelpunkt rückt. Am Beispiel von Andri, dem unehelichen Sohn eines andorranischen Lehrers und eines Mädchens aus dem fa-
10 schistischen Nachbarstaat der „Schwarzen", zeigt Frisch, daß nicht die Wahrheit, sondern das Vorurteil menschliches Handeln bestimmt. Um die Achtung seiner Mitbürger nicht zu verlieren, hat der Lehrer sein uneheliches Kind als Juden
15 ausgegeben, den er vor dem Faschismus gerettet habe. Die Leute glauben die Version und verbinden mit Andri alle antisemitischen Klischees. Sogar Andri selbst erliegt z. T. dem Bild, das man sich von einem Juden macht. Als man ihm die Wahrheit sagt, beharrt er auf seiner alten 20 Identität und geht nach dem Einmarsch der „Schwarzen" und deren „Judenschau" in den Tod.
Frisch verstärkt die didaktische Dimension seines Stückes durch den Rückgriff auf Elemente 25 des → Epischen Theaters. So treten z.B. alle wichtigen Personen in kurzen Zwischenspielen vor eine „Zeugenschranke" und verteidigen sich. Mit Ausnahme des Paters fühlen sich alle ohne Schuld, aber ihre Apologien bringen dem Zu- 30 schauer ihre bornierte Selbstgerechtigkeit nur noch deutlicher zum Bewußtsein.

Harenbergs Lexikon der Weltliteratur. Bd. 1. Dortmund 1989

S. 14, T 20

Allgemeine Hinweise: Schüler und Lehrer der Klasse haben sich vor kurzer Zeit kennengelernt. Der erste Eindruck, den ein Lehrer von einem Schüler bzw. umgekehrt oder die Schüler untereinander gebildet haben, kann Erwartungen, Verhalten, Einschätzung und letztlich auch die Bewertung nachhaltig bestimmen. Deshalb kann es hilfreich sein, über den ersten Eindruck und über Vorurteile zu diesem frühen Zeitpunkt zu sprechen.

Lösungen, S. 14 f.

4 Anzeige der Stromversorger, ⇨ Lehrbuch, S. 322

Textsorte: Werbetext; Werbender: Verband der Stromerzeuger
Inhalt: Der Werbende will die Notwendigkeit von Kernenergie verdeutlichen. Dazu wird der sehr bekannte Physiker Albert Einstein als "Aufmacher" verwendet. Einstein (1879 - 1955) emigrierte 1933 in die USA, war Begründer der Relativitätstheorie und bedeutendster Physiker des 20. Jahrhunderts (Nobelpreis 1921). Einstein nahm von einem pazifistischen Standpunkt aus auch zu politischen Fragen Stellung. Die (gesellschafts)politische Aussage von Einstein wird benutzt, um Vorurteile gegen Kernenergie abzubauen.

Zusatzinformation: Bei einer Befragung zum Thema: "Wen bewundern Sie als Vorbild oder Idol?", die 1992 bei Jugendlichen durchgeführt wurde, wurde an erster Stelle Albert Einstein genannt (vgl. Stern 45/92, S. 47).

Weitere Texte
Ein anderer Werbetext mit Einstein. ⇨ Textsammlung, S. 367
James Thurber: Der propre Ganter. ⇨ Lehrbuch, S. 242, T 2
Gottfried Keller: Kleider machen Leute.
Chei Woon-Jung: In Deutschland. ⇨ Textsammlung, S. 267

---

5 Bertolt Brecht: Über das Anfertigen von Bildnissen, ⇨ Lehrbuch, S. 290

Autor: ⇨ Lehrbuch, S. 254, sowie Textsammlung, S. 258 f.

Textsorte: Essay

Zusatzinformationen: Der Text stellt an die Schüler erhebliche Anforderungen, da er aufgrund der philosophischen Formulierungsweise Verständnisprobleme aufwirft. Es ist bei diesem Text sinnvoll, zunächst die zentralen Aussagen Brechts herauszuarbeiten, sie mit einem geeigneten Stichwort zu versehen und mit eigenen Worten vorzutragen. Im Anschluß daran könnte eine Diskussion über die verschiedenen Aspekte erfolgen:
- der Entwurf eines Bildnisses,
- Ursachen von Irrtum und Enttäuschung im Bereich zwischenmenschlicher Beziehungen,
- der sich verändernde Mensch (vgl. hierzu die Keuner-Geschichte "Das Wiedersehen"),
- das produktive Bildnis,
- ein Bildnis machen heißt lieben.
Als Ergänzungs- und Vertiefungstext bietet sich von Max Frisch "Du sollst dir kein Bildnis machen" an (siehe Textsammlung S. 259). In welcher Weise vertieft Frisch die Brechtschen Gedanken? Welche neuen Aspekte fügt er dem Thema hinzu?
Eine Weiterführung des Bildnis-Themas kann auch über den Brecht-Text "Die unwürdige Greisin" geleistet werden.

Tafelbild zu Bertolt Brecht: Über das Anfertigen von Bildnissen

1. Möglichkeit (Zeile 1 - 11)
Man macht sich Bildnisse von Menschen. Aus beobachtetem Verhalten wird auf zukünftiges Verhalten in anderen Situationen geschlossen.
↓
Dies führt zu falschen Bildern, denn den fertigen Bildern gehören vermutete (nicht beobachtete) Verhaltensweisen an.
↓
Dies führt zu falschem Verhalten gegenüber der betreffenden Person.
↓
Der Mensch wird nicht richtig wahrgenommen in seinem tatsächlichen Verhalten. Es entstehen Illusionen und Enttäuschung.
↓
Der Umgang miteinander wird schwierig.

2. Möglichkeit (Zeile 11 - 27)
Ausgangspunkt: Der Mensch ist in seiner Entwicklung nicht abgeschlossen. Das Bildnis von ihm sollte es daher auch nicht sein.

Der Mensch ändert sich, und man kann ihn ändern, indem man ihm ein gutes Bildnis vorhält.

Das gute Bildnis (es enthält Verhaltensweisen, die für den Menschen gut sind) wird Wirklichkeit, und der Mensch verhält sich dem Bildnis entsprechend.

Solch ein Bildnis machen heißt lieben.

Kernaussage
Lieben heißt: Man soll den Menschen beobachten, sein Wesen versuchen zu erfassen und ihn bei der Weiterentwicklung seines Wesens stützen.

Arbeitsanregungen zum Text, S. 290

- *Geben Sie den Inhalt des Textes wieder.*
- *Weshalb verhalten sich viele Menschen nicht so, wie Brecht dies als wünschenswert darstellt?*
- *Übertragen Sie die Aussagen des Textes auf konkrete Situationen, zum Beispiel auf das Verhalten Lehrer - Schüler, Eltern - Kinder, Geschwister usw.*
- *Welche möglichen Gefahren bringt ein solcher Ansatz mit sich? (Stichwort: Manipulation)*

Weitere Texte
Bertolt Brecht: Wer kennt wen? (empfehlenswert!) ⇨ Textsammlung, S. 258
Bertolt Brecht: Wenn Herr K. einen Menschen liebte. ⇨ Textsammlung, S. 259
Die Bibel, 1. und 5. Buch Mose. ⇨ Textsammlung, S. 259
Max Frisch: Du sollst dir kein Bildnis machen. (Tagebuch 1946 - 1949, Auszüge) ⇨ Textsammlung, S. 259
Bertolt Brecht: Die unwürdige Greisin.

Lösungen, T 1, T 2, T 3, S. 15

2		Art der Darstellung	Absicht des Autors	Textsorte	Sprachliche Merkmale
	T 1	Erlebnisbericht	• über das Leben in einer Transplantationsklinik berichten • die Barriere zwischen Klinik und Außenwelt abbauen	expressiv Sachtext	• einfach • Ich-Form • direkte Ansprache des Lesers
	T 2	Personenbeschreibung	Biographie des Mädchens	darstellend Sachtext	sachlich
	T 3	Werbetext	Aufruf zur Patenschaft	appellativ Sachtext	direkte Ansprache des Lesers

Anmerkung: Man kann hier kurz auf die drei Sprachfunktionen (expressiv, darstellend, appellativ) eingehen, ⇨ Lehrbuch, S. 24.

Lösungen, T 6, S. 15

2 Antwerpes: Regierungspräsident von Köln, glänzender Selbstdarsteller, genannt "Kurfürst des Rheinlandes".

3 Achtung: Hier sollte die Quelle berücksichtigt werden. "Motorrad" ist die auflagenstärkste Zeitschrift für Motorradfahrer.
Zusammenfassende Charakterisierung anhand des Interviews:
- positive Einstellung gegenüber Motorradfahren
- scheut sich nicht, andere Politiker zu kritisieren
- hält gesetzliche Vorschriften und polizeiliche Kontrollen dann für notwendig, wenn nur dadurch andere geschützt werden können
- geht auf die Fragen des Interviewers ein
- ...

Lösungen, T 12, T 13, S. 15

2 Textsorte: Lyrik. In beiden Texten geht es um die Auseinandersetzung mit sich selbst.

3

Gemeinsamkeiten von T 12 und T 13	Unterschiede von T 12 und T 13
Beides sind lyrische Texte. Beide haben zum Thema: die Auseinandersetzung mit der eigenen Person.	T 12: ironisch; Endreim; Zeilenanfang groß geschrieben. T 13: Kleinschreibung, besondere Bedeutung der Großbuchstaben (Liebe zum MICH wird immer kleiner, bis die anderen schließlich erkennen, daß die übermäßige Zuwendung das Einzelkind zu einem egoistischen Menschen gemacht hat).

Lösungen, T 5, T 9, T 10, S. 15 f.

1 ⇨ Lehrerband, S. 8 f.
- Beginn eines Telefongesprächs zwischen Claudia und einem bekannten Schriftsteller (keine direkte Beschreibung ihrer Person).
- Man kann durch Claudias Äußerungen den Eindruck gewinnen, daß sie sehr "locker" durch das Leben geht (indirekte Aussagen über ihre Person).

T 10
- Ausschnitt aus einem Roman, in dem Julika nicht die Hauptperson darstellt.
- Die Beschreibung ist sehr detailliert, Angaben zum Alter usw. fehlen jedoch.
- Die Beschreibung ist teilweise stark wertend.
- Der Autor hat die Person sehr genau beobachtet (Details siehe Text).

2 In T 9 erfolgt eine sachliche Beschreibung der wichtigsten äußeren Merkmale. In T 10 ist die Beschreibung stark wertend, das äußere Erscheinungsbild wird aus einer sehr subjektiven Sicht dargestellt. Die Person wäre trotz dieser mit vielen Einzelheiten versehenen Beschreibung möglicherweise nicht sehr gut wiederzuerkennen.

3 Zu Patricia Highsmith: Elsie`s Lebenslust:

Textsorte: Roman

Autorin: Patricia Highsmith (1921 - 1955), amerikanische Erzählerin, schrieb zuerst Kinderbücher und Kurzgeschichten, später auch Kriminalromane, deren Akteure einer genauen psychologischen Analyse unterzogen werden Zusatzinformation: Klappentext (Auszug)

„Die aufregend hübsche Elsie Tyler, ein Magnet für beide Geschlechter, schneit aus der Provinz nach Greenwich Village und in die Gefühle zweier vollkommen verschiedener
5 Männer. Der ältliche, einsame Ralph spioniert ihr nach, selbstgerecht davon überzeugt, sie vor der verdorbenen Großstadt retten zu müssen. Der freundliche Illustrator Jack, der mit seiner Frau Natalia eine freie, moderne
10 Ehe führt, begegnet Elsie zufällig. Natalia nimmt Elsie auf, verhilft ihr zu einer Karriere und verfällt ihr ebenso wie Jack. Die Ehe bleibt bestehen, aber ein Mord geschieht. Diese Geschichte ist mit ihrem merkwürdigen Sog ebensowenig ein einfaches Puzzle aus 15 Leichen und Indizien wie Leute, die an die Tür klopfen. Schlicht und ausgefeilt zugleich zerrt Elsie`s Lebenslust von Anfang bis Ende an den Nerven".

The Sunday Times, London

a) Im Text, S. 306, wird das Mädchen vor allem über ihre Art der Bewegung charakterisiert (die Schüler können hierzu die entsprechenden Verben aus dem Text heraussuchen). In T 10, S. 10, wird die Frau vor allem über ihr äußeres Erscheinungsbild charakterisiert.

c) S. 70 f.: "Ich möchte …", Reportage, das beschriebene Mädchen existiert tatsächlich, sie hat Angst vor der Zukunft, unrealistische Träume, lebt in den Tag hinein. ⇨ vgl. Lehrerband, S. 54 ff.

S. 306, Elsie's Lebenslust: Die weibliche Hauptperson wirkt sehr lebenslustig, weltoffen, …

Lösungen, T 10, T 18, T 19, S. 16

1 T 10: Auszug aus einem Roman, fiktionaler Text, epischer Text.

T 18: Sachtext, darstellender Text über Max Frisch.

T 19: fiktionaler Text, dramatischer Text (Auszug)

2 Das Wort "Klassiker" wird zum Beispiel im Zusammenhang mit Mode, Musik, Stilrichtungen verwendet.

Klassiker in T 18: Jemand, der anerkannt ist, aber zu aktuellen Ereignissen nicht mehr Stellung nehmen kann; jemand, dessen Zeit "gestern" war - aber: das, was Max Frisch sagte, soll auch heute (und in der Zukunft) noch gelten.

3 In T 18 wird hervorgehoben, daß Max Frisch Partei für diejenigen ergriff, denen Unrecht geschah. Dieses Schicksal widerfährt Andri in dem Stück "Andorra" (T 19).

4 *Autor:*

Frisch, Max (∗ 15.5. 1911 Zürich, † 4.4. 1991 Zürich). - Schweizer Dichter, studierte zunächst Germanistik, dann Architektur und war auch eine Zeit in diesem Beruf tätig. Der lit. Durch-
5 bruch gelang ihm 1945 mit dem Erzählband *Bin oder die Reise nach Peking* und dem Hör- und Schauspiel *Nun singen sie wieder* (1946), das die Schrecken des Krieges oratoriumshaft gestaltet. Aus der Fülle seiner Werke, die häufig um die
10 Frage der Identität und der Schuld des Men- schen kreisen, die private Existenz des einzelnen betonen und gleichzeitig krit. die Scheinhaftig- keit der bürgerl. Umwelt durchleuchten, erlang- ten einige große Beachtung, etwa die Romane *Stiller* (1954), *Homo Faber* (1957) und *Mein* 15 *Name sei Gantenbein* (1964), in denen Ablehnung und Annahme des eigenen Ich Zentralthema ist; ferner die Dramen *Biedermann und die Brandstifter* (1958), *Biographie* (1967) und *Andorra* (1961), in welchen er das Thema des 20

20

Vorurteils exemplifiziert. In den letzten Jahren veröffentlichte F. zahlreiche autobiograph. Arbeiten, oft in Form von *Tagebüchern* (1950 und 1972). Diesen Charakter haben auch die Erzählungen *Montauk* (1975), *Der Mensch erscheint im Holozän* (1979) und *Blaubart* (1982). Seine Werke liegen in zahlreichen Ausgaben vor, die auch die weniger bekannten Texte enthalten, z. B. *Die chinesische Mauer* (1947), *Graf Öderland* (1951), *Don Juan oder Die Liebe zur Geometrie* (1953) etc. 1978 erschienen *Drei szenische Bilder. Tryptichon*, die F. nicht zur Aufführung freigab. Unmittelbar mit der Politik der Schweiz setzt sich F. in *Schweiz ohne Armee? Ein Palaver* (1989), *Schweiz als Heimat?* (1990) auseinander. In Anerkennung der lit. Leistung und seines Strebens nach einer menschenwürdigen Welt wurde F. 1976 der Friedenspreis des Dt. Buchhandels verliehen.

Dieter Krywalski (Hrsg.): Knaurs Lexikon der Weltliteratur. Autoren, Werke, Sachbegriffe. München 1992

Alternative Kurzbiographie, ⇨ Lehrerband, S. 9.

5 Zu Friedrich Dürrenmatt: ⇨ Lehrbuch, S. 301 "Warum Schreiben?", ⇨ Lehrerband, S. 132 und S. 11.

Lösungen, T 4, T 15, S. 16
1 *Zusatztext:* Kurt Tucholsky: Der Mensch.
2 Beispiele: Lehrbuch, ⇨ S. 9, S. 77, S. 161, S. 318, S. 303, S. 305

Lösungen, S. 17
2 Auszug aus dem Rechtschreibduden (⇨ vgl. auch Duden, Bd. 1, R 209):

> sehnt; **heiß|ge|liebt**; ein **heißge-**
> liebtes Mädchen (↑jedoch
> R 209), a b e r : er hat sein Vater-
> land heiß geliebt; **Heiß|hun|ger**
> *der;* -s; **heiß|hung|rig; heiß|lau-**

Getrennt- und Zusammenschreibung nach der Neuregelung der deutschen Rechtschreibung (Regel 60 - 63)

60 Die Neuregelung stellt hier zwei Prinzipien in den Vordergrund. Einmal wird in Zukunft darauf verzichtet, Bedeutungsunterschiede wie die oben gezeigten durch unterschiedliche Schreibung anzuzeigen, wenn sie nicht zusätzlich durch weitere Merkmale (zum Beispiel deutlich andere Betonung in der gesprochenen Sprache) unterstützt werden. Normalerweise ergeben sich dadurch bei einem Text ja keine Verstehensprobleme. Zum anderen wird - wenn irgend möglich - der Getrenntschreibung der Vorzug gegeben, da auf diese Weise die einzelnen Bestandteile eines Textstückes graphisch deutlicher kenntlich werden, was das Lesen erheblich erleichtert. Man hat sich dabei unter anderem an die folgenden Grundsätze gehalten (für weitere Einzelheiten muß man das Regelwerk oder das Wörterbuch konsultieren):
– Getrenntschreibung gilt als Normalfall (→61)
– Zusammenschreibung ist an formalgrammatischen Kriterien gebunden (→62)

– Bei Fehlen von formalgrammatischen Kriterien kann die Zusammenschreibung auch über geordnete Listen geregelt werden (→63)

61 Grundsatz 1: Getrenntschreibung gilt als Normalfall, ausdrücklich geregelt werden muß nur die Zusammenschreibung. So braucht es keine besondere Regel für Verbindungen mit Verben und Adjektiven, bei denen der erste Bestandteil erweitert ist. Hier wird - wie bisher - automatisch getrennt geschrieben, da von den im Regelwerk genannten Kriterien für Zusammenschreibung keines zutrifft: *in die Irre führen, viele Jahre alt.* Hingegen muß die Zusammenschreibung der entsprechenden nicht erweiterten Fügungen aus dem Regelwerk abgeleitet werden können: *irreführen, jahrealt.*

62 Grundsatz 2: Als Kriterien für Zusammenschreibung werden möglichst *formal-grammatische Eigenschaften* gewählt, die mit Hilfe von Proben überprüft werden können, zum

Beispiel fehlende Erweitbarkeit oder fehlende Steigerungsmöglichkeit. Dies gilt zum Beispiel für *bloßstellen, hochrechnen* und *wahrsagen*, die (wie bisher) zusammengeschrieben werden. Da sich für Verbindungen aus Verb (Infinitiv) und Verb keine solchen Kriterien anführen lassen, werden sie nur noch getrennt geschrieben: kennen lernen, spazieren gehen, bestehen bleiben, sitzen bleiben (in allen Bedeutungen).

63 Grundsatz 3: Wenn trotz Fehlens eindeutiger Kriterien zusammengeschrieben werden soll, besteht die Möglichkeit, die einschlägigen Fälle mit Zusammenschreibung in *geschlossenen* Listen aufzuzählen. Diese Lösung ist für die diejenigen Adverbien gewählt worden, die (weiterhin) mit Verben zusammengeschrieben werden sollen, zum Beispiel *ab, auf, aus, heraus, voraus: absuchen, aufstellen, herauskommen, vorausse-hen*. Alle Adverbien, die nicht in der Liste genannt sind, schreibt man getrennt: *abhanden kommen, auseinander bringen, überhand nehmen*. Entsprechendes gilt für Verbindungen aus Substantiv und Verb. Zusammenschreibung soll hier nur noch für einige wenige Fälle gelten: *haushalten, heimgehen* (und weitere Verbindungen mit *heim-*), *irreführen, irreleiten, preisgeben, standhalten, stattfinden, stattgeben, statthaben, teilhaben, teilnehmen, wundernehmen*. In allen übrigen Fällen wird getrennt geschrieben. Dies galt schon bisher für Verbindungen wie: *Kopf stehen, Rad fahren, Maß halten, Not tun, Eis laufen*.

Über Listen, ist auch die Schreibung von Präpositionalgefügen geregelt, die als Ganzes einer einfachen Präposition, einem Adverb oder einem Verbzusatz nahekommen. Dabei kann man aber häufig zwischen Getrenntschreibung (und dann auch Großschreibung des Substantivs) und Zusammenschreibung wählen. Beispiele (Zusammenschreibung in Klammern): *an Stelle von (anstelle von), auf Grund von (aufgrund von), zu Gunsten von (zugunsten von), zu Lasten von (zulasten von); außer Stande sein (außerstande sein), in Frage stellen(infrage stellen)*.

Duden. Informationen zur neuen deutschen Rechtschreibung. Mannheim, Leipzig, Wien, Zürich 1994, S.37 f.

Lösungen, S. 18

1	Duden, R 206: GETRENNT schreibt man, wenn beide Wörter noch ihre **eigene Bedeutung** haben	Duden, R 205: ZUSAMMEN schreibt man Verbindungen mit einem Verb dann, wenn durch die Verbindung ein **neuer Begriff** entsteht, den die bloße Nebeneinanderstellung nicht ausdrückt.	Neuregelung der Rechtschreibung Regeln 61 - 63 *Grundsatz 1:* Getrenntschreibung gilt als Normalfall. *Grundsatz 2:* Zusammenschreibung ist an formalgrammatische Kriterien wie fehlende Erweiterbarkeit oder Steigerungsmöglichkeit usw. gebunden. Verbindungen aus zwei Verben werden *immer getrennt* geschrieben. *Grundsatz 3:* Wenn formalgrammatischen Kriterien fehlen, wird die Zusammenschreibung über geordnete Listen geregelt.
	bekannt werden	bekanntwerden	bekannt werden
	recht zeitig	rechtzeitig	recht zeitig / rechtzeitig
	offen gestanden	offengestanden	offen gestanden
	zusammen setzen	zusammensetzen	zusammen setzen
	da bleiben	dableiben	da bleiben
	gehen lassen	gehenlassen	gehen lassen
	leicht fertig	leichtfertig	leicht fertig / leichtfertig
	sauber halten	sauberhalten	sauber halten
	leicht fallen	leichtfallen	leicht fallen
	heiß lieben	heißgeliebt	heiß geliebt
	sitzen lassen	sitzenlassen	sitzen lassen
	wieder kommen	wiederkommen	wieder kommen

Lösungen, S. 19

1 Kate Chopin: Geschichte einer Stunde, ⇨ Lehrbuch, S. 295

Textsorte: Kurzgeschichte
Autorin: Kate Chopin, 1851 in St. Louis, Missouri, geboren, 1904 dort gestorben.
Inhalt: siehe Tafelbild.
Gemeinsamkeiten mit dem Text von Peter Bichsel: "Ein Tisch ist ein Tisch", S. 95:
Beide Hauptpersonen sind mit ihrer Lebenssituation nicht zufrieden; beide können ihre Situation nicht ändern; beide erleben zeitweilig Glücksmomente, die auf eine Änderung hindeuten und ihnen kurzfristig Lebensfreude bringen.

Tafelbild zu Kate Chopin: Geschichte einer Stunde

Hauptperson:
Luise Mallard, herzleidend, jung
↓

Nachricht:
Der Ehemann von Luise Mallard ist bei einer Eisenbahnkatastrophe ums Leben gekommen.

↓

Beginn der Stunde   Man bringt ihr die Nachricht schonend bei.
↓
Sie weint, zieht sich zurück.
↓
Sie erfährt ein Gefühl der Befreiung.
↓
Neue Lebensfreude erwacht in ihr.
↓
Ende der Stunde   Sie erblickt ihren Ehemann (der doch nicht tödlich verunglückt ist) und stirbt.

Arbeitsanregungen zum Text

1 Was wird über Luise Mallard im Text ausgesagt (Aussehen, Charakter, …)?
2 Wie empfindet Luise ihre Ehe?
3 Welche körperlichen Reaktionen auf die Nachricht vom Tod ihres Mannes werden beschrieben?
4 Erläutern Sie die verwendete Natursymbolik (zum Beispiel Z. 15 ff.).
5 Welches Bild hat Luises Umfeld (Schwester, Bekannte) von ihr und ihrer Ehe, wie verhält sich dieses Umfeld ihr gegenüber?
6 Weshalb stirbt Luise?
7 Welche Bedeutung hat die Überschrift?

Weitere Arbeitsanregung

Vergleichen Sie die "Geschichte einer Stunde" mit dem Text "Nachwinken, Abwinken" von Gabriele Wohmann, S. 296 im Lehrbuch. Berücksichtigen Sie dabei insbesondere inhaltliche Gemeinsamkeiten sowie Unterschiede in Inhalt, Form, Sprache, Textart usw.
⇨ Vgl. dazu die vollständige Textfassung, Textsammlung, S. 229.

Hinweis: Der Anteil älterer Menschen an der Gesamtbevölkerung unseres Landes wächst stetig (⇨ Lehrbuch, S. 51, und Textsammlung, S. 335). Deshalb sollte auf das Leben Älterer auch im Deutschunterricht anhand geeigneter Texte eingegangen werden.

Lösungen, S. 19 (Fortsetzung)

2a) Christine Swientek: Und wofür das alles? ..., ⇨ **Lehrbuch, S. 305**
Textsorte: Sachtext
Inhalt: Die Autorin berichtet über ältere Menschen, die das Gymnasium oder die Universität besuchen, um sich "nur so" weiterzubilden.

Arbeitsanregungen zum Text
* *Zeile 22: neu-gierig: Was fällt an der Schreibweise auf? Warum wurde sie gewählt?*
* *"Und wofür das alles?"*
  a) Weshalb wird diese Frage den älteren Menschen häufig gestellt (vgl. Z. 15 ff.)?
  b) Welche Antwort gibt der Text auf diese Frage? (insbesondere Z. 40 f.)
  c) Diskutieren Sie über die Lebenseinstellung dieser älteren Menschen: Inwieweit könnte sie auch Vorbild für andere (jüngere) Menschen sein?

Weitere Arbeitsanregung
Stellen Sie eine inhaltliche Verbindung her zwischen dem Text "Und wofür das alles?", Lehrbuch, S. 305, und dem Zitat von Käthe Kollwitz: "Das Alter ...", Lehrbuch, S. 19.

b) Peter Bichsels Text: "Ein Tisch ist ein Tisch" ist ein fiktionaler Text (Kurzgeschichte), der Autor will auf die Einsamkeit und Isoliertheit älterer Menschen hinweisen.
"Und wofür das alles?" ist ein Sachtext; die Autorin berichtet über (positive!) Ansätze, wie ältere Menschen ihren Lebensabend selbst so gestalten, daß sie zufrieden sind.

Weitere Texte zum Thema "Alter"
⇨ Lehrbuch, S. 51, S. 131, S. 183, S. 284, S. 325
Bertolt Brecht: Die unwürdige Greisin.
Friedrich Dürrenmatt: Besuch der alten Dame.
Herta Meinold: Begegnung. ⇨ Textsammlung, S. 272 (*Arbeitsanregung:* Schreiben Sie den Text um: Die Frau spricht den Mann an.)
Maria-Theresia Görres: Drei alte Schrullen. ⇨ Textsammlung, S. 273

---

7 Weiteres Beispiel für eine Inhaltsangabe: ⇨ Lehrbuch, S. 291 (zu Fontanes "Effi Briest").

Weitere Texte, die sich für eine Inhaltsangabe eignen
⇨ Lehrbuch, S. 70 f., S. 243, S. 250, S. 278, S. 298, S. 311, S. 332, S. 338, S. 340
Bertolt Brecht: Wer kennt wen? ⇨ Textsammlung, S. 258
Egyd Gstättner: Ich rauche immer. ⇨ Textsammlung, S. 263
Klaus-Peter Wolf: Der Kaufhaussheriff. ⇨ Textsammlung, S. 264
Chei Woon-Jung: In Deutschland. ⇨ Textsammlung, S. 267
Herta Meinold: Begegnung. ⇨ Textsammlung, S. 272
Bettina Toepffer: Ein freundschaftlicher Anruf. ⇨ Textsammlung, S. 276
Anne Ocker: Du bist nicht modern. ⇨ Textsammlung, S. 287
Birgit Puck: Sie wollte Liebe. ⇨ Textsammlung, S. 310
Christa Damkowski: Graffiti: Spuren in der Anonymität. ⇨ Textsammlung, S. 320

Lösungen, S. 21 oben

1 Weiterer Text, Lehrbuch, ⇨ S. 254.

2 *Textsorte:* Lyrik (erzählende Lyrik)
Autor: György Dalos, geboren 1943, lebt als Schriftsteller und Übersetzer in Ungarn.

a) Bei dem Text handelt es sich nicht um eine Autobiographie im "eigentlichen Sinne", da wichtige Angaben fehlen. Der Text zeigt aber die Entwicklung des/eines Menschen, es bleibt unklar, ob es sich um einen fiktiven Text handelt oder ob "Stationen" im Leben von G. D. beschrieben werden.

b/c) *Aufbau des Gedichtes:*
1. Strophe: Liebe, Literatur, Politik als Aufzählung.
2. und 3. Strophe: "Dann" drückt die Entwicklung aus, veränderte Reihenfolge von Literatur, Liebe und Politik.
4. Strophe: Die Liebe ist weggefallen, das Leben (Planung???) beschränkt sich auf Politik und Literatur.
5. Strophe: Soll man sich auf die Politik konzentrieren (als Frage formuliert, das einzige Satzzeichen im Text!)?
6. Strophe: Die Antwort: Ziel, Lebensinhalt ... ist die Literatur.

e) Vgl. im Lehrbuch den Text von Winfried Thomsen: Selbstzeugnis, ⇨ S. 345 f., sowie die sich anschließenden Arbeitsanregungen, ⇨ S. 246, sowie Lehrerband, S. 218 f.

Weitere Beispiele für Biographien
⇨ Lehrerband, S. 7, S. 11, S. 14, S. 20, S. 26, S. 31, S. 50, S. 51, S. 67, S. 74 ff, S. 131, S. 132, S. 134, S. 146, S. 161, S. 178, S. 180, S. 197, S. 204 und S. 225 f.
Andreas Borchers, Ernst Fischer: Ein Mann eckt an. ⇨ Textsammlung, S. 295
"Das Ende der Langsamkeit". ⇨ Textsammlung, S. 297
Weitere Beispiele für Personenbeschreibungen/Porträts
Peter Bichsel: Colombin. ⇨ Textsammlung, S. 310
Reinhard Jung: Reifezeugnis. ⇨ Textsammlung, S. 310
Peter Maiwald: Der Leisetreter. Ders.: Der Betroffene. ⇨ Textsammlung, S. 326 und S. 327
(*Arbeitsanregung:* Handelt es sich bei den oben aufgeführten Texten um eine Personenbeschreibung im eigentlichen Sinne?)
Monika Held: Porträt Campino: "Größenwahn muß sein". ⇨ Textsammlung, S. 292

Weitere Arbeitsanregungen

Fertigen Sie Personenbeschreibungen und Charakteristiken zu verschiedenen Personen an, zum Beispiel ⇨ *Lehrbuch, S. 70 f., S. 303, S. 304;* ⇨ *Friedrich Dürrenmatt: Besuch der alten Dame;* ⇨ *Heinrich von Kleist: Der zerbrochene Krug (Richter Adam).*

Weitere Texte
Max Frisch: Tagebuch 1946-1949 - Du sollst dir kein Bildnis machen. ⇨ Textsammlung, S.259
Stefan Moses: Das wahre Bild eines Menschen ... ⇨ Textsammlung, S. 260
Peter Bichsel: Colombin. ⇨ Textsammlung, S. 310

> **"Die unterhaltsamste Fläche auf der Erde für uns ist die vom menschlichen Gesicht."**
>
> *Georg Christoph Lichtenberg*

Kapitel 1.2, S. 21

Hinweis: Als Deutschlehrer stellt man fest, daß die Schüler zwar ein teils mehr, teils weniger großes Vorwissen im Umgang mit Texten haben, daß ihnen aber häufig die differenzierende Übersicht über mögliche Textarten, die Zuordnung - Sachtext oder fiktionaler Text, kommentierender oder darstellender Text usw. - Schwierigkeiten bereitet. Daher sollte sich der Lehrer zunächst über das Vorwissen der Schüler informieren (welche Texte kennen sie?, ...).

Im neuen Lehrplan für die Höheren Berufsfachschulen wird ein erweiterter Textbegriff verwendet (siehe Kapitel 2.2, Umgang mit Texten, LP Deutsch). Der für die Schüler neue Textbegriff kann an dieser Stelle eingeführt werden.

Lösungen, S. 23

1 sachbezogene Texte: T 1, T 2, T 3, T 6, T 7, T 8, T 9, T 11, T 16, T 18
  fiktionale (literarische) Texte: T 4, T 10, T 12, T 13, T 14, T 15, T 17, T 19

Lösungen, S. 24

2 ⇨ Lehrbuch, S. 250 f., sowie Ismail und Nuri Kalayci: Unfall, Textsammlung, S. 280

Lösungen, S. 25

1 T 1 - überwiegend expressiv	T 8 - darstellend
T 2 - darstellend	T 9 - darstellend
T 3 - überwiegend appellativ	T 11 - darstellend
T 6 - darstellend	T 16 - darstellend
T 7 - expressiv	T 18 - darstellend

2 Geeignete Texte im Lehrbuch zum Beispiel: T 7, S. 76 (überwiegend expressiv), S. 70 f. (darstellend), S. 72 (darstellend), S. 175 (appellativ), S. 209 f. (darstellend), S. 210 f. (darstellend), S. 297 (expressiv), S. 305 (überwiegend expressiv), S. 310 (überwiegend expressiv), S. 322 (appellativ), ...

T 3, S. 26

Textsorte: kurzer Erzähltext
Autor: Kurt Tucholsky

Tucholsky, Kurt (Ps. Kasper Hauser, Peter Panter, Theobald Tiger, Ignaz Wrobel), 9.1.1890 Berlin - 21.12.1935 Hindas b. Göteborg/Schweden. Kaufmannssohn, Gymnas. Berlin; Stud. Jura Berlin, Jena, Genf. Seit 1913 Mitarbeiter der „Schaubühne" (später „Weltbühne"); im 1. Weltkrieg im Schipper-Bataillon. 1923 kurz Bankvolontär in Berlin. 1924 Korrespondent in Paris. 1926 nach S. Jacobsohns Tod Hrsg. der „Weltbühne", Mitarbeiter von C. v. Ossietzky. 1929 Emigration nach Schweden. 1933 Ausbürgerung und Bücherverbrennung in Dtl. Beging aus Verzweiflung über die Erfolge der Nazis Selbstmord. Humorvoller und geistreich-iron. Moralist und Zeitkritiker der Weimarer Republik, Vertreter e. linksorientierten, pazifist. Humanismus im Kampf gegen jede Art von Spießertum, Reaktion, bürgerl. Lethargie, Justiz, Militarismus und Nationalismus u. schärfster Polemiker gegen den Nationalsozialismus. Typisch Berliner Humor mit aggressiven, treffsicheren Pointen, in satir.- kabarettist. Kleinlyrik, Chansons, Szenen und satir. Prosa mit bes. Vorliebe für Wortwitze in der Umgangssprache (Nähe zu Heine). Erzähler von liebenswürdigem Humor, Idylliker, Feuilletonist und Kritiker.

Gero von Wilpert: Lexikon der Weltliteratur. Bd. 1, Autoren. Stuttgart 1988

Zu Tucholsky, ⇨ Lehrbuch, S. 313 f., sowie Kapitel 5.3.

Tafelbild zu Kurt Tucholsky: Absichtserklärung

Zeile 1 - 9   Was möchte ein Dichter schreiben?
                          Wovon träumt er?
                                ↓
    (von schönen, erfolgreichen, reichen, ruhmreichen Menschen)

Zeile 10 - 11   Wie sieht die Realität aus?
                                ↓
              (Er befindet sich in materieller Not,
    er wird aus seinen Träumen in die rauhe Wirklichkeit zurückgeholt.)

Weitere Arbeitsanregungen

1 Erläutern Sie anhand des Textes von Tucholsky den Unterschied zwischen Sachtexten und fiktionalen Texten.

2 Stellen Sie eine Verbindung zu dem Bild "Der arme Poet" von Carl Spitzweg her. Carl Spitzweg (1808 - 1885), deutscher Maler, als Vertreter des Biedermeier stellt er in kleinformatigen Bildern das deutsche Kleinbürgertum dar, seine Bilder/Gemälde sind häufig vom Anekdotischen bestimmt.

3 Lesen Sie die Texte im Lehrbuch, ⇨ S. 136 f. und S. 301. Stellen Sie Gemeinsamkeiten und Unterschiede in Inhalt, Sprache und Form heraus.

4 Überlegen Sie, warum dieser Text an das Ende des ersten Kapitels gesetzt wurde.

5 Lesen Sie den Text "Warum Schreiben?" von Friedrich Dürrenmatt, ⇨ Lehrbuch, S. 301.

Sprachhandlungskompetenz

In diesem Kapitel stehen Sachtexte im Vordergrund. Es werden grundlegende Arbeitstechniken vermittelt und Möglichkeiten vorgestellt, Informationen zu präsentieren.

Damit bildet dieses Kapitel ein Fundament für den Deutschunterricht, aber auch für andere Fächer und für den zukünftigen beruflichen und privaten Alltag. Man muß davon ausgehen, daß erlerntes Wissen sehr schnell veraltet. Will Schule auf zukünftige Lebenssituationen vorbereiten, so hat sie die Aufgabe, nicht nur das zu vermitteln, was heute gilt bzw. gestern galt, sondern sie hat vor allem die Aufgabe, die Schülerinnen und Schüler in die Lage zu versetzen, sich selbst über das zu informieren, was jeweils aktuell gilt und/oder künftig von Bedeutung sein wird. Basis hierfür sind wichtige **Arbeitstechniken**. Die im Lehrbuch wurden exemplarisch ausgewählt, sie lassen sich auf alle beruflichen und privaten Anforderungsbreiche übertragen. Eine weitere wichtige Anforderung im Beruf und auch im Privatleben beinhaltet der Bereich "Informationen darstellen", denn häufig reicht es nicht aus, über Informationen oder neue Ideen zu verfügen. Man wird zum Beispiel im Beruf nur dann erfolgreich sein, wenn man sein Wissen ansprechend und adressatengerecht präsentieren kann.

Kapitel 2 ist in sich logisch aufgebaut, einzelne Punkte lassen sich jedoch auch isoliert behandeln.

Die Schülerinnen und Schüler sollen/können:
- ❑ Informationsquellen finden,
- ❑ Informationen sichten, aufbereiten, festhalten und auswerten,
- ❑ Inhaltsauszüge anfertigen,
- ❑ Begriffe definieren,
- ❑ Sachtexte analysieren,
- ❑ graphische Darstellungen auswerten und erstellen,
- ❑ Informationen in Form von Berichten, Beschreibungen, Referaten oder Fachberichten erstellen,
- ❑ direkte Rede in indirekte Rede umwandeln.

Verknüpfungsmöglichkeiten mit anderen Kapiteln:
- ⇨ **1.2** Was ist ein Text?
- ⇨ **3.3** Fachsprachen
- ⇨ **3.5.2** Mit dem Duden arbeiten
- ⇨ **5.1** Argumentieren
- ⇨ **5.3** Reden verstehen und zu reden verstehen
- ⇨ **5.5** Interview
- ⇨ **5.7** Ein Thema erörtern
- ⇨ **6.1** Werbung
- ⇨ **6.2** Anleitungen

S. 27 (Einstiegsseite)
Zusatzinformation: Die Spielbeschreibung und die Spielkarten wurden dem Spiel Trivial Pursuit entnommen.

Lösungen, S. 30

3 *Anregung:* Die Schüler können sich gemeinsam vor Ort in der Schülerbücherei oder in einer nahegelegenen öffentlichen Bücherei (eventuell mit Führung) über folgende Punkte informieren:

a) Wie ist die Bücherei aufgebaut (Systematik, Fachgebiete, Symbolik, ...)?

b) Umfang: Welche und wieviel Bestände zu einem Sachgebiet sind vorhanden?

c) Welche sonstigen Medien (Zeitschriften, Kassetten, Spiele, CD-ROM, ...) gibt es?

d) Sind Anregungen für Neuanschaffungen möglich?

e) Welche sonstigen Besonderheiten gibt es?

Hinweis: Der Besuch muß in der Klasse vorbereitet werden. Die Schüler sollten eine Aufgabe haben, zum Beispiel drei Informationsquellen zu einem bestimmten Thema finden.

Lösungen, S. 31

4 *Position von Senta Trömel-Plötz:*

- Die sprachliche Diskriminierung von Frauen ist vergleichbar mit den Verbrechen der Nazis an den Juden (Zeile 13 ff.).
- Verbale Gewalttätigkeit von Männern gegenüber Frauen in allen Bereichen erklärt, weshalb Frauen von wichtigen gesellschaftlichen Positionen ausgeschlossen sind (Zeile 21 ff.).
- Frauen haben es doppelt so schwer im Beruf (Zeile 35 f.).
- Männer zeigen ein aggressiveres Sprachverhalten (Zeile 39 ff.).

Kritik von Anja Kempe:

- Frau T.-P. führt eine Sprachschlacht (Z. 17).
- Sie belegt ihre These mit veralteten Beispielen (Z. 27 ff. und Z. 41 ff.).
- Sie ist unehrlich, sie sagt nicht, was sie wirklich will - sie will Macht (wie die Männer auch).

Weitere Texte

"Das Ende der Langsamkeit". ⇨ Textsammlung, S. 297 (Arbeitsanregung: Handelt es sich bei diesem Text um eine Buchbesprechung im herkömmlichen Sinn?)

Umberto Eco: ... müssen wir mit Bedauern ablehnen. ⇨ Textsammlung, S. 373

Michael Bauer: Poetisches im Fünfminutentakt. ⇨ Textsammlung, S. 387

Weitere Arbeitsanregung

Schüler und/oder Lehrer bringen Verlagsprospekte oder in den Buchhandlungen kostenlos erhältliche Zeitschriften als Klassensatz mit. Diese werden in der Klasse besprochen. Mögliche Gesichtspunkte: Welche der vorgestellten Bücher interessieren die Schüler? Was sind die Gründe für dieses Interesse? Warum werden die Prospekte und Zeitschriften kostenlos verteilt? ...

S. 31, Text unten

Textsorte: Auszug aus einem Roman

Autor: Ulrich Plenzdorf, siehe Klappentextauszug weiter unten.

Inhalt: Siehe Klappentextauszug weiter unten.

Zusatzinformationen: Daniel Defoe: "Robinson Crusoe"; J. D. Salinger: "Der Fänger im Roggen" (in diesem Roman geht es - ähnlich wie in "Die neuen Leiden des jungen W." - um einen Jugendlichen, der versucht, dem vorgegebenen Leben zu entfliehen).

Arbeitsanregung

*Arbeiten Sie den Unterschied zwischen Buchbesprechungen wie auf S. 31 im Lehrbuch,
T 1 und T 2, und den Bemerkungen zu den Lieblingsbüchern aus dem Romanausschnitt,
S. 31 unten, heraus.*

Zusatztexte zu Ulrich Plenzdorf "Die neuen Leiden des jungen W.":

Text 1: Klappentextauszug

„Die 'neuen Leiden' des jungen W. sind die
alten: Liebe, die als Eifersucht schmerzt, gestör-
tes Verhältnis zur Mitwelt, das als verletzter
Ehrgeiz quält. Auch Werther 1972 liebt eine
5 verlobte, später eine verheiratete Frau namens
Charlotte, die er nicht wie sein Vorgänger Lotte,
sondern 'Charlie' nennt. Die erstaunliche
Meisterschaft des Autors, dessen Begabung für
die Darstellung gebrochener jugendlicher Helden
10 sich ausspricht, zeigt sich in der Leichtigkeit, mit
der er die beiden Komplexe Liebe-Politik,
Einzelner-Gesellschaft miteinander vernäht."
Rolf Michaelis, *Frankfurter Allgemeine Zeitung*

Ulrich Plenzdorf: Die neuen Leiden des jungen W. Frankfurt/M. 1976, S. 2.

Text 2: Buchrückentext

"Die neuen Leiden des jungen W." gehört zu
jenen Büchern ..., die wichtige literarische Do-
kumente ihrer Zeit sind, weil sie zum erstenmal
etwas artikulieren oder doch erkennen lassen,
5 was vorher überhaupt nicht oder nicht so deutlich sichtbar war.
Marcel Reich-Ranicki

Text 3: Lexikonauszug

Nach Verfertigung von Filmszenarien für die
DEFA wurde die Bühnenfassung des ursprünglich für die DEFA verfaßten Szenariums *Die
neuen Leiden des jungen W.* zum größten
5 Theatererfolg in der DDR zu Beginn der 70er
Jahre. Die Geschichte des 17jährigen Lehrlings
Edgar Wibeau, der die geregelten Bahnen seines
Ausbildungsganges verläßt, sich nicht integrieren will und am Ende bei der Konstruktion einer
10 die Produktion erleichternden Erfindung um-
kommt, gibt, von P. im Idiom von DDR-
Jugendlichen verfaßt, einen Eindruck vom Be-
wußtseinsstand eines wesentlichen Teils der
DDR-Jugend. Die polemische Abgrenzung zu
15 einer oft noch idealisierenden Goethe-Rezeption
erweiterte den Spielraum für eine kritische Auseinandersetzung.

*Manfred Brauneck (Hrsg.):Autorenlexikon deutschsprachiger Literatur des 20. Jahrhunderts. A.a.O.,
S. 518*

Arbeitsanregungen

- *Welchen Informationsgehalt haben Klappentexte? (⇨ Vgl. Lehrbuch, S. 33 f., und
Lehrerband, S. 72)*
- *Vergleichen Sie Text 1 und 3: Was wird von den Autoren jerweils hervorgehoben?
Welcher Text ist informativer? Welche Schlußfolgerung ziehen Sie aus diesen unter-
schiedlichen Beschreibungen eines Buches? (Auch Buchbesprechungen sind subjektiv!)*
- *Welchen Informationsgehalt hat Text 2? Warum wurde dieser Text auf der Buchrük-
kenseite abgedruckt? (Positive Kritik von Marcel Reich-Ranicki. ⇨ Vgl. auch Lehrbuch,
S. 267 f., Satire über den Literaturkritiker.)*

S. 32, T 1

Textsorte: Parodie; zum Begriff: ⇨ Lehrbuch, S. 278 f., S. 360

Autor: Heinz Erhardt (1909 - 1979), Sohn eines Theaterkapellmeisters, studierte Musik in Leipzig, Ende der 30er Jahre Mitglied im "Kabarett der Komiker". Nach Kriegsende arbeitete er als Schauspieler, Kabarettist, Schriftsteller, Komponist und Filmproduzent. Seine Texte bilden häufig eine Mischung aus Nonsens und Parodie, die einerseits keinen Kalauer scheut, andererseits hinter der scheinbar platten Komik alles hohle Pathos entlarvt.

Inhalt (Klappentext):

Humorvolles, Besinnliches, Erbauliches, Liebenswürdiges, hintergründig Ernstes, versteckt Provozierendes: das alles sind die Verse und Texte von Heinz Erhardt - so recht für den ge-
5 plagten Zeitgenossen, der sich in ihnen wieder-
erkennt und bei der amüsanten Lektüre entspannt.

(Zeile 30: Zellen; das Leben kommt auf alle Fälle aus Eizellen)

Lösungen, S. 32

2 *Stilistische Mittel:* Ironie (zum Beispiel Zeile 21 ff., Zeile 32 f.); Wortspielereien (zum Beispiel Zeile 24 ff.)

⇨ Vgl. zum Thema "Vorwort" auch im Lehrbuch, S. 226, sowie im Lehrerband, S. 6, das Vorwort zu "Tränen im Regenbogen" (Lehrbuch, S. 8, T 1 und T 2).

Weitere Texte
Unicef Jahresbericht. ⇨ Textsammlung, S. 318
"Nenne deinen lieben Namen, den du mir so lang verborgen - Nachwort. ⇨ Textsammlung, S. 258

Zusatztext:

Heinz Erhardt **Der König Erl**
(Frei nach Johann Wolfgang von Frankfurt)

Wer reitet so spät durch Wind und Nacht?
Es ist der Vater. Es ist gleich acht.
Im Arm den Knaben er wohl hält,
er hält ihn warm, denn er ist erkält'.
5 Halb drei, halb fünf. Es·wird schon hell.
Noch immer reitet der Vater schnell.
Erreicht den Hof mit Müh und Not - - -
der Knabe lebt, das Pferd ist tot!

Das große Heinz Erhardt Buch. München 1970, S. 23

Weitere Arbeitsanregung

Welcher Schüler kennt den Goethetext auswendig?

Hinweis: Zum Begriff "Parodie", ⇨ Lehrbuch, S. 278 f.

Weitere Beispiele für Klappentexte und Texte auf Buchrückenseiten
⇨ Lehrerband, S. 9 f., S. 11, S. 20, S. 30, S. 88, S. 89, S. 125, S. 182

Lösungen, S. 34

1 "Printed in Germany 5 4 3 2 1" = relativ seltenes Verfahren zur Angabe der Auflage: Die Ziffer rechts außen gibt die Auflage eines Buches an. Hier handelt es sich um die erste Auflage; bei der zweiten Auflage wird die Ziffer 1 von der Druckplatte entfernt.

ISBN-Nummer = Abkürzung für **I**nternationale **S**tandard-**B**uch**n**ummer (seit 1973). Die 10stellige Nummer in vier Zifferngruppen wird folgendermaßen aufgeschlüsselt:

1. Ziffer: Land
2. Ziffernblock: Verlagsnummer
3. Ziffernblock: Artikel- bzw. Titelnummer
4. Ziffer: Reihenschlüssel (= Computer-Prüfziffer)

In der Bundesrepublik Deutschland vergibt der Börsenverein des deutschen Buchhandels die Verlagsnummern. Die Verlage selbst verteilen Artikel- und Reihennummern auf ihre Bücher und melden die auf diese Weise entstandenen Titelnummern dem VLB (Verzeichnis lieferbarer Bücher) des Börsenvereins.

Lösungen, S. 35

2 Impressum (lat. = Eingedrucktes): Druckvermerk, Angabe von Verlag, Verfasser bzw. verantwortlichem Herausgeber, auch Druckerei, Einband, Papierart, Umschlagentwurf, Auflagenhöhe, Erscheinungsjahr und teilweise Copyright bei Druckschriften, meist auf der Rückseite des Titelblattes; für Zeitungen gesetzlich verlangt (Pflichteindruck).

Lösungen, S. 36

1b) Auf der folgenden Seite ist für die erste Seite des Textes aus dem Lehrbuch, S. 46, eine Musterlösung zur Aufgabenstellung abgedruckt. Die Unterstreichungen markieren die wichtigen Aussagen im Text. Die mit einem Kreis markierten Wörter werden am Rand näher erläutert.

1c) Vgl. dazu das Muster für ein Exzerpt zum Thema "Vorzüge und Gefahren des Kopierens", ⇨ Lehrerband, S. 36.

Musterlösung:

Eine Kopie ist eine Kopie ist eine Kopie

Von Ralf Hoppe

Kaum eine Erfindung hat unseren Alltag in Ämtern und Schulen, Universitäten und Büros so verändert wie der Photokopierer. Unmerklich, aber unaufhaltsam trat dieser Apparat seinen Siegeszug durch die Informationsgesellschaft an. Und der Trend geht weiter: Die neuen, digitalen Kopierer weisen in eine Copy-Zukunft ohne Originale.

1 Ein Kopierer ist eine Maschine, die einfach alles, was man ihr vorlegt, kopiert. Willig, anstandslos und, sofern man genug Papier nachschiebt, bis ans Ende aller Zeiten. Und das auf
5 Knopfdruck: Ein Kopierer ist eine Maschine, die einfach alles, was man ihr vorlegt, kopiert. Willig, anstandslos und, sofern man genug Papier nachschiebt, bis ans Ende aller Zeiten. Und das auf Knopfdruck: Ein Kopierer ist eine Maschine,
10 die einfach alles, was man ihr vorlegt, kopiert. Willig, anstandslos und …
Und so weiter. Wir wollen an dieser Stelle, bei aller Anschaulichkeit, den Vorgang unterbrechen. Das Prinzip scheint erhellt: der Kopierer kopiert.
15 Besonders verblüffend ist das nicht.
Bezeichnenderweise fällt es schwer, über den Photokopierer mehr zu sagen als das, was wir ohnehin wüßten – beziehungsweise, was wir gar nicht wissen wollen. Denn Photokopierer sind
20 alles andere als überraschend oder faszinierend. Das Charakteristische dieser Maschine ist gerade ihre Unauffälligkeit, ihr strenger Null-Appeal. Grau, vierschrötig, irgendwie stumpfsinnig, stehen Kopierer irgendwo in der Ecke – in sehr vie-
25 len Ecken mittlerweile – und haben zu funktionieren. Mehr nicht. Doch gerade ihre Unmerklichkeit verhilft ihnen offenbar zur Durchsetzung, zum unerbittlichen Erfolg.
Der Photokopierer ist eine Instanz in unserem
30 Arbeitsalltag. Er ist gar nicht mehr wegzudenken aus all den Architekturbüros, den Speditionen, den Import- und Exportfirmen, den Stadtteilbüros, Rathäusern, Zeitungsredaktionen, Schuhgeschäften, Oberverwaltungsämtern. Der Kopierer ist das *fait*
35 *accompli* in all den Forschungs-, Kundendienst-, Personalabteilungen der Großindustrie, in den Büros der mittelständischen Unternehmen und in den Hinterzimmern der genialischen Modeschöpfer. Natürlich sind auch jene Institutionen, die sich in
40 hohem Auftrage um die Wissensvermittlung bemühen, zu wahren Kopieranstalten avanciert. An jeder Zwergschule steht im Lehrerzimmer ein Photokopierer, an jeder Universität ist die Luft vor den Bibliotheken ozonschwanger und erfüllt
45 von nie endenden wollenden Surren der grünblitzenden Kästen. Kleinen, resistenten Pilzen gleich, sind im fruchtbaren Terrain der Universitätsviertel die Copy-Shops mit ihrer Hinterzimmeratmosphäre aus dem Boden geschossen – um nie wie-
50 der von der Bildfläche zu verschwinden. Kopie-

ren geht über Studieren, und eine komfortablere Aneignung von Wissen ist noch lange nicht in Sicht. Nichts gegen Studenten! Es geht uns ja allen so. Einen wichtigen Text kopiert im Ruck-
55 sack zu wissen ist befriedigend.
Sicher, ob diese Romane, Listen, Aufsätze, Lehrmaterialien, Tabellen, Auszüge, Thesenpapiere, Artikel, Noten, Zeichnungen, Pamphlete, Kinoprogramme – kurz, ob all das Zeug, das da überall
60 jede Sekunde vieltausendfach Vervielfältigung findet, jemals gelesen werden wird, ist sehr die Frage. Genaugenommen ist es sogar unwahrscheinlich. Wer sollte es auch bewältigen?

Weltweit sind über vier Millionen Geräte im Einsatz, der Absatz steigt, und auf den
65 Maschinen wird auch immer heftiger kopiert. (…) Allein in Deutschland (Europameister im Kopieren!) sollen schätzungsweise 120 Milliarden Blätter aus den Ausgabefächern fallen, 4,1 Kopien
70 pro Tag und Bundesbürger. In Westeuropa rechnet man für 1993 mit einem kräftigen Zuwachs auf insgesamt 495 Milliarden, was sich weltweit (mit den kopierfreudigen Amerikanern und Japanern) schließlich auf betäubende 1500 Milliarden
75 (jawohl: Milliarden!) Kopien summiert. Das heißt als Zahl: 1 500 000 000 000 Kopien. Oder ein gefährlich schwankender Papierturm von aufeinandergestapelten DIN-A4-Blättern, 150 000 Kilometer hoch, die halbe Strecke zum Mond.
80 Der Photografie war die Kopierkunst anfangs eng verwandt, und die Techniken sind schwer auseinanderzuhalten. Bis 1938 der amerikanische Bastler und Patentanwalt Chester F. Carlsen beim Werkeln in seiner Garage ein Verfahren entdeckt,
85 das noch heute verwendet wird: die trockene Photokopie. Carlsen meldete gleich am nächsten Tag begeistert seine Erfindung an und suchte nach Geldgebern für eine Massenproduktion, doch erst nach einer Durststrecke von zehn Jahren, 1948,
90 wurde er mit einer Firma einig.
Unter dem Namen Xerographie, vom griechischen xerox, trocken, brachte Carlsen seine Idee unter die Leute, und zwar mit durchschlagendem Erfolg. Das Funktionsprinzip, das Carlsen verwendete
95 (und das übrigens nach fast zeitgleich in Deutschland entdeckt wurde, von der Physikerin Edith Weyde), steckt noch heute in jedem Kopierer. Das Prinzip beruht auf der Eigenschaft bestimmter Stoffe, sogenannter Photohalbleiter wie Selen,

Pamphlete = Streitbsquäh-Schriften.

Appeal = Ausstrahlung, Aussehen.

Instanz = zuständige Stelle

fait accompli = vollendeter Tatbestand, Tatsache,

avanciert = in eine höhere Position aufrücken

resistenten = widerstandsfähig

Terrain = Gebiet, Gelände

Ozon = besondere Form des Sauerstoffs

33

Weitere Arbeitsanregung

Jeder Schüler fertigt sich ein Blatt an, auf dem er die für ihn wichtigen Markierungs-methoden festhält. Beispiele:

Markierungsverzeichnis

!	_____	→	_____
!!	_____	?	_____
Def.	_____	Bsp.	_____
	_____		_____
	_____		_____

Lösungen, S. 38

1 *Hinweis:* Diese Stichwortzettel der Schüler können Grundlage für ein Protokoll sein (⇨ Lehrbuch, S. 61 ff.).

3 *Beispiel:* Telefonnotiz

TELEFONNOTIZ
- Anrufer:
- Datum:
- Zeit:
- Grund des Anrufes:
- Rückruf erbeten:
- Was ist zu veranlassen?

Aufgenommen von:

---

4 *Hinweis:* Verschiedene EDV-Fachzeitschriften können im Hinblick auf solche speziellen Programme angeschrieben oder durchgesehen werden. Darüber hinaus bieten heute auch Standardtextverarbeitungsprogramme wie MS-Word oder Word Perfect die Möglichkeit, kleine Datenbanken aufzubauen.
Vielleicht hat auch jemand in der Klasse seine Telefonkarten- bzw. CD-Sammlung auf dem PC archiviert und kann darüber Auskunft geben, wie eine Datenbank erstellt wird?

5 *Arbeitsanregung*
Nachrichtensendungen eines Tages von verschiedenen Sendern werden aufgenommen. Die Schüler bearbeiten in Gruppen nach der vorgegebenen Aufgabenstellung jeweils eine Sendung. Die Ergebnisse werden dann in der Klasse besprochen.

Lösungen, S. 39

1 Muster für einen Konspekt zu T 5, S. 46:

Der Artikel "Eine Kopie ist eine Kopie ist eine Kopie" von Ralf Hoppe ist in der Beilage der Wochenzeitschrift "Die Zeit" im Jahr 1992 erschienen und beschäftigt sich mit der Bedeutung und den Auswirkungen des Fotokopierers für die bzw. in der Informationsgesellschaft.

Hoppe definiert zunächst, was ein Fotokopierer ist, nämlich ein Gerät, das Vorlagen jeglicher Art auf Knopfdruck kopiert. Weitere wesentliche Eigenschaften des Kopierers sind seine Unauffälligkeit und seine massenhafte Verbreitung, wobei letztere gerade durch erstere ermöglicht wurde. Danach folgt eine Beschreibung der Einsatzorte des Kopierers, der in sämtlichen Wirtschaftsbereichen (bei Freiberuflern, in der Großindustrie und in der mittelständischen Industrie) und Verwaltungsbereichen (Beispiele: Rathäuser, Oberverwaltungsämter) Einzug gehalten hat sowie insbesondere auch im Bildungsbereich, in Schulen, Universitäten und Bibliotheken, weit verbreitet ist. Ein Grund dafür liegt in der vermeintlichen Sicherheit, die diese Methode der Wissensaneignung bietet, indem man einen wichtigen Text kopiert und mit sich trägt.

Hier meldet Hoppe aber zugleich auch Zweifel an, ob all die vielen kopierten Texte auch tatsächlich gelesen werden. Dies ist, so folgert Hoppe, allein durch die Anzahl der Geräte (weltweit vier Millionen) und die Anzahl der Kopien (allein in Deutschland zirka 120 Milliarden Kopien, 4,1 Kopien pro Tag und Bundesbürger) - mit steigender Tendenz -, kaum möglich.

Es folgt ein geschichtlicher Rückblick: Erfunden wurde das Funktionsprinzip der Photokopie, nach dem die Kopierer im wesentlichen auch heute noch funktionieren, von dem Amerikaner Chester F. Carlsen, der das Verfahren 1938 zum Patent anmeldete, jedoch erst 10 Jahre später mit einer Firma ins Geschäft kam, die das Verfahren unter dem Namen "Xerographie" (vom griech. xerox = trocken; für trockene Photokopie) erfolgreich zur Massenproduktion brachte. Das Prinzip der Photokopie beruht dabei auf der Eigenschaft elektrostatischer Aufladung von sogenannten Photohalbleitern, zum Beispiel Selen, Zinkoxid usw., die diese Aufladung unter Lichteinwirkung wieder abgeben. Beim Kopieren wird auf einer mit Photohalbleiter beschichteten, sich drehenden Trommel über Lampen und Spiegel eine Vorlage übertragen und belichtet. Die Trommel wird nach dem Belichten mit Farbpulver (Toner) besprüht und das damit sichtbar gemachte Ladungsbild auf Papier "abgerollt" und mittels Erhitzen fixiert. Dieses analoge technische Verfahren wird heute durch digitale Techniken abgelöst, indem die Vorlagen mittels Scanner abgetastet, digitalisiert und mit Laserstrahl übertragen werden. Die Schnittstelle zum Computer erweitert nochmals die Möglichkeiten, Vorlagen jeglicher Art zu kopieren. Die Folge: Der Unterschied von Original und Kopie beginnt sich aufzulösen.

Ein Zeichen dieser Auflösung ist die sogenannte Copy-Kunst, die sich die Maschinen für ihre Zwecke nutzbar macht und die Reproduzierbarkeit als Element der Kunst einbezieht. Für diese Kunstauffassung wird stellvertretend der Futurist Bruno Munari zitiert: Die Künstler "müssen Kunstwerke mit den Maschinen selbst, mit deren eigenen Mitteln schaffen ..." und so das, was sie angreift und bedroht, mit den zu eigen gemachten Waffen des Feindes schlagen.

Nach Hoppe erleben wir bereits heute einen Vorgeschmack auf die beginnende Copy-Dekade oder gar das Copy-Jahrtausend mit den digitalen Medien, die Scheinwelten als echte Erlebniswelten vorgaukeln, wie beispielsweise Scheidungen im TV, Videoclips auf MTV, Gentechnologie usw. Der Kopierer selbst allerdings ist an diesen Entwicklungen unschuldig, er leistet nur seine Arbeit und kopiert.

2 Muster für ein Exzerpt zum Thema "Vorzüge und Gefahren des Kopierens":

In dem Artikel "Eine Kopie ist eine Kopie ist eine Kopie" macht der Autor Ralf Hoppe darauf aufmerksam, daß mit dem unaufhaltsamen Siegeszug des Kopierers neben vielen Vorteilen auch Nachteile verbunden sein können. Bereits im Vorspann wird dies angedeutet; dort heißt es, daß der Trend durch die neuen digitalen Kopierer in eine "Copy-Zukunft ohne Originale" weist. Mit dem Siegeszug des Kopierers verbindet sich möglicherweise auch ein Verlust: der des Originals. Zunächst jedoch spricht etwas für den Kopierer: die Macht des Faktischen: "Der Photokopierer ist eine Instanz in unserem Arbeitsalltag", "nicht mehr wegzudenken" aus sämtlichen Wirtschafts- und Verwaltungsbereichen, "das fait accompli". Diese Macht des Kopierers läßt jedoch andererseits die Institutionen, die sich eigentlich um die Wissensvermittlung bemühen, zu "wahren Kopieranstalten" werden (avancieren ist in diesem Zusammenhang nur als ironische Beschreibung zu verstehen), und die Luft vor den Bibliotheken ist "ozonschwanger", was auf den Aspekt mangelnder Umweltverträglichkeit hinweist.

"Kopieren geht über Studieren", auch diese Aussage ist mehrdeutig: Einerseits ist "eine komfortablere Aneignung von Wissen ... noch lange nicht in Sicht" und "Einen wichtigen Text kopiert im Rucksack zu wissen ist befriedigend." Andererseits muß bezweifelt werden, daß mit dem Kopieren die Aneignung von Wissen auch stattgefunden hat, da es unwahrscheinlich ist, daß die Milliarden von kopierten Seiten auch tatsächlich gelesen werden, wie Hoppe anhand von Zahlen verdeutlicht.

Mit den neuen digitalen Verfahrensweisen verschwimmt darüber hinaus die Unterscheidung von Kopie und Original, von Echtem und Unechtem: "Die neue Kopierergeneration wird die Trennlinie zwischen Original und Kopie auflösen." Da dieser Prozeß nicht mehr aufzuhalten ist, muß man sich damit arrangieren - dies ist jedenfalls das Fazit der Copy-Kunst, die laut Hoppe als der Versuch anzusehen ist, "sich gegen eine Maschinisierung und Reproduzierbarkeit zu wehren, indem man die Kanonen des Feindes besetzt." Ja, der ursprüngliche Nachteil wird von Verfechtern dieser Richtung sogar in einen Vorzug umgedeutet, die "kalte, industrielle Handschrift" als das "Spannende der Copy-Kunst" bezeichnet. Hoppe bezieht keine direkte eindeutige Haltung zu dieser Auffassung ("Mag sein."), führt im folgenden jedoch eher Beispiele für negative Auswirkungen an, die mit einer "kopierten Wirklichkeit", einem Leben aus zweiter Hand verbunden sind: "die Fünf-Minuten-Schicksale, die Scheidungen im TV, die geklonten Videoclips auf MTV und die Silikon-Stars, den durchorganisierten 'Abenteuer'-Urlaub, das Cyberspace, die Gentechnologie und die auf Landgasthaus getrimmten Landgasthäuser - Kopien allenthalben". Der unmerkliche, mächtige Schub in die serielle Gesellschaft bekommt so etwas sehr Bedrohliches mit noch offenem Ausgang.

Weitere Texte im Lehrbuch, die sich für Exzerpte eignen, mit möglicher Aufgabenstellung

⇨ S. 81 ff.: *Weshalb sind Fachsprachen notwendig?*

⇨ S. 128: *Weshalb schreiben viele Menschen Tagebuch?*

⇨ S. 134, T 4: *Argumente für das Briefeschreiben*

⇨ S. 164, T 1: *Welche Psychotricks benutzen die Verkäufer?*

⇨ S. 298 ff.: *Was erfährt man im Text von Apel über die Novelle "Kleider machen Leute" von Gottfried Keller?*

⇨ S. 310: *Welche Gründe für die Zunahme von Gewalt bei Kindern werden genannt?*

⇨ S. 335: *a) Was versteht man unter dem Bereich Corporate Identity?*
      b) Welche Gründe sprechen für die Auseinandersetzung mit diesem Bereich?

Weitere Sachtexte, die sich als Grundlage für ein Exzerpt und /oder Konspekt eignen
Adalbert Stifter: Was ist Freiheit? ⇨ Textsammlung, S. 260
Cordt Schnibben: Die Reklame-Republik. ⇨ Textsammlung, S. 339
"Ohrfeige an der Haustür". ⇨ Textsammlung, S. 359
"Daten statt Autos?" ⇨ Textsammlung, S. 362
U. Pecher/U. Martin: Fernsehen: Kanal brutal. ⇨ Textsammlung, S. 376

Lösungen, S. 41 oben

1 Exzerpt "Argumente für das Schreiben von Leserbriefen":

In seinem Leserbrief "Meckerpötte oder Geburtshelfer?" begründet der Autor Heinz Steincke, warum er das Schreiben von Leserbriefen für sinnvoll und nützlich hält. So fördern Leserbriefe die Meinungsvielfalt in unserer Gesellschaft. Sie bereichern eine Zeitung durch das Element 'Leidenschaft', das mit einem Leserbrief mit ins Spiel kommt, dadurch nämlich, "daß sich da jemand uneingennützig hinsetzt und den meist schweren Akt des Schreibens vollbringt und sich seine Formulierungen abringt". Leserbriefe geben dem Schreibenden die unverbindliche Möglichkeit der Teilnahme an der öffentlichen Diskussion, ohne daß er damit irgendeiner (politischen) Partei verpflichtet wäre. Leserbriefe zwingen den Schreibenden, seine Gedanken zu ordnen und plausibel vorzutragen. Leserbriefe können als 'Geburtshelfer' für andere Ansichten dienen und dazu beitragen, den Horizont der Redaktion zu erweitern. Sie wirken dem Monopolanspruch der politischen Parteien entgegen, indem sie der üblicherweise schweigenden Mehrheit als Artikulationsorgan dienen und allgemein den Pluralismus in der Gesellschaft fördern.

2 *Merkmale von Leserbriefen:*

*   *Inhalt:* Leserbriefe sind Kommentare zu bestimmten Ereignissen oder journalistischen Berichten darüber. Sie geben die subjektive Sichtweise eines Problems wieder.
*   *Aufbau:* Leserbriefe haben meist eine kurze, prägnante Überschrift. In der Einleitung wird Bezug auf das jeweilige Thema genommen und anschließend der eigene Standpunkt begründet. Der Leserbrief wird namentlich gekennzeichnet, die Redaktion kennt darüber hinaus die Adresse des Autors.
*   *Sprache:* Abhängig von der Absicht des Schreibenden ist die Sprache eher sachbezogen oder eher polemisch. Meist sind die Sätze kurz, damit das Wesentliche direkt klar wird. Häufig werden Beispiele eingefügt, um die Anschaulichkeit zu erhöhen. Auch sind die Texte insgesamt meist kurz gefaßt, um Kürzungen durch die Redaktion zuvorzukommen.

3 *Textaufbau:*

Auf die programmatische Überschrift "Meckerpötte oder Geburtshelfer" folgt zunächst die These, daß die Qualität einer Zeitung nicht zuletzt davon abhängt, wie die Redaktion mit den Leserbriefen, sprich ihren Lesern, umgeht. Es folgt eine - aus der Erfahrung abgeleitete - allgemeine Darlegung, welchen Sinn und welche Funktion Leserbriefe in einer Zeitung haben. Anschließend begründet der Schreiber, warum er Leserbriefe liest und warum er Leserbriefe, insbesondere auch den vorliegenden, schreibt. Möglicher Kritik an Leserbriefen (Meckerei) werden die Vorzüge (Horizonterweiterung, Meinungsvielfalt usw.) entgegengestellt. Der Schlußsatz unterstreicht und steigert nochmals die anfangs geäußerte These.

Weitere Beispiele für Leserbriefe
⇨ Lehrbuch, S. 76
Sonja Gottbrath: Leserbrief (Schülertext). ⇨ Textsammlung, S. 267
Lehrerband, S. 222

Lösungen, S. 41 unten

1 *Merkmale von Kurzberichten:*

- *Inhalt:* Tatsachen und Beobachtungen werden ohne persönliche Wertung, das heißt distanziert und sachlich wiedergegeben.
- *Aufbau:* Bedeutsam sind die Beschränkung auf das Wesentliche und die kurze und klare Darstellung, was die Abfolge des Geschehens oder Vorgangs angeht, während der Sachverhalt selbst anschaulich und glaubhaft wiedergegeben werden kann.
- *Sprache:* Abschweifungen, Beispiele, Gleichnisse usw. sind nicht erlaubt, jedoch treffende sprachliche Bilder, kurze Zitate, Sentenzen. Je nach Gegenstand und Adressat kann der Kurzbericht eher sachlich-informativ oder sachlich-unterhaltend ausfallen. Wichtig sind Informationen über Zusammensetzung und Voraussetzung des Publikums, um darauf den Bericht abzustimmen.

2 *Textaufbau:*
Zunächst erfolgt eine allgemeine Definition des Kurzberichts durch Abgrenzung vom Referat und Vergleich mit dem Protokoll. Die wichtigsten Kriterien für den Kurzbericht, Kürze und Klarheit, werden genannt. Anschließend wird ausgeführt, wie diese Kriterien sprachlich konkret umzusetzen sind (schnelles Vordringen zur Hauptsache, Einsatz von treffenden sprachlichen Bildern, kurzen Zitaten usw.). Schließlich wird darauf hingewiesen, daß sich die Form des Berichts - abhängig von Gegenstand und Adressat - zwischen sachlich-informativer und sachlich-unterhaltsamer Darstellungsweise bewegen kann. Dies wird anhand von Beispielen veranschaulicht. Der letzte Absatz gibt nochmals eine Begründung, warum Kenntnis und Einschätzung des Adressaten für die Abfassung des Kurzberichtes wichtig sind.

Weitere Arbeitsanregung

Welche Bedeutung hat der Titel des Buches "Rhetorik des Schreibens?" (Rhetorik ⇨ Lehrbuch, S. 152 ff.)

3 *Anmerkung:* Die Aufgabenstellung, Vorgehensweise und Zielsetzung bei einem Projekt Berichterstattung sollten ausreichend in der Klasse vorbesprochen werden, um Mißverständnisse bei Schülern und Lehrern zu vermeiden.

Lösungen, S. 44

1 a) Verneinung b) der zu definierende Begriff wird in der Definition verwendet
   c) Wertung d) zu weit gefaßt
   e) zu eng gefaßt f) zu weit gefaßt

2 Zum Begriff "Freizeit" vgl. Wolfgang Auer: Freizeit. ⇨ Lehrerband, S. 45.

3 Vgl. auch Cluster "Liebe" , ⇨ Lehrbuch, S. 288. Hier kann darüber hinaus auf literarische Texte verwiesen werden

4 Beispiele für Redewendungen und Aphorismen zum Wort "Zeit":

Zeit bringt Rat.   Deutsches Sprichwort

Zeit gewonnen, viel gewonnen: Zeit verloren, viel verloren   Deutsches Sprichwort

Zeit hätte man wohl genug, wenn man sie nur wohl anlegte.   Deutsches Sprichwort

Zeit heilt Wunden.   Deutsches Sprichwort

Zeit ist Geld.   Englisches Sprichwort

Zeit ist Leben, und Leben ist Zeit.
          Deutsches Sprichwort

Der Zahn der **Zeit.**
          Shakespeare, Maß für Maß

Die **Zeit** herrscht über die Dinge.
          Lateinisches Sprichwort

Die **Zeit** ist am klügsten.
          Schweizerisches Sprichwort

Die **Zeit** ist aus den Fugen.
          Shakespeare, Hamlet

Die **Zeit** ist kurz, die Kunst ist lang.
          Goethe, Faust 1

Die **Zeit** zernagt alle Dinge.   Ovid

Ein jegliches hat seine **Zeit.**
          Prediger Salomo 3,1

Ein Nein zur rechten **Zeit** erspart viel Widerwärtigkeit.   Deutsches Sprichwort

Eins, zwei, drei, im Sauseschritt läuft die **Zeit**; wir laufen mit.
          Wilhelm Busch, Julchen

Es ist nicht wenig **Zeit,** was wir haben, sondern es ist viel, was wir nicht nützen.
          Seneca

Dreifach ist der Schritt der **Zeit**; zögernd kommt die Zukunft hergezogen, pfeilschnell ist das Jetzt entflogen, ewig still steht die Vergangenheit.
          Schiller, Sprüche des Konfuzius

Jugend und verlorene **Zeit** kommt nicht wieder in Ewigkeit.   Deutsches Sprichwort

Kommt **Zeit**, kommt Rat!
          Deutsches Sprichwort

Liebe vertreibt die **Zeit,** und Zeit vertreibt die Liebe.   Deutsches Sprichwort

Man verliert die meiste **Zeit** damit, daß man Zeit gewinnen will.   John Steinbeck

Nie kehrst du wieder, goldene **Zeit,** so froh und ungebunden.
          Eduard Höfling
          O alte Burschenherrlichkeit

Spare in der **Zeit**, so hast du in der Not:
                Deutsches Sprichwort

Andere **Zeiten**, andere Sitten.
                Deutsches Sprichwort

Wer keine **Zeit** hat, ist ärmer als der ärmste Bettler.
                Italienisches Sprichwort

Wer nicht kommt zur rechten **Zeit**,
der muß nehmen was übrig bleibt.
                Deutsches Sprichwort

Wo Begriffe fehlen, da stellt ein Wort zur rechten **Zeit** sich ein.
                Goethe, Faust 1

Warte nie, bist du **Zeit** hast!
                Deutsches Sprichwort

Was für die **Zeit** erzogen wird, wird schlechter als die Zeit.
                Jean Paul

Was man nicht tun kann, tut die **Zeit**.
                Schweizerisches Sprichwort

Weiterer Text
Axel Hacke: 23. Januar 1992. ⇨ Textsammlung, S. 337 (*Arbeitsanregung:* Was hat der Text mit dem Begriff Zeit zu tun?)

---

5 Begriff "Höflichkeit", Arthur Schopenhauer: Die Stachelschweine, ⇨ Lehrbuch, S. 306

Textsorte: Parabel

Autor: Arthur Schopenhauer (1788 - 1860), bedeutender deutscher Philosoph des 19. Jahrhunderts. Bekannt ist sein Hauptwerk "Die Welt als Wille und Vorstellung". Seine Philosophie fußt auf den beiden Sätzen: 1. Die Welt ist an sich Wille. 2. Die Welt ist für mich Vorstellung. Alles, was für die Erkenntnis da ist (die Welt), ist Objekt in Beziehung auf ein Subjekt und als Anschauung die Vorstellung des Anschauenden. Was in dieser Vorstellung erscheint, ist das, was der Mensch auch als (metaphysischen) Kern seines eigenen Wesens in sich entdeckt: der Wille. Die Natur in ihrer Gesamtheit ist die Objektivation des einheitlichen Weltwillens, des Dinges an sich.

Zur Verdeutlichung seiner Gedanken schrieb Schopenhauer unter anderem zahlreiche Parabeln wie zum Beispiel "Die Stachelschweine". Der Text liegt hier in einer gekürzten Fassung vor. Statt des Schlußsatzes heißt es im Original folgendermaßen:

Originaltext:

So treibt das Bedürfnis der Gesellschaft, aus der Leere und Monotonie des eigenen Inneren entsprungen, die Menschen zueinander; aber ihre vielen widerwärtigen Eigenschaften und unerträglichen Fehler stoßen sie wieder voneinander ab. Die mittlere Entfernung, die sie endlich herausfinden, und bei welcher ein Beisammensein bestehen kann, ist die Höflichkeit und feine Sitte. Dem, der sich nicht in dieser Entfernung hält, ruft man in England zu: keep your distance! Vermöge derselben wird zwar das Bedürfnis gegenseitiger Erwärmung nur unvollkommen befriedigt, dafür aber der Stich der Stacheln nicht empfunden. - Wer jedoch viel eigene, innere Wärme hat, bleibt lieber aus der Gesellschaft weg, um keine Beschwerde zu geben noch zu empfangen.

Deutungshinweise: Zunächst erscheint es sinnvoll, Erklärungen zur Textsorte "Parabel" zu machen, um das Verständnis für die Machart des Textes zu erhöhen. (Geeigneter Theorietext bzw. Tafelbild mit Parabel.) Der Text zeigt im Original eine klare Aufteilung in Bild- und Sachseite, wie dies bei Parabeln üblich ist. Die Leistung der Bildseite sollte intensiv besprochen werden (siehe auch Lehrerband, S. 199).

Weitere Arbeitsanregungen

- *Erklären Sie Ursachen und Folgen des Zusammenrückens der Stachelschweine in dieser Parabel.*
  Lösungshinweis: Die Kälte des Winters und das Bedürfnis nach Wärme sind die Ursachen. Als Folge ergibt sich, daß das Zusammenrücken alle die Stacheln der anderen spüren läßt, so daß sie wieder auseinanderrücken, bis die Kälte sie erneut zusammentreibt.
- *Welche Folgerungen ziehen die Stachelschweine aus dieser Situation?*
  Lösungshinweis: Sie richten sich auf einen Kompromiß ein. Sie finden eine Distanz heraus, die ihnen ein gegenseitiges Wärmen ermöglicht, aber auch groß genug ist, damit sie sich gegenseitig nicht stechen.
- *In welcher Weise läßt sich die Situation der Stachelschweine auf die menschliche Gesellschaft übertragen?*
  Lösungshinweis: Der Wunsch nach menschlicher Nähe wird hervorgerufen durch das Bedürfnis nach Gesellschaft und Wärme. Die Stacheln sind beim Menschen widerwärtig und daher abzulehnende Eigenschaften. Sie distanzieren die Menschen voneinander. Der Mittelweg ist durch die Distanz der Höflichkeit und der Sitte gegeben.

Zum Begriff **Corporate Identity**, ⇨ Lehrbuch, S. 335 f., vgl. die Z. 1 ff., 61 ff., 84 ff., 107 ff.

Weitere Arbeitsanregungen

- *Definieren Sie die Begriffe:*
  a) Band (Mehrdeutigkeit)
  b) Freiheit (⇨ Lehrbuch, S. 239, sowie Textsammlung, S. 260 und S. 222)
  c) Objektivität (⇨ Lehrbuch, S. 49)
  d) Propaganda (⇨ Textsammlung, S. 408)
  e) geil (⇨ Textsammlung, S. 394)
- *Lehrbuch, S. 306, Text "Elsie's Lebenslust": Grenzen Sie die verschiedenen Formen der Fortbewegung voneinander ab.*
- *Lehrbuch, S. 349, Text "Zur sprachhistorischen Entwicklung der Wörter 'Herr' und 'Frau'": Definieren Sie die Begriffe für die im Text angeführten Epochen.*
- *Lehrbuch, S. 339, Text "Information": Bearbeiten Sie den Text nach den bisher kennengelernten Methoden, und definieren Sie den Begriff "Information". Was fällt Ihnen bei der Definition auf? Beschreiben Sie mit eigenen Worten, was Sie unter Information verstehen.*
- *Stellen Sie fest, wie in wissenschaftlichen Texten definiert wird. ⇨ Textsammlung, S. 410, Beispiel „Ironie". Arbeiten Sie dazu den Text durch.*
- *Schlagen Sie in anderen Fachbüchern Definitionen von Fachbegriffen nach, und überprüfen Sie diese anhand der erarbeiteten Kriterien.*
  Beispiele hierzu: ⇨ Lehrerband, S. 43, S. 55, S. 61 ff., S. 65, S. 71, S. 196, S. 207, S. 227, S. 230
- *Lesen Sie den Text von Karl Valentin: Der Liebesbrief, ⇨ Textsammlung, S. 291. Inwieweit wird in diesem Text der Begriff "schreiben" definiert?*

- Definieren Sie "Einfluß" und "beeinflussen". Hierzu meint H. v. d. Tann, ARD-Chefredakteur: Die Wahlen werden auch, aber nicht ausschließlich im Fernsehen entschieden. Wir nehmen Einfluß, aber beeinflussen nicht." (Focus 35/1994, S. 168)
- Lesen Sie den Text "Zwischen Team und Kollektiv" von Heide-Ulrike Wendt, ⇨ Textsammlung, S. 409. Stellen Sie den zeitlichen Bezug des Textes her. Was hat der Text mit dem Begriff "etwas definieren" zu tun? (⇨ Textsammlung, S.394)

Hinweis: Die Definitionen sowie die Zusatztexte können Grundlage zum Beispiel für eine Erörterung sein. ⇨ Lehrbuch, Kapitel 5.7.

Lösungen, S. 46 f.

2 ⇨ Vgl. dazu die Lösungen zu S. 39, Lehrerband, S. 28 f.

3 ⇨ Vgl. dazu die Lösungen zu S. 36, 1b), Lehrerband, S. 27.

4 ⇨ Lehrbuch, S. 358.

5 Copy statt Kopie wird im Zusammenhang mit Ausdrücken bzw. Trends aus dem englischsprachigen Raum (Copy-Shop, Z. 48, Copy-Kunst, Z. 155) verwendet. (Amerika als Vorreiter einer digitalen "Copy-Zukunft", vgl. den letzten Textabschnitt.) ⇨ Lehrbuch, S. 86 ff.

Die Schreibweise Photokopierer verweist auf die ursprüngliche Verwandtschaft des technischen Verfahrens mit der Photographie. Vgl. auch Z. 80 ff. Im Wort Photographie wiederum steckt das griechische Wort "Photo" für Licht. Mit der Eindeutschung von Fremdwörtern wird das "ph" zunehmend zum "f" (Beispiele: Telefon, Fotograf, Grafik).

☞ Die Neuregelung der Rechtschreibung sieht in Absatz 33 vor, daß die Verbindung "ph" in allgemeinsprachlichen Wörtern mit den Stämmen *phon*, *phot*, *graph* durch *f* ersetzt werden kann. (Beispiele: Graphologe/Grafologe, quadrophon/quadrofon, Photometrie/Fotometrie)

Weitere Texte, die für Aufgabenstellung 1 - 4 geeignet sind:
⇨ Lehrbuch S. 335, S. 345 (zum Beispiel für Klassenarbeiten).
Monique Rüdell: Käufer lachen öfter. ⇨ Textsammlung, S. 350
"Ohrfeige an der Haustür". ⇨ Textsammlung, S. 359
U. Pecher/U. Martin: Fernsehen: Kanal brutal. ⇨ Textsammlung, S. 376 ff.
Rolf Karepin: Radio Days. ⇨ Textsammlung, S. 385

Lösungen, S. 48

2 Überschrift: Häftling, JVA-Urlauber; Zeile 27 f., Z. 30 ff., Z. 31 ("goldener Schuß"), Z. 39 ff., Z. 47 f. ("Entseuchung"), Z. 48 ff.

Weiterhin zu beachten:

Z. 1: "Kinder hatten ihn beobachtet." (= auf Spannung aus)

Z. 6 ff. (Blockieren der Zugtoilette als Problem)

Z. 11 ff. "... Erleichterung am Bahndamm" (= Erheiterung)

Z. 40 f. Verspätung des Zuges wird besonders hervorgehoben (= problematische Gewichtung, in dem Bericht geht es um den Tod eines Menschen!)

Z. 48 ff. "... zur Zeit nur zwei Anhänger" (siehe Anmerkung zu Z. 40 f.)

Wortwahl und Gewichtung des Inhalts (⇨ Textsammlung, S. 267, Schülerleserbrief) sind sehr diffamierend und bestätigen die Vorurteile gegen JVA-Insassen und Drogenabhängige (= Menschen zweiter Klasse). Die Störungen im Betriebsablauf bei der Bundesbahn scheinen wichtiger zu sein als der Tod eines Menschen!

3 Vgl. den folgenden Artikel:

35jähriger Soester starb in Zug-Toilette an Überdosis Heroin

Soest. (hs) Auf der Bahnfahrt von Dortmund nach Soest ist ein 35jähriger Rauschgiftsüchtiger an einer Überdosis Heroin gestorben. Der Fixer, der sich während eines Hafturlaubs den Stoff in Dortmund besorgt hatte, wurde in der Zugtoilette entdeckt.
Im Werler Gefängnis hatte der Soester eine Haftstrafe wegen Drogenhandels abzusitzen. Letztes Wochenende erhielt er Hafturlaub, den er dann ganz offensichtlich dazu benutzt hat, an Heroin heranzukommen. Wie der Leiter der Rauschgiftgruppe bei der Soester Kripo, Peter Meffert, gestern gegenüber dem ANZEIGER mitteilte, ist der Häftling nach Dortmund gereist, um sich dort mit Drogen einzudecken.
Nachdem er sich Geld besorgt hatte, erstand er vier Packs Heroin. Das erste, so schätzt Meffert, muß er sich gleich nach dem Kauf verabreicht haben, den zweiten Schuß habe er sich vermutlich in der Zugtoilette gesetzt. Die restlichen zwei Heroin-Briefchen fanden später die Beamten der Kripo in den Taschen des Soesters. Weil er in schlechter körperlicher Verfassung war und während der langen Inhaftierung zwangsläufig enthaltsam gelebt hat,

gerieten ihm die beiden Heroin-Schüsse zum tödlichen Verhängnis, vermutet Meffert.
Mitreisende Schüler benachrichtigten schließlich den Schaffner, nachdem auf der gesamten Strecke zwischen Dortmund und Werl die Zugtoilette durch den Fixer blockiert war. Der Schaffner öffnete mit einem Nachschlüssel das WC. Wegen der Enge in der Zugtoilette konnte allerdings die Tür zunächst nicht richtig geöffnet werden, da der auf dem Boden liegende Mann den Weg versperrte.
In Soest ließen Polizei und Bundesbahn dann den gesamten Waggon räumen, schoben den Wagen aufs Abstellgleis und begannen mit den Ermittlungen. Am Drogentod besteht nach Auskunft Mefferts kaum ein Zweifel: Die Beamten fanden den 35jährigen noch mit dem abgebundenen Arm und den üblichen Fixerutensilien in der Toilette vor.
Bei dem 35jährigen handelt es sich um das fünfte Drogenopfer in Soest in diesem Jahr. Im gesamten Vorjahr hatte die Soester Rauschgiftgruppe nur vier Drogentote zu beklagen.
Soester Anzeiger v. 12.10.1991

Weitere Arbeitsanregung
Untersuchen Sie diesen Bericht, und vergleichen Sie ihn mit T 6, S. 48.

Lösungen, S. 48 (Fortsetzung)
4 Beispiel für Schülerleserbrief, ⇨ Textsammlung, S. 267

Lösungen, S. 49
3 Erläuterung zum Begriff "Objektivität" (Beispiele):

Objektivität, der Charakter des Objektiven; das Freisein von subjektiven Zutaten, subjektiven Einflüssen; Sachlichkeit, Neutralität. O. nennt man auch die Fähigkeit, etwas „streng objektiv" zu beobachten oder darzustellen. Eine solche Fähigkeit besitzt der Mensch nicht; vielmehr wirkt bei jeder Erkenntnis und bei jeder Aussage das ganze körperlich-seelisch-geistige Sosein des Einzelnen einschl. der Kräfte seines Unterbewußtseins und des Erlebnistranszendenten mit. O. im eigentl. Sinne ist nur annäherungsweise erreichbar und bleibt ein Ideal wissenschaftlicher Arbeit.

Objektivität [lat.], eine Ereignissen, Aussagen oder Haltungen (Einstellungen) zuschreibbare Eigenschaft, die v. a. ihre Unabhängigkeit von individuellen Umständen, histor. Zufälligkeiten, beteiligten Personen u. a. ausdrücken soll. O. kann daher häufig als Übereinstimmung mit der Sache unter Ausschaltung aller subjektiven Einflüsse, als Sachgemäßheit oder Gegenstandsorientiertheit bestimmt werden. Das „objektive Urteil" im Sinn einer sachl. und wertfreien Aussage gilt traditionell als Musterbeispiel einer wiss. Aussage.

Philosophisches Wörterbuch, Stuttgart 1978   *Meyers großes Taschenlexikon. Bd. 16. Mannheim 1983*

Weitere Arbeitsanregung

In diesem Zusammenhang kann mit der Klasse über Kriterien der Bewertung und Beurteilung, zum Beispiel von Schülerleistungen im Deutschunterricht, gesprochen werden.

Weitere Texte
⇨ Lehrbuch S. 245 f. und S. 307 (Anknüpfungspunkt: Bewertung in Arbeitszeugnissen), sowie Lehrerband. S. 218 f.
"Richtlinien zur Auswertung von Prüfungsfragen für die neue Schriftsetzer-Abschlußprüfung" (Glosse). ⇨ Textsammlung, S. 370

S. 49f., T 9

Textsorte: Essay
Autor: Robert Jungk (eigentlich Robert Baum), 1913 - 1994, deutscher Wissenschaftspublizist und Zukunftsforscher, der in seinen Werken und Aufsätzen vor allem die ethischen Probleme behandelt, die von der nur scheinbar "neutralen" Wissenschaft und Technik gestellt werden.
Zusatzinformationen: Thematisiert wird die Problematik der konstruierten Fernsehwelten: Der Zuschauer kann nur zwischen den "Wirklichkeiten" wählen, die andere für ihn bereits ausgesucht haben.

Lösungen, S. 50

1 Erfahrungen und Informationen, die über die Medien verbreitet werden, sind bereits gefiltert und stehen in einer gewissen Distanz zum Zuschauer bzw. Zuhörer. Man ist eben nicht hautnah dabei, man kann nicht helfen, man kann nicht vermitteln, man kann nur konsumieren oder abschalten. Bei der unmittelbaren Erfahrung im Alltag ist jeder gefordert, hat die Chance, sich einzubringen und zu agieren.
⇨ Lehrbuch, S. 64 f., sowie Lehrerband, S. 49.
2 Wir haben die Möglichkeit, das Geschehen in der Welt, zumindest in unserem Entscheidungsbereich, zu beeinflussen. Wir verändern aber nicht, indem wir nur konsumierend vor dem Fernseher sitzen und uns die Welt passend machen.
3 U. Pecher/U. Martin: Kanal brutal, ⇨ Textsammlung, S. 376 ff.

4 Mögliche Gesichtspunkte: genaue Beobachtung, neutrale Einstellung, Berücksichtigung vieler Quellen/Perspektiven, Angabe der Voraussetzungen, unter denen beobachtet bzw. beschrieben wird, sachliche Sprache, ...
5 Zum Beispiel: - eigene Ansichten argumentativ einbringen
- mehrere Informationsquellen nutzen
- Ansichten anderer kritisch prüfen und anderes

Horst Bienek: Aus einer "Anweisung für Zeitungsleser", ⇨ **Lehrbuch, S. 338**
Textsorte: Lyrik
Autor: Horst Bienek, geboren 1930, deutscher Schriftsteller
Zusatzinformationen: Auffällig ist die direkte Ansprache der Leser durch den Imperativ und die Frageform. Zu beachten ist ebenfalls die Zeichensetzung.

S. 50, Text unten
Zu Eugen Roth, ⇨ Lehrerband, S. 7.

Weitere Arbeitsanregungen
• *Vergleichen Sie T 10, S. 50, mit dem Text "Medienvielfalt" von Adolf Berger im Hinblick auf Inhalt, Absicht, Textsorte und stilistische Merkmale.*

Adolf Berger **Medienvielfalt**

Die Zeitung schreibt
daß wieder junge Leute
in den Tod gerast sind.
Aber das Frühstück
5 ist im Augenblick
wichtiger.

Das Radio meldet,
daß weiter aufgerüstet wird,
damit abgerüstet werden kann.
10 Aber das Kotelettist
im Augenblick wichtiger.

Der Fernseher zeigt,
wie Menschen sich
massenweise umbringen.
15 Aber das Bier ist im Augenblick
wichtiger.

Die Flut der Ereignisse
verwischt die Gefühle
wie ein Scheibenwischer
20 den Dreck

Kristiane Allert-Wybranietz (Hrsg.): Schweigen brennt unter der Haut. München 1991, S.12

• *Diskutieren Sie, welche Folgen der steigende Medienkonsum auf den Menschen hat. Beziehen Sie dabei auch den Text "Freizeit" von Wolfgang Auer mit ein.*

Wolfgang Auer **Freizeit**

Der Tag
saugt an Dir,
lutscht Dich aus.
Dein Spielraum:
5 zwei mal zwei Meter
Bürofläche.

Am Abend
steht Dir die Welt offen,
zum Beispiel beim Squasch
10 oder auf 51 cm
diagonal auf dem
Bildschirm.

Kristiane Allert-Wybranietz (Hrsg.): A.a.O., S. 10

Weitere Texte
Ulrich Wickert: Tod real zum Frühstück. ⇨ Lehrbuch, S. 64
Wolf Schneider: Lingua Blablativa. ⇨ Textsammlung, S. 404 f. (thematisiert die Sprache der Journalisten)

Lösungen, S. 52

1 Logo, Collage, Video, Ikon (stilisierte Abbildung eines Gegensstandes, verwendet zum Beispiel bei grafischen Computerprogrammen: Papierkorb oder Radiergummi als Zeichen für den Löschvorgang usw.), ...

2 Beispiele im Lehrbuch:

Lösungen, S. 55

1 Weiteres Beispiel für eine Grafik: ⇨ Textsammlung, S. 345
5 Weitere Texte: ⇨ S. 110, S. 164, S. 212, S. 303, S. 321, S. 328, sowie Lehrerband, S. 59 f., S. 87, S. 95, S. 156, S. 166, S. 169 und S. 248 f.
6 Beispiel für eine Möglichkeit der grafischen Umsetzung:

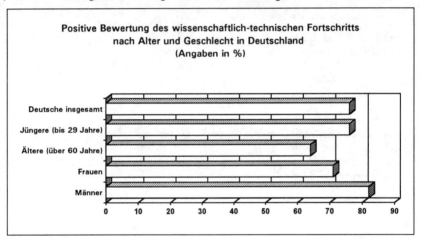

Lösungen, S. 56

8 ⇨ Vgl. auch Lehrbuch, S. 9, sowie die Anmerkungen im Lehrerband, S. 10
   a) Balkendiagramm:

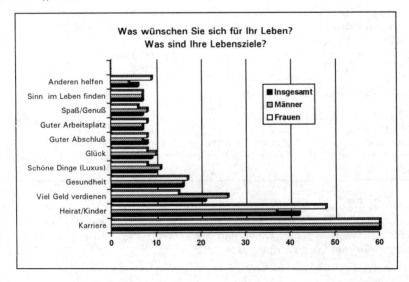

d) ⇨ **Lehrbuch, S. 303, Text "Karriere, Kinder und ein Mann"**
Thema: Das spätere Leben
Gemeinsamkeiten der Texte S. 303 und S. 56: Für Angela (S. 303) ist das Wichtigste Karriere und Familie. Dies entspricht den Ergebnissen der Tabelle auf S. 56.
Unterschiede: Art der Darstellung. Das Interview geht mehr in die Tiefe, ist ausführlicher und zugleich persönlicher, es vermittelt einen Einblick in die jetzige Lebenssituation des Mädchens. Die Tabelle kann lediglich die Nennung (ja/nein) erfassen und statistisch aufbereiten.

Weitere Texte
Heinrich Böll: Die ungezählte Geliebte.
Ohrfeige an der Haustür. ⇨ Textsammlung, S. 359

S. 57 f., Thema Beschreibung

Hinweis: Zum Thema Beschreibung könnten Beschreibungen in Reiseprospekten untersucht werden. Beispiele für Beschreibungen:
Horst Schwarz: Stellenbeschreibung, ⇨ Lehrbuch, S. 337.
Spielbeschreibung, ⇨ Lehrbuch, S. 27.

Weitere Texte
Monika Putschögl:Prospektpoesie. ⇨ Textsammlung, S. 400 (In der Glosse "Prospektpoesie" geht es um sprachlich geschickte Formulierungen und Verschleierungen in Reiseprospekten.)
Zusätzliche Arbeitsanregung zum Text: Der Unterschied von "dasselbe" und "das gleiche" - vgl. den letzten Absatz - könnten hinsichtlich Bedeutung und Rechtschreibung thematisiert werden. (*Hinweis:* Nach der Neuregelung der deutschen Rechtschreibung wird "das selbe" wie "das gleiche" auseinander geschrieben, vgl. Regeln 60 - 63.)
Weitere Texte zum Thema "Reisen"
⇨ Textsammlung, Kapitel 5 "Natur und Umwelt", S. 329ff.

Lösungen, S. 60

1 Beispiel für einen Beobachtungsbogen mit Beobachtungs- und Beurteilungskriterien für den Vortrag von Referaten, für Diskussionsbeiträge und Reden:

Beobachtungsbogen	
1. Inhalt und Aufbau	• Werden Thema und Ziel genannt? • Ist die Gliederung sinnvoll? • Werden Thema und Ziel eingehalten? • Sind die Angaben - soweit nachprüfbar - zum Thema richtig?
2. Vortrag (Kontakt zum Publikum)	• Wird frei vorgetragen? • Wird Blickkontakt zum Publikum gehalten? • Wie wirkt das Auftreten? (Körperhaltung, Gestik, Mimik) • Gibt es Fragen an die Zuhörer? • Gibt es Fragen aus dem Publikum? (Diskussion am Ende des Vortrags?)
3. Sprechweise	• Ist die Sprechweise deutlich? • Ist die Lautstärke angemessen? • Ist das Sprechtempo angemessen? • Wie sehen Wortwahl und Satzbau aus? • Werden Beispiele eingefügt?
4. Redeerfolg	• War die Darbietung verständlich und nachvollziehbar? • War sie interessant? • War sie anschaulich (zum Beispiel im Hinblick auf Medieneinsatz, Beispiele)? • Konnte man Neues lernen?
5. Gesamteindruck und weitere Anmerkungen	

Lösungen, S. 63

3 b) Es handelt sich um einen Kommentar.

  c) Ulrich Wickert lehnt Sendungen, in denen Katastrophen oder Verbrechen live übertragen werden, wegen ihres sensationsheischenden Charakters ab. Diese Position verdeutlicht er durch mehrere Beispiele und durch die Feststellung, daß die Menschen ohnehin einer zu großen Informationsflut ausgesetzt und solche Live-Übertragungen sinnlose Informationen seien.
  Zur Person Ulrich Wickerts: ⇨ Textsammlung, S. 295 f .

Lösungen, S. 64

4 Der Text ist ein Essay im Sinne einer kürzeren Abhandlung über einen aktuellen Gegenstand des sozialen Lebens. Der Essay nimmt sich seines Themas in einer gut zugänglichen, zugleich anspruchsvolleren Form an, die die subjektive Auffassung des Autors bewußt mit ausdrückt. Das Thema wird dabei nicht systematisch analysiert, sondern zugunsten einer lockeren, sprunghaft-assoziativen Darstellung vermittelt und in größere Zusammenhänge gestellt. (Der Essay gilt als offene literarische Form, er kann per se nur fragmentarischen Wahrheitsgehalt beanspruchen, sucht zugleich aber nach allgemeinen Einsichten.)

5 **Hans Kasper: Nachricht, Lehrbuch, S. 64, T 2**
Textsorte: Lyrik
Autor: Hans Kasper (eigentlich Dietrich Huber), geb. 1916 in Berlin, arbeitet als Journalist und schreibt Kolumnen, Hörspiele, Aphorismen. Kennzeichnend für ihn sind die Stilmittel der Satire und Situationskomik, mit denen er zeit- und gesellschaftskritische Problemstellungen aufgreift.
Zusatzinformationen: Das Gedicht, das bereits 1957 veröffentlicht wurde, beschreibt das Fischsterben im Main und die Ignoranz der Bürger. Die Menschen erreicht die Nachricht vom Fischsterben, von der Umweltkatastrophe, in ihrer scheinbar wohlgeordneten Welt nicht.

Weitere Arbeitsanregungen

- *Vergleichen Sie die Anfangs- und die Schlußzeilen des Gedichts. Erläutern Sie den dadurch entstehenden Eindruck.*
- *Welche Zeilen des Gedichts könnten auch in einer Zeitungsmeldung stehen?*
- *Das Gedicht enthält einige Zeilen, die ironisch gemeint sind. Welche sind das?*
- *Welche Ausdrücke im Gedicht sind besonders poetisch und könnten in keinem Fall in einer Zeitungsmeldung erscheinen?*
- *Das Gedicht beinhaltet einen versteckten Vorwurf an die Bürger der Stadt Frankfurt. Formulieren Sie diesen Vorwurf deutlich und direkt.*
- *Geben Sie dem Gedicht eine neue Überschrift, welche die allgemeine Aussageabsicht eindeutiger hervortreten läßt.*
- *Der Text ist im normalen Erzählstil geschrieben; das Schriftbild weicht jedoch von der üblichen Schreibweise stark ab. Welche Wirkung entsteht dadurch?*
- *Diskutieren Sie die folgenden Aussagen zum Gedicht:*
  - *Im Zuge des technischen Fortschritts kann nicht immer verhindert werden, daß auch Giftstoffe ins Wasser gelangen. Wenn dabei einige Fische umkommen, so muß dies in Kauf genommen werden.*
  - *Wir werden täglich mit schrecklichen Nachrichten aus den Medien konfrontiert. Daher sind wir inzwischen so abgestumpft, daß wir eine solche Meldung gar nicht mehr wahrnehmen.*
  - *Das ist ein Skandal. Da gibt es ein großes Fischsterben, und die Behörden und die Medien versuchen noch, die Bürgerinnen und Bürger zu beruhigen.*
- *Der Text läßt sich zu einem Nachrichtentext umformulieren bzw. ausgestalten. Die im Lehrbuch, S. 62, genannten Kriterien für Nachrichtentexte sollten bei der Erstellung berücksichtigt werden.*

Weitere Arbeitsanregungen über den Text hinaus

- Diskutieren Sie, wie die Bürger heute auf eine solche Umweltkatastrophe reagieren würden. Welche Schlußfolgerungen ziehen die Verantwortlichen aus solchen Vorfällen?
- Sammeln Sie aus Zeitungen, Zeitschriften und anderen Veröffentlichungen Meldungen zum Thema "Umweltverschmutzung", und stellen Sie diese Ihren Mitschülern vor.
- Projekt: Sammeln Sie Materialien unterschiedlichster Art zu einem Geschehen aus dem Bereich "Umweltverschmutzung", und präsentieren Sie dies in Form einer Ausstellung, Publikation oder auf andere Weise.

Text, S. 65 Mitte

Textsorte: Auszug aus einer Erzählung
Autor:

Böll, Heinrich, 21.12.1917 Köln - 16.7.1985 ebda.; Sohn e. Bildhauers und Schreinermeisters, Abitur, 1937 Buchhandelslehrling, 1938/39 Arbeitsdienst, 1939-1945 Infanterist, amerikan. Gefangenschaft, Ende 1945 Rückkehr nach Köln, Stud. Germanistik, Hilfsschreiner, Behördenangestellter, seit 1951 freier Schriftsteller in Köln, 1955 Irlandaufenthalt, 1961 Romstipendium, 1962, 1966 und 1972 Rußlandreisen, 1964 Gastdozent für Poetik der Univ. Frankfurt, 1968 in Prag, 1969 in Israel, 1970 Präsident des dt., 1971-74 des internationalen PEN-Clubs; aktiv im Verband dt. Schriftsteller und im SPD-Wahlkampf, 1972 Lit.-Nobelpreis, 1982 Professorentitel. - Erzähler der Nachkriegszeit von herber Sachlichkeit der Sprache, Neigung zur Manier minuziöser Wiedergabe der Außenwelt, atmosphär. Dichte der Schilderung unerbittl. Alltagswirklichkeit. Begann mit satir. Anklagen gegen den Widersinn des Krieges und akuten menschl. und sozialen Problemen und wurde zum iron. Kritiker und kath.-relig. Moralisten gegen Heuchelei der Gesellschaft und Entwürdigung des Menschen; wohlwollende Satire durch Vereinfachung ins Phantastische; im Spätwerk zunehmende Politisierung und Verbitterung. Übs. von Shaw, Horgan, Behan, Salinger, Synge, Malamud u. a. B.-Archiv der Stadt Köln.

Gero von Wilpert: Lexikon der Weltliteratur. Bd. 1. Autoren. Stuttgart 1988

Inhalt des Buches: "Die verlorene Ehre der Katharina Blum" brandmarkt am Beispiel der Katharina Blum und ihres Geliebten Götten das antidemokratische, potentiell gewalttätige Klima, das im Zusammenhang mit der Terroristenverfolgung in der Bundesrepublik Deutschland entstanden war. Zentrales Thema ist die Kritik an der Massenpresse und am Verhalten der staatlichen "Ordnungsinstitutionen" Polizei und Justiz.

Weiterer Text
Meike Rüth: Katharina - 21 Jahre später (Schülerarbeit). ⇨ Textsammlung, S. 308

Lösungen, S. 66

1 Mitgliederversammlung des Sportvereins: Ergebnisprotokoll
  Politikstunde: Verlaufsprotokoll
  Vernehmung durch die Polizei: Verlaufsprotokoll
  Besprechung der Abteilungsleiter: Ergebnisprotokoll
  SV-Sitzung: Ergebnisprotokoll (?)
  Betriebsratswahlen: Ergebnisprotokoll

Autor:

Grimmelshausen, Hans Jacob Christoffel von, dt. Schriftsteller,* Gelnhausen vermutlich 17.3.1621, † Renchen 17.8.1676, anagrammatische Pseudonyme: Samuel Greifnson vom (bzw. von) Hirschfeld, German Schleifheim von Sulsfort, Philarchus Grossus von Trommenheim auf Giffsberg, Illiteratus Ignorantius (genannt Idiota), Michael Rechulin von Sehmsdorff, Erich Steinfels von Grufensholm, Simon Lengfrisch (Leugfrisch) von Hartenfels, Signeur Meßmahl, Israel Fromschmidt von Hugenfelß u. Melchior Sternfels von Fugsheim (Fuchsheim). - G. entstammte einer ursprünglich adeligen Familie, die aber wohl wegen Ausübung bürgerlicher Berufe den Adelstitel abgelegt hatte. Sein Lebenslauf muß weitgehend aus verschiedenen Quellen erschlossen werden: Für die Zeit bis 1648 aus seinem Roman → Der Abentheurliche Simplicissimus Teutsch (1669), danach aus Urkunden über seine berufliche Tätigkeit sowie aus er Chronologie seiner Werke. Von 1627 bis zur Zerstörung Gelnhausens 1634 besuchte er die lutherische Lateinschule der Stadt. Danach ist sein weiteres Leben eng mit dem Dreißigjährigen Krieg in den verschiedensten Funktionen verbunden. Vor allem in der Kanzlei des Hans Reinhard von Schauenberg scheint G. sich weitergebildet zu haben. Zum Zeitpunkt seiner Eheschließung (30.8.1649) muß er bereits zum Katholizismus konvertiert sein. Nach 1648 lebte er als Verwalter und Beamter am Oberrhein (Gaisbach) sowie als Gastwirt, war von 1662-65 Burgvogt auf der Ullenburg des Arztes Dr. Johannes Küffer, durch den er zu verschiedenen Straßburger literarischen Gesellschaften in Beziehung trat, und schließlich von 1667 an im Dienst des Straßburger Bischofs Schultheiß in Renchen. In diese Zeit fällt seine fruchtbare schriftstellerische Tätigkeit.

G. s Werk verrät den gebildeten Autor, der aber auch die Fähigkeit zur scharfen Beobachtung und zur lebendigen Darstellung besitzt. Die Mißstände der Gesellschaft, die aus den Kriegs- und unmittelbaren Nachkriegsereignissen erwuchsen, werden satirisch „gewürgt". G. wählte für seine Aussage vor allem den Typus des Pikaroromans (→ Schelmenroman). Er versuchte sich jedoch mit drei Werken auch auf dem Gebiet des höfisch-historischen Romans. (...) Berühmt wurde G. durch den Abentheuerlichen Simplicissimus Teutsch und die mit ihm zusammenhängenden Romane (...).

Inhalt des Romans:

Der Abentheurliche Simplicissimus Teutsch/ *das ist: Die Beschreibung deß Lebens eines seltzamen Vaganten/ genant Melchior Sternfels von Fuchshaim/ wo und welcher gestalt Er nemlich in diese Welt kommen/ was er darinn gesehen/ gelernt/ erfahren und außgestanden/ auch warumb er solche wieder freywillig quittirt.,* Roman von Hans Jacob Christoffel von → Grimmelshausen, erschienen 1669 (in mundartlicher Fassung schon 1668) unter der anagrammatischen Verschlüsselung „German Schleifheim von Sulsfort „als Autor und „Mömpelgart (=Nürnberg)/ Gedruckt bey Johann Fillion (=Wolff Eberhard Felßecker)" als Verlagsort bzw. Verleger. - Dieser bekannteste Roman von Grimmelshausen wurde zwanzig Jahre nach dem Dreißigjährigen Krieg, der als historische Folie dem Romangeschehen zugrunde liegt, veröffentlicht. Vom gleichen Autor lagen bereits der *Satyrische Pilgram* (1666/67) und *Des Vortrefflichen Keuschen Josephs in Egypten... Lebensbeschreibung* (1667) vor. Das Werk, das stark mundartlich (Oberdt.) gefärbt ist, charakterisiert Grimmelshausen als bedeutendsten Vertreter des Pikaroromans (→ Schel-menroman) in Deutschland und als satirischen Kritiker der gesellschaftlichen Verhältnisse um die Mitte des 17.Jh.s.

Diesem Romantyp entsprechend erzählt Grimmelshausen in der Form der Ich-Erzählung die Biographie seines Helden „Simplicius" (der Einfältige) chronographisch vom Zeitpunkt seiner Kindheit an. Nach der Vertreibung vom Hof seines vermeintlichen Vaters lebt er zwei Jahre bei einem alten Eremiten, der ihm den christlichen Glauben und damit verbundenen Moralvorstellungen vermittelt. Nach dessen Tod tritt er in die Welt, die weitgehend durch den Krieg charakterisiert ist; mit dem sein Schicksal eng verbunden ist. Den Launen der Fortuna (= barocke Schicksalsvorstellung) unterworfen, erfährt er das Auf und Ab des Pikarolebens und versucht, unter Mißachtung der Lehren des Einsiedlers sein Glück zu machen. Der Handlungsverlauf des Romans, dem Lebensweg des

⁴⁵ Simplicius nachgezeichnet, demonstrierte dem zeitgenössischen Leser bekannte Charaktertypen: So meistert der Held als „Narr" in Hanau drohende Risiken, avanciert zum erfolgreichen „Jäger von Soest", erfährt den Fall von der Höhe ⁵⁰ des Glücks durch Gefangennahme und gelangt nach erzwungener Ehe über Köln nach Paris, wo er als Sänger und Frauenliebling erfolge feiert.

Nach schwerer Erkrankung versucht er sich als Quacksalber, wird wiederum als Musketier vom Krieg eingeholt und läßt sich schließlich im ⁵⁵ Schwarzwald als Bauer nieder. Jetzt erfährt er seine wahre Herkunft. Nach erneuten abenteuerlichen Reisen beschließt er sein Leben als Eremit. (...)

Harenbergs Lexikon der Weltliteratur. Autoren - Werke Begriffe. Bd. 1 und 2. Dortmund 1989

Lösungen, S. 67

... Der Einsiedel sagte daraufhin, er sehe wohl, daß er kein Mägdlein sei, und fragte, wie ihn aber sein Vater und Mutter gerufen hätten.

Simplicius antwortete, daß er keinen Vater oder Mutter gehabt habe.

Der Einsiedel fragte, wer ihm denn das Hemd gegeben habe. Simplicius: Ei mein Meuder. Darauf fragte der Einsiedel, wie ihn denn sein Meuder geheißen (genannt) habe.

Simplicius erwiderte, sie habe ihn Bub geheißen, auch Schelm ...

Der Einsiedel fragte, wer denn seiner Mutter Mann gewesen sei. Simplicius: Niemand.

Der Einsiedel fragt genauer, bei wem denn seine Mutter des Nachts geschlafen habe. Simplicius. Bei meinem Knan.

Darauf fragt der Einsiedel, wie ihn denn sein Knan geheißen habe.

Simplicius antwortet, daß er (sein Knan) ihn auch Bub genannt habe.

Der Einsiedel fragt, wie aber sein Knan heiße.

Simplicius beharrt, er (sein Knan) heiße Knan.

Darauf fragt der Einsiedel, wie ihn (den Knan) denn seine Meuder gerufen habe.

Simplicius: Knan, und auch Meister.

Der Einsiedel fragt, ob sie ihn niemals anders genannt habe.

Simplicius anwortet, ja sie habe. Einsiedel: Wie denn?

Simplicius antwortete, Rülp, ..., und noch wohl anders, wenn sie gehadert hätte.

Der Einsiedel seufzte, er sei wohl ein unwissender Tropf, daß er weder seine Eltern noch seinen eigenen Namen nicht wisse (doppelte Verneinung).

Darauf entgegenet Simplicius, eia, er wisse es doch auch nicht.

Der Einsiedel fragte schließlich, ob er auch beten könne.

Simplicius antwortete, nein, ihre Ann und sein Meuder hätten als das Bett gemacht.

Lösungen, S. 68

1 b) Es handelt sich um Zitate eines anderen, die wiedergegeben werden.

Weitere Texte. die geignet sind, den Konjunktiv zu üben

"Karriere, Kinder und ein Mann. ⇨ Lehrbuch, S. 303

"Ich möchte so gern mal nach Hollywood". ⇨ Lehrbuch, S. 70 f.

Bertolt Brecht: Wer kennt wen?; Wenn Herr K. einen Menschen liebte. ⇨ Textsammlung, S. 258

Gerd Pfitzenmaier: "Ohne den Druck durch Noten lernen wir nichts".⇨ Textsammlung, S. 201

Klaus-Peter Wolf: Der Kaufhaussheriff. ⇨ Textsammlung, S. 264 f.

Bettina Toepffer: Ein freundschaftlicher Anruf. ⇨ Textsammlung, S. 276

Peter Bichsel: Colombin. ⇨ Textsammlung, S. 310

Weitere Texte zum Konjunktiv

Albert Janetschek: Verteidigung des Konjunktivs. ⇨ Textsammlung, S. 412

Günter Müller: revolutionär. ⇨ Textsammlung, S. 412 (*Arbeitsanregung:* Weshalb fehlt der Schluß? Denken Sie sich einen möglichen Schluß aus.)

Sprachhandlungskompetenz
❑ Arten von Normen
❑ Entstehung von Normen
❑ Einsicht in die Notwendigkeit von Normen
❑ Grenzen der Normierung
❑ Veränderbarkeit von Normen (wie? warum?)
❑ Sanktionen bei Normverstößen
❑ Herleitung sprachlicher Normen aus den gesellschaftlichen Normen
❑ Fachsprachen: Notwendigkeit und Problematik

☞ Für die Schule wichtige Bereiche der Normierung, wie Sprachnormen, Normierung bei Geschäftsbriefen usw., sollten besonders angesprochen werden.

Verknüpfungsmöglichkeiten mit anderen Kapiteln
⇨ 6.1.2 Werbeanzeigen analysieren (Wie wird Sprache in Werbeanzeigen und -kampagnen eingesetzt, wo sind Verstöße gegen sprachliche Normen zu beobachten und warum?)
⇨ 6.2.3 Zeichen setzen - eine Anleitung zur Zeichensetzung (Normen im Bereich der Zeichensetzung aufzeigen)
⇨ 8.1.3 Parodien und Satiren schreiben (kreativ mit Sprache umgehen, sprachliche Normen gezielt durchbrechen)

S. 69 (Einstiegsseite)
Autor: Wolf-Rüdiger Marunde, Jahrgang 1954, wuchs im schleswig-holsteinischen Harksheide auf und begann 1980 nach seinem Kunststudium mit dem Zeichnen ländlicher Cartoons. Sein "Landleben", das er seit mehreren Jahren regelmäßig in der Zeitschrift "Brigitte" veröffentlicht, war schnell ein großer Erfolg. Marunde lebt im östlichen Niedersachsen.

Arbeitsanregung
Der Text der Karikatur kann umgeschrieben werden: Aus der Karikatur ließe sich eine Fabel erstellen. (⇨ Lehrbuch, S. 25, 174, 242, 306, Merkmale der Fabel S. 359)

S. 70, T 1
Textsorte: Reportage
Autor: Jürgen Bischoff
Inhalt: In dem Text geht es um eine in Hamburg lebende Punkerin, die Pizza genannt wird. Einerseits lehnt sie ein bürgerliches Leben ab, andererseits träumt sie davon, Schauspielerin in Hollywood zu sein und in großem Luxus zu leben.
Sprache: überwiegend sachlich; viel direkte Rede (dadurch wird der Text leichter lesbar und wirkt wirklichkeitsnäher, die Sprache der dargestellten Personen wird eingeführt)
Zusatzinformationen: Der Text erschien, veranschaulicht durch zahlreiche, teilweise ganzseitige Fotos, in einer bekannten Frauenzeitschrift. Unter der Rubrik "Das ganz andere Leben" werden regelmäßig Reportagen über Frauen, die ein nach "gängigen Maßstäben" außergewöhnliches Leben führen, veröffentlicht. Weitere Beispiele für Reportagen dieser Reihe:

- „Serea hat die alten Bräuche satt. Sie ist 26 und hat schon fünf Kinder. Sie wohnt in einem Kraal in Tansania, wo die Massai noch in einer Welt voller Traditionen leben und Frauen fast keine Rechte haben. Aber damit will sie sich nicht länger abfinden."
  Brigitte 25/1993, S. 126 ff.
- „Das Geheimnis der alten Dame. Vor 60 Jahren wanderte Margret Wittmer mit ihrer Familie auf eine gottverlassene Insel aus. Dort trafen sie auf ein Berliner Nudistenpaar und eine exzentrische Baronin mit zwei Liebhabern - es begann ein Drama um Liebe, Macht und Tod. Die 89jährige ist die einzige Überlebende der `Galapagos-Affäre`, die in den 30er Jahren die Weltpresse in Atem hielt."
  Brigitte 3/1994, S. 140 ff.

Begriffserklärung „Punk"

Punkrock [engl. pʌŋk, rɔk; zu engl. punk „miserabel", „nichts wert"], bis 1977 eine (urspr. abwertende) Bez. für Tendenzen und Gruppen des „psychedel." Rock (einfache Harmonik, großer techn. Aufwand). Auf dem Hintergrund einer Ende 1976/Anfang 1977 in den westl. Ind. gesellschaften (v. a. Großbrit. und USA) entstandenen Protestbewegung und Jugendl. gegen Arbeitslosigkeit und Langeweile (Punk) setzt seit 1977 eine sog. „Punkwelle" ein: Ausgangspunkt war ein hekt.-aggressiver, musikal. einfacher (zunächst gespielt von Jugendl. ohne jede musikal. Ausbildung), von den Texten her meist zyn.-resignativer Rock als Reaktion auf die wachsende wirtsch. und soziale Krise, als Ausdruck des Hasses auf die herrschende sozial Realität. In ihrer polit. Haltung (antibürgerl.) indifferent und diffus zw. links und rechts kennzeichnen sich die Punker bes. durch provozierendes, bewußt exaltiertes Auftreten, sowie durch eine häßl., Selbstverstümmelungen einschließende Aufmachung („Müll-Mode": grellbunte gefärbte Haare im Meckischnitt; zerissene; unproportionierte Kleidungsstücke; Metallketten, Rasierklingen, durch Ohren bzw. Wangen gestochene Sicherheitsnadeln als Schmuck; auch hautenge Gummibekleidung, wie sie von Sadomasochisten getragen wird). Inzwischen vom Musikmarkt kommerzialisiert, haben sich Bed. und Wirksamkeit des P. wieder relativiert

Meyers großes Taschenlexikon Bd. 17. Mannheim 1987, S. 357 f.

Lösungen, S. 71

1 Die folgende Vorlage ist als Tafelbild oder als Arbeitsblatt zu verwenden. Wollen Sie die verschiedenen Punkte von den Schülerinnen und Schülern selbständig erarbeiten lassen (Kopiervorlage), so decken Sie beim Kopieren den rechten Teil des Blattes ("Lösungsanregungen") ab.
⇨ Porträt Campino - "Größenwahn muß sein", Textsammlung, S. 292

Pizza Pizza Pizza Pizza Pizza Pizza Pizza Pizza Pizza Pizza Pizza Pizza	
Äußeres Erscheinungs- bild Zeile 29 f.	19 Jahre alt; Haare grün, gelb und violett, bunte Rastazöpfe; kleine silberne Spinne im linken Nasenflügel; Lederarmbänder um den Hals; drei löchrige Jacken in Schichten übereinander; schwere Rangerstiefel "Das Outfit ist Provokation und Erkennungszeichen zugleich."
Biographie	Bürgerlicher Name: Maria Magdalena; geboren in Budapest; 1987 mit der Familie nach Deutschland übergesiedelt; benannt nach ihrer Lieblingsspeise
derzeitiger Tagesablauf Zeile 89 f.	"schnorren"; am Bahnhof stehen; mit Freunden zusammensein, abends "Party" (mit Alkohol); "Ich hab eigentlich jeden Tag nichts vor."
Einstellung zum Leben	Pizza kommt mit dem bürgerlichen geregelten Leben nicht klar, sie will nicht bei ihren Eltern wohnen, sondern lieber zusammen mit 30 Leuten in 12 Wohnungen eines umgerüsteten Weltkriegsbunkers (ohne Dusche, ohne Heizung, ...). Sie braucht jemanden, mit dem sie reden kann, die anderen hören ihr aber nicht zu, sie wird schlecht gelaunt und säuft mit den anderen mit.
Einstellung zur Arbeit	Pizza lehnt Arbeiten ab.
Perspektiven	Sie hat Angst, Alkoholikerin zu werden. Sie träumt davon, Schauspielerin zu werden, nach Hollywood zu gehen und dort in einer luxuriösen Wohnung und mit viel Geld zu leben.

entspricht nicht der gesellschaftlichen Norm

| Reaktionen der Gesell-
schaft
Zeile 10 f.
Zeile 37 f.

Zeile 46 ff. | WIE

• Passanten: igno-rieren die Punker; oder aber sind genervt

• Angestellter im Supermarkt: ab-lehnend, will die Punker nicht in seinem Geschäft haben

• Skinheads nen-nen die Punker "Zecken", sind gewalttätig | WARUM

• aus Ablehnung oder aus dem Gefühl der Belästigung heraus

• aus dem Gefühl, durch das „Schnorren" ausgenutzt zu werden

• aus Angst davor, "beklaut" zu werden

• aus der Befürchtung heraus, daß andere Kunden abgeschreckt werden

• ... |
| Welche welteren Reak-tionen können Sie sich vorstellen? | ... |

Hinweis: An diesem Text kann man gut die Arbeit am Text üben, zum Beispiel Textstellen heraussuchen und in verschiedenen Farben markieren.

Zusatzinformationen zum Text (nicht im Lehrbuch abgedruckte Textpassagen):

Die Verwandlung der Maria Magdalena zur Punkerin Pizza begann vor sieben Jahren in Budapest. Damals war Madonna ihr Idol, die Skandalnudel der Pop-Musik. „ Ihre Musik",
5 erklärt Pizza, „gefällt mir heute ja kein Stück mehr. Aber was sie so erreicht hat, finde ich voll geil." Sie toupierte und färbte sich die Haare wie Madonna, trug Ketten wie Madonna. Und eckte an: Im realsozialistischen System war für derlei
10 Ausgeflipptheiten kein Platz. Es folgten Briefe an die Eltern und Auseinandersetzungen mit den Lehrern; am Ende dann der Schulverweis. Danach versuchte sich Maria Magdalena ein Jahr lang als Schwesternschülerin im Krankenhaus,
15 aber auch damit kam sie nicht zurecht. „ Das war echt alles Scheiße", dieses Leben, hinter dessen Fassade aus Ordnung, Leistung und Vernunft sie nur ein Gebäude voller Lügen und Selbsttäuschung ausmachen konnte. Dann schon
20 lieber die Unordnung, das Anderssein. „ Ich will so leben, wie ich will", sagt Pizza.
Madonna ist out, inzwischen liebt Pizza den Punk: „ Die Musik ist echt wichtig für mich. Ich mag die eben, so hart und laut und schnell. Ich
25 hatte voll Bock drauf, `ne Punkband nur mit Frauen aufzumachen." Eine Band kam noch in Darmstadt zustande, wenn auch nicht nur mit Frauen. Sie nennt sich „Bloody Mary", und so klingt sie auch: Das Schlagzeug treibt die Gitar-
30 re an, der Baß hallt im Bauchfell nach, aus den Boxen dröhnt ein aggressiver Gesang, vor der Bühne hopst das Publikum. „Die Texte gehen meistens so um unsere Probleme", sagt Pizza. „Über Bürgermeister zum Beispiel, die uns

überall vertreiben lassen, und darüber, daß wir 35 nirgends hin dürfen." Seitdem Pizza im Norden lebt, gibt sie bei „Bloody Mary" noch gelegentlich ein Gastspiel. Sie steht dann am Gesangsmikro, hat ein Spitzenkleid an und bunte Stretchhosen und Stiefel an den Füßen und verhack- 40 stückt Nena: „Haste mal`ne Mark für mich, singe ich ein Lied für dich..." Der Song wurde zum heimlichen Szenehit.
Die meisten aus der Band arbeiten. Pizza nicht. „Mir reicht es immer, für zwei, drei Monate 45 Musik machen, `n bißchen Kohle haben, und dann wieder frei." Eine Friseusenlehre, die sie als 16jährige noch in Darmstadt begann, dauerte ganze zwei Tage. „Die Chefin", gibt Pizza zu, „war ja ganz nett. Aber sie wollte aus mir einen 50 anderen Menschen machen." Auch eine Lehrstelle als Autolackiererin schmiß sie nach sechs Monaten. „ Das war irgendwie ganz geil. Der eine Lehrling war ein Gruftie, der andere ein Rapper, und der Geselle war auch ein bißchen 55 punkmäßig drauf." Aber der Chef war eben nur chefmäßig drauf, und deswegen hat`s auch hier nicht funktioniert.
„Meine Eltern überschütteten mich mit Vorwürfen: `Unser Kind! Wie siehst du denn aus? War- 60 um machst du denn das?` Das war ziemlich ätzend." Doch mittlerweile, sagt die Tochter, „haben sie sich wohl dran gewöhnt. Eigentlich komme ich mit denen jetzt voll gut klar. Ich liebe die ja auch und so. Und meine Mutter füttert 65 sogar meine Ratte. Zuerst fand sie die ekelhaft , aber dann hat sie sogar mit ihr gespielt."

3 Anregung für die Diskussion: Einen Protokollanten bestimmen, zu Regeln der Diskussion ⇨ Lehrbuch, S. 146 ff.
4 a) Zum Begriff "Reportage", ⇨ Lehrbuch, S. 62. Merkmale der Reportage:
- Sie gehört zu den tatsachenbetonenden journalistischen Stilformen.
- Sie ist überwiegend informierend.
- Sie ist meist wirkungsvoll gestaltet; zum Beispiel, indem aus der Sicht einer bestimmten Person berichtet wird, indem viel wörtliche Rede verwendet wird u. a.
- Häufig wird sie durch Abbildungen veranschaulicht.
- Eigene Beobachtungen der Reporter fließen mit ein.

Weitere Arbeitsanregungen

* *Diskutieren Sie die Frage, ob Pizza sich in ihrem jetzigen Leben wohlfühlt.*
* *Beurteilen Sie Pizzas Träume. Sind sie realistisch? Vergleichen Sie diese mit den Wunschträumen anderer junger Frauen.*
* *Diskutieren Sie über den Satz "Natürlich könnte Pizza alles einfacher haben." (Z. 71) unter dem Gesichtspunkt: Hat sie es nicht einfacher als andere?*
* *Schreiben Sie eine Charakteristik über Pizza.* ⇨ *Lehrbuch, S. 20*
* *Erstellen Sie eine sachliche Personenbeschreibung von Pizza, zum Beispiel eine Suchmeldung.* ⇨ *Lehrbuch, S. 20*
* *Untersuchen Sie die Sprache von Pizza (zum Beispiel den Gebrauch von Wörtern wie Schnorren, Alk-Affe usw.).*
* *Vergleichen Sie das Leben von Pizza mit dem anderer junger Frauen (Beispiele: Effi Briest,* ⇨ *Lehrbuch, S. 130 und 291; "Karriere, Kinder und ein Mann", S. 303).*
* *Wandeln Sie die direkte Rede mit Hilfe des Konjunktivs in indirekte Rede um.* ⇨ *Lehrbuch, S. 67 f.*
* *Beschreiben Sie Pizza aus Sicht ihrer Eltern. (Fehlende Angaben dürfen Sie frei wählen.)*
* *Erstellen Sie eine Reportage "Das ganz andere Leben". Wählen Sie dazu eine Ihnen bekannte Person aus, die ein "anderes" Leben führt. Was das "Andere" ist, können Sie selbst festlegen. (Diese Reportage kann als Text und/oder als Video produziert werden.)*
* *Problem Alkohol: Weshalb trinken Pizza und ihr Freund? Welche Folgen hat der Alkoholmißbrauch? Diskutieren Sie darüber in der Klasse. Beschaffen Sie sich weiteres Material zu diesem Thema (zum Beispiel von den Krankenkassen).*
* *Erstellen Sie zu dem Text eine textbezogene Erörterung, Thema: "Kann das Leben von Punkern ein Vorbild für Jugendliche sein?"*
* *Diskutieren Sie: Woher kommen gesellschaftliche Normen? Sind sie notwendig?*
* *Welche weiteren Formen kultureller Gruppierungen (sogenannter Subkulturen) von Jugendlichen kennen Sie?*

Weitere Texte
Bertolt Brecht: Die unwürdige Greisin.
Lieder einer Punkband. Beispiel von den "Toten Hosen", ⇨ Textsammlung, S. 338
Monika Held: Porträt: Campino - "Größenwahn muß sein". ⇨ Textsammlung, S. 292

S. 71, T 2

Textsorte: Sachtext/Buchklappentext
Autorin: Sybil Gräfin Schönfeldt ist Journalistin und Kolumnistin, Autorin und Übersetzerin. Sie hat preisgekrönte Jugendbücher geschrieben, aber auch zu kulturhistorischen und pädagogischen Themen Stellung genommen. Sie ist Trägerin des Deutschen Jugendliteraturpreises und erhielt für den Roman "Sonderappell" den Europäischen Jugendbuchpreis.

Im Café und Restaurant

Wenn du in Begleitung eines Herrn bist, so geht er voraus, sucht einen Tisch aus und fragt, ob du damit einverstanden bist. Dann hilft er dir aus dem Mantel, auch wenn der Kellner herbeieilt.
5 Den Hut setzt er sofort beim Hereinkommen ab, du kannst ihn aufbehalten, auch am Tisch. Aber das ist kein Zwang. Wenn du sehr jung bist, setze die Kappe lieber ab. Schal und Handschuhe werden von innen ins Ärmelloch gesteckt. Du
10 kannst deine Haare durch kurzes Berühren mit den Fingerspitzen ordnen, Kämmen inmitten der Tische wäre unhygienisch. Dann nimmst du Platz, deine Handtasche ist bei dir. Der Herr gibt der Dame den bequemeren Sitz, rückt ihr den
15 Stuhl zurecht und setzt sich erst dann, und zwar an ihre linke Seite. Die gleichen Pflichten fallen dir zu, wenn du in Begleitung einer älteren Dame ein Restaurant besuchst.
Ist kein Tisch frei, so darf man das Lokal wieder
20 verlassen. Möchte man sich aber an einen schon besetzten Tisch setzen, so wendet sich der Herr mit der Frage: „Verzeihen Sie, sind hier noch zwei Plätze frei?" an die dort Sitzenden.
Im Café fragt nun die Kellnerin nach den Wün-
25 schen. Im Restaurant bringt der Kellner die Speise- und Getränkekarte. Der gibt die Speisekarte der Dame, während er die Getränkekarte studiert. Nur wenige Damen sind Weinkenner, auch sucht er wegen der Preise lieber selber aus.
30 Er muß ja nachher bezahlen. Wenn du gefragt wirst, ob du diese oder jene Sorte lieber möchtest und du kennst dich gar nicht aus, dann gib es ruhig zu. Wähle nicht mir eifriger Miene etwas Bestimmtes, was du gar nicht kennst. Eine
35 junge Dame trinkt lieber besser gar nichts Alkoholisches, es macht müde oder beschwipst, um so mehr, je weniger man es gewöhnt ist. Niemand nimmt es dir übel, wenn du um Apfelsaft bittest oder gar nichts trinken möchtest.
40 Du suchst auf der Speisekarte etwas aus und nennst es dem Herrn, er gibt die Bestellung an den Kellner weiter. Das Aussuchen von Kuchen an der Theke übernimmt die Dame. Du führst die Verhandlung mit dem Ober nicht selbst,
45 doch wird er sich über ein Lächeln freuen. Wenn ein Gericht dir besonders lecker erschien, darfst du ihm das Kompliment für die Küche selbst sagen. Eine Kellnerin nennt man „Fräulein", den Kellner redet man „Herr Ober" an, ein geschick-
50 teres Wort haben wir in Deutschland nicht.

Doch kann man die Anrede manchmal durch „bitte" umgehen. Wenn du den Kellner herrufen möchtest, gib ihm dies durch Zeichen oder leichtes Winken zu verstehen. Mit dem Messer ans Glas zu stoßen oder hallo zu rufen, ist unge- 55 hörig. Es stört die anderen Gäste. In Anwesenheit des Kellners streitet oder streichelt man sich nicht.
Während des Essens spricht man nur das Nötigste. Kaue erst aus, ehe du etwas sagst. Rede nur 60 für den eigenen Tisch, unterhalte nicht die Nachbarn mit. Wenn der Herr vom Kellner ans Telefon gerufen wird, bittet er um Entschuldigung und geht. Mach dir in seiner Abwesenheit nicht an seinen Sachen zu schaffen. Überfalle ihn 65 bei der Rückkehr nicht mit Fragen, wer denn am Apparat war. Wenn es für dich war, wird er von selbst berichten. Wenn es etwas war, das dich nichts angeht, bringst du ihn in Verlegenheit um eine Ausrede. 70
Bei Kaffee, Tee, Kakao gießt die Dame dem Herrn ein. Beim Wein ist der Herr Mundschenk. Bei alkoholischen Getränken trinkt man sich zu, sonst nicht. Der Herr wartet beim Kaffee, bis die Dame den ersten Schluck nimmt, beim Essen 75 ebenso.
Wenn du nicht recht Bescheid weißt, wie man Hummer oder Königinpastetchen verspeist, darfst du den Herrn um Rat fragen. Bist du allein, so wirst du halt ein so apartes Mahl nicht 80 bestellen. Wer nicht mehr mag, darf etwas auf dem Teller lassen. Schmeckt es dir gut, dann braucht kein Anstandshäppchen übrigzubleiben. Die Papierserviette legst du zusammengeknüllt auf den Eßteller. Der Ober nimmt Schüsseln und 85 Teller weg, die Gläser läßt er stehen. Im Café wird der leere Kuchenteller fortgeräumt, die Tasse bleibt stehen. Es ist üblich, nach dem Essen noch ein wenig beisammenzusitzen und zu plaudern. Das ist eine schöne Angewohnheit. 90 Eine Mahlzeit ist kein Essenfassen, nach dem man eilig an die Arbeit zurückstürzt. Sie soll Ruhe und ein wenig Stil haben. Sie soll an Gott erinnern, der die Speisen gibt, damit wir leben. Darum beten wir vor und nach dem Essen. 95
Das Zahlen übernimmt der Herr. Der Ober nennt die Summe, in einem besseren Restaurant bringt er die Rechnung auf einem Teller, und der Herr legt das Geld unter die Rechnung. Die 10% sind bereits dabei, er braucht nicht noch mehr zu 100

zahlen. Wohlhabende Leute runden nach oben ab. Eine junge Dame braucht das nicht. Es wirkt sogar geschmacklos und protzig, dicke Trinkgelder zu geben. Ein vornehmer Mensch gibt maßvoll. Nur wenn der Herr dich vorher eigens eingeladen hat, brauchst du ihm das Geld nicht wiederzugeben. Du wirst dann nicht vergessen, ihm danke zu sagen: herzlich, nicht überschwenglich. Wenn er dich nicht eingeladen hatte, begleiche später die Rechnung mit ihm. Biete es wenigstens an. Er wird dir insgeheim dankbar sein, vielleicht ist er nicht so gut bei Kasse, wie es den Anschein hat.

Du darfst ein Restaurant oder Café auch allein besuchen, das ist nicht ungehörig. Vermeide aber, spät abends dort zu sitzen. Ein Tanzlokal und eine Bar besucht ein junges Mädchen niemals allein.

Bitte so. Anstandsbüchlein für junge Mädchen. Recklinghausen 1958, S. 52 ff.

„Katze gekocht"
Seltsamer Sachbuch-Trend: Was sie noch nie wissen wollten, erklären Ihnen Anti-Ratgeberbücher

Nun rollt eine Gaga-Gegenbewegung: Nonsens-Beratungsbücher listen alles Unwissenswerte, Unbrauchbare und Sinnlose auf. Immer mehr Ratgeber sind in Wahrheit Parodien der ernstgemeinten Besserwisserbücher.

Statt Gesundheits-, Diät- und Harmoniefibeln gibt es Anleitungen fürs Krank-, Dick- Unglücklichsein. Gerade ist die Antwort auf die Rechtschreibung erschienen - ein Lexikon der „Linkschreibung".

Zur rüden Regelverletzung rät auch der „Anti-Knigge" mit dem Motto „Lieber unverschämt und erfolgreich als zurückhaltend und höflich". Daneben-Benimm-Papst Norbert Golluch weiht- auf 143 Seiten in das Einmaleins der Unhöflichkeit ein: Er lehrt die falsche Anrede am richtigen Platz, die Technik der pseudonachdenklichen Entgegnung und der gekonnten Beleidigung.

- **DER ANTI-KNIGGE**
„Gerade rubenshaft geformte Frauen werden es zu schätzen wissen, wenn sie als Gastgeschenk eine Mammutpackung Pralinen überreichen."

- **HAUSTIERKOCHBUCH**
„Den Hund in den vorgeheizten Ofen auf die untere Schiene schieben und auf halber Flamme rund 3 Stunden garen. Nach und nach Wasser und Wein zugießen..."

Focus 17/1994, S. 172

Arbeitsanregung
Diskutieren Sie über den Sinn bzw. Unsinn solcher "Anti-Ratgeber". Berücksichtigen Sie dabei die Vermarktungsstrategien der Verlage.

Josef Früchtl **Des Guten zuviel - Über Höflichkeit**

Höflichkeit, so scheint es heute, ist ein ebenso anachronistisches wie aktuelles Thema. Immer noch hängt ihm der Muff bürgerlicher Konventionen an, eine pubertäre Peinlichkeit, die man mit dem in den fünfziger Jahren vom Allgemeinen Deutschen Tanzlehrer-Verband gegründeten „Fachausschuß für Umgangsformen" assoziiert. Aber immer häufiger sind Stimmen zu vernehmen, die sich das Lob der guten Sitten angelegen sein lassen: Wenn die Verbindlichkeit des großen Allgemeinen schwindet, sucht man Rückhalt im Kleinen und Privaten, im scheinbar untergeordneten und scheinbar selbstverständlichen Bereich sozialer Gepflogenheiten, in der nicht bindende, aber auch nicht unverbindlichen Verbindlichkeit.

Daß das Thema der guten Sitten an der Zeit ist, könnte aber noch einen spezielleren Grund haben. Wenn die historische Einschätzung richtig sein sollte, daß Höflichkeit und der mit ihr eng verwandte Takt ihre genuine Zeit hatten, als das bürgerliche Individuum sich vom absolutistischen Zwang loslöste, ihn nicht mehr als äußere Gewalt, aber doch noch als gegenwärtig genug erfuhr, um sich von ihm innerlich verpflichten zu lassen, impliziert dies, daß beide Verhaltensformen entweder einer vergangenen Epoche angehören oder daß sie, ihres ursprünglichen historischen Zusammenhangs enthoben, zeitlich und formal im Zwischenreich von Fremd- und Selbstbestimmung, von absoluter und privater Geltung ihren überdauernden

Platz haben. Höflichkeit und Takt sind demnach nicht beliebig, sondern bestenfalls in abgewandelter Weise wiederzubeleben, oder ihre Stunde schlägt, in der Theorie, wenn auch nicht zwingend in der Praxis, wann immer, in der Theorie und in der Praxis, Zwangssysteme zerbrechen. Von diesem historischen Vorbehalt und dieser strukturellen Bedingung wollen die gegenwär-

tigen Revitalisierungsversuche allerdings wenig wissen. In bürgerlichen und - nach wie vor sorgt sich der Adel um die guten Sitten - aristokratischen Kreisen gibt man sich bezüglich der Erfolgsaussicht der modernen Ratgeber zwar durchaus skeptisch, baut trotzdem auf den guten Willen der Zeitgenossen. Das Ergebnis ist so angenehm und belanglos wie lauwarmes Wasser.

Merkur 532, Juli 1993, S. 623

Arbeitsanregungen

- *Fassen Sie die Hauptaussage des Textes zusammen.*
- *Nehmen Sie Stellung zur Ansicht des Autors.*

Lösungen, S. 72 Mitte

Beispiele für Begriffsdefinitionen von "Wert" und "Norm" in unterschiedlichen Lexika:

Norm [zu lat. norma „Winkelmaß, Richtschnur, Regel"], vieldeutig verwendeter wiss. Kernbegriff, v. a. in den sog. *normativen (dogmat.)* Wiss. wie Rechtswiss., Moralphilosophie, Ethik u. a., die sich mit Handlung befassen und/oder diese bewerten. N. kann *regulativ* (wertfrei) verwendet werden für beliebige Aufforderungen (Handlungsweisungen) bzw. zur Erstellung von alltägl. oder rechtl. Institutionen, oder *moral.-eth.* (wertend) für Handlungsorientierungen, die eine moral. Argumentation zu ihrer Rechtfertigung erfordern. Deshalb werden auf solche Handlungen, Handlungsweisen oder -orientierungen bezogene Beurteilungen **normativ** gen.; da häufig das Bestehende auch eine Orientierungsfunktion besitzt, spricht man auch von der *Normativität des Faktischen*.

- in der (dogmat.) *Rechtswiss.* Gesetze im materiellen Sinne, d. h. Rechtssätze, in denen der Gesetzgeber seinen Willen, die Beziehungen zw. den Rechtssubjekten allgemeinverbindl. zu regeln, durch Gebote und Verbote ausdrückt.
- in den *Sozialwiss.* die empir. festellbare Regelmäßigkeit eines sozialen Verhaltens in den verschiedenen Formen des menschl. Zusammenlebens. Der einzelne wird von der sozialen N. als gesellschaftl. mehr oder weniger feste und genaue Forderung nach einem bestimmten Verhalten betroffen. Unterschieden werden latente (noch nicht klar artikulierte, aber schon wirkende) von manifesten (allg. verabredeten und erklärten), traditionelle (unscharfe, aber ohne erklärten Sinnbezug immer schon geltende) von rationalen N. (zumeist gesetzten Rechtsnormen). N. Regeln

in sozialen Beziehungen, welche Rollen die Beteiligten zu spielen haben. Inwieweit es in einer Gesellschaft zur Übereinstimmung von N. und tatsächl. Verhalten kommt, hängt ab vom Grad der Verinnerlichung (Internalisierung) und Anerkennung der N. durch die Individuen, von der Strenge und Wirksamkeit (Funktionalität) der N. für gewünschte Handlungsziele.

Wert, im *soziokulturellen Entwicklungsprozeß* einer Gesellschaft sich herausbildende, von der Mehrheit der Gesellschafts-Mgl. akzeptierte und internalisierte Vorstellung über das Wünschenswerte; W. sind allg. und grundlegende Orientierungsmaßstäbe bei Handlungsalternativen und geben den Menschen Verhaltenssicherheit; aus ihnen leiten sich ↑ Normen und ↑ Rollen ab, die das Alltagshandeln bestimmen. Die Gesamtheit der gesellschaftl. W. bildet das für die Integration und Stabilität einer Gesellschaft bedeutsame *W.system*, das in modernen Gesellschaften durch Ausprägung von Subkulturen und schicht- bzw. klassenspezif. W.mustern stark differenziert ist. *Grund-W.* stehen an der Spitze der gesellschaftl. W.hierarchie, *instrumentelle* W. sind untergeordnet und dienen der Verwirklichung von W. mit höherem Geltungsanspruch.

- in der *Philosophie* in einem weiten Sinn svw. Grund, Norm bzw. Ergebnis einer (positiven) Wertung, d. h. die Bevorzugung einer Handlung vor einer anderen oder eines Gegenstandes, eines Sachverhaltes vor einem anderen. W. im Sinne der Ergebnisse von Wertungen werden auch die empir. Forschung der tatsächl. vollzogenen Wertungen festgestellt; W. im Sinne der Gründe und Normen für Wertungen sind Thema und Gegenstand der Philosophie im Rahmen werttheoret. Konzeptionen (↑ Wertphilosophie, Werterthik, [↑ Ethik]) und jeder eth.-polit. Theorie. - Im Bereich der christl. Ethik entspricht dem Begriff W. der der Tugend.

♦ in der *Nationalökonomie* der von Preisschwankungen unabhängige Maßstab beim Tausch von Gütern. Der W. ist dabei nicht unbedingt gleichbedeutend mit dem Durchschnittspreis eines Gutes; systemat. Abweichungen der Preise von den W. sind denkbar.

Es lassen sich zwei Konzeptionen des W. unterscheiden: Der *objektive* ist den Waren inhärent, die in ihnen vergegenständlichte W.substanz verweist auf die Gesellschaftlichkeit der [Privat]produktion. In der Wertform der Ware (ihren Tauschwert) erscheint die in ihr enthaltende W.substanz. Der *subjektive* W. dagegen bestimmt sich nach der W.schätzung gemäß dem marginalen ↑ Nutzen der am Tauschmarkt Beteiligten im Verhältnis zu ihren Kosten. Im Mittelpunkt dieser Betrachtung steht der gesellschaftl. Gebrauchs-W. einer Ware.

Meyers großes Taschenlexikon, Mannheim, Wien, Zürich 1989

Norm (lat.), `Richtschnur, Regel, Vorschrift, auch: Maßstab der Beurteilung und der Bewertung. Die N. gibt im Gegensatz zum → Gesetz, das ein Sein oder Geschehen aussagt, und zur → Regel, die entweder erfüllt wird oder nicht, an, was auf jeden Fall sein oder geschehen soll. Im einzelnen lassen sich unterscheiden: sittliche, ästhetische und logische Normen (weshalb Ethik, Ästhetik, Logik als normative Disziplinen der Philosophie bezeichnet werden), ferner juristische und technische N.en. Kant gebraucht oft Regel im Sinne von N.

Wert, von → Lotze als Terminus in die Philosophie eingeführt, ist „ein übergeordnet Anerkanntes, zu dem man sich anschauend, anerkennend, verehrend, strebend verhalten kann" (P. Menzer). Der W. ist keine Eigenschaft irgendwelcher Dinglichkeit, sondern eine durch die Fähigkeit des Wertens erkennbare Wesenheit, zugleich die Bedingung für das Wertvollsein der Objekte. Die Vielheit der menschl. Bedürfnisse und Gefühlsweisen erklärt die Verschiedenartigkeit der Wertung; was dem einen von hohem W. ist, besitzt für den anderen geringen oder gar keinen W. Die Möglichkeit, W.e. nach Intensität und Art voneinander zu unterscheiden, führt zu deren „messender" Erfassung. Die W.arten werden formal unterschieden als positiver und negativer W. (Unwert, Mißwert), als relativer und absoluter, als subjektiver und objektiver W. Inhaltliche Unterscheidungen und Güterwerte, logische, ethische und ästhetische W.e: das Angenehme, Nützliche u. Brauchbare; das Wahre, das Gute, das Schöne. Hieraus begründeten → relativistischen oder → historischen Strömungen sucht v. Rintelen durch seine Wert-Logik zu begegnen; der Sinngehalt einer unwandelbaren Wertidee, etwa der Liebe, ist in vertikaler Tiefendimension wechselnder Steigerungsgrade fähig u. in jeweiliger horizontaler Variationsbreite, etwa als Eros, Agape, humanitäre, soziale Liebe, realisierbar. Eine Synthese des kantischen Apriorismus und der materiellen W.ethik. von Aristoteles gibt N. Hartmann: „Es gibt ein für sich bestehendes Reich der W.e, eine echten `Kosmos noetos`, der ebenso jenseits der Wirklichkeit, wie jenseits des Bewußtseins besteht"; er rechnet die Frage nach dem W. zu den metaphys., irrationalen, ewig unlösbaren Problemen; → Wertethik. Nietzsche machte die überragende Bedeutung der W.e und der W.schätzungen für die Weltanschauung sichtbar. W.schätzungen sind für ihn „physiologische Forderungen zur Erhaltung einer bestimmten Art von Leben"; in ihnen drückt sich der „Wille zur Macht" aus. Er verlangt und versucht eine → Umwertung aller W.e und eine „Rangordnung der W.e". Den höchsten W. verkörpert der große Mensch; er setzt (nach Nietzsche) die W.e fest; → W.philosophie. - Psychologisch betrachtet wird der W. eines Gegenstandes im alltäglichen Sinne darin gesehen, daß er dazu geeignet ist, Lusterlebnisse hervorzurufen und dazu veranlaßt, von ihm Besitz zu ergreifen.

Philosophisches Wörterbuch, Stuttgart 1978

Norm, lat. *norma* `Winkelmaß`, `Richtschnur`, die Regel, die angibt, was sein und geschehen soll, der Maßstab der Beurteilung und Bewertung; **normal,** regelrecht, der N. gemäß; auch svw. durchschnittlich; **normativ,** als N. geltend, N.en aufstellend; **Normativismus,** die Lehre vom Vorrang des Normativen, d. h. des als N. Geltenden, des Sollens vor dem Sein, vom Primat der praktischen Vernunft vor der theoretischen.

Johannes Hoffmeister (Hrsg.): Wörterbuch der philosophischen Begriffe. Hamburg 1955

Norm, soziale, ein Standard, den die Mitglieder einer ↗ Gruppe herausgebildet haben und bezüglich dessen sie konform gehen bzw. dessen Einhaltung durch Sanktionen verstärkt wird. S. N.en, so stellte M. Sherif fest, bilden sich allmählich. Konfrontiert man eine Gruppe mit mehrdeutigen Informationen, so sind die Urteile der einzelnen Mitglieder zunächst recht weit gestreut, sie konvergieren jedoch allmählich durch ↗ Kommunikation innerhalb der Gruppe, so daß das Ergebnis mit der *statistischen Norm* vergleichbar wird. In etwas abstrakterer Sicht sind Normen Vorstellungen der Gruppenmitglieder, was denn jemand in einer bestimmten Situation tun darf bzw. lassen soll (vgl. ↗ Gruppendynamik). Ihre Allgemeinverbindlichkeit bzw. Einsichtigkeit hat einen wesentlichen Einfluß auf die *Gruppenkohäsion*.

Arnold, Eysenk, Meili (Hrsg.): Lexikon der Psychologie. Bd. 2. Freiburg, Basel, Berlin 1991

S. 72, T 3

Textsorte: Sachtext
Zusatzinformationen: Der Text wurde unter der Rubrik "Kurzinformation - Gesellschaft" in einer Frauenzeitschrift veröffentlicht.

S. 73, T 4

Textsorte: Sachtext; Bericht/Nachricht
Zusatzinformationen: Der Text erschien unter der Rubrik "Reizthema" in einer vorwiegend an Jugendliche gerichteten Zeitschrift.

Lösungen, S. 73

1 Vergleich der Kleidervorschriften:

Fragestellungen	Text 3	Text 4
Wer gibt Vorschriften vor?	moslemischer Regierungschef	Konventionen, die in bestimmten Berufen üblich sind
Wie verbindlich sind sie?	unbedingt verbindlich	nur bedingt verbindlich
Mögliche Sanktionen?	im Text nicht genannt; ernsthafte Schwierigkeiten (Verlust des Arbeitsplatzes, vorübergehende Festnahme usw.) aber wahrscheinlich	man bekommt die angestrebte (Lehr-)Stelle nicht; man wird von den Kollegen und Kunden nicht akzeptiert
An wen richtet sich der Text?	an deutsche Leserinnen, um auf die Situation von Frauen in moslemischen Ländern aufmerksam zu machen	an diejenigen, die einen Ausbildungsplatz oder einen Arbeitsplatz suchen

3 Argumente pro und contra:

"Kleider machen Leute"	"Jede/jeder soll sich so kleiden, wie sie/er will"
• durch Kleidung fühlt man sich einer bestimmten Gruppe zugehörig • angemessene Kleidung gibt auch Menschen mit "schwächerer" Persönlichkeit ein Gefühl der Sicherheit • …	• durch Kleidung kann man seine Individualität ausdrücken • ein "uniformiertes" Äußeres läßt den einzelnen in der Masse verschwinden • …

4 Argumente pro und contra:

Pro "Mode als Beruf"	Kontra "Mode als Beruf"
• kreative Tätigkeit • viel Umgang mit Menschen • ein aufregendes Leben • …	• sehr auf Erfolg und Leistung ausgerichtet • Mode fördert den Konsum und damit die Umweltverschmutzung • …

Weitere Arbeitsanregungen zu T 3 und T 4

- *Aus den zu Aufgabe 3 und 4 gesammelten Argumenten kann jeweils eine Erörterung erstellt werden.*
- *Im Ausgang von Text 4 lassen sich 10 Tips für eine angemessene Bekleidung im Beruf entwickeln (in Stichworten).*
- *Zu verschiedenen Berufen kann die Klasse die "angemessene" Bekleidung auswählen und anschließend darüber diskutieren (zum Beispiel: Pfarrer, Kellner, Vorstandsvorsitzende einer Bank, Erzieher im Kindergarten, Ingenieur, Pilot, Lehrer, …).*
- *Das Thema "Frauen im Islam" kann in der Klasse besprochen werden. Literatur hierzu zum Beispiel: Gisela Frese-Weghöft: Ein Leben in der Unsichtbarkeit. Frauen im Jemen. Reinbek 1986*

Weitere Texte
Gottfried Keller: Kleider machen Leute.
Carl Zuckmayer: Der Hauptmann von Köpenick.
Ingrid Loschek: Mode und Opposition. ⇨ Textsammlung, S. 262
A. Borchers/E. Fischer: Ein Mann eckt an. ⇨ Textsammlung, S. 295 (zum Thema Schuluniform)

S. 74, T 5
Textsorte: Sachtext
Autor: Alfred Bellebaum, Professor für Soziologie an den Universitäten Konstanz und Bonn.
Zusatzinformationen: Der im Lehrbuch abgedruckte Textauszug ist dem Buch "Soziologische Grundbegriffe", einem Standardwerk der Soziologie, entnommen. Im Kapitel 5 geht es um den Begriff der "sozialen Norm". Der Autor unterscheidet "Arten von Normen" nach drei verschiedenen Gesichtspunkten. Die erste Unterscheidung (vgl. Textauszug im Lehrbuch) zielt auf den Grad des Bewußtseins, die zweite auf die Zahl der betroffenen Menschen und die dritte auf den Grad der Ausdrücklichkeit (Kann-Vorschriften, Soll-Vorschriften, Muß-Vorschriften).

Lösungen, S. 74

1 Im Text getroffene Unterscheidungen:

Normen nach dem Grad des Bewußtseins		
Brauch, Gepflogenheit, Gewohnheit Beispiele: Kaffee mit dem Löffel umrühren; jemanden grüßen, ...	**Sitte** Beispiele: Besuch einer Familienfeier; Sitzplatz einer gehbehinderten Person im Bus anbieten, ...	**Recht, Gesetz** Beispiele: Schulpflicht; Schutz von Eigentum; Verbraucherschutz, vgl. Lehrbuch, S. 83 f.

Weitere Arbeitsanregungen

* *Die im Text getroffenen Unterscheidungen lassen sich auf andere Beispieltexte übertragen. Beispiele: ⇨ Lehrbuch, S. 83 ff., S. 333 sowie Lehrerband, S. 224 f.*
* *Der Text als ein wissenschaftlicher Text kann mit anderen Texten verglichen werden. Beispiele: ⇨ Lehrbuch, S. 81 f., 85, 154, 246, 262. (Mögliche Kriterien für den Vergleich: Merkmale wissenschaftlicher Texte, Sprache, Verständlichkeit usw.)*

S. 76, T 7

Textsorte: Sachtext, Leserbrief
Zusatzinformationen:

Abl.: **Fräulein** (seit dem 12.Jh. bezeichnet man *mhd.* vrouwelein als Verkleinerungsbildung zu vrouwe besonders die unverheiratete junge Frau vornehmen Standes; die Bezeichnung war bis ins
5 18./19.Jh. dem Adel vorbehalten und wurde dann auch auf bürgerliche junge Frauen ausgedehnt; danach galt sie allgemein für die unverheiratete [jüngere] Frau); **fraulich** „der Art einer [reifen] Frau entsprechend" (*mhd.* vrouwelich
10 „der `vrouwe`gemäß"). Zus.: **Frauenzimmer** (das Wort, *spät - mhd.* vrouwenzimmer, bezeichnete zunächst die Räume der Herrin, dann die Räume des Hofstaates und die Frauengemächer allgemein, schließlich kollektiv die darin wohnenden weiblichen Personen; die Bezeich- 15 nung wurde sei Anfang des 17.Jh.s - ähnlich wie 'Bursche, Rat' u. a. - auf die einzelnen Personen, übertragen und vor allem im Sinne von „Frau von vornehmem Stand, Dame" verwendet, dann abgewertet und seit dem 19.Jh. meist ver- 20 ächtlich für „liederliche, leichtfertige Frau" gebraucht).

Herkunftswörterbuch. Duden Bd. 7. Mannheim 1989, S. 203

Lösungen, S. 76

3 *Hinweis:* Es sollte geklärt werden, was ein Wortfeld ist. (Vgl. dazu Duden Bd. 4, Grammatik, S. 506 und S. 543) Anschließend werden die Schülervorschläge zum Arbeitsauftrag ausgewertet.
Alternativ:
Die folgende Aufstellung wird zur kritischen Prüfung im Hinblick auf Gebrauch und Bedeutungsunterschiede der Wörter (zum Beispiel "Weib" - gebräuchlich in unteren sozialen Gruppen) und gegebenenfalls auch zur Ergänzung der Klasse vorgegeben.

Das Wortfeld *Frau* im Deutschen (⇨ Textsammlung, S. 391)

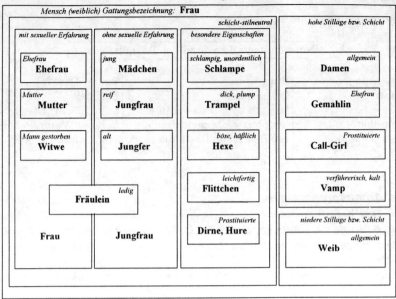

dtv-Atlas zur deutschen Sprache. München 1978, S. 22

Es lassen sich Gemeinsamkeiten und Unterschiede der Wortfelder "Frau" und "Mann" herausarbeiten (vgl. die folgende Übersicht). Beispiel: die Unterscheidung "mit und ohne sexuelle Erfahrung". Weshalb gibt es diese Differenzierung für das Wortfeld "Frau", nicht jedoch für das Wortfeld "Mann" (historische und gesellschaftliche Entwicklung)?

Das Wortfeld *Mann* zum Vergleich

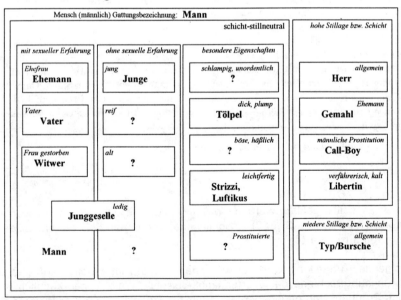

Weiterer Text

Wilhelm Schmidt: Zur sprachhistorischen Entwicklung der Wörter "Herr" und "Frau".⇨ Lehrbuch, S. 349

Zur Entwicklung des Neuhochdeutschen Wortschatzes: Wortschatz; Semantik. ⇨ Textsammlung, S. 392

4 Tanja Blixen: Afrika, dunkel lockende Welt, ⇨ Lehrbuch, S. 290 f.

Autorin:

Blixen, Tanja (eig. Karen Christence von Blixen-Finecke, geb. Dinesen), dän. Schriftstellerin, * Rungstedlund 17.4. 1885, † ebd. 7.9. 1962. - B. stammte väterlicherseits aus einer halbadeligen Familie, mütterlicherseits aus einer reichen Kaufmannsfamilie. 1914 heiratete sie ihren Vetter, den schwedischen Baron Bror von Blixen-Finecke und ging mit ihm nach Afrika, wo sie bis 1931 eine Kaffeefarm betrieb. In diesem Jahr kehrte sie nach Dänemark zurück.
Schon 1907 hatte B. unter dem Pseudonym Osceola Gedichte veröffentlicht (dt. Osceola, 1988), die aber kaum Beachtung fanden. Ihre *Seven Gothic Tales* (1937 ; dt. *Sieben phan-* *tastische Erzählungen,* 1980) erschienen zuerst 15 in Amerika unter dem Pseudonym Isak Dinesen. B.s eigene Übertragung des erfolgreichen Buches wurde aber wegen der komplizierten, von der → Romantik inspirierten Erzählform und der aristokratischen Ideologie in der stark politisier- 20 ten dänischen Öffentlichkeit kritisiert. Erst die Erinnerungen aus Afrika *Den afrikanske Farm* (1937; dt. → *Afrika, dunkel lockende Welt.* 1938) brachten B. Anerkennung im eigenen Land und - viel später durch die Verfilmung *Out.* 25 *of Africa* (1985; dt. *Jenseits von Afrika)* - in der ganzen Welt.

Harenbergs Lexikon der Weltliteratur. Autoren - Werke - Begriffe. Bd. 1. Dortmund 1989

Weitere Texte
Kate Chopin: Geschichte einer Stunde. ⇨ Lehrbuch, S. 295. (Nähere Informationen: ⇨ Lehrerband, S. 23)
Arthur Schopenhauer: Die Stachelschweine. ⇨ Lehrbuch, S. 306. (Nähere Informationen: ⇨ Lehrerband, S. 40)
"Des alten Handwerks Rechte und Gewohnheiten (1804). ⇨ Lehrbuch, S. 334
"Der Tippser". ⇨ Lehrbuch, S. 333
Theodor Fontane: Effi Briest. ⇨ Lehrbuch, S. 130 und S. 291

Weitere Arbeitsanregungen

- *Perspektivwechsel: Schreiben Sie den Text aus der Sicht des Chefs oder einer Kundin.*
- *Erstellen Sie einen Leserbrief, in dem Sie zu dem Text "Wg. Fräulein" Stellung nehmen.*
- *Listen Sie mögliche alternative Verhaltensweisen des Mädchens auf.*
- *Besprechen Sie den Text unter dem Gesichtspunkt "Mißverständnis", ⇨ Lehrbuch, S. 117.*
  Welche Bedeutung hat das Wort "Fräulein" für den älteren Herrn? Welche Bedeutung hat es für das Mädchen? Beziehen Sie die folgenden Texte in Ihre Überlegungen mit ein:

Zusatztexte

Am 16. Januar 1972 wurde in Bonn vom Bundesminister des Innern, der damals Genscher hieß, ein Rundschreiben unterzeichnet. Es legte fest, daß im behördlichen Sprachgebrauch „weibliche Erwachsene" grundsätzlich mit *Frau* und nicht mit *Fräulein* anzusprechen und anzu- schreiben sind. Die Regelung griff bald auf die Wirtschaft über - kein Großbetrieb, der heute noch in Anschrift und Anrede *Fräulein* verwendet. Feministinnen verbuchen den Wandel als 10 Emanzipationserfolg: schließlich seien unverheiratete Männer ja auch kein „Herrlein".

Edith Hallwass: Deutsch müßte man können. Düsseldorf 1991, S. 169

„Fräulein" - nicht salonfähig?
Sprachschöpfer suchen nach einem neuen Rufwort für die Kellnerin

Der Ruf „Fräulein!" nach der weiblichen Bedienung im Restaurant ist lange schon verpönt, ein besserer Begriff allerdings noch nicht in Sicht. Abhilfe will die Gesellschaft für deutsche Sprache (GfdS) in Wiesbaden mit einem bundesweiten Wettbewerb schaffen. Gefunden werden soll eine brauchbare Anrede für Kellnerinnen - eine, die dem gängigen „Herr Ober" entspricht. In der neuen Ausgabe ihres Fachorgans „Sprachdienst" räumt die Gesellschaft einen gründlichen Mißerfolg bei einem ersten Wettbewerbsversuch im Jahr 1979 ein. Nach den Einsendungen war damals das Resümee gezogen worden: „Es gibt Bezeichnungsprobleme, die allein mit Sprache nicht zu bewältigen sind. Die Fräulein-Frage gehört offensichtlich dazu". Der damals vielgenannte Vorschlag „Oberin" fand keine Gnade vor der Jury.

dpa-Meldung, 28./29.10. 1994

Arbeitsanregung zum Text
Welche anderen Rufwörter für die Kellnerin gibt es? (siehe auch Lehrerband, S. 59)

Auszüge (Redensarten) aus
Goethes Faust I: (siehe auch
                Lehrbuch, S. 289)

Denk, Kind, um alles in der Welt! Der Herr dich für ein Fräulein hält.

         Faust

Mein schönes Fräulein, darf ich wagen, meinen Arm und Geleit ihr anzutragen?

         Faust

Bin weder Fräulein, weder schön, kann ungeleitet nach Hause gehn.

         Margarethe

Weitere Texte zum Themenbereich "Frauen - Sprache"
Anja Kempe: Auf ein Wort. ⇨ Lehrbuch, S. 350
Walther von der Vogelweide: Wip muoz iemer sin ... ⇨ Textsammlung, S. 288
Missfits: Gsielinde übsie sich. ⇨ Textsammlung, S. 328
Annette Rupprecht: Frischfleisch für Frauen. ⇨ Textsammlung, S. 347
Chei Woon-Jung: In Deutschland. ⇨ Textsammlung, S. 267
Dieter E. Zimmer: Die Sonne ist keine Frau. ⇨ Textsammlung, S. 391

S. 78, T 1
Zusatzinformationen: Die "Wegweiser für Verbraucher" werden vom Presse- und Informationsamt der Bundesregierung herausgegeben.

Lösungen, S. 80
2 Druck-Erzeugnis (Erzeugnis einer Druckerei) - Druckerzeugnis (Zeugnis eines Druckers)
  Hoch-Zeit (im Sinne von Höhepunkt) - Hochzeit
  Straßenverkehrs-Zulassungsordnung
3 Eine starke Normierung der Sprache liegt insbesondere in den Fachsprachen (⇨ Lehrbuch, S. 80 ff.), in Gesetzestexten (⇨ Lehrbuch, S. 84 f.), sowie im Bereich der Rechtschreibung (⇨ Lehrbuch, S. 92 ff.) vor.

Weitere Arbeitsanregung
Hier könnte ein Grammatikteil zum Bereich "Verben" (zum Beispiel modale Hilfsverben, vgl. den folgenden Text) eingefügt werden. (⇨ Lehrbuch, S. 354 f.)

Tabelle: Anwendung der modalen Hilfsverben in Normen

Lfd Nr	Modale Hilfsverben	Form	Bedeutung		Umschreibung	Gründe die zur Wahl des Hilfsverbums führen (Beispiele)
1	muß, müssen	Indikativ	Gebot	unbedingt fordernd	ist (sind) zu... } (mit hat (haben) zu... } Infinitiv) darf (dürfen) nur...}	Äußerer Zwang, wie durch Rechtsvor – schrift, sicherheits – technische Forderung, Vertrag, oder innerer Zwang, wie Forderung der Einheitlichkeit oder der Folgerichtig – keit.
2	darf nicht, dürfen nicht		Verbot		ist (sind)...nicht zugelassen ist (sind)...nicht zulässig wird abgelehnt	
3	soll, sollen ')	Indikativ	Regel	bedingt fordernd	ist (sind) im Regelfall...	Durch Verabredung oder Vereinbarung freiwillig übernom – mene Verpflichtung, von der nur in begrün – deten Fällen abge – wichen werden darf.
4	soll nicht, sollen nicht ')				ist (sind) im Regelfall nicht zu ...	
5	darf, dürfen	Indikativ	Erlaubnis	freistellend	ist (sind) ... zugelassen ist (sind) ... zulässig ... auch ... (nicht ... kann (können) ... ... läßt (lassen) sich ...)	In bestimmten Fällen darf von dem durch Gebot, Verbot oder Regel Gegebenen abgewichen, z.B. eine gleichwertige Lösung gewählt werden.
6	muß nicht, müssen nicht				braucht nicht ... zu ... (mit Infinitiv)	
7	sollte, sollten	Konjunktiv	Empfehlung, Richtlinie	auswählend, anratend, empfehlend	ist (sind) nach } (mit Möglichkeit zu ... } Infinitiv)	Von mehreren Mög – lichkeiten wird eine als zweckmäßig empfohlen, ohne andere zu erwähnen oder auszuschließen. Eine bestimmte An – gabe ist erwünscht, aber nicht als Forde – rung anzusehen. Eine bestimmte Lösung wird abgewehrt, ohne sie zu verbieten.
8	sollte nicht, sollten nicht				ist (sind) nach } (mit Möglichkeit nicht } Infinitiv) zu ... } ist (sind)...nur ausnahmsweise zuzulassen	
9	kann, können	Indikativ		unverbindlich	es ist nicht möglich, daß... läßt (lassen) sich ... (mit Infinitiv) vermag (vermögen) ... (nicht...darf (dürfen) nicht... ...ist (sind) nicht zu...)	Vorliegen einer physischen Fähigkeit (die Hand kann eine bestimmte Kraft aus – üben),einer physika – lischen Möglichkeit (ein Balken kann eine bestimmte Belastung tragen),einer ideellen Möglichkeit (eine Vor – aussetzung kann be – stimmte Folgen haben, eine Festlegung kann schon überholt sein, wenn ...)
10	kann nicht, können nicht				es ist nicht möglich, daß... läßt (lassen) sich nicht... (mit Infinitiv) vermag (vermögen) nicht... (nicht...darf (dürfen) ... ...ist (sind) zu...)	

') Bei der Anwendung dieser modalen Hilfsverben ist zu bedenken, daß sie sich nicht immer eindeutig in andere Sprachen übersetzen lassen. Sie sollten deshalb vermieden werden.

Grundlagen der Normungsarbeit des DIN. A. a. O., S. 137

S. 80, T 1

Textsorte: Satire (Die Sprache ist gekennzeichnet durch Ironie, Übertreibung, Anglizismen.)

Arbeitsanregungen zu T 1

• *Erläutern Sie die Fachbegriffe. Welche sind heute schon veraltet? Warum?*
• *Stellen Sie die Absicht des Autors dar.*
• *Perspektivenwechsel: Schreiben Sie den Text aus der Sicht des Herrn Müller.*
• *Weshalb verwendet der Techniker so viele Fachbegriffe? Wie könnte er Herrn Müller den Fehler verständlich machen?*
• *Anglizismen: Suchen Sie Beispiele für Anglizismen aus anderen Lebensbereichen, zum Beispiel der Musik. Weshalb werden so viele Anglizismen verwendet? Welche Gründe sprechen für den Gebrauch, welche dagegen?*
• *Erarbeiten Sie anhand dieses Textes die Merkmale der Satire.* ⇨ *Vgl. Lehrbuch, S. 279.*
Hinweis: Unterschiedliche Satiren können miteinander verglichen werden.

Weitere satirische Texte
Eike Christian Hirsch: Spargeln mit Kartoffeln. ⇨ Lehrbuch, S. 93
Gebrauchsanweisungen: Auszug aus einem Hörfunkmanuskript. ⇨ Lehrbuch, S. 210 f.
Peter Maiwald: Die Stillegung. ⇨ Lehrbuch, S. 243
Dieter Hildebrandt: Dichter-TÜV. ⇨ Lehrbuch, S. 267 f.
Ephraim Kishon: Agententerror. ⇨ Textsammlung, S. 369

• *Welche anderen Möglichkeiten, um auf Probleme im Umgang mit neuen Technologien hinzuweisen, kennen Sie?*
Hinweis: Möglichkeiten hierzu bieten Karikaturen, Glossen, Leserbriefe, ... Die Schüler können entsprechende Texte selbst formulieren oder Texte zu dieser Problematik, die sich in Zeitschriften, Büchern usw. finden, in den Unterricht einbringen.

S. 81, T 2

Textsorte: wissenschaftlicher Sachtext

Lösungen, S. 82

1 Sprachliche Merkmale eines wissenschaftlichen Textes: Verwendung von Fachausdrücken, viele Fremdwörter, sachlicher Stil, Substantivierungen, lange Sätze, ...
2 Texte dieser Art sind schwierig zu lesen und zu verstehen (siehe auch 1).
3 Beispiele für Fremdwörter im Text:
Phänomen, Z. 4; Spezialisierung, Z. 5; Differenzierung, Z. 23; Reflexion, Z. 33; terminologisch, Z. 39; phraseologisch, Z. 39; Syntax, Z. 40; ...
4 a) Warum sind Fachsprachen entstanden? Vgl. dazu Z. 3 bis 10.
Warum entwickeln sie sich weiter? Vgl. dazu Z. 18 bis 29, Z. 80 bis 87.
b) Wie hat sich der Fachwortschatz verändert?

Tafelbild zur Entwicklung des Fachwortschatzes

Veränderung	Beispiele aus dem Text	Weitere Beispiele (Schülerbeispiele)
Bedeutungsfestlegung gemeinsprachlicher Wörter (= Terminologisierung)	Strom (siehe unten) "Bedeutungsveränderung ... 'elektrischer Strom'")	Aus (Fußball) Maus (Computer) ...
Neubildungen (Nutzung bisher nicht verwendeter Möglichkeiten des Sprachsystems)	trennschleifen gefriertrocknen integrierter Magnetkartenleser	Kreditkarte ...
Entlehnungen aus anderen Sprachen	Billet (Fahrkarte) Linotype (Setzmaschine) Input (Eingabe)	Tara (Verpackung) brutto (ohne Abzug) Jeans stylen ...
Bildung von Kunstwörtern	DIN D-Zug-Lok	...

Bedeutungsveränderung fachsprachlicher Termini durch definitorische Festlegungen: "elektrischer Strom"

1891 Die entgegengesetzte Bewegung und Vereinigung beider Elektricitäten in einem Leiter oder die durch einen Leiter fließende Elektricität wird ein ... elektrischer Strom genannt;

1920 elektrischer Strom (ist) der Ausgleich der Elektr. zweier auf verschiedenem Potential befindlicher Körper durch einen Leiter, was man sich früher als ein Strömen des elektr. Fluidums vorstellte;

1977 Als elektrischen Strom bezeichnen wir jede geordnete Bewegung von elektrischen Ladungen.

Chr. Unger: Zur Entwicklungsgeschichte der elektrotechnischen Fachbezeichnung "Strom". In Fachsprache 2. 1980, S. 160

c) *Pro:* Durch die Veränderungen der Fachsprachen und durch die Beeinflussung der Gemeinsprache durch die Fachsprache werden neue Ausdrucksmöglichkeiten geschaffen, und unser sprachlicher und geistiger Horizont erweitert sich dadurch. (Z. 104 bis 109)
Contra: Es entsteht die Gefahr der Scheinfachlichkeit im Sprachgebrauch. (Z. 110 bis 116)

5 Vgl. dazu Z. 87 bis 103. Als Beispiele eignen sich Stellenanzeigen aus der Computerbranche hervorragend.

Weitere Texte
Thaddäus Troll: Rotkäppchen auf Reklamedeutsch.
Rotkäppchen - (k)ein Märchen. ⇨ Textsammlung, S. 356

S. 83, T 3

Weitere Arbeitsanregung

Vergleichen Sie die Richtlinien des VDI mit denen der ehemaligen DDR:

- frei:
Bildung von Adjektiven. Substantivische Basen (*staubfrei, metallfrei*), mitunter Einschub von Fugenelementen (*spannungsfrei, zittermarken-*
5 *frei*); selten verbale Basen (*störfrei, rauschfrei*). Nichtvorhandensein des Basisinhalts als Vorzug betont (der Basisinhalt ist eine unerwünschte Erscheinung):
gratfreie Schneide, rückwirkungsfreie Zusam-
10 *menschaltung, eisenfreie Meßwerke.*
Ableitungen von Verben sollten vermieden werden, da sie irreführen können. (Statt *störfrei* besser *störungsfrei* → ohne Störungen.)
Wenn das Nichtvorhandensein des Basisinhalts
15 nicht als Vorzug hervorgehoben werden soll, sind besser Ableitungen mit *-los* ⊼ zu bilden.

-los:
Bildung von Adjektiven. Bis auf wenige Ausnahmen substantivische Basen *schleifringlos,*
20 *verstärkerlos*), mitunter Einschub von Fugenelementen (*spannungslos, stufenlos*).

Nichtvorhandensein des Basisinhalts (häufig nennt die Basis etwas üblicherweise Vorhandenes):
eisenkernlose Gegentaktstufe, drahtlose Über- 25 *tragung, spitzlose Außenrundschleifmaschine*
Adjektive auf -los charakterisieren oft die Bauart von technischen Gegenständen.
In der Gemeinsprache sind mitunter zusätzliche semantische Schattierungen feststellbar: Das 30 Nichtvorhandensein des Basisinhalts ist erwünscht (*fruchtlos*) oder unerwünscht (*erfolglos*). Im Bereich der Technik handelt es sich bei Bildung mit -los jedoch stets um eine sachliche Festellung ohne Wertung. 35
Wenn das Nichtvorhandensein des Basisinhalts als Vorzug hervorgehoben werden soll, sollten Ableitungen mit *-frei* ⊼ gebildet werden.

< ahd., mhd. lös; Bedeutung, frei, ledig, bar, beraubt; mutwillig; verwandt mit *verlieren* und 40 *löschen*

Deutsche Fachsprache der Technik. VEB Verlag Enzyklopädie Leipzig 1978, S. 83 und 91

Lösungen, S. 84

1 T 4, verwendete Fachausdrücke im BGB mit Erläuterungen:

Wandelung   bewegliche Sachen
Minderung   Gattungskauf
arglistig verschwiegene Mängel

T 5, verwendete Fachausdrücke in den ABG des Händlers mit Erläuterungen:

unter Ausschluß   Verschulden
Nachbesserung   unlautere Handlung
unverzüglich   Erfüllungs- bzw. Verrichtungsgehilfe
Unmöglichkeit der Leistung   vorsätzlich
Nichterfüllung   grob fahrlässig
positive Forderungsverletzung

2 a) Der Kunde muß offensichtliche Mängel, die er an gekauften Neugeräten feststellt, innerhalb zweier Wochen reklamieren. Bei Gebrauchtgeräten besteht diese Möglichkeit nicht.

b) Da es sich um einen Gattungskauf handelt, hat der Kunde wahlweise das Recht auf Wandelung (Rückgängigmachen des Kaufvertrages), auf Herabsetzung des Kaufpreises oder auf Umtausch in mangelfreie Ware. Er muß innerhalb von sechs Monaten reklamieren.

⇨ Lehrbuch, S. 327.

3 Der Einzelhändler muß die Reklamation annehmen - die in den Allgemeinen Geschäftsbedingungen des Händlers vorgenommene Verkürzung der Gewährleistungsfrist von 6 Monaten auf 2 Wochen ist unwirksam (AGB § 11, 10). Es gelten die Fristen nach BGB.

4 Bei Kundenreklamationen und bei Umtausch wegen Nichtgefallen zahlt sich in vielen Fällen langfristig kulantes Verhalten der Händler aus. Das heißt, der Händler ist großzügiger, als er nach den gesetzlichen Vorschriften sein muß, denn dies ist eine sehr gute und zumeist auch preiswerte Werbung für sein Geschäft.

Hinweis: Ein weiteres Beispiel für Gesetzestexte, ⇨ Lehrerband, S. 224 f.

Ein weiteres Beispiel für Fachsprachen im Alltag:

Kennzeichnung von Fruchtsaft, Fruchtnektar und Fruchtsaftgetränk

Nach der **Fruchtsaft-Verordnung** ist **Fruchtsaft** der mittels mechanischer Verfahren (Zerkleinern, Pressen, Zentrifugieren) aus Obstfrüchten gewonnene, gärfähige, aber
5 nicht gegorene Saft, der die kennzeichnende Farbe, das arteigene Aroma und den arteigenen Geschmack der Früchte aufweist, von denen er stammt.

Als Fruchtsaft gilt auch das aus konzentrier-
10 tem Fruchtsaft durch Zufügen der dem Saft bei derKonzentrierung entzogenen Wassermenge hergestellte Erzeugnis.

Ein unter der Bezeichnung „Fruchtsaft" in den Verkehr gebrachtes Erzeugnis ist als
15 „100%iger Saft" zu beurteilen.

Fruchnektar ist nach der **Verordnung über Fruchtnektar und Fruchtsirup** das nicht gegorene, aber gärfähige, durch Zusatz von Trinkwasser und Zucker zu Fruchtsaft, kon-
20 zentriertem Fruchtmark oder einem Gemisch dieser Erzeugnisse hergestellte Erzeugnis. Fruchtnektare sind sämig, leicht dickflüssig.

Bei der Herstellung von Fruchtnektaren dürfen bis höchstens 20 % bestimmte Zuckerarten beigesetzt werden. Statt dieser Zuckerarten 25 kann auch Bienenhonig beigesetzt werden.

Bei Fruchtnektaren liegt der Anteil an Fruchtsaft und Fruchtmark zusammen zwischen 25 und 50 Prozent. wegen des erlaubten Zuckerzusatzes **kann der Energiegehalt höher lie-** 30 **gen** als der von Fruchtsäften.

Nach der **Richtlinie für Erfrischungsgetränke** (Fruchtsaftgetränke, Limonaden, Brausen) enthalten **Fruchtsaftgetränke** Fruchtsaft, Fruchtsaftkonzentrat, Fruchtmark, Frucht- 35 markkonzentrat, gegebenenfalls haltbar gemacht, oder eine Mischung dieser Erzeugnisse: Der Fruchtsaftanteil der genannten Fruchtbestandteile beträgt im Fruchtsaftgetränk aus:
- Kernobstsaft oder Traubensaft mindestens 30% 40
- Zitrussaft mindestens   6 %
- und aus anderen Fruchtsäften mindestens 10 %

Arbeitsanregungen

- *Was trinken Sie (zum Beispiel Fruchtsaftgetränk, Fruchtnektar)? Beurteilen Sie den Fruchtgehalt dieser Getränke.*
- *Welchen Vorteil hat die Fruchtsaft-Verordnung für den Verbraucher? Weshalb können viele Verbraucher diesen Vorteil nicht nutzen?*
- *Wie könnten Getränke klarer gekennzeichnet werden?*
- *Untersuchen Sie weitere Lebensmittelkennzeichnungen, zum Beispiel Fettgehalt bei Quark (zum Beispiel "40 % i. Tr." usw.) oder Joghurt.*

Weitere Arbeitsanregungen zum Bereich "Fachsprache"

- Die Fachsprache aus dem Berufsfeld der Schüler kann näher untersucht werden, zum Beispiel indem aus Lehrbüchern, Fachzeitschriften u. a. fachsprachliche Ausdrücke herausgesucht werden. Im Anschluß daran kann über eine Vereinfachung einiger Begriffe/Texte gesprochen werden, die sich möglicherweise in entsprechenden Lösungsvorschlägen umsetzen läßt.
- Fachsprachen aus anderen Lebensbereichen der Schüler (Musik, Sport usw.) lassen sich mit einbeziehen, indem die Schüler beispielsweise aus unterschiedlichen Musikzeitschriften und Sportzeitungen, die sie selbst mitbringen, Artikel auf die jeweils verwendete Fachsprache untersuchen. Hierzu eignet sich auch sehr gut die Berichterstattung im Radio oder im Fernsehen, zum Beispiel Übertragungen von Fußballspielen, Tennis, ...
- Der Text "Eine Kopie ist eine Kopie ist eine Kopie", ⇨ Lehrbuch, S. 46, kann im Hinblick auf die verwendete Fachsprache untersucht werden.
- Pro und contra Fachsprache: In der Klasse werden Argumente gesammelt, die in eine Diskussion oder in eine Erörterung zum Thema eingebunden werden.

Hinweis: Weitere Texte zum Thema Fachsprache, ⇨ Lehrerband, S. 71 ff., S. 89 f., S. 172 und S. 184 f.

S. 85 f., T 6

Textsorte: Sachtext
Autor: Helmuth Plessner (1892 - 1985); deutscher Philosoph. Plessner war Mitbegründer der modernen philosophischen Anthropologie und befaßte sich daneben mit Fragen der Kultursoziologie und Ästhetik. Der zentrale Begriff seiner Anthropologie ist die Positionalität des Menschen: Während die Tiere in der Distanz zu ihrem Körper, nicht aber zu ihrem Bewußtsein eine zentrale Position haben, ist für den
5 Menschen die Position der Exzentrizität charakteristisch: *Reflexivität* ist das Strukturprinzip, durch das der Mensch vom Tier abgehoben ist. Er ist Ich, hat Selbstbewußtsein und darin doppelten Abstand zu sich: als Selbst zum Leib und als Ich zum Selbst. Der Mensch steht im Punkt der „stets neu zu vollziehenden Einheit des Verhältnisses zu seiner *gegenständlich* und *zuständlich* gegebenen physischen Existenz." - Dies ist seine exzentrische Position, die dreifach charakterisiert ist: als Körper, als Selbst im
10 Körper (Leib) und als Punkt (Ich), von dem aus beides ist. Dadurch wird er als Person charakterisiert und ein entsprechend dreifaches Verhältnis zur Welt als Außenwelt, Innenwelt und Mitwelt begründet.
Werke: Die wissenschaftliche Idee (1913), Die Einheit der Sinne (1923), Die Stufen des Organischen (1928), Zwischen Philosophie und Gesellschaft (1953) u. a.

Nach: Grundprobleme der großen Philosophen. Philosophie der Gegenwart. Bd. II. Göttingen 1982, S. 146 ff.

Zusatzinformationen:

Platon: griechischer Philosoph (428/7 - 348/7 v. Chr.). Schüler des Sokrates. Entscheidend waren seine Ideenlehre und seine Staatsphilosophie. Gedankengang seiner Ideenlehre: Wahrnehmung erkennt nichts Dauerndes, gibt also nicht Gewißheit, sondern nur täuschende Meinung. Nur die Begriffe sind, einmal richtig gebildet, stets unwandelbar, nur sie geben wirkliches Wissen. Der Begriff muß ein Objekt haben,
5 worauf er sich bezieht. Dieses Objekt kann nicht identisch sein mit dem Objekt der sinnlichen Vorstellung, es muß ein übersinnliches Objekt sein: die Idee. In unseren Begriffen vollzieht sich also die Erkenntnis einer übersinnlichen Welt. Die Begriffe sind Abbilder der Ideen; in der Vielheit der Begriffe spiegelt sich die der Ideen. Die Teilhabe der Seele an den Ideen durch Begriffe beweist nach Platon zugleich die Unsterblichkeit der Seele: Die Begriffsbildung in der menschlichen Seele ist ein Akt der Erinnerung
10 nerung an die Ideen selbst, die die Seele schaute, bevor sie an den Leib gebunden wurde.

Aristoteles: griechischer Philosoph (384/3 - 322/1), Schüler des Platon, Erzieher Alexanders des Großen. Begründer der eigentlichen wissenschaftlichen Philosophie und der Einzelwissenschaften. Er entwickelte ein Disziplinensystem, dessen Grundlagen Logik und Metaphysik bilden. Die Logik (Analytik)
ist die Lehre von den logischen Grundgesetzen, von Begriff, Urteil, Schluß, von Definition, Beweis und
5 Methode. Die inhaltlichen Disziplinen der Philosophie teilt Aristoteles in die theoretischen (Metaphysik,
Mathematik, Physik, Psychologie), die praktischen (Ethik, Politik, Ökonomik) und die poietischen
(Technik, Ästhetik, Rhetorik). In seiner Physik bzw. Naturphilosophie unterscheidet er zwei Arten von
Kräften: anorganische Energie und organische Entelechie. Letzteres bezeichnet die Form, die sich im
Stoff verwirklicht, das aktive Prinzip, welches das Mögliche erst zum Wirklichen macht und dies zur
10 Vollendung des Daseins bringt. Die Entelechie des Leibes, die sich in den Veränderungen und Tätig-
keiten des Körpers verwirklicht, ist die Seele.

Baruch Spinoza: niederländischer Philosoph (1632 - 1677). In seinem Hauptwerk, der Ethik (1677)
wendet er rigoros die mathematische Methode an, die seiner Auffassung gemäß allein zur Wahrheit
führt. Je mehr der menschliche Geist weiß, desto besser erkennt er seine Kräfte und die Ordnung der
Natur, desto leichter kann er sich selbst leiten und Regeln geben. Den Grundsatz, daß es in der Natur
5 nichts geben kann, was ihren Gesetzen widerspricht, vielmehr alles nach bestimmten Gesetzen geschieht, überträgt er auf die menschliche Seele. Die Seele ist selbst nur ein Teil der alles umfassenden
Natur, der Substanz, die sich uns in zwei Attributen offenbart: Ausdehnung und Denken, Materie und
Geist. Alle Dinge, alle Ideen sind Modi, Daseinsweisen dieser einzigen, ewigen unendlichen Substanz,
außer der es kein Sein gibt und keinen Gott: die Natur selbst ist Gott. Je mehr wir die Einzeldinge er-
10 kennen, um so mehr erkennen wir Gott; je mehr und je besser wir Gott erkennen, um so mehr lieben wir
ihn, und diese intellektuelle Liebe zu Gott ist ein Teil der unendlichen Liebe, womit Gott sich selbst
liebt. In dieser Erkenntnis und Liebe Gottes besteht das menschliche Heil.

Immanuel Kant: bedeutender deutscher Philosoph (1724 - 1804). Kant schuf die kritische Philosophie
und veränderte in seiner "Kritik der reinen Vernunft" (1781) den Begriff der Metaphysik als Wissenschaft vom Absoluten hin zur Wissenschaft von den Grenzen der menschlichen Vernunft. Erkenntnisse
beruhen nach Kant einzig und allein auf Erfahrung, auf Sinneswahrnehmung. Die Sinne allein geben uns
5 Kunde von einer realen Außenwelt. Wenn aber auch unsere Erkenntnis mit der Erfahrung anhebt, so
entspringt sie doch nicht vollständig aus Erfahrung. Hinzu kommen die unabhängig von aller Erfahrung
vorliegenden, das heißt a priori gegebenen Anschauungsformen Raum und Zeit sowie die Denk- bzw.
Verstandesformen der Kategorien. In seiner "Kritik der praktischen Vernunft" (1788) entwickelt Kant
eine Pflichtethik mit folgendem Gedankengang: Auch wenn die Vernunft keine Gegenstände außerhalb
10 der Erfahrung (a priori) theoretisch erkennen kann, ist es ihr doch möglich, den Willen des Menschen
und sein praktisches Verhalten zu bestimmen. Zwar untersteht er - durch seine Leibgebundenheit -
einerseits dem Naturgesetz, folgt den Einflüssen der Außenwelt und ist unfrei. Als Persönlichkeit - seinem "intelligiblen" Charakter gemäß - ist er aber frei (autonom) und nur seiner praktischen Vernunft
verpflichtet. Das Sittengesetz, dem er dabei folgt, ist der kategorische Imperativ. Die Freiheit des sitt-
15 lichen Tuns, die Autonomie des Menschen, ist somit die praktische Grundlage dieser Pflichtethik.

Johann Gottlieb Fichte: deutscher Philosoph (1796 - 1879). Fichte ging von Kants ethischem Rigo-
rismus und Aktivismus aus, er bestimmt Philosophie als wissentliche Selbstbeobachtung der schöpfe-
risch-ethischen Aktivität der Persönlichkeit (Ich), die durch die Tathandlungen des Ich bestimmt wird:
1. Ich setzt sich. 2. Ich setzt Nicht-Ich. 3. Ich setzt im Ich dem teilbaren Ich ein teilbares Nicht-Ich ent-
5 gegen. Das Ich ist für Fichte der Inbegriff von Geist, Wille, Sittlichkeit, Glaube, das Nicht-Ich der Inbegriff des gegen die Trägheit ringenden Willens der Menschen. Es gibt nur eine absolute Tätigkeit, das
Ich. Dinge außer uns stellen wir uns dadurch vor, daß das Ich eine Realität in sich aufhebt, das heißt
außer sich setzt, und diese aufgehobene Realität in ein Nicht-Ich setzt. Die Überzeugung, daß das Bewußtsein einer dinglichen Welt außer uns absolut nicht anderes ist, als das Produkt unseres eigenen
10 Vorstellungsvermögens, gibt uns zugleich die Gewißheit unserer eigenen Freiheit. Nicht als bestimmt
durch die Dinge, sondern als die Dinge bestimmend ist das Ich zu denken: die Welt ist nichts anderes als
das Material unserer Tätigkeit, das versinnliche Material unserer Pflicht.

Georg Friedrich Wilhelm Hegel: deutscher Philosoph (1770 - 1831). Die Philosophie teilt ihren Gegenstand - Gott, das Absolute - mit der Religion, doch erscheint das Absolute erst im reinen Denken in seiner angemessenen Form. Das absolute Wissen, die vollendete Philosophie, ist deshalb das "Selbstbewußtsein Gottes" im Menschen, das Wesen Gottes ist aber - da er <u>Geist</u> ist - nichts anderes als
5 solches Selbstbewußtsein, Denken des Denkens. Hegels System besteht aus drei Teilen: der Logik (Ontologie), die das Sein Gottes vor Erschaffung der Welt nachvollzieht, der Naturphilosophie, die Gottes Entäußerung in die materielle Welt zum Inhalt hat, und der Philosophie des Geistes, die die Rückkehr Gottes aus seiner Schöpfung zu sich selbst (zu seinem Selbstdenken) im menschlichen Geiste schildert. Am Ende dieser sich dialektisch vollziehenden Entwicklung steht wiederum die Logik - dies-
10 mal jedoch die von Gott im Menschen vollzogene, die sich aber inhaltlich von der ersten nicht unterscheidet.

Karl Marx: deutscher Philosoph und Sozialist (1818 - 1883). Begründer des historischen Materialismus und Verfasser des Kommunistischen Manifests (1848) zusammen mit Friedrich Engels. Marx bekämpfte den deutschen Idealismus, übernahm aber den rationalen Schematismus der Hegelschen Philosophie, insbesondere die Methode der Dialektik. Hegels Begriff der bürgerlichen Gesellschaft bildet den
5 Angelpunkt der Kritik an der bisherigen Überlieferung und Kultur. Marx verwendete Mißstände kapitalistischer und klerikaler Art zur Stützung seiner Auffassung und forderte eine umwälzende, weltverändernde Praxis (<u>Klassenkampf</u>).

Henri Bergson: französischer Philosoph (1859 - 1941). Vertreter der Lebensphilosophie. Bergson lehrte, daß sich das Denken des Gehirns nur als eines automatischen Werkzeugs bediene und die Intelligenz nur das Starre, Tote der anorganischen Natur begreifen könne, nicht aber das Leben, das in seinem Wesen schöpferische Aktivität und begrifflich nicht faßbar sei. Das seelische Individuum sei eine flie-
5 ßende, rational nicht festhaltbare, unzerlegbare Mannigfaltigkeit, das Leben nur durch eigenes Erleben, durch Intuition begreifbar. Ebenso das Universum, denn es lebt, wächst in schöpferischer Entwicklung und entfaltet sich frei nach dem ihm innewohnenden Lebensdrang, dem <u>élan vital</u>.

Zusammengestellt aus: Philosophisches Wörterbuch. Stuttgart 1978

Lösungen, S. 86

1 Im Text enthaltene Fremdwörter:

Fremdwort	Erläuterung (nach dem Fremdwörter-Duden)
Philosophie *gr.-lat.* "Weisheitsliebe"	1. forschendes Fragen und Streben nach Erkenntnis des letzten Sinnes, der Urspünge des Denkens und Seins, der Stellung des Menschen im Universum; 2. Wissenschaft von den verschiedenen philosophischen Systemen
Idee *gr.-lat.*	1. (philos.) a) (in der Philosophie Platos) den Erscheinungen zugrundeliegender reiner Begriff der Dinge; b) Vorstellung, Begriff von etwas auf einer hohen Stufe der Abstraktion; 2. Gedanke, der jemanden in seinem Denken, Handeln bestimmt, Leitbild
Universalität *lat.*	1. Allgemeinheit, Gesamtheit; 2. Allseitigkeit, alles umfassende Bildung
typisch *gr.-lat.*	1. einen Typus betreffend, darstellend, kennzeichnend; 2. charakteristisch, bezeichnend, unverkennbar; 3. (veraltet) vorbildlich, mustergültig
metaphysisch *gr.*	zur Metaphysik (= philosophische Lehre, die das hinter der sinnlich erfahrbaren, natürlichen Welt Liegende, die letzten Gründe und Zusammenhänge des Seins behandelt) gehörend; überempirisch, jede mögliche Erfahrung überschreitend
antimetaphysisch *gr.*	gegen die Metaphysik gerichtet
dogmatisch *gr.-lat.*	starr an eine Ideologie oder Lehrmeinung gebunden bzw. daran festhaltend

kritisch *gr.-lat.*	1. nach präzisen (wissenschaftlichen oder künstlerischen) Maßstäben prüfend und beurteilend, genau abwägend; eine negative Beurteilung enthaltend, mißbilligend; 2. schwierig, bedenklich gefährlich; 3. entscheidend; u. a.
skeptisch *gr.*	zum Zweifel neigend, zweiflerisch, mißtrauisch, ungläubig, kühl abwägend
Problem *gr.-lat.*	schwierige, zu lösende Aufgabe, Fragestellung; unentschiedene Frage, Schwierigkeit
Instanz *lat.*	zuständige Stelle
Konzeption *lat.*	1. geistiger, künstlerischer Entwurf eines Werkes; 2. klar umrissene Grundvorstellung, Leitprogramm, gedanklicher Entwurf; u. a.
Hypothese *gr.-lat.*	a) zunächst unbewiesene Annahme von Gesetzlichkeiten oder Tatsachen, mit dem Ziel, sie durch Beweise zu bestätigen oder zu widerlegen; b) Unterstellung, unbewiesene Voraussetzung
Entelechie *gr.-lat.*	etwas, was sein Ziel in sich selbst hat, die sich im Stoff verwirklichende Form (Aristoteles); die im Organismus liegende Kraft, die seine Entwicklung und Vollendung bewirkt
Substanz *lat.*	1. Stoff, Materie, Material; 2. das Beharrende, Unveränderliche, das unveränderlich bleibende Wesen einer Sache; 3. eigentlicher Inhalt, das Wesentliche, Wichtige; 4. Vorrat, Vermögen
Autonomie *gr.*	Selbständigkeit, Unabhängigkeit
élan vital *lat.-fr.*	schöpferische Lebenskraft; die metaphysische Urkraft, die die biologischen Prozesse steuert; die Entwicklung der Organismen vorantreibende Kraft (Bergson)
Aspekt *lat.*	Blickwinkel, Betrachtungsweise u. a.
Terminologie *lat.*	Teil des Wortschatzes einer gegebenen Sprache, der hauptsächlich durch ein bestimmtes Berufs-, Wirtschafts-, Technikmilieu gestaltet ist und von denen, die ihm angehören, verwendet wird
Fixierung *lat.*	schriftliche Niederlegung bzw. Dokumentation in Wort und Bild; 2. Festlegung, verbindliche Bestimmung u. a.

2 Vgl. d azu „Einführung in Geschichte und Funktion des Fremdworts":

Was ist überhaupt ein Fremdwort? Woran erkennt man es? Es gibt zwar keine eindeutigen und zuverlässigen Kriterien, doch kann man vier Merkmale nennen, die oft - wenn auch nicht
5 immer - ein Wort als nichtmuttersprachlich erkennen lassen:
1. die *Bestandteile* des Wortes. So werden z.B. Wörter mit bestimmten Vor- und Nachsilben als fremd angesehen (*expressiv*, Kapitali*smus*, Kon-
10 fr*ont*ation, r*e*form*ier*en, Sputn*ik*).
2. die *Lautung*, d.h. die vom Deutschen abweichende Aussprache (z.B. Team [*tim*] oder- wie der folgende Reim erkennen läßt - „Bücher*scheck* - mehr als ein *Gag*" oder die nasale Aus-
15 sprache von Engagement [*a nggasch(e)mang*]) und die Betonung, d.h. der nicht auf der ersten oder Stammsilbe liegende Akzent (ab*solu*t, di*ver*gieren, *E*nergie, intere*ss*ant, Pari*tät*).

3. die *Schreibung*, d.h. das Schriftbild zeigt für 20
das Deutsche unübliche Buchstabenfolgen, unübliche graphische Strukturen, z.B. bibli*o*graphieren, Body*b*uilder, C*ou*rage, homo*ph*il, Nunt*ius*. Bestimmte Buchstaben- und Lautverbindungen können Fremdsprachlichkeit signali- 25
sieren. Im Deutschen kommen beispielsweise die Verbindungen *pt-* und *kt-* nicht im Anlaut vor, so daß man *Ptyalin, Ptosis* u.a. auf Grund dieser Buchstabenverbindung als fremdsprachlich erkennt. 30
4. die *Ungeläufigkeit* oder der seltene Gebrauch eines Wortes in der Alltagssprache. So werden Wörter die *exhaustiv, extrinsisch, internalisieren, luxurieren, Quisquilien, paginieren, Revenue, rigid* auf Grund ihres nicht so häufigen 35
Vorkommens als fremde Wörter empfunden. Meistens haben die Fremdwörter aber mehr als eines der genannten Merkmale.

Duden. Bd. 5. Fremdwörterbuch. Mannheim, Wien, Zürich 1990, S. 7

3 Die Beantwortung der Frage läßt sich mit einer Gegenüberstellung der Vor- und Nachteile des Gebrauchs von Fremdwörtern verknüfen (vgl. insbesondere Punkt 5):

Vorteile von Fremdwörtern	Beispiele
1. Sie sind häufig aussagekräftiger als das jeweilige deutsche Wort.	Phantasie - Vorstellungskraft basta! - es genügt
2. Sie bereichern die Sprache durch starke Farben.	Drama, Dämon, Chaos, Ideal
3. Sie bereichern die Sprache durch ungewohnte Rhythmen.	elegant, guttural, Majestät (-al, -ant, -at, -enz, -ion, -thek = Betonung auf der letzten Silbe)
4. Sie erleichtern die Ableitung anderer Wörter.	Telefon - Fernsprecher; telefonisch - fernsprecherisch? Musik - Tonkunst musikalisch - tonkünstlerisch?
5. Viele Wörter haben keine oder nur eine ungeeignete deutsche Entsprechung.	fit # tauglich fair # anständig Entelechie, metaphysisch, élan vital → siehe obige Tabelle
6. Sie bereichern die Sprache durch neue Nuancen.	Profit → variiert → Gewinn Gentleman → variiert → Herrn Grazie → variiert → Anmut
7. Fremdwörter vermitteln Lokalkolorit.	Datscha, Geisha, Basar u. a
8. Manches Fremdwort ist populärer und verständlicher.	Baby - Säugling; Foto - Lichtbild; Kusine - Base; Telefonzelle - öffentlicher Fernsprecher
Nachteile von Fremdwörtern	**Beispiele**
1. Sie sind schwerer verständlich als das jeweilige deutsche Wort.	zweiseitig - bilateral atemlos - asphyktisch
2. Sie bieten zum Teil weniger Anschauung und Gefühl.	Moment - Augenblick; Akteur - Schauspieler; Helikopter - Hubschrauber; Holocaust - Massenmord
3. Sie muten dem Sprecher in der mündlichen Rede häßliche Zwitter zu.	Ingenieur, Pension, Gangster, Corned beef

Zusatztext zur Diskussion:

Neues Tabu

Der Begriff "Sexualität" ist vom neuen Schuljahr an in den öffentlichen Schulen Baden-Württembergs tabu. Die Lehrer müssen nach dem Willen der Kultusministerin Marianne
5 Schulz-Hector (CDU) statt dessen „Geschlechtlichkeit" sagen. Auch in neuen Schulbüchern wird "Sexualität" nicht mehr vorkommen. Grund für die bizarre Aktion: Während der Anhörungen für die Lehrplanfortschreibung waren Briefe von Organisationen wie "Christen für die Wahr- 10 heit" eingegangen, die sich für die Streichung des Begriffs einsetzen. Die Ministerin parierte mit der Begründung, bei der „Geschlechtserziehung" gehe es schließlich darum, diese in eine Werteerziehung "einzubetten" ... 15

Focus 3/1994

4 Philosophie als wissenschaftlicher Versuch der Letztbegründung des menschlichen Daseins in der Welt geht aufs "Ganze" und kann daher nicht - wie andere Fachgebiete - in einer Fachsprache formuliert werden, die immer nur Teilgebiete der Welt umfassen kann. Philosophieren bedeutet, nach den Bedingungen der Möglichkeit von Erfahrung zu fragen, das schließt grundsätzlich auch die Sprache und ihren Bezug zum Denken ein, da das Gedachte ohne Wörter nicht verstanden werden kann. Das heißt: Sprache muß immer schon als unhintergehbare Bedingung vorausgesetzt werden, um überhaupt philosophieren zu können. Der Philosoph muß somit das, wonach er fragt, immer zugleich voraussetzen, um es bestimmen zu können.

Lösung, S. 87

Hier können Begriffe aus der französischen oder amerikanischen Küche, aus dem Bereich des Sports, der Musik u. a. mit einbezogen werden.

Anglizismen treten in vielfältiger Weise auf:

1. Englische Wörter, zu denen bisher noch keine Übersetzung gefunden wurde, werden unverändert und undekliniert übernommen.
   Beispiele: Hardware, Walkie-talkie, Countdown, Blackout
2. Englische Wörter werden unverändert und undekliniert übernommen, obwohl es eine tadellose deutsche Entsprechung gibt.
   Beispiele: Swimmingpool, Jogging, Pipeline
3. Englische Wörter werden unverändert übernommen, aber der deutschen Deklination unterworfen.
   Beispiele: Babysitter, Beefsteak, Flirt, Job, Team, Training
4. Englische Wörter bleiben unübersetzt, in Aussprache und Grammatik werden sie deutschen Wörtern gleichgestellt.
   Beispiele: Aborigines, the Indian subcontinent
5. Wörter von deutschem Klang ahmen in Wahrheit ein englisches Vorbild nach.
   Beispiele: Netz (network), Front (frontline), Frontlinie
6. Ein griechisches oder lateinisches Wort in seiner deutschen Form wird durch ein antikes Wort in seiner englischen Form ersetzt.
   Beispiele: Technik (technology) ➜ *Technologie; Aktivität (activity)* ➜ *Aktivitäten*
7. Ein griechisches oder lateinisches Wort wird aus seiner deutschen Bedeutung durch die abweichende Bedeutung vertrieben, die es im englischen Sprachraum angenommen hat.
   Beispiele: realisieren (verwirklichen) ➜ *to realize (sich klarmachen)* ➜ *"Realisierst du das nicht?"*
8. Englische Wörter werden in Drittsprachen "gemogelt".
   Beispiel: Mexiko-Stadt/Ciudad de Mexico/Mexiko-City
9. In ihrer Begeisterung für das Englische werden Wörter konserviert, die im englischen Sprachraum bereits nicht mehr verwendet werden.
   Beispiele: Smoking (dinner jacket), Dressman, Twen

⇨ Lehrbuch, S. 80 f., sowie die Karikatur, ⇨ Lehrbuch, S. 195

Weitere Arbeitsanregung

Suchen sie aktuelle Beispiele zu Anglizismen ("Urlaub im Jahr 2014: Fit for Gun" ⇨ Textsammlung, S. 333).

Informationen zur neuen deutschen Rechtschreibung, Regeln 32 - 39, „Fremdwörter":

Bei der „Fremdwortschreibung" handelt es sich im wesentlichen um ein Spezialgebiet innerhalb des größeren Bereichs der „Laut-Buchstaben-Beziehungen" (wobei hier im Auge zu behalten ist, daß die nachfolgenden Bemerkungen nur den Allgemeinwortschatz, nicht Fremdwörter aus Fachsprachen betreffen). Grundsätzlich geht es hier um folgendes: Wenn ein Wort (oder ein Wortstamm) aus einer anderen Sprache ins Deutsche übernommen wird, erscheint es normalerweise zunächst in der fremden Schreibung (zum Beispiel *Photographie*). In dem Maße, in dem der Eindruck der Fremdheit schwindet, neigt die Schreibgemeinschaft dazu, das fremde Wort wie ein einheimisches zu behandeln und entsprechend zu schreiben (zum Beispiel *Fotografie*). So entstehen durch den Wandel im Schreibgebrauch für die Schreibung bestimmter Wörter und Wortgruppen Varianten (*Photographie* neben *Fotografie*). Im weiteren Verlauf kann dazu führen, daß nur noch die eingedeutschte Form üblich ist (so finden sich zum Beispiel im Wörterverzeichnis von 1902 nebeneinander *Coulisse* und *Kulisse,* heute nur noch *Kulisse*). Andere Wörter wiederum - vorwiegend Entlehnung aus dem Griechischen - werden von diesem Wandel nicht erfaßt (zum Beispiel *Philosophie, Theater, Rhetorik*).

Diese Prozesse in ihren Entwicklungsstufen und · in ihren Regularitäten zu erfassen und zu steuern ist nicht leicht. Unter diesen Umständen will die Neuregelung zwei eng miteinander zusammenhängenden Grundsätzen folgen:

1. Die Anpassung an die deutsche Schreibung wird in Bereichen, wo sie bereits angebahnt ist, vorsichtig gefördert.

2. Diese Förderung wird im Sinne einer „gezielten Variantenführung" vorgenommen: In den zukünftigen (orthographischen) Wörterbüchern erscheint die traditionelle Schreibweise - zum Beispiel *Asphalt* - als Haupteintrag, die neue, eingedeutschte Schreibung - zum Beispiel *Asfalt* - als Nebeneintrag. Wer unter *Asfalt* nachschlägt, findet diese Schreibung verzeichnet, weiß also, daß er grundsätzlich korrekt schreibt. Gleichzeitig wird er aber auf die traditionelle Schreibung verwiesen. Auf den umgekehrten Verweis von der Hauptform *Asphalt* auf die Nebenform *Asfalt* wird hingegen verzichtet. Genauso wird auch mit weiteren Fremdwörtern verfahren. Wenn sich im Laufe der Zeit eine eindeutschende Schreibung durchgesetzt hat, kann die Variantenführung umgekehrt ausgerichtet werden, ohne das *Asphalt* deswegen von einem Tag auf den anderen falsch würde. Schließlich könnte auf die fremde Schreibung ganz verzichtet werden.

---

ph, th, rh → f, t, r

Die Verbindung *ph* kann in allgemeinsprachlichen Wörtern mit den Stämmen *phon, phot, graph* durch *f* ersetzt werden, z. B. *Mikrofon, Fotokopie, Grafiker*. Die Schreibung mit *f* soll außerdem neu auch in einigen häufig gebrauchten Wörtern möglich sein, z. B. *Asfalt* (*Asphalt*), *Delfin* (*Delphin*), *fantastisch* (*phantastisch*). Entsprechend können in einigen häufig gebrauchten Wörtern die Buchstabenverbindungen *rh, th, gh* durch *r, t, g* ersetzt werden (in Klammern die weiterhin zulässige bisherige Schreibung): *Reuma* (*Rheuma*), *Tron* (*Thron*), *Tunfisch* (*Thunfisch*), *Panter* (*Phanter*), *Getto* (schon heute möglich neben *Ghetto*), *Jogurt* (*Joghurt*).

é, ée → ee

Auch hier gilt, daß die Klammern gesetzte, bisherige Schreibung weiterhin möglich ist: *Frottee* (*Frotté*), *Dublee* (*Doublé*), *Exposee* (*Exposé*), *Dragee* (*Dragée*), *Kommunikee* (*Kommuniqué*), *Varietee* (*Varieté*).

ies → ys

Bei Wörtern aus dem Englischen, die auf -*y* ausgehen, wird das Mehrzahl-s in der Regel nach deutschem Muster angehängt: *die Babys, die Hobbys, die Gullys* (nicht: *die Babies* usw.)

tial, tiell → zial, ziell
Wenn es verwandte Wörter mit -z im Auslaut
gibt, soll auch die z-Schreibung erlaubt sein:
Potenzial, potenziell (wegen: *Potenz*; daneben
5 weiterhin: *Potential , potentiell*), *substanziell*
(wegen: *Substanz*; daneben weiterhin: *substan-
tiell*); vgl. schon bisher: *finanziell* (wegen: *Fi-
nanz*). Daneben werden auch einige Einzelfälle
neu festgelegt. So wird z. B. zukünftig auch die

Schreibung *Portmonee* (als Variante neben bis- 10
herigem: *Portemonnaie*) möglich sein.

Wichtig ist bei all dem: Die Neuregelung (im
Sinne einer „gezielten Variantenführung") will
mehr Fremdwörter als bisher in das Deutsche
integrieren und damit das Schreiben ein wenig 15
erleichtern.

S. 87, T 7

Weitere Arbeitsanregungen zum Bereich "Fremdwörter"

* *Weitere Übungsaufgaben bzw. Regeln zur Schreibweise von Fremdwörtern lassen
sich anschließen.*
    ⇨ *Fremdwörterduden, S. 20 ff: weitere Regeln zur Rechtschreibung und Silbentren-
nung*
* *Der Gebrauch von Fremdwörtern kann kritisch beleuchtet werden, zum Beispiel in
Form einer Erörterung oder einer Diskussion in der Klasse.*
* *Die Schüler sollen selber Texte mitbringen, in denen viele Fremdwörter gebraucht
werden. Sie sollen sich dann mit diesen Texten und dem Gebrauch der Fremdwörter
auseinandersetzen.*

Weitere Texte
Lehrbuch: ⇨ S. 46 f., S. 81 f., S. 152 f., S. 335 f., S. 344 f.
Ingrid Loschek: Mode und Opposition. ⇨ Textsammlung, S. 262
Rudolf Walter Leonhardt: Sachlich um der Leser willen. ⇨ Textsammlung, S. 298
Cordt Schnibben: Die Reklame-Republik. ⇨ Textsammlung, S. 339
"Was Vertreter auf Einwände antworten". ⇨ Textsammlung, S. 361
Dieter E. Zimmer: Die Sonne ist keine Frau. ⇨ Textsammlung, S. 391
"Ironie". ⇨ Textsammlung, S. 410

Hinweis: Das folgende Silbenrätsel auf S. 82 kann als einfachere Alternative zum relativ
anspruchsvollen Text "Leitfaden für Reiche" von Roda Roda, ⇨ Lehrbuch, S. 344, eingesetzt werden.

Weitere Anregungen zum Silbenrätsel

* *Die Schüler entwickeln selbst ein Silbenrätsel, das dann vervielfältigt wird. Hierzu
wird den Schülern eine Liste mit gebräuchlichen Fremdwörtern und/oder ein Rechtschreibduden an die Hand gegeben. Die Schüler können bei dieser Aufgabe kreativ
sein; gleichzeitig üben sie den Umgang mit Nachschlagewerken und lernen Fremdwörter kennen.*
* *Man kann auch ein Lösungswort vorgeben, und die Schüler suchen dann dazu entsprechende Wörter bzw. Silben.*

Diese Aufgaben eignen sich sehr gut für Partner- bzw. Gruppenarbeit.

Arbeitsblatt: Silbenrätsel

Aufgabe

Lösen Sie das Silbenrätsel. Welches Lösungswort ergibt sich, wenn Sie die stark umrandeten Buchstaben von oben nach unten lesen?
Achtung: Bei den gesuchten Wörtern handelt es sich um Fremdwörter. Jede Silbe darf nur einmal verwendet werden.

Silben

AL - AP - AT - AT - BY - CHAUF - DIS - EF - EX - FEKT - FEKT - FEUR - FI - GON - IER -
IN - IN - KRET - KU - LA - LI - MIN - MO - NAT - PE - PELL - PER - PO - PRE - RE - REN -
REN - RINTH - SPHÄ - TE - TER - TER - TIE - TRAP - WAG - VERT - ZIE

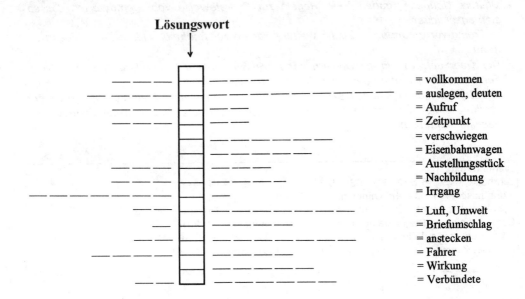

Lösungswort

	= vollkommen
	= auslegen, deuten
	= Aufruf
	= Zeitpunkt
	= verschwiegen
	= Eisenbahnwagen
	= Austellungsstück
	= Nachbildung
	= Irrgang
	= Luft, Umwelt
	= Briefumschlag
	= anstecken
	= Fahrer
	= Wirkung
	= Verbündete

Lösungswort

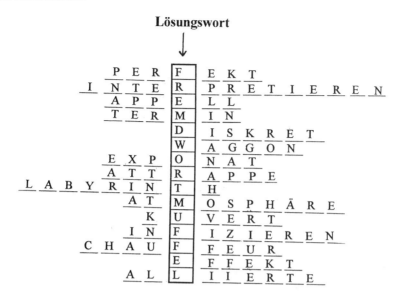

```
          P E R │F│ E K T
      I N T E   │R│ P R E T I E R E N
        A P P   │E│ L L
        T E R   │M│ I N
                │D│ I S K R E T
                │W│ A G G O N
        E X P   │O│ N A T
        A T T   │R│ A P P E
  L A B Y R I N │T│ H
            A T │M│ O S P H Ä R E
              K │U│ V E R T
            I N │F│ I Z I E R E N
      C H A U   │F│ F E U R
                │E│ F F E K T
            A L │L│ I E R T E
```

Lösungen, S. 88

2 b/c) Roda Roda: Leitfaden für Reiche, ⇨Lehrbuch, S. 344

Autor: Roda Roda, Alexander (eigentlich Sandór Friedrich Rosenfeld), geboren 1872 in Slavonien, gestorben 1945 in New York; während des Ersten Weltkriegs Kriegsberichterstatter an allen österreichischen Fronten; volkstümlicher, humoristisch-satirischer Erzähler, Dramatiker und Essayist, der in Romanen, Anekdoten und Komödien die Schwächen der ehemaligen Donaumonarchie aufzeigte.

Fremdwort im Text	Bedeutung	Aussageabsicht	Entsprechendes Fremdwort
Chanson *frz.*	Kabarettlied, witzig-freches, geistreiches Lied	Glücksfall, günstige Gelegenheit	Chance *frz.*
balsamieren *gr.-lat.*	einsalben	sich bloßstellen	sich blamieren *frz.*
Konservation *lat.*	Erhaltung, Instandhaltung	geselliges Gespräch	Konversation *lat.-frz.*
Parvenü *lat.-frz.*	Emporkömmling	spanische Wand	Paravent *lat.-it.-frz.*
Arrivé; gemeint ist Arrivist *lat.-frz.*	Emporkömmling, Streber	singbare Melodie, Gesangsstück	Arie *it.*
Manieren *lat.-frz.*	Umgangsformen, Sitte	die Hände pflegen	Maniküre *lat.-frz.*
Courtoisie *frz.*	feines Benehmen, Höflichkeit	Maklergebühr	Courtager *frz.*
Thé dansant *frz.*	kleiner Hausball	Fünfuhrtee	Five o'clock tea *engl.*
Theorie *gr.-lat.*	gedankliche Überlegung, Betrachtungsweise	Gottesgelehrsamkeit	Theologie *gr.-lat.*

Fremdwort im Text	Bedeutung	Aussageabsicht	Entsprechendes Fremdwort
Hypothese *gr.-lat.*	unbewiesene Annahme, Vermutung	längste Seite eines rechtwinkligen Dreiecks	Hypotenuse *gr.-lat.*
Hippologie *gr.-lat.*	Pferdekunde	krankhaft reizbare Frau	Xanthippe
Tuberose *lat.*	aus Mexiko stammende Zierpflanze	Lungenschwindsüchtige	Tuberkulosekranke *lat.*
Protuberanz *lat.*	Gasmasse im Sonneninneren; Vorsprung (an Organen)	Apfelsinensorte	Pomeranze *lat.-pers.*
Zyklame *gr.-lat.*	Alpenveilchen	Wirbelwind	Zyklon *gr.-engl.*
Zyklus *gr.-lat.*	Kreislauf, Folge	Riese mit einem Auge	Zyklop *gr.*
Toreador *lat.-span.*	Stierkämpfer	Wirbelwind	Tornado *lat.-span.-engl.*
Tournedos *frz.*	Rindssteak	südfranzösischer Minnesänger	Troubadour *frz.*
Champignon *lat.-frz.*	Edelpilz	Haarwäsche	Shampoonieren *engl.*
Champion *lat.-frz.engl.*	Meister in einer Sportart	Papierlaterne	Lampion *lat.-it.-frz.*
Antinomie *gr.-lat.*	Widerspruch eines Satzes in sich	Kunst, Leichen zu zergliedern	Anatomie *gr.-lat.*
Anthologie *gr.*	Gedichtsammlung, Auswahl	Selbstregierung, Unabhängigkeit	Autonomie *gr.*
Panorama *gr.*	Rundblick, Ausblick	Landenge in Südamerika	Panama
Paranoia *gr.*	Geistesgestörtheit	Schlafanzug	Pyjama *engl.*
Tarlatan *fr.*	feines Baumwollgewebe	Kurpfuscher, Marktschreier	Scharlatan *it.-frz.*
Tamerlan	= Timur-Leng, transoxanischer Herrscher, 1336-1405	Außenminister unter Napoleon	Charles Maurice de Talleyrand, 1754-1838
Samojede *russ.*	Nordlandhund	russische Teemaschine	Samowar *russ.*
Kreolin *lat.-port.-span.-fr.*	weiblicher Abkömmling romanischer Einwanderer in Mittel- und Südamerika	gebauschter Frauenrock	Krinoline *lat.-it.-fr.*
Mulattin *lat.-span.*	weiblicher Nachkomme eines weißen und eines schwarzen Elternteils	Bastarde (Mischlinge) von Pferd und Esel	Muli oder Maultier
Prophylaxe *gr.*	vorbeugende Maßnahme; Verhütung von Krankheiten	Reblaus	Phylloxera *gr.*
Hygiene *gr.*	Gesundheitslehre, Gesundheitspflege, Sauberkeit, Reinlichkeit	Raubtier, das Leichen frißt	Hyäne *gr.-lat.*
Olymp *gr.-lat.*	Wohnsitz der Götter; Gebirgsstock in Nordgriechenland	Neugebilde in der Nase	Polyp *gr.-lat.*
Hades	(griechischer Gott der) Unterwelt	Rückenmarksschwindsucht	Tabes *lat.*
Basilisk *gr.-lat.*	Fabeltier; tropische Eidechse	griechische Kirche	Basilika *gr.-lat.*
Obelisk *gr.-lat.*	freistehende, rechteckige, spitz zulaufende Säule	Lieblingsfrau der Türken	Odaliske *türk.-frz.*
Konföderations-Mexiko; Konföderation *lat.*	Staatenbündnis	Nachschlagewerk	Konversationslexikon; (Konversation *fr.* - geselliges Gespräch)
Alpaka *indian.-span.*	Lamaart in Südamerika	Ordnungskriterium in einem Nachschlagewerk	Alphabet *semit.-gr.-lat.*

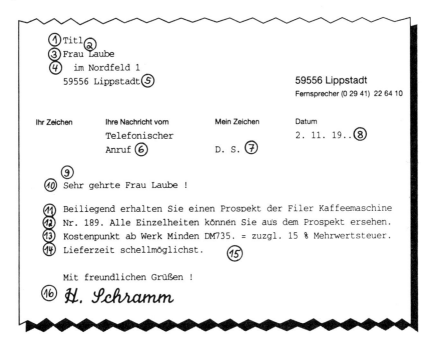

①Titl②
③Frau Laube
④ im Nordfeld 1
     59556 Lippstadt⑤

59556 Lippstadt
Fernsprecher (0 29 41) 22 64 10

Ihr Zeichen	Ihre Nachricht vom	Mein Zeichen	Datum
	Telefonischer Anruf ⑥	D. S. ⑦	2. 11. 19..⑧

⑨
⑩ Sehr gehrte Frau Laube !

⑪ Beiliegend erhalten Sie einen Prospekt der Filer Kaffeemaschine
⑫ Nr. 189. Alle Einzelheiten können Sie aus dem Prospekt ersehen.
⑬ Kostenpunkt ab Werk Minden DM735. = zuzgl. 15 % Mehrwertsteuer.
⑭ Lieferzeit schellmöglichst.   ⑮

Mit freundlichen Grüßen !

⑯ *H. Schramm*

Lösungen, S. 89

2 1. Titl - gemeint ist wohl das Wort "Titel"; im Adreßfeld ist es nicht gebräuchlich
   2. der Zeilenabstand ist falsch (einzeilig statt eineinhalbzeilig)
   3. "Frau" kommt in die Zeile über den Namen
   4. a) der Straßenname wird nicht eingerückt;
      b) "i" - der erste Buchstabe des Straßennamens wird groß geschrieben
   5. zwischen Straße und Ort fehlt die Leerzeile
   6. Telefonischer Anruf
   a) "Doppelausdruck" - ein Anruf ist immer telefonisch
   b) unter "Ihre Nachricht vom" muß ein Datum stehen
   c) die Kundin hatte persönlich nachgefragt
   7. "Mein Zeichen": "D. S." steht eine Zeile zu tief
   8 Datum: die numerische Angabe ist falsch (02.11.19..)
   9. der Betreff fehlt (in diesem Fall handelt es sich um ein Angebot über eine Kaffee-
      maschine)
  10. a) "gehrte" - Rechtschreibfehler (geehrte);
      b) vor einem Ausrufezeichen erfolgt kein Leerschritt
  11. a) "Beiliegend" - das Wort ist mißverständlich (siehe Lehrbuch, S. 106);
      b) handschriftliche Korrektur beim Wort "Filter";
      c) Rechtschreibfehler: Filterkaffeemaschine
  12. der Satz "Alle Einzelheiten ..." ist wenig informativ.
  13. a) der Satz: "Kostenpunkt ab Werk ...Mehrwertsteuer." ist kein vollständiger Satz;
      b) das Wort "Kostenpunkt" ist in diesem Zusammenhang nicht gebräuchlich;
      c) der Leerschritt nach DM fehlt;
      d) die Pfennigzahl wird durch ein Komma vom DM-Betrag abgetrennt: DM 735,00
      oder 735,- DM

14. a) der Satz "Lieferzeit schnellmöglichst." ist kein vollständiger Satz;

    b) "schnellmöglichst" - Rechtschreibfehler und falsche Steigerung (schnellstmöglich, siehe auch Lehrbuch, S. 107), besser: möglichst schnell;

    c) die Angabe hat inhaltlich keinen Aussagewert (was heißt schnellstmöglich: Stunden?, Tage?, Wochen? ...)

15. zum Inhalt des Angebotes: Wichtige Angaben, zum Beispiel zu den Zahlungsbedingungen, fehlen

16. a) nach dem Gruß wird kein Satzzeichen gesetzt;

    b) zwischen Text und Ausrufezeichen steht kein Leerschritt

17. der Verweis auf die Anlage (Prospekt) fehlt

3 Jens Reich: Rebhuhnweg überlebt, ⇨ Lehrbuch, S. 344 f.

Autor: Jens Reich ist als Bürgerrechtler in der ehemaligen DDR bekannt geworden und wurde später Mitglied beim Bündnis 90/DIE GRÜNEN.

Die Straßennamen lassen sich in drei Gruppen einteilen:

1. Gruppe: Die Straßennamen werden **zusammengeschrieben**.

R 190 Straßennamen, die aus einem **einfachen oder zusammengesetzten Substantiv** (auch Namen) und einem für Straßennamen typischen Grundwort bestehen, werden zusammengeschrieben.

Soll in einem Straßennamen ein [altes] Besitzverhältnis ausgedrückt werden, tritt oft ein Genitiv-s (Wesfall-s) auf. In solchen Fällen ist gelegentlich auch Getrenntschreibung möglich.

Brandtstwiete, Oswaldsgarten; Graffelsmanns Kamp

Schloßstraße, Brunnenweg, Bahnhofstraße, Rathausgasse, Bismarckring, Beethovenplatz, Augustaanlage, Römerstraße, Wittelsbacherallee, Becksweg, Marienwerderstraße, Drusweilerweg, Herderstraße, Stresemannplatz

R 191 Straßennamen, die aus einem **ungebeugten . Adjektiv** und einem Grundwort zusammengesetzt sind, werden zusammengeschrieben.

Altmarkt, Neumarkt, Hochstraße

Beispiele im Text: Stalinallee (Z. 22), Tauben-, Jäger-, Luisen-, Wilhelmstraße (Z. 27/28), Leninallee (Z. 118), Rebhuhnweg (Z. 118), Lilienweg (Z. 128/129) Möllendorff-Str. (Z. 70) müßte korrekterweise Möllendorffstr. geschrieben werden, tatsächlich sieht man beide Schreibweisen nebeneinander.

2. Gruppe: Die Straßennamen werden **getrennt geschrieben**.

Getrennt schreibt man dagegen, wenn das Adjektiv gebeugt ist.

Große Bleiche, Langer Graben, Neue Kräme, Französische Straße

● Getrennt schreibt man auch bei Ableitungen auf -er von Orts- und Ländernamen.

Münchener Straße, Bad Nauheimer Weg, Am Saarbrücker Tor, Schweizer Platz,

Herner Weg, Kalk-Deutzer Straße

Bei Ortsnamen, Völker- oder Familiennamen auf -er wird jedoch nach R 190 zusammengeschrieben.

Drusweilerweg, Römerplatz, Herderstraße

Zur Beugung mehrteiliger Straßennamen vgl. R 159.

Beispiele im Text: Danziger Straße, Elbinger Straße, Elsässer Straße, Lothringer Straße (Z. 17 ff.), Frankfurter Allee (Z. 22), Petersburger Platz (Z 33), Prospekt des Lenin (Z. 78/79), Allee der Enthusiasten (Z. 79), Straße/Platz der Aktivisten, der Baujugend, der Befreiung, ... (Z. 86-94)

3. Gruppe: Die Straßennamen werden **mit Bindestrich** geschrieben.

R 192 Den Bindestrich setzt man, wenn die Bestimmung zum Grundwort aus **mehreren Wörtern** besteht.

Albrecht-Dürer-Allee, Paul-von-Hindenburg-Platz, Kaiser-Friedrich-Ring, Van-Dyck-Straße, Ernst-Ludwig-Kirchner-Straße, E.-T.-A.-Hoffmann-Straße, Professor-Sauerbruch-Straße, Berliner-Tor-Platz, Bad-Kissingen-Straße, Sankt-Blasien-Straße, Am St.-Georgs-Kirchhof, Bürgermeister-Dr.-Meier-Platz, Von-Repkow-Platz, v.-Repkow-Platz

- Besteht die Bestimmung zum Grundwort aus einem gebeugten oder ungebeugten Adjektiv und einem Substantiv, dann ist auch eine Zusammenschreibung möglich.
  Hohetorstraße neben: *Hohe-Tor-Straße*

Beispiele im Text: *Kaiser-Wilhem-Straße (Z. 28), E.-Boltze-Straße (Z. 55), Richard-Sorge-Straße (Z. 64), Jacques-Duclos-Straße (Z. 71), Prof.-Dr.-Ludwig-Erhard-Allee (Z. 129)*

Beispiele für Straßenschilder

S. 90, T 2

Weitere Arbeitsanregungen

- *Schreiben Sie zu verschiedenen Anlässen weitere Briefe, zum Beispiel: Bitte um Informationsmaterial für eine Klassenfahrt, Bitte um Beurlaubung vom Unterricht wegen eines Vorstellungsgesprächs usw.*
- *Lehrbuch, S. 209: Der Fahrkartenautomat funktioniert nicht. Schreiben Sie einen Brief an die Verkehrsgesellschaft. (Weitere Angaben nach Wahl.)*

Hinweis: Zum Thema Brief, ⇨ Textsammlung, S. 315, S. 354, S. 369

S. 92, T 1

Zusatzinformationen zum Text: Das Foto wurde in Lovina-Beach, Bali (Indonesien) aufgenommen. Als einziges Restaurant am Ort bot dieses Haus "europäisches Essen" an. (Die Qualität des Essens konnte allerdings die Fotografin nicht überzeugen, und sie bevorzugte auch im weiteren Verlauf des Urlaubs das einheimische Essen.)

Zum Thema Sprachnormverstoß, Missfits: Gsielinde übsie sich" ⇨ Textsammlung, S. 328

S. 93, T 2

Textsorte: Glosse

Autor: Eike Christian Hirsch ist Redakteur beim Rundfunk, nebenbei Verfasser satirischer Betrachtungen. Für seine Deutung des Komischen ("Der Witzableiter", 1985) bekam er 1986 den Kasseler Literaturpreis für grotesken Humor. Erschienen sind u. a. "Deutsch für Besserwisser" (1976), "Den Leuten aufs Maul" (1982), "Kopfsalat" (1988). Weitere Glossen von Hirsch, ⇨ Lehrbuch, S. 16 f. und S. 186 f.

Inhalt des Buches:

Ganze Berufsstände werden hier bis zur Kenntlichkeit zitiert: der Ministerialrat („Absolut wasserdicht"), der Herr Pfarrer („Ich halte wahrlich dafür"), oder der Manager („Knallhart auf Crash"). Ebenso hat Eike Christian Hirsch in Glossen gefaßt, wie unsere Politiker reden, wenn sie immer wieder die eigene Partei „verkaufen" oder für die „Kernkraft" werben. Vergnügliche Haarspaltereien finden sich ebenfalls reichlich: Wörtlich bedeutet „Claudia wird heißgeliebt", daß sie sich dabei erhitzt, während sie kühl bleiben kann, wenn sie „heiß geliebt" wird. Der Autor zeigt, wie man das Schimpfen lernt („Sie Tintenpisser!") und wie man sich zurechtfindet, wo es im Deutschen verzwickt wird („Spargeln mit Kartoffeln"). Geboten werden etwa auch die schönsten Sätze, die man rückwärts lesen kann, wie das Telegramm „DIE LIEBE TOTE. BEILEID". „Das sind Sprachglossen von so witziger und trefflicher Art, daß man sie um ihrer selbst willen mit größtem Vergnügen liest. Denn sie sind spritzig, elegant und geschliffen formuliert, daß es böser und besser keiner könnte." *Luzerner Tageblatt*

Klappentext zu: Mehr Deutsch für Besserwisser. München 1988, S. 1

Lösungen, S. 93

1 In dem Text wird das Problem der Pluralbildung angesprochen, speziell bei Substantiven, die auf "el" enden.

2 Der Plural lautet laut Duden: Spargel, Kartoffeln.

3 Vgl. Grammatik-Duden, S. 239 f.: "Die Zuordnung von Pluraltyp und Substantivklasse":

Alle Substantive - Maskulina oder Neutra -, die auf -el enden, haben einen endungslosen Plural oder Nullplural. Ausnahmen: Muskel-n, Pantoffel-n, Stachel-n.

Alle Substantive, die Femina sind und auf -el enden, bilden den Plural mit -(e)n.

(...) die Kartoffe<u>ln</u>, die Semme<u>ln</u>, die Brösel, die Spargel (in der Schweiz auch Sparge<u>ln</u>), die Knödel. Die Feminina *Kartoffeln* und *Semmeln* werden schwach dekliniert (Kennzeichen: Pural-n), die Maskulina *Brösel, Spargel* und *Knödel* stark (Kennzeichen: Genitiv-*s*). Wer gern „Röstkartoffel" mag (statt *Bratkartoffe<u>ln</u>*), sein Schnitzel „mit Ei und Brösel" paniert (statt mit *Ei und Bröse<u>ln</u>*), dafür aber „die Spargeln" mit Fingern ißt und „die Semmelknödeln" mit Blau- kraut (statt *die Spargeln den Spargel* und *die Semmelknödel*), der spricht nicht Hochdeutsch, sondern Mundart.

Edith Hallwass: Deutsch müßte man können. Düsseldorf 1991, S. 83

Weitere Arbeitsanregungen

- *Untersuchen Sie das Rollenverhalten in der Familie.*
- *Schreiben Sie den Text um (oder lesen Sie ihn entsprechend vor), indem Sie die Rollen von Vater und Mutter vertauschen. Welche Textstellen wirken hierbei "befremdend"?*

S. 94, T 3

Textsorte: Sachtext
Autor: Dieter E. Zimmer, Jounalist (u. a. für die Wochenzeitung "Die Zeit") und Schrift- steller. Weiterer Text des Autors: ⇨ Textsammlung, S. 391.

Inhalt des Buches:

Vielleicht ist die Sprache des Klappentextes das beste vorhandene Barometer für den Stand der Sprache des Kulturbetriebs. Der Klappentext, der da verkaufen will, horcht die jeweils aktuellen Tendenzen am hellhörigsten und am nachgiebig- sten ab.
Auch die Kritik, die sich gerne als eine Art Marktpolizei versteht, operiert ungeniert mit Vo- kabeln, die keinen Betrachtungsspielraum lassen, sondern ihrem Leser die Dinge fordernd naherü- ken: *einmalig, gekonnt, stupend, faszinierend, überzeugend, konkurrenzlos, fesselnd, packend, virtuos, originell, groß* (oder die entsprechenden Verneinungen) - Aussagen, die ihrerseits unmittel- bar verwertbar werden für Klappentextschreiber, welche sich begierig auf sie stürzen, wenn es für das nächste Produkt des nämlichen Urhebers Re- klame zu machen gilt.

Buchrückseite zu Deutsche Redens Arten. Zürich 1986

Lösungen, S. 94

1 Hinweis: Hier lassen sich insbesondere die Bereiche Werbung und Sport mit einbe- ziehen.

Zusatztext:

Preiswirrwarr

Im *Supermarkt* findet man *Superangebote* zu *Superpreisen*, und man muß gar nicht *super- schlau* sein, um zu merken, daß der *Superpreis*, den sich der Verstand als „Überpreis" erklärt (lateinisch *super* = über), ein *Minipreis* ist: Der positive Gefühlswert des Wortes *Superpreis* verhindert, daß wir das Wort beim Worte neh- men.

Subskriptionspreis war bis vor kurzem ein völlig neutraler, wertfreier Begriff. Das Wort leitet sich von lateinisch *subscribere* (unterschreiben) her. Wer sich mit seiner Unterschrift zur Ab- nahme eines mehrbändigen Lexikons verpflich- tet, bevor es auf dem Markt ist, erhält das Werk zum *Subskriptionspreis*, der um 10 bis 20 Pro- zent unter dem späteren Ladenpreis liegt. Heute aber ist *Subskriptionspreis* für Buchkäufer ein anderes Wort für *Zugreifpreis*: Man weiß, die Sache wird eines Tages teurer. Wann, weiß al- lein der Lexikonverlag, der dazu übergegangen ist, seine Werke dann auch noch zum *Subskrip- tionspreis* zu offerieren, wenn sie schon im La- den stehen. Der Kunst-Brockhaus beispielsweise ist noch ein Jahr nach Erscheinen zum *Subskrip- tionspreis* angeboten worden. So kann man Käufer irritieren und Wörter verschleißen.

Und wie ist das mit dem *Sonderpreis*? Wer die Logik bemüht, könnte sich sagen: „Jeder Preis, der vom *Listenpreis* nach unten oder nach oben abweicht, ist ein *Sonderpreis*; das Wort ist wert-
30 neutral." Das wäre zwar haarscharf gedacht, aber haarscharf daneben. Der *Sonderpreis* hat für den Kaufinteressenten, der damit Vorstellungen wie *Sonderangebot* oder *Sonderverkauf* verbindet, einen positiven Gefühlswert. Ein Ur-
35 teil des Oberlandesgerichts Frankfurt bestätigt es: *Sonderpreis* bedeutet Vergünstigung.

Der Käufer eines zum *Sonderpreis* angebotenen Neuwagens darf erwarten, daß der Preis unter
40 der Preisempfehlung des Herstellers liegt.

Damit wären wir an dem Punkt angelangt, wo Juristen den Sinn eines Wortes festlegen müssen. Zum Glück ist so etwas relativ selten nötig. Die meisten von uns haben einen untrüglichen In-
45 stinkt für die schwer faßbaren positiven und negativen Nebenbedeutungen der Wörter. Deutsch lernende Ausländer tun mir allerdings leid. Sie werden zwar irgendwann mitbekommen, daß *Gesichtspunkte* nicht in jedem Fall
50 *Sommersprossen* sind und daß es zwischen *Jahreswechseln* und *Wechseljahren* gewisse Unterschiede gibt - wie aber soll einer, der Deutsch nicht als Muttersprache spricht, jemals ein sicheres Gespür für die positive oder negative Ne-
55 benbedeutung der Wörter entwickeln?

texten + schreiben 2/91, S. 14

2 Zusatztext als Anregung: Auszug aus einem DDR-Duden, ⇨ Textsammlung, S. 394
3 Zitat aus dem Vorwort des Rechtschreib-Duden, S. 6 (⇨ Lehrbuch, S. 166 oben):

Die Auswahl der Stichwörter erfolgte auf der Grundlage von Belegen aus den Sprachkarteien der Dudenredaktion in Mannheim und des Lektorats Deutsch in Leipzig. Da der Duden nicht
5 nur ein Rechtschreibbuch ist, sondern auch die Funktion eines Volkswörterbuchs erfüllt, wur-

den die Erklärungen schwieriger Wörter, vor allem veraltender, landschaftlicher, umgangssprachlicher und fachsprachlicher Ausdrücke, und die Angaben zum Wortgebrauch beträcht-
10 lich erweitert.

4 Hinweis auf Peter Bichsel "Ein Tisch ist ein Tisch", ⇨ Lehrbuch, S. 95, oder Kurt Tucholsky "Rheinsberg".
5 *Argumente von Zimmer:*
 • Sprache verändert sich in einem fort, nur deshalb hat sie eine Geschichte. Das Sprachgehör ist konservativ (Z. 1 ff.).
 • Eine Verbesserung der Sprache führt nicht zu einer Verbesserung der Welt (Z. 16 ff.).
 • Die von den Kritikern geforderte schönere Sprache kann das Widerwärtige noch widerwärtiger machen (Z. 24 f.).
 • Sprachkritik bekämpft Neues, nur weil es nicht das Alte ist (Z. 26 f.).
 • Sprachkritik hofft, die Welt zu verbessern, wenn sie ein Wort austreibt (Z. 26).

Forderungen von Zimmer:
 • Sprachkritik als Bewußtseinskritik, vgl. den letzten Textabschnitt (Z 30 ff.).
 • Gegenargumente liefert zum Beispiel der Text von Dolf Sternberger, siehe nächste Seite.

Weitere Arbeitsanregungen

- *Zeilen 23 - 25*
  - a) *Suchen Sie hierzu Beispiele. Anregung: Seniorenheim, Mülltourismus, Negativvermögen, Technologiepark, Bio-Rohstoffe (menschliche Organe), …*
  - b) *Weshalb werden bestimmte gesellschaftliche und politische Sachverhalte sprachlich "verschönt" bzw. "geschönt"? Welche Folgen hat dies möglicherweise?*

Hinweis: An dieser Stelle sollte der Begriff **Euphemismus** erläutert werden. ⇨ Lehrbuch, S. 358

Weitere Texte

Wolf Schneider: Die geheimsten Verführer. ⇨ Textsammlung, S. 395
Philipp Maußhardt: Unser täglich Schrot ⇨ Textsammlung, S. 398 (für Klassenarbeiten gut geeignet)
Monika Putschögl: Prospektpoesie. ⇨ Textsammlung, S. 400
Erhard Eppler: Die politische Funktion von Wörtern. ⇨ Textsammlung, S. 401
Wolf Schneider: Lingua Blablativa. ⇨ Textsammlung, S. 404
"Sprache in Kriegsbriefen". ⇨ Textsammlung, S. 408
Heide-Ulrike Wendt: Zwischen Team und Kollektiv. ⇨ Textsammlung, S. 409
Ulrich Holbein: Folglich. ⇨ Textsammlung, S. 415

- *Vergleich mit dem Text von Dolf Sternberger ("Gegentext"):*
  - a) *Stellen Sie die Hauptaussagen von Zimmer und Sternberger gegenüber. Gehen Sie hierbei auch auf die politische Aussage beider Autoren ein.*
  - b) *Welcher Position könnten Sie sich am ehesten anschließen? Wo sehen Sie Möglichkeiten, beide Positionen miteinander zu verbinden?*

Dolf Sternberger

Ein erstes Merkmal ist die enorme Anfälligkeit unserer Sprachgesellschaft gegen wechselnde Mode. Alle Jahre oder zwei, drei Jahre beobachten wir neue Wort-Epidemien. Solch ein Keim
5 kommt angeflogen, und im Handumdrehen scheinen Millionen Hirne davon angesteckt. Das „Anliegen" ist ein Beispiel. „Wunsch", „Interesse", „Bedürfnis", sind wie von Erdboden verschwunden: es fällt einem nichts anderes
10 mehr ein als „Anliegen". Das „Geschehen" ist ein Beispiel, auch in „Zeitgeschehen", „Sportgeschehen", „Modegeschehen", im „werblichen" Geschehen". „Vorgänge", „Ereignisse", „Begebenheiten" sind wie vom
15 Erdboden verschwunden: es einem nichts mehr anderes ein als „Geschehen". Im Bereich des politischen Urteilens kann man heute mit fünf oder sechs (teilweise metaphorischen) Verben, sämtlich modischen Charakters, auskommen
20 und, was noch auffälliger ist, auch Gehör finden und Geltung erlangen. Da werden „Weichen gestellt", da wird etwas „hochgespielt", da wird gewarnt, einen Vorgang zu „dramatisieren" oder aber ihn zu „verharmlosen", da wird eine Figur „abgewertet" und ein Regime „aufgewertet".
25 Mit diesem Vorrat kann jeder den Ruf eines gutunterrichteten, unbestechlichen, verständigen und selbständigen Kommentators (oder „Meinungsträgers") begründen. Versuchen Sie es nur!
30

Die Fixigkeit ist verblüffend, mit der dergleichen adaptiert wird. Jeder will dabei sein; nein, es ergreift ihn, auch wenn er sich sperrt. Es ist wie bei den „Nashörnern" von Ionesco. Es ist, als bliebe den Leuten die *eigene* Sprache weg.
35 Nicht einmal der Snob kann widerstehen, er setzt das Modewort allenfalls in Anführungszeichen. Und morgen ist es ein anderes. Vulgärdeutsche Texte werden zukünftige Philologen bequem datieren können anhand dieser modi-
40 schen Leit-Vokabeln. Die allgemeine Papageienhaftigkeit scheint ein harmloses Phänomen; aber sie verrät doch eine tiefe Schwäche, eine erschreckende Ungefestigtheit der Sprechtradition und des Sprach-Charakters.
45

Dolf Sternberger: Aus dem Wörterbuch des Unmenschen. Frankfurt a. M./Berlin 1986, S. 330 f.

Weitere Arbeitsanregungen

- *Man könnte in diesem Zusammenhang auf sprachhistorische Entwicklungen (zum Beispiel die Lautverschiebungen) eingehen. Als Texte hierzu sind geeignet:* ⇨ *Lehrbuch, S. 349, Texte von Walther von der Vogelweide ("Wip muoz iemer sin ...",* ⇨ *Textsammlung, S. 288).*
- *Sprachveränderungen (zum Beispiel Bedeutungsverschiebungen) können in einem Sketch, einem witzigen Dialog oder in einer Glosse verarbeitet werden. Die Schüler können zu den Texten von Zimmer oder Sternberger eine Parodie schreiben (*⇨ *Lehrbuch, S. 278 f.).*

Weitere Texte
"Zur Entwicklung des Neuhochdeutschen: Wortschatz; Semantik". ⇨ Textsammlung, S. 392
Die Entwicklung des Wortes "geil". ⇨ Textsammlung, S. 394

S. 95, T 4

Textsorte: Kurzgeschichte
Inhalt: siehe Lehrbuch, S. 12
Zusatzinformationen: Der Schluß des Textes wurde im Lehrbuch nicht abgedruckt, um den Schülern einen anderen Zugang zu dem Text zu ermöglichen. Dadurch, daß die Schüler der im Text selbst vorgeschlagenen Aufforderung, die Geschichte weiterzuschreiben, nachkommen, können sie sich gut in die Situation des alten Mannes hineinversetzen. Ebenso beschäftigen sie sich mit der Frage nach Aufgabe und Entwicklung von Sprache grundsätzlich. Die Schüler haben hierbei die Möglichkeit, ihre Kreativität und ihr Vorwissen - vermutlich kennen einige Schüler den Text bereits - einzubringen.

Weitere Arbeitsanregungen

- *Die Merkmale der Kurzgeschichte lassen sich erarbeiten.*
- *Der von den Schülern gefundene Schluß kann mit dem Originaltext verglichen werden.*
- *Zum Thema, wie der alte Mann mit seiner Einsamkeit umgehen könnte, lassen sich Alternativen aufzeigen (unter Verweis auf andere Texte, in denen es um das Leben von älteren Menschen geht,* ⇨ *Lehrbuch, S. 295 und S. 305, sowie Textsammlung, S. 273, S. 344.)*

S. 99, Lösungen

2 In der Glosse "Komik des Kürzels" geht es um den Gebrauch von Abkürzungen. (⇨ Lehrbuch, S. 216 f.) Im Text werden zur Veranschaulichung viele Beispiele eingefügt. Anhand der Beispiele lassen sich die Vorzüge, aber auch die Nachteile von Abkürzungen verdeutlichen.

Arbeitsanregungen zum Text

a) Hauptgedanken des Autors darstellen; Bedeutung der Überschrift herausarbeiten
b) Merkmale der Glosse aufzeigen (⇨ *Lehrbuch, S. 62 f.). Weiteres Beispiel für eine Glosse:* ⇨ *Textsammlung, S. 369.*
c) Argumente für und wider den Gebrauch von Abkürzungen erarbeiten:

Pro	Contra
- originell	- sprachverstümmelnd
- platz- und zeitsparend	- teilweise schwer verständlich
- kostensparend	...
...	

d) *Regeln zur Rechtschreibung von Abkürzungen klären,* ⇨ *Lehrbuch, S. 216.*

e) *Die Schüler schreiben selbst einen Text, in dem sie sehr viele Abkürzungen (auch Symbole und Buchstaben) verwenden.* ⇨ *Lehrbuch, Kapitel 8.*

S. 100, Lösungen

1 Silbentrennung, Aussprache, Betonung, Herkunft;

bei Substantiven: Artikel, Genitiv Singular und Nominativ Plural;

bei Verben: 2. Person Singular Indikativ des Präteritums, 2. Person Singular Konjunktiv des Präteritums, Partizip II, Singular Imperativ;

bei Adjektiven: Besonderheiten bei der Bildung der Steigerungsformen Worterläuterungen, zum Beispiel regionale Besonderheiten, Bedeutung und Gebrauch der Wörter, zum Beispiel Redewendungen;

bei Personennamen: weitere Angaben zur Person, zum Beispiel Beruf, Funktion u. a.

⇨ Rechtschreibregeln vorne im Duden

3 a) *Beispiel: Bus*

Artikel, Genitiv, Plural, Erläuterung, (Kurzform für Autobus, Omnibus)

Beispiel: büßen

Hinweis zum Gebrauch im Schweizerischen, 2. Pers. Singular Indikativ des Präteritums

b) Abkürzungen:

BV - (schweizerische) Bundesverfassung   *BVG - Berliner Verkehrs-Betriebe*

b. w. - bitte wenden   *bz. - bez, bez. - bezahlt (auf Kurszetteln)*

bzw. - beziehungsweise

Hinweis: Regeln zur Rechtschreibung von Abkürzungen (zum Beispiel, wann mit oder ohne Punkt?) können hier besprochen werden.

⇨ Lehrbuch, S. 216, S. 346, sowie Duden R 1 - R 4, S. 17 f..

c) Trennungen:

But-ter-gebak-ke-ne; Busi-neß; butt-rig (aber: but-te-rig); But-zen-schei-be

Hinweis: An dieser Stelle könnten wichtige Regeln zur Silbentrennung wiederholt werden, zum Beispiel t - z; ck = k - k; Bett-tuch; Bet-tuch; Brenn-nessel, sowie die Besonderheiten bei der Silbentrennung von Fremdwörtern. ⇨ Duden, R 178 - R 182

Trennung von st

Entsprechend der bisher schon sehr weit reichenden Grundregeln, nach der von mehreren
5 Konsonantenbuchstaben der letzte auf die nächst
Zeile gesetzt wird, wird nunmehr auch *st* getrennt. Also: *meis-tens, Kis-ten, flüs-tern, Fens-*
tern, bers-ten, usw. (wie: Es-pe, Mas-ke, leug-
nen, mod-rig, schimp-fen, schlüpf-rig usw.).

10 ### Trennung von ckh

Die Buchstabengruppe *ck* wird nicht mehr in *kk*
aufgelöst, sondern wie *ch* und *sch* als Einheit
behandelt: *Zu-cker, fli-cken, tro-cken.*

Verbindungen mit r und l sowie gn und kn in
15 ### Fremdwörtern

Die aus dem Latein bzw. den romanischen Sprachen stammende Regel, daß Verbindungen mit *r*
und *l* sowie die Buchstabenverbindungen *gn* und
kn in Fremdwörtern ungetrennt bleiben, ist nicht
20 mehr obligatorisch. Bei den folgenden Beispielen steht die bisherige, weiterhin zulässige Trennung in Klammern:
Quad-rat (Qua-drat), möb-liert (möb-liert),
Indust-rie (Indu-strie), Mag-net (Ma-gnet), pyk-
nisch (py-knisch).   25

Nicht mehr als solche empfundene Zusam-
mensetzungen

Zusammengesetzte Wörter werden - wie bisher -
nach ihren Bestandteilen getrennt. Ursprünglich
zusammengesetzte, aber heute nicht mehr ohne 30
weiteres als zusammengesetzt erkennbare Wörter können nach den Regeln für einfache Wörter
getrennt werden. Bei den folgenden Beispielen
steht die bisherige, weiterhin zulässige Trennung
in Klammern. Deutsche Wörter: *wa-rum (war-* 35
um), hi-nauf (hin-auf), ei-nan-der (ein-an-der),
beo-bach-ten (be-ob-ach-ten). Fremdwörter
lateinischen oder griechischen Ursprungs: *Pä-*
da-go-ik (Päd-ago-ik), Chi-rurg (Chir-urg),
Phi-lip-pi-nen (Phil-ip-pi-nen), Nos-tal-gie 40
(Nost-algie), he-li-kop-ter (He-li-ko-pter), pa-
ral-lel (par-al-lel).
A.a.O., S. 44 f.

d) Artikel:
Byte - das; Buzentaur - der; Butze - 1. der (landschaftlich für Kobold, Knirps),
2. die (norddeutsch für Verschlag, Wandbett); Bütten - das

e) Plural:
Buschmann - Buschmänner; Bus - Busse; Bypass - Bypässe; Butler - Butler; Busserl
- Busserl oder Busserln; Butter - Butter

f) Lautschrift:
Bypass -   *Byron -*   *Button -*
Bussard -   *Bustier -*

g) Wortherkunft:
Busuki - neugriechisch; Butan - griechisch; Bussole - italienisch; busper - südwest-
deutsche und schweizerische Mundart; Bussard - französisch

h) Worterklärungen:
buten - norddeutsch für draußen, jenseits (des Deichs);
Bussole - Magnetkompaß;
Büx - norddeutsch für Hose;
Butadien - ungesättigter gasförmiger Kohlenwasserstoff (Chemie);
Butterflystil - Schmetterlingsstil (Schwimmsport);
Byte - Zusammenfassung von 8 Bits (EDV);
Buschen - (Blumen-)Strauß, süddeutsche und österreichische Umgangssprache;

Butylalkohol - chemische Verbindung;
Bürzel - Schwanz(-wurzel), besonders von Vögeln;
Byssus - feines Gewebe des Altertums; zoologisch: Haftfäden mancher Muscheln;
Buyout - Kurzform von Management-Buyout

i) Betonung: *Buxe und Büttel* = 1. Silbe kurz betont; *Buß- und Bettag* = 1. Silbe lang und betont, *Byzanz* = 2. Silbe kurz und betont

j) Genitiv:
Butter - Butter; Buyout - Buyouts; Butt - Butt(e)s; Busch - Busch(e)s;
Butterflystil - Butterflystil(e)s; Bypass - Bypasses; Buße - Buße

k) 1. deutscher Humorist; 2. im Sinne von Strauch

5 Man muß wissen, wie das Wort möglicherweise geschrieben werden könnte.
Zur Rechtschreibung von Fremdwörtern: ➪ Lehrbuch, S. 87 f.
Weitere Hinweise:

- Hieran anschließend könnte man mit den Schülern eine Liste erstellen, welche Möglichkeiten es bei bestimmten Wörtern gibt, zum Beispiel Sprechlaut "sch": 1. G - Genie 2. Ch - Chauffeur, Chrysantheme, Clique 3. J - Jongleur usw.
- Weiterhin könnte man im Rahmen dieser Aufgabe einige Wörter, die schwierig zu finden sind, diktieren und falsche Schreibweisen korrigieren lassen: *Beispiele:* Kartarrh (falsch) - Katarrh (richtig); Chossee (falsch) - Chaussee (richtig) usw.

6 Brigitte Heidebrecht: die wandlung, ➪ Lehrbuch, S. 347
Autorin: Brigitte Heidebrecht betreibt seit Ende der 70er Jahre einen Kleinverlag, in dem sie zunächst ihre eigenen Texte, dann jedoch zunehmend auch Werke anderer Autoren (vorwiegend Frauen) publizierte. Bekannt wurde sie durch folgende Titel: "Lebenszeichen", "Laufen lernen" und "Komm doch".
Zusatzinformationen und Deutungshinweise: Das Gedicht "die wandlung" nutzt die sprachspielerischen Möglichkeiten im Bereich der Orthographie und auf der lautlichen Ebene. In diesem Text wandelt sich vieles, auch auf der inhaltlichen Ebene. Angedeutet werden sollen hier nur einige Assoziationen, die Ansätze für mögliche Deutungen liefern könnten. Sie sind ausschließlich von den Schülerinnen und Schülern im Unterricht genannt worden.

endheute dich	➲	Ende; heute?; sich enthäuten (Schlange); aus sich herausgehen;
scherzend	➲	Scherz zum Ende der Beziehung?; männlicher Sarkasmus;
geh-mal	➲	Gemahl; hau ab!;
öffnette	➲	er erhofft sich schöne Momente; nett;
reisverschlusssssss	➲	Reis?; Eis?; Zischlaut am Ende = Zischen der Schlange;
griff nach irr	➲	sexuelles Verlangen nach ihr; sie reagiert wie irre;
würglich	➲	wirklich?; sie würgt ihn zu Tode; Würgeschlange;
fuhr aus der haut	➲	aus der Haut fahren = Wut; Verwandlung; Schlange
nie meer geseen	➲	nie mehr gesehen; Meer; See; Wassersymbolik; alles fließt;
austertraum	➲	Austern = Wassersymbolik; aus der Traum!;
nickse	➲	Nixe?; = Wassersymbolik
tauchte mit ihr ab durch die mitte	➲	abtauchen = verschwinden; s. Anfang = geh-mal

Arbeitsanregungen zum Text

- Schreiben Sie den Text in korrekter Rechtschreibung ab.
- Überlegen Sie, warum Brigitte Heidebrecht die veränderte Schreibweise gewählt hat.
- Geben Sie die Aussage der Autorin mit eigenen Worten wieder.

Weitere Arbeitsanregungen

- Rechtschreibung, Zeichen- und Silbentrennung können beispielsweise auch in lokalen Tageszeitungen untersucht werden. (Leider nimmt hier die Zahl der Regelverstöße zu.)
- Eine gute Möglichkeit für Klassenarbeiten oder sonstige schriftliche Leistungsüberprüfungen bietet sich beim Themengebiet "Umgang mit dem Rechtschreibduden". Man gibt der Klasse einen mit Fehlern verschiedener Schwierigkeitsstufe versehenen Text, der dann unter Verwendung des Duden fehlerfrei abzuschreiben ist. (Beispiel siehe unten). Die Schülerinnen und Schüler üben so einerseits das Nachschlagen, andererseits wird der Blick für die "Fehlersuche" geschärft.

Textbeispiel:
"Der Staat Liechtenstein liefert in rhythmischen Abständen Grieß, Mayonnaise und Schlämmkreide in numerierten Stanniolpäckchen nach Libyen und Hawaii."

(Änderungen nach der Neuregelung der deutschen Rechtschreibung: Rhythmus oder Rytmus; heute schon erlaubt: Majonäse; nummeriert)

☞ Siehe auch Arbeitsblatt "Umgang mit dem Duden", S. 101. Anhand dieses Textes lassen sich auch die Korrekturzeichen einführen und üben (⇨ Rechtschreibduden, S. 77 ff.).

Hierbei könnte man auch mit dem PC arbeiten.
Anmerkung: Die meisten Textverarbeitungsprogramme haben heute leistungsfähige Korrekturprogramme integriert, durch die anhand eines Lexikons die Schreibweise jedes verwendeten Wortes abgeglichen wird. Grammatikalische bzw. kontextabhängige Fehler, wie beispielsweise "das - daß", erkennen die meisten Programme dagegen nicht, wiewohl die Entwicklung dahin geht, daß auch Sprachgrammatiken in die Textverarbeitung integriert werden. Die häufigste Fehlerquelle ist nach wie vor die Silbentrennung insbesondere bei langen Wortzusammensetzungen (dies gilt auch für die professionelle Satzerfassung).

S. 101, T 7

Lösung des Rechtschreib-Rätsels	Abweichungen nach der Neuregelung der deutschen Rechtschreibung
1. Irgend jemand fläzte sich auf dem Diwan neben dem Büfett (oder Buffet), ein anderer rekelte (oder räkelte) sich rhythmisch auf der Matratze, ein dritter planschte im Becken.	Irgendjemand rytmisch
2. Man stand Schlange und kopf, lief Ski und eis, schob Kegel, sprach Englisch, und wer diät gelebt und hausgehalten hatte, hielt jetzt hof.	Man stand Schlange und Kopf, lief Ski und Eis, ... Englisch und wer Diät gelebt und Haus gehalten hatte, hielt jetzt Hof.
3. Auf gut deutsch heißt das, die libysche Firma hat Pleite gemacht, aber die selbständigen Mitarbeiter konnten ihre Schäfchen ins trockene bringen.	selbstständigen ins Trockene bringen

4. Alles mögliche deutete darauf hin, daß sich etwas Ähnliches wiederholen wird, obwohl alles Erdenkliche getan wurde, etwas Derartiges zu verhindern und alles zu annulieren.	Alles Mögliche, dass ... wurde etwas Derartiges ...
5. In einem nahe gelegenen Haus fand sich das nächstgelegene Telefon (oder Telephon), im Portemonnaie der numerierte Bon.	Portemonnaie/Portmonee nummerierte Prophezeiung/Profezeiung
6. Im Zenit ihres Ruhms wagten sie die Prophezeiung, man werde trotz minuziöser (oder minutiöser) Prüfung weiter im dunkeln tappen und aufs Beste hoffen, und insoweit werde alles beim alten bleiben.	im Dunkeln tappen und aufs Beste hoffen und insoweit werde ... überschwänglich
7. Auch wer aufs Ganze geht und überschwenglich sein Bestes tut, tut manchmal unrecht, hält es aber gern für Rechtens.	tut Unrecht Er war ... bemüht den zugrunde liegenden Konflikt - also den Konflikt,
8. Er war statt dessen bemüht, den zugrundeliegenden Konflikt - also den Konflikt, der ihrem Dissens zugrunde liegt und allen angst macht - zu entschärfen, und infolgedessen kam er mit allen ins reine.	der ... und allen Angst macht - zu entschärfen und infolgedessen ... gemacht auch ... Koryphäen/Koryfäen
9. Wie kein zweiter hat sich der Diskutant dafür stark gemacht, auch die weniger brillanten Reflexionen der Koryphäen ernst zu nehmen.	Dass es not tut alles wieder instand zu setzen, ...
10. Daß es not tut, alles wieder instand zu setzen, darf ein einzelner nicht in Frage stellen.	auch: E-xa-men; E-xo-tik; ig-no-riert; Lan-dau-er; Li-no-le-um; Psy-chi-a-
Worttrennungen: Ex-amen; Exo-tik; Hekt-ar; igno-riert; Land-au-er; Lin-ole-um; Psych-ia-ter; Psych-ago-ge; Psy-cho-lo-ge; päd-ago-gisch; pä-do-phil; Päd-erast; So-wjet; Syn-onym	ter; Psy-cha-go-ge; Psy-cho-lo-ge; pä-da-go-gisch; pä-do-fil; Pä-de-rast; Sy-no-nym

Weitere Arbeitsanregungen

- *Leserbrief zur Rechtschreibreform "das - daß", S. 101 unten*
  Die Schüler können anhand dieses kurzen Leserbriefes die Rechtschreibregel zu das/daß erläutern und die Schreibweise in diesem Text begründen.
- *Der folgende Text kann entweder diktiert oder als Lückentext vorgegeben werden. Darüber hinaus kann die Interpunktion von den Schülern erläutert werden.*

Daß das *das*, das mit *s*, und das *daß*, das mit *ß* geschrieben wird, auseinandergehalten werden sollten, das wissen Sie ja. Mehr als sieben Fehler kann keiner im folgenden Text machen:

5 Vater ist böse, ... der kleine Tom nicht gehorchen will, und schimpft: „... hat man nun davon, ... man ... Kind, ... längst eine Tracht Prügel verdient, immer so verzogen hat. ...eine kann ich dir sagen: wenn mir ... noch einmal vorkommt,
10 dann kannst du aber was erleben!“

Erläuterung: *das* mit *s* kann bestimmter Artikel und Relativ- oder Demonstrativpronomen sein; *daß* mit *ß* ist Konjunktion.
Die LÖSUNG: Vater ist böse, *daß* der kleine Tom nicht gehorchen will, und schimpft: „*Das* 15 hat man nun davon, *daß* man *das* Kind, *das* längst eine Tracht Prügel verdient, immer so verzogen hat. *Das* eine kann ich dir sagen: wenn mir *das* noch einmal vorkommt, dann kannst du aber was erleben!“ 20

Edith Hallwass: Deutsch müßte man können. Düsseldorf 1991, S. 130 f.

Neuregelungen der deutschen Rechtschreibung: „Zur s-Schreibung", Regel 27

In Zukunft soll *ß* nur noch nach langem Vokal und nach Diphthong (Doppellaut) stehen.[1] Man schreibt also weiterhin: *das Maß - des Maßes; außen; gießen - er gießt.* Nach kurzem Vokal
5 soll hingegen nur noch Doppel-s stehen (bisher stand hier je nach dem folgenden Buchstaben teils *ss*, teil *ß*). Man schreibt neu: *der Fluss, die Flüsse; es passt, passend; wässrig, wässerig* (bisher: *der Fluß,* aber *die Flüsse; es paßt,* aber *passend; wäßrig,* aber *wässerig*). Die Erleichte- 10 rung, die mit dieser Lösung angestrebt wird, besteht darin, daß in mehr Fällen als bisher die Schreibung aus der Lautung abgeleitet werden kann: *das Floß - es floss; der Ruß - der Schluss; das Maß - das Fass.* 15

Duden. Informationnen zur deutschen Rechtschreibung: a.a.O., S. 21

S. 102, T 8

Weitere Arbeitsanregungen
Untersuchen sie anhand des Textauszuges aus dem DDR-Duden unterschiedliche Sprachregelungen. ⇨ *Textsammlung, S. 394.*

Lösungen, S. 104

1 a) Das Für und Wider der Quotenregelung wird nach wie vor heftig diskutiert.
  b) Als einziger hat er sie ohne Wenn und Aber akzeptiert.
  c) Eines Morgens wachte er auf und dachte, daß nicht viel Bedeutendes in seinem Leben passiert war.
    (Nach der Rechtschreib-Neuregelung: dass)
  d) Wenig Erfreuliches konnte sie vom vergangenen Jahr berichten, aber für das neue Jahr hoffte sie im stillen auf Besserung.
    (Nach der Rechtschreib-Neuregelung: im Stillen)
  e) Von früh bis spät lag er im Bett, denn das Bewegen der Beine fiel ihm noch schwer.
  f) Noch tappte er im dunkeln, doch hoffte er sehr, ins Schwarze zu treffen.
    (Nach der Rechtschreib-Neuregelung: im Dunkeln)
  g) Das meiste aus deinem Brief, den ich spät abends gelesen habe, war mir anfangs unverständlich, so daß ich ihn immer aufs neue lesen mußte.
    (Nach der Rechtschreib-Neuregelung: aufs Neue)

2 a) Er zieht alles ins Lächerliche, auch wenn es sich um etwas Ernstes handelt. (*ins Lächerliche* - substantivisch gebrauchtes Adjektiv; *etwas Ernstes* - Adjektiv in Verbindung mit "etwas")
  b) Mit der Deutschen Bundesbahn fuhr er zum Stuttgarter Hauptbahnhof und von dort in die französischen Alpen. (*Deutsche Bundesbahn* - Eigenname; *Stuttgarter Hauptbahnhof* - geographischer Name, der auf -er endet, Duden R 76; *französische Alpen* - von einem geographischen Namen abgeleitetes Adjektiv auf -isch, das nicht Teil eines Eigennamens ist, Duden R 76)
  c) Meine Schwester lernt S/schwimmen. (*S/schwimmen* kann hier sowohl als Substantiv als auch als Verb aufgefaßt werden, da der Infinitiv ohne Artikel gebraucht wird, Duden R 68.)
  d) Der Ball geriet ins Aus, aber die Elf gab sich noch nicht geschlagen. (*ins Aus* - Substantiv; *die Elf* - substantivisch gebrauchtes Pronomen, Duden R 66)

e) Sie war aufs äußerste erregt, da sie über kurz oder lang eine Entscheidung fällen mußte. (*aufs äußerste* - die Fügung kann durch "sehr" ersetzt werden, Duden R 65; *über kurz oder lang* - kann durch "bald" ersetzt werden, dieselbe Regel.)

f) Im folgenden finden Sie eine Aufstellung über die finanzielle Lage unseres Unternehmens. (*im folgenden* - kann durch "weiter unten" ersetzt werden, Duden R 65; *Sie* - Höflichkeitsanrede, Duden R 72; *unseres* - Pronomen)
(Nach der Rechtschreib-Neuregelung: im Folgenden)

Weitere Arbeitsanregung

Lehrbuch, ➪ *T 7, S. 137: Erläutern Sie die Groß- und Kleinschreibung in diesem Text.*

S. 105 ff.

Weitere Texte zum Thema Sprachstil
Eike-Christian Hirsch: Schwergewicht. ➪ Textsammlung, S. 371
Ulrich Schoenwald: Passiv ist zu vermeiden - Vermeiden ist zu passiv. ➪ Textsammlung, S. 413
Paula Almquist: "Danke, wir sind satt". ➪ Textsammlung, S. 397
Brief. ➪ Textsammlung, S. 369
Mein lieber Otto ... ➪ Textsammlung, S. 412
Ulrich Holbein: Folglich. ➪ Textsammlung, S. 415
Wolf Schneider: Lingua Blablativa. ➪ Textsammlung, S. 404

Lösungen, S. 108

1 1. Wegen Umbaus ist der Betrieb geschlossen.
2. Die Einrichtung wurde versteigert.
3. Der Betrag ist längst **gezahlt**.
4. Der Kaufpreis ist bei Lieferung **fällig**.
5. Die Ware ist gestern **hinaus**gegangen.
6. **In der Anlage** erhalten Sie die angeforderten Prospekte.
7. Die bestellten Hocker können am 24.12. abgeholt werden. (12.12.19.. wird in die Bezugszeichenzeile unter "Ihre Nachricht vom" eingesetzt, siehe Lehrbuch, S. 89)
8. Ein Großteil der von uns ausgegebenen Automatenkarten verliert in Kürze **seine** Gültigkeit.
9. Der uns entstandene Verlust ist sehr hoch.
10. Wegen dieses Zwischenfalls müssen wir Ihnen kündigen.
11. Sie sind nach wie vor verpflichtet, die Ware abzunehmen. (... Verpflichtung zur ...)
12. Das kommt daher, **daß** die Antwort falsch geschrieben war.
13. Wann kann ich benachrichtigt werden?
14. Die neue Satzung wird anläßlich der Jahreshauptversammlung vorgeschlagen.
15. Bitte, überweisen Sie den Betrag umgehend.
16. Wir bitten Sie, uns so schnell wie möglich zu antworten.
17. Der Vertrag erlischt **am** 1. Januar.
18. Den Restbetrag haben wir Ihnen gutgeschrieben.
19. Wir haben Ihre Meldung vorgemerkt.
20. Größere Mengen brauchen wir zur Zeit nicht.
21. Wir werden Sie benachrichtigen.

22. Die Straße, die durch das Hochwasser stark in Mitleidenschaft gezogen wurde, ist nun wieder ausgebessert. Ursache des Hochwassers waren schwere Regenfälle, die mit der Schneeschmelze zusammengetroffen waren.
23. Er brachte den Wagen in die Werkstatt, um ihn reparieren zu lassen.
24. Die am 20. Mai gelieferten Waren sind noch nicht **bezahlt**.
25. Der **wievielte** Besucher war das?
26. Ein ähnliches Unwetter erlebten wir vor etwa drei Jahren/vor genau drei Jahren.

Weitere Übungssätze

1. *Der Betrieb muß* <u>*währenddem*</u> *ruhen.* ➔ währenddessen
2. *Ihre Nachricht haben wir* <u>*bestens dankend*</u> *erhalten.* ➔ *Vielen Dank für Ihre Nachricht.*
3. *Wir gedenken* <u>*denen,*</u> *die nicht mehr bei uns sind.* ➔ *derer*
4. *Der in der letzten Saison vom Verein* <u>*bekommene*</u> *Preis hat uns gefreut.* ➔ *erzielte*
5. *Ich möchte hinter diese Angelegenheit endlich einen* <u>*Schlußstrich*</u> *setzen.* ➔ *Schlußpunkt*
6. *Das Geschäft hatte* <u>*billige*</u> *Preise.* ➔ *niedrige*
7. *Meines Erachtens* <u>*nach*</u> *ist die Angelegenheit erledigt.* ➔ *meines Erachtens ist*
8. *Auszubildende haben eine dreimonatliche Probezeit.* ➔ *dreimonatige; dreimonatlich - alle drei Monate einmal*
9. *Ich bin in ganz Frankreich* <u>*herumgereist.*</u> ➔ *umhergereist*
10. *Der Chef sagt, er* <u>*ist*</u> *sehr erfreut.* ➔ *sei*
11. *Seine* <u>*gemachten*</u> *Erfahrungen werden uns nützen.* ➔ *Seine Erfahrungen*
12. *Anschließend müssen Sie die Beträge* <u>*zusammenaddieren.*</u> ➔ *addieren*
13. *Der* <u>*vierköpfige*</u> *Familienvater sah sich nach einem größeren Wagen um.* ➔ *Der Vater von vier Kindern*
14. *Wir möchten die Gelegenheit ergreifen, Ihnen mitzuteilen, daß die gelieferten Möbel nicht unseren Vorstellungen entsprechen.* ➔ *Die gelieferten Möbel entsprechen nicht unseren Vorstellungen.*
15. *Die Neurenovierung der Kirche erfolgt in den nächsten Monaten.* ➔ *Die Kirche wird in den nächsten Monaten renoviert.*

Umgang mit dem Duden	Lösung	Abweichende Lösung nach der Neuregelung der deutschen Rechtschreibung
Durch umfangreiche Ermittlungsmas-nahmen ist es gelungen, zwei mutmaß-liche Täter fest zu nehmen. Auf grund des veröffentlichten Fantombild kamen die Fahnter auf die Spur eines 35-jähr-igen, der aus der Justizvollzuganstalt geflohen war. Der Ex-Häftling hatt mit zwei weitern der tat verdächtigten am Donnerstag nachmittag die Tat gestand-en. Der Wandalismus der Straftäter richtete erheblichen Schaden an, insbeso-dere am Büffett.	...maß festzunehmen - auf Grund oder aufgrund - Phantombildes - Fahn-der - 35jäh-rigen - ...vollzugs... Exhäftling - hat weiteren - Tat Ver-dächtigten - gestan-den - insbeson-dere Büfett oder Büffet	fest zu nehmen Fantombildes 35-jährigen Donnerstagnachmittag
Als einziger hat er es ohne wenn und aber ackzeptiert.	ohne Wenn und Aber akzeptiert	
Sie sagte ihm nur wiederwillig bye bye.	widerwillig - bye-bye!	
Sie kaufte zwei Modadella (Wurst). Darum hatte er sein Portemonnaie mit.	Mortadella	Portemonnaie oder Portmonee
Er will mit mir ins reine kommen.		ins Reine kommen aufs Neue
Die Grysantheme blüht jedes Jahr aufs neue.	Chrysantheme	
Auf gut Deutsch heißt das, die lybische Firma hat pleitegemacht, aber die selbst-ständigen Mitarbeiter konnten ihre Schäf-chen ins Trockene bringen.	deutsch - libysche Pleite gemacht - selb-ständig ins trockene bringen	selbstständig ins Trockene bringen
Desweiteren ist das Chenie (höchstbegabter Mensch) jeden nachmittag zu hören.	Des weiteren - Genie Nachmittag	
Spargel mit Kartoffel gibt es des mittags.	Kartoffeln - Mittags	
Die Zweit-Schrift war nummeriert und limi-tiert.	Zweitschrift - numeriert	nummeriert

Aufgabe

Berichtigen Sie den obigen Text, indem Sie alle Wörter, die fehlerhaft sind, in der richtigen Schreibweise hinter die jeweilige Textzeile setzen.

4   Sich ausdrücken und mitteilen in Alltag und Beruf

Sprachhandlungskompetenz

In diesem Kapitel geht es um das **situationsgerechte Sichausdrücken im beruflichen und privaten Bereich**. Der überwiegende Teil der Inhalte läßt sich jedoch auch sehr gut auf die schulische Situation übertragen. So kann etwa das Kapitel 4.1.3 "Kritisieren und mit Kritik umgehen" auf die schulische Situation der Bewertung übertragen werden (Nach welchen Gesichtspunkten bewerten Lehrer einzelne Schülerleistungen und die Gesamtjahresleistung? Wie wird Kritik am Schüler - sei es an einem mündlichen Unterrichtsbeitrag oder an einer schriftlichen Arbeit - formuliert und vorgebracht? Wie bringen Schüler ihrerseits Kritik an Unterrichtsmethoden, Unterrichtsinhalten, Verhaltensweisen von Mitschülern u. a. vor? Weshalb artikulieren Schüler bestimmten Lehrpersonen gegenüber wesentlich stärker Kritik als anderen gegenüber? Welche Anregungen für konstruktive Kritik kann man Lehrern oder Mitschülern geben? Wie kritisieren sich Schüler untereinander? ...)

In Anlehnung an Kapitel 4.1.4 sollte man auch über das **Sich-zu-Wort-Melden im Unterricht** sprechen. Dabei spielt auch die besondere Situation der jeweiligen Klasse eine große Rolle, zum Beispiel im Hinblick auf die mögliche Dominanz bestimmter Schüler, auf die Rollenverteilung (sind die "Wortführer" in der Klasse Jungen oder Mädchen?) usw. Auch das Thema "Körpersprache" (Kapitel 4.2) spielt in der Klasse eine Rolle, etwa unter dem Aspekt, welche Wirkung eine bestimmte Sitzhaltung der Schüler auf die Lehrer hat und umgekehrt.

Sich situationsgerecht auszudrücken und zu verhalten, setzt Einfühlungsvermögen und Problembewußtsein voraus, ebenso die Offenheit, eigene Einstellungen zu überprüfen. Soll die Bereitschaft und Fähigkeit der Schüler zur Kontaktaufnahme weiterentwickelt werden und sollen sie angeregt werden, ihre Ausdrucksmöglichkeiten weiter zu differenzieren und situationsgerecht einzusetzen, so ist insbesondere der **affektive Bereich** angesprochen. Die **Erfahrungswelt der Schüler** bildet deshalb gerade bei diesem Kapitel die Ausgangsbasis für die unterrichtliche Arbeit.

Der Schwerpunkt dieses Kapitels liegt auf der **mündlichen Arbeit**. Neben dem Unterrichtsgespräch sollten deshalb auch Methoden wie zum Beispiel Rollenspiel, Clustering u.a. verstärkt eingesetzt werden.

Im Lehrbuch sind in diesem Kapitel primär expositorische Texte unterschiedlichen Schwierigkeitsgrades abgedruckt (wobei die etwas "leichteren" Texte aufgrund der Kapitelinhalte bewußt überwiegen; würde man das Thema anhand schwer verständlicher wissenschaftlicher Texte besprechen, wäre dies für die Mehrheit der Schüler wohl kaum nachvollziehbar!). Auf geeignete literarische Texte wird im folgenden verwiesen.

Die Schülerinnen und Schüler sollen/können:
- ❑ situationsgerecht Gespräche im beruflichen und privaten Bereich führen,
- ❑ sich auf Gesprächssituationen und Gesprächspartner einstellen,
- ❑ das eigene Gesprächsverhalten reflektieren,
- ❑ die Bedeutung des Gesprächs in Problemsituationen erkennen und entsprechendes Gesprächsverhalten anwenden,
- ❑ Grundlagen der menschlichen Kommunikation auf verschiedene Gesprächssituationen übertragen,

- ❑ Gründe für Mißverständnisse erkennen und Möglichkeiten kennen, diese zu beseitigen,
- ❑ richtig kritisieren und mit Kritik anderer umgehen können,
- ❑ Barrieren, sich zu Wort zu melden, überwinden,
- ❑ die Körpersprache als wichtiges Verständigungsmittel erkennen und das eigene Verhalten daraufhin überprüfen,
- ❑ Gestik, Mimik und Köprerhaltung anderer verstehen,
- ❑ Vorstellungsgespräche zielgerichtet führen,
- ❑ die Bedeutung des Tagebuches erkennen,
- ❑ über Möglichkeiten des privaten Briefes nachdenken,
- ❑ weitere Formen, um sich auszudrücken, der Klasse vorstellen oder kennenlernen,
- ❑ mit Sachtexten arbeiten,
- ❑ Texte vergleichen hinsichtlich Inhalt, Sprache und Form,
- ❑ Gegenpositionen formulieren,
- ❑ das eigene Gesprächsverhalten, zum Beispiel in der Klasse, reflektieren, Anregungen anderer aufnehmen,
- ❑ Mitschüler und Lehrer beobachten und positive Anregungen geben.

Verknüpfungsmöglichkeiten mit anderen Kapiteln

Da es in diesem Kapitel um das Sichausdrücken - auch im Unterricht - geht, gibt es Verknüpfungspunkte zu allen Kapiteln. Inhaltliche Verknüpfungspunkte im engeren Sinne gibt es vor allem zu

⇨ 1.1 Personen in Texten und über Texte kennenlernen und beschreiben (auch in diesem Kapitel spielt das Zwischenmenschliche und das Beobachten des anderen eine große Rolle)

⇨ 5.2 Diskutieren (in diesem Kapitel geht es um den *zielgerichteten* mündlichen Sprachgebrauch)

⇨ 5.4 Verkaufsgespräch (das Nonverbale hat auch hier eine Bedeutung, ebenso die "geschickte" Gesprächsführung und ein hohes Maß an Einfühlsvermögen)

⇨ 5.5 Das Interview (Gesprächsführung und nonverbales Verhalten spielen hierbei eine wichtige Rolle)

⇨ 7.7 Szenisch-dialogische Texte (Gesprächsverhalten und nonverbales Verhalten sind wesentlicher Bestandteil, zum Beispiel bei Fernsehfilm und Kino)

⇨ 8 Texte verändern und kreativ gestalten (das kreative Gestalten als besondere Form, um sich auszudrücken)

S. 109 (Einstiegsseite)

Anhand dieser Karikatur kann die Bedeutung der "Blumensprache" erörtert werden. Beispiel: Zu welchem Anlaß schenkt man rote Rosen?

S. 110

Hinweis zum Text "Monika hat Liebeskummer": Man könnte hier auch eine kurze andere Gesprächssituation einfügen, zum Beispiel ein Gespräch über ein Thema, das gerade verschiedene Schüler der Klasse bewegt. Jedoch sollte man dabei darauf achten, daß dies nicht zu sehr in die Privatsphäre der Betroffenen reicht.
Weitere Textvorschläge zum Bereich Gespräch: "Gespräche - Der Erlkönig", ⇨ Textsammlung, S. 274, Fitzgerald Kusz: es gäihd, ⇨ Textsammlung, S. 278, Anne Ocker: Du bist nicht modern, ⇨ Textsammlung, S. 287

Lösungen, S. 110

1 Monika möchte von Sibylle einen Rat, diese geht jedoch nicht auf Monikas Probleme ein.

2 Anregung: Dieses Aufgabe bietet sich für eine Partnerarbeit an. Die Absicht von Monika sollte in dem neuen Gespräch beibehalten werden. Man sollte gemeinsam in der Klasse überlegen, weshalb bestimmte Schüler einen bestimmten Gesprächsverlauf gewählt haben.

3 ⇨ Lehrbuch, S. 111.

5 ⇨ Lehrbuch, S. 111; siehe auch Texte zu Gerüchte und Klatsch, ⇨Textsammlung, S. 278 f.

S. 111, T 1

Textsorte: Sachtext

Inhalt: In diesem Text geht es um die Bedeutung des Gesprächs und um die Verhaltensweisen der Gesprächspartner.

Zusatzinformation: Der Text wurde einem der Hauptwerke Ciceros, De oratore - Über den Redner, (55 vor Christus) entnommen.

Lösungen, S. 111

1 Wichtige Aspekte für ein Gespräch:
- Ein Gespräch muß gelassen geführt werden, das heißt in munterer Stimmung und ohne Rechthaberei.
- Keiner sollte sich in den Vordergrund spielen, jeder sollte zu Wort kommen können.
- Der Ton des Gesprächs wird durch das Thema bestimmt: Wichtiges erfordert eine ernsthafte Gesprächshaltung, Belangloseres eine heitere.
- Man sollte sich über Abwesende nicht negativ äußern, dies zeigt eigene Charakterschwächen.
- Ein einfühlsamer Gesprächspartner sollte bemerken, wann er anfangen kann zu reden und wann er aufhören sollte.
- Starke Gefühlsäußerungen, zum Beispiel Zorn, sind möglichst zu vermeiden und auch bei anderen nicht hervorzurufen.
- Man sollte Achtung vor dem Gesprächspartner erkennen lassen.
- Wenn es erforderlich ist, soll man Freunde ernsthaft und mit Nachdruck auf Fehler aufmerksam machen, dies jedoch nicht in einer vorwurfsvollen Art, sondern so, daß der andere merkt, daß man nur seine Bestes im Sinn hat.
- Auch bei Streitigkeiten mit Leuten, die einem feindselig gesinnt sind, ist es wichtig, ernsthaft, sachlich und gelassen zu bleiben.

Weitere Arbeitsanregungen

- *Setzen Sie sich kritisch mit den Ausführungen von Cicero auseinander; Beispiel Zeile 14 - 17: Sollte man tatsächlich Gefühlsäußerungen in Gesprächen vermeiden? Was spricht dafür, was dagegen, inwieweit läßt sich ein Kompromiß finden?*
- *Vergleichen Sie den Text von Cicero mit dem Text von Herbert Wehner (siehe folgende Seite): Welche inhaltlichen Gemeinsamkeiten bestehen, welche weiteren Gesichtspunkte erwähnt Wehner?*
- *Weshalb äußern sich Politiker zum Thema Gespräch? Beobachten Sie das Gesprächsverhalten von Politikern oder Interessenvertretern, zum Beispiel in Fernsehgesprächsrunden.*

Miteinander reden

aufeinander hören,

auch füreinander Verständnis
gewinnen.

Aufeinander zugehen,

5 statt nur oder vorwiegend
übereinander

zu reden und sich gegeneinander
zu versteifen.

Das menschliche
10 Miteinander erhalten.

Herbert Wehner

Ernst Reiling (Hrsg.): Ein Schritt zurück nach vorn. Greven 1983, S. 105

Weitere Texte, in denen das Gespräch jeweils eine besondere Bedeutung hat
Max Frisch: Andorra (Auszug). ⇨ Lehrbuch, S. 13, T 19
"Familienszene". ⇨ Lehrbuch, S. 139, T 1 (Fehler in der Gesprächsführung, Vorwürfe, Erwartungshaltungen, Rollenverhalten, situativer Kontext u. a. lassen sich anhand dieses Textes gut erarbeiten; wird die Szene in der Klasse nachgespielt, empfiehlt sich ein Rollentausch.)
Reinhardt Knoll: Deutschunterricht. ⇨ Lehrbuch, S. 248 f., T 1 (Stereotypen, Erwartungshaltungen, Vorurteile u. a. lassen sich an diesem Text herausarbeiten, alternative Verhaltensweisen können in Form eines Rollenspiels aufgezeigt werden.)
Gustav Damann: Fahrerflucht. ⇨ Lehrbuch, S. 250 f., T 2 (Das Gesprächsverhalten des Ehepaares drückt aus, welche Rolle beide in der Familie spielen.) sowie Lehrerband, S. 222 f.
Hille Belian: Mitten ins Herz. ⇨ Lehrbuch, S. 263 f., T 4 (Auszug aus einem Liebesroman; der Text besteht vor allem aus Dialogen.)
Dieter Hildebrandt: Dichter-TÜV. ⇨ Lehrbuch, S. 267 f., T 7 (Das Gesprächsverhalten von Herrn Reich-Ranicki, R.-R., wird auch in Kapitel 4.4, Seite 128, T 3, Zeile 63, erwähnt.)
Karl Valentin: Buchbinder Wanninger. (Beispiel für ein "mißlungenes" Gespräch)
"Gespräche: Der Erlkönig - Der Text". ⇨ Textsammlung, S. 274 (Die beiden Gespräche lassen sich gut miteinander vergleichen, dabei sollte vor allem berücksichtigt werden, inwieweit der Schüler Jörg mit einbezogen wird.)
Anne Ocker: Du bist nicht modern. ⇨ Textsammlung, S. 287 (Weshalb sucht die Tochter das Gespräch mit der Freundin, wie verhält sie sich im Gespräch mit der Mutter, weshalb meidet sie Gespräche mit der Mutter, ...? Weitere Arbeitsanregung zum Text: Der Dialog zwischen Mutter und Tochter kann in ein gelungenes Gespräch umformuliert werden.)
Arthur Schopenhauer: Gespräch von Anno 33. ⇨ Textsammlung, S. 278 (⇨ Lehrerband, S. 40)
Chei Woon-Jung: In Deutschland. ⇨ Textsammlung, S. 267
Fitzgerald Kusz: es gäihd. (Mundarttext) ⇨ Textsammlung, S. 278
Heinrich Tieck: Der Traum des Sultans. ⇨ Textsammlung, S. 284
Wolfdietrich Schnurre: Von der Gleichheit. ⇨ Textsammlung, S. 284

S. 112 f., T 2

Textsorte: Sachtext

Lösungen

1 Zeile 30 ff. Bei Problemen mit dem Selbstwertgefühl werden viele Menschen Schwierigkeiten haben, gerade dieses zu thematisieren, denn über Komplexe offen in der Clique zu sprechen, setzt ja für viele ein hohes Maß an Selbstwertgefühl voraus.

Zusatztext: **Mutter hat mein Tagebuch gelesen!**

Meine Mutter hat mir was ganz Schlimmes angetan: Sie hat mein Tagebuch gelesen, in dem ich alle meine Geheimnisse und Intimsten Gefühle auf geschrieben habe.

Obwohl sie es mir gleich gestanden hat, kann ich ihr Verhalten nicht vestehen. Bisher war sie immer eine tolle Mutter, mit der ich mich verstand wie mit einer Freundinn. Sie hatte immer viel Verständnis für meine Probleme und hat mir gegenüber noch nie so einen Vertrauensbruch begangen. Jetzt habe ich eine irrsinige Wut auf sie und kann nicht mehr so mit ihr sprechen wie früher. Wie soll ich mich verhalten?   Ina (15)

Girl vom 21.09.1994, S. 54

Deine Wut ist verständlich, denn Deine Mutter hat sich Dir gegenüber sehr unfair verhalten. Wahrscheinlich bereut sie bereits, was sie Dir angetan hat. Nur weiß sie genauso wenig wie Du, wie Ihr beiden wieder zusammenkommen könnt. Vereinbare mit ihr eine Aussprache. Sag was Du fühlst, frag sie nach Gründen des Vertrauensbruchs und warum sie Deine Intimsphäre so verletzen mußte.

Deine Mutter kennt jetzt Deine Geheimnisse, Innersten Wünsche, Phantasien und Intimsten Gedanken. Bitte Sie, Dir fest zu versprechen, daß sie das Gelesene für sich behält. Nach Eurer offenen Aussprache sollte nie mehr wieder über dieses Thema gesprochen werden. Solltest Du trotz dieser negativen Erfahrung wieder Lust haben ein Tagebuch zu schreiben, dann bewahre es an einem sicheren oder geheimen Platz auf, z. B. in der abschließbaren Schublade deines Schreibtisches oder in einer Schatulle, zu der nur den Schlüssel hast.

Antwort der Redaktion

Weitere Arbeitsanregung

Sind Sie mit der Antwort der Redaktion einverstanden? Formulieren Sie gegebenenfalls eine Alternativantwort.

Anmerkung: Manche Redaktionen schreiben sich ihre Leserrubriken selbst.

Weitere Arbeitsanregungen

- *Nehmen zu den Leserrubriken Stellung, zum Beispiel indem Sie:*
  - *einen Leserbrief an eine Zeitschrift schreiben,*
  - *verschiedene "Leseranfragen" in einer Collage zusammenstellen (⇨ Lehrbuch, S. 274 und S. 285),*
  - *verschiedene "Leseranfragen" vermischen und zu einem neuen Text zusammenstellen,*
  - *selbst "Leseranfragen" verschicken, um die Seriosität der Zeitschrift zu testen,*
  - *zu einer "Leseranfrage" alternative Antworten schreiben usw.*
- *Stichwort "Mobbing": Was versteht man darunter? Handelt es sich um ein Modewort? Wie verhalten sich die "Täter", wie die "Opfer"? Wie könnte man sich selbst in einer solchen Situation verhalten? usw.*

  Literaturhinweis: Christine Demmer: Alles, was Sie schon immer über Kommunikation wissen wollen. Wiesbaden 1994

S. 114, T 3

Arbeitsanregungen zum Text

- *Schreiben Sie den Text um, indem Sie den Titel beibehalten, den Inhalt verändern ("Ich liebe diese zufälligen Gespräche ..."). Auch die Form sollte beibehalten werden.*
- *Setzen Sie sich mit dem Text kritisch auseinander; Beispiel: Aus zufälligen Gesprächen können sich auch soziale Kontakte entwickeln und ernsthafte Freundschaften entstehen.*
- *Machen Sie eine Umfrage bei Erwachsenen zum Thema: "Wie haben Sie Ihren Lebenspartner (oder sehr gute Freunde) kennengelernt?"*
- *Besprechen Sie den Text unter Aspekten wie "Höflichkeit - Unhöflichkeit", "Vereinsamung in der Gesellschaft" oder "Small-talk".*
- *Formulieren Sie Ja- und Nein-Positionen zum Text. ⇨ Lehrbuch, S. 114, T 4.*

Weitere Texte
Fitzgerald Kusz: es gäihd. (Mundarttext, Lyrik) ⇨ Textsammlung, S. 278
Benjamin Karl. So war das. ⇨ Lehrbuch, S. 214 f., und Lehrerband, S. 185

Zusatztext:

Andrea Bigge "Der rote Schal", ⇨ Lehrbuch, S. 298

Autorin: Andrea Bigge war, als sie den Text schrieb, Schülerin eines Arnsberger Gymnasiums. Sie gewann einen Preis beim Arnsberger Kurzgeschichten - Wettbewerb.

Zusatzinformationen und Deutungshinweise: Thematisch spricht dieser Text von Kontakten, Wünschen, Hoffnungen, vielen Gedanken und von der Unfähigkeit, diese Vorstellungen zu realisieren. Zwei Personen, Mann und Frau, die mit Namen nicht erwähnt werden (der Erzähler nennt sie nur "er" und "sie") beobachten sich gegenseitig zu bestimmten Zeiten des Tages. Dieses Beobachten ist jedoch eher im Sinne freudigen Erwartens zu verstehen, denn beide Personen, die übrigens schon älter sind (vgl. Zeile 21 f.), hoffen, daß sie die jeweils andere Person sehen. Die Frau wartet auf ihn, während sie am (geschlossenen?) Fenster sitzt. Er macht seinen Spaziergang und geht bewußt auf dem Rückweg an ihrem Fenster vorbei.
Die Geschichte baut nur auf wenigen Handlungen, Gesten und Gedanken auf, die jedoch in ähnlicher Weise bei beiden Figuren bestehen. Wir erfahren dies zum Teil über den Erzähler.

Tafelbild zu Andrea Bigge: Der rote Schal

ER   SIE

↘ | Gedanken | ↙

- hofft, daß sie ihn für zuverlässig hält
- geht bei schlechtem Wetter
nur wegen der Frau spazieren
(Zeile 6)
- macht sich Gedanken, wo sie
am Mittwoch sein könnte

- bedauert, daß er mit dem Hund
hinaus muß
- fragt sich, ob er mittwochs ihre
Abwesenheit bemerkt
- hält ihn für einen sympathischen
Mann
- glaubt, daß er nicht verheiratet
ist
- vermutet in ihm einen einsamen
Menschen

↙ | Gesten und Handlungen | ↘

- achtet auf dem Rückweg vom
Spaziergang auf das Fenster
- hat einen gewöhnlichen Tagesablauf
- bemüht sich, einen guten Eindruck zu hinterlassen
- erwartet das freundliche Lächeln
- handelt nicht nach seinen Wünschen

- lächelt ihm zu (manchmal)
- starrt verträumt in den Regen
- beobachtet ihn genau (Verlassen
des Hauses)
- wartet gespannt (jeden Tag)
- hätte ihm gerne gewinkt
(beherrscht sich)

↓   ↓

"eine fremde Frau"   "ein fremder Mann"

S. 114 f., T 4

Textsorte: Sachtext
Zusatzinformationen: Der in der Zeitschrift „freundin", a. a. O., abgedruckte Gegentext lautet:

Nein

Man kann doch ein Gespräch nicht einfach so
abblocken, wenn es einem lästig wird. Manchmal möchte ich eben eine Sache, die mich beschäftigt, zigmal durchsprechen, und von
5 Freunden erwarte ich schon, daß sie das verstehen. Oder ich finde ein Thema so interessant, daß ich es in alle Einzelheiten auseinan-
derpflücken kann - auch wenn das länger dauert.
10 Es ist dann wie ein Faustschlag mitten ins Ge-

sicht, wenn man mit diesem Satz abgespeist
wird. Schließlich bin ich ja auch bereit, meinen
Freunden und Bekannten zuzuhören - selbst
wenn mich ihre Themen nicht brennend interessieren. Außerdem kann man es auch anders 15
sagen, wenn man ein Gespräch im Moment
nicht weiterführen will. Zum Beispiel so:
"Könnten wir ein anderes Mal darüber reden,
ich bin heute ziemlich abgespannt?"

Lösungen, S. 115

1 Gegentext, siehe oben.

Text einer Schülerin:

Nein! Ich finde, wenn einer ein Problem hat, ist ihm nicht damit geholfen, wenn ich sage "Ich habe keine Lust mehr, darüber zu reden." Man sollte ihm/ihr versuchen zu helfen, auch wenn das Problem einen selbst nicht interessiert. Man kann doch stolz darauf sein, wenn einer einem ein Problem anvertraut. Wenn ich außerdem auch mal ein Problem habe, möchte ich auch, daß der andere mir zuhört und nicht mit so einem Spruch das Gespräch beendet.

3 Kompromißvorschläge: In Abhängigkeit vom Thema entscheiden, einen neuen Gesprächstermin vereinbaren (und diesen dann auch einhalten!), eine weitere Person mit in das Gespräch einbeziehen (nur mit Zustimmung des Gesprächspartners!) usw.

Man sollte darauf achten, daß man den anderen nicht verletzt, man sollte die Bedeutung des Gesprächs für den anderen beachten, nicht aus Stolz oder Trotz handeln usw.

S. 115

Textsorte: Karikatur
Autor: Wolf-Rüdiger Marunde, ⇨ Lehrerband, S. 54

Lösungen, S. 115

1 Mißverständnis zwischen gesendeter und empfangener Nachricht (⇨ Lehrbuch, S. 117)

3 Der Mann könnte seine Aussage ernsthaft (als Kompliment) oder ironisch meinen; die Frau will den Komplimenten des Mannes bewußt aus dem Weg gehen, hat das Gefühl, er meckert immer an ihr herum, ist schlecht gelaunt, ist mit ihrem Äußeren unzufrieden, will auf die Ironie des Mannes nicht hereinfallen, antwortet auf das ernsthafte Kompliment des Mannes bewußt ironisch, versteht die Aussage des Mannes als eine Anspielung auf ein vorangegangenes Gespräch, hat keine Lust auf ein Gespräch, sucht Streit, ...

Weitere Arbeitsanregungen

• Formulieren Sie eine alternative Aussage aus der Sicht der Frau auf die Aussage des Mannes (oder umgekehrt).

• Skizzieren Sie den möglichen weiteren Verlauf des Gespräches (⇨ Lehrbuch, S. 117, Arbeitsanregung 4).

• Berichten Sie von eigenen Erfahrungen in ähnlichen Situationen.

• Schreiben Sie selbst einen kurzen Dialog, in dem es um ein Mißverständnis geht. Die Dialoge können in der Klasse in Form eines Rollenspiels vorgetragen werden.

S. 116 f.

Arbeitshinweis für den Einstieg: Die Schüler definieren die Begriffe "Kommunikation" und "Mißverständnis" (⇨ Lehrbuch, S. 42 ff.), die verschiedenen Arbeitsergebnisse werden in der Klasse besprochen. Der Schwerpunkt sollte hierbei darauf liegen, die Ansätze der Schüler ernst zu nehmen (Weshalb wird bei der "Kommunikation" die technische Übermittlung in den Vordergrund gestellt? Weshalb wird bei "Mißverständnis" auf die Folgen eingegangen? ...) - ⇨ Lehrbuch, S. 117, Arbeitsanregung 1.

Übung 1: Chef zur Sekretärin: "Es ist kein Kaffee mehr da."

Sachinhalt _____   Selbstoffenbarung _____

_____   _____

Beziehung _____   Appell _____

_____   _____

Übung 2: Experte zu fragender Person aus dem Publikum: "Können Sie mir geistig folgen?"

Sachinhalt _____   Selbstoffenbarung _____

_____   _____

Beziehung _____   Appell _____

_____   _____

Lösungen zu Übung 1

Sachinhalt: "Es ist kein Kaffee mehr da."
Selbstoffenbarung: "Ich möchte Kaffe trinken." / "Als Chef brauche ich mich darum nicht zu kümmern, ich habe Wichtigeres zu tun." / "Ich will nicht direkte Anordnungen geben müssen, weil ich Gehorsam ohne direkte Anweisung bequemer finde." / "Bitten paßt nicht zu meinem Status, und Befehlen macht mir Schuldgefühle."
Beziehung: "Als Vorgesetzter erwarte ich, daß du meine Wünsche erfüllst." / "Wenn ich Tatsachen benenne, hast du selbständig die Konsequenzen daraus zu ziehen, auch ohne direkte Anweisung." / "Wenn ich Kaffee haben möchte, interessiert es mich dabei nicht, ob du dich als Sekretärin abgewertet fühlst; schließlich muß es doch jemand machen."
Appell: "Besorge Kaffee." / "Fühle dich verantwortlich, und achte selbst darauf, ob noch genügend Kaffee da ist." / "Mache keine Schwierigkeiten; auch wenn du nicht als Kellnerin angestellt bist." / "Habe Verständnis für meine Bedürfnisse!"

Lösung zu Übung 2

Sachinhalt: "Sind Sie in der Lage, meine Ausführungen zu verstehen?"
Selbstoffenbarung: "Es ist nicht meine Aufgabe, verständlich zu sein." / "Ich halte mich für intellektuell überlegen." / "Ich bin nicht bereit, mich auf die Ebene des Fragenden zu begeben." / "Ich will lästige fragende Personen zum Schweigen bringen."
Beziehung: "Ich bin dir geistig überlegen." / "Wenn du von mir akzeptiert werden willst, muß du es mir beweisen." / "Als kritischer Zwischenfrager riskierst du, daß ich dich abwerte (lächerlich mache, ignoriere, ...)."
Appell: "Streng dich an, mich zu verstehen." / "Beweise, daß du mir gewachsen bist." / "Unterlasse deine lästigen Zwischenfragen." (Von ähnlicher Art ist die häufige Variante: "Haben Sie verstanden?" statt etwa "Habe ich mich verständlich ausgedrückt?")

Lösungen, S. 117

1 Peter Bichsel: Ein Tisch ist ein Tisch, ⇨ Lehrbuch, S. 12, und Lehrerband, S. 16. Schwerpunkt der Überlegungen: Was ist Sprache? Welche Aufgabe hat Sprache? Weshalb ist Kommunikation notwendig?
2 Mögliche Ursachen für Mißverständnisse: unterschiedliches Vorwissen, Verhältnis der Gesprächspartner untereinander, unterschiedliches Einschätzen der Situation u. a. (⇨ Lehrerband, Hinweise zu S. 115).

Zu Deborah Tannen: „Alles klar, oder was?", ⇨ Lehrbuch, S. 300

Textsorte: Interview
Autorin: Amerikanerin, Professorin für Linguistik an der Georgetown University, schrieb den Bestseller: "Du kannst mich einfach nicht verstehen. Warum Männer und Frauen aneinander vorbeireden". Hamburg 1991.
Sprache: direkte Rede, sachlich.
Zusatzinformationen: Einleitender Text zum Interview, im folgenden abgedruckt.

Beate Herrnfeld hatte sich auf das Gespräch mit ihrem Chef gut vorbereitet. In klaren Sätzen erklärte sie ihm, weshalb die Konferenz für Marketing-Leiter nächste Woche in
5 Frankfurt so wichtig sei. Die lapidare Antwort ihres Vorgesetzten: „Wenn Sie meinen, können Sie natürlich gern nach Frankfurt fahren...". Eine Reaktion, die die Angestellte verunsicherte und ratlos machte: „Er hat zwar
10 ja gesagt, aber irgend etwas stimmt nicht. Was soll ich jetzt machen?".

Ein Fall für Deborah Tannen. Die Linguistik-Professorin, die in ihrem Bestseller „Du kannst mich einfach nicht verstehen" aufzeigte, weshalb Partner sich oft mißverstehen, hat 15 analysiert, weshalb Menschen in alltäglichen Situationen Probleme mit ihrer Sprache haben. Der Titel ihres neuen Buches: „Das hab'ich nicht gesagt!".
STERN-Redakteurin Maria Biel sprach mit der 20 Wissenschaftlerin darüber, weshalb wir so oft aneinander vorbeireden.

Weitere Arbeitsanregung

Die Art der Fragestellungen im Interview können untersucht werden, Beispiel: Zeile 41 oder 47 f. (rhetorische Fragen).

Tafelbild zu "Alles klar oder was?" - Interview mit Deborah Tannen

Kommunikationsprobleme   →   *entstehen* vor allem dadurch, *wie* man etwas sagt.

↓

abhängig vom Gesprächsstil   →   Unterschiede können zu **Mißverständnissen** führen

․   ↘

direkt   **indirekt**

- Jede Mitteilung enthält eine Meta-Mitteilung, die signalisiert, wie die Mitteilung verstanden werden soll. →
- Der indirekte Gesprächsstil läßt Auswege offen, Konfrontationen können so umgangen werden.
- Der Gesprächsstil kann bedingt verändert werden (Geschwindigkeit, Tonfall, Sprechpausen).

Dies muß vom Gesprächspartner erkannt werden.

> **Mißverständnisse** werden erst dann vermieden, wenn man lernt, sich auf den Gesprächspartner einzustellen.

Lösungen, S. 117, Fortsetzung

3 Die Aufgabe kann sehr gut in Partnerarbeit bearbeitet werden. Bei der Besprechung sollte der Schwerpunkt darauf liegen, *warum* von bestimmten Schülerinnen oder Schülern ein bestimmter Gesprächsverlauf gewählt wurde (zum Beispiel Schülerin oder Schüler, eigenes Gesprächsverhalten in der Klasse, ...)

4 Da die gesendete Nachricht ("Hach, wie ich es liebe, wenn deine Borsten vom Winde verweht sind!") nicht nur eine sachliche Information ist, sind verschiedene Antworten möglich. Beispiele aus dem Schulalltag können sehr geeignet sein, das Modell der zwischenmenschlichen Kommunikation zu besprechen. Man gibt eine Schüler- oder Lehreraussage vor, die Schüler sollen dann die möglichen Antworten und die vier Seiten der gesendeten und empfangenen Nachricht erarbeiten:

Lehrer: *Die Pause ist zu Ende.*
             Wieso bist du mit der Aufgabe noch nicht fertig?
             Haben Sie Ihr Buch vergessen?
             Die Tafel ist nicht geputzt.
             Sie haben eine sehr leserliche Handschrift.

Schüler: *Könnten Sie das nochmals erklären?*
             Wie lange haben wir noch Zeit für die Aufgabe?
             Soll ich schon mal die Tafel wischen?
             ...

Mögliche Reaktionen der Mitschüler sollten mit einbezogen werden.

☞Aufgaben dieser Art sind geeignet, über das Rollen- und Gesprächsverhalten im Unterricht zu sprechen und gegebenenfalls dem anderen Anregungen für Verhaltensänderungen zu geben.

5 Bei der Besprechung dieses Arbeitsauftrages kann man sich von dem Modell (⇨ Lehrbuch, S. 117) lösen und die Schüler aus ihrem Erfahrungsbereich heraus die Kommunikationssituation deuten lassen, zum Beispiel a) Die Mutter macht dem Sohn Vorwürfe, der Sohn verteidigt sich. Hieran anschließen läßt sich dann die Frage: Wie kommen die Schüler zu einer solchen Deutung der Situation? Welche alternativen Verhaltsweisen wären denkbar? Wie sieht die Familiensituation aus? ...

Weiterhin sollten die Schüler überlegen, welche Antworten sie in der Rolle als a) Sohn, b) Tanja und c) Christian gegeben hätten.

Weitere Texte: Wolfdietrich Schnurre: Von der Gleichheit, ⇨ Textsammlung, S.284, Anne Ocker: Du bist nicht modern, ⇨ Textsammlung, S. 287.

☞ Die Ausführungen von Deborah Tannen zum direkten und indirekten Gesprächsstil (⇨ Lehrbuch, S. 300, und Lehrerband, S. 111 f.) können hier mit einbezogen werden.

Weitere Arbeitsanregung

Denkanstoß: Reflektieren Sie Ihr eigenes Gesprächsverhalten, und überlegen Sie, ob und warum Sie (häufig?) mißverstanden werden.

Hinweis: In welcher Form dies geschieht und ob darüber offen in der Klasse gesprochen werden sollte, muß von dem jeweiligen Schüler und der jeweiligen Klasse abhängig gemacht werden.

Weitere Texte
Undine Gruenter: Das gläserne Café (Auszug). ⇨ Lehrbuch, S. 242 und Lehrerband, S. 213.
Karl Valentin: Buchbinder Wanninger .
Michael Allmaier: Gesten statt Worte. ⇨ Textsammlung, S. 268
Karikatur ⇨ Lehrbuch, S. 173.
Heinrich Teick: Der Traum des Sultans. ⇨ Textsammlung, S. 284

S. 118, Kapitel 4.1.3
Arbeitsanregungen für den Einstieg
Die Schüler schreiben auf Karten (Zettel), was sie unter "Kritik" verstehen. Die Schüleräußerungen werden zusammengetragen, systematisiert und besprochen. Dies sollte geschehen, bevor die Schüler den einleitenden Text im Lehrbuch, S. 118, gelesen haben.

Didaktische Hinweise: "Kritisieren und mit Kritik umgehen" kann allgmein besprochen werden; darüber hinaus ist dieses Thema auch geeignet, um die Unterrichtssituation zu reflektieren:
- Wie kritisieren/beurteilen Lehrer?
- Wie wird dies von den Schülern aufgenommen?
- Warum nehmen die Schüler die Kritik so (und nicht anders) auf?
- Wie sollten Lehrer Kritik/Beurteilung vorbringen?
- Welche Auswirkungen hat ein ständiges Beurteilen durch den Lehrer auf die Unterrichtssituation?
- Weshalb fühlen sich manche Schüler ungerecht beurteilt?
- Wie bringen Schüler Kritik vor? Warum tun sie dies?
- Wie reagieren Mitschüler auf positive oder negative Kritik am Lehrer?
- Welche Erfahrungen haben Schüler gemacht, wenn sie Lehrer kritisiert haben?

- Wie reagieren Lehrer auf positive oder negative Kritik?
- Wovon sind die Reaktionen abhängig?
- Welcher Lehrer läßt Kritik zu? Welche Erwartungshaltung verbirgt sich dahinter möglicherweise? (Öffnen sich vielleicht einige der Kritik nur, weil sie auf positive Äußerungen hoffen? Sind sie dann vielleicht bei negativer Kritik in ihrem Stolz verletzt? Strömt auf denjenigen, der Kritik zuläßt, auch all das ein, was die Schüler grundsätzlich unzufrieden macht? usw.)
- Wie kritisieren sich Mitschüler?
- Welche Schlußfolgerungen kann man für die jeweilige Klasse aus diesen Überlegungen ziehen?
- Wie kann man diese Schlußfolgerungen festhalten, wie kann man sie umsetzen?
- ...

S. 118, T 8
Textsorte: Sachtext
Autor: Psychologe, veranstaltet Management-Seminare

Tafelbild zu Hendrie Weisinger: Kreative Kritik - Mit negativen Wertungen positiv umgehen

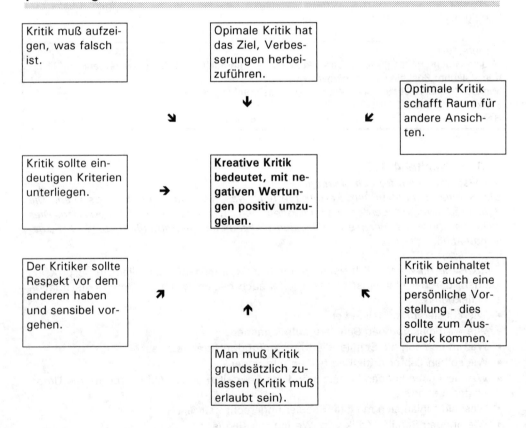

Zusatzinformation: Der Text wurde dem Schlußteil des gleichnamigen Buches entnommen.

Lösungen; S. 119

1 Kritik sollte nicht verletzend sein, Kritik sollte sachlich und angemessen sein, Kritik sollte zu Verbesserungen führen, ...

2/3 Verschiedene Schülerantworten sind möglich. Es sollte auch darüber gesprochen werden, warum bestimmte Schüler bestimmte Vorschläge machen und wovon dies abhängig ist. Gleichzeitig sollte dies auch Anregungen bieten, um über eigenes Verhalten nachzudenken.

4 Aktuelle politische und gesellschaftliche Ereignisse sollten an dieser Stelle eingebracht werden, zum Beispiel in Form von Zeitungsausschnitten (Verbindung zum Politikunterricht).

Hinweis auf weitere Texte:
⇨ Klaus Mann: Mephisto, Lehrbuch, S. 292 f. (Auszug), ⇨ Kurt Gerhardt: Gewaltdiskussion, Lehrbuch, S. 310, ⇨ Hans Magnus Enzensberger: Clan der Seßhaften, Lehrbuch, S. 311, ⇨ Offener Brief von einem Mann, der bald sterben wird, Lehrbuch, S. 315, ⇨ Christian Morgenstern: Die Behörde, Lehrbuch, S. 336, ⇨ Kapitel 5.6 Plakate - Flugblätter - Einladungen - ..., Lehrbuch, S. 171 ff., Walter Jens: "Ein Tag wie viele andere", ⇨ Textsammlung, S. 325

5 ⇨ Johann Wolfgang Goethe: Faust I, Lehrbuch, S. 289 (Auszug)

Weitere Arbeitsanregungen

- *Welche Möglichkeiten gibt es, Kritik vorzubringen? (zum Beispiel Leserbrief, Anruf, persönliches Gespräch, ...) Man kann eine aktuelle (schulische) Begebenheit aufgreifen und von den Schülern verschiedene Möglichkeiten der konstruktiven Kritik erarbeiten und praktisch umsetzen lassen (zum Beispiel Brief an den Direktor, den Direktor zum Gespräch in die Klasse bitten, Plakate im Forum usw.). Dabei sollten immer auch Inhalt und Form der Kritik reflektiert werden.*

- *Weshalb wird in unserer Gesellschaft eine kritische Auseinandersetzung mit etwas meistens als negative Kritik verstanden?*

- *Rezensionen - kritische Auseinandersetzung mit Büchern, Theateraufführungen, Filmen, Fernsehsendungen u. a., ⇨ Lehrbuch, S. 267 ff.*

- *Zeugnisse als besondere Form der Kritik, ⇨ Lehrbuch, S. 245 f. und S. 307 f., sowie Lehrerband, S. 218 f., und Textsammlung (Glosse), S. 370.*

- *"Technikkritik", ⇨ Lehrbuch, S. 342, Zeile 25 ff., und Lehrerband, S. 124. Welche besondere Bedeutung hat das Wort "Technikkritik"? Welche Forderungen stellt der Autor an die Kritik? (Zur kritischen Auseinandersetzung mit neuen Technologien: ⇨ "Am Anfang der Bilderwelt", Lehrbuch, S. 340, und Lehrerband, S. 102, sowie ⇨ "Wie war es damals?", Lehrbuch, S. 131 f., und Lehrerband, S. 123 f.)*

S. 120, T 10

Zusatzinformation: Der abgedruckte Text war mit folgendem Vorspann versehen: "Kritik riskieren sollte normal sein, meinen fünf junge Leute, die wir fragten, was Zivilcourage für ihren Alltag bedeutet."

Weitere Aussagen der befragten Jugendlichen: ⇨ Textsammlung, S. 316.

Lösungen, S. 120

1 / 2 Die Schülerantworten werden abhängig sein von den jeweiligen Situationen. Beispiel: Rücke ich es zurecht, wenn ein Mitschüler ungerecht behandelt wird? Welche Beziehung habe ich zu der betreffenden Person, die ungerecht behandelt wird? Mit welchen möglichen Folgen muß ich für mich selbst rechnen? usw.
Als Anregung sollten vielleicht weitere Äußerungen der befragten Jugendlichen (⇨ Textsammlung, S. 316) oder Berichte über aktuelle Ereignisse eingebracht werden. Man kann eine konkrete Situation vorgeben und über alternative Verhaltensweisen diskutieren lassen. Dabei sollten die bisherigen Erfahrungen der Schüler, sich in etwas einzumischen oder sich zu Wort zu melden, ebenfalls thematisiert werden. Eine weitere Anregung können auch Filme, zum Beispiel "Die weiße Rose" bieten.

Lösungen, S. 120 unten

1 Mögliche Gründe dafür liegen in der Situation in der Klasse: Bestimmte Mitschüler sind wesentlich dominanter oder liefern bessere Unterrichtsbeiträge, Angst vor Tadel bei einer falschen Antwort, kein Interesse am Thema, der eigene Einsatz im Unterricht wird nicht genügend gewürdigt, ...

2 Möglichkeiten, um Hemmungen und Unsicherheiten in der Klasse abzubauen:
- Verhaltensregeln für die gesamte Klasse (und für die Lehrer!) aufstellen, Beispiele: In welcher Reihenfolge kommen Schüler im Unterricht zu Wort? Nach welchem Gesichtspunkt wählt der Lehrer aus, welche Schüler zu Wort kommen? ...
- sich selbst vornehmen, mindestens ein/zwei/dreimal in der Unterrichtsstunde etwas zu sagen
- sich gut auf den Unterricht vorbereiten, damit man konstruktive Beiträge leisten kann
- das Vortragen von Wortbeiträgen zu Hause allein oder im kleineren Kreis, zum Beispiel während einer Gruppenarbeit, üben usw.

3 Lehrbuch, S. 74 ff., Mark Piella: Jaja. Genau.

Weitere Texte
Christiane Tillner/Norbert Franck: Sprachliche Unsicherheitssignale. ⇨ Textsammlung, S. 269
Herta Meinold: Begegnung. ⇨ Textsammlung, S. 272
Peter Härtling: Zwei Versuche, mit meinen Kindern zu reden. ⇨ Textsammlung, S. 277
Peter Maiwald: Der Leisetreter. ⇨ Textsammlung, S. 326

Lehrbuch, S. 292 f., Klaus Mann: Mephisto (Auszug)

Textsorte: Roman
Autor: Klaus Mann, geb. 18.11.1906 in München als ältester Sohn des Schriftstellers Thomas und Katie Mann, Geschwister: Erika (mehrere Jahre mit Gustav Gründgens verheiratet), Golo, Michael, Monika und Elisabeth. Klaus Mann schrieb schon als Schüler Gedichte und Novellen, enge Verbindung zu seiner Schwester Erika, emigrierte 1933 nach Amsterdam, veröffentlichte dort antifaschistische Schriften und 1936 den Roman "Mephisto", ging 1936 nach Amerika, 21. Mai 1949 Freitod in Cannes.
Inhalt (Klappentext): "Mephisto", 1936 im Exil geschrieben, war einer der ersten Romane, die sich mit den Zuständen im Dritten Reich auseinandersetzten. Klaus Mann sah im Komödianten Höfgen den Exponenten und das Symbol "eines durchaus komödiantischen, zutiefst unwahren, unwirklichen Regimes". Das Buch war seit seinem Erscheinen heftig umstritten und wurde 1968 in der Bundesrepublik verboten." Grund des Verbotes: Ähnlichkeiten zwischen der Hauptfigur des Roman, Hendrik Höfgen,

und dem Schauspieler und Intendanten Gustav Gründgens, einem früheren Freund und späteren Rivalen von Klaus Mann. Der Adoptivsohn Gustav Gründgens hatte nach dessen Tod das Verbot des Romans bewirkt. Der Roman wurde 1981 nach Einstellung des Verfahrens in der Bundesrepublik erneut veröffentlicht und 1981 von István Szabo verfilmt, die Rolle des Hendrik Höfgen spielte Klaus Maria Brandauer.

Lösungen, S. 121, T 1

1 Sitzhaltung 1: Nervosität, Unsicherheit
Sitzhaltung 2: Verschlossenheit
Sitzhaltung 3: Nervosität, Unsicherheit
Sitzhaltung 4: Unsicherheit
Sitzhaltung 5: Überheblichkeit, übertriebene Aufmerksamkeit
Sitzhaltung 6: übertriebene Entspanntheit, "zu locker"
Sitzhaltung 7: richtige Sitzhaltung
2 Sitzhaltung 7, die Bewerberin wirkt entspannt, aufgeschlossen, ruhig, interessiert.

Lösungen, S. 123

2 Man kann die Aufgabenstellung auch aus dem Blickwinkel des Senders formulieren: Welchen Blickkontakt setzen Sie ein, wenn Sie nicht angesprochen werden wollen (zum Beispiel im Unterricht), Kontakt aufnehmen wollen (zum Beispiel beim Flirten), ...?
3 Bei dieser Aufgabe empfiehlt sich der Einsatz einer Videokamera, damit die Ergebnisse gezielter besprochen werden können.

Weitere Arbeitsanregungen

• *Beschäftigung mit Zeichensprache, zum Beispiel Gebärdensprache, Verkehrszeichen, Rettungszeichen (Hinweise auf Fluchtwege, zum Beispiel im Kino), beleidigende Handzeichen (zum Beispiel Vogel zeigen) usw.*
• *Äußeres Erscheinungsbild (Kleidung, Friseur u. a.) als Möglichkeit thematisieren, etwas über sich auszudrücken und um etwas über andere zu erfahren. Beispiel: Man legt den Schülern das Bild einer Person vor und fordert sie auf, ausgehend von dem Bild auf das Verhalten und Wesen der Person zu schlußfolgern. Man sollte auch auf damit verbundene Gefahren eingehen, zum Beispiel, daß Kinder und Jugendliche in ihrem Freundeskreis oft nur dann anerkannt werden, wenn sie Kleidung einer bestimmten Marke tragen, und daß es häufig auch zu "Fehleinschätzungen" und Mißverständnissen kommen kann.*

Weitere Texte

Friedhelm Apel: Leute machen Kleider. ⇨ Lehrbuch, S. 298 f. (Bezugnehmend auf Gottfried Kellers Novelle Kleider machen Leute" stellt der Autor die Bedeutung von Kleidung für den sozialen Status, für Ansehen und Idendität dar, siehe insbesondere Zeile 50 ff.)

"Ich möchte so gern mal nach Hollywood". ⇨ Lehrbuch, S. 70 f. (Kleidung und Frisur spielen bei Punkern eine besondere Rolle, durch sie wird die Gruppenzugehörigkeit ausgedrückt, ⇨ Lehrerband, S. 54 ff.)

Mark Piella: Jajaj.Genau. ⇨ Lehrbuch, S. 74 ff. (Aufgrund seines äußeren Erscheinungsbildes halten zwei ältere Damen einen jungen Mann für sehr unhöflich, und eine der beiden ist sehr überrascht, als eben dieser junge Mann sie stützt, als sie hinzufallen droht.

Markus Langner: Die Ansagerin. ⇨ Lehrbuch, S. 238, und Lehrerband, S. 202 (Die gestellte, künstliche Mimik der Ansagerin spielt in diesem Text eine besondere Rolle. Ausgehend von diesem Text kann man über die "aufgesetzte" Freundlichkeit bei Angestellten in Berufen mit Publikumskontakt sprechen. Beispiel: Sollte die Bankangestellte immer freundlich lächeln?

Andrea Bigge: Der rote Schal. ⇨ Lehrbuch, S. 298, und Lehrerband, S. 107 f. (Der rote Schal signalisiert, daß der Mann krank war.)

"Schön Dich zu sehen". ⇨ Lehrbuch, S. 341, und Lehrerband, S. 389 (In dem Text werden die Vorteile des Bildtelefons, nämlich der zusätzliche Austausch nonverbaler Signale, darge- stellt.)

Michael Allmaier: Gesten statt Worte. Oft erweisen sich vertraute Zeichen im Urlaubsland als Fehlgriff.

Elias Canetti: Vortrag eines Blinden. ⇨ Lehrbuch, S. 302, Zeile 31 ff. (Für Behinderte spielt nonverbales Verhalten eine besondere Rolle, sei es, daß sie nicht sprechen können und auf nonverbale Ausdrucksmöglichkeiten angewiesen sind, sei es, daß sie die Gestik, Mimik und Köprerhaltung nicht wie andere erlernen oder anwenden können.

Monique Rüdell: Käufer lachen öfter. ⇨ Textsammlung, S. 350

S. 123 unten, "Der Kuß"

Weitere Arbeitsanregungen

- *Fertigen Sie zu dem Text/Thema eine Collage an. ⇨ Lehrbuch, S. 285.*
- *Verfassen Sie zu dem Text eine Parodie. ⇨ Lehrbuch, S. 278 f.*
- *Schreiben Sie ab dem Wort "Südsee" (Zeile 6) den Text anders weiter.*

Weiterer Text: Aphorismus von Lichtenberg, ⇨ Lehrerband, S. 26

Lösungen, S. 124

1 Körpersprache ist zumeist vieldeutig und kann nur bedingt erlernt werden.
2 Wortspielerei; nonverbale Signale sind oft nicht eindeutig, und für uns eindeutige Körpersignale können in anderen Kulturkreisen eine ganz andere Bedeutung haben.
3 Sammy Molcho unterrichtet Körpersprache
4 ⇨ Lehrerband, S. 213.

Lösungen, S. 126

2 Frage	Mögliche Antwort	Ziel der Fragestellung
War es für Sie schwierig, unseren Betrieb zu finden?	Nein, ... (nicht mit "ja" zu beantworten!)	Hemmungen beim Bewerber abbauen, mögliche logistische Probleme, Flexibilität des Bewerbers
Woher kennen Sie unsere Firma?	Bekannte, Presse, Adresse vom Arbeitsamt, Praktikum, Ruf der Firma, ...	Interesse am Betrieb, Zielstrebigkeit
Was wissen Sie über unsere Firma?	... Man sollte sich unbedingt vorher über die Firma informieren.	Interesse, Zielstrebigkeit des Bewerbers
Wie verlief Ihr bisheriger Lebensweg?	... Es sollte nicht zu sehr ins Private abgeglitten werden.	Persönliche Verhältnisse, Sprachgewandtheit
Was machen Ihre Eltern beruflich?	...	Persönliche Verhältnisse, Sprachgewandtheit, Interesse am Beruf / Betrieb
Welches sind Ihre Lieblingsfächer?	... Bei der Antwort auf den Beruf, den Betrieb und die Noten achten, um Widersprüche zu vermeiden.	Persönliche und fachliche Voraussetzungen, Eignung für den Beruf, Interessensgebiete, Zielstrebigkeit, Leistungsbereitschaft
Warum haben Sie im Fach ... die Note "mangelhaft"?	Abhängig vom Fach und vom Beruf: Ich habe mich kurzfristig auf andere Fächer konzentriert, dieses Fach liegt mir nicht so, ich habe meine Leistungen seit dem letzten Zeugnis erheblich verbessert ... (die Schuld nicht bei anderen, etwa dem Lehrer, suchen)	Sprachgewandtheit, Flexibilität, Interessensgebiete, persönliche und schulische Entwicklung, Zuverlässigkeit, Leistungsbereitschaft, Zielstrebigkeit, berufliche Eignung, Offenheit
Warum haben Sie sich gerade für diesen Beruf entschieden?	Praktikum, Hobbys, Beruf der Eltern, Beruf von Freunden, Arbeitsamt, ...	Interesse am Beruf, Zielstrebigkeit, berufliche Eignung
Warum haben Sie sich gerade bei unserem Unternehmen beworben?	Ruf der Firma, Bekannte, gute Ausbildung, Praktikum, ...	Interesse am Betrieb und am Beruf, Zielstrebigkeit, Sprachgewandtheit
Was erwarten Sie von einer Ausbildung bei uns?	Gute Ausbildung, interessante Tätigkeit, Kontakt mit Menschen, ...	Interesse am Betrieb, Leistungsbe-reitschaft, berufliche Eignung, per-sönliche Verhältnisse
Bei welchen Betrieben haben Sie sich sonst noch beworben?	... (Abhängig vom Beruf und Betrieb)	Interesse am Betrieb und am Beruf, Zielstrebigkeit, Sprachgewandtheit
Welche Vorstellungen haben Sie von Ihrem beruflichen Werdegang?	... Die eigenen Vorstellungen sollten deutlich werden.	Beruf, Zielstrebigkeit, Leistungsbe-reitschaft, Zuverlässigkeit
Womit verbringen Sie Ihre Freizeit?	... Abgestimmt auf den Beruf und den Betrieb; stark verletzungsanfällige und sehr zeitraubende Hobbys sollten nicht genannt werden.	Persönliche Verhältnisse, Sprachgewandtheit, Interesse am Beruf, Zielstrebigkeit, Leistungsbereitschaft

4 Man sollte nicht unbedingt nur auf der rechtlichen Position bestehen, aber auch nicht zu ausgiebig über Privates sprechen, sondern die Frage knapp beantworten und eventuell eine Gegenfrage stellen.

Weitere Arbeitsanregung
Welche Fragen können die Bewerber selbst stellen? Beispiele:
- *Ausbildungsplan*
- *betriebliche Schulungen*
- *Genaueres zum Betrieb*
- *Aufstiegsmöglichkeiten*
- *Übernahme nach Abschluß der Ausbildung*
- *mögliche Verkürzung der Ausbildungszeit u. a.*

Fragen nach Urlaub, Gehalt und Arbeitszeit sollten möglichst nicht gestellt werden (da dies zumeist tarifvertraglich festgelegt ist).

S. 127, Kapitel 4.4
Arbeitsanregungen für den Einstieg
- *Die Schüler schreiben auf, was ihnen zum Stichwort "Tagebuch schreiben" einfällt. Dies können persönliche Stellungnahmen, Definitionen, Erfahrungsberichte sein. Diese Schülerarbeiten können nach verschiedenen Gesichtspunkten in der Klasse ausgewertet werden, zum Beispiel in Form eines Clusters (⇨ Lehrbuch, S. 288). Die Schüler können ihre Überlegungen auch auf Karteikarten oder auf eine "Wandzeitung" schreiben. Anhand dieses einfachen Beispiels kann das Systematisieren und Zusammenfassen von Unterrichtsbeiträgen geübt werden. Weiterhin werden alle Schüler der Klasse einbezogen.*
  Die Ergebnisse aus dieser Arbeit können als zusätzlicher Text in den nachfolgenden Unterricht zum Thema Tagebuch mit einbezogen werden (vgl. auch Tabelle zu S.127).
- *Alternativ oder zusätzlich kann man die Schüler bitten, Material zu diesem Thema mitzubringen, zum Beispiel veröffentlichte Tagebücher, Beiträge in Jugendzeitschriften (⇨ Lehrerband, S. 106) u. a.*

S. 127 ff., T 1, T 2, T 3
Weitere Arbeitsanregungen und Informationen
Hinweis: Eventuell kann auch ein von den Schülern erstellter Text zusätzlich mit einbezogen und in die folgende tabellarische Übersicht integriert werden, vgl. "Arbeitsanregungen für den Einstieg".
- *Vergleichen Sie die Texte 1, 2, 3 (und 4) hinsichtlich Form/Textart, Sprache und Inhalt.*

	Textsorte (Form)	Sprache	Inhalt
T 1	expressiver Text	Ich-Form, sprachlicher Vergleich, einfache Sprache	Die Verfasserin führt aus, was das Tagebuch für sie persönlich bedeutet: Es nimmt Stimmungen, auf, innere Prozesse, Träume, Geheimnisse, Unsagbares; ist Ventil für Emotionen; hilft, Gedanken zu strukturieren, ...
T 2	wissenschaftlicher Text, Auszug aus einem Fachlexikon	Abkürzungen, Fachausdrücke, Fremdwörter, anspruchsvolle Sprachebene	wissenschaftliche Definition des Begriffs
T 3	Sachtext, Zeitungsbericht	sachlich	Tagebuch schreiben ist für viele ein Ventil, um den Alltag zu bewältigen. Tagebücher haben für Psychologen und Therapeuten diagnostische Bedeutung, da sie das Seelenleben der Patienten erkennen lassen. Im 18. Jh. begann mit Goethes "Die Leiden des jungen Werthers" eine Tagebuchwelle. Arno Schmidt und Marcel Reich-Ranicki äußern sich eher kritisch zum Schreiben von Tagebüchern. Literarische Tagebücher und Aufzeichnungen von Prominenten sind besonders beliebt.

Lösungen, S. 128

1 Gründe für das Schreiben von Tagebüchern:
   - Es nimmt Stimmungen und Gefühle auf.
   - Geheime Gedanken und Gefühle können ihm anvertraut werden.
   - Es hilft, die Gedanken zu strukturieren.
   - Es ist ein verschwiegener Vertrauter, der nicht widerspricht.
   - Es kann Notizen über Ereignisse festhalten.
   Weitere Gründe: ⇨ "Tagebucheintragung", Textsammlung, S. 337
   - Das Eintragen übt den Menschen im Umgang mit der Zeit.
2 Tagebücher dienen als Quelle für Krankheitsdiagnosen (für Fachleute und auch für die Betroffenen selbst, ⇨ "Auszüge aus meinem Tagebuch", Textsammlung, S. 306).

Anmerkungen zu T 3, S. 128

Zeile 37 f.: "Die Leiden des jungen Werthers", ⇨ Lehrbuch, S. 301 (Auszug)
Zeile 63: Marcel Reich-Ranicki, ⇨ Lehrbuch, S. 267 f.

Weitere Arbeitsanregungen

• Welche Gründe sprechen gegen das Schreiben eines Tagebuchs?

• **Elisabeth Vogt: Auszüge aus meinem Tagebuch, ⇨ Textsammlung, S. 306**
  Arbeitsanregungen zum Text:
   - Was erfahren Sie über die Tagebuchschreiberin aus diesem Ausschnitt?
   - Inwieweit kann Tagebuch schreiben helfen, Krisen im Leben besser zu bewältigen?
   - Inwieweit kann das Lesen von Tagebüchern anderen helfen, mit der eigenen Situation besser umzugehen?

- *Diskutieren Sie: Sollten Tagebücher eines "Leidensweges" veröffentlicht werden?*
- *Kennen Sie weitere Beispiele (Betroffene berichten in chronologischer Abfolge von Krankheiten, schicksalhaften Ereignissen oder schwerwiegenden Veränderungen in ihrem Leben)?*

Zusatztext:

Max Frisch Vom Sinn eines Tagebuchs (1946)

(...)
Wir leben auf einem laufenden Band, und es gibt keine Hoffnung, daß wir uns selber nachholen und einen Augenblick unseres Lebens verbessern
5 können. Wir sind das Damals, auch wenn wir es verwerfen, nicht minder als das Heute.
Die Zeit verwandelt uns nicht.
Sie entfaltet uns nur.
Indem man es nicht verschweigt, sondern auf-
10 schreibt, bekennt man sich zu seinem Denken, das bestenfalls für den Augenblick und für den Standort stimmt, da es sich erzeugt. Man rechnet nicht mit der Hoffnung, daß man übermorgen, wenn man das Gegenteil denkt, klüger sei. Man ist, was man ist. Man hält die Feder hin, 15 wie eine Nadel in der Erdbebenwarte, und eigentlich sind nicht wir es, die schreiben; sondern wir werden geschrieben. Schreiben heißt; sich selber lesen. (...)

Café de la Terasse. In. Max Frisch: Tagebuch 1946 - 1949, Frankfurt/m. 1959, S. 21 f.

Arbeitsanregungen zum Text
- *Welchen Sinn sieht Max Frisch im Schreiben von Tagebüchern?*
- *Was erfährt man aus diesem Text ansonsten über die Einstellung des Autors zum Leben?*
  ⇨ *Zu Max Frisch: Lehrbuch, S. 10 und S. 13, sowie Lehrerband, S. 11 und S. 20 und Textsammlung, S. 259.*

Weitere Texte
Volker Hage: Eine Lebensart. Der Herbst der Tagebücher: Editionen und Autoren, Überblick und Umfrage. ⇨ Textsammlung, S. 303 f. (*Arbeitsanregungen:* Welche Einstellung haben namhafte Autoren zum Tagebuchschreiben? Weshalb schreiben viele Autoren - auch - Tagebücher?)
"Mutter hat mein Tagebuch gelesen!" ⇨ Lehrerband, S. 106
Das Tagebuch (Schülerarbeiten). ⇨ Textsammlung, S. 307

S. 130, T 1
Textsorte: Auszug aus einem Roman
Autor: Theodor Fontane (1819 - 1898), großer deutscher realistischer Erzähler, Essayist, Reiseschriftsteller und Journalist, heute bekannt durch seine Balladen ("Herr von Ribbeck auf Ribbeck"), Novellen und durch seine Gesellschaftsromane - vor allem "Effi Briest" (1885) und "Der Stechlin" (1899). Er gilt als der populärste deutsche Dichter des vergangenen Jahrhunderts.
Inhalt: ⇨ Lehrbuch, S. 291.
Zusatzinformation: Effi gilt als die berühmteste deutsche Romanfigur des 19. Jahrhunderts. Der Roman wurde wiederholt verfilmt, u. a. 1974 von Rainer Werner Faßbinder.

Lösungen, S. 128

1 Effi ist jung, sie fühlt sich einsam, hat Heimweh und fühlt sich nach wie vor in ihrem Elternhaus zu Hause, im gesellschaftlichen Leben fühlt sie sich unbeholfen, zu
ihrem Ehemann hat sie nur bedingtes Vertrauen, und sie fühlt sich von ihm unver-
standen, sie ist schwanger und freut sich auf einen Besuch im Elternhaus, sie fühlt
sich in ihrem Domizil nicht wohl.

2 ⇨ Lehrbuch, S. 308: Schulzeugnis 1888. - Abschlußzeugnis einer Dorfschule, auf-
fällig sind die Fächer und die Benotung sowie die Tatsache, daß das Zeugnis vom
Pfarrer mit unterschieben wurde.
⇨ Lehrbuch, S. 325: Waschmittelwerbung zu Beginn dieses Jahrhunderts. Die
Ehefrau wurde einzig nach ihrer Fähigkeit, die Wäsche möglichst sauber zu wa-
schen, ausgewählt.
Weitere Texte, in denen es um das Leben junger Frauen heute geht: ⇨ "Ich möch-
te so gern mal nach Hollywood", Lehrbuch, S. 70 f., ⇨ Lehrerband,
S. 54 f.; Melchior Schedler: Claudia, Lehrbuch, S. 9, ⇨ Lehrerband, S. 8 f.

3 Fontane hat an mehreren Stellen des Romans die Form des Briefes gewählt, weil er
meint, damit die Gefühle von Effi am besten zum Audruck bringen zu können.

4 Briefe spielen in dem Roman weiterhin auch die Rolle des belastenden
"Beweismaterials". Effis Ehemann Instetten findet die Briefe ihres früheren Vereh-
rers Major Crampas lange, nachdem der Kontakt beendet ist. Effis Leben nimmt
danach eine entscheidende Wende, sie wird von ihrem Ehemann verstoßen und
von ihrem Kind getrennt.

Anmerkung: Fontane selbst hat Tausende von Briefen geschrieben, die 1994 zusammen mit seinen Tagebüchern veröffentlicht wurden.

Weitere Arbeitsanregungen

• *Weshalb wurde Ihrer Meinung nach Effi zur bedeutendsten Romanfigur des 19.
Jahrhunderts?*
• *Wie hätte sich Instetten weiterhin verhalten können?*
• *Versetzen Sie sich in die Rolle von Effi in Kessin, 31. Dezember. Setzen Sie sich
mit ihrer Mutter in Verbindung, der inhaltliche Tenor der Äußerung - Unzufrieden-
heit mit dem jetzigen Leben - sollte beibehalten werden, Form und sprachliche Ge-
staltung Ihrer Mitteilung können Sie nach eigener Wahl gestalten.*
• *Wie hätten sich Effis Eltern verhalten können?*
• *Zeigen Sie Parallelen zu Luise (Kate Chopin: Geschichte einer Stunde, ⇨ Lehrbuch,
S. 295 f., und Lehrerband, S. 23) auf.*

S. 131 f., T 2

Textsorte: fiktiver Brief
Inhalt: Willy S., geb. 1905, beschreibt in seinem Brief an den jüngeren Verwandten
Erich, wie das Leben zu Beginn dieses Jahrhunderts - ohne Telefon, Fernsehen, elek-
trisches Licht, Flugzeuge u. a. - war. Zum Schluß des Briefes beurteilt er den technischen Fortschritt: Er ist weder ein absoluter Befürworter noch ein strikter Gegner der
technischen Entwicklung und möchte, daß auch andere differenziertere Überlegungen
zu dieser Frage anstellen, bevor sie ein vorschnelles Urteil fällen.
Sprache: einfach, direkte Ansprache, Ich-Form

Zusatzinformation: Der Text erschien in einer Zeitschrift, in der die (neuen) Medien
und ihr Einfluß auf das Leben der Menschen thematisiert wurden.

Lösungen, S. 132

1 Schülertext:

Liebe Ana,

endlich habe ich Zeit, Dir zu schreiben und all die ungeklärten Fragen, die Du mir an Deinem Geburtstag gestellt hast, zu beantworten.

Ich weiß noch, daß Du sehr verwundert warst und amüsiert reagiert hast, als ich Dir erzählt habe, daß es in meiner Kindheit nur drei Fernsehprogramme gab. Das jedoch stimmt, auch wenn bald darauf das Kabelfernsehen und die Satelliten-schüssel erfunden wurden, die die "Urerfindung" der heutigen Geräte sind. Ich weiß, "Urerfindung" hört sich sehr alt an, aber ich nenne es so, weil diese Dinge nun mal nicht mehr benutzt werden, höchstens für den Physikunterricht. Du wirst lachen, aber die sich selbst regulierende Heizung, die sich je nach Außentempera-tur selbst einstellt, gab es zu meiner Zeit auch noch nicht. In der Schule mußten wir noch selbst aufzeigen, das ging nicht "per Knopfdruck" so wie jetzt bei Euch, wenn Ihr Eure Lämpchen betätigt. Ich muß sagen, als ich dies das erste Mal gese-hen habe, mußte ich an die Quizsendungen im Fernsehen denken, und mich über-kam das Lachen. Es war früher auch nicht üblich, daß jeder ein Faxgerät zu Hause stehen hatte. Nein, das hatten eigentlich nur Firmen, Schulen, Geschäfte und an-dere Betriebe. Ehrlich gesagt fand ich das Leben früher etwas un-komplizierter - obwohl Ihr, die Ihr mit den ganzen Dingen aufgewachsen seid, wohl ohne nicht mehr so gut auskommt. Aber etwas hat sich sehr verbessert: die Pflicht, jedes halbe Jahr beim Internisten eine komplette Untersuchung zu machen, ob man ge-sundheitlich noch ganz fit ist. So etwas habe ich früher nur beim Zahn-arzt ge-macht, und das hat auch nicht jeder getan! Geändert haben sich auch viele Geset-ze, aber das ist ein Thema für sich und vielleicht etwas für den nächsten Brief.

Ich werde diesen Brief nicht faxen, sondern auf altmodisch zuschicken - per Post, damit die Postmänner und -frauen etwas mehr zu tun haben und Euer Briefkasten mal etwas anderes als Rechnungen zu sehen bekommt.

Ich hoffe, wir sehen uns bald wieder oder Du schickst mir auch einen Brief!

Viele Grüße

Deine Tante Marlén

3 Günter Ropohl: Technik bleibt unvollkommen, ⇨ Lehrbuch, S. 342

In beiden Texten wird eine differenziertere Beurteilung der Technik gefordert: we-der generelle Zustimmung noch rigorose Ablehnung.

Weitere Arbeitsanregungen

- *Schreiben Sie eine Antwort auf den Brief von Willy S. (Sie sind Erich).*
- *Haben die Schüler selbst weitere Briefe verfaßt (siehe Arbeitsauftrag 1), können diese in der Klasse ausgetauscht und von Mitschülern beantwortet werden.*
- *Anrede in Briefen: Wie sprechen Sie Briefempfänger an (zum Beispiel: Lieber ..., Hallo ...)?*
- *Üben Sie die Großschreibung der Anredepronomen in Briefen (⇨Lehrbuch, S. 103 f.)*
- *Weshalb hat der Autor die Form des fiktiven Briefes gewählt? Könnten Sie sich ei-ne andere Form vorstellen, wie er seine Absicht zum Ausdruck bringen kann?*
- *Projekt: Erzähle mir von früher - Kindheits- und Jugenderinnerungen der Eltern und Großeltern. Wählen Sie aus dem Kreis Ihrer älteren Verwandten eine Person aus, und befragen Sie diese nach ihrer Kindheit und Jugendzeit. Halten Sie die Ergeb-nisse fest (die Form bleibt jedem selbst überlassen). Anschließend werden die Er-gebnisse in der Klasse gesammelt und als "Klassenbuch" zusammengestellt.*

S. 133, T 3

Textsorte: Werbeanzeige
Autor: Insasse einer Haftanstalt
Inhalt: Bitte um Briefkontakt, beschreibt seinen tristen, monotonen Alltag in der Haftanstalt
Sprache: direktes Ansprechen des potentiellen Briefeschreibers, Ich-Form, Kleinschreibung, direkte Rede

Lösungen, S. 133

1 Briefe sind für ihn die einzige Kontaktmöglichkeit zur Außenwelt.
2 Stilmittel: direktes Ansprechen des potentiellen Briefeschreibers, Ironie (".... in so einem Hotel ..."), direkte Rede, rhetorische Fragen u. a.

4 **"Offener Brief von einem Mann, der bald sterben wird"**, ⇨ Lehrbuch, S. 315
Textsorte: expositorischer Text, vorwiegend expressiv und appellativ.
Autor: John Spenkelink, der drei Tage später im US-Staat Florida hingerichtet wurde.

Inhalt: John Spenkelink klagt den Gouverneur, der seine Hinrichtung veranlaßt hat, des Mordes an. Er bedankt sich bei all denjenigen, die ihn in seinem Kampf gegen die Hinrichtung unterstützt haben. (Über sein Verbrechen bzw. seine Schuld wird nichts ausgesagt.)
Sprache: Ich-Form

Zusatzinformationen: Der Text wurde dem Buch "Ein Mensch weniger", herausgegeben von amnesty international, entnommen. Das Buch trägt den Untertitel "Ein Lesebuch gegen die Todesstrafe", der Klappentext lautet:

5 Eine Welt ohne Hinrichtung - dies ist gewiß ein hohes Ziel, aber keine Utopie. Mit dem vorliegenden Band, seinen informativen Beiträgen und zum Nachdenken auffordernden Essays, authentischen Dokumentationen und literarischen Texten möchte amnesty international den Leser von der Notwendigkeit überzeugen, gegen die Todesstrafe persönlich tätig zu werden. Als Lesebuch konzipiert, enthält der Band auch Beiträge, die nicht die 10 Meinung von amnesty international wiedergeben

---

Weitere Texte
Ursula Koerner: Tod als Strafe? ⇨ Textsammlung, S. 322 (*Arbeitsanregung:* Welche Argumente werden für und gegen die Todesstrafe in diesem Text genannt? - Verbindung zum Politik- und zum Religionsunterricht.)
Klaus Bonhoeffer: An Cornelie, 10. ⇨ Textsammlung, S. 281
"Sprache in Kriegsbriefen. Was man gut nennt". ⇨ Textsammlung, S. 408

---

5 **Brief an meine Tochter,** ⇨ Lehrbuch, S. 297
Textsorte: (fiktiver) Brief
Autorin: keine Angaben, aus der Veröffentlichung geht nicht hervor, ob die Autorin das Beschriebene tatsächlich erlebt hat.
Inhalt: Eine Mutter hat ihre siebenjährige behinderte Tochter in einem Heim abgegeben, weil die Entwicklung seiner Geschwister beeinträchtigt wurde und die häusliche Situation zu angespannt war. Die Mutter wird von ihrem schlechten Gewissen geplagt und legt Wert auf die Feststellung, daß sie ihre Tochter nicht

abgegeben habe, um die Elternverantwortung abzuschieben. Der Brief, mit dem sie ihrer Tochter gerne ihren Schritt erklärt hätte, die sie aber aufgrund ihrer Behinderung nicht verstehen würde, richtet sich an andere Eltern in ähnlicher Situation.

Sprache: einfach, expressiv, direktes Ansprechen der Tochter

Lösung: Die Mutter wählte diese Form der Veröffentlichung, weil sie so zeigen kann, daß sie ihren Schritt, ihre Tochter in ein Heim zu geben, durchaus mit den Augen des Kindes sieht und daß sie dabei an das Kind gedacht hat. Weil sie dem Kind gegenüber ein schlechtes Gewissen hat, will sie sich so quasi bei ihm entschuldigen.

Weitere Texte

Doris Lessing: Das fünfte Kind. (Die Mutter einer fünfköpfigen Familie holt Ben nach dessen Abschiebung in ein Heim nach Hause zurück - die Familie zerbricht daran.)

Zusatztext:

Margaret Klare **Briefe aus Sarajevo**

Die Briefe der 10jährigen Marta aus Sarajevo hat Margaret Klare aufgeschrieben, und sie erklärt die Entstehung der Briefe wie folgt:

Ich habe den Krieg erlebt - als Kind. Die schrecklichen Bilder, die jetzt täglich durch Fernsehen und Zeitungen zu uns kommen, sind für mich wie Erinnerungen: zerstörte Häuser, verzweifelte Menschen, Flüchtende, Verwundete und Tote, Schlangestehen vor Geschäften und an Wasserstellen, Schwarzmarktszenen und alles andere. Und immer wieder Kinder. Weinende Kinder. Und Kinder, die spielen, z. B. „Splittertauschen" - wie wir damals. Ich lese, ich sehe, höre täglich die schrecklichen Nachrichten. Ich lebe mit den leidenden Menschen - vor allem mit den Kindern. Und ich sehe den Krieg mit deren Augen - meinen Augen von damals. - Eine serbische Freundin, die seit langem in Deutschland lebt, übersetzte mir Briefe von ihren Verwandten aus Sarajevo. So erfahre ich vom Alltag in dieser Stadt, die stellvertretend steht für das geschundene Land. Krieg ist immer dasselbe. Nur aus diesem Gefühl heraus kann ich die fiktiven „Briefe aus Sarajevo" schreiben. Erlebnisse des Kindes Marta, das stellvertretend für viele steht. Allzu viele. Nicht nur in Bosnien!

M. Klare

Sarajevo, Februar 1993

Liebe Tante Vesna,

manchmal möchte ich gerne einen Brief von Dir haben. Aber meistens denke ich gar nicht daran, daß einer kommen könnte. Ich schreibe einfach so, weil ich mit Dir sprechen möchte, anders als mit Mama und Papa und Katarina und den anderen. Ich glaube, so ist es, wenn man ein Tagebuch schreibt.

Tante Vera hat mir erzählt, daß sie ein Tagebuch geschrieben hat. Da war sie noch ganz jung. Jahrelang hat sie jeden Tag aufgeschrieben, was wichtig war. Und viel später hat sie noch einmal alles gelesen. Es war spannend wie ein richtiges Buch, hat sie gesagt. Ich könnte auch jeden Tag schreiben, weil immer was passiert. Aber das meiste ist traurig. Ich will es später bestimmt nicht noch einmal lesen.

Wie lange dauert es noch bis zum Frieden? Von Katarina erzähl ich Dir beim nächsten Mal. Heute bin ich zu traurig. Vielleicht müßte ich weinen, und der Brief wär voll Tränen.

Viele Grüße

Deine Marta

Der bunte Hund 36/1994, S. 18 ff.

☞ Dieser Text liefert eine Verbindung zum Politikunterricht. ⇨ Textsammlung, S. 282, "Brief vom 19.1.43 aus Stalingrad" sowie die Erläuterungen dazu.

Arbeitsanregungen zum Text

- Warum schrieb Margaret Klare die fiktiven "Briefe aus Sarajevo"?
- Könnten Sie auf diesen Brief antworten?
- Beurteilen Sie diese Form, die gewählt wurde, um auf die Situation Betroffener aufmerksam zu machen, in Hinblick auf ihre Wirkung.
- Schreiben Sie einen fiktiven Brief, um auf einen Mißstand aufmerksam zu machen. Anregungen hierzu finden Sie in den Medien, vielleicht auch in Ihrer unmittelbaren Umgebung. Den Adressaten können Sie frei wählen.
- Lesen Sie den Brief vom 19.01.1943 aus Stalingrad sowie die dazugehörigen Informationen, ⇨ Textsammlung, S. 282. Nehmen Sie Stellung zu dem Brief vor dem geschichtlichen Hintergrund. Beziehen Sie Kenntnisse aus dem Politikunterricht mit ein.

Zusatztext:

Günter Dahl **Brief an den Mann, der meinen Sohn so positiv beeinflußt hat**

Sehr geehrter Herr Oberstudiendirektor,

das Rennen ist gelaufen; mein Sohn hat sein Abitur in der Tasche. Die Note, die unter dem Abgangszeugnis steht, würde andere Väter erbleichen lassen, weil sie, nach den herkömmlichen Vorstellungen unserer Leistungsgesellschaft, den Jungen in den Geruch der Mittelmäßigkeit geraten läßt: Drei Komma Null. Ich erbleiche nicht; ich bin glücklich, daß er es geschafft hat.

Zugegeben, mit Drei Komma Null auf dem Zeugnis steht mein Sohn vor einer deutschen Universität wie ein Opernfreund ohne Eintrittskarte vor dem Salzburger Festspielhaus: Er wird nicht reingelassen. Doch schlimm ist das für ihn nicht, denn er will weder Arzt noch Apotheker, auch nicht Lehrer, Psychologe, Jurist oder Soziologe werden; angesichts der Numerusclausus-Fächer, die ihm versperrt sind, gerät sein Selbstwertgefühl nicht ins Wanken. Dafür haben Sie und Ihre Kollegen gesorgt.

Die letzten beiden Jahre auf der Seminarstufe waren hart. Es ist konzentriert und intensiv gearbeitet worden - aber der Endspurt war für meinen Sohn dennoch keine Hölle. Mein Sohn hat weder Beruhigungstabletten noch Aufputschmittel genommen. Es gingen keine Freundschaften am Konkurrenzdenken kaputt - im Gegenteil. Sie wurden fester und herzlicher. Ihr Ihrer Schule kam es immer auf den Geist an, auf das Selbstverständnis, aus denen

heraus eistungen vollbracht werden. Ich erinnere mich an eine Begebenheit, ein Jahr vor dem Abitur. Bei einer Geometrie-Arbeit hatte mein Sohn eine von vier Aufgaben nicht gelöst und offenbar auch nicht begriffen. Er schrieb daneben: „Diese Aufgabe finde ich nicht so gut, denn man hat als Schüler kein Erfolgserlebnis."

Ich versuche mir vorzustellen, ich hätte das damals, ein Jahr vor dem Abitur, neben eine nicht gelöste Aufgabe geschrieben... Daß es an Ihrer Schule möglich ist, kennzeichnet die Gesinnung, aus der Sie und Ihre Kollegen Erziehung und Wissensvermittlung verstehen. Und das kann ich Ihnen versichern: Diese Gesinnung ist als Signal verstanden worden. Schule als Partnerschaft und nicht als Heimsuchung - mein Gott, habe ich meinen Sohn beneidet!

Ich wünsche mir, Sie verstehen diese Zeilen wirklich als Dankesbrief. Sie haben acht Jahre im Leben meines Sohnes beeinflußt und ihn diese entscheidende Zeit in seiner Entwicklung ohne Pressionen und ohne Frustrationen erleben lassen.

Drei Komma Null - das ist eben die Quittung dafür, werden andere Väter sagen. Möglich. Aber es ist auch der Preis für acht glückliche Jahre.

Günter Dahl

Ernst Reiling (Hrsg.): Ein Schritt zurück nach vorn. Greven 1983, S. 118 f.

Arbeitsanregungen zum Text

- Weshalb ist dieser offene Brief so außergewöhnlich?
- Schreiben Sie einen Brief an Herrn Dahl (entweder als Direktor der Schule oder als Leser des Sammelbandes, in dem der Brief veröffentlicht wurde). Setzen Sie sich dabei kritisch und konstruktiv mit dem Brief von Herrn Dahl auseinander. (Schülertext, ⇨ Textsammlung, S. 284)
- Angenommen, der Sohn hat sich als Bankkaufmann geworben. Entwerfen Sie ein sinnvolles Vorstellungsgespräch, in dem alle den Sohn betreffenden wichtigen Punkte, die Sie dem Brief entnehmen können, angesprochen werden (weitere Aspekte nach eigener Wahl). Vorstellungsgespräch, ⇨ S. 124 ff.

Weitere Texte

Johann Wolfgang Goethe: Die Leiden des jungen Werthers. ⇨ Lehrbuch, S. 301.
Textsorte: Roman (Briefroman) Autor: ⇨ Lehrbuch, S. 235, Inhalt: Der Briefroman besteht aus zwei Teilen, das erste Buch beginnt am 4. Mai 1771 und schließt am 3. September 1771, das zweite beginnt am 20. Oktober 1771 und endet mit dem Selbstmord Werthers am 21. Dezember 1772. Beide Teile des Romans umfassen vor allem Briefe Werthers an seinen Freund Wilhelm. Werther teilt seinem Freund in einer gefühlvollen Sprache seine Gedanken und Empfindungen mit, vor allem bezüglich der unglücklichen Liebe zu Lotte. Sprache: expressiv. Zusatzinformation: Der Roman trägt autobiographische Züge, Goethe verarbeitet darin seine unglückliche Liebe zu Charlotte Buff.

Franz Kafka: Brief an meinen Vater. Zu Kafka, ⇨ Lehrerband, S. 197 f.
Karl Valentin: Der Liebesbrief. ⇨ Textsammlung, S. 291

Lösungen, S. 135

1/2

Briefe schreiben		Telefonieren	
Pro	Contra	Pro	Contra
Briefe sind persönlich. Sie können dem Empfänger die Wertschätzung zeigen. Sie sind etwas Besonderes. Sie sind geheim. Man muß nicht (sofort) antworten. Man kann die Antwort in Ruhe überdenken. Briefe sind meist preiswerter. Sie können aufbewahrt und wieder gelesen werden. Sie können phantasievoll gestaltet werden. Man kann weiteres Material mitschicken. ...	Briefe zu schreiben, dauert länger. Man kann nicht direkt antworten. Der Empfänger kann nicht direkt reagieren. Briefe können verlorengehen. Briefe sind meist nicht spontan. Es findet kein unmittelbarer Austausch statt. ...	Telefonieren geht schnell. Es ist bequem. Es erzeugt Spannung. Direktes Antworten ist möglich. (Es findet ein direktes Gespräch statt.) Das Hören der Stimme vermittelt zusätzlich Eindrücke vom Gegenüber. ...	Telefonieren ist meist teurer. Man muß spontan antworten und kann nicht in Ruhe über eine Antwort nachdenken. Die Gefahr des Mißbrauchs besteht. Das Aufbewahren ist nicht möglich. ...

3 Stilmittel der Kolumne: persönlich (Ich-Form), befaßt sich mit einem alltäglichen Thema, welches übertrieben dargestellt wird, ironisch, rhetorische Fragen, bezieht eindeutig Stellung, Verwendung von Klischees, teilweise Umgangssprache, Beispiele aus dem persönlichen Leben, von denen auf Allgemeines geschlußfolgert wird, Übertreibungen u. a.

4 Werden die Schülervorträge auf Video aufgenommen, so ist die anschließende Besprechung wesentlich ergiebiger.

5 Frank Schüre: Am Anfang der Bilderwelt. ⇨ **Lehrbuch, S. 340**
Textsorte: Essay
Inhalt: Der Autor beschreibt das "Ende der Bücherwelt" und den "Anfang der Bilderwelt", wobei er eindeutig Stellung bezieht für die Bücherwelt und gegen die Bilderwelt.

Arbeitsanregungen zum Text

- *Setzen Sie sich mit der Aussage von Ivan Illich (Zeile 12 ff.) auseinander?*
- *Welche Argumente führt Schüre für die "Bücherwelt" und gegen die "Bilderwelt" an, welche Argumente bringt er für die "Bilderwelt" ein?*
- *Schreiben Sie einen Gegentext (für die "Bilderwelt" und gegen die "Bücherwelt"), behalten Sie dabei die Überschrift bei.*
- *Zeile 65 - 70: Können Sie der Aussage des Autor zustimmen?*
- *Weshalb sind heute Ihrer Meinung nach viele Schüler nicht mehr von der Notwendigkeit von Lektüre zu überzeugen?*
- *Schreiben Sie einen Leserbrief an die Zeitung, in dem Sie sich kritisch mit dem Text von Schüre auseinandersetzen. (Leserbrief, ⇨ Lehrbuch, S. 40 und 63, und Textsammlung, S. 267)*
- *Setzen Sie den Text von Schüre (oder den von Ihnen formulierten Gegentext) graphisch um, zum Beispiel in Form einer Collage (⇨ Lehrbuch, S. 281 ff.).*
- *Lesen Sie lieber ein Buch, oder schauen Sie sich lieber einen Film an? Arbeiten Sie eine Stellungnahme aus, und tragen Sie diese in der Klasse vor. ⇨ Lehrbuch S. 135, Arbeitsauftrag 4.*

"Bin ich auch ordentlich gekämmt?" Gespräch am Bildtelefon. ⇨ **Lehrbuch, S. 341**
Textsorte: Glosse
Inhalt: In dem Text werden die Vorteile des Bildtelefons dargestellt:
- nonverbale Signale fördern das gegenseitige Verstehen
- Taubstumme haben die Möglichkeit der Fernkommunikation
- krankengymnastische Betreuung wird so möglich
- Versandhäuser können ihre Ware präsentieren
- Techniker können kleinere Defekte per Tele-Diagnose beheben
- Videokonferenzen sind möglich
- Gesprächspartner können sich bei privaten Gesprächen sehen

Des weiteren wird kurz die Funktionsweise des Bildtelefons erklärt. In dem Text wird eindeutig die Position Pro-Bildtelefon bezogen.
Sprache: einfach, viele Beispiele, wörtliche Rede

Arbeitsanregungen zum Text

- *Tragen Sie Argumente gegen das Bildtelefon zusammen. Dies könnte auch geschehen, indem Sie einen Text: "Nein! Bildtelefon raubt das letzte bißchen Phantasie. Ich ..." fortsetzen. ⇨ Lehrbuch, S. 114, und Lehrerband, S. 129 (Schülertexte, ⇨ Textsammlung, S. 389)*
- *Welche weiteren Argumente kennen Sie, die für das Bildtelefon sprechen?*
- *Würden Sie sich, vorausgesetzt es ist nicht zu kostspielig, ein Bildtelefon anschaffen? Begründen Sie Ihre Ansicht.*
- *Entwerfen Sie eine Werbeanzeige (Werbekampagne) für Bildtelefone. ⇨ Lehrbuch, S. 201 ff., und Lehrerband, S. 182 ff.*

Weitere Arbeitsanregungen zu T 4 , S. 134

- *Können Sie sich der Auffassung von Elke Heidenreich "Echte Freunde schreiben mit echter Tinte. Echte Freunde telefonieren nicht miteinander." anschließen? (Zeile 32 ff.)*
- *Weshalb könnte nach Meinung der Autorin die Welt mit mehr Briefen etwas freundlicher sein? (Zeile 43 ff.)*

Weitere Arbeitsanregungen zu T 5, S. 134

- *Deuten Sie den Symbolcharakter der Frage "Was würden Sie auf eine einsame Insel mitnehmen?" (Zeile 1 ff.)*
- *"Männer sind in der Regel unbegabte Telefonierer." (Zeile 15 f.)? - Stimmen Sie dieser Auffassung zu? Machen Sie eine Umfrage hierzu in der Klasse oder in der Fußgängerzone Ihres Schulortes. Versuchen Sie das Ergebnis zu deuten.*
- *In welcher Bedeutung und in welchem Zusammenhang wird umgangssprachlich der Ausdruck "tote Technik" (Zeile 20) verwendet?*

Hinweis: Beide Texte (T 4 und T 5) sind sehr gut als Ausgangstexte für Erörterungen geeignet (⇨ Lehrbuch, S. 177 ff., und Lehrerband, S. 163 f.).

Weitere Arbeitsanregungen zum Kapitel 4.5.2, S. 134 f.

- *Lesen Sie den Text von Melchior Schedler: Claudia, ⇨ Lehrbuch, S. 9, und Lehrerband, S. 8 f. Wie stellen Sie sich Claudia vor, wie Melchior? Gibt es "Telefoniertypen" und "Briefe-Schreib-Typen"? Beziehen Sie dabei auch die Texte von Elke Heidenreich und Amelie Fried mit ein (T 4 und T 5).*
- *Effi Briest heute (⇨ Lehrbuch, S. 130, und Lehrerband, S. 122 f.). Würde sie telefonieren oder Ihrer Mutter weiterhin Briefe schreiben? Begründen Sie Ihre Ansicht.*
- *Thema Anrufbeantworter: Entwerfen Sie fünf unterschiedliche Ansagetexte. Nehmen Sie diese auf Kassette auf, und spielen Sie die Texte Ihren Mitschülern vor. Welche Schwierigkeiten ergeben sich beim Aufnehmen? Welchen Eindruck haben die Mitschüler vom fiktiven Telefonteilnehmer?*
- *Wie sollte man reagieren, wenn sich bei der angewählten Telefonnummer der Anrufbeantworter einschaltet. Überlegen Sie einige alternative Möglichkeiten.*
- *Erklären Sie das Wort "Telefonitis". (Das Wort wird im Duden 1991 nicht erwähnt.)*

- *Lesen Sie den Text von Bettina S. G. Toepffer: Ein freundschaftlicher Anruf,* ⇨ *Textsammlung, S. 276. Was erfahren Sie aus dem Text (Protokoll eines fiktiven Telefongespräches) über die beiden Frauen? Weshalb hat Christa plötzlich keine Zeit mehr, sich mit Jutta zu treffen?*
- *Was versteht man unter einem Literaturtelefon? Lesen Sie dazu den Text von Michael Bauer: Poetisches im Fünfminutentakt,* ⇨ *Textsammlung, S. 387 f.*

S. 136, T 1

Zusatzinformationen: Klaus Wagenbach gründete 1964 den gleichnamigen Verlag mit Sitz in Berlin und profilierte sich in der Folgezeit als engagierter Verleger und auch als Buchautor (Beispiel: Franz Kafka. Bilder aus seinem Leben):

Klaus Wagenbach **Dreißig Jahre!**

Vor dreißig Jahren zog ich von Frankfurt am Main nach Westberlin, meldete ein stehendes Gewerbe an (den >Verlag Klaus Wagenbach<) und hatte doch durchaus Ambulantes im Sinn:
5 einen Verlag, in dem ost- wie westdeutsche Autoren in einer Buchserie (den >Quartheften<) veröffentlicht werden sollten. Die Mauer war frisch verputzt, viele Verlage verließen damals die Stadt, und auch das Projekt eines >gesamtdeutschen< Verlages hielt nur genau ein 10 Jahr.
Der Verlag hingegen überlebte, auch die Mauer, und feiert jetzt seinen dreißigsten Geburtstag, am richtigen historischen Ort (nur die Wehrdienstverweigerer fehlen ihm ein wenig in 15 diesem Immer-noch-und-nur-langsam-weniger-Schrebergarten-Berlin).

Zwiebel. Almanach 1994/95, S. 5

Arbeitsanregung zum Text T 1

Geben Sie den Inhalt des Textes wieder. Welche Position beziehen die Autoren?

S. 136, T 4

Autorin: Ingeborg Bachmann (siehe auch Lehrerband, S. 263)

Bachmann, Ingeborg, 25. 6. 1926 Klagenfurt - 16. 10 . 1973 Rom, Jugend im Kärntner Gailtal, plante Musikstud.; Stud. 1945-50 Philos. Graz, Innsbruck, Wien; 1950 Dr. phil. ebda. mit e.
5 Diss. über die Rezeption M. Heideggers; 1950 Aufenthalt in Paris, 1951-53 Redakteurin der Sendegruppe Rot-Weiß-Rot in Wien; seit 1953 freie Schriftstellerin und Mitglied der >Gruppe 47< , zog 1953 nach Rom, 1957 nach München,
10 1958-62 mit Max Frisch in Zürich und Rom. 1955 Amerikareise. 1950/60 Dozentur für Poetik in Frankfurt. - Mehrfach ausgezeichnete Lyrikerin mit zumeist freirhythm., stark intellektuell-abstrakter Gedankenlyrik; differenzierte und nicht immer überzeugende Symbolik mit 15 Neigung zu einer bizarren Eigenwelt der Bilder, kühl und hart im bewußt, modernen Klang, eindringl. in natürl. Sprachmelodie und zwingender Wortgebärde. In lyr. getönten Hörspielen neue experimentelle Formen. Lyr.-monolog. Erzäh- 20 lungen von der Befreiung des Menschen aus der Unverbindlichkeit des Lebens zur wahren Existenz. Opernlibretti für H. W. Henze; Essays (...).

Gero von Wilpert: Lexikon der Weltliteratur. Bd. 1. Autoren. A. a. O.

S. 137, T 5
Arbeitsanregungen zum Text

* *Weshalb lehnt die Schülerin das Schreiben ab? Können Sie sich dieser Meinung anschließen? Begründen Sie Ihre Ansicht.*
* *Setzen Sie dem Text die Aussage von Dorette Müller (⇨ Lehrbuch, S. 136, T 2) entgegen.*

S. 137, T 6
Arbeitsanregung
Worauf beruht die Wirkung dieser Karikatur?

S. 137, T 7
Textsorte: Lyrik
Autorin:

Kaléko, Mascha, 7. 6. 1912 Schidlow (Polen), † 21. 1. 1975 Zürich.
Die aus einer russisch-jüdischen Familie stammende K. verlebte ihre Kindheit in Marburg/Lahn und Berlin. Nach einer Sekretärinnenausbildung und Büroarbeit für die jüdische Gemeinde veröffentlichte sie - gefördert von dem Kritiker Monty Jacobs - ab 1930 in verschiedenen Berliner Tageszeitungen und wurde rasch zu einer literarischen Berühmtheit. Nach 1933 erhielt K. Schreibverbot; nach Angriffen durch die Nazi-Presse emigrierte sie 1938 nach New York; 1960 übersiedelte sie nach Jerusalem. Hermann Hesse hat K. als eine „Dichterin der Großstadt" bezeichnet, deren Verse durch eine „Mischung von Sentiment und Zynismus, frühreifer Desillusion und heimlicher Verzweiflung" gekennzeichnet seien. In Ton und Gestus erinnert K. an Kästner, Mehring oder Tucholsky, in den späteren Texten an Heine. Der Zyklus „Die <Tausend Jahre>", (in: Verse für Zeitgenossen) gibt eine kritisch-satirische Einschätzung der Exilerfahrungen.
Manfred Brauneck (Hrsg.) a. a. O., S 342 f.

Hinweise und Anregungen zu den Zusatztexten, S. 137

Friedrich Dürrenmatt: "Warum Schreiben?" ⇨ Lehrbuch, S. 301
Textsorte: Mischung aus Werkanalyse, Essay, Autobiographischem Kommentar
Autor:

Dürrenmatt, Friedrich, 5. 1. 1921 - Dezember 1990, geboren in Konolfingen b. Bern, Pfarrerssohn, Gymnasium Bern, Stud. Philos., Theol. u. Germanistik Bern und Zürich; Zeichner, Graphiker, Illustrator, 1951-53 Theaterkritiker der >Weltwoche< (Zürich), freier Schriftsteller Neuchâtel. 1967-69 künstler. Berater, Direktionsmitgl. und Regisseur am Basler Stadttheater, 1970-72 Berater des Züricher Schauspielhauses; 1969 Mithrsg. und Miteigentümer der Wochenzeitung >Sonntagsjournal. Züricher Woche<.- Erzähler, Hörspieldichter und Dramatiker, e. der stärksten, eigenwilligsten und unkonventionellsten Begabungen des heutigen dt. Theaters von vitalem Spieltemperament und überquellender, effektsicherer szen. Phantasie; ausgehend von Aristophanes, Nestroy, Wedekind und dem Expressionismus. Skurriler, leidenschaftl. Moralist und amüsant-makabrer Satiriker von bohrendem Intellekt mit Neigung zur grotesken Verzerrung, bizarren Situationsspannungen mit surrealist. Elementen, zyn. Humor und aggressivem Sarkasmus in s. zeitkrit. Experimentalstücken und einfallsreichen, sketchartigen Komödien zur Standortbestimmung des Menschen: Travestie der bürgerl. Idole, Enthüllung des doppelten Bodens in den menschl. Umweltbeziehungen. Energ. Anpacken der Probleme mit sokrat. Ironie: Nähe zum Lehrstück. Vorliebe für schockierende Einfälle und kriminalist. Stoffe mit schreiend direkter Symbolik, die durch Verfremdung das Publikum zur krit. Stellungnahme in eigener Sache zwingt. Bedenkenlos in der rationalthesenhaften, z.T. gewollt geistreichen Sprachgestaltung.

Gero von Wilpert: Lexikon der Weltliteratur. Bd. 1. Autoren. A.a.O.

Arbeitsanregungen zum Text, S. 301

- *Warum schreibt Dürrenmatt? Wird die Frage in dem Text eindeutig beantwortet?*
- *Wie schätzt Dürrenmatt Literaturkritiker ein? (⇨ Lehrbuch, S. 267, und Lehrerband, S. 132)*

Zusatztext:

An einen Vater

Der Rang eines Menschen in seiner Höhe und Stärke wird von seiner Fähigkeit zur moralischen Phantasie bestimmt. Sie ist die Quelle für das Handeln des freien Geistes.

Jeder unfreie, unterdrückte Geist hat Anspruch auf ein Erwachsenwerden seines Bewußtseins. Konflikte sind sein Motor, nicht Hindernis auf dem Weg zum Ziel.

Das Ziel: das Ich zu wecken und es auf eine andere Bewußtseinsstufe zu heben, also das alltägliche, konservative Ritual unseres Lebens zu durchbrechen. Nicht die Vergangenheit zur Zukunft werden lassen, sondern Stück für Stück von der Vergangenheit frei werdend sein eigenes Drehbuch für die Zukunft zu schreiben.

Unser Abschied fand bereits statt.

Gisela

Anmerkung: Der Text wurde zwischen Todesanzeigen plaziert.

Arbeitsanregungen zum Text

- *Was ist auffällig an dieser Anzeige?*
- *Welche Ereignisse könnten diesem Text vorangegangen sein? Formulieren Sie hierzu ein Gesrpäch.*
- *Beurteilen Sie die "Vorgehensweise" von Gisela.*
- *Lesen Sie auch den Text von Peter Härtling: Zwei Versuche, mit meinen Kindern zu reden, ⇨ Textsammlung, S. 277. Vergleichen Sie beide Texte.*

Weitere Texte zu "Nachruf" und "Trauer", ⇨ Lehrbuch, S. 13 und S. 293 f.

"Internationale Gefühlsbörse", ⇨ Lehrbuch S. 351

Arbeitsanregungen zum Text, S. 351

- *Was deuten die Pfeile an? (Leserichtung)*
- *Bei der Beschäftigung mit dieser Lehrbuchseite können Schüler, die nicht Deutsch als Muttersprache sprechen, sehr gut mit einbezogen werden. Die Seite sollte je nach Klassenzusammensetzung dann auch erweitert werden. Die Schüler sollten die Möglichkeit haben, etwas über ihre Muttersprache und ihr Heimatland zu erzählen.*
- ☞ Ob das Multikulturelle in einer Klasse noch weiter im Unterricht aufgegriffen wird und in welcher Form dies geschehen kann, sollte von der Klasse abhängig gemacht werden.

Erwin Strittmatter: Die Macht des Wortes, ⇨ Lehrbuch S. 352

Textsorte: Erzähltext

Autor:

Strittmatter, Erwin, 1912 - 1994, geboren in Spremberg (Niederlausitz). S. lernte Bäcker und arbeitete in verschiedenen Berufen. Er trat schon früh der Sozialistischen Arbeiterjugend bei. Nach kurzer Gefängniszeit im Faschismus wurde S. zur Wehrmacht eingezogen, von der er 1945 desertierte; nach 1945 arbeitete er als Bäcker; durch die Bodenreform in der SBZ wurde er Kleinbauer. 1947 wurde S. Bürgermeister mehrerer Gemeinden und war zugleich Volkskorrespondent; danach arbeitete er als Zeitredakteur und freischaffender Schriftsteller. 1959 wurde S. zum 1. Sekretär des Schriftstellerverbandes der DDR gewählt; er war einer der Vizepräsidenten dieses Verbandes. Geschichte und Gegenwartsprobleme des Landlebens im kleinbürgerlichen und bäuerlichen Milieu sind die bevorzugten Sujets S.s. Den größten Erfolg hatte S. mit seinem Roman um den Selbsthelfer *Ole Bienkopp*, der, eigenverantwortlich und in ständiger Ungleichzeitigkeit zu den Beschlüssen der Partei, seinen Weg macht und am Ende tragisch scheitert. Um die Verantwortung für das Ableben des Helden entspann sich 1963/64 in der DDR eine Leserdebatte, die derjenigen um Christa Wolfs *Geteilten Himmel* in ihrer Bedeutung für die Selbstverständigung der DDR-Literaturgesellschaft gleichkam. S. wurde vielfach ausgezeichnet; er war Ehrendoktor der Hochschule Meissen u. a. fünffacher Nationalpreisträger.

Manfred Brauneck (Hrsg.), a. a. O., S. 632 f.

Arbeitsanregung zum Text

Deuten Sie die Überschrift. Welche weitere Bedeutung kann die "Macht des Wortes" haben? Denken Sie hierbei auch an politische Propaganda.

Vgl. auch die Äußerungen von Gabriel García Márquez zum Thema "Warum schreibe ich?, ⇨ Textsammlung, S. 299.

Weitere Arbeitsanregungen zum Kapitel 4

Welche weiteren Möglichkeiten kennen die Schüler, sich auszudrücken und mitzuteilen? Beispiele: Musik, Liedertexte, Bilder, ... (Die Schüler sollten entsprechendes Material in den Unterricht einbringen.)

Weitere Texte zum Kapitel 4
Kurt Tucholsky: Absichtserklärung. ⇨ Lehrbuch, S. 26, und Lehrerband, S. 26 f.
Peter Härtling: Zwei Versuche, mit meinen Kindern zu reden. ⇨ Textsammlung, S. 277
Heinrich Tieck: Der Traum des Sultans. ⇨ Textsammlung, S. 294
Christa Damkowski: Graffiti: Spuren in der Anonymität. ⇨ Textsammlung, S. 320
Udo Lindenberg: Panik-Panther. ⇨ Textsammlung, S. 321
Peter Maiwald: Der Leisetreter. ⇨ Textsammlung, S. 326
Hans Magnus Enzensberger: Anweisung an Sisyphos. ⇨ Textsammlung, S. 328

Sprachhandlungskompetenz
Die Schüler sollen/können
- ☐ zielgerichtet argumentieren,
- ☐ Strategien anderer Diskussionsteilnehmer durchschauen,
- ☐ sich in eine Diskussion einbringen,
- ☐ eine Diskussion leiten,
- ☐ rhetorische Strategien kennen und durchschauen,
- ☐ Reden verstehen und beurteilen,
- ☐ selbst reden können, beispielsweise eine Stellungnahme vortragen können,
- ☐ bei Verkaufsgesprächen Strategien durchschauen und diesen entsprechend begegnen,
- ☐ Interviews beurteilen, zum Beispiel das Verhalten des Interviewten,
- ☐ selbst ein Interview durchführen,
- ☐ appellative Texte, zum Beispiel Flugblätter, Einladungen, analysieren und selbst gestalten,
- ☐ eine Erörterung abfassen.

Verknüpfungspunkte mit anderen Kapiteln
⇨ 2.4 Informationen darstellen (Beispiel: ein Thema zielgerichtet aufbereiten, eine Stoffsammlung dazu erstellen, Stichpunkte gliedern usw.)
⇨ 3.3 Fachsprachen (Wie lassen sich sprachlich anspruchsvollere Texte, etwa Gesetzestexte, erschließen, Kernaussagen herausarbeiten und Begriffsklärungen erarbeiten?)
⇨ 4   Sich ausdrücken und mitteilen in Alltag und Beruf (Das gesamte Kapitel beschäftigt sich mit unterschiedlichen Facetten des Sichausdrückens im beruflichen und privaten Bereich, mit dem Akzent auf der mündlichen Kommunikation.)
⇨ 6.1 Werbung (zum Beispiel in der Werbung eingesetzte Argumentationsstrategien erkennen und beurteilen, selbst solche Strategien entwickeln)

Lösungen, S. 138 (Einstiegsseite)
Vorangegangene Situation: Ein Gast hat sich beim Kellner über das Essen beschwert. Der Kellner hat das Essen gekostet, es ist ihm nicht bekommen.
Bedeutung des Wortes "argumentieren": Das Wort bedeutet in diesem Zusammenhang soviel wie negative Beeinflussung, überreden.

Lösungen, S. 139
1 a) Rollenverteilung
   Vater: autoritär, liest Zeitung und will seine Ruhe haben.
   Mutter: fürsorglich, besorgt, vorwurfsvoll gegenüber der Tochter.
   Vater und Mutter entsprechen der traditionellen männlichen und weiblichen Rollenvorstellung.
   Tochter: fühlt sich bevormundet und von den Eltern nicht verstanden.
   b) ⇨ Lehrbuch, S. 142
   c) Veränderung der Gesprächssituation: zum Beispiel aufeinander eingehen, die Argumente des anderen ernst nehmen, keine Vorwürfe machen, nicht vom Thema abkommen, dem anderen seinen Freiraum lassen usw.

2 Mögliche Varianten:
- Die ersten beiden Aussagen (Tochter und Mutter) werden beibehalten, danach wird der Gesprächsverlauf völlig verändert.
- Die Aussagen der Tochter werden (sinngemäß) beibehalten, die Antworten der Mutter werden im Tenor stark verändert, zum Beispiel mehr Verständnis zeigend - oder umgekehrt.
- Der Vater mischt sich entweder gar nicht oder wesentlich früher in das Gespräch ein.

Für die Aufgabe bietet sich Partnerarbeit an, die Schüler sollten jeweils auch begründen, warum sie einen bestimmten Gesprächsverlauf gewählt haben. Sie sollten dabei unter Umständen auch auf die veränderte Rollenverteilung in der Familie eingehen.

3 Das Rollenspiel sollte - wenn möglich - auf Video aufgenommen werden.

Weitere Texte
T 7 "Mißverständnisse". ⇨ Lehrbuch, S. 117
Anne Ocker: Du bist nicht modern. ⇨ Textsammlung, S. 287

S. 140, T 2
Textsorte: Zeitungsbericht
Sprache: einfach, klare Gliederung des Textes

Lösungen, S. 140
3 Man kann diesen Text sehr gut auf aktuelle schulische, gesellschaftliche oder politische Ereignisse übertragen. Material hierzu können Presseberichte oder Aufzeichnungen von Radio- oder Fernsehsendungen sein. Besonderes Augenmerk sollte hierbei auf den letzten Absatz des Textes (ab Zeile 43) gelegt werden: Weshalb sind bestimme Konfliktsituationen entstanden? Weshalb lassen sie sich nur schwer beheben? usw.

Lösungen, S. 141

Beispiel	Verstoß gegen Anforderung
a)	3 und 5
b)	3 und 5
c)	3, 4 und 5
d)	1, 4 und 5
e)	4

Weitere Arbeitsanregung
Sprachliche Verknüpfung von These und Argument erarbeiten:

Funktion in einer Argumentation	Konjunktion
Begründung	weil, da, denn
Bedingung	soweit, sofern, wenn, falls
Zweck	dazu, damit, darum
Einschränkung	obwohl, obgleich, aber, wenn auch
Folgerung	daher, folglich, deshalb, somit, also

Weiterer Text
Christiane Tillner/Norbert Franck: Sprachliche Unsicherheitssignale. ⇨ Textsammlung, S. 269

Lösungen, S. 143

Tafelbild zu Arbeitsanregung 1

These 1 → **Die Zunahme an Freizeit bringt auch ein Plus an Lebensqualität (Pro).**

Argumente   *Mögliche Gegenargumente*

a)   Mehr Freizeit führt nicht notwendigerweise zu einem selbstbestimmten Leben. Verwirklichung im Beruf kann hierbei einen größeren Beitrag leisten als "Freizeitstreß".

g)   Selbstverwirklichung kann man auch im Beruf finden. Durch "Modetrends" bei den Freizeitaktivitäten und „In-Sportarten" ist gerade der Freizeitbereich stark fremdbestimmt.

These 2 → **Die Zunahme an Freizeit bringt kein Plus an Lebensqualität (Kontra).**

Argumente   *Mögliche Gegenargumente*

b)   Auch Fernsehen kann eine sinnvolle Freizeitbeschäftigung sein, etwa wenn man an die verschiedenen Magazinsendungen oder die Telekollegreihen denkt.

c)   Es gibt viele Freizeitaktivitäten, die nichts kosten, zum Beispiel wandern. Gerade wenn man mehr Freizeit hat, kann man die Aktivitäten preiswerter gestalten und sich zum Beispiel Bücher und Zeitschriften aus öffentlichen Büchereien ausleihen oder dort lesen.

d)   Die Freizeit muß nicht unbedingt durch alle möglichen Aktivitäten ausgefüllt werden. Gerade in Zeiten, in denen die beruflichen Anforderungen und der damit verbundene Streß ständig steigen, muß ausreichende Freizeit, in der man einfach nur faulenzen kann, gewährleistet sein.

e)   Gerade weil das Berufsleben weitgehend fremdbestimmt ist und sich dies auch nicht ändern läßt, brauchen wir mehr Freizeit, in der man sich frei für bestimmte Aktivitäten entscheiden kann und die man selbständig und kreativ gestalten kann.

f)   Ursache für Drogenmißbrauch und Orientierungslosigkeit ist häufig zu starke berufliche Beanspruchung, dies wurde in Untersuchungen belegt. Eine ausreichende und sinnvoll gestaltete Freizeit könnte dem entgegenwirken.

c) Weitere Argumente

Pro: Wenn sich berufstätige Eltern mehr um ihre Kinder kümmern wollen, brauchen sie mehr Freizeit.
Wegen der Trennung von Wohn- und Arbeitsplatz brauchen die Menschen heute mehr Zeit für die Hin- und Rückfahrt zur Arbeit.
Viele gesellschaftlich notwendige Bereiche, zum Beispiel Jugendarbeit, Arbeit in politischen Gremien, Engagement für soziale Einrichtungen, erfordern die freiwillige Mitarbeit vieler Bürgerinnen und Bürger. Dies ist nur möglich bei ausreichender Freizeit.

Kontra: Mehr Freizeit ohne Einkommensverzicht hat zur Folge, daß der berufliche Streß steigt.
Bei zunehmender Freizeit werden auch gesellschaftliche Unterschiede immer deutlicher, zum Beispiel: Wer kann sich ein zeitaufwendiges und kostspieliges Hobby wie Golf spielen leisten und wer nicht?

S. 144, T 3

Textsorte: Stellungnahme zu einem aktuellen Thema
Inhalt: Vertreter verschiedener gesellschaftlicher Gruppen nehmen zum Thema "Zigarettenwerbung verbieten?" Stellung, einige befürworten ein Verbot, andere sind dagegen.
Sprache: Zeile 3 "Cigarettenwerbung" - die Schreibweise mit "C" am Anfang ist nach Duden nicht erlaubt.
Zusatzinformationen: Die Zeitschrift "Tips" ist eine sogenannte "Szene-Zeitschrift" für die Region Bielefeld. Der im Lehrbuch abgedruckte Text "Zigarettenwerbung verbieten?" wurde unter der Rubrik "Ansichtssachen" mit folgendem Vorspann versehen abgedruckt:

"Raucher geraten in unserer Gesellschaft zunehmend in die Defensive. Wachsendes Gesundheitsbewußtsein und verstärktes Engagement der Nichtraucher für ihre Rechte haben Folgen:
5 jüngstes Beispiel auf lokaler Ebene: das Rauchverbot in den Räumen des Bielefelder Arbeitsamtes. Aber auch das Bundesarbeitsministerium ist in Sachen 'blauer Dunst' aktiv; fleißig bastelt man in Bonn an einem Nichtraucherschutzgesetz, das u. a. Werbung für Zigaretten und andere Rauchwaren generell untersagen soll. Nach 10 dem bereits vor Jahren erlassenen Werbeverbot für das Fernsehen würde dies dann auch das Aus für Zigarettenreklame im Kino und in Zeitungen/Zeitschriften bedeuten. Ein Schritt des Gesetzgebers, der zu begrüßen ist?" 15

Siegfried Pufhan (Zeile 1 - 17) ist Camel Field Promotion Manager, der Produktname "Camel" wird im Orginaltext an zwei Stellen (Zeile 7 "... Raucher für Camel" und Zeile 12 "... wie Camel Lights") erwähnt.

Lösungen, S. 144

1	Wer/Funktion	These	Argumente
	Siegfried Pufhan Camel Field Promotion Manager	Zigarettenwerbung sollte nicht verboten werden.	• Werbung veranlaßt niemanden, mit dem Rauchen zu beginnen. • Die Entscheidung für das Rauchen fällt im sozialen Umfeld. • Neue Raucher sind keine "Raucheinsteiger", sondern kommen von anderen Marken • Werbung ist ein wichtiges Instrument im Verdrängungswettbewerb der Hersteller. • Durch Werbung kann man auf Produktneuheiten aufmerksam machen. • Werbung dient als Informationshilfe für den aufgeklärten Verbraucher. • Durch Werbung entsteht ein marktwirtschaftlicher Wettbewerb der Hersteller zum Nutzen des Verbrauchers.
	Dr. D. Hahn Facharzt für Lungen- und Bronchial--krankheiten	Die aggressive Zigarettenwerbung sollte verboten werden.	• Wenn man Werbung für das gesundheitsgefährdende Rauchen verbietet, müßte man auch zahlreiche andere Werbung verbieten, zum Beispiel für Alkohol oder Süßigkeiten. • Ein generelles Verbot der Zigarettenwerbung ist ein Eingriff in unsere freiheitliche Grundordnung, in der jeder selbst entscheiden soll, was er tun oder lassen sollte.

Günter Schömitz Tabakwaren- und Zeit- schriften- händler	Zigaretten- werbung soll- te nicht ver- boten wer- den.	• Werbung dient dazu, Marktanteile von anderen Zigaretten- marken zu gewinnen. • Durch Werbung werden keine neuen Kunden gewonnen. • Es ist nicht erwiesen, daß durch Werbung mehr geraucht wird. • Die Arbeitsplätze von 80 000 Menschen, die unmittelbar von der Zigarettenwerbung leben, wären gefährdet.
Claus Gottschick AOK Biele- feld	Zigaretten- werbung soll- te verboten werden.	• Werbung für Zigaretten ist gefährlich, da sie vor allem Ju- gendliche trifft, die von den Werbethemen Freiheit, Selb- ständigkeit, Abenteuer besonders fasziniert sind. • Werbung ist Suggestion, von der man sich beeinflussen läßt. • Vernunftargumente helfen bei keinem Raucher.
Heinrich Lan- geworth Theaterleiter, Bielefelder Kinos	Zigaretten- werbung soll- te nicht ver- boten wer- den.	• Auf Werbeeinnahmen können wir nicht verzichten, und die Zigarettenwerbung beträgt 30 Prozent des Werbeumfangs. • Die Kinopreise sind nicht mehr zu erhöhen, gewisse Kosten steigen jedoch, so daß dies durch Werbung aufgefangen werden muß. • Aufgrund einer freiwilligen Selbstbeschränkung wird Ziga- rettenwerbung bei jugendfreien Filmen erst nach 18 Uhr gezeigt. • Das Werbeverbot wird sich nicht auf den Rauchkonsum auswirken.

2 *Weitere Arbeitsanregung:* Die Schüler können zu den einzelnen Argumenten Gegen- argumente formulieren.

Weiterer Text
Egyd Gstättner: Ich rauche immer. ⇨ Textsammlung, S. 263

3 / 4 Fragebogen zum Thema "Sollte Zigarettenwerbung verboten werden?"
Mögliche zu berücksichtigende Aspekte:
- Alter des Befragten (Gruppen bilden)
- Geschlecht
- Beruf
- Schulbildung/Beruf
- Raucher/Nichtraucher
- Freizeitaktivitäten (Gruppen bilden, etwa gesellige Veranstaltungen besuchen, wandern, lesen)
- Einstellung zu gesetzlichen Verboten generell
- Zeitschriftenleser (wenn ja, welche Zeitschriften)
- regelmäßige Kinogänger
- eindeutige Stellungnahme: Verbot ja oder nein? mit Begründung (als offene Fragen oder verschiedene Kategorien vorgeben)

Der Fragebogen sollte nicht mehr als 10 Fragen enthalten, und die Beantwortung der Fragen sollte sich auf ein paar Minuten beschränken.

Wird die Befragung tatsächlich durchgeführt, etwa in der Fußgängerzone, so sollten Ablauf und Form der Auswertung und Dokumentation vorher in der Klasse besprochen werden.

Die Auswertung der Befragung kann je nach Schulform fächerübergreifend (Datenverarbeitung und Mathematik) erfolgen.

Nach der Auswertung sollte eine Dokumentation folgen. Die Ergebnisse können graphisch und/oder als Bericht dargestellt werden (⇨ Lehrbuch, S. 51 ff.). Hierbei kann unter Umständen arbeitsteilig vorgegangen werden, das heißt, jeweils eine Schülergruppe dokumentiert ein(en) Ergebnis(komplex).

5 Mechthild Horn: Plötzlich bin ich Ausländerin, ⇨ Lehrbuch, S. 220, und Lehrerband, S. 191 und S. 193.

Zur Aufgabenstellung "Gegentext formulieren", ⇨ Lehrbuch, S. 114, und Lehrerband, S. 108 f.

Weitere Arbeitsanregungen

- *Unterscheiden Sie "Rauchwaren" (siehe Vorspann) und "Rauchware" (Pelzware - bis ins 19. Jahrhundert wurde "rauch" im Sinne von "behaart, haarig" gebraucht).*
- *Informieren Sie sich über den aktuellen Stand der Gesetzesinitiative. (Ist das Gesetz verabschiedet? In welcher Fassung? Stand im Gesetzgebungsverfahren? usw.) Stellen Sie einen Bezug zum Politikunterricht her.*
- *Beschaffen Sie sich Informationsmaterial zum Thema "Rauchen", zum Beispiel von den Krankenkassen.*
- *Wählen Sie aus verschiedenen Zeitschriften Zigarettenwerbung aus, und stellen Sie diese in verschiedenen Gruppen zusammen. Formulieren Sie passende Überschriften, Vorspänne, Zwischentexte.*
- *Erstellen Sie selbst eine Anti-Zigarettenwerbung (⇨ Lehrbuch, S. 201 ff.), graphisch, als Werbetext, als Hörfunkspot oder als Video.*
- *Schreiben Sie eine dialektische Erörterung zum Thema: Sollte man Zigarettenwerbung verbieten? (⇨ Lehrbuch, S. 177 ff.)*

S. 145, T 4

Textsorte: appellativer Text
Inhalt: Der Autor plädiert für die Abschaffung der Noten, kritisiert die bestehenden Hierarchien in der Schule und in der Gesellschaft und stellt letztlich beides in Frage.
Sprache: viele Fremdwörter

Lösungen, S. 145

1 Hauptthese: Die Noten in der Schule sollen abgeschafft werden.
2 Analyse der Argumentation:

Argumente	Mögliche Kritikpunkte
Durch Noten wird massiv Auslese betrieben.	Ein Bezug zur These ist nur dann gegeben, wenn man die Auslese und die "Hierarchie der kapitalistischen Gesellschaft" grundsätzlich ablehnt.
Noten sind ein Disziplinierungsmittel, vor allem gegen kritische Schüler.	In dem Argument wird stark verallgemeinert, es enthält nicht belegte Vorurteile und Vorwürfe gegen Lehrer.
Noten sichern schulische Hierarchien, eine Erziehung zur kritischen Distanz gegenüber Autoritäten wird verhindert, weil an Demokratie gewöhnte Menschen diese auch in anderen Lebensbereichen (zum Beispiel am Arbeitsplatz) einfordern könnten.	... verschiedene Ansatzpunkte möglich ...
Durch Noten soll die für unsere Gesellschaft elementare Praxis von Leistung unter Zwang und Arbeit unter Konkurrenzdruck vermittelt und verinnerlicht werden.	In diesem Argument wird die bestehende Wirtschaftsordnung in Frage gestellt.
Noten führen zu sturem Pauken und nicht zum Erlernen von Sinnvollem.	Teilweise trifft dieses Argument zu, allerdings wird zu stark verallgemeinert.
Noten sind beliebig.	Bei diesem Argument handelt es sich um einen Gemeinplatz; Einzelfälle und Vorurteile werden verallgemeinert.
Noten sind ein Mittel der Selektion und suggerieren die Notwendigkeit von Auslese.	Es wird davon ausgegangen, daß Auslese nicht notwendig ist.
Noten berücksichtigen nicht die individuelle Lernentwicklung und die ungleichen Voraussetzungen bei den Lernenden.	Diese Aussage trifft weitgehend zu, allerdings wird damit nicht unbedingt die These "Abschaffung der Noten" belegt, denn diese Gesichtspunkte können unter Beibehaltung der Noten berücksichtigt werden.

3 Ziel der Argumentation ist letztendlich nicht nur die Abschaffung der Noten, sondern eine Änderung der bestehenden Gesellschafts- und Wirtschaftsordnung.
Lesen Sie hierzu auch den Text von Gerd Pfitzenmaier: "Ohne den Druck von Noten lernen wir nichts", ⇨ Textsammlung, S. 261.

5 a) Gegenthese: Die Noten sollten beibehalten werden.
   b) Argumente: Noten sind Maßstab für die eigene Leistung, Ansporn zum Lernen, Möglichkeit der positiven Abgrenzung gegenüber Mitschülern, ...
   Vgl. auch Gerd Pfitzenmaier: Ohne den Druck durch Noten lernen wir nichts. ⇨ Textsammlung, S. 261

7 Laut Duden, Ausgabe 1991, ist diese Schreibweise unzulässig, siehe auch Interview mit Prof. Dr. Günther Drosdowski, dem Leiter der Duden-Redaktion in Mannheim, anläßlich der Neuausgabe des Duden, Zeile 45 ff.

Weitere Arbeitsanregungen

• *Diskutieren Sie in der Klasse über verschiedene Möglichkeiten der Bewertung von Schülerleistungen. Welche bestehenden gesetzlichen Vorschriften müßten für die Umsetzung geändert werden? Welche Wege, Ihren Vorschlägen Gehör zu verschaffen, schlagen Sie vor?*

- *Schreiben Sie eine dialektische oder textbezogene Erörterung zum Thema "Abschaffung der Noten". (⇨ Lehrbuch, S.177 ff.)*
- *Halten Sie eine Kurzrede zum Thema "Abschaffung der Noten" (pro oder kontra). (⇨ Lehrbuch, S. 152 ff.)*

Weitere Text zum Thema "Argumentieren"
Eugène Ionesco: Die Nashörner (Auszug). ⇨ Textsammlung, S. 270 f.
Wolfdietrich Schnurre: Von der Gleichheit. ⇨ Textsammlung, S. 284
"Produziert Deutschland zu viele Akademiker? ⇨ Textsammlung, S. 366
Daten statt Autos? ⇨ Textsammlung, S. 362
Vernichtet ein Tempolimit Arbeitsplätze? ⇨ Textsammlung, S. 365
Ursula Koerner: Tod als Strafe? ⇨ Textsammlung, S. 322
Walter Jens: "Ein Tag wie viele andere". ⇨ Textsammlung, S. 325
Weitere Texte im Lehrbuch, ⇨ Hinweis Lehrbuch, S. 143 unten.

S. 146 f., T 1

Textsorte: Auszug aus einem Sachbuch
Autor: Dozent für Rhetorik an der Eidgenössischen Technischen Hochschule in Zürich
Zusatzinformation: Schlußsatz des o. g. Buches, S. 202: "Möge dieses Lehrbuch dazu beitragen, daß *nicht der Sieg einzelner, sondern der Gewinn aller Diskutanten* im Vordergrund möglichst vieler Diskussionen steht!"

Lösungen, S. 147

1 Definitionsvorschläge:
   Diskussion: zielgerichtete Auseinandersetzung über ein bestimmtes Thema und in einer bestimmten Form, siehe T 1, Zeile 24 ff.
   Gespräch: nicht unbedingt zielgerichteter, eher "zwangloser" Austausch zwischen mindestens zwei Personen.
2 Mögliche Alternativen: eine Person bestimmt, zum Beispiel der Lehrer, Abstimmung ohne Aussprache, ...

Weitere Arbeitsanregung

Untersuchen Sie verschiedene Diskussionsrunden, zum Beispiel im Fernsehen, danach, ob der Schlußsatz von Steiger (siehe oben) beachtet wurde.

S. 147 f. , Kapitel 5.2.2

Arbeitsanregung
Projekt "Diskussionsrunden im Fernsehen" *(⇨ Lehrbuch, S. 150, Aufgabe 3):*
Bei diesem Projekt empfiehlt es sich, arbeitsteilig vorzugehen; zum Beispiel übernimmt jeweils eine Gruppe einen Wochentag.
Aufgaben:
- *Sichten Sie das Fernsehprogramm einer Woche. Welche Sendungen lassen sich als Diskussionsrunden im weitesten Sinn bezeichnen?*
- *Ordnen Sie alle in Frage kommenden Sendungen einer der im Lehrbuch vorgestellten Diskussionsformen zu.*

- Beschreiben Sie jede der ausgewählten Sendungen näher im Hinblick auf Thema/Themen, Teilnehmer, Aufgaben und Verhalten des Diskussionsleiters, Sitzordnung, Kulisse (zum Beispiel Farbgebung, Dekoration), Ziel der Diskussion, Verhalten der Diskussionsteilnehmer, Verlauf der Diskussion, Auffälligkeiten, Besonderheiten, typisch "männliche" oder "weibliche" Verhaltensweisen der Diskussionsteilnehmer und der Diskussionsleitung u. a.
- Geben Sie eine Gesamtbeurteilung der Sendung, und stellen Sie die Ergebnisse in einer Übersicht dar.

Lösungen, S. 150

2 Überprüfen Sie in bestimmten zeitlichen Abständen, ob sich alle Schülerinnen und Schüler der Klasse an die vereinbarten Regeln halten.
Denken Sie in der Klasse unter Umständen über "Sanktionsmöglichkeiten" nach, zum Beispiel kleine Aufgaben wie Tafelwischen oder ähnliches.

Weitere Arbeitsanregungen

- Untersuchen Sie Diskussionssendungen im Fernsehen unter geschlechtsspezifischen Gesichtspunkten:
  Werden bestimmte Diskussionsrunden bevorzugt von Frauen oder von Männern geleitet? Wenn ja, welche?
  Werden zu bestimmten Themen bevorzugt Frauen oder Männer in die Diskussionsrunde eingeladen? Wenn ja, zu welchen?
  Verhalten sich Frauen oder Männer als Diskussionsteilnehmer oder Diskussionsleiter unterschiedlich? Wenn ja, wo liegen die Unterschiede?
  Sind Ihnen weitere geschlechtsspezifische Besonderheiten aufgefallen? Wenn ja, welche?
- Schreiben Sie in Anlehnung an Kurt Tucholsky einen Text zum Thema "Ratschläge für einen schlechten Diskussionsteilnehmer" und "Ratschläge für einen guten Diskussionsteilnehmer". (⇨ Lehrbuch, S. 313 f., Lehrerband, S. 149 f.)
- Schreiben Sie eine Parodie zum Text "Aufgaben des Diskussionsleiters/der Diskussionsleiterin". (Parodie, ⇨ Lehrbuch, S. 278 f.)

S. 151

Weitere Arbeitsanregungen zum Beobachtungsbogen

- Der Beobachtungsbogen kann auch auf aufgezeichnete Fernsehdiskussionen angewendet werden.
- Erstellen Sie eine Checkliste für Diskussionsteilnehmer: "Vorbereitung für eine Diskussion".
- Besprechen Sie Möglichkeiten, wie zurückhaltende Diskussionsteilnehmer, zum Beispiel in der Klasse, besser zu Wort kommen können. ("Wie kann ich mich aktiv in eine Diskussion einbringen?")
- Erstellen Sie einen Erfolgskontroll-Fragebogen für Diskussionsteilnehmer.

Zusatztext/Arbeitsblatt: Der linke Teil der folgenden Übersicht - ⇨ Lehrerband, S. 144 f. - kann als Kopiervorlage in die Klasse gegeben werden, der rechte Teil wird dazu abgedeckt und von den Schülern ergänzt.

Arbeitsanregungen zum Arbeitsblatt, ⇨ S. 116

- *Warum wenden einige Diskussionsteilnehmer diese rhetorischen Strategien - bevorzugt gegenüber Frauen oder Neulingen - an?*
- *Beurteilen Sie die Verwendung solcher Strategien.*

Lösungshinweise (nach Tillner/Franck, siehe Literaturhinweis weiter unten):
Wer solche Strategien anwendet - hat's nötig.
Wer solche Strategien anwendet, schafft sich vielleicht ehrfürchtige Gegner oder neidvolle Bewunderer - aber in keinem Falle Freunde.
Wer solche Strategien anwendet, läuft Gefahr, daß die anderen diese Strategien auch kennen.

- *Formulieren Sie zu den vorgegebenen rhetorischen Strategien Antwortmöglichkeiten.*
- *Vergleichen Sie Ihre Antwortmöglichkeiten mit den von den Fachleuten vorgeschlagenen.*
- *Kennen Sie weitere rhetorische Strategien (verbaler oder nonverbaler Art)? Wie könnten Sie darauf möglicherweise reagieren?*

Literaturhinweis: Christiane Tillner/Norbert Franck: Selbstsicher reden. Ein Leitfaden für Frauen. München 1994.

Als einen weiteren Auszug aus dem genannten Buch finden Sie den Text "Sprachliche Unsicherheitssignale" in der Textsammlung, ⇨ S. 269.

Arbeitsblatt: Rhetorische Strategien und wie man sich dagegen wehren kann

Wie können Sie reagieren, wenn Diskussionsteilnehmer gezielt versuchen, Sie mit rhetorischen Tricks zu verunsichern und zu überrumpeln?

Rhetorische Strategien	Reaktionsmöglichkeiten
Verunsichern Sind Sie da ganz sicher? Woher wissen Sie denn das so genau? Was glauben Sie denn, wie Ihre Kollegen/ Kolleginnen auf Ihren Vorschlag reagieren werden?	Ja. Ich habe mich informiert. Mit Zustimmung.
Polemische Fragen Glauben Sie das wirklich? Ist das Ihr Ernst?	Ja. Ja.
Suggestiv-Fragen Ist es nicht so, daß ... Habe ich nicht recht, wenn ich ...	Nein. Nein.
Angebliche gemeinsame Interessen Es ist doch sicher auch in Ihrem Interesse, wenn ... Es bedarf wohl keiner Begründung ... Es liegt doch auf der Hand ... Es liegt in der Natur der Sache ...	Nein. Doch. Nein. Nein.
Schmeicheleien Bei Ihrer Erfahrung brauche ich wohl nicht darauf einzugehen ... Sie als intelligenter Mensch werden doch ...	Gerade weil ich auf diesem Gebiet viele Erfahrungen habe, kann ich Ihre Meinung nicht teilen. Gerade weil ich intelligent bin, werde ich nicht ...
Kompetenz absprechen Sie sind noch viel zu jung, um ... Ihnen fehlt noch die Erfahrung, um ...	Gerade weil ich noch jung bin, kann ich die Sache unvoreingenommen sehen. Gerade weil ich hier neu bin, kann ich noch alles mit der notwendigen Objektivität betrachten.

Scheinzustimmung	
Sie haben recht. Allerdings ...	Womit habe ich recht?
Ja, aber ...	Worauf bezieht sich Ihr Ja?
Vollkommen richtig, nur ...	Was ist vollkommen richtig?
Andeutungen	
Auf die vielen Ungereimtheiten Ihrer Vorschlä-ge will ich nicht weiter eingehen ...	Gehen Sie bitte darauf ein!
Sieht man einmal von den Schwächen Ihrer Argumentation ab ...	Welche Schwächen meinen Sie?
Sprüche	
Der gesunde Menschenverstand sagt doch immer ...	Argumente bitte!
Wie lehrt uns die Erfahrung ...	Haben Sie auch Argumente?
Mystifizieren, Name-Dropping	
Namhafte Experten ...	(ironisch) Schön, daß Sie so viele gelesen ha-ben. Dann haben Sie sicher auch sachliche Argumente.
Es ist wissenschaftlich erwiesen ...	
Schon Kant hat deutlich gemacht ...	Dann können Sie es sicher auch begründen. Und was meinen Sie?
Selbstbekehrung	
Auch ich war früher Ihrer Auffassung, aber ...	Bitte, gehen Sie auf meine Auffassung ein.
Mir ging es wie Ihnen, bevor ich ...	Eine Meinungsänderung ist noch kein Argu-ment.
Verweis auf früher geäußerte Meinungen	
Sie haben einmal gesagt ...	Heute weiß ich es besser.
Wenn ich Sie einmal zitieren darf ...	Ich erläutere Ihnen gerne, warum ich das heute anders sehe.
Verunglimpfen	
Mit Ihren Ausführungen beweisen Sie nur, daß Sie meinen Vorschlag nicht verstanden haben.	Gerade weil ich Ihren Vorschlag sehr gut ver-standen habe, lehne ich ihn ab.
Sie konnten offensichtlich meiner Argumenta-tion nicht folgen ...	Gerade weil ich Ihre Argumentation verstanden habe, widerspreche ich.
Meinungen als Tatsachen ausgeben	
Wer sich auskennt, weiß .../Tatsache ist doch, daß ...	Argumente bitte! oder Nein!
Es ist doch in Wirklichkeit so, daß ...	Belegen Sie das bitte! oder Nein!
Unzulässige Verallgemeinerungen	
So kann man das unmöglich machen, ich habe selbst erlebt ...	So können Sie das nicht machen. Ich kann das schon!
Appelle an Gefühle, Verantwortung, Ehre usw.	
Ihr Gefühl muß Ihnen doch sagen, daß ...	Meine Gefühle spielen hier keine Rolle, sondern ...
Sie sind doch zu verantwortungsbewußt, um ...	Gerade weil ich verantwortungsbewußt bin ...

nach Christiane Tillner/Norbert Franck: Selbstsicher reden. Ein Leitfaden für Frauen. A. a. O., S. 85 ff.

S. 152, T 1
Weitere Arbeitsanregungen

- *Was wird in dieser "Rede" inhaltlich ausgesagt?*
- *Untersuchen Sie eine aufgezeichnete Rede im Hinblick auf die häufig verwendeten Floskeln. (⇨ Lehrbuch, S. 157 ff.)*
- *Wählen Sie ein Thema aus, und formulieren Sie zu diesem Thema eine kurze Rede. Verwenden Sie dabei möglichst alle Redewendungen aus T 1 (⇨ Lehrbuch, S. 159 ff.).*

S. 152 f., T 2

Textsorte: Sachtext, Auszug aus einem wissenschaftlichen Buch zum Thema Rhetorik
Autor: freier Dozent für Rhetorikwissenschaft und -training, gehört zu den führenden Leitern von Seminaren für Rhetorik und Verkaufstraining
Sprache: für einen wissenschaftlichen Text relativ leicht verständlich

Lösungen, S. 153

1 *Literaturhinweis:* ⇨ Wolf Schneider: Die Maschinen der Überredung. Rhetorik: Neun Regeln einer hinterlistigen Kunst. In: Wörter machen Leute. München 1992, S. 112 ff. Weitere Texte von Wolf Schneider, ⇨ Textsammlung, S. 395 ff. und S. 404.

2 *Manifest:* Grundsatzerklärung, Programm
Aufruf: öffentliche Aufforderung, Appell, Vorladung
Petition: Bittschrift, Eingabe
Plädoyer: zusammenfassender Schlußvortrag, Rede, mit der jemand für etwas engagiert eintritt
Streitgespräch: ⇨ Lehrbuch, S. 148
Streitschrift: polemische Schrift über politische und religiöse Fragen
offener Brief: ⇨ Lehrbuch, S. 133, und Lehrerband, S. 125, veröffentlichter Brief, zum Beispiel in einer Zeitung
Kommuniqué: Denkschrift, amtliche Mitteilung
Laudatio: anläßlich einer Preisverleihung oder einer ähnlichen Veranstaltung gehaltene Rede, in der die Verdienste und Leistungen des Preisträgers hervorgehoben werden
Nekrolog: mit einem kurzen Lebensabriß verbundener Nachruf auf einen Verstorbenen
Pamphlet: Streit- oder Schmähschrift, verunglimpfendes Flugblatt
Predigt: ermahnende Rede, Ansprache eines Geistlichen von der Kanzel

4 Zeile 19 ff.: Einleitung, Hauptteil, Schluß - gilt noch heute

5 Vgl. Wolf Schneider: Propaganda. ⇨ Textsammlung, S. 408

6 Zu Walter Momper, Lehrbuch S. 312, ⇨ Lehrerband, S. 151 f.
Zu Kurt Tucholsky, Lehrbuch, S. 313 f., ⇨ Lehrerband, S. 149 f., S. 26 f.

7 **Mahatma Gandhi: Der Vorteil des Nachteils,** ⇨ **Lehrbuch, S. 318**
Textsorte: Mischung aus Autobiographie, Selbstreflexion, Essay
Autor: 02.10.1869 - 30.01.1948, indischer Freiheitskämpfer, entwickelte 1893 - 1914 in Südafrika im Kampf um die politischen Rechte der indischen Einwanderer seine Methode des gewaltlosen Widerstandes: Durch "Festhalten an der Wahrheit" soll der Gegner zur Einsicht in sein Fehlverhalten und Änderung seiner Handlungsweise angehalten werden. Mittel waren Verweigerung der Mitarbeit in Behörden und bürgerlicher Ungehorsam. Für die bewußte Gesetzesübertretung nahmen Gandhi und seine Anhänger auch Gefängnisstrafen in Kauf. Sein politischen Handeln, das er später in Indien fortsetzte, war stark von der Religion geprägt und von der Maxime der absoluten Gewaltlosigkeit geleitet. Sein bleibendes Verdienst ist die weitgehende Verhinderung von Blutvergießen im Kampf um die Unabhängigkeit Indiens.
Das Leben Gandhis wurde von Richard Attenborough verfilmt, Hauptrolle Ben Kingsely als Gandhi.

Tafelbild zu Mahatma Gandhi: Der Vorteil des Nachteils

scheinbarer Nachteil ➔ Schüchternheit (gelegentliches Gelächter) und Hemmung beim Reden

entpuppt sich als

großer Vorteil, denn ➔ -sparsames Umgehen mit Worten
- Gedanken werden im Zügel gehalten
- keine gedankenlosen Äußerungen, die man hätte bereuen müssen; Unheil und Zeitvergeudung bleiben damit erspart
- Schweigen ermöglicht es, Unterdrückung oder Verdrehung der Wahrheit zu überwinden
- die vielen und langen Reden stiften der Welt keinen Nutzen, sondern sind Zeitvergeudung
- Schüchternheit ist Schirm und Schutz gewesen und hat bei der Einsicht in die Wahrheit geholfen

> *Frage: Kommt man mit Schüchternheit in unserer heutigen Gesellschaft weiter?*

Weitere Arbeitsanregung

- *Erstellen Sie auf der Grundlage des Textes von M. Gandhi eine textbezogene Erörterung. Berücksichtigen Sie dabei auch die Frage: Kommt man mit Schüchternheit in unserer Gesellschaft weiter?*

S. 154, T 3

Textsorte: Sachtext, wissenschaftliche Abhandlung
Autor: Walter Jens, geb. 1923 in Hamburg, Studium der Klassischen Philologie und Germanistik, Professor für Allgemeine Rhetorik, zahlreiche Auszeichnungen und Veröffentlichungen
Inhalt: Rhetorik ist nicht eine Kunst, die lediglich überredet und nicht überzeugt, sie ist eine Disziplin, die nicht nur Beeinflussungsstrategien entwirft, sondern sie reflektiert auch über Ziel und Zweck und Recht und Notwendigkeit der Strategien. Ziel der Rhetorik ist es, Bildung voranzutreiben, Kommunikation zu strukturieren und vernünftiges Handeln befördern zu helfen.
Sprache: relativ schwieriger Satzbau, viele Fremdwörter

Lösungen, S. 154

1 Am Satzbau, am Vorkommen vieler Fremdwörter, zum Beispiel Homiletik (Geschichte und Theorie der Predigt)
2 *Zusätzliche Arbeitsanregung: Fertigen Sie einen allgemeinen Inhaltsauszug an (⇨ Lehrbuch, S. 38 ff.).*

3 / 4 Vorwürfe und Widerlegung:

Vorwürfe gegen die Rhetorik	Gegenposition von Jens
Rhetorik ist verführerisch. Sie appelliert ans Unbewußte. Sie überredet und überzeugt nicht. Sie zermalmt.	• Rhetorik ist mehr als eine Anweisung zum erfolgreichen Reden. • Sie ist mehr als Stil-Kunst. • Sie reflektiert über Ziel, Recht und Moral der entworfenen Strategien. • Sie ist nicht nur Technologie, sondern in erster Linie eine Wissenschaft, die darüber nachdenkt, wie das für richtig Erkannte den Menschen einsichtig gemacht werden kann. • Ziel der Rhetorik ist es, Bildung voranzutreiben und vernünftiges Handeln befördern zu helfen.

5 James Thurber: Der propre Ganter, ⇨ Lehrbuch, S. 242, ⇨ Lehrerband S. 210 f.

Weitere Arbeitsanregung
Ist durch die Position von Walter Jens ein Mißbrauch von Rhetorik ausgeschlossen? (Wer entscheidet über das für richtig Erkannte?)

Weiterer Text
Walter Jens: Ein Tag wie viele andere. ⇨ Textsammlung, S. 325. (In diesem Kommentar nimmt Walter Jens zur Absage des Fußball-Länderspiels gegen England am 20. April Stellung. Seiner Meinung nach ist der 20. April ein Tag wie viele, würde man diesen Tag bei Terminplanungen besonders beachten, böte man damit den Neonazis unnötigerweise öffentlichen Respekt.)

S. 155, T 4
Textsorte: Satire mit parodistischem Charakter
Autorin: Viola Roggenkamp ist freie Journalistin und schreibt u. a. auch für "Die Zeit", ⇨ Lehrbuch, S. 303.
Inhalt: Die Autorin stellt in Anlehnung an Kurt Tucholskys "Ratschläge für einen schlechten Redner" in ironischer Weise dar, wie sich Rednerinnen nicht verhalten sollten.
Sprache: Ironie, Übertreibung, viele Beispiele, Imperative; die Leserinnen werden direkt und in der zweiten Person Singular angesprochen, der Text ist als Rede abgefaßt (parodistisch).

Lösungen, S. 156
1 Zum Begriff "Feministin", ⇨ Lehrbuch, S. 350, Buchbesprechung zu Senta Trömel-Plötz. Zu beachten ist auch die Quelle des Textes (Zeitschrift Emma).
2 a) Die Überschrift ist ironisch gemeint, dies wird auch durch die Verwendung der Floskel "Ein Stück weit" als Hauptüberschrift deutlich.
   b) Ironie: Der gesamte Text ist ironisch gemeint.
   Hyperbel: zum Beispiel Zeile 80 ff.
   Beispiele: unter anderem Zeile 9 f., 12 ff.
   Imperativ: Verschwende (Zeile 11), sage (Zeile 26), vergiß nicht (Zeile 32) u. a.
   Der Text auf die Rede wurde als Rede abgefaßt.

3 Tafelbild zu Viola Roggenkamp: Ein Stück weit

Was sie sagt	Was sie meint
• Zu Beginn der Rede über persönliche Unpäßlichkeiten berichten.	• Nicht schon zu Beginn der Rede negative Assoziationen wecken.
• Das Thema der Rede nicht direkt nennen, sondern ausschweifend umschreiben.	• Direkt und präzise zu Beginn der Rede das Thema nennen.
• Persönliche Betroffenheit mit dem Thema bekunden.	• Nicht bei jedem Thema über persönlich Erlebtes berichten.
• Inhalte mit Floskeln wie "ich bin Betroffene" umschreiben.	• Floskeln vermeiden, etwas einfach und direkt sagen.
• Ausführlich über das, was man tut, berichten.	• Ausführungen über die eigene berufliche Tätigkeit knapp fassen.
• Einfacher Satzbau mindert die Bedeutung des Gesagten.	• Einfache Sätze verwenden, auch bei wichtigen Inhalten.
• Füllwörter (zum Beispiel "oder so") und umgangssprachliche Verkürzungen (zum Beispiel 'ne statt eine) verwenden, um die Rede aufzulockern.	• Füllwörter und umgangssprachliche Äußerungen vermeiden.
• Fragen von Zuhörerinnen nicht direkt beantworten, sondern auf verschiedene Arten "abwimmeln".	• Auf Fragen von Zuhörerinnen direkt und eindeutig antworten.
• Modewörter wie "angedacht" verwenden.	• Auf nichtssagende Modewörter verzichten.
• Einfache Inhalte ausschweifend und mit Fremdwörtern versehen ausdrücken.	• Inhalte einfach und verständlich ausdrücken.
• Aufgebauschte, vielfach verwendbare Satzmuster in die Rede einbeziehen.	• Keine "austauschbaren" Satzmuster und Leerformeln verwenden.
• Nicht konkret werden, da man sonst genau sein müßte und dies eine "Revolution" auslösen würde. Außerdem kommt man auf diese Weise nie in eine leitende Position.	• Konkret werden und dabei genau sein, nur so sind Veränderungen möglich.

Weitere Arbeitsanregungen zum Text

• *Wie ist der letzte Absatz (ab Zeile 102) gemeint? Kommt man in unserer Gesellschaft - ob als Mann oder als Frau - tatsächlich nur dann in führende Positionen, wenn man sich nicht festlegt und nicht eindeutig Position bezieht? Begründen Sie Ihre Ansicht.*

• *Deuten Sie die letzten drei Worte (ein Stück weit - gleichzeitig Überschrift).*

Lösungshinweis: Die Floskel bildet Überschrift und Schluß des Textes. Sie wird doppeldeutig verwendet. Als Überschrift weist sie auf den Inhalt des Textes hin, als Schluß deutet die Autorin damit an, daß das, was im letzten Absatz steht, auch zum Teil tatsächlich der Realität entspricht. Gleichzeitig weist sie darauf hin, daß Frauen, die beruflichen Erfolg haben wollen, sich den gegebenen Strukturen anpassen müssen.

4 Zu Kurt Tucholsky, ⇨ Lehrerband, S. 26, sowie Lehrbuch, S. 26
Viola Roggenkamp hat den Text in Anlehnung an Tucholsky geschrieben und die inhaltliche Aussage (Worauf sollten gute Redner bzw. Rednerinnen achten?) und die sprachlichen Mittel (zum Beispiel Ironie) übernommen. Auch der Text von Tucholsky enthält zum Schluß eine politische Aussage ("Mißbrauche sie.").

Kurt Tucholsky: Ratschläge für einen schlechten Redner, ➪ **Lehrbuch, S. 313.**

Zusatzinformationen: Die Schüler sollten erkennen, daß dieser Text ironisch-satirisch gemeint ist. Verdeutlichen läßt sich dies anhand folgender Beispiele:
- Übertreibungen: ... drei Meilen vor dem Anfang (Zeile 1); Fang immer bei den alten Römern an ... (Zeile 19); Schlaganfall (Zeile 44)
- Gegensätze: Immer schön umständlich (Zeile 8)
- Wortspiele: Sprich, wie du schreibst. Und ich weiß, wie du schreibst. (Zeile 12)
- Abschweifungen: Ich möchte zu dem, was ich soeben gesagt habe, noch kurz bemerken, daß ... (Zeile 33)
- "Ratschläge": Fang nie mit dem Anfang an ... (Zeile 1); Sprich nicht frei ... (Zeile 9), Sprich, wie du schreibst. (Zeile 11); Sprich mit langen, langen Sätzen ... (Zeile 12); Trink den Leuten ab und zu ein Glas Wasser vor ... (Zeile 35); Kündige den Schluß deiner Rede lange vorher an ... (Zeile 45); Sprich nie unter anderthalb Stunden ... (Zeile 48)

Weitere Arbeitsanregung

Entwerfen Sie "Ratschläge für einen guten Redner". Gehen Sie dabei von Ihren Vorstellungen aus.

6 Übungen zum Imperativ:
   a) sprich (Z. 1)   willst (Z. 3)   laß (Z. 4)   verschwende (Z. 11) usw.
   b) Der Imperativ wird verwendet, weil der Text als Rede abgefaßt wurde. Die vermeintlichen Zuhörerinnen werden direkt angesprochen, und ihnen wird in der zweiten Person Singular gesagt, was sie tun bzw. nicht tun sollen.
   c) Als Satzschlußzeichen wird in diesem Text anstelle des Aufrufezeichens ein Punkt verwendet (im Text von Tucholsky ebenfalls), möglicherweise, da das Gesagte nicht als direkte Aufforderung verstanden werden soll.
   d) S. 174: Günter Eich: Wacht auf, denn eure Träume sind schlecht, ➪ Lehrerband, S. 161 f.
   S. 293: Franz Kafka: Gibs auf!, ➪ Lehrerband, S. 197 ff.
   S. 338: Horst Bienek: Aus einer "Anweisung für Zeitungsleser", ➪ Lehrerband, S. 45.

Weiterer Text
Peter Maiwald: Der Betroffene. ➪ Textsammlung, S. 327

S. 157, T 5

Textsorte: politische Rede
Autor: Konrad Weiß, Ex-DDR-Bürgerrechtler, kandidierte 1994 nicht wieder für den Bundestag.
Inhalt: In dieser Bundestagsrede, gehalten nach rechtsradikalen Ausschreitungen im Oktober 1992, spricht Weiß über seine eigene Betroffenheit, über mögliche Ursachen der gewalttätigen Ausschreitungen und über die Mitverantwortung aller.
Sprache: einfach, Verwendung von gleichen Satzmustern, rhetorische Fragen, Verwendung der ersten Person Singular und der ersten Person Plural.

Lösungen, S. 158 f.

1 a) Thema: Mitverantwortung aller für die rechtsradikalen Ausschreitungen, der Redner bleibt beim Thema.

Aufbau: Zeile 1 - 11: persönliche Betroffenheit
Zeile 12 - 23: derzeitige politische Situation (Fremdenfeindlichkeit)
Zeile 24 - 41: Voraussetzungen, um dem entgegenzutreten (Mut und Courage)
Zeile 42 - 60: Ursachen der Gewalttätigkeiten
Zeile 61 - 74: Folgen der Gewalttätigkeiten, Zunkunftsvisionen, Frage: Was können wir dagegen tun?

Die Redeabsicht, die Mitverantwortung aller einzufordern, wird insbesondere durch die Verwendung der Wörter "ich" und "wir" deutlich: "Ich schäme mich, Deutscher zu sein." (hierbei greift Weiß den von der rechtsradikalen Szene verwendeten Satz "Ich bin stolz, Deutscher zu sein." bewußt auf) und "wir dulden ...", "Wir werden uns gemeinsam in den Vernichtungslagern wiederfinden ..."
Dulden wir die alltägliche Gewalt in unserem unmittelbaren Umfeld oder sind wir selbst daran beteiligt, so sind wir auch für die gewalttätigen Ausschreitungen der Rechtsradikalen mitverantwortlich. Nur dann, wenn wir alle uns in einer "großen Koalition der Menschlichkeit" gegen jede Form von Gewalt zur Wehr setzen, werden wir uns nicht gemeinsam in Vernichtunslagern wie 1933 wiederfinden.

b) Situation/Anlaß/Redner: siehe oben und Vorspann im Lehrbuch.
c) Adressat: Bundestagsabgeordnete und alle Bundesbürgerinnen und Bundesbürger.
d) Sprachliche Merkmale
Satzbau: einfach, Hauptsätze bzw. Hauptsätze mit zumeist einem Nebensatz
Wortwahl: wenig Fachausdrücke und Fremdwörter; Gebrauch der ersten Person Singular und der ersten Person Plural (siehe oben); deutliche Sprache ("Barberei der Rechtsradikalen", "ich schäme mich", ...); "große Koalition der Menschlichkeit" (der Begriff "Koalition" - Bündnis mehrerer Parteien - wird hier im übertragenen Sinn verwendet)
Stilmittel: Rhetorische Fragen (zum Beispiel Zeile 18 ff.); auffälligstes stilistisches Merkmal ist die Wiederholung bestimmter Satzteile oder Wörter (Beispiele: Zeile 1, 2, 4, 7 "Ich schäme mich ...", Zeile 28, 31, 34 f. und 38 "Es braucht Mut/Courage ..."; Zeile 47, 50, 51, 53, 57 und 71 "Wir ...")
Schluß: Appell an alle (wir dürfen sie nicht gewähren lassen).
Besonderheit der Rede: Weiß verurteilt nicht nur die Gewalttaten der Rechten und distanziert sich von ihnen, sondern im Mittelpunkt seiner Rede steht die Mitverantwortung aller, auch von ihm selbst (ich - wir).

Zu den Gewalttätigkeiten gegen Ausländer im Oktober 1992, ⇨ Lehrbuch, S. 171 f.

3 Walter Momper, ehemaliger Regierender Bürgermeister von Berlin, hielt diese Ansprache an die Berlinerinnen und Berliner nach dem Fall der Mauer am 10.11.1989. Diese Rede soll Optimismus verbreiten für zukünftige Entwicklungen und Aufgaben der Stadt. Auffällig ist die starke Emotionalisierung im ersten Textabschnitt und die Diskrepanz zwischen vorgegebener und tatsächlicher Aussage im fünften Absatz.
Die Schüler sollten den Text zunächst in seinem zeitlichen, politischen und situativen Kontext erfassen.

Arbeitsanregungen zum Text

- *Wie ist die Rede aufgebaut?*
- *Welche sprachlichen Mittel werden von Walter Momper verwendet (zum Beispiel starke Emotionalisierung, Funktionalität zentraler Begriffe im Redekontext)?*
- *Informieren Sie sich darüber, was sich einige Jahre nach dem Mauerfall in und für Berlin und den neuen Bundesländern geändert hat..*

4 Verbesserungsvorschläge für die Reden von Politikern: An dieser Stelle könnte man - eventuell in Verbindung zum Politikunterricht - verschiedene Möglichkeiten überlegen und auch umsetzen, zum Beispiel einen Brief an die Bundestagspräsidentin schreiben, den Bundestags- oder Landtagsvertreter der Heimatregion anschreiben, vor Ort besuchen oder in den Unterricht einladen. Vielleicht können die Schülerinnen und Schüler auch konkrete Verbesserungsvorschläge machen, mit dem Ziel, daß Reden und Debatten in den Parlamenten auch für Jugendliche interessanter werden.

Sten Nadolny: Festrede. ⇨ **Lehrbuch, S. 323 f.**
Textsorte: fiktive Rede
Autor: geb. 1942, aufgewachsen in Oberbayern, Studium der Geschichte, Promotion, Geschichtslehrer, Gastdozent für Poetik und Gegenwartsliteratur an der Universität München, lebt in Berlin. Sten Nadolny wurde 1983 mit seinem Buch "Die Entdeckung der Langsamkeit" berühmt, weitere Romane: Netzkarte (1981) und Selim oder die Gabe der Rede (1990). Zum Autor, ⇨ Textsammlung, S. 297.
Sprache: direktes Ansprechen des Publikums

Tafelbild zu Sten Nadolny: Festrede

B E S C H L E U N I G U N G	1984	• Rauschdroge Tempo allgegenwärtig, Maßnahmen dagegen aber halbherzig • stark expandierende Autoproduktion
	Mitte der neunziger Jahre	• Durch Straßenbau betonierte Fläche ist größer als die landwirtschaftlich genutzte Fläche. • Steigende Unfallzahlen • Zunehmendes Stauaufkommen
	bis Anfang des 21. Jahrhunderts	• Vergeblicher Kampf für ein Tempolimit • Trotz der Temposüchtigen • Freie Fahrt für freie Bürger!
E N T S C H L E U N I G U N G	Anfang des 21. Jahrhunderts	• Gründung der Selbsthilfegruppe "Anonyme Raser e. V." ("Ich bin geschwindigkeitssüchtig.") • Bewegung wächst, Langsamfahren gilt als fahrerische Kunst. • Viele längst entdeckte positive Errungenschaften des Langsamfahrens werden nun endlich beherzigt, zum Beispiel Langsamkeit ist Zeitgewinn. • Das Alleinfahren zum Arbeitsplatz wird verboten.
	2025	• Autozüge
	2035	• Autozüge auf Schienen (Versuchsstrecke zwischen Nürnberg und Fürth) • Die Eisenbahn gilt als modernstes Verkehrsmittel.

Lösungen, Seite 160

2 Argumentation
- Der Unterricht in der Schule ist stark an der Schriftform orientiert;
- eine Ausbildung zum freien Reden ist jedoch notwendig;
- dies geschieht durch Übung (Reden lernt man nur durch Reden) in der Gruppe und anhand eines Stichwortkonzeptes.

Weitere Arbeitsanregungen

Üben Sie Kurzreden nach dem folgenden Schema:

a) Spontanrede (ca. 1 - 2 Minuten, zum Beispiel, wenn man unvorbereitet zu etwas Stellung nehmen soll)
1. Standpunkt (ich bin für, ich bin gegen, ich habe mir noch kein abschließendes Urteil gebildet)
2. Begründung (weil ich ...)
3. Bekräftigung des Standpunktes (deshalb bin ich dafür, dagegen ...)
(Der letzte Punkt muß klar, knapp, eindeutig und ohne Ausschweifungen, Wenn und Aber oder Einschränkungen vorgetragen werden.)

b) Meinungsrede (ca. 3 Minuten, anhand kleiner Konzeptkarten, auf denen Stichworte festgehalten wurden)
(0. Aufhänger, zum Beispiel aktueller Anlaß)
1. Problematik
2. a) eigene Lösungen vorbringen
   b) Untermauern der eigenen Lösungen
      (Punkt 2. sollte umfangreicher sein.)
3. Widerlegen der Kritik (kürzer)
4. Bekräftigung des eigenen Standpunktes
   (Wichtig: man muß klar und eindeutig formulieren, was man will, deshalb sollte man sich diesen letzten Satz auf jeden Fall in Stichworten notieren)

☞ Themen für Kurzreden ergeben sich am ehesten aus dem unterrichtlichen Zusammenhang.

S. 161, T 7

Weitere Arbeitsanregungen

- Besorgen Sie sich weitere "vorgefertigte" Reden zu verschiedenen Anlässen, die zum Beispiel in verschiedenen Sammelbänden erscheinen, und beurteilen Sie diese.
- Schreiben Sie zu einem der Texte (oder T 7) eine Parodie (⇨ Lehrbuch, S. 278 f.).
- Schreiben Sie einen der Texte (oder T 7) um in einen Prosatext.
- Schreiben Sie zu einem der Texte (oder T 7) einen neuen Anfang oder Schluß, behalten Sie dabei die sprachlichen Merkmale des Orginaltextes bei (⇨Lehrbuch, S. 275 f.).

S. 164 ff., T 1

Textsorte: Sachtext, Bericht in einer Fachzeitschrift
Inhalt: Im Text wird die Vorgehensweise von Verkäufern im Direktverkauf beschrieben, das heißt dem Verkauf, bei dem der Großhandel- und Einzelhandel ausgeschaltet sind (in der Regel kommt der Verkäufer zum Kunden in die Wohnung, etwa bei Versicherungsverträgen).
Sprache: einfach, verschiedene Fachausdrücke, viele Beispiele

Lösungen, S. 166

1 Zielsetzung des Textes: Verbraucher vor den zumeist unseriösen Vorgehensweisen und Tricks von Außendienstmitarbeitern im Direktverkauf warnen (Zeile 13 - 18 und Zeile 215 - 219)

2 Psychotricks der Vertreter:
   - am Telefon gibt der Vertreter sich einen vertrauenswürdigen oder behördlichen Anstrich, zum Beispiel, indem er eine kostenlose Rentenberatung oder Steuervorteile verspricht,
   - Referenzen von Bekannten,
   - rhetorische Gegenfragen, zum Beispiel wenn der Kunde kein Interesse zeigt ("Aber wie können Sie eine Sache ablehnen, die Sie noch gar nicht kennen?"),
   - alternative Fragestellung, Beispiel: "Wäre Ihnen Montag 17.00 Uhr oder Mittwoch 19.00 Uhr lieber?" (der Kunde hat keine Möglichkeit, darüber zu entscheiden, ob der Vertreter überhaupt kommen darf),
   - angenehme Verkaufsatmosphäre schaffen, zum Beispiel über Eck sitzen - nicht gegenüber!,
   - "verbale Streicheleinheiten verpassen", zum Beispiel die Wohnungseinrichtung loben,
   - den Kunden plaudern lassen, um möglichst viele Informationen, die er im weiteren Verkaufsgespräch verwenden kann, zu erhalten,
   - nicht das Produkt selbst, sondern die persönlichen Vorteile, die der Kunde daraus zieht, anpreisen,
   - wichtige Aussagen unterstreichen, zum Beispiel durch Auftippen des Kugelschreibers,
   - "Reizwörter" wie "bezahlen" oder "Beitrag" vermeiden, statt dessen von "investieren" sprechen, ebenso statt "Unterschrift" "die Angaben bestätigen" verwenden,
   - Berechnungsmethoden anwenden, zum Beispiel nicht 29,50 DM pro Monat, sondern weniger als 1,- DM pro Tag,

- Methoden der Einwand-Entgegnung anwenden:
Ja-aber-Methode: Einwand des Kunden zunächst bestätigen, dann aber wichtige Gegenargumente bringen;
Bumerang-Methode: "... gerade wegen ... sollten Sie ...";
Zerbröckeln des Einwandes, zum Beispiel durch die Frage "Warum?",
- Einwände vorwegnehmen, zum Beispiel indem Pseudo-Einwände aufgelistet werden,
- das Ja zum Vertrag in viele kleine Fragen, soweit möglich in Alternativfragen, zerlegen,
- Schock-Methode, zum Beispiel Geldschein vor den Augen des Kunden zerreißen,
- Adenauer-Methode (in der Plus-Spalte listet der Verkäufer die Vorzüge auf, in der Minus-Spalte soll der Kunde die Nachteile aufschreiben, was er zumeist jedoch nicht kann).

3 "Was Vertreter auf Einwände antworten", ⇨ Textsammlung, S. 361.
- Beurteilen Sie die vorgesehenen Vertreterantworten. Welche sind Ihrer Meinung nach überzeugend, welche nicht? Begründen Sie Ihre Ansicht.
- Bauen Sie einige der Kundeneinwände und die entsprechenden Vertreterantworten in Ihr Rollenspiel ein.

4 a) Schutzmöglichkeiten des Verbrauchers:
 - keine Außendienstmitarbeiter in die Wohnung lassen
 - sich vorher umfassend informieren
 - nicht alleine das Gespräch mit dem Außendienstmitarbeiter führen
 - nicht sofort unterschreiben

 b) Zur Sprache in Gesetzestexten, ⇨ Lehrbuch, S. 83 f., und Lehrerband, S. 182;
 Gesetzlicher Schutz der Verbraucher: Rücktrittsrecht des Versicherungsnehmers innerhalb einer Frist von 10 Tagen, das allerdings unter Umständen durch geschicktes Vorgehen des Verkäufers ausgehebelt werden kann (sofortiger Versicherungsschutz)

5 Vorteile des Direktverkaufs für den Kunden sind:
 - es ist bequem, der Verkäufer kommt in die Wohnung
 - Unabhängigkeit vom Ladenschluß
 - Beratung in Ruhe möglich
 - Rücktrittsrecht vom Vertrag (unter bestimmten Bedingungen)

7 a) Anforderungen an den Verkäufer: Er muß
 - körperlich und geistig belastbar sein (lange stehen können),
 - geduldig und immer freundlich sein,
 - die eigene Befindlichkeit zurückstecken,
 - sich auf immer neue Situationen (Kunden) einstellen,
 - immer gepflegt und dem Laden angemessen aussehen,
 - ein gutes Gedächtnis haben,
 - gut Menschen beobachten können,
 - sprachgewandt sein usw.

b)

Vorteile des Berufs "Verkäufer"	Nachteile des Berufs "Verkäufer"
• Kontakt mit Menschen • relativ abwechslungsreich (immer neue Verkaufssituation) • leistungsabhängige Bezahlung möglich • vielseitig beanspruchend • Kontakt mit der Ware • ...	• ungünstige Arbeitszeiten • man muß sich an den Kunden anpassen und eigene Befindlichkeiten zurückdrängen • zumeist schlechte Bezahlung • äußeres Erscheinungsbild oft vorgeschrieben (zum Beispiel Kleidung) • körperlich anstrengend ("Stehberuf") • ...

Weitere Texte

"Maul halten, zahlen". ⇨ Textsammlung, S. 349 (In diesem Text wird dargestellt, wie schlecht der Service in Deutschland ist.)
Monique Rüdell: Käufer lachen öfter. ⇨ Textsammlung, S. 350 (In diesem Bericht, entnommen einer Fachzeitschrift für den Einzelhandel, wird basierend auf einer aktuellen wissenschaftlichen Untersuchung über die Bedeutung von nonverbalen Äußerungen von Kunden im Verkaufsgespräch berichtet.)

Zusatztext:

Umfrage zum Thema "Berufsimage"
Wie bewerten Sie folgende berufliche Tätigkeiten?
Auf einer Skala von 1 (besonders niedrig) bis 7 (besonders hoch):

Arzt 5,9
Hausfrau 5,6
Handwerker 5,5
Richter 5,4
Lehrer, Polizist 5,3
Ingenieur 5,2
Landwirt 5,1
Architekt 5,0

Rechtsanwalt 4,9
Journalist 4,5
Postbeamter 4,3
Meinungsforscher, Politiker 4,1
Bundestagsabgeordneter 4,0
Werbefachfrau/-mann 3,9
Offizier 3,6
Versicherungsvertreter 3,0

Spiegel Spezial 1/1995: Die Journalisten, S. 166.

Arbeitsanregungen zum Text

• *Die Schüler stellen selbst eine Skala auf, die Berufe werden dabei vorgegeben. Die Ergebnisse in der Klasse werden dann mit der oben abgedruckten Erhebung verglichen.*
• *Stellen Sie die oben gemachten Angaben graphisch möglichst aussagekräftig dar.* ⇨ *Lehrbuch, S. 51 ff., und Lehrerband, S. 45 ff.*

Weiterer Text

Ephraim Kishon: Agententerror. (Satire) ⇨ Textsammlung, S. 369. (Zur Satire, ⇨ Lehrbuch, S. 279 f.)

S. 167, T 1

Textsorte: Interview
Inhalt: Claus Georg Petri, Redakteur der Zeitschrift Motorrad, befragt den Kölner Regierungspräsidenten Antwerpes zum Thema "Motorradfahren" und Verkehrspolitik. Antwerpes hat ein eher positives Bild von Motorradfahrern. Er begrüßt das Motorradfahren

als platzsparende Alternative zum Auto und ist bereit, über "Privilegien" für Motorradfahrer nachzudenken, soweit diese keine anderen Verkehrsteilnehmer behindern und nicht zu erhöhtem Unfallrisiko beitragen. Er spricht sich aber ausdrücklich gegen das Motorradfahren als Möglichkeit der Selbstdarstellung aus und hält daher auch gezielte Maßnahmen speziell gegen Motorradfahren, etwa das Sperren von privaten Rennstrekken für Motorradfahrer, für sinnvoll. Nach seiner Meinung müßten Politiker und die Hersteller von Motorrädern stärker zur Verantwortung gezogen werden, zum Beispiel durch den Bau leiserer Maschinen und durch ein Tempolimit.

Sprache: einfach, Antwerpes antwortet direkt auf die gestellten Fragen

Lösungen, S. 168 f.

1 Zielsetzung des Interviewers: Welche Einstellung hat Antwerpes zum Straßenverkehr in Deutschland? Der Schwerpunkt liegt dabei speziell beim Motorradfahren.

2 a) Antwerpes geht auf die gestellten Fragen ein. Hierin unterscheidet er sich von vielen anderen Politikern, die in Interviews oft nur das sagen, was sie sagen wollen, und der Fragestellung ausweichen.
  b) Er beantwortet weitgehend nur die gestellten Fragen und versucht nur an wenigen Stellen, zusätzliche Aussagen unterzubringen, zum Beispiel Zeile 70 ff. oder Zeile 114 ff.
  c) Er bleibt weitgehend sachlich (Ausnahme: Zeile 70 ff.), seine Argumentation ist logisch und gut nachvollziehbar.

Zusatztext:
Volker Braun: Durchgearbeitete Landschaft, ⇨ Lehrbuch, S. 321

Autor: Volker Braun wurde in der Lausitz geboren, einer Landschaft, die vom Braunkohle-Tagebau gekennzeichnet ist.

Zusatzinformationen und Deutungshinweise: Das Naturgedicht steht - um im passenden Bild zu bleiben - nach wie vor in voller Blüte. Dies ist eigentlich erstaunlich, insofern die Bedingung für Naturgedichte, Natur nämlich, zunehmend verschwindet. Demzufolge wird das Naturgedicht also zur Reproduktion literarischer Klischees oder zur Erinnerung an einen früheren Zustand verwendet. Daher ist es nicht verwunderlich, daß sich auch Autoren politischer Lyrik mit dieser Thematik auseinandersetzen. So auch Volker Braun mit dem vorliegenden Gedicht, das geradezu als programmatisch gelten kann: Nicht die natürliche Landschaft, sondern die vom Menschen entworfene, die "durchgearbeitete Landschaft" wird zum Thema.

"Hier sind wir durchgegangen/Mit unsern verschiedenen Werkzeugen" - mit dieser Aussage leitet Braun eine Abfolge sachlich berichtender Kurzstrophen ein, die mehrmals das fixierende, festlegende "Hier" aufnehmen, bis etwa in der Mitte des Gedichts der Gedanke "Hier sind wir durchgegangen" bestätigend wiederholt wird. Die Landschaft ist gedreht und gewendet von Hand und Maschine. Sie ist geprägt von Mensch, Technik und Geschichte. Dies ist ein neues Verständnis von Natur. Nicht die jungfräuliche Erde bzw. die Natur als Mutter, in die sich die Menschen im Sinne einer Idylle flüchteten, wird hier beschworen, sondern die vom Menschen geformte Landschaft, der auch der Dichter selbst angehört.

Der Text läßt sofort erkennen, daß Braun auf typische, historisch überlieferte Formelemente der Lyrik verzichtet. Der Text besteht aus unregelmäßigen Rhythmen, ein ordnender Reim, ein durchgehaltenes Versmaß ist nirgends erkennbar. Die Kurzstrophen sind in ihrer Länge uneinheitlich. Allein diese wenigen, zunächst lapidar erscheinenden Feststellungen, lassen sich gewinnbringend für eine Deutung des Textes nutzen, denn die äußere Form des Gedichts ist bewußt der inhaltlichen Aussage angeglichen; ein Text, in dem "das Unterste nach oben gekehrt ist", kann formal nicht harmonieren.

Verben	
1. Gedichtteil	*2. Gedichtteil*

durchgehen   verenden
  durchlöchern
auspumpen   umzingeln   aufreißen
wegschneiden   überfahren   abteufen
auslöffeln   zerhacken
  verschütten
zersieben   durchwalken   entseelen
zerklüften
	bepflanzen
	gießen
	verfüllen
	betreten

Aggressive Tätigkeiten: Der Mensch als Zerstörer der vorher intakten Naturlandschaft.	**Milde Tätigkeiten:** Der Mensch als Schöpfer einer künstlichen Landschaft.
Adjektive	
1. Gedichtteil	*2. Gedichtteil*

verschiedene Werkzeuge   rauchende Heide
nackte Wurzeln   blühender Staub
rohe Kisten   weiche Lager
teuflische Schächte
          ⇩
Die unberührte Natur wird durch eher positiv einzuschätzende Adjektive gekennzeichnet. Der Einfluß des Menschen ist eindeutig negativ konnotiert.
	durchdringendes Grün blaues Wasser
	zartes Gebirge aufgeschlagenes
	                Auge
	blankes Bitum neugeborener Strand
	                            ⇩
	Die neugeschaffene Landschaft wird ebenfalls positiv dargestellt. Sie wirkt jedoch künstlich, unwirklich.

Eine Analyse der Wortarten verhilft dem Leser zu tieferen Einblicken in die sprachliche Grundstruktur des Textes und kann für die inhaltliche Ausdeutung nutzbar gemacht werden. So kennzeichnen die Verben - von wenigen Ausnahmen abgesehen - die gewaltigen und gewalttätigen Eingriffe des Menschen in eine zuvor weitgehend intakte Naturlandschaft (ruhig rauchende Heide). Sie ist "umzingelt, aufgerissen, zerhackt, ..." (vgl. Tabelle oben). Die Wiederholung des Eingangssatzes (Hier sind wir durchgegangen) markiert zugleich den Endpunkt der zerstörenden Tätigkeit des Menschen und den Beginn der Wiederherstellung einer dem Menschen dienlicheren Landschaft, eingeleitet durch die positiv konnotierte Handlung des Bepflanzens. Diese an sich diametral entgegengesetzten Bereiche der Zerstörung und Neugestaltung sind untrennbar verbunden, einerseits sprachlich durch das wiederholt verwendete Bindewort "und", andererseits durch die Menschen, die sowohl Zerstörer als auch Gestalter sind.

Diese Zweiteilung des Textes läßt sich auch anhand der Analyse der Adjektive nachvollziehen. Die Landschaft ist im ersten Textteil gekennzeichnet als intakte Natur, soweit der Mensch sie noch nicht berührt ·hat (weiche Lager, blühender Staub), der zerstörende Eingriff wird deutlich durch Begriffe wie "rohe Kisten", "teuflische Schächte". Im zweiten Abschnitt des Gedichts verwendet der Autor Formulierungen wie "bepflanzt mit einem durchdringenden Grün", "zartes Gebirge", ... (vgl. Tabelle oben). Dieser zweite Teil deutet auf Urlaubsgenuß und Freizeitgestaltung hin. Allerdings wirkt diese Landschaft aufgrund der Formulierungen bereits wieder unwirklich, unnatürlich, entfremdet und entfremdend. In diesem Sinne läßt sich der Schluß deuten; wir betreten eine Landschaft, die "zwischen uns" (Mensch und Natur) entfaltet ist.

Die Metaphorik, anaphorische Elemente (Und ... und ... und), isolierte Wortstellungen (mitleidlos) und die Besonderheiten der Interpunktion sind weitere bedeutsame Aspekte des Gedichts.

Weiterer Text
Sten Nadolny: Festrede. ⇨ Lehrbuch, S. 323, Lehrerband, S. 152 und Textsammlung, S. 297

Seite 170, T 3

Zusatzinformationen: Strategien und Gegenstrategien

Mögliche Ausweich- oder Verzögerungsstrategien der Interviewten	Mögliche Gegenstrategien
• Ausweichen ins Allgemeine • Frage als falsch oder unberechtigt zurückweisen • Frage ignorieren und auf Nebenaspekt eingehen • auf die Wortwahl Bezug nehmen • Frage wörtlich nehmen und verfälschen • Begriffe uminterpretieren • Zuständigkeit bestreiten	• Wenn der Interviewpartner eine These des Interviewers bestreitet, sind Belege und Beispiele anzuführen. • Allgemeine Aussagen des Interviewpartners präzisieren lassen, Beispiele verlangen. • Widersprüche in der Argumentation des Interviewpartners benennen. • Unbeantwortete Fragen wiederholen. • Die Ausweichmanöver des Befragten direkt zur Sprache bringen (Meta-Kommunikation).

Arbeitsanregungen

• *Benennen Sie mögliche Ausweichstrategien, und überlegen Sie, wie man darauf reagieren kann.*

• *Entwickeln Sie zu den oben abgedruckten Ausweichstrategien eigene Gegenstrategien.*

• *Untersuchen Sie Interviews, zum Beispiel im Fernsehen, speziell in Hinblick auf diese Strategien.*

Anmerkung: Diese Ausweichstrategien werden besonders bei Spontanbefragungen, zum Beispiel nach kritischen Verhandlungen, angewandt, weniger in schriftlich abgedruckten Interviews. Bei der Untersuchung der Interviews sollte auch auf das Verhalten der Interviewer (Journalisten) geachtet werden: Wenden Sie gezielt Gegenstrategien an? Fragen Sie nochmals nach, wenn eine Frage nicht beantwortet wird? ...

Lösungen, S. 170

2 Projekt: Sendung im Lokalfunk: Besteht die Möglichkeit, daß die Klasse eine Sendung im Lokalfunk mitgestaltet (zum Beispiel Bürgerradio), ist dies eine sehr gute Möglichkeit für Interviews. Solche Sendungen sollten jedoch gut vorbereitet sein, und es empfiehlt sich, daß die Schüler das Interviewen vorher üben.

3 Seite 300 f.: Interview mit Deborah Tannen, ⇨ Lehrerband, S. 111 f.

Seite 303: Interview mit einer 17jährigen Schülerin.

Seite 343: Interview mit dem Leiter der Duden-Redaktion.

Weitere Texte (Interviews)
"Ham' Se gehört?" Der Gießener Soziologe Jörg Bergmann sagt, weshalb Klatschen zwar unanständig, aber wahnsinnig positiv ist. ⇨ Textsammlung, S. 279 Andreas Borchers/Ernst Fischer: Ein Mann eckt an. Interview mit Ulrich Wickert. ⇨ Textsammlung, S. 295. In diesem Interview äußert sich Wickert auch zu Vorbildern für Jugendliche (Verbindung zu Interview, ⇨ Lehrbuch, S. 303) und der Rolle der Presse (Verbindung zu Wolf Schneider: Lingua Blablativa. Wie Journalisten mit der Sprache umgehen. ⇨ Textsammlung, S. 404 f.) Gabriel García Márquez: Wir sind genauso verrückt wie die Nibelungen. ⇨ Textsammlung, S. 299 "Wie die Heuschrecken". ⇨ Textsammlung, S. 333 (geeignet für eine textbezogene Erörterung zum Thema Massentourismus) Andreas Kühner: "Zwei Drittel der Werbung richtet sich an Frauen". ⇨ Textsammlung, S. 347 Eike-Christian Hirsch: Schwergewicht. ⇨ Textsammlung, S. 371 "Niemand wird friedlicher", Interview in Uli Pecher/Uli Martin: Kanal brutal. ⇨ Textsammlung, S. 376 "Auf den Punkt gebracht". ⇨ Textsammlung, S. 399 Lieber falscher Hase als ein dummes Huhn. ⇨ Lehrerband, S. 180 (Peter Gaymann).

S. 171 ff., T 1
Texsorte: expressiver Text, Graffiti
Autor: unbekannt
Sprache: Sprachspiel; vgl. auch Christa Damkowski: Graffiti: Spuren in der Anonymität,
⇨ Textsammlung, S. 320

Arbeitsanregung
Geben Sie weitere Graffiti-Sprüche wieder, deren Inhalt Sie anspricht, und begründen Sie, warum dies der Fall ist.

S. 171, T 2
Textsorte: Anzeige, expressiver Text
Autor: siehe Text
Sprache: einfach, knapp, teilweise unvollständige Sätze
Zusatzinformationen: 40 namentlich genannte Personen setzen sich für Asylanten und Ausländer ein. Der Text erschien, aufgemacht als Traueranzeige, mit einem schwarzen Rand.

S. 172, T 3
Textsorte: Flugblatt, appellativer Text
Inhalt/Sprache: Der Aufruf zur Demonstration gegen Ausländerfeindlichkeit ist appellativ, enthält viele Imperative, die Mitbürgerinnen und Mitbürger werden direkt angesprochen und zur Teilnahme aufgefordert.

S. 173, T 4
Textsorte: Comic
Inhalt/Sprache: Aussage und Komik des Textes beruhen auf der Doppeldeutigkeit des Wortes "weiss", die angesprochene dunkelhäutige Person bleibt dadurch, daß sie sprachlich geschickt kontert, als "Überlegene" zurück, dies wird auch durch die Mimik deutlich.

Lösungen, S. 173
1 Die Texte S. 157 (Rede von Konrad Weiß, ⇨ Lehrerband, S. 150 f.) und S. 311 (Enzensberger: Clan der Seßhaften), beschäftigen sich ebenfalls mit dem Problem Ausländerfeindlichkeit.
Zusatzinformation zum Autor: Hans Magnus Enzensberger, geboren 1929, aggressiver politischer Lyriker der Gegenwart, Zeit- und Gesellschaftskritiker, der mit Zynismus und Satire gegen Zeitgeist, Konvention und Pathos anschreibt und mit scharfen Angriffen gegen den Durchschnittsmenschen polemisiert. Er verwendet kunstvolle, harte Konstruktionen in Montage- und intellektuellem Plakatstil mit Phrasen, Werbeslogans und überzogenen Metaphern (Nähe zum jungen Brecht). Daneben schrieb er auch Gedichte von kühler Schönheit, und vor allem in seinen späteren Lebensjahren erscheinen in seiner Lyrik Aggression und Pathos trotz fortwirkenden Engagements zunehmend gedämpft. (Nach Gero von Wilpert: Lexikon der Weltliteratur. Bd. 1. Autoren. A. a. O.)
3 Beispiele: Udo Lindenberg: Panik-Panther. ⇨ Textsammlung, S. 321
Die Toten Hosen: Kauf mich. ⇨Textsammlung, S. 338

4 S. 315: Offener Brief von einem Mann, der bald sterben wird. ⇨ Lehrerband, S. 125.
S. 320: Umweltinitiative "David gegen Goliath": Elf Gebote für eine lebenswerte Zukunft.

Zusatzinformation: Die Bürgerinitiative wurde 1986 nach der Reaktorkatastrophe von Tschernobyl ins Leben gerufen. Die Initiative arbeitet nach eigener Aussage "phantasievoll, gewaltfrei und konsequent".

Arbeitsanregung
Diese elf Gebote wurden Ende der 80er Jahre formuliert. Haben sich bis heute die Schwerpunkte in bezug auf die Frage: "Was ist wichtig für eine lebenswerte Zukunft?" verändert?

S. 174, T 5
Textsorte: Lyrik
Autor:

Eich, Günter (Pseud. Erich Günter), *01.02.1907 Lebus/Oder, †20.12.1972 Salzburg.

E. wuchs auf in der Mark Brandenburg und
5 Berlin. Er studierte Sinologie, Ökonomie und Jura in Leipzig, Berlin und Paris. Seit 1932 lebte er als freier Schriftsteller in Berlin, gehörte dem Autorenkreis um die Zeitschrift „Die Kolonne" an und arbeitete bis 1939 vor allem für den
10 Funk. 1929 schrieb er, zusammen mit Martin Raschke, sein erstes Hörspiel *Leben und Sterben des Sängers Caruso*, 1930 erschien sein erster Band *Gedichte*. Von 1939 bis 1945 war er Soldat, dann in amerikanischer
15 Gefangenschaft. 1947 Gründungsmitglied der „Gruppe 47", deren ersten Preis er 1950 erhielt. Er lebte, seit 1935 mit Ilse Aichinger verheiratet, in Lenggries und Großgmain bei Salzburg. Reisen u. a. nach Japan, Indien,
20 Kanada, den USA, in den Senegal, nach Persien und Portugal. 1952 erhielt er den Hörspielpreis der Kriegsblinden, 1959 den Georg-Büchner-Preis, 1968 den Schiller-Gedächtnispreis. Obwohl die frühe Lyrik dem vom Loerke und
25 Lehmann geprägten Naturgedicht nahestand, gehörte E. nach 1945 zu den ersten, die dem Zeiterlebnis einen neuen, unverwechselbaren Ausdruck gaben. Die in *Abgelegenen Gehöfte* gesammelten Gedichte sprechen das
30 Lebensgefühl der Nachkriegszeit unmittelbar aus. Gewöhnliche Situationen, Alltägliches, Natur und Dinge stehen nicht für sich, sondern werden durchlässig für das Brüchige und Beziehungslose, auch für Versäumtes und
35 Schuld. Unablässig stoßen E.s. Gedichte an die „Unruhe im Uhrwerk der Welt", fragen kritisch nach dem, was hinter den Erscheinungen liegt. Bei aller Sensibilität und Bildlichkeit bleibt die lyrische Sprache unpathetisch, nüchtern,
40 prägnant. - Schon in *Botschaften des Regens*

war zu lesen: „Der Schmerz bleibt und die Bilder gehen." Hier bahnt sich an, was in den letzten Bänden *Zu den Akten, Anlässe und Steingärten* und *Seumes Papieren* zur äußersten
45 Lakonität führt. Das bildhaft Poetische, das Melodische wird zurückgenommen, reduziert auf knappe, formelhafte Zeichen. E. schreibt nun Gedichte auf der Suche nach dem „einzigen Ort, wo immer du bist", deren Chiffren nicht
50 selten bruchstückhaft oder verrätselt erscheinen. Die in den letzten Gedichten gelegentlich auftretenden listigen, ironischen, auch kalauerhaften Verfremdungen, verbunden mit zunehmendem Sarkasmus, führen zu den
55 poetischen Prosaskizzen *Maulwürfe* und *Ein Tibeter in meinem Büro:* notierte Einfälle von verblüffender Findigkeit, Wortspiele, Witzigkeiten, aufblitzende Ironismen, auch reine Nonsens-Plänkeleien. Auch diese listigen wie
60 meditativen, selbstironischen wie zeitkritischen Skizzen fragen nach dem, was übrigbleibt. Als führender Hörspielautor der 50er und 60er Jahre hat E. die eigene Dimension des Akustischen voll aufgewertet und die
65 selbständige Kunstform des Hörspiels maßgebend geprägt. In den Hörspielen E.s verbindet sich handgreiflich Reales mit dem Unbegreiflichen, Traumhaften, dem Geheimnisbereich. (...)
70 E.s großer, kaum meßbarer Einfluß auf die Entwicklung der Nachkriegslyrik und des Hörspiels liegt darin, daß er mit wachem Mißtrauen auf alles reagierte, was einengt, und so immer wieder neu ansetzte. Jenseits aller
75 Ideologien war ihm immer die Arbeit an der Sprache, d. h. das ständige Experiment wichtig, bis hin zum Bruch mit seinem bisherigen Werk. So blieb er das, was er immer sein wollte: ein Außenseiter.

Manfred Brauneck: Autorenlexikon. A. a. O., S. 168 f.

161

Inhalt: In dem Gedicht ruft Eich dazu auf, sich nicht in die Bequemlichkeiten des eigenen Alltags zurückzuziehen, sondern sich gegen das Unrecht in der Welt aufzulehnen. Der letzte Satz des Gedichtes "Seid unbequem, seid Sand, nicht das Öl im Getriebe der Welt!" wird immer wieder zitiert.

Aufbau:

Zeile 1 - 2:   direkte Aufforderung "Wacht auf ...!"
Zeile 2 - 7:   Begründung, weshalb man wachsam sein soll
Zeile 8 - 25: direkte Rede, "mir geht es gut in meiner bequemen Welt", Ausreden, Ausflüchte
Zeile 26 - 27: direkte Rede, direkte Antwort zu Zeile 8 - 25 in der zweiten Person Singular
Zeile 28 - 32: direkte Aufforderung an alle, zweite Person Plural

Sprache: Imperativ, direkte Rede, die Zeilen, in denen die angenehme Welt beschrieben wird, beginnen jeweils mit "O" (Zeile 8, 11, 17)

Lösungen, S. 175 oben

1 Vgl. Informationen zum Autor Günter Eich, ⇨ Lehrerband, S. 161
3 Funktion des Imperativ: Aufruf an alle, sich gegen die "Ordner der Welt" zur Wehr zu setzen.
4 Anbindung an den Politikunterricht, aktuelle Presseberichte mit einbinden.

Weitere Arbeitsanregung

Gestalten Sie diesen Text optisch, zum Beispiel in Form einer Collage, durch besondere Hervorhebungen, ... (⇨ Lehrbuch, S. 281 ff.).

DIE LANDRÄTIN SPÜLT...

... zukünftig ihre Joghurtbecher, der Bürgermeister kompostiert seinen Biomüll, der Vorsitzende der XXX-Fraktion wirft keine Batterien mehr in den Müll, Doktor K. fährt jeden Freitag am Glascontainer vorbei... prima, das ist der Anfang! Aber wir alle müssen noch mehr dazulernen, noch schneller mit liebgewordenen Faulheiten brechen. Kurz: Entweder wir fangen heute auch noch an, Müll zu verhindern... oder wir müssen ihn bereits morgen in unseren Kleiderschränken stapeln.

MEHR INITIATIVE FÜR WENIGER MÜLL

Der Kreis Soest, seine Städte, Gemeinden und wir Bürger.

> **Weitere Texte**
> Wolfgang Borchert: Dann gibt es nur eins!
> Hans Magnus Enzensberger: Anweisung an Sisyphos.
> ⇨ Textsammlung, S. 328 (Zu Enzensberger, ⇨ Lehrbuch, S. 311, und Lehrerband, S. 160)
> Peter Maiwald: Der Leisetreter. ⇨ Textsammlung, S. 326
> "Flugblatt der Gruppe 'Weiße Rose'. (1943).
> "Offener Brief von einem Mann, der bald sterben wird". ⇨ Lehrbuch, S. 315, und Lehrerband, S.125

S. 175, T 6

Textsorte: appellativer Text
Inhalt: Auf kommunaler Ebene wird zur Müllvermeidung aufgerufen, beispielhaft werden zunächst "aktive" Kommunalpolitiker indirekt genannt, anschließend werden alle Bürgerinnen und Bürger aufgerufen.
Sprache: anschaulich, Sprachspiel "Mehr Initiative für weniger Müll".
Zusatzinformation: Der Text wurde auf einem Faltblatt (DIN A 5, längs halbiert) optisch ansprechend aufbereitet. Landrätin: Frau Karin Sander war von 1989 - 1994 Landrätin des Kreises Soest (CDU), sie war in dieser Zeit die einzige Landrätin in Nordrhein-Westfalen und die einzige ehrenamtlich tätige in der gesamten Bundesrepublik Deutschland. Sie hat für eine zweite Amtsperiode nicht mehr kandidiert.

S. 175, T 7

Textsorte: Vorankündigung, Bericht
Inhalt: Unter dem Motto "Brücken schlagen" soll ein Festival behinderter und nichtbehinderter Künstler und Künstlerinnen in Bielefeld stattfinden.
Zusatzinformation: Der Text erschien in einer Stadtzeitung.

Lösungen, S. 176

1 / 2 Für diese Aufgaben kann auch ein anderer Text als Ausgangspunkt gewählt werden. Am besten ist es, wenn ein aktueller Anlaß gegeben ist, zu dem die Schüler entsprechende Einladungen usw. entwerfen können, zum Beispiel "Tag der offenen Tür" an der Schule.

S. 176, T 8

Textsorte: Lyrik
Inhalt: Kinderwünsche - Was wünschen sich Kinder von ihren Eltern (oder anderen Erwachsenen)? Sie wünschen sich, daß die Eltern Zeit für sie haben, damit sie gemeinsam alles Mögliche unternehmen können. Die Kinderwünsche erstrecken sich nicht auf außergewöhnliche materielle Dinge, sondern eher auf ganz "gewöhnliche" Aktivitäten, die letztlich auch im wahrsten Sinne des Wortes "nur eine Kleinigkeit kosten". Die Autorin will darauf hinweisen, daß viele Eltern ihren Kinder zwar sehr viele Dinge schenken (kaufen), die auch viel Geld kosten, doch die Kinder möchten lieber, daß die Eltern sich Zeit für sie nehmen. Die Eltern sollen ihnen "Zeit" - und nicht teure materielle Dinge - schenken.
Sprache: einfach, erste und letzte Strophe identisch, jede Zeile beginnt mit "Schenk mir doch Zeit", gedacht als Wunsch, sanfte Aufforderung, "wir könnten" - Konjunktiv (dann, wenn die Eltern sich Zeit für ihre Kinder nehmen würden, könnten sie gemeinsam ...).

Lösungen, S. 176

1 / 2 / 3 Für diese Aktion kann auch ein anderer Text mit einem anderen inhaltlichen Schwerpunkt als Ausgangspunkt gewählt werden, zum Beispiel ➪ Lehrbuch, S. 133, oder "Mehr ... für Kinder", ➪ Textsammlung, S. 326
Weiterer Text zum Thema Kinderwünsche siehe Lehrerband, S. 248 f.

Weitere Texte, in denen es um Kinder geht
Campingplatz in der Medizinischen Klinik. ➪ Lehrbuch, S. 8.
Astrid Lindgren: Niemals Gewalt. ➪ Textsammlung, S. 322
Marita Brinkötter: Innere Abrüstung. ➪ Textsammlung, S. 321

S. 177 ff.

Hinweis: Da jede(r) Lehrer(in) in der Regel über ausreichendes und ausführliches Material zum Thema "Erörterung" verfügt, beschränken sich die Hinweise zu diesem Themenbereich im folgenden auf weitere Informationen zu den auf Seite 182 im Lehrbuch genannten Texten sowie auf weitere im Lehrerband befindliche Texte, die sich für eine textbezogene Erörterung eignen.

Lösungen, S. 182

2 Lehrbuch, S. 49 f.: Robert Jungk: Abstieg in ein Schattenreich ... und eine Aufforderung zur Rückkehr. ⇨ Lehrerband, S. 44

Lehrbuch, S. 64: Ulrich Wickert: Tod real zum Frühstück. ⇨ Lehrerband, S. 48 und S. 295 f.

Lehrbuch, S. 94: Dieter E. Zimmer: Neudeutsch. ⇨ Lehrerband, S. 89

Lehrbuch, S. 301: Friedrich Dürrenmatt: Warum Schreiben? ⇨ Lehrerband, S. 132

Lehrbuch, S. 310: Kurt Gerhardt: Gewaltdiskussion. Kommentar zum Thema "Gewalt in der Schule".

Lehrbuch, S. 318: Mahatma Gandhi: Der Vorteil des Nachteils. ⇨ Lehrerband, S. 146

Lehrbuch, S. 323 f.: Sten Nadolny: Festrede. ⇨ Lehrerband, S. 152 f. Textsammlung, S. 297

Weitere Texte für eine textbezogene Erörterung

"Daten statt Autos?" ⇨ Textsammlung, S. 362

"Produziert Deutschland zu viele Akademiker?" ⇨ Textsammlung, S. 366

Hans Jonas: Auszug aus einer Rede. ⇨ Textsammlung, S. 322

Astrid Lindgren: Auszug aus einer Rede. ⇨ Textsammlung, S. 322

Walter Jens: "Ein Tag wie viele andere". ⇨ Textsammlung, S. 325

"Wie die Heuschrecken". ⇨ Textsammlung, S. 333 (geeignet für Interview und textbezogene Erörterung; *Thema der Erörterung:* Setzen Sie sich auf der Grundlage dieses Textes kritisch mit dem Thema Massentourismus auseinander.)

Rüdiger Kind: Urlaub im Jahr 2014: Fit for Gun. ⇨ Textsammlung, S. 333

"Aber bitte mit Warnung". ⇨ Textsammlung, S. 336

Uli Pecher/Uli Martin: Kanal brutal. ⇨ Textsammlung, S. 376 f.

Philipp Maußhardt: Unser täglich Schrot. ⇨ Textsammlung, S. 398

6 Auffordern und Anleiten

Sprachhandlungskompetenz

"Auffordern" wird in diesem Kapitel exemplarisch auf den Bereich der Werbung beschränkt. Andere Aspekte des Begriffes werden in anderen Kapiteln angesprochen, zum Beispiel in Kapitel 5.4 "Das Verkaufsgespräch" oder in Kapitel 5.6 "Plakate - Flugblätter - Einladungen ...".

Das Thema Werbung wird im Lehrbuch kritisch angegangen und auf den Bereich der nichtkommerziellen Werbung sowie der Warenplazierung ausgeweitet. Dabei sollen die Schülerinnen und Schüler Werbung sowohl analysieren als auch selbst kreativ gestalten.

Der Begriff "Anleiten" wird im Lehrbuch bewußt relativ weit gefaßt. Neben der Beschäftigung mit Gebrauchsanweisungen werden andere Anleitungen verschiedenster Art vorgestellt, zum Beispiel Anleitungen im Hinblick darauf, wie Werbung gemacht wird oder Anleitungen zur Zeichensetzung.

Die Schülerinnen und Schüler sollen/können:
- ❏ das Thema Werbung kritisch betrachten,
- ❏ mit Texten verschiedenster Art arbeiten,
- ❏ die Leistung von Adjektiven erkennen,
- ❏ Werbeanzeigen analysieren,
- ❏ Werbungen für unterschiedliche Werbemittel selbst erstellen (zum Beispiel Werbeanzeige, Werbebrief, Hörfunkspot),
- ❏ die kreativen Möglichkeiten verschiedener Werbemittel beurteilen,
- ❏ den Einsatz geeigneter Werbemittel beurteilen,
- ❏ sich mit vorgegebenen Anleitungen kritisch auseinandersetzen,
- ❏ vorgegebene Anleitungen anwenden, Beispiel: Zeichensetzung,
- ❏ selbst Anleitungen erstellen,
- ❏ wichtige Regeln der Zeichensetzung beherrschen.

Verknüpfungsmöglichkeiten mit anderen Kapiteln
- ⇨ 1.1.5   Personenbeschreibung und Charakteristik
- ⇨ 1.2.2   Texte unterscheiden
- ⇨ 2.3.3   Begriffe klären
- ⇨ 2.3.4   Sachtexte untersuchen und bewerten
- ⇨ 3.4   Normung im Beruf - Geschäftsbriefe
- ⇨ 4.3   Das Vorstellungsgespräch
- ⇨ 5.4   Das Verkaufsgespräch
- ⇨ 5.6   Plakate - Flugblätter - Einladungen ...
- ⇨ 8   Texte verändern und kreativ gestalten

S. 183 f. (Einstiegsseite)
Zusatzinformationen: Die Anzeige erschien 1992 ganzseitig und in Farbe in verschiedenen Illustrierten (zum Beispiel Stern, Brigitte). Diese Anzeige war Teil einer Anzeigenkampagne der Firma Quelle. Alle Anzeigen sind nach einem einheitlichen Muster aufgemacht.

Lösungen, S. 184
1 Hinweise zu a) - d):
- Den größten Teil der Seite füllt eine Fotografie von einer Person, die einen zufriedenen Eindruck macht.
- Über dieser Fotografie ist eine kurze Aussage der abgebildeten Person abgedruckt, der Schrifttyp ist der Schreibschrift der Person nachempfunden.

- Unten rechts ist der Name des Versandhauses genannt ("meine Quelle"), das Wort "meine" wird dabei in Schreibschrift gedruckt, das Wort "Quelle" so wie das vor Jahrzehnten eingeführte Warenzeichen.
- Konkrete Informationen zu den Produkten fehlen; welches Produkt die abgebildete Person in eine so zufriedene Stimmung versetzt, wird nur angedeutet (entweder im Text oder im Bild).
- Im Rahmen dieser Anzeigenkampagne werden unterschiedliche Personen (jüngere und ältere Menschen, Kinder, Männer und Frauen) gezeigt, ebenso wird auf sehr unterschiedliche Produkte Bezug genommen (zum Beispiel Waschmaschine plus Kundendienst, Schmuck, Kleidung), um die breite Angebotspalette des Versandhauses zu zeigen.

Beispiel einer weiteren Anzeige aus dieser Kampagne

Text (oben): Ich wünschte, ich wär' meine Frau. (Schreibschrift).
Bild: Porträt eines Mannes, ca. 30 Jahre alt, Kopf in Schrägstellung, zufriedener und leicht verschmitzter Gesichtsausdruck (Mundwinkel stark nach außen gezogen, Grübchen), Kurzhaarfrisur, unauffälliger Anzug, vor dem Kinn ist seine linke Hand zu sehen, zwischen Daumen und Zeigefinger hält er einen Damengoldring, der mit Edelsteinen besetzt ist.
Text (unten rechts): meine Quelle

Anmerkungen zur abgebildeten Anzeige und zur Anzeigenserie
- Es wird beim Leser vorausgesetzt, daß er die Firma Quelle kennt.
- Es wird vorausgesetzt, daß der Leser weiß, auf welchem Weg er Waren der Firma Quelle erwerben kann.
- Die Anzeigenkampagne zeigt fröhliche, witzige Menschen ("Durch Quelle ist man 'gut drauf'!").
- Die Zielsetzung dieser Anzeigenkampagne ist es, die Firma Quelle in Erinnerung zu rufen (dabei wird jedoch - bewußt? - nicht auf die Vorteile des Versandhandels eingegangen) und das breite Angebotsspektrum zu verdeutlichen.
- In der Anzeigenkampagne wird der seit vielen Jahren bekannte Slogan "*meine* Quelle" verwendet, der Slogan ist doppeldeutig: Quelle als Firmenname und als Einkaufs"quelle". Durch das in Schreibschrift gedruckte Wort "*meine*" wird eine "persönliche Beziehung", das heißt eine enge Vertrautheit zwischen Unternehmen und Kunden angedeutet, man hat Vertrauen in ein zuverlässiges Unternehmen.
- Das persönliche Verhältnis zwischen Kunde und Unternehmen wird auch durch den Text oberhalb des Bildes verdeutlicht, denn der Text ist inhaltlich sehr privat und "handgeschrieben".
- Aussage der Anzeigenserie: Für Leute, die "gut drauf sind", ist Quelle **die** Einkaufsquelle für Waren aller Art.

Zusatzinformation zu "Versandhandel"

Weltrangliste der Versandunternehmen (Versandhandelsumsätze in Mrd. DM) 1993

18,9 Otto Versand-Handelsgruppe Deutschland	3,6 Neckermann (Deutschland)
10,6 Quelle Gruppe (Deutschland)	3,0 Fingerhut (USA)
5,8 JC Penney (USA)	2,8 Cecile (Japan)
5,3 Great Universal Stores (Großbritannien)	2,6 Littlewoods (Großbritannien)
5,1 La Redoute (Frankreich)	2,4 Senshukai (Japan)

Versandgiganten: Die Deutschen Versandunternehmen sind im internationalen Vergleich Spitze. Befinden sich doch unter den weltweit größten Versendern gleich drei deutsche in den Top Ten, und zwar auf den Plätzen eins, zwei und sechs. Außerdem gibt keiner für den Kauf per Katalog mehr aus als der Bundesbürger: Im Jahr 1993 waren es durchschnittlich 525 Mark.

Handel heute 11/1994, S. 2

Weitere Arbeitsanregungen

- Der Umsatz der Versandhandelsunternehmen ist in den letzten Jahren in Deutschland, auch in Relation zum Gesamtumsatz des Einzelhandels, gestiegen. Weshalb erfreut sich der Versandhandel zunehmender Beliebtheit bei den Kunden? (Lösungshinweise: bequem, unabhängig von den Ladenöffnungszeiten, der Kunde kann in Ruhe zu Hause auswählen, ...)
- Welche Nachteile hat der Einkauf per Katalog für den Kunden? (Lösungshinweise: keine direkten Vergleichsmöglichkeiten mit anderen Anbietern, er sieht die Ware nicht im Original, er hat die Ware nicht sofort verfügbar, ...)
- Welche neueren Formen des Einkaufens kennen Sie, welche Vor- und Nachteile haben diese für den Kunden? (Beispiele: Tele-shopping, Vorteil: bequem, Anruf genügt, Rückgabemöglichkeit, Nachteil: Kunde hat keine Vergleichsmöglichkeit in Hinblick auf Preis und Qualität, sieht die Ware nicht im Original, verführt zu Spontankäufen, ...)
- Stellen Sie die angegebenen Zahlen graphisch anschaulich dar. ⇨ Lehrbuch, S. 51 ff., und Lehrerband, S. 45 f.

☞ Im Zusammenhang mit dem Thema "Notwendigkeit und Gefahren der Werbung" kann an kaufmännischen Höheren Berufsfachschulen fächerübergreifend gearbeitet werden. Ist dies organisatorisch nicht möglich, so sollte man zumindest das, was im eingeführten Betriebswirtschaftslehrbuch zum Thema Werbung steht, in den Deutschunterricht einbeziehen.

S. 184, Lösungen (Fortsetzung)

2/3 Die von den Schülerinnen und Schüler mitgebrachten Anzeigen sollten gesammelt und in der Klasse verwahrt werden, damit zu einem späteren Zeitpunkt innerhalb der Unterrichtsreihe hierauf Bezug genommen werden kann ("Werbeanzeigen analysieren", ⇨ Lehrbuch, S. 196 ff., und "Wir machen Werbung", Lehrbuch, S. 201 ff.). Auf eine umfassende Analyse der Werbeanzeigen sollte an dieser Stelle verzichtet werden.

4 Weitere Werbemöglichkeiten:

- Produktgestaltung
- Kinowerbung
- Fernsehwerbung
- Hörfunkwerbung
- Plakatwerbung, Litfaßsäulenwerbung
- Verkaufsgespräch
- Wärenpräsentation im Laden
- Product placement
- Sponsoring, zum Beispiel bei kulturellen Veranstaltungen
- Einkaufstüten
- öffentliche Verkehrsmittel und Firmenfahrzeuge
- Werbebriefe
- Prospektwerbung
- Schaufensterwerbung
- Verkaufsveranstaltungen ("Kaffeefahrten")
- Handzettel
- Verkostung, zum Beispiel bei Lebensmitteln im Supermarkt
- ...

Die verschiedenen Werbemöglichkeiten lassen sich nach verschiedenen Gesichtspunkten in Gruppen zusammenfassen, zum Beispiel nach dem Kriterium schriftlich - mündlich, nach dem Adressaten (an eine einzelne Person gerichtet - an die Allgemeinheit gerichtet), nach Bild - Schrift - Ton, ...

5 *Zusatztexte:*

Günther Bähr: Rückkkehr vom Altenteil. ⇨ Textsammlung, S. 345

Arbeitsanregungen zum Text
- *Suchen Sie zu dieser Richtung in der Werbung geeignete Anzeigen.*
- *Welche(n) Schwerpunkt(e) haben die Anzeigen? Für welche Produkte wird geworben? Wie werden die älteren Leute dargestellt?*
- *Weshalb werden ältere Leute verstärkt in Werbekampagnen aufgenommen?*
- *Welche Gefahren sind aus der Sicht der "Werbemacher" damit verbunden?*

Cordt Schnibben: Die Reklame-Republik. ⇨ Textsammlung, S. 339
Zusatzinformation: In der Reportage wird die Entwicklung der Werbung - Werbung erster, zweiter, dritter und vierter Art - skizziert und an vielen Beispielen dargestellt, welchen Stellenwert Werbung in unserer heutigen Gesellschaft hat.

Arbeitsanregungen zum Text
- *Strukturieren Sie den Text, zum Beispiel durch Zwischenüberschriften.*
- *Fertigen Sie einen Inhaltsauszug unter einer bestimmten Fragestellung an. Mögliche Ansatzpunkte: Entwicklung der Werbung, Einfluß der Werbung auf unser Konsumverhalten und darüber hinaus, reagiert oder agiert Werbung in Hinblick auf gesellschaftliche Trends? ... (⇨ Lehrbuch, S. 38 ff.)*
- *Welche Beispiele verwendet der Autor, welche Produktnamen und Firmennamen werden im Text genannt? Ist dies nicht gleichzeitig auch Werbung? Begründen Sie Ihre Ansicht.*
- *Stellen Sie alle im Text genannten Zahlenangaben mit den wichtigen Zusatzangaben in einer Übersicht dar.*
- *Diskutieren Sie die Aussagen, die in dem Text über Jugendliche und Werbung gemacht werden, in der Klasse.*
- *Welches Bild von der "Werbelandschaft und Medienlandschaft" vermittelt dieser Text?*

Annette Rupprecht: Frischfleisch für Frauen. ⇨ Textsammlung, S. 347
Diskussionswürdige Zitate/Thesen aus dem Text: "Mann taugt zum Lustobjekt."
(Zeile .28 f.)
"Es ist die Umkehrung der Methode nackte Frau mit Pirelli-Reifen." (Zeile .37 f.)

Arbeitsanregungen zum Text
- *Suchen Sie zu dem Text passende Werbeanzeigen.*
- *Tragen Sie auch Anzeigen zusammen, in denen Frauen als "Blickfang/Lustobjekt" dienen.*
- *Vergleichen Sie die beiden Anzeigengruppen. Können Sie Gemeinsamkeiten oder grundlegende Unterschiede feststellen?*
- *Welches Männer- und welches Frauenbild wird in Anzeigen dieser Art vermittelt? Welche Anzeigen würden Sie als frauen- oder männerfeindlich bezeichnen?*

Für viele Zuschauer sind Werbeblöcke ein Grund zum Umschalten	*Was machen Sie, wenn die TV-Spots laufen?*
Eine aktuelle Befragung zeigte: Über 70 Prozent der Fernsehzuschauer interessieren sich nicht für Fernsehwerbung. Lediglich 27 Prozent zeigen gelegentlich Interesse an Werbespots.	*1. Umschalten* *33 Prozent* *2. Getränke holen, zur Toilette gehen ...* *33 Prozent* *3. Werbung anschauen* *22 Prozent* *4. Wegsehen* *7 Prozent* *5. Hängt von der Werbung ab* *5 Prozent*

Prisma 23/1994, S. 38

Arbeitsanregung zum Text

* *Führen Sie eine kleine Umfrage in der Klasse durch:*

  1. Umschalten   *3. Werbung anschauen*
  2. Getränke holen, zur Toilette gehen,   *4. Wegsehen*
  ...   *5. Hängt von der Werbung ab.*
* *Vergleichen Sie die Ergebnisse der Befragung in der Klasse mit der Untersuchung.*
* *Stellen Sie beide Ergebnisse zunächst getrennt und dann im Vergleich graphisch dar.*
  ⇨ *Lehrbuch, S. 51 ff., und Lehrerband, S. 45 f.*
* *Welche möglichen Schlußfolgerungen ziehen Werbende und TV-Sender aus diesem Verhalten, welche Auswirkungen hat dies auf die Programmgestaltung und für die Zuschauerinnen und Zuschauer?*

Weitere Texte
"Tiere erobern den Bildschirm".⇨ Textsammlung, S. 384
"Zwei Drittel der Werbung richtet sich an Frauen." ⇨ Textsammlung, S. 347 (*Arbeitsanregung:* Untersuchen Sie die letzte Aussage von Kühner näher.)
Cordt Schnibben: Die Reklame-Republik, ⇨ Textsammlung, S. 339
"Serie oder Werbespot?" ⇨ Textsammlung, S. 348 (Zum Thema "Kinder und Werbung", ⇨ Lehrbuch, S. 329 f., und Textsammlung, S. 349 "Einzelhandel kein Kinderverführer")

S. 185 f., T 1

Textsorte: Keine Kurzgeschichte im eigentlichen Sinn, sondern eine These (Werbung schadet, weil sie verführt) wird anhand eines fiktiven Planspieles (Werbeverbot) realitätsnah überprüft und ad absurdum geführt.
Autor: Geschäftsführer des Zentralverbandes der deutschen Werbewirtschaft.
Inhalt: In der fiktiven Geschichte beschreibt der Autor exemplarisch, welche katastrophalen Konsequenzen ein im Sinne des Verbraucherschutzes gut gemeintes Verbot von Werbung für Wirtschaft und Gesellschaft hätte. Damit unterstreicht er die Notwendigkeit von Werbung in unserer Wirtschaftsordnung und versucht, die "Kritiker" von Werbung zu widerlegen. Dies unterstützt der Autor auch dadurch, daß er Demokratie und die Möglichkeiten des Parlamentes indirekt in Frage stellt.
Sprache: Name des Staates: Utopia; Wortwahl (Konfusion, Depression, katastrophal, drastisch, verkümmern, ...): unterstreicht Tendenz des Textes anschaulich durch Beispiele, einfache Sätze, rhetorische Fragen, Ironie
Zusatzinformation: Der Text erschien 1992 in der Sammelschrift "Werbung, Wirtschaft und Moral. Qualitative Merkmale einer unendlichen Diskussion", verfaßt von Volker Nickel.

Lösungen, S. 186

1 Siehe oben.

2 Aufgaben und Ziele der Werbung:
- Werbung sichert Arbeitsplätze.
- Durch Werbung können die Preise der Medien niedrig gehalten werden.
- Werbeplakate und Lichtwerbung machen die Städte bunt und abwechslungsreich.
- Werbung informiert über öffentliche Veranstaltungen.
- Indem durch Werbung die Preise der Medien niedrig gehalten werden können, wird eine qualitativ hochwertige Kommunikationsstruktur gesichert.
- Innovative und qualitätsverbessernde Forschungen sind durch Werbung gewährleistet.
- Werbung sichert Vertrauen zu den Marken.
- Werbung sichert die Vielfalt der Hersteller.
- Werbung sichert einen hohen Lebensstandard.
- Werbung trägt zur Zufriedenheit der Bevölkerung bei (dadurch wird der Alkohol- und Zigarettenkonsum eher vermindert als erhöht).
  ⇨ T 4, Lehrbuch, S. 188

3 Zielsetzung des Textes ist es, zu verdeutlichen, daß Werbung unbedingt notwendig ist: Ohne Werbung - so die These - würden Wirtschaft und Gesellschaft verkümmern.

4 Siehe oben (Sprache).

Weitere Arbeitsanregungen

- *Setzen Sie sich kritisch mit den vom Autor formulierten Aufgaben und Zielen der Werbung auseinander. Mögliche Aspekte: Kann die Kommunikationsstruktur in der Gesellschaft nur durch Werbung erhalten werden? Kann nur Werbung dazu beitragen, daß unsere Städte nicht grau und trist aussehen? Berücksichtigen Sie dabei auch die Frage: Wer zahlt die Kosten für die Werbung (1993: 48 Milliarden DM)? Entwickeln Sie Alternativen.*

- *Überlegen Sie, wie ein "Kompromiß" aussehen könnte zwischen den Befürwortern und Gegnern eines Werbeverbotes. Mögliche Ansatzpunkte: Werbung nur zu bestimmten Zeiten, Werbung in bestimmten Teilen der Zeitung usw.*

Seite 186 f., T 2

Textsorte: Glosse
Autor: Redakteur, Verfasser satirischer Texte
Inhalt: In dem Text setzt sich Hirsch kritisch mit unserem scheinbar kritischen Verhältnis zur Werbung auseinander: "Die Werbung betrügt mich wohl genau da, wo ich betrogen sein will." (Zeile 10).
Sprache: Ironie, Übertreibung, viele Beispiele, Ich-Form u. a.
Zusatzinformationen: Der Text erschien erstmals 1979. Weitere Texte von Hirsch: "Claudia wird heißgeliebt", Lehrbuch, ⇨ S. 16 f., "Spargeln mit Kartoffeln", ⇨ Lehrbuch, S. 93, ⇨ Textsammlung, S. 371.

Lösungen, S. 188

1 Beziehen Sie in Ihre Überlegungen auch den Text von Cordt Schnibben: Die Reklame-Republik, ⇨ Textsammlung, S. 339, mit ein.

2 Beziehen Sie in Ihre Überlegungen weiterhin auch T 13 im Lehrbuch, ⇨ S. 201, sowie den Text "Preiswirrwarr", ⇨ Lehrerband, S. 89 f., mit ein.

S. 188, T 4

Zu Begriffsbestimmung, ⇨ Lehrbuch, S. 42 ff.

Arbeitsanregung zum Text

- *Suchen Sie zu den im Text genannten vier Hauptaufgaben der Werbung (Zeile 5) passende Werbeanzeigen. ⇨ Lehrbuch, S. 184, Arbeitsanregung 2.*
- *Kennen Sie Werbekampagnen in Bereichen, die neben der Wirtschaftswerbung im Text genannt werden (Zeile 13 ff.)? Suchen Sie entsprechende Beispiele.*

S. 188, AUFGESCHNAPPT

Arbeitsanregungen zum Text

- *Was unternimmt der Einzelhandel, um dieses Ziel zu erreichen? (⇨ Lehrbuch T 5, S. 189, und S. 328 f.)*
- *"Das Verkaufspersonal arbeitet nur dann gut, wenn jeder Kunde, der den Laden betritt, einen Obst- und Gemüseartikel gekauft hat."*
  Diskutieren Sie diese Schlußfolgerung, die sich aus dem Informationsblatt für Mitarbeiterinnen und Mitarbeiter ergibt, aus verschiedenen Blickwinkeln:
  a) aus der Sicht der Mitarbeiterinnen und Mitarbeiter
  b) aus der Sicht der Kunden
  c) aus der Sicht der Ernährungswissenschaftler und der Krankenkassen
  d) aus der Sicht des Einzelhandelsunternehmens
  e) ...

S. 189 f., T 5

Textsorte: Sachtext

Inhalt: In dem Text wird beschrieben, wie man gezielt Verkaufsaktionen für Obst und Gemüse planen kann. Die Begründung, weshalb gerade Obst und Gemüse im Rahmen der Verkaufsförderung eine besondere Bedeutung haben, wird im Text nicht genannt: Die Gewinnspanne bei diesen Artikeln ist im Vergleich zu anderen Artikeln im Lebensmittelbereich relativ hoch, und der Kauf von Gemüse zieht fast zwangsläufig den Kauf weiterer Produkte nach sich (Zutaten, Fleisch usw.). Die Entscheidung, Obst und Gemüse zu kaufen, fällt in mehr als 50 % der Fälle erst im Laden; Obst und Gemüse sind typische Impulsartikel, das heißt, durch eine gezielte Warenplazierung erhält der Kunde den Impuls, diesen Artikel zu kaufen. (Gegenbegriff: Mußartikel/Suchartikel, der Kunde hat schon vor dem Betreten des Ladens die Absicht, diesen Artikel zu kaufen, zum Beispiel Grundnahrungsmittel wie Mehl und Zucker, eine gezielte Hervorhebung bei der Warenplazierung ist für diese Artikel nicht notwendig.)

Zusatzinformationen: Die Zeitschrift "Lebensmittel Praxis" ist die führende Fachzeitschrift für den Lebensmitteleinzelhandel. Deshalb wird die Frage, ob Verkaufsförderaktionen grundsätzlich sinnvoll sind, nicht gestellt, für den Lebensmitteleinzelhändler sind sie unstrittig, und es geht nicht um das "Ob überhaupt?", sondern nur um das "Wie?".

Anmerkung: Der Text enthält sehr viele Fachbegriffe aus dem Bereich der Warenverkaufskunde. Zum Thema Fachsprache, ⇨ Lehrbuch, Kapitel 3.3.

⇨ Vgl. auch die Übersicht auf der folgenden Seite.

Erläuterungen der Fachbegriffe aus der Warenverkaufskunde:

breites Angebot = viele Artikel nebeneinander

Grünes Sortiment = Obst und Gemüse

Sonderplazierung = zusätzlich oder alternativ zur bestehenden Warenplazierung vorge
nommene Warendarbietung, zum Beispiel Hustenbonbons im Winter
in einem Zusatzkorb direkt an der Kasse

Zusatzverkäufe = hier: zusätzlicher Umsatz; weitere Bedeutung: Artikel, der den
Hauptkauf ergänzt und unbedingt erforderlich ist, zum Beispiel
Batterien für bestimmte Elektrogeräte

Insertionsartikel = Artikel, die in Inseraten erwähnt werden

Hauptumsatzträger = die Artikel, mit denen der größte Teil des Umsatzes gemacht wird,
zum Beispiel im Bereich Obst Bananen und Äpfel

"Anzeigen-Knüller" = Artikel, die in Inseraten besonders hervorgehoben werden

Umsatzreserve = bei diesen Artikeln kann durch gezielte Werbemaßnahmen der Um
satz noch gesteigert werden

Verkaufsförderaktion = Aktion, die den Umsatz steigern soll

umworbene Artikel = Artikel, für die Werbung gemacht wird

Kassenzone = Verkaufsfläche, die der Kunde passiert, unmittelbar bevor er bezahlt

Sonderaufbau = zusätzlicher Warenträger, der die Ware besonders hervorhebt

Zweitplazierung = neben der eigentlichen Plazierung im Regal wird der Artikel an einer
weiteren Stelle im Laden plaziert

Verbundwerbung = für den Artikel wird zusammen mit anderen Artikeln geworben, zum
Beispiel gleichzeitig für Käse und Wein (Ziel: Umsatzsteigerung auch
für den anderen Artikel)

Videowerbung = zu dem Artikel werden Videofilme im Laden gezeigt

Produktberaterin = Mitarbeiter der Herstellerfirmen, der Handelshäuser oder des Ladens
bieten den Artikel in einem Selbstbedienungsgeschäft besonders an,
zum Beispiel Verkostung von Wein und gleichzeitige Beratung

Wettbewerb für den
Verbraucher = zum Beispiel in Form eines Preisausschreibens

Deckenhänger = Dekorationsmaterial, das als besonderer Blickfang an der Decke an
gebracht wird

Degustation = Verkostung

Über das Rätselhafte am Supermarkt

Von Klaus Mampell

Wenn man in einem Satz beschreiben soll, was ein Supermarkt eigentlich ist, dann könnte man sagen, das sei ein Selbstbedienungsladen, in dem man unter einem Dach alles findet, was man
5 so täglich braucht, also nicht nur Lebensmittel und Seife und Bier, sondern auch Gegenstände wie Sofakissen und gemusterte Slips und Geschirr aus Porzellan und Glas. Das ist richtig, aber die Hauptsache fehlt. Das Eigentliche am
10 Supermarkt ist nämlich das wöchentliche Sonderangebot, und dieses läßt den Supermarkt zu einem Rätsel werden, das wohl keiner von uns löst; denn im Sonderangebot bekommt man Sachen zu derartig reduzierten Preisen, daß man
15 meinen könnte, es gebe keine Inflation.

Die antiinflationäre Eigenschaft des Supermarktes ist eindeutig, vorausgesetzt, man kauft jeweils nur das , was gerade im Angebot ist, also - um einmal die Fleischabteilung als Beispiel zu
20 nehmen - diese Woche Schweinerollbraten und Putenbrust, nächste Woche Lammkeule und Kalbsgeschnetzeltes, die Woche darauf Rinderschmorbraten und Bratwürste mit oder ohne Darm. Solche Sonderangebote haben auch den
25 enormen Vorteil, daß man sich nie den Kopf zerbrechen muß, was man während der Woche kocht. Man richtet sich immer danach, was sonderangeboten wird.
Das Angebot der Woche bezieht sich natürlich
30 auch auf das andere, was man so ißt, ob das nun Käse ist oder Hering oder Schokolade.

Da muß man nur darauf achten, was am Wochenanfang vom Supermarkt groß angekündigt wird. Das kauft man, und wenn es beispielsweise
35 Schokolade ist, kauft man nicht nur eine Tafel,

Der Patriot 17./18.10.92

sondern gleich ein Dutzend oder auch zwei Dutzend Stück, damit der Vorrat reicht bis zum nächsten Sonderangebot, das für diese Schokolade vielleicht nach einem Viertel Jahr erst wiederkommt. Und sollte der Vorrat vorher aufge- 40 braucht worden sein, dann kauft man die nächsten zwei Dutzend Tafeln in einem Supermarkt, der gerade dann ein Sonderangebot dafür hat. Es gibt ja in der Umgebung verschiedene Supermärkte, und alle überbieten einander in Sonder- 45 angeboten. Wenn von Supermärkten die Rede ist, denkt man deshalb sofort an Sonderangebote, und wenn man von Sonderangeboten redet, denkt man sofort an Supermärkte.
Freilich bekommt man bei den Sonderangeboten 50 nicht immer das, was man gern hätte. Wenn ein Weinbrand angeboten wird, auf dessen Etikett steht: „Bonaparte V. S. O. P.", dann hat man davon nie gehört, aber es steht auch darauf: „Product of France", und immerhin, das ist et- 55 was. Auch den Whisky „Cheers from the Highlands" würde man sonst nicht kaufen, aber zu dem niedrigen Preis will man sich etwas, das 42% hat, nicht entgehen lassen. Ähnliches gilt für Sonderangebote in der Non-food-Abteilung - 60 doch, die heißt so - etwa Frottierhandtücher. Zu derartig niedrigem Preis kauft man sogar Wellensittichfutter, auch wenn man keinen Wellensittich hat, aber man kann es ja für die hungernden Meisen gebrauchen. 65

Jedenfalls kann uns die Inflation jetzt nichts mehr anhaben, und es ist uns rätselhaft, wie die Supermärkte bei solchen Sonderangeboten überhaupt auf ihre Kosten kommen. Doch überlassen wir die Lösung dieses Rätsels getrost den 70 Supermärkten. Unser Problem ist das ja nicht.

Arbeitsanregungen zum Text

- *Welches Bild zeichnet der Autor vom Verbraucher? Stimmen Sie der Auffassung des Autors zu? Begründen Sie Ihre Ansicht.*
- *Was ist nach Auffassung des Autors am Supermarkt rätselhaft?*
  Lösungshinweis: Vordergründig die - scheinbar - niedrigen Preise, weiterhin aber auch die Wirkung, die der Supermarkt auf das Verbraucherverhalten hat.

- *Hat ein Supermarkt tatsächlich "antiinflationäre Eigenschaften"?*
  Lösungshinweis: Die besonders hervorgehobenen Preise sind teilweise gleichzeitig die "regulär" kalkulierten Preise; weiterhin geht der Ladenbesitzer davon aus, daß der Kunde, der wegen der Sonderangebote in den Laden kommt, gleichzeitig auch seinen weiteren Bedarf an Lebensmitteln und Gütern des täglichen Bedarfs, die nicht zu Sonderpreisen angeboten werden, in dem aufgesuchten Geschäft deckt, das heißt, die niedrige Gewinnspanne bei den Sonderangeboten wird durch die höhere bei anderen Artikeln wieder ausgeglichen (Mischkalkulation).

Vgl. auch den Text "Preiswirrwarr". ⇨ Lehrerband, S. 89 f.

Lösungen, S. 190

3 Zu Jochen Siemens: Die Architektur des Konsums, ⇨ Lehrbuch, S. 328 f.

a) Die **Warenplazierung** im Supermarkt ist genau geplant (Zeile 28 f.):
1. Der Eingang ist rechts, man geht links herum zur Kasse, denn die Menschen sind rechtsorientiert (Zeile 32 ff.).
2. Der Kunde passiert zunächst die Obst- und Gemüseabteilung, denn die frischen Farben verleiten zum Kauf, und viele kaufen zuerst das Gemüse und anschließend das passende Fleisch dazu (Zeile 41 ff.).
3. Der Kunde wird unmerklich nach seinem Tagesablauf (Frühstück, Mittag, Abend) durch die Gänge geführt (Zeile 51 ff.).
4. Die Warenplazierung im Regal erfolgt nach dem Prinzip: teure Ware in Augen- und Griffhöhe, billigere weiter unten (Zeile 77 ff.).
5. Fleisch und Käse erhalten eine bestimmte Beleuchtung, damit sie natürlicher aus sehen (Zeile 85 ff.).
6. Nach der Fleischtheke passiert der Kunde die Käsetheke (Zeile 89 ff.).
7. Der Gang des Kunden durch den mittleren Teil des Ladens wird durch Sonderverkaufsstände u. a. gebremst (Zeile 94 ff.).
8. Basislebensmittel, sogenannte Suchware, werden links unten plaziert (Zeile 100 ff.).
9. Im Kassenbereich stehen Regale mit Süßigkeiten, die speziell Kinder ansprechen sollen, sogenannte "Quengelware", (Zeile 111 ff.).

Weitere im Text nicht genannte Gesichtspunkte sind:
- Fleisch- und Wursttheke im hinteren Teil des Ladens plazieren.
- Impulsartikel (Zigaretten, Sonderangebote, Auslaufware u. a.) werden an der Kasse plaziert.
- Der Kaufrhythmus des Kunden wird gezielt durch Ladenmusik gesteuert.
- Der Kunde sollte eine gewisse Wartezeit an der Kasse haben.
- Appetitanregende Düfte fördern die Kauflust, zum Beispiel frisch gebackene Brötchen

---

Grundsatz: Je länger der Kunde im Laden ist, um so mehr kauft er.

Statistische Angaben im Text:
- 30 % der Kunden haben einen Einkaufszettel dabei.
- 15 % der Kunden, die nach einem Einkaufszettel einkaufen wollen, kaufen trotzdem mehr als geplant.
- In Deutschland gibt es 8 000 Supermärkte, meist unter 1 000 Quadratmeter, mit durchschnittlich 8 000 Artikeln.
- Die Frischeabteilungen machen 50 % des Lebensmittelumsatzes aus.
- Nach durchschnittlich 20 Minuten geht der Kunde zur Kasse.
- 20 bis 35 % des Kühlschrankinhaltes wandern unberührt in den Müll.

Weitere Arbeitsanregung
Untersuchen Sie vor dem Hintergrund dieser Angaben Ihr eigenes Einkaufsverhalten bzw. das Einkaufsverhalten eines Ihrer Familienmitglieder oder von Bekannten.

c) Jochen Siemens bringt insbesondere durch die Wortwahl seine kritische Haltung zur Warenplazierung im Supermarkt zum Ausdruck. Beispiele:

- Architektur des Konsums (Überschrift)
- Regal-Labyrinth (Zeile 3)
- teuflisch (Zeile 4)
- zwecklos, sich der Architektur widersetzen zu wollen (Zeile 17 ff.)
- Supermarkt-Konstruktionen (Zeile 22)
- verhindern (Zeile 24)
- installieren unsichtbaren Leitstrahl (Zeile 27)
- man kann nicht anders (Zeile 36 f.)
- mit prallen Farben Stimmung machen, Tomaten leuchten u. a. (Zeile 42 ff.)
- grüne Parade (Zeile 51)
- Gängeviertel (Zeile 52)
- Kühlregale summen (Zeile 52)
- unmerklich in Gang gesetzt (Zeile 54 f.)
- wären auch ganz nett (Zeile 57)
- wie zufällig (Zeile 58)
- schimmern (Zeile 58)

- Supermarktstrategen (Zeile 77)
- Fallen aufstellen (Zeile 77)
- verlockend aussehen (Zeile 85)
- Farben aufpeppen (Zeile 93)
- stößt der Kunde auf ein neues Animationsprogramm (Zeile 94 f.)
- Kunde bremst (Zeile 100)
- Sieg oder Niederlage (Zeile 104)
- peinlich genau (Zeile 106)
- Konsumstrategen (Zeile 107)
- landet der Kunde (Zeile 109 f.)
- vollgepackter Wagen (Zeile 110)
- größter Streßfaktor (Zeile 111)
- Kinderterror (Zeile 112)
- stellen ... in den Weg (Zeile 114 f.)
- Tüten reißen an den Fingergelenken (Zeile 118)
- den Kunden schwant (Zeile 120)

Thesen des Autors:
- Der Supermarkt bringt den Kunden dazu, mehr zu nehmen, als er braucht (Zeile 9).
- Man kann sich als Kunde der kalkulierten Architektur des Konsums nicht mehr widersetzen, denn sie beruht auf fundierten Untersuchungen unseres Kaufverhaltens (Zeile 17 ff. und Zeile 80).
- Der Aufbau des Supermarktes ahmt den Kunden nach und verführt ihn damit, ohne daß er es merkt.
- Je mehr der Kunde vor sich sieht, um so häufiger bremst und kauft er (Zeile 100).

Arbeitsanregungen zum Text

- Schreiben Sie den Text um zu einem Artikel, der in einer Zeitschrift für den Lebensmitteleinzelhandel erscheinen soll (⇨ Lehrbuch, T 5, S. 189).
- Schreiben Sie einen Leserbrief zu dem Text "Architektur des Konsums". Berichten Sie darin ergänzend zu dem abgedruckten Artikel über Ihre Erfahrungen beim Einkauf im Supermarkt. (Zum Leserbrief, ⇨ Lehrbuch, S. 40 f., und Lehrerband, S. 37)
- Schreiben Sie einen Brief an einen Supermarktinhaber. Bitten Sie ihn, bestimmte Dinge bei der Warenplazierung bzw. bei der Verkaufsorganisation zu ändern.

Weitere Texte zum Thema "Einkaufen"
"Maul halten, zahlen". ⇨ Textsammlung, S. 349
Monique Rüdell: Käufer lachen öfter. ⇨ Textsammlung, S. 350

---

4 Richtlinien für das bewußte Einkaufen:
- Fertigen Sie vor dem Einkauf einen Einkaufszettel an.
- Kaufen Sie gezielt nach dem Einkaufszettel ein.
- Überprüfen Sie an der Kasse nochmals, welche Waren Sie in den Einkaufskorb gepackt haben.
- Kaufen Sie nicht mit leerem Magen ein.
- Machen Sie sich die Strategien bei der Warenplazierung bewußt.
- Überlegen Sie beim Einkauf in den Frischeabteilungen, wieviel Ware Sie noch zu Hause im Kühlschrank haben! Denken Sie dabei daran, daß 20 - 35 % des Kühlschrankinhaltes in den Mülleimer wandern.
- ...

5 c) Texte zum Thema: Welche Grenzen sollten der Werbung gesetzt werden: "Stop für Kinderfänger", ⇨ Lehrbuch, S. 329, und "Kinderfreie Zone", ⇨ Lehrbuch, S. 330, sowie "Einzelhandel kein Kinderverführer", ⇨ Textsammlung, S. 349, und "Serie oder Werbespot?", S. 348.

Weitere Arbeitsanregungen

- Überprüfen Sie, was aus der 1992 diskutierten Forderung von Eltern und Verbraucherschützern, an der Kasse keine Süßigkeiten und Spielwaren zu plazieren, geworden ist.
- Lesen Sie den Text von Klaus-Peter Wolf: Der Kaufhaussheriff, ⇨ Textsammlung, S. 264. Beurteilen Sie das Vorgehen der Eltern rechtlich.
  Was könnte die Eltern zu dieser Aktion veranlaßt haben?
  Weshalb wirkt der Geschäftsführer auf die Leser eher lächerlich und hilflos?
- Lesen Sie den Text von Joachim G. Oldag: Apfelsinen und Särge, ⇨ Textsammlung, S. 372.
  Was hat dieser Text mit "Werbung" zu tun?
  Weshalb ist die "Zwei-Branchen-Werbung" des Verkäufers wenig erfolgreich?

S. 190, T 6

Autor und Inhalt: Der Autor war nach dem Studium der Philosophie, Literaturwissenschaft und Psychologie selbst 38 Jahre in der Werbung tätig. Danach schrieb er die Streitschrift "Die Werbelawine. Ein Angriff auf unser Bewußtsein" als umfassend angelegte Werbekritik. In dem im Lehrbuch abgedruckten Textausschnitt geht es um den Einfluß von Werbung auf Kinder.

Weitere Texte zum Thema "Werbung in der Diskussion"
Cordt Schnibben: Die Reklame-Republik. ⇨ Textsammlung, S. 339, und Lehrerband, S. 168
Annette Rupprecht: Frischfleisch für Frauen. ⇨ Textsammlung, S. 347 und Lehrerband, S. 168
Vera Sandberg: "Dann wird eben eine neue Bluse mein Freund". ⇨ Textsammlung, S. 313

Arbeitsanregungen: Diskutieren Sie vor dem Hintergrund dieses Textes das Problem "Kaufsucht". Was versteht man darunter? Wann ist man kaufsüchtig? Welche Folgen hat dies für die Betroffenen? Welche Ursachen hat - analog zu anderen Suchtarten - Kaufsucht möglicherweise? Wie kann den Betroffenen möglicherweise geholfen werden?
Kristiane Allert-Wybranietz: Mein Einkaufsnetz muß Löcher haben. ⇨ Textsammlung, S. 313

Arbeitsanregungen: Deuten Sie die Überschrift. Woran liegt es tatsächlich, daß sich die in der Werbung versprochenen Träume nicht erfüllen? Berücksichtigen Sie auch "Die Reklame-Republik" sowie T 7, Lehrbuch, S. 191. Wie sind die neueren Werbeanzeigen aufgemacht?
Die Toten Hosen: Kauf mich! ⇨ Textsammlung, S. 337 sowie Lehrerband, S. 292

Arbeitsanregungen: Wie ist der Text "Kauf mich!" zu verstehen?
Gerd Schuster: Die geheime Macht der Düfte. ⇨ Textsammlung, S. 352
"Die Werbung der Zukunft". ⇨ Textsammlung, S. 382
Dagmar Gassen: Flieg, Balthasar, flieg! Textsammlung, S. 382

S. 191, T 8
Weiteres Textbeispiel für den Einsatz von Werbung für positive Zwecke: "Das Ruhrgebiet. Ein starkes Stück Deutschland". ⇨ Textsammlung, S. 358.

Lösungen, S. 192

1/ 2

Adjektiv	Steigerung
reichhaltig	reichhaltiger - reichhaltigste
ideal	idealer - idealste
täglich	-
aktiv	aktiver - aktivsten
außergewöhnlich	außergewöhnlicher - außergewöhnlichste
trocken	trockener - trockenste
schädlich	schädlicher - schädlichste
cremig	cremiger - cremigste
flüssig	flüssiger - flüssigste
schnell	schneller - schnellste
angenehm	angenehmer - angenehmste
nicht-ölig	-
fein	feiner - feinste
parfümiert	parfümierter - parfümierteste (?)

3

Adjektiv	Steigerung
gut	besser - beste
einzig	-
rot	röter - röteste
voll	voller - vollste
tot	-
blau	blauer - blau(e)ste
viel	-
rund	runder - rundeste

S. 193, T 10

Textsorte: Romanausschnitt
Autor:

Orwell, George (eig. Eric Blair), engl. Essayist und Romanschriftsteller, 25. 6. 1903 Motihari/Bengal, Indien - 21. 1. 1950 London. Stipendiat in Eton. 1922-27 bei der brit.
5 Militärpolizei in Indien; s. Protest gegen die brit. Regierungsmethoden spiegelt sich in >Burmese Days<. Gab s. Beamtentätigkeit auf, um am >Leben der Unterdrückten< teilzuhaben,verlebte unruhige Jahre in London und Paris als
10 Vagabund, Tellerwäscher, auch als Lehrer, Buchhandelsgehilfe usw., deren Erfahrungen er in >Down and Out in Paris and London< schildert. ∞ 1936 Eileen O´Shaughnessy. Erforschte im Auftrag von V. Gollancz die
15 Verhältnisse der Bergarbeiter, gab s. Eindrücke wieder in >The Road to Wigan Pier<. Damals Anhänger der kommunist. Internationale, später Übertritt zur Labour Party. 1936 freiwillige Teilnahme am Krieg in Spanien, Verwundung. Dann in London Redakteur der >Tribune<, 20 später Mitarbeiter des >New Statesman<. Während des 2. Weltkrieges Mitarbeiter des B. B. C. Unmittelbar nach Kriegsende durch s. allegor. -phantast. Roman >Animal Farm<, e. geitvolle Satire auf das Diktatorenunwesen und 25 die Tendenzen e. Massenstaates schlagartig berühmt. ∞ 1949 Sonia Mary Brownell. Vollendete kurz vor s. Tod auf dem er die in totalitären Staaten vorherrschenden Tendenzen zur Massenknechtung mit grausam-unerbittl. 30 Konsequenz zu e. warnenden Schreckbild e. unfreien Menschheit zu Ende führte. S. furchtbaren Zukunftsvisionen zeichnete er mit der Feder e. scharfen Satirikers.

Gero von Wilpert: Lexikon der Weltliteratur. Bd. 1. Autoren a. a. O.

Lösungen, S. 194

Zusatztext:
Auszüge aus NS-Deutsch. Nutzen Sie die hier ausgeführten Erklärungen zur NS-Sprache für die Beantwortung der beiden Aufgaben:

Endlösung
ab 1941: interner Sprachgebrauch für die systematische Tötung der europäischen Juden in den Vernichtungslagern oder durch physische Aus-
5 beutung (*Vernichtung durch Arbeit); der Öffentlichkeit wurden Ausdruck und Bedeutung erst 1946 durch die Nürnberger Kriegsverbrecherprozesse bekannt; Protokoll der *Wannsee-Konferenz, 20.1.42: „im Zuge der Endlösung
10 der europäischen Judenfrage kommen rund 11 Millionen Juden in Betracht, die sich wie folgt auf die einzelnen Länder verteilen... Im Zuge der praktischen Durchführung der Endlösung wird Europa vom Westen nach Osten durchge-
15 kämmt"; dazu die Wendung: Ghetto-Bewohner oder Transporte **der Endlösung zuführen**

entartet
nicht den offiziellen Vorstellungen von der nordischen Rasse und Wesensart entsprechend; aus
25 der Art (Rasse) geschlagen

- **entartete Kunst** = bildende Kunst, die den ns. Kunstvorstellungen nicht entsprach, weil sie die arteigenen, also „in der rassebedingten deutschen Seele liegenden Werte" nicht zum Aus-
30 druck bringe; Titel einer Wander-Austellung, die 1937 in München begann und solche Kunstwer-
ke, mit höhnischen Kommentaren versehen, zur Abschreckung zeigte
- **entartete Musik** = nicht dem NS-Ideal entsprechende (moderne) Musik, Jazz; 35
- **geschlechtlich Entarteter** = jemand, der eines Sittlichkeitsverbrechens beschuldigt wurde

fanatisch
von Hitler ins Positive umgemünzt; kennzeichnete die (erwünschte) neue Einstellung der Volks- 40 genossen: heroisch, aber auch besessen von einer Idee erfüllt, unbedingt, ausschließlich: „man gebe der deutschen Nation sechs Millionen sportlich tadellos trainierte Körper, alle von fanatischer Vaterlandsliebe durchglüht" (`Mein 45 Kampf´, S. 611); **fanatisch-blinder Wille, mit fanatischster Gewissenhaftigkeit befolgen**

- **fanatisch kämpfende Truppen:** Formulierung im Wehrmachtsbericht, die Härte der Kämpfe unterstreichen 50
- **erfüllt von fanatischem Eifer für die neue Heimat und Volksgemeinschaft:** parteiamtliche Darstellung der Begeisterung unter den Volksdeutschen bei ihrer *Umsiedlung aus dem Osten und Südtirol 55
- **fanatischer Deutscher** = besonders patriotischer Deutscher; **fanatisches Deutschtum**

178

Schutzhaft

entgegen der ursprünglichen Wortbedeutung: Verhaftung von politischen Gegnern (später auch von Juden) wegen der Möglichkeit staatsfeindlicher Betätigung; erfolgte ohne richterliche Anordnung oder zeitliche Begrenzung willkürlich durch die Gestapo - auf Grund der *Reichstagsbrandverordnung vom 28.2.33; später konnte auch nach Verbüßung einer Freiheitsstrafe zusätzlich Schutzhaft im KZ auf Kriegsdauer angeordnet werden

- **Schutzhaftbefehl:** Grundlage für eine Einweisung ins KZ, z. B. mit der Formel: „wird in Schutzhaft genommen, da die Gefahr besteht, daß er von seiner Freiheit gegen den nationalsozialistischen Staat und seine Einrichtungen Gebrauch machen würde"

Sonderbehandlung

Tarnwort für `Exekution`; erster Beleg für die Gleichsetzung dieser beiden Begriffe ist ein Fernschreiben Heydrichs vom 20.9.39

(1) bezeichnete zunächst nur die einzelne Exekution eines Häftlings durch Erschießen oder Erhängen - aus politischen oder rassischen Gründen und schon bei den kleinsten Delikten; jeweils nur auf polizeilichen Befehl (also unter Umgehung ordentlicher Gerichte), und zwar auf Grund eines **Sonderbehandlungsvorschlags,** an das RSHA: eines knappen Schriftwechsels mit Tatbeschreibung, rassischer Beurteilung (wegen einer möglichen *Eindeutschung) und der endgültigen „Vollzugsmeldung"

(2) später: Bezeichnung für Massentötungen ohne jede Formalität in den Konzentrations- und Vernichtungslagern; in den Totenbüchern erscheint unter „Todesursache" oft die Abkürzung S.B.

- **der Sonderbehandlung unterzogen, einer Sonderbehandlung zugeführt, Sonderbehandlungsfälle;** das Wort wurde durch seine dauernde Verwendung schließlich so bekannt, daß neue Sprachregelungen angeordnet werden mußten, z. B. *durchgeschleust

Karl-Heinz Brackmann/Renate Birkenhauer: NS-Deutsch. Straelen 1988

S. 194 f., T 11
Textsorte: Glosse

Lösungen, S. 195

1 Der Autor wendet sich gegen den inflationären Gebrauch von Adjektiven, die häufig überflüssig sind und nichts an zusätzlicher Information beitragen.
2 redundant = überreichlich, üppig, weitschweifig
 tautologisch = sprachlich einen Sachverhalt doppelt wiedergebend
 pleonastisch = überflüssig gesetzt, überladen
 epanaleptisch = ein gleiches Wort oder eine Wortgruppe im Satz wiederholend
 anadiplotisch = das letzte Wort oder die letzte Wortgruppe eines Verses oder Satzes am Anfang des folgenden Satzes oder Verses wiederholend, um etwas semantisch oder klanglich zu verstärken
4 Werbeanzeigen für Parfüm sind hierzu gut geeignet.
5 Die Adjektive werden benutzt, um Qualitäten herauszustellen, zum Beispiel "hochgewachsen", "breitschultrig", "gebräunt" und "jungenhaft".
6 Lehrbuch, S. 297, Brief an meine Tochter, ⇨ Lehrerband, S. 125 f.
 Lehrbuch, S. 306, Patricia Highsmith: Elsie's Lebenslust, ⇨ Lehrerband, S. 20

S. 198, Karikatur
Autor/Karikaturist: P. Gay - Peter Gaymann

Lieber falscher Hase als ein dummes Huhn

Peter Gaymann holte das Federvieh aus dem sozialen Abseits. Mit Prisma plaudert der Cartoonist über allerlei Getier

PRISMA: *Das Huhn hat Ihnen inzwischen goldene Eier gelegt. Warum hacken Sie huhnentwegt auf dem wehrlosen Federvieh herum?*

Gaymann: Tue ich das? Ich würde doch nie wa-
5   gen, meine Vorbilder zu karikieren!

PRISMA: *Schon in ganz jungen Jahren, in Ihrem Elternhaus, machten Sie Bekanntschaft mit Hühnern. Mußten Sie damals arg Federn lassen?*

10   Gaymann: Damals wie heute, es ist immer das gleiche. Menschen reden aneinander vorbei. Die Folge davon: Krieg, Mord und Totschlag - manchmal sogar Scheidung. Dieses Thema nimmt übrigens auch breiten Raum in meinem
15   vorerst letzten Buch „Die Paar Probleme" ein. Da hauen sich Mann und Frau gegenseitig in die Pfanne.

PRISMA: *„Alle Hähne sind Schweine", lassen Sie die Hühner eines Ihrer Cartoons sagen. Wie*
20   *radikal ist die Hühnerbewegung heute wirklich?*

Gaymann: Lassen Sie mich nachdenken. Ich bin jetzt seit 19 Jahren verheiratet (am Stück) und habe zwei Kinder (7, 14 und 21 Jahre alt).

PRISMA: *Gibt es ein Leben nach dem Frikas-*
25   *see?*

Gaymann: Wie bitte? Welcher See? Mich hat der „Schatz am Silbersee" sehr geprägt. Ansonsten bin ich religiös erzogen worden, habe den Wehrdienst verweigert, Sozialarbeit studiert, bin
30   dann für fünf Jahre nach Rom gezogen. Dort habe ich den Papst gesehen und bin fast vom Glauben abgefallen.

PRISMA: *Überall sind Sie nur als „der Hühnermann" bekannt. Ich finde das zum Gackern.*
35   Gaymann: Sehr gute Frage! Warum essen Hühner keine Bananen? Habe ich bisher nie darüber nachgedacht.

PRISMA: *Gockel, Glucken, Hasen, Schweine: Sollen wir Menschen uns in all diesen Tieren*
40   *Ihrer Cartoonwelt wie in einem Spiegelei erkennen?*

Gaymann: Ja, ich habe auch Kochbücher illustriert. Zum Beispiel eins mit 65 Geflügelrezepten, mit tollen Fotos und vielen hühnerfeindli-
45   chen Cartoons.

PRISMA: *Das umstrittene Verhältnis Huhn - Mensch: Könnten Sie das mit einem geflügelten Wort auf den Punkt bringen?*

Gaymann: Mein Name ist Hase!

50   PRISMA: *Lieber falscher Hase als ein dummes Huhn. Wie stehen Sie dazu?*

Gaymann: Ich stehe morgens pünktlich auf (7.30 Uhr), arbeite täglich von 9 bis 17 Uhr und trinke abends gern ein Gläschen trockenen Weißwein. So um Mitternacht liege ich im Bett. Das leichte 55 Leben fällt mir nunmal unendlich schwer.

PRISMA: *Das Gelbe vom Ei - gab`s das in Ihrem Leben?*

Gaymann: Ich lebe seit zwei Jahren in Köln, weil es hier eine Huhnsgasse, ein Hahnentor, den 60 Hahnwald und die Straße „Unter Fettenhennen" gibt.

PRISMA: *Machen Sie zu Ostern endlich reinen Tisch. Das Huhn oder das Ei - was stand am Anfang Ihrer Karriere?* 65

Gaymann: Das Huhn oder das GAY? Das haben Sie schön gesagt. Das sollten wir so stehen lassen. Herr Bärschneider, ich danke Ihnen für das Gespräch!

Gaymann's Geständnis: „Viele Vögel machen mir das Leben schwer. Arme Schweine!"

PETER GAYMANN (44),

ja, das ist er, der Mann mit den unverwechselbaren Hühner-(Sa)-Tieren. Obwohl er auch andere Viecher und Menschen aufs Korn nimmt, das gefiederte „Miststück", wie er es nennt, hat ihn berühmt gemacht. Gaymann wuchs in Freiburg auf und studierte Sozialarbeit. 1976 begann er als freischaffender Zeichner. Gaymanns Beweggründe: „Ich wollte kreativ sein, ohne Chef leben und mindestens so erfolgreich sein wie Tomi Ungerer, der sich`s damals schon leisten konnte, nach Kanada zu ziehen."

Mit zehn Millionen verkaufter Cartoon-Postkarten hat Gaymann die Absichten inzwischen in die Tat umgesetzt, außerdem zahlreiche Bücher, Karikaturbände und Kalender illustriert. Seine neuesten Bücher heißen „Die Paar Probleme" und „Alle Jahre...schon wieder". Gaymann lebt sei 1991 mit Frau Annette und seinen zwei Kindern in Köln.

Arbeitsanregung zum Text

Geben Sie den Inhalt des Interviews mit eigenen Worten wieder. Warum ist dies möglicherweise etwas schwierig?

S. 200, T 12

Zusatzinformation: Weitere Rotkäppchen-Parodien, ⇨ Lehrbuch, S. 82, und Textsammlung, S. 356.

Literaturhinweis: Hans Ritz: Die Geschichte vom Rotkäppchen. München 1981.

Lösungen, S. 200

1   Zu sprachlichen Mitteln der Werbung, siehe:
    Wolf Schneider: Die geheimsten Verführer, ⇨ Textsammlung, S.395
    Monika Putschögl: Prospektpoesie. ⇨ Textsammlung, S. 400
    Philipp Maußhardt: Unser täglich Schrot, ⇨ Textsammlung, S. 398
4   Anzeige S. 8, ⇨ Lehrerband, S. 7
    Anzeige S. 133, ⇨ Lehrerband, S. 125
    Anzeige S. 183, ⇨ Lehrerband, S. 165
    Anzeige S. 316: Weitere Informationen und Anzeigen von Unicef, ⇨ Textsammlung, S. 318 f.

Arbeitsanregung

Informieren Sie sich über die Arbeit von Unicef. ⇨ Textsammlung, S. 318 f.
Anzeige S. 322, ⇨ Lehrerband, S. 16 sowie Textsammlung, S. 367
Anzeige S. 325
Siehe auch Anzeige, ⇨ Textsammlung, S. 358

5/6 Es besteht auch die Möglichkeit, daß - eventuell arbeitsteilig - die gesamte Werbekampagne zu einem ausgewählten Produkt untersucht wird, zum Beispiel Produktdesign, Verpackung, Anzeigenwerbung, Kinowerbung, verkaufsfördernde Maßnahmen und Fernsehwerbung.

Zusatztexte:

Dagmar Gassen: Flieg, Balthasar, flieg! ⇨ Textsammlung, S. 382
Arbeitsanregungen zum Text

* *Lesen Sie den Text von Dagmar Gassen, und beschreiben Sie die Arbeit von Werbefilmern.*
* *Die Werbung wird oft auch als "Die Welt des schönen Scheins" bezeichnet. Erläutern Sie diese Aussage vor dem Hintergrund dieses Textes.*
* *Schauen Sie sich verschiedene Werbespots im Fernsehen oder im Kino vor dem Hintergrund dieses Textes genauer an. Welche möglichen Tricks könnten angewendet worden sein?*

"Auf den Punkt gebracht" (Interview). ⇨ Textsammlung, S. 399
In dem Text geht es um die "Kreation" von Produktnamen, ⇨ Lehrbuch, S. 198 f.

Arbeitsanregungen zum Text

* *Welche Gesichtspunkte sind bei einem neuen Produktnamen wichtig?*
* *Wie geht Susanne Latour bei der Namensfindung vor?*
* *Suchen Sie einen neuen Namen für Ihre Schule.*
* *Weshalb wurde der Text möglicherweise als Interview abgedruckt?*

- Formulieren Sie den Text um in einen Bericht, Thema: Vorgehensweise beim Erfinden neuer Produktnamen.
- Welche Probleme ergeben sich möglicherweise, wenn Sie sich in einem "kreativen" Beruf selbständig machen? (Vgl. Axel Vaßgert: Goethe und Kohl, ⇨ Textsammlung, S. 368, sowie Lehrbuch, Kapitel 8.)

"Aber bitte mit Warnung". ⇨ Textsammlung, S. 336

Arbeitsanregung zum Text
Lesen Sie den Text, und beurteilen Sie die Aktion des VCD (Verkehrsclub, der Umweltschutz in den Mittelpunkt seiner Arbeit stellt).

S. 201 ff., T 14
Textsorte: Sachtext
Autor: Werner Meffert studierte Publizistik und Psychologie, war als Kaufmann, Marketingberater und Texter für Großunternehmen und kleinere Firmen tätig, seit 15 Jahren führt er eine eigene erfolgreiche Werbeagentur.

Inhalt des Buches (Klappentext):

Wirksame Werbung ist keine Frage der Unternehmensgröße. Mittelständische Hersteller, Handwerker, Händler und Dienstleiter haben die besten Chancen, sich gegen Großkonzerne zu
5 behaupten - und die Konkurrenz aus den eigenen Reihen abzuhängen.
Nicht hergeholte Gags, sondern gezielte Botschaften führen zum Werbe-Erfolg. Schritt für Schritt erläutert Werner Meffert die Überlegung,
10 mit denen mittelständische Unternehmen zu einem maßgeschneiderten Werbekonzept kommen. Er zeigt, wie sie absatzträchtige Zielgruppen finden und vom Vorteil des eigenen Angebots überzeugen.
Ob neue Kunden gewonnen oder Erstkunden in 15 Stammkunden verwandelt werden sollen, ob die Konkurrenz angegriffen oder abgewehrt werden soll - „Werbung, die sich auszahlt" führt neue Denkansätze, wirksame Techniken, ungewöhnliche Mittel und Wege vor. 20

Werner Meffert: Werbung, die sich auszahlt. A.a. O.

Lösungen, S. 203
1 - Die drei Schritte zum Kaufentschluß sind: gesehen werden, verstanden werden, geglaubt werden.
- Aufmerksamkeit erzielt man durch: verblüffende Abbildungen, provozierende Überschriften, ungewöhnliche Verbindungen.
- Die Schlagkraft muß aus dem Produkt selbst kommen.
- Der Leser muß sofort erkennen, daß die Botschaft *ihn* angeht. Man sollte daher nicht über das Produkt sprechen, sondern dem Leser den Nutzen, den das Produkt für ihn hat, verdeutlichen.
- Man sollte sich auf eine zentrale werbliche Botschaft konzentrieren.
- Schon die Überschrift muß den Leser ansprechen.
- Man erzielt Aufmerksamkeit, indem man Ungewöhnliches - einen verblüffenden Gedanken - in einfachen Worten formuliert.
- Man kann auffallen, indem man sich durch "leisere" Töne von der Konkurrenz abgrenzt.
- Man sollte den Umworbenen sagen, was sie tun sollen.
3 Vgl. den Text von Axel Vaßgert: Goethe und Kohl, ⇨ Textsammlung, S. 368
Siehe auch ⇨ Lehrerband, S. 181 (zu Lehrbuch, S. 200), Arbeitsanregung zu 5/6, sowie die Texte "Flieg, Balthasar, flieg!" von Dagmar Gassen und "Auf den Punkt gebracht" ⇨ Textsammlung, S. 382 und S. 399.

4 Rolf Karepin: Radio Days, ⇨ Textsammlung, S. 385

Arbeitsanregungen zum Text
Erkundigen Sie sich über die Möglichkeiten, einen Hörfunkspot für das lokale Radio zu erstellen. Wie teuer ist die Ausstrahlung eines Werbespots bei diesem Sender? Erkundigen Sie sich auch nach den Preisen für die Ausstrahlung von TV-Werbespots bei verschiedenen Sendern und zu verschiedenen Zeiten. Wovon wird der Preis möglicherweise abhängig sein?

6 *Weitere Arbeitsanregungen*
Sichten Sie einige Werbebriefe, die Sie bzw. Ihre Eltern in der letzten Zeit erhalten haben. Wie sind sie aufgebaut? Waren sie ansprechend? informativ? interessant? usw.
Lesen Sie hierzu auch: "So kommt Ihr Werbebrief besser an. 20 Tips für Ihren Text.",
⇨ *Textsammlung, S. 355*

7 Weitere Texte zum Thema "Frauen und Reisen", ⇨ Textsammlung, S. 335 sowie Lehrerband, S. 193

Lösungen, S. 205
3 Siehe auch Axel Vaßgert: Goethe und Kohl, ⇨ Textsammlung, S. 368

Weiterer Text
Hans-Ulrich Treichel: Bewerbung. ⇨ Textsammlung, S. 310

S. 209, T 3
Sprache: teilweise sehr ironisch
Zusatzinformationen: Die Zeitschrift "fairkehr" trägt den Untertitel "Das Magazin für umweltfreundlichen Verkehr, Reisen & Freizeit" und ist das offizielle Mitteilungsblatt des Verkehrsclubs Deutschland VCD e. V. Tenor der Zeitschrift ist der Appell, auf das Autofahren - soweit möglich - zu verzichten und auf alternative Fortbewegungsmittel (Fahrrad und öffentliche Verkehrsmittel) auszuweichen.

Lösungen, S. 210
1 Hauptgedanken des Textauszuges:
- Von deutschen Tarifexperten wird der in anderen Ländern übliche Einheitspreis abgelehnt.
- Fahrkartenautomaten sind schwierig zu bedienen.
- Die Automatenoberfläche unterliegt einer gewissen genormten Ordnung.
- Informationsvielfalt und miteinander konkurrierende Informationen erschweren die Benutzung der Fahrkartenautomaten.
- Viele Fahrgäste erwerben aus Unwissenheit oder Unsicherheit eine zu teure Fahrkarte.
- Die Touch-screen-Technik (intelligente Automaten mit einer berührungsempfindlichen Oberfläche) stellt zwar eine technische Verbesserung dar, für viele Benutzer ist sie jedoch eine zusätzliche Hemmschwelle.
- Eine entscheidende Verbesserung ist der CC-Paß, eine "Kreditkarte", die der Fahrgast jeweils beim Ein- und Aussteigen in ein Lesegerät steckt; am Monatsende wird dann der Fahrpreis von dem "Bestpreisprinzip" berechnet und vom Konto abgebucht.

2 Probleme beim Umgang mit dem Fahrkartenautomaten:
kein Kleingeld, Automat defekt, Informationstafel und Tarifsystem unverständlich, keine Möglichkeit für zusätzliche Fragen, keine sozialen Kontakte, ...

3 Lösungsmöglichkeiten, die im Text genannt werden:
Einheitstarife, CC-Paß ("Kreditkarte")
Weitere Lösungsmöglichkeiten: Zusätzlicher Schalterverkauf, ...
7 Vgl. auch T 4, ⇨ Lehrbuch, S. 210 f.

Weitere Texte

Gebrauchsanweisung auf dem neu aufgestellten Fahrkartenautomaten ... ⇨ Textsammlung, S. 389

Arbeitsanregungen: Handelt es sich bei diesem Text um eine Gebrauchsanweisung im engeren Sinne? Verändern Sie den Text so, daß daraus eine vielleicht originelle, aber verwendbare Gebrauchsanweisung wird.

Elke Heidenreich: Schaffner, komm zurück. ⇨ Textsammlung, S. 390

S. 210, T 4

Zusatzinformation: Manuskripte zum Beispiel zu Hörfunksendungen können beim Sender kostenlos angefordert werden.

Lösungen, S. 211 f.

2 Der WDR möchte darauf aufmerksam machen, daß viele Gebrauchsanweisungen unzureichend und wenig hilfreich sind, zum Beispiel aufgrund fehlerhafter Übersetzungen.

4 Gebrauchsanweisungen sollen:
-· den Aufbau eines Gerätes erklären,
- die korrekte Bedienung ermöglichen,
- auf mögliche Bedienungsfehler und deren Beseitigung hinweisen,
- zusätzliche Informationen geben, zum Beispiel über Zusatzgeräte, Hinweise auf Auskunftstellen usw.

5 Anforderungen an Gebrauchsanweisungen:
- leicht verständliche Formulierungen,
- Verwendung von Fachausdrücken nur dann, wenn dies unbedingt notwendig ist,
- schrittweise erläuternder Aufbau,
- Veranschaulichung durch leicht verständliche Hilfsskizzen,
- ...

Lösungen, S. 213

1 Aufbau des Textes: Zutatenliste, Zusatzinformationen , Vorgehensweise

2 a) *Fachausdrücke:*

bestreichen	Vorteig	gehen lassen
verkneten	Teigplatte	vorheizen
überbrühen	häuten	putzen
darüberträufeln	...	

Abkürzungen:

g	Teel.	Eßl.

  b) *Weitere Fachausdrücke* (Zusammengestellt aus : Kochen. Die kleine Schule für Anfänger und Einsteiger. Steinhagen. S. 12 ff.)
"Das ABC der Küchensprache. Die Kochkunst hat ihre eigene Fachsprache, mit der sie Handgriffe und Handwerkszeug genau bezeichnet. Vieles davon ist nur für Profis interessant. Aber die Grundbegriffe muß auch der Laie am Herd beherrschen."

Folgende Fachbegriffe werden anschließend erläutert:

abdämpfen	ablöschen	abschäumen
abschrecken	anbraten/anrösten	anschwitzen
aufgießen	Auflaufform	ausbacken/frittieren
auslassen	ausquellen	backen
binden	blanchieren	braten
Bratenthermometer	Dressing	dünsten
einkochen/reduzieren	einweichen	Eipick
Eischneider	Fleischgabel	garziehen/pochieren
Geflügelschere	glasig werden lassen	granieren/überbacken
Kartoffelpresse	Knoblauchpresse	kochen
köcheln/sanft kochen	Küchengarn	legieren
marinieren	Messer	Meßbecher/Litermaß
palen	Palette	panieren
passieren	Pfeffermühle	pürieren
Pürierstab	Reibe	Schaumkelle
schlagen	schmoren	Schneebesen
schneiden	Schneidebrett	Schnellkochtopf
Schöpfkelle	schwenken	seihen
Sieb/Durchschlag	Spargelschäler	Spritzbeutel
stocken lassen	Teigschaber	tranchieren
Waage	Wasserbad	zerlassen

Anregung: Wählen Sie zehn Fachbegriffe aus, die auch nichtfachsprachlich verwendet werden. Definieren Sie diese Begriffe jeweils in zweierlei Hinsicht (⇨ Lehrbuch, S. 42 ff., und Lehrerband, S. 38 f.).

c) Ein Grund dafür liegt in der zunehmenden Popularität von ausländischen Gerichten.
Anregung: Die Lieblingsspeisen der Schülerinnen und Schüler können (inklusive der Pluralbildung der einzelnen Gerichte) aufgeschrieben und zusammengestellt werden (Siehe auch Lehrbuch, S. 92 und Lehrerband 88).

3 a) Verbform: Infinitiv
Satzbau: das Subjekt fehlt
Begründung für den Satzbau: Vereinfachung des dargestellten Sachverhaltes; Verkürzung wirkt "neutraler" (ohne Subjekt)

S. 214 f., T 6
Textsorte: Satire
Inhalt: Der Autor erzählt - ausgehend von einer Kontaktanzeige (Wiedersehen) - eine fiktive witzige Geschichte, die möglicherweise der Anlaß für diese Anzeige war.
Sprache: stilistische Mittel sind Ironie, Übertreibung, Umgangssprache, Ausrufe, Betonung, ...

Lösungen, S. 215
2/3 ⇨ Textsammlung, S. 356 "Wie formuliere ich eine Kleinanzeige".

2 Alternative Trauer, ⇨ Lehrbuch, S. 293

Arbeitsanregungen zum Text

- *Welche politischen "Anspielungen" werden im Text gemacht?*
- *Weshalb sind "sterben", "trauern", "Trauerreden" und "Traueranzeigen" in unserer Gesellschaft häufig ein Thema, über das ernsthaft nur im Religionsunterricht gesprochen wird?*
- *Sichten Sie Traueranzeigen aus einer regionalen und einer überregionalen Tageszeitung. Was fällt Ihnen beim Lesen der Anzeigen auf? Welche Informationen über den Verstorbenen und die Trauernden erhalten Sie?*

Weiterer Text
An einen Vater. ⇨ Lehrerband, S. 133
T 18 "Unbequem und klassisch - Nachruf", ⇨ Lehrbuch, S. 13

S. 217, T 8

Textsorte: Lyrik
Autor: Peter Schütze, geboren 1959, lebt in Alfeld, arbeitet als Lehrer.
Inhalt: Der Autor beschreibt, welche Auswirkungen die zunehmende Verwendung von Abkürzungen in unserem Leben haben kann.

Arbeitsanregungen zum Text

- *Schreiben Sie alle im Text verwendeten Abkürzungen aus.*

   Lösung:
   In der deutschen Sprache der BRD
   sollten mehr Abkürzungen Verwendung finden.
   So kann viel Platz, Zeit und Deutsche Mark gespart werden.
   Schnell werden sich alle an die
5 reformierte Abkürzungs-Sprache gewöhnen und sie wird
   aus dem täglichen Leben, besonders der Arbeits-Welt
   mit Elektronischer Datenverarbeitung und so weiter nicht mehr wegzudenken sein.
   Abends ist früher Feierabend bzw. die
   Arbeits-Woche ist kürzer, das heißt unser Leben verlängert sich.
10 Wir haben mehr Zeit, uns neue Abkürzungen zu erdenken.
   So könnte sich theoretisch unser Leben ewig verlängern.
       SOS - internationales Seenotzeichen, gedeutet als *save our ship* oder s*ave our souls*

- *Ist eine Systematik bei der Verwendung der Abkürzungen erkennbar? Welche?*
- *Was fällt bei der Zeichensetzung auf?*
- *Welche Intention verfolgt der Autor möglicherweise? Berücksichtigen Sie dabei auch die Überschrift.*
- *Schreiben Sie selbst einen Text, zum Beispiel eine Mitteilung an einen Klassenkameraden, in dem Sie viele Abkürzungen verwenden. Der Angesprochene sollte auf die Mitteilung antworten.*
- *Lesen Sie den Text "Die Komik des Kürzels", ⇨ Lehrbuch, S. 346, siehe auch Lehrerband, S.92 f.*
- *Welche Abkürzungen werden zur Zeit häufig verwendet?*

- *Welche Vorteile und welche Nachteile hat die Verwendung von Abkürzungen?* ⇨ *Lehrerband, S. 92 f.*
- *Welche Abkürzungen kennen Sie a) aus Ihrem Berufsfeld (zum Beispiel BGB), b) aus dem allgemeinen Sprachgebrauch?*
- *Sichten Sie den Anzeigenteil einer großen Tageszeitung oder eine Anzeigenzeitung. Stellen Sie eine Liste der dort verwendeten Abkürzungen zusammen, zum Beispiel aus dem Bereich Wohnungsanzeigen, Heiratsanzeigen, KFZ-An- und Verkauf.*
  Wäre es sinnvoll, diese Liste als "Lesehilfe" für Zeitungsleser in der Zeitung jeweils mit abzudrucken? Begründen Sie Ihre Ansicht. Schreiben Sie einen Brief an die Zeitung, und machen Sie einen entsprechenden Vorschlag.
- *Welche Abkürzungen verwenden Sie in Ihren privaten Aufzeichnungen, zum Beispiel wenn Sie etwas schnell mitschreiben müssen (zum Beispiel u. oder + für "und")?*
- *Welche gebräuchlichen Abkürzungen halten Sie für unsinnig (zum Beispiel "Stck." für "Stück")? Begründen Sie Ihre Ansicht.*

S. 217, T 9

Textsorte: Satire
Autor: Apotheker und Satiriker, lebt in Berlin
Inhalt: Der Autor thematisiert auf ironische Weise die Problematik der Kommasetzung. Der Schluß des Textes - den Punkt richtig zu setzen - ist doppeldeutig.
Zusatzinformation: Der Text wurde auch in der Satirezeitschrift "Kowalski" abgedruckt.
Zu Duden, ⇨ Lehrbuch, S. 97 f., ferner Textsammlung, S. 394

Lösungen, S. 217

1 Die Anzahl der gesetzten Kommas nimmt von Zeile zu Zeile zu. Regeln bei der Kommasetzung werden nicht eingehalten (statt dessen wird immer stärker der Rat Pestalozzis beherzigt, besser ein Komma zuviel als zuwenig zu setzen).

2 Die korrekte Kommasetzung lautet:
   Das Komma
   Jeder weiß, daß es mit dem Komma seine Bewandtnis hat. Das geht schon mit dem Plural los: das Komma, die Kommata (Beispiel zum Beispiel: Einzahl "Hans, komma her!", Mehrzahl: "Ihr da, kommata weg!").
   Am schwierigsten ist es aber wohl für die meisten Leute, das Komma richtig zu setzen! Niemals ist man sich sicher, kommt es hierhin, kommt es dahin, oder kommt es überhaupt nicht hin? Gewiß, es gibt gewisse Regeln, der Duden kennt sich da aus, aber wer kann diese Regeln schon alle, alle im Kopf behalten? Deswegen, um ganz sicher zu gehen, sollte man den Spruch des alten Pestalozzi immer beachten: Lieber eines mehr als eines zuwenig. Dann kann kaum noch etwas schiefgehen, Hauptsache, man versteht den Punkt richtig zu setzen.
   Zur Neuregelung der deutschen Rechtschreibung im Hinblick auf die Zeichensetzung, siehe weiter unten (⇨ Lehrerband, S. 188 f.).

3 Er liebt, sie nicht.
   Er liebt sie, nicht?
   Er liebt sie nicht.
   Er liebt sie nicht!
   Er liebt, sie nicht?

   Weitere Übungssätze:

   Hans sagt Peter ist intelligent.   *Ich rate ihm zu helfen.*
   Hans sagt, Peter ist intelligent.   Ich rate, ihm zu helfen.
   Hans, sagt Peter, ist intelligent.   Ich rate ihm, zu helfen.

Weitere Arbeitsanregungen

- *Übung zu Satzgliedern und Kommasetzung (kein Komma!):*

Der fleißige Schüler einer Höheren Berufsfachschulklasse	liest	den schwierigen Text	abends
Subjekt	Prädikat	Objekt	adverbiale Bestg. der Zeit

in seinem Zimmer	wegen der bevorstehenden Zeugnisse	mit großer Unlust	durch.
adverbiale Bestg. des Ortes	adverbiale Best. des Grundes	adverbiale Bestg. der Art und Weise	Prädikat

- *Sichten Sie Ihre Deutsch-Klassenarbeiten. Mit welcher Kommaregel haben Sie die meisten Schwierigkeiten? Welche Kommaregel halten Sie für unverständlich oder überflüssig?*

S. 218 f., Die wichtigsten Kommaregeln

Neuregelung der deutschen Rechtschreibung: Zeichensetzung (Regeln 67 - 71)

Die heute gültigen Interpunktionsregeln des Deutschen, insbesondere die Kommaregeln, haben den Ruf, äußerst kompliziert zu sein. Vieles von diesem schlechten Ruf hat allerdings
5 nicht in erster Linie damit zu tun, daß die Zeichensetzungsregeln völlig willkürlich wären. Der Grund liegt vielmehr zu einem guten Teil darin, daß es schwierig ist, diese Regeln verständlich zu formulieren und angemessen zu präsentieren.
10 Bei der Arbeit an der Neuregelung hat man daher besonderen Wert darauf gelegt, das Regelwerk der Zeichensetzung durchsichtiger und verständlicher zu formulieren.

Darüber hinaus bringt die Neuregelung auch einige sachliche Änderungen. Diese betreffen 15 einmal das Komma bei „und" und „oder", dann das Komma bei Infinitiv- und Partizipgruppen und schließlich die Kombination der Anführungszeichen mit anderen Satzzeichen. In diesen Bereichen zielt die Neuregelung darauf ab, die 20 bisherigen Regeln zu vereinfachen und vor allem auch - wo sinnvoll - dem Schreibenden etwas mehr Freiheit zu gewähren. Insgesamt greift jedoch die Neuregelung in die alte Ordnung nur sehr behutsam ein. 25

Das Komma bei „und"

Entgegen der schon bisher sehr weit reichenden Grundregel, daß vor *und, oder* und verwandten Konjunktionen kein Komma zu setzen ist, war
5 zwischen Hauptsätzen, die durch diese Konjunktionen verbunden werden, bislang ein Komma grundsätzlich vorgeschrieben: *Hanna liest ein Buch, und Robert löst ein Kreuzworträtsel.* Da diese Regel aber offensichtlich dem
10 Sprachgefühl und dem Sprachgebrauch vieler, auch erfahrener Schreiber widerspricht, ist davon schon in der Vergangenheit häufiger abgewichen worden.
Die Neuregelung will den Schreibenden an die-
15 ser Stelle entgegenkommen und das Komma zwar nicht abschaffen, aber doch weitgehend freigeben. Genauer: Grundsätzlich wird vor *und, oder* und verwandten Konjunktionen kein Komma gesetzt. Der Schreiber kann aber - in

Übereinstimmung mit den bisherigen Regeln, die 20 also nicht einfach plötzlich falsch sind - gleichwohl ein Komma setzen, etwa um die Gliederung des Satzes deutlich zu machen oder um Fehllesungen vorzubeugen. Das folgende Beispiel steht für den auch ohne Komma problem- 25 los lesbaren Normalfall: *Hanna liest ein Buch und Robert löst ein Kreuzworträtsel.* Hingegen dürfte es im folgenden Satz sinnvoll sein, seine Gliederung in zwei Teilsätze mit einem Komma zu kennzeichnen: *Wir warten auf euch, oder die* 30 *Kinder gehen schon voraus.* (Schwerer lesbar: *Wir warten auch euch oder die Kinder gehen schon voraus.*)

Infinitiv- und Partizipgruppen

Die bisher geltende Kommaregeln in diesem 35 Bereich sind in der Tat äußerst kompliziert und

teilweise auch willkürlich, wie sich leicht zeigen läßt. Eine an sich einfache Regel besagt: Ein erweiterte Infinitiv wird durch ein Komma abge-
40 trennt, ein einfacher nicht. Also mit Komma: *Sie hatte geplant, ins Kino zu gehen.* Ohne Komma: *Sie hatte geplant zu gehen.* Die Regel für den erweiterten Infinitiv gilt aber nicht, wenn dieser als Subjekt am Anfang eines zusammengesetzten
45 Satzes steht: *Diesen Film gesehen zu haben hat noch niemandem geschadet.* Hingegen mußte ein Komma stehen, wenn die Infinitivgruppe gegenüber dem übergeordneten Verb die Rolle des Objekts spielt: *Diesen Film gesehen zu ha-*
50 *ben, hat noch niemand bereut.* Ein Komma wurde auch gesetzt, wenn ein Infinitiv (sogar ein einfacher!) als Subjekt dem übergeordnetem Prädikat folgt: *Ihre Absicht war, fernzusehen.* Zusammengefaßt: Wer hier das Komma korrekt
55 setzen will, muß - in richtiger Abfolge - ganz unterschiedliche grammatische Kategorien sicher beherrschen.

Die Neuregelung bringt bei *Infinitivgruppen* folgende Neuerung: Grundsätzlich muß kein
60 Komma mehr gesetzt werden. *Sie hatte geplant ins Kino zu gehen.* Ein Komma *kann* jedoch gesetzt werden, wenn man die Gliederung des Satzes deutlich machen will. So kann man mit Komma anzeigen, ob eine Infinitivgruppe als
65 integrierender Bestandteil des Satzes oder als Zusatz oder Nachtrag zu verstehen ist: *Sie bot mir(,) ohne einen Augenblick zu zögern(,) ihre Hilfe an.* Zudem kann - wie bisher - ein Komma gesetzt werden, wenn Mißverständnisse möglich sind: Ich rate, ihm zu helfen (gegenüber: *Ich* 70 *rate ihm, zu helfen*).
Entsprechend sind auch die *Partizipgruppen* geregelt. So kann man künftig ohne Komma schreiben: *Vor Anstrengung heftig keuchend kam er die Treppe herauf.* Gerade im zweiten 75 Beispiel kann es aber durchaus sinnvoll sein, Kommas zu setzen - und zwar dann zwei, am Anfang und am Ende der Partizipgruppe. Es wird dann deutlich, daß das in der Partizipgruppe Ausgesagte nur ein Begleitumstand ist: *Er* 80 *kam, vor Anstrengung heftig keuchend, die Treppe herauf.*

Kombination von Anführungszeichen und Komma
Bei den Anführungszeichen werden die Regeln 85 für die Kombination mit dem Komma verein- facht. So soll das Komma bei *direkter Rede* grundsätzlich nicht weggelassen werden, wenn der Kommentarsatz folgt oder nach ihr weiter- geht. Wie bisher: *„Ich komme gleich wieder",* 90 *sagte sie.* Neu auch: *„ Wann kommst du?",* *fragte sie mich. Sie sagte: „Ich komme gleich wieder", und ging hinaus.* (Vgl. schon heute: *Sie sagte, sie komme gleich wieder, und ging hinaus.*) 95

Informationen zur neuen deutschen Rechtschreibung. Mannheim 1994, S. 40 ff.

Auswirkungen der geplanten Neuregelungen für die Beispiele, ⇨ Lehrbuch, S. 218 f.

Aus 68 ergibt sich:

1. Das Komma zwischen Sätzen	Beispiel
Regel: Das Komma steht zwischen zwei oder mehreren Hauptsätzen.	Sie bereiste zunächst die Türkei, anschließend fuhr sie quer durch Mexiko.
Aber: Wenn die Hauptsätze durch "und" oder "oder" verbunden sind, *kann* der Schreiber ein Komma setzen, wenn die Gliederung des Satzes deutlich gemacht werden soll oder um eine Lesehilfe zu geben.	Sie fuhr zunächst nach Rom (,) und dort traf sie ihre große Liebe. Wir wollten doch ins Kino gehen, oder habt ihr jetzt keine Lust mehr? (Schwerer lesbar: Wir wollten doch ins Kino gehen oder habt ihr jetzt keine Lust mehr?)

2. Das Komma bei verkürzten Sätzen	Beispiel
Regel: Bei Infinitivgruppen muß kein Komma mehr gesetzt werden. Dies gilt sowohl für den einfachen wie für den erweiterten Infinitiv. **Aber:** Ein Komma *kann* gesetzt werden, wenn man die Gliederung des Satzes deutlich machen will oder um Mißverständnisse zu vermeiden.	Bei sonnigem Wetter macht es Spaß Fahrrad zu fahren. Er beeilte sich um die Verabredung einzuhalten. Ohne (anstatt) auf sie zu warten fuhr sie ab. Wir sind stets bereit zu raten und zu helfen. Bei sonnigem Wetter macht es Spaß zu verreisen. Mit dem Vorsatz (,) sie zu überzeugen (,) besuchte er sie. Ich rate, ihm zu helfen. Ich rate ihm, zu helfen.
Regel: Bei Partizipgruppen muß kein Komma mehr gesetzt werden. Dies gilt sowohl für das Partizip mit als auch ohne nähere Bestimmung. **Aber:** Ein Komma *kann* gesetzt werden, wenn man die Gliederung des Satzes deutlich machen will.	Vor Freude weinend nahm sie die Auszeichnung entgegen. Weinend lief Peter auf sie zu. Sie nahm die Auszeichnung (,) gerührt und vor Freude weinend (,) unter großem Beifall entgegen.

Weitere Arbeitsanregungen

- *Beurteilen Sie die Neuerungen bei der Zeichensetzung. Welche weiteren Änderungen hätten Sie für erstrebenswert gehalten?*
- *Überprüfen Sie in folgenden Texten die Zeichensetzung in Hinblick auf die Neuerungen. Welche Kommas könnten jeweils entfallen?*
  ⇨ *Texte Seite 131 f., 295 f., 328, 339, 342*

Musterlösung zu S. 131 f.: Zeile 6 (Komma entfällt), Zeile 36 (Komma vor "um" entfällt), Zeile 44 (Komma vor "und" kann entfallen), Zeile 47 (Komma vor "um" kann entfallen), Zeile 48 (Komma vor "und" kann entfallen), Zeile 50 (Komma entfällt), Zeile 72 (Komma entfällt)

Musterlösung zu S. 295 f.: Zeile 1 (Komma vor "ihr" entfällt), Zeile 7 (Komma vor "um" entfällt), Zeile 9 (Komma vor "ihre" entfällt), Zeile 21 (Komma nach "zurückgeworfen" entfällt), Zeile 27 (Komma vor "und" entfällt), Zeile 35 (Komma vor "und" entfällt), Zeile 38 (Komma vor "dies" entfällt), Zeile 42 (Komma vor "sie" entfällt), Zeile 45 (Komma vor "ihren" entfällt), Zeile 61 (Komma vor "und" entfällt), Zeile 62 (Komma vor "und" entfällt)

Musterlösung zu S. 328: Zeile 5 (Komma vor "und" kann entfallen), Zeile 7 (Komma vor "und" kann entfallen), Zeile 10 (Komma vor "mehr" entfällt), Zeile 17 (Komma vor "sich" entfällt), Zeile 35 (Komma vor "und" entfällt), Zeile 44 (Komma vor "und" entfällt), Zeile 85 (Komma nach "lassen" entfällt)

- *Überprüfen Sie Ihre korrigierten Deutscharbeiten. Welche angestrichenen Fehler in der Zeichensetzung entfallen nach der Änderung?*
- *Schreiben Sie einen Brief an die Duden-Redaktion, Mannheim. Setzen Sie sich in diesem Text kritisch mit den Änderungen bei der Zeichensetzung auseinander, äußern Sie zum Beispiel volle Zustimmung, kritisieren Sie, daß die Änderungen nicht weit genug gehen,...*

- Schreiben Sie zu dem Thema "Änderungen bei der Zeichensetzung" eine textbezogene Erörterung, Grundlage ist der Text, S. 188 ff. (siehe oben aus dem Dudenzusatzheft). ⇨ Lehrbuch, S. 181 f., und Lehrerband, S. 163 f.
- Überlegen Sie, welche Vorteile und welche Probleme die Änderungen bei der Zeichensetzung mit sich bringen.

S. 220, T 10
Text: expositorischer Text, Erfahrungsbericht
Inhalt: Die Autorin berichtet von ihren Erfahrungen als alleinreisende Frau.
Autorin: Mechthild Horn, geboren 1954
⇨ Textfortsetzung im Lehrerband, S. 193

Weitere Arbeitsanregungen (unter Einbezug der Textfortsetzung, ⇨ S. 193)
- Welche Überlegungen sollte eine Frau - nach Ansicht der Autorin - anstellen, bevor sie in eine andere Kultur fährt? Teilen Sie diese Ansichten?
- Diskutieren Sie die Überschrift "Plötzlich bin ich Ausländerin".
- Stellen Sie eine Liste der von der Autorin gemachten Ratschläge auf, und ergänzen Sie diese um Punkte, die Sie für wichtig halten.
- Setzen Sie sich mit der Frage "Sollte eine Frau alleine reisen?" kritisch auseinander:
  - in Form einer Diskussion (⇨ Lehrbuch, S. 146 ff., und Lehrerband, S. 142 ff.);
  - in Form einer textbezogenen Erörterung (⇨ Lehrbuch, S. 181 f., und Lehrerband, S. 163 f.);
  - in einem Brief an eine Freundin (Sie berichten von einer Reise, ⇨ Textsammlung, S. 335);
  - in Form eines literarischen Textes, zum Beispiel einer Erzählung;
  - in Form einer Satire oder Parodie (⇨ Lehrbuch, S. 278, und Lehrerband, S. 246);
  - in Form ... - Schülerwünsche aufgreifen.
- Welche Form des Reisens bevorzugen Sie?

☞ Der im Lehrerband, S. 193, abgedruckte Text, aus dem die Kommas entfernt wurden, kann zur weiteren Übung als Kopiervorlage genutzt werden. Rechts neben dem Text befinden sich jeweils die Angaben, wo ein Komma zu setzen ist - diese Spalte kann beim Kopieren abgedeckt werden.

Weitere Texte zum Thema Reisen
Axel Kutsch: Schöne Grüße aus Afrika. ⇨ Lehrbuch, S. 273
Michael Allmaier: Gesten statt Worte. ⇨ Textsammlung, S. 268
Rüdiger Kind: Urlaub im Jahr 2014: Fit for Gun. ⇨ Textsammlung, S. 333
Stefanie Christmann: Eine Frau allein durch den Jemen". ⇨ Textsammlung, S. 335
Jörg Burkhard: 96 stunden olivenweinmeere. ⇨ Textsammlung, S. 329
Marie Luise Kaschnitz: Orte. Aufzeichnungen. ⇨ Textsammlung, S. 329
Ferdinand Ranft: Reisen verdummt. ⇨ Textsammlung, S. 330
Rainer Brambach: Im Juli und August. ⇨ Textsammlung, S. 330
Theordor Fontane: Reisen. ⇨ Textsammlung, S. 330
Gottfried Benn: Reisen. ⇨ Textsammlung, S. 331
Joseph von Eichendorff: Der frohe Wandersmann. ⇨ Textsammlung, S. 331
"Wie die Heuschrecken" (Interview). ⇨ Textsammlung, S. 333 (geeignet für eine textbezogene Erörterung zum Thema Massentourismus)
Johann Wolfang Goethe: Italienische Reise. (Zu Goethe, ⇨ Lehrbuch, S. 229 ff., 289, 301)
Arthur Schopenhauer: "Begriffssphären" zum Begriff des Reisens. ⇨ Textsammlung, S. 332 (Zu Schopenhauer, ⇨ Lehrbuch, S. 306, und Lehrerband, S. 40)

Weitere Arbeitsanregungen

Sammeln Sie Texte, die Sie interessieren, zum Thema "Reisen", und vergleichen Sie sie miteinander. Mögliche Kriterien für einen Vergleich: die Form (Beispiele: Reportage, Rezension aus einem Reiseführer, Werbetext, autobiographischer Text, literarischer Text, filmische Dokumentation, Reisevideo, ...), die Perspektive, aus der das bereiste Land wahrgenommen wird, die Adressaten, an die sich die Texte wenden usw.

Lösungen, S. 220

2 *Aphorismen mit Satzzeichen:*
"Wie geht's?" sagte ein Blinder zu einem Lahmen. "Wie Sie sehen", antwortete der Lahme.

☞ *Achtung:* Die geplante Neuregelung der Zeichensetzung verlangt grundsätzlich das Komma bei direkter Rede, wenn ein Kommentarsatz folgt oder nach ihr weitergeht. Das bedeutet für diesen Satz:"Wie geht's?", sagte ein Blinder zu einem Lahmen. ...

Lösung (Fortsetzung)
Nicht der ist frei, der da will tun können, was er will, sondern der ist frei, der da wollen kann, was er tun soll.

Ich machte bei dieser Gelegenheit schon die philosophische Betrachtung, daß der liebe Gott, der die Prügel erschaffen, in seiner gütigen Weisheit auch dafür sorgte, daß derjenige, welcher sie erteilt, am Ende müde wird, indem sonst am Ende die Prügel unerträglich würden.

3 ⇨ **Lehrbuch, S. 309: Gabriel García Márquez: Die letzte Reise des Gespensterschiffs. (Fortsetzung, ⇨ Textsammlung, S. 300)**
Autor: Gabriel García Márquez wurde 1928 in Arataca, Kolumbien, geboren. Er studierte Jura und wurde dann Journalist. Nach Jahren des Exils zwischen Mexiko und Kuba lebt er heute wieder in seiner Heimat Kolumbien. Er wurde weltweit durch seine Bücher "Hundert Jahre Einsamkeit", "Die Liebe in den Zeiten der Cholera", "Chronik eines angekündigten Todes", "Der General in seinem Labyrinth" u. v. a. bekannt und erhielt 1982 den Nobelpreis für Literatur.
Zum Autor, siehe auch das Interview mit dem Autor, ⇨ Textsammlung, S. 299

Weitere Arbeitsanregungen

* *Warum ist der Text so schwierig zu lesen und zu verstehen?*
* *Geben Sie den Inhalt wieder.*
* *⇨ Lehrerband, S. 8 f. Setzen Sie die fehlenden Kommas in den Text ein.*

Mechthild Horn **Plötzlich bin ich Ausländerin (Textfortsetzung, Lehrbuch, S. 220)**

Wenn es feste Regeln gäbe was zu gefährlich ist für eine Frau und was nicht dann wären manche Entscheidungen was man sich trauen kann leichter. Aber es kommt so sehr auf die Situation an auf das Land in dem man ist auf die eigene Selbstsicherheit und auf die Sprachkenntnisse daß keine einzige Regel allgemeingültig sein kann. Zum Beispiel Autostopp: Ich habe das in den USA nie riskiert weil alle meine amerikanischen Freunde mir davon abgeraten hatten. In Alaska gibt es aber so wenig öffentliche Verkehrsmittel daß mir oft gar nicht anderes übrigblieb als per Anhalter zu fahren und mir ist auch nie etwas passiert. Aber wer weiß - die nächste Frau in Alaska die sich darauf verläßt daß eine Frau in Alaska allein per Anhalter fahren kann gerät vielleicht beim ersten Mal an den falschen Fahrer.

Auch mir sind schlechte Erfahrungen nicht erspart geblieben. Ganz zu Anfang als ich loszog mit viel zu schwerem Rucksack unerfahren und vertrauensselig habe ich mir oft Tagesziele ausgesucht ohne vorher auf die Ankunftszeit zu schauen. Dann kam ich oft viel zu spät in einer fremden Stadt an und hatte die größten Schwierigkeiten eine Bleibe für die Nacht zu finden. Ich habe Einladungen von Leuten angenommen deren Gastfreundschaft sich dann als recht eigennützig herausstellte.

Ich habe meine Lehre daraus gezogen. Lehre Nr. 1: Immer vor Sonnenuntergang an einem unbekannten Ort ankommen; und wenn kein Zug und kein Bus tagsüber dort hält dann muß eben auf dieses Reiseziel verzichtet werden. Lehre Nr. 2: Mißtrauisch sein auch wenn die Leute noch so freundlich sind und noch so überzeugend ihre besten Freunde versichern seien Deutsche und ein Bruder habe in Deutschland studiert.

(...) Vorausschauende Überlegung sollte denn auch die wichtigste Tugend einer Globetrotterin sein. Gerade wenn eine Frau in eine völlig andere Kultur fährt muß sie überlegen: Wie könnte meine Kleidung mein Verhalten meine bloße Existenz in diesem Land wirken? Welche Reaktion beschwöre ich damit bei den einheimischen Männern aber auch bei den Frauen herauf? Muß mich ein Araber dessen Frau das Haus nur verschleiert und in Begleitung verläßt nicht für schamlos halten wenn ich allein mit offenem Haar engen Jeans herumlaufe? Muß er nicht schon mein freundliches Lächeln meinen Gruß mein Eingehen auf die Frage nach dem Woher und Wohin als eindeutige Aufforderung mißverstehen wenn es in seinem Land üblich ist daß Frauen die Augen niederschlagen und keine Gespräche mit fremden Männern führen? Muß es ihn nicht reizen auszuprobieren ob die schamlose Fremde sich auch anfassen läßt? (...)

Auch bei den Frauen mancher Länder stößt selbständiges Verhalten einer Ausländerin nicht unbedingt auf Bewunderung eher auf Verachtung. Die Mädchen in Ecuador mit denen ich eine Zeitlang zusammen wohnte waren fassungslos daß ich mich mit einem anderen Globetrotter verabredete den ich gerade erst kennengelernt hatte und daß ich nach dem Kino allein zu Fuß nach Hause ging. Beides wäre für sie undenkbar gewesen.

Inzwischen sind Touristen nirgendwo auf der Welt mehr ein ungewöhnlicher Anblick und überall ist man daran gewöhnt daß Touristinnen sich anders benehmen als einheimische Frauen. Trotzdem sollte man auf die kulturelle Normen des Gastlandes Rücksicht nehmen schon deshalb weil man viel mehr in Ruhe gelassen wird wenn man als Ausländerin nicht auffällt. (...)

Das Einlassen auf Sitten und Gebräuche anderer Länder ist für eine Frau manchmal nicht angenehm weil sie auf Freiheiten verzichten muß die ihr selbstverständlich sind. Aber gerade in solchen „schwierigen" Ländern bin ich von Männern so ritterlich behandelt worden wie in Deutschland schon lange nicht mehr.

Susanne Härtel (Hrsg.): Unterwegs, München 1988, S. 23 ff.

Musterlösung

gäbe, was
nicht, dann / Entscheidungen, was / kann,
leichter / an, / Land, in
ist, auf / ...kenntnisse, daß

riskiert, weil

Verkehrsmittel, daß / übrigblieb, als
fahren, und
Frau, die / verläßt, daß
kann, gerät

Anfang, als / loszog, mit / Rucksack,
vertrauensselig, habe / ...sucht, ohne

Schwierigkeiten, eine
angenommen, deren

hält, dann
sein, auch
versichern, ihre

fährt, muß / Kleidung, mein
...ten, meine
Männern, aber
Araber, dessen
verläßt, nicht / halten, wenn / allein, mit
Haar, engen
Lächeln, meinen / Gruß, mein
mißverstehen, wenn
ist, daß
auszuprobieren, ob

Bewunderung, eher
Ecuador, mit / wohnte, waren
fassungslos, daß / verabredete,
hatte, und

Anblick, und / gewöhnt, daß

nehmen, schon / deshalb, weil
wird, wenn

angenehm, weil / muß, die

Sprachhandlungskompetenz

Das Kapitel beinhaltet den Umgang mit literarischen Texten verschiedener Gattungen und Textsorten. Bei der Auswahl wurde darauf geachtet, daß Texte unterschiedlicher Entstehungszeit, verschiedener Autorinnen und Autoren und sehr unterschiedlichen Anforderungsniveaus aufgenommen wurden. Bei den Autorinnen und Autoren sind neben einigen bekannten deutschen Schriftstellern auch Texte von Nachwuchsautoren sowie Schülertexte abgedruckt. Auch Texte ausländischer Autoren finden Berücksichtigung. Aufgrund dieser breiten Auswahl wird die Möglichkeit eröffnet, sich auf die Lernvoraussetzungen der Schülerinnen und Schüler adäquat einzustellen. Die thematische Bandbreite der Texte eröffnet in dieser Hinsicht weitere Chancen. Generell kann gesagt werden, daß die Offenheit der Arbeitsanregungen Spielräume läßt, damit die Schüler weitere eigene Texte in den Unterricht einbringen können und somit Unterricht zu einem großen Teil auch selbst gestalten.

Die Schülerinnen und Schüler sollen/können:
- ☐ sich des eigenen Interesses an Texten bewußt werden
- ☐ den Texten entsprechende Informationen entnehmen
- ☐ offensichtliche Verstehenshindernisse erkennen und beseitigen
- ☐ äußere Textstrukturen erkennen
- ☐ vertraute sprachliche Gestaltungsmittel für das Verstehen nutzen
- ☐ Bedeutung und Aussage literarischer und anderer auslegungsbedürftiger Texte für sich und andere erarbeiten
- ☐ unterschiedliche Methoden einsetzen
- ☐ zu Texten Stellung beziehen
- ☐ Maßstäbe zur Begründung von Werturteilen über Texte entwickeln und anwenden
- ☐ Texte redaktionell bearbeiten, Texte umformen
- ☐ Texte als Ausgangspunkt für die eigene Gestaltung nutzen

Diesen Zielen trägt nicht nur der Schülerband, sondern auch der Lehrerband durch eine Vielzahl von zusätzlichen Arbeitsanregungen über Alternativtexte, Tafelbilder und Erklärungen zu Autor, Textsorte u.a. Rechnung.

Verknüpfungsmöglichkeiten mit anderen Kapiteln

Geeignete Verbindungen werden in der Regel bereits bei der Erklärung der Einzeltexte genannt, zum Beispiel zum Thema "Tod" oder zu den Themenbereichen "Freiheit" bzw. "Liebe". Auch bei den Verbindungen wurde darauf geachtet, daß die Auswahl nicht einseitig ist, sondern ein breites Spektrum an Alternativen eröffnet wird. Schließlich sollen die Texte weitere Diskussionen eröffnen und handlungsorientiertes Arbeiten ermöglichen. In diesem Zusammenhang sei auch an die vielfältigen Möglichkeiten der Verknüpfung mit der Textsammlung im Lehrbuch (S. 289 ff.) erinnert.

S. 221 (Einstiegsseite)

Die Schüler sollten zunächst in Ruhe die Abbildung betrachten und die Eindrücke wirken lassen. Erst danach werden stichwortartig die einzelnen Bildelemente genannt und notiert. In Verbindung mit dem Titel des Bildes stellen die Schüler wahrscheinlich Bezüge zur Bibel her; möglicherweise kennt der ein oder andere das Gleichnis und kann es nacherzählen. Bereits hier ergeben sich Verbindungen zum Fach Religionslehre (fächerübergreifende Arbeit). Die Arbeitsaufträge erlauben nun ein differenziertes Vorgehen und geben Anregungen zur subjektiven Auseinandersetzung sowie zum Transfer auf andere Problemgruppen der Gesellschaft (unbedingt Aktualitätsbezug herstellen). Das Hassen und Verzeihen sollte des weiteren im Mittelpunkt der Diskussion stehen.

Arbeitsanregungen

Möglichkeiten für Referate: - *Biographie Rembrandt*
                                         - *Biblisches in Rembrandts Werke*n

Im Arbeitsauftrag 4 wird danach gefragt, ob die Schüler ein solches Bild in Ihrem Zimmer aufhängen würden. Fast einhellig ist die Rückmeldung negativ und wird begründet. Diese subjektiven Zugänge sind unbedingt zu fördern und stellen die Basis für weitergehende Deutungen dar. Zudem wird der mündliche Sprachgebrauch entwickelt und Selbstbewußtsein gefördert.

Weitere Texte
Comic: Das Gleichnis von der verlorenen Tochter. ⇨ Textsammlung, S. 286
Reinhard Mey: Heimkehr. ⇨ Textsammlung, S. 285

S. 223, T2

Textsorte: Autobiographischer Text
Autor: Walter Kempowski, geb. 1929 in Rostock, ist ein Erzähler zeitgeschichtlicher Panoramen aus der Mittelschicht unter Nationalsozialismus, Krieg und Nachkriegszeit in detailreicher, exakter, aphoristisch zugespitzter Prosa (u. a. "Tadellöser & Wolff", 1972, "Uns geht's ja noch gold", 1972).
Zusatzinformationen: Walter Kempowski stellt in seinem Text den subjektiven Bezug in den Vordergrund. Auf der Grundlage einer genauen Beobachtung baut er seine Deutung und Auslegung auf. Hier ergeben sich geeignete Vergleichsmöglichkeiten zu den Aussagen der Schüler. Auch Kempowski läßt das Bild nicht hängen, sondern wirft es weg. Gleichzeitig äußert er jedoch, sich gerne mit dem Bild befaßt zu haben. Die Schüler sollten erklären können, daß dieser vermeintliche Widerspruch keiner ist.

S. 224, T 3

Zusatzinformationen: Um den Text aus dem Lukasevangelium richtig einordnen zu können, ist es zunächst notwendig, sich mit juristischen und rituellen Details zu befassen, da somit Mißverständnisse vermieden werden können.

- Folgende Regelungen hatten Gültigkeit, wenn ein Sohn bereits zu Lebzeiten seines Vaters das ihm zustehende **Erbteil** erhalten wollte:
  - er bekommt nur das Besitzrecht (der Vater darf zum Beispiel den betreffenden Acker nicht verkaufen);
  - er erhält nicht das Verfügungsrecht (verkauft der Sohn den betreffenden Acker, so kann der Käufer erst nach dem Tod des Vaters von ihm Besitz ergreifen). Die Nutznießung verbleibt dem Vater bis zu seinem Tod.
  Der jüngere Sohn fordert das Besitz- und das Verfügungsrecht. Er will sich von seinem Vater lösen und eine selbständige Existenz aufbauen.

- **Schweine** sind unreine Tiere. Was es in der Welt gibt, beurteilen die Juden danach, ob es rein oder unrein ist. Rein oder unrein meint mehr als sauber bzw. schmutzig. Rein ist, was Gott gefällt, was Gott gehört.

- Der Vater **läuft** dem Sohn entgegen. Es ist für einen Orientalen ungewöhnlich und unter seiner Würde zu laufen, selbst dann, wenn er es ganz eilig hat.
- **Festgewand:** es bedeutet im Orient eine hohe Auszeichnung.
- **Ring:** Die Übergabe eines Siegelringes bedeutet Vollmachtübertragung.
- **Schuhe:** Schuhe sind Luxus; nur der freie Mann trägt sie.
- **Mastkalb:** Fleisch wird sehr selten gegessen. Für besondere Anlässe wird ein Mastkalb bereitgehalten. Seine Schlachtung bedeutet ein Freudenfest.

Nach: Orientierung Religion, Frankfurt am Main 1974, S. 33 u. 43f.

Begriffserklärung „Gleichnis" und Parabel

Gleichnis, Großform des →Vergleichs: poet. Veranschaulichung e. Sachverhalts, Vorgangs, Gedankens durch Vergleichung e. analogen Vorgangs oder Zustands aus e. anderen, anschaulicheren, konkret-alltägl. Lebensbereich, der sich im Ggs. zur →Fabel nur in einem wesentl. Punkt (tertium comparationis) einleuchtend mit dem Gemeinten berührt, so daß Sachsphäre und Bildsphäre wechselseitig die Bedeutung erhellen, die ausdeutend direkt hinzugefügt wird (im Ggs. zur Allegorie, etwa >so... wie<): >Es traf mich wie ein Blitz aus heiterem Himmel<. Formale Möglichkeiten sind die parallele Durchführung oder die gesonderte Ausführung der einzelnen Vergleichsglieder, bei der jeder Teil in anderen gegenwärtig ist und die Wirkung erhöht; Vorangehen des Vergleichsbereichs ohne Andeutung der Beziehung dient der Spannungssteigerung. In beiden Fällen neigt der Vergleichsbereich zu e. gewissen sprachl. Verselbständigung und selbstwertigen ep. Breite. Erste und häufige Verwendung des G. erfolgte in griech. Epik (HOMER), die durch Breite des Weltbildes und betrachtende, daher auch vergleichende Handlung des Epikers das klare G. begünstigte. Die sog. G.se des NT. dagegen sind meist eher →Parabeln, da sie die Sachsphäre nicht nennen, sondern erschließen lassen. Die NT-Forschung unterscheidet nach eigener Terminologie das G. aus vertrauter Alltagswirklichkeit von der erdichteten Parabel.

Parabel (griech. = Vergleichung, Gleichnis), lehrhafte Erzählung, die e. allg. sittl. Wahrheit oder Erkenntnis durch e. analogen Vergleich, also Analogieschluß, aus e. anderen Vorstellungsbereich erhellt, der nicht ein in allen Einzelheiten unmittelbar übereinstimmendes Beispiel gibt wie die →Fabel, sondern nur in einem Vergleichspunkt mit dem Objekt übereinstimmt, und die im Ggs. zum allgemeingültigen Regelfall im →Gleichnis keine direkte Verknüpfung (so: wie) mit dem zu erläuternden Objekt enthält, wenngleich sie das Beziehungsfeld erkennen läßt, sondern vom Gegenstand abgelöst zur selbständigen Erzählung e. prägnanten Einzelfalls in bildhafter Anschaulichkeit wird. Besonders in buddhist. und hebr. Lit. häufig; am berühmtesten die P.n des *NT.* (Verlorener Sohn) und die des MENENIUS AGRIPPA (LIVIUS II, 33), die das Verhältnis von Senatoren und Bürgern durch die P. vom Magen und den Gliedern erläutert; dt. P.n von LESSING, HERDER, GOETHE, RÜCKERT und KRUMMACHER. Vgl. auch LESSINGS P. von den drei Ringen(*Nathan* III, 7) nach BOCCACCIO und SCHILLERS P.im *Fiesko* II, 8. In der mod. Dramatik, Erzählkunst u. Balladendichtung wird parabol. Dichten vielfach zur einzig mögl. Aussage menschl. Befindlichkeit, im absurden Drama als Verrätselung ohne Dekodierung (Erzählungen KAFKAS, P.stücke von BRECHT, FRISCH *Andorra, Biedermann,* DÜRRENMATT *Der Besuch der alten Dame,* LENZ, HANDKE, IONESCO, KUNERT, KUNZE, S. BECKETT, H. PINTER, MROZEK, KOHOUT).

Gero von Wilpert: Sachwörterbuch der Literatur. Stuttgart 1989

S. 225, T 4
Textsorte: Erzählender Text (Parabel)
Autor: Franz Kafka

Kafka, Franz, 3. 7. 1883 Prag - 3. 6. 1924 Sanatorium Kierling b. Wien; Sohn e. jüd. Kaufmanns, aus später wohlhabender böhm. Familie, stand zeitlebens unter dem Eindruck e. gefürch-
5 teten Vaters. 1901-06 Stud. Germanistik und bes. als Brotberuf Jura Dt. Univ. Prag, 1906; Dt. jur., 1906/1907 Gerichtspraxis, 1908-22 Angestellter der e. Arbeiter-Unfall-Versicherung, 1. 7. 1922 aus Krankheitsgründen pensioniert.
10 Einsamer, unverstandener Einzelgänger. Freundschaft mit M. Brod, F. Werfel u. a., Umgang mit M. Buber und J. Urzidil. 1910-12 Sommers Reisen und Kuraufenthalt in Italien (Riva), Frankreich, Dtl., Ungarn und der Schweiz. E. zweimal
15 eingegangenes Verlöbnis hat er beide Male gelöst (1914). Seit 1917 tuberkulosenkrank; Kuraufenthalte in Zürau, Scheckesen, 1920 Meran, 1922 Spindlermühle, 1923 Müritz, Ostsee. 1920-22 Liebe zu Jesenská, seit 1923 Zusam-
20 menleben mit Dora Diamant. Freier Schriftsteller in Berlin, Wien, dann im Sanatorium Kierling b. Wien. Starb an Kehlkopftuberkulose. S. lit. Nachlaß, den er testamentar. zur Verbrennung bestimmt hatte, wurde postum gegen seinen
25 Willen und philolog. unzulängl. von Max Brod veröffentlicht - E. der bedeutendsten österr. Erzähler des 20. Jh., von weltweiter Wirkung nach dem 2. Weltkrieg im s. formal wie inhaltl. einzigartigen, keiner lit. Strömung einzuordnen,

30 doch dem Expressionismus nahen Prosa, die persönl. Welterleben und allg. Daseinserfahrung s. Zeit in gültigen Parabeln der Gottferne, der menschl. Beziehungslosigkeit, des gebrochenen Weltverständnisses, der Paradoxie des Daseins und der relig. Verzweiflung faßt. S. Grundthema
35 ist der aussichtslose Kampf des Individuums gegen verborgene, doch allgegenwärtige anonyme Mächte, die sich ihm entgegenstellen. Verbindung realist. klarer, präziser Beschreibung, überbelichteter banaler Wirklichkeiten mit e.
40 Atmosphäre des Traumhaften, Geheimnisvoll-Hintergründigen, Grotesken und Visionär-Phantastischen als dichter. Gestaltung der aus dem Alltagsleben heraus aufbrechenden Existenzangst und e. ungewissen, unterschwelligen
45 Grauens, etwa vor dem seelenlosen autoritären Staatsmechanismus. Schöpfer e. völlig neuartigen, poet. Gleichnis- und Bilderwelt von mag. Wirkung, die sich jedoch erst in ihrem Bezug zum Sinnganzen erschließt. Die Vieldeutigkeit s.
50 Parabeln verschließ sich definitiver rationalist. Deutung und läßt je nach philos.-weltanschaul. Standpunkt des Betrachters der existentialist. Auslegung ebenso Spielraum wie der metaphys. Interpretation als myst. Gottsuchertum oder
55 Auseinandersetzung mit jüd. relig. Überlieferung.

Gero von Wilpert: Lexikon der Weltliterastur. Bd. 1, Autoren. Stuttgart 1988.

Zusatzinformationen und Deutungshinweise: Der Text wurde im Jahr 1920 geschrieben, jedoch erst 1936 veröffentlicht. Bereits der Titel suggeriert einen glücklichen Ausgang. Diese Erwartung scheint sich zunächst zu erfüllen. Sehr schnell erkennt der Leser jedoch, daß die Heimkehr des Ich-Erzählers nicht problemlos verläuft.
Die Empfindungen des Ich-Erzählers sind sehr widersprüchlich. Einerseits bemerkt er die vielen vertrauten Dinge, zum Beispiel den Flur, die Pfütze, die Katze. Sie vermitteln ihm Geborgenheit und Zugehörigkeit. Der bestimmte Artikel läßt die Vertrautheit formal erkennen. Das Zugehörigkeitsgefühl wird ferner durch den Vater und die familiäre Gebundenheit deutlich. Andererseits ist sich der Erzähler nicht sicher, ob er wirklich noch zur Familie gehört und zu Hause willkommen ist. Er empfindet bei seiner Ankunft Reglosigkeit; die Verwahrlosung stößt ihn ab. Niemand empfängt ihn, fast alles ist regungslos, selbst die Katze rührt sich nicht. Der Erzähler wird zum Beobachter, eine logische Verknüpfung der Beobachtungen leistet er nicht. Er empfindet die Teilnahmslosigkeit als Desinteresse an seiner Person (Zeile 6-8). Der Ich-Erzähler ist verunsichert, da er bemerkt, daß sich noch einiges verändert hat. Er spricht deshalb davon, daß er angekommen sei, er spricht nicht davon, heimgekommen zu sein.
Aufgrund seiner Unsicherheit beginnt er zu horchen (im Text dreifach erwähnt), und der Leser hat das Gefühl, als wolle der Ich-Erzähler hören, daß über ihn gesprochen wird.

Er will nicht beim Horchen entdeckt werden, denn dies würde eine negative Stimmung in der Familie hervorrufen.

Da der Erzähler nicht die Küche einsehen kann, wird das Gefühl der Teilnahmslosigkeit zu einem Gefühl der Ablehnung. Er fühlt sich wie ein Einbrecher, denn er stellt sich vor, wie die Familie dort sitzt und nichts von ihrer Privatsphäre preisgeben will. Dies beschreibt der Erzähler mit dem Begriff "Geheimnis" (Zeile 13). Der Ich-Erzähler stellt sich dann vor, wie es wäre, wenn jemand die Tür öffnete. Er spricht also nicht von einem Familienmitglied, sondern von "jemand". Auch dies ist ein deutliches Zeichen der Entfremdung.

Das Besondere dieser "Heimkehr" liegt darin, daß sie vom hier handelnden Individuum nicht so erlebt wird. Der Erzähler empfindet nur eine Ankunft. Es handelt sich hier nicht um eine "Heimkehr des verlorenen Sohnes".

Tafelbild zu Franz Kafka: Heimkehr

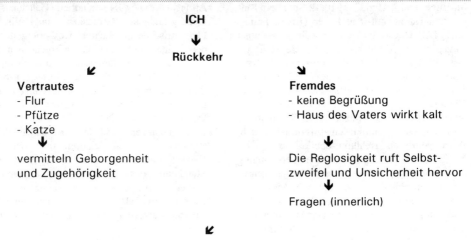

ICH
↓
Rückkehr

↙   ↘

Vertrautes   **Fremdes**
- Flur   - keine Begrüßung
- Pfütze   - Haus des Vaters wirkt kalt
- Katze
↓   ↓
vermitteln Geborgenheit   Die Reglosigkeit ruft Selbst-
und Zugehörigkeit   zweifel und Unsicherheit hervor
                                     ↓
                                     Fragen (innerlich)

↙

Angst, zu handeln

- „... ich wage nicht, an der Küchentür zu klopfen" (Zeile 9)
- „Ferne" (Distanz, Ausgestoßensein) (Zeile 10)
- „horchen" (3fach erwähnt)
- „desto fremder wird mann" (Zeile 14)

↓

```
          Heimkehr
= Erfahrung der Fremdheit
```

Zusatztext:

Franz Kafka: Gibs auf! ⇨ **Lehrbuch, S. 293**
Arbeitsanregungen zum Text
- *Untersuchen Sie die sprachlichen Merkmale des Textes:*
  Warum wählt Kafka die Formulierung "Schutzmann" statt Polizist?
  Welche Aufgabe haben die Wiederholungen im Text?
  Wie werden Unruhe und Angst des Mannes sprachlich dargestellt?

- *Anregung zum kreativen Schreiben:* Schreiben Sie einen Text, der in der heutigen Zeit spielt. Eine Person, möglicherweise ein Polizist, ein Agent, ein Unbekannter u.a., begegnet dem Ich-Erzähler. Beginnen Sie diesen Text in ähnlicher Form wie bei Kafkas Text, zum Beispiel:
  Um 6.30 Uhr ging ich zum Bahnhof. Die Straßen waren frostig ...
  Ich glaube, es war am frühen Morgen. ...
  Es ist jetzt Anfang Januar, und einige Schneereste liegen an den Straßenrändern. In der Dunkelheit des frühen Morgens ...

Hinweis zur Deutung von Parabeln: Am Beispiel einer mathematischen Parabel können Hinweise für die Deutung gezogen werden. Natürlich wird damit der Parabel als Kegelschnitt keine entsprechende Beachtung geschenkt, dies muß jedoch in Kauf genommen werden. Die Parabelstruktur, der Scheitelpunkt und die Symmetrieachse sollen jedoch beachtet werden. Bei einer Parabel macht der Text einen Parabelast aus, dessen korrespondierende Punkte auf dem anderen Ast erschlossen werden müssen, da sie nur angedeutet werden, aber die eigentliche Aussage enthalten. Im Scheitel kehrt sich die indirekte Aussage in die direkte um.

Tafelbild zu Franz Kafka: Gibs auf!

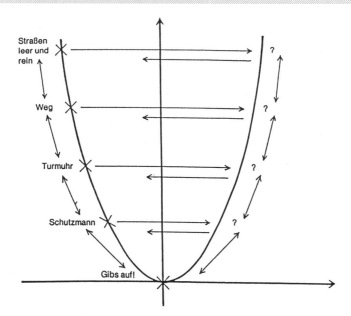

S. 226, T 1

Textsorte: Sachtext
Zusatzinformationen: Der Text thematisiert, was ganze Schülergenerationen zur Verzweiflung getrieben hat. Warum ist meine Deutung falsch, warum die der Lehrerin/des Lehrers richtig? Sind diese Kategorien überhaupt anwendbar?
Fazit: Es gibt häufig mehrere Möglichkeiten, einen Text auszulegen. Subjektive Zugänge sind notwendig und anzustreben. Allerdings sollte sich die Deutung auch am Text belegen lassen, der Schüler sollte nach Spuren suchen, gegebenenfalls die Biographie befragen. Ausdrücklich sei erwähnt: Eine Deutung hat auf Fakten zu beruhen, sie ist mehr als die Wiedergabe von Gefühlen, Stimmungen und Eindrücken und damit eher das Gegenteil von Beliebigkeit.

Zur Diskussion: Was ist nach Ihrer Auffassung bei der Deutung von Texten zu beachten? Sammeln Sie Argumente, und begründen Sie Ihre Auffassung.
Hilfe: Nutzen Sie zur Unterstützung Ihrer Aussagen auch die Texte, ⇨ Lehrbuch, S. 226 f., sowie den Text von Elfriede Hammerl.

Was wollte uns der Dichter sagen?

Elfriede Hammerl übe die hohe Kunst, aus Werken etwas heraus und in sie hineinzulesen, was gar nicht drinsteht

Heute wenden wir uns der Frage zu: Was wollte uns der Dichter mit seinem Werk sagen? (...)
Zwar besteht Dichtung aus Wörtern, so daß man
5 versucht ist, das, was der Dichter mit eben diesen Wörtern sagt, als das zu nehmen, was er auch sagen wollte. Aber so einfach liegen die Dinge nicht, zumindest nicht für uns, die wir es uns in diesem Arbeitskreis zur Aufgabe gemacht
10 haben, kritischer und gründlicher an das Phänomen Literatur heranzugehen als beispielsweise der Dichter (...).
Die Dichtung ist eine Kunstgattung, die den sie untersuchenden Forscher auf den ersten Blick
15 einschränkt, wenn nicht gar festlegt: Indem sie scheinbar eindeutige Behauptungen aufstellt, macht sie es uns nicht ganz einfach, mit eigenen, vielleicht sogar widersprüchlichen Behauptungen über sie zu referieren.
20 Jedoch zeigt sich gerade hier, ob jemand zum Kritiker taugt, zum Wissenschaftler oder bloß zum Leser.
Deshalb, meine Damen und Herren, fordere ich Sie auf, sich noch einmal zu prüfen: Haben Sie
25 Hemmungen, sich dem Dichter intellektuell überlegen zu fühlen? In diesem Fall bitte ich Sie, unseren Arbeitskreis zu verlassen, Sie wären fehl am Platze.

So. Nun, also: Was wollte uns der Dichter mit
30 seinem Werk wohl vermitteln?
Wir nähern uns der Beantwortung dieser Frage mit Hilfe des Ausschließungsverfahrens, das heißt, indem wir fürs erste herauszufinden trachten, was der Dichter mit seinem Werk nicht
35 sagen wollte.

Stern vom 18.01.1990, S. 86 f.

Ich würde meinen, ganz bestimmt wollte er damit nicht sagen, was drinsteht. Das meine ich einerseits, wie gesagt, um diesen Arbeitskreis zu rechtfertigen, andererseits aber auch, weil ich ehrlich davon überzeugt bin, daß Dichter nicht 40 wissen, was sie schreiben. (...)
An uns, meine Damen und Herren, ist es, der Nachwelt mitzuteilen, was sie nun eigentlich konsumiert, wenn sie Dichtung konsumiert. (...)

Darum: Was der Dichter sagt und was er sa- 45 gen wollte, hat unserer Ansicht nach auf jeden Fall zweierlei zu sein. Dichter dichten mehr oder weniger blindlings vor sich hin, wir hingegen tragen aufmerksam Indizien zusammen, die uns erhellen, was wirklich in ihnen vorgegangen ist, 50 während sie sich dem dumpfen Geschäft des Worteausscheidens hingegeben haben: Wir zählen, welches Hilfszeitwort sie wie oft verwendet haben, wir lesen nach, was sie ihrer Cousine achtjährig zum Geburtstag geschrieben haben, 55 wir erinnern uns, daß auch ein älterer Zeitgenosse des Dichters das vom Dichter oftmals gebrauchte Hilfszeitwort in einem Geburtstagsbillet an eine achtjährige Cousine oftmals (und früher als der Dichter) gebraucht hat - und schon 60 wissen wir, daß es der Dichter mit diesem seinem Werk eigentlich nur mangelhaft geschafft hat zu sagen, was er ursprünglich sicherlich und zweifelhaft sagen wollte.
Der Dichter wäre besser beraten gewesen, hätte 65 er tatsächlich sagen wollen, was in seinem Werk steht. In diesem Fall hätte man ihm eine gewisse Kongruenz zwischen Absicht und Ausführung bescheinigen können. Da er aber, wie wir nachgewiesen haben, etwas ganz anderes gemeint 70 haben muß, ist festzuhalten, daß das reife Werk des reifen Dichters als mißlungen anzusehen ist.

S. 236

3 Zu Manfred Sestendrup: Deutung ist Macht - nichts bedeuten macht nichts. ⇨ Lehrbuch, S. 348. Vgl. dazu den Leserbrief "Geschmack am Fußball" von Tim Pawliska/ Albert Schreiber, ⇨ Textsammlung, S. 411, sowie im Lehrbuch, S. 278 f. ("Parodien und Satiren schreiben").

S. 238, T 1 und T 2

Textsorte: Lyrik

Autor: Rainer Maria Rilke (1875 - 1926), österreichischer Dichter und einflußreichster deutschsprachiger Lyriker der ersten Hälfte des 20. Jahrhunderts. Seine Jugendlyrik, die frühen Dramen und Prosaskizzen hatten impressionistischen Jugendstilcharakter und waren der naturalistischen Zeitmode verpflichtet. Ab ca. 1900 Anwendung eines neuen plastisch-sachlichen und malerisch-intensiven Stils in der Lyrik ("Das Stundenbuch", 1905) mit völliger Preisgabe des lyrischen Ichs. Nach einer schweren seelischen Krise in der Begegnung mit der Existenzphilosophie Kierkegaards und der Aufgabe seines gotterfüllten Weltbildes - widergespiegelt in dem Roman "Die Aufzeichnungen des Malte Laurids Brigge" (1910) - gelangt er zu der harten freirhythmischen Form der gedanklich-mythisch überhöhten "Duineser Elegien" und der "Sonette an Orpheus", die als Höhepunkte seines Werkes gelten.

Zusatzinformationen: Rilkes Text "Der Panther" lebt von der Symbolik. Das Gefangensein des Tieres wird bildhaft so treffend dargestellt, daß der Schüler sofort die Situation des Panthers als Gefangener in einem Käfig erkennt. Obwohl ein Beobachter den Panther in seinen Bewegungen beschreibt, wird deutlich, daß Rilke sich in die Gefühlswelt des Tieres versetzt. Das Bild vom "Vorübergehn der Stäbe" macht dies deutlich, denn für den Beobachter außerhalb des Käfigs bewegt sich natürlich nur der Panther, während der Panther einen anderen Eindruck gewinnen kann.

☞ Man kann sich dies vorstellen, indem man sich in die Situation eines Zugreisenden versetzt, dessen Zug im Bahnhof steht. Auf dem Nachbargleis steht ein weiterer Zug. Plötzlich fährt der Zug an, doch bei einem Blick aus dem gegenüberliegenden Fenster stellt man erstaunt fest, daß der Zug, in dem man sitzt, noch steht.

Die Ausweglosigkeit dieser Situation läßt sich an der Wiederholung des Wortes "Stäbe" erkennen - die Stäbe dokumentieren eindeutig, daß der Weg in die Freiheit versperrt ist. Zudem erfolgt eine Verstärkung durch das Wort "tausend", auch wenn es sich dabei um den subjektiven Eindruck des Panthers handelt ("Ihm ist, als ob es tausend Stäbe gäbe ...").

Der Panther nimmt die Außenstehenden vor dem Käfig nicht mehr wahr ("sein Blick ist ... so müd geworden, daß er nichts mehr hält"). Er behält also nichts mehr, weil es ihn nicht mehr berührt. Zwar wird seine Bewegung als sehr ästhetisch beschrieben ("weicher Gang", "geschmeidig", "starke Schritte"), dennoch wird gleichzeitig betont, daß der Panther in seinen Bewegungen eingeengt ist ("allerkleinster Kreis", "Tanz ... um eine Mitte", "betäubt").

Für kurze Momente scheint es, als habe der Panther seine Kraft wiedergewonnen. Das Tier bleibt stehen ("der Glieder angespannte Stille"), das Auge nimmt etwas auf; aber auch hier wird deutlich, daß der Panther innerlich nicht davon berührt wird ("und hört im Herzen auf zu sein").

Langners Parodie läßt deutlich einige typische Kennzeichen der Parodie erkennen, zum Beispiel die Beibehaltung der äußeren Form bei gleichzeitiger Veränderung auf der inhaltlichen Ebene. Zu den Vergleichsmöglichkeiten bietet sich folgendes Tafelbild an:

Tafelbild zu Rilke: Der Panther / Langner: Die Ansagerin

Rilke: Der Panther	Langner: Die Ansagerin

Gemeinsamkeiten

- 3 Strophen
- identische Reimform (Kreuzreim abab)
- Wortwahl (Blick, nichts mehr hält, tausend, keine Welt, Tanz, betäubt, nur manchmal, lautlos)
- Abhängigkeit, Gefangensein
- Betrachter (im Zoo; vor dem Fernseher)
- Monotonie

Unterschiede

Rilke: Der Panther	Langner: Die Ansagerin
• erklärender Zusatz (Im Jardin des Plantes, Paris)	• kein Zusatz
• Tier im Käfig	• Ansagerin im Fernsehen
• eingeschränkte Laufwege	• eingeschränkte Möglichkeit bei der Ansage, da ein festgelegter Text vorliegt
• Wendung nach innen	• Öffnung ("heraus")
...	...

Anregung: Im Anschluß daran ist es lohnend, ein Grammatikproblem anzusprechen. Rilke verwendet die Formulierung "hinein"; Langner dagegen schreibt "heraus". Was läßt sich daraus in bezug auf die Perspektive schließen?

hinein: Beobachtung von außen ←→ *heraus:* Beobachtung von innen

Weitere Arbeitsanregungen

Günter Waldmann (in: Produktiver Umgang mit Lyrik. Baltmannsweiler 1988, S. 169) schlägt vor, eigene Versuche mit symbolischer Bildform in den Bildfeldern "Gefangensein" und "Weg" durchzuführen. Die Aufgaben lauten:

a) Versuchen Sie über das Thema "Gefangensein" bzw. "Weg" einen eigenen Text (auch in freien Versen) zu schreiben. Einige Begriffe, an denen Sie sich orientieren können:

Kette - Gitter - Käfig - Zelle - Mauer - Wand, eventuell in kontrastiver Zusammenstellung mit Begriffen wie: Himmel - Sterne - Wolken - Regen - Wind - Vögel.

b) Versuchen Sie einen Text über einen symbolischen Gesamtvorgang zu schreiben, etwa über eine beliebige Kombination aus den Begriffen:

Weg - Pfad - Straße - Fahrt - Reise - Flucht und weit - endlos - weglos - unbekannt - einsam - gefährlich.

c) Vergleichen Sie Rilkes "Panther" mit Kolmars "Trauerspiel":

Autorin: Gertrud Kolmar, mit bürgerlichem Namen Gertrud Chodziesner, wurde am 10. Dezember 1894 in Berlin geboren. Sie war von Beruf Sprachlehrerin und lebte in Dijon und Berlin. Im Frühjahr 1943 wurde sie in ein Konzentrationslager deportiert. Ort und Datum ihres Todes sind unbekannt.

Gertrud Kolmar **Trauerspiel**

Der Tiger schreitet seine Tagereise
Viel Meilen fort.
Zuweilen gegen Abend nimmt er Speise
Am fremden Ort.

5 Die Eisenstäbe: alles, was dahinter
Vergeht und säumt,
Ist Schrei und Stich und frostig fahler Winter
Und nur geträumt.

Er gleitet heim: und mußte längst verlernen,
10 Wie Heimat sprach.
Der Käfig stutzt und wittert sein Entfernen
Und hetzt ihm nach.

Er flackert heller aus dem blinden Schmerze,
Den er nicht nennt,
15 Nur eine goldne rußgestreifte Kerze,
Die glitzernd sich zu Tode brennt.

Gertrud Kolmar: Das lyrische Werk. München 1960, S. 193

d) Für Schreiberfahrene: Verfassen Sie einen Text über "inneres Gefangensein", also über Ihre "gefangenen" Möglichkeiten, Fähigkeiten, Bedürfnisse, Interessen, Hoffnungen, Sehnsüchte. Sie können sich dabei an Enzensbergers Text "der gefangene" orientieren (zu Enzensberger, ⇨ Textsammlung, S. 328, Lehrbuch, S. 311, sowie Lehrerband, S. 160):

Hans-Magnus Enzensberger **der gefangene**

verschütttet in meinem fleisch
ist ein mann mit löwenhänden
mit zarten gewaltigen augen
atmet in meinem gebein
5 ein alter mann
der nicht stirbt
ein beharrliches kind
das sich nicht fürchtet
eingetaucht in mein blut
10 ein gefangener der horcht
verschüttet in meinem fleisch
und geduld hat und harrt
und klopfzeichen sendet
zart und gewaltig
15 in meine brausenden ohren
er wohnt im heißen geröll
wie der steinbrech beharrlich
der sich nicht fürchtet
fest und klar wie das eis
20 der sich befrein wird
mit löwenhand
und wird aufgehn wie ein urteil
gerecht wie ein großer wind
der nicht stirbt
25 der atmet in meinem gebein
und wird es zerbrechen

Hans-Magnus Enzensberger: Landessprache. Frankfurt a. M. 1969, S. 68

S. 239, T3

Textsorte: Lied

Zusatzinformationen: In diesem Liedtext (Erzählgedicht) berichtet ein lyrisches Ich über einen Zoobesuch. Es stellen sich eine Reihe von Fragen:

- Wann spielt das Geschehen? / An einem sonnigen Tag ("die sonne schien"); das lyrische Ich teilt das Geschehen aus der Retrospektive mit ("vor ein paar tagen ging ich in den zoo")
- In welcher Stimmung befindet sich das lyrische Ich? / Die Person befindet sich in guter Stimmung ("mir war ums herz so froh")
- Auf welche Weise wird die Neugier des Zoobesuchers geweckt? / Einige Menschen stehen vor einem Käfig ("sah ich leute stehn")
- An was denken Sie, wenn Sie das Wort "Käfig" lesen? / Unfreiheit, Knast u. a.
- Welche Informationen werden gegeben? / ("nicht füttern, ... nicht reizen, da sehr wild")

Weitere Arbeitsanregungen

- *Diskutieren Sie den Begriff "Freiheit" in seinen verschiedenen Ausprägungen.*
- *In welcher Verbindung stehen die Begriffe "Freiheit" und "Gefangenschaft"?*
  (⇨ Lehrbuch, Kapitel 2.3.3 "Begriffe klären")

Weitere Texte
⇨ Lehrbuch, S. 133, T 3
Kate Chopin: Geschichte einer Stunde ⇨ Lehrbuch, S. 295
Adalbert Stifter: Was ist Freiheit? ⇨ Textsammlung, S. 260

S. 239, T 4

Textsorte: Lied

Lösungen und Deutungshinweise, S. 240

1 Bereits zu Beginn wird im Text der lyrische Sprecher genannt ("<u>ich</u> hab dich oft gesehn"). Viele Schüler setzen hier die Autorin als lyrischen Sprecher ein. Daraus erwächst die Möglichkeit, auf die Unterscheidung zwischen biographischem Ich und fiktivem Ich hinzuweisen. Die gewählte Ich-Form bedeutet nicht zwangsläufig, daß es sich um die Autorin handeln muß; ja es ist an dieser Stelle noch nicht einmal ersichtlich, ob es sich um eine Frau handelt. Diese Person ist offensichtlich unsicher, wenn es sich darum handelt, mit einem Partner eine Beziehung zu entwickeln ("ich hab mich <u>nie getraut</u>"). Sie sucht die Gründe für diese Reaktion jedoch nicht bei sich, sondern führt die äußeren Bedingungen als Störungsfaktoren an.
Deutlich läßt das lyrische Ich (eine weibliche Person, wie in Zeile 19 erkennbar wird), erneut Unsicherheit erkennen (Zeile 3); denn bereits ein Blick des Mannes erzeugt ein Zittern. Die Frage in Zeile 4 ist eher rhetorisch zu sehen, denn sie bedarf keiner Antwort. Die gesamte Zeile scheint eher ein unausgesprochener Gedankengang zu sein. Dies bestätigt sich auch im weiteren Verlauf, da die Frau versucht, ihre Gefühle und Gedanken zu ordnen. Sie hat von sich den Eindruck, zu viel zu reden und zu laut zu lachen. Beides sind Handlungen, die ihr überzogen erscheinen, aber kompensierend wirken können. In ihrem Beispiel gelingt dies jedoch nicht, sie fühlt sich von dem Mann in ihrer Zuneigung bereits durchschaut. Dennoch scheint sie ihren Mut zusammenzunehmen und ihm zu sagen, daß sie ihn mag. Das weiche Licht ist der äußere Rahmen dieser sensiblen Situation. Er jedoch antwortet darauf leise, er verspüre diese Zuneigung nicht ("ich dich nicht").

Bei den Schülerinnen und Schülern entwickelt sich an diesem Punkt häufig eine Diskussion, da das Geständnis der Liebe bzw. Zuneigung im Text nicht direkt erwähnt wird. Ohne diese Vorgabe wäre jedoch die Antwort unsinnig.

2 Der folgende Refrain (typisch für Liedertexte) enthält eine Dreierformel, die an ein bekanntes Sprichwort erinnert (verliebt - verlobt - verheiratet) und die Stimmung der Frau verdeutlicht. Zunächst war sie verliebt, hat alles auf eine Karte gesetzt und verloren. Im Wort "verbrannt" wird ihre Enttäuschung auf den Punkt gebracht. Die folgenden Begriffe (Zeile 10) korrespondieren unmittelbar mit den drei Begriffen zuvor; sie stellen die Reaktion auf die Erkenntnis der abgewiesenen Gefühle dar.

3 Der Text wird in der Folge sehr bildhaft, wobei die einzelnen Aussagen mehrdeutig interpretierbar sind (vgl. Tafelbild 2). Die Frau ist sich sicher, nie wieder (Zeile 13) ihre Gefühle so offen zu zeigen; jedoch bereits der folgende Gedankenstrich läßt ihren wahren Charakter erkennen. Sie weiß genau, daß es ihr wieder so passieren wird (bis zum nächsten mal). Insofern ist auch der Titel dieses Liedes eher als Wunsch, denn als Tatsache zu bewerten. Die Frau scheint sich zu wünschen, ihren Gefühlen widerstehen zu können, ist sich jedoch gleichzeitig ihrer Schwäche bewußt.
Der Mann möchte eine Freundschaft zu ihr aufbauen, fern von Gefühlen, Erotik und anderen Bindungen. Doch dies alles sieht die Frau als persönliche Niederlage; sie sieht sich als Verliererin ("ich hab hoch verlorn"), die ihre Gefühle zu sehr offenbart hat. Ihr bleibt nur die Enttäuschung ("tränen in der nacht") und der Rückzug (eine Flucht?). Die Träume vom schönen Prinzen, der den Drachen besiegt und dann die Frau erobert, verkehren sich ins Gegenteil. Die Prinzen werden bereits vorher aufgefressen, so daß die Frau erst gar keine Gefühle entwickeln kann.

Weitere Arbeitsanregung
Diskutieren Sie: Ist es wirklich eine Schwäche, wenn man seine Gefühle preisgibt?

Tafelbild 1 zu Ulla Meinecke: nie wieder

Frau (lyrisches Ich)

↓

Unsicherheit		Gründe
ich hab mich nie getraut	→	mal warn wir nicht allein, mal die Musik zu laut
ich fang zu zittern an	→	ein Blick von dir
ich weiß nicht mal ob ich laufen kann	→	gehn wir zu mir?

Subjektive Eindrücke der Frau:
ich red zu viel
und lach zu laut
und spür, du hast mich längst durchschaut

↓

Sie teilt dem Mann ihre Gefühle und ihre Zuneigung mit (ich liebe dich???)	→	Reaktion des Mannes: (ich dich nicht; sein wir Freunde)

Tafelbild 2

Bildhafte Aussagen
- im regen stehn
- das herz in der hand   ➔
- ohne haut auf dünnem eis

Das lyrische Ich ist schutzlos, hilflos,
es hat zu viel von sich preisgegeben.

S. 240, T 5

Textsorte: Gedicht
Autor: Erich Kästner

Kästner, Erich (Ps. Robert Neuner, Melchior Kurtz u. a.) 23. 2. 1899 Dresden - 29. 7. 1974 München. Sohn e. Sattlermeisters; Lehrerseminar, 1917 Soldat, kehrte schwer herzleidend zurück; Bankbeamter und Redakteur, später Stud. Germanistik Berlin, Rostock, Leipzig, 1925 Dr. phil.; 1927 freier Schriftsteller in Berlin; 1933 Verbot und Verbrennung s. Bücher; publizierte seither im Ausland. 1945-48 Feuilletonredakteur der >Neuen Zeitung< in München, 1946 Gründer und Hrsg. der Jugendzs. >Der Pinguin<, Mitwirkender am Münchner Kabarett >Die Schaubude<, Präsident des dt. PEN-Zentrums; lebte in München. - Lyriker und Erzähler im Gefolge der Neuen Sachlichkeit. Begann mit leichter satir. Gebrauchslyrik und aggressiv-sarkast. Kabarettgedichten gegen Heuchelei, falsches Pathos, Spielermoral, Militarismus und Faschismus in glatter, traditioneller Form und nüchtern-iron., bewußt die saloppe Umgangssprache und die Schlagwörter und Alltagsphrasen persiflierendem Stil, hinter deren treffsicherem Humor sich das zeitkrit., pädagog. und humanitäre Anliegen e. echten Moralisten verbirgt. Epigrammatiker von geistreicher Dialektik und treffsicherer Prägnanz. Erfolgr. Vf. unterhaltender Romane und phantasievoller, spannender, unmerkl. moralerzieher. Kinderbücher. Auch Dramatiker und Drehbuchautor.

Gero von Wilpert: Lexikon der Weltliteratur. Bd. I. Autoren. Stuttgart 1988

Textinformationen und Deutungshinweise: Vgl. auch ⇨ Rudolph Walter Leonhardt: Sachlich um der Leser willen, Textsammlung, S. 298

Tafelbild zu Erich Kästner: Sachliche Romanze

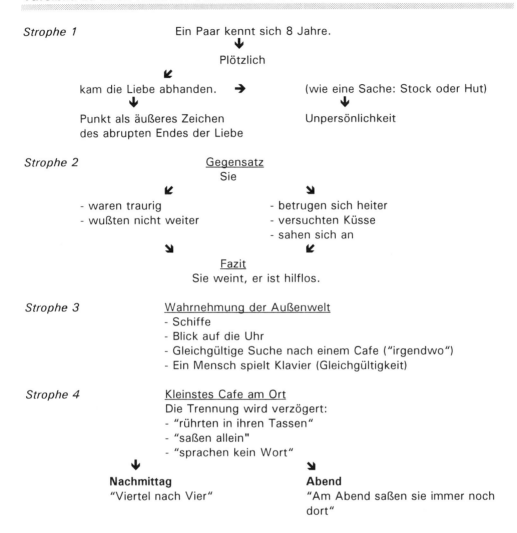

Strophe 1

Ein Paar kennt sich 8 Jahre.

↓

Plötzlich

↙

kam die Liebe abhanden. → (wie eine Sache: Stock oder Hut)

↓   ↓

Punkt als äußeres Zeichen   Unpersönlichkeit
des abrupten Endes der Liebe

Strophe 2

Gegensatz
Sie

↙   ↘

- waren traurig   - betrugen sich heiter
- wußten nicht weiter   - versuchten Küsse
                             - sahen sich an

↘   ↙

Fazit
Sie weint, er ist hilflos.

Strophe 3

Wahrnehmung der Außenwelt
- Schiffe
- Blick auf die Uhr
- Gleichgültige Suche nach einem Cafe ("irgendwo")
- Ein Mensch spielt Klavier (Gleichgültigkeit)

Strophe 4

Kleinstes Cafe am Ort
Die Trennung wird verzögert:
- "rührten in ihren Tassen"
- "saßen allein"
- "sprachen kein Wort"

↓   ↘

Nachmittag   **Abend**
"Viertel nach Vier"   "Am Abend saßen sie immer noch
                               dort"

Begriffsklärung "Romanze"
Begriffsklärung „Romanze"

Romanze (span. romance), roman. Erzähllied als Gegenstück der german. →Ballade, volkstüml. ep. Preislied auf e. Glaubens- oder Freiheitshelden und dessen Taten, wunderbare Ereignisse oder Liebesgeschichten als kurze Verserzählungen in gedrängter, sprunghafter, doch volksliedmäßig einfacher und unmittelbar gemüt- und phantasieerregender Darstellung des Geschehens, meist nicht zum Gesang bestimmt, daher verhältnismäßig breiter, stärker episch, heiterer und farbenprächtiger als die düsterernste, geheimnisvolle Ballade und mit friedl. Lösung schließend. Die R. entstand im 14./15. Jh. in Spanien, zuerst als historische R., im 16./17. Jh. als vornehme Literaturgattung der Kunstdichtung mit neuen Typen: Ritter-R., moreske oder Mauren-R. zur Schilderung galanter Feste in maur. Kostüm, lyr., pastorale, burleske oder satir. R. (...) In Dtl. führt GLEIM 1756 Namen und Gattung durch die Übersetzung e. R. MONCRIFS, *Marianne*, ein und erstrebt durch Einbürgerung der Form e. Veredelung des Bänkelsangs; ihm folgen LOEWEN und SCHIEBELER, doch gleitet sie durch die travestierende Behandlung mit angehängter Moral in volkserzieher. Sinne zur Moritat ab oder wird mit der Ballade gleichgesetzt. Erst HERDER erkennt und vermittelt ihren echten Geist und volksliedhaften Charakter in Übersetzungen und dichtet seinen *Cid* 1805 (nach e. franz. Prosaroman mit span. R.en-zyklus, lockere Einheit mit reimlosen vierhebigen Trochäen ohne Assonanz. Die Romantik übernimmt auch Assonanz und Trochäen als Regel und bringt die Blüte der dt. R.dichtung: die Brüder SCHLEGEL, welche die Form auch theoretisch erfassen, TIECK, FOUQUÉ, UHLAND, EICHENDORFF, am bedeutendsten BRENTANOS *R.n vom Rosenkranz* als dichter. Formung e. tiefreglig. Gehalts in kunstvollem Aufbau. Parodistisch verwenden die R.form IMMERMANN (*Tulifäntchen*) und HEINE (*Atta Troll* u. a.). - Franz. heißt >romance< = Liebeslied im Ggs. zum ep. Volkslied der altfranz. Lit.: Lais bzw. Chanson; engl. →Romance = größere Rittergedichte und Romane, während ep. Volkslieder >ballads< heißen. Auch der dt. Sprachgebrauch macht seit dem Sturm und Drang (BÜRGER, GOETHE, SCHILLER, UHLAND, noch FONTANE) nicht den wünschenswerten, doch nicht grundsätzlich abgrenzbaren Unterschied zwischen der gelösten, helleren, bes. in den roman. Ländern ausgeprägter R. und der nord. dunkleren Ballade (...).

Gero von Wilpert: Sachwörterbuch der Literatur. Stuttgart 1989

Weitere Arbeitsanregung
Vergleichen Sie dieses Gedicht mit Undine Gruenters Text. ⇨ *Lehrbuch, S. 242.*

Weitere Texte
Ursula Krechel: Liebe am Horizont, ⇨ Textsammlung, S. 291
Gabriele Diermann: Wenn Du am Abend gehst, ⇨ Textsammlung, S. 292
Heinrich Heine; Ein Jüngling ... ⇨ Textsammlung, S. 292

S. 241, T 1
Autorin: Edith Linvers, geb. 1940, lebt als Verwaltungsangestellte in Recklinghausen. Sie ist Mitglied des Verbandes Deutscher Schriftsteller und veröffentlichte bisher sechs Gedichtbände.
Textsorte: Obwohl der Text unter der Überschrift "Erzähltexte" geführt wird, handelt es sich um ein Gedicht. Dennoch läßt sich sehr schön der Übergang zum Erzähltext zeigen, so daß durchaus von einem "Erzählgedicht" gesprochen werden kann.
Zusatzinformationen und Deutungshinweise: Als roter Faden zieht sich auf der bildlichen Ebene der Vergleich einer Person mit einem Musikinstrument durch den Text. Jede Strophe nimmt diesen Vergleich als Wunsch auf ("Dein Instrument möchte ich sein ..."). Im weiteren Verlauf wird deutlich, warum das lyrische Ich den Vergleich zieht. Es könnte (dürfte) sich um ein Gedicht an einen Musiker handeln, weil die Bezüge sonst keinen Sinn ergäben (Klänge; Proben; Konzert). Es handelt sich um ein Gedicht, welches Sehnsucht und Zuneigung offenbart. So zeigt sich einerseits das Verlangen nach Berührung und den unterschiedlichen Spielarten der Liebe in der ersten Strophe, andererseits aber auch das Bestreben nach dauerhafter Beziehung ("dich ... begleiten"; "ständig deinen Lippen nahe"; "nicht ausgewechselt werden"). Der Titel des Gedichtbandes, aus welchem der Text entnommen wurde, unterstreicht diese Deutung.

Liebesgedicht an einen Musiker

Bildebene	Sachebene
• Dein Instrument (vierfach, plus Titel)	• Wunsch nach Zärtlichkeit und Berührung
• neue Klänge probieren	• neue Spielarten der Liebe
• wirfst immer ein Auge auf mich	• Sicherheit, Schutz
• ständig den Lippen nahe	• Kuß als äußeres Zeichen der Liebe
• im Konzert mich mit dir wiegen	• Liebesspiel
• mich von dir pflegen lassen	• verwöhnt werden
• im Alter an Wert gewinnen	• Wunsch nach dauerhafter Liebe bis ins hohe Alter

Zusatztext:

Variante 1: *Udo Schreiber* **Im Bann**

01 Wenn du willst, so spiel' ich wirklich,
02 wie du für die Liebste spielst.
03 Der Zigeuner lacht nur zärtlich,
04 will nicht denken an: Irgendwann
05 küßt sie zart und sagt ihr dann:
06 in dem Lachen Liebe, denn ich
07 Wenn du lachst, dann kann ich sehn
08 Zieh mich fest in deinen Bann.
09 Spiel Zigeuner auf der Geige.
10 Nimm den Bogen, laß dich sehen
11 will dich lieben und verstehn
12 doch ich spiel' in deinem Bann.

13 Nach deinem Takt will ich mich drehen,
14 Laß mich tanzen, wie du willst.
15 Spiel für mich allein und zeige,
16 Wenn ich fliehe, hält dein Ton mich.

Arbeitsanregung
Rekonstruieren Sie aus den vertauschten Zeilen des Gedichts einen sinnvollen Gedichttext. Sie müssen nicht den gesamten Text wiederherstellen; acht Zeilen sollten jedoch mindestens sinnvoll zusammengefügt werden.

Udo Schreiber **Im Bann**

Variante 2 (Original):

Spiel, Zigeuner, auf der Geige.
Laß mich tanzen, wie du willst.
Spiel für mich allein und zeige,
wie du für die Liebste spielst.

5 Nach deinem Takt will ich mich drehen,
will nicht denken an: Irgendwann.
Nimm den Bogen, laß dich sehen.
Zieh mich fest in deinen Bann.

10 Wenn ich fliehe, hält dein Ton mich.
Wenn du lachst, dann kann ich sehn
in dem Lachen Liebe, denn ich
will dich lieben und verstehn.

15 Der Zigeuner lacht nur zärtlich,
küßt sie zart und sagt ihr dann:
Wenn du willst, so spiel' ich wirklich,
doch ich spiel' in deinem Bann.

Wie ein Stein im Wind (Anthologie). Lippstadt 1984, S. 27

Arbeitsanregung
Vergleichen Sie diesen Text mit dem von Edith Linvers. Beziehen Sie die Hinweise zum Textvergleich (vgl. Lehrbuch, S. 236 f.) in Ihre Überlegungen mit ein.

S. 242, T 2

Textsorte: Bei dem Text von Thurber handelt es sich um eine Fabel mit märchenhaften Anklängen.

Autor: James Thurber (1894 - 1961), amerikanischer Satiriker. Seine satirischen, oft ans Absurde grenzenden Skizzen, Fabeln und Geschichten üben Kritik an Zeiterscheinungen (Angst, Krieg, Sex, Großstadtleben, ...) und zeichnen phantastische Menschen und Tiere als Produkte eines übelwollenden Schicksals in absurden Situationen.

Inhalt: Im weitesten Sinne geht es darum, daß über entsprechende Aussagen und Gerüchte Vorurteile geschürt werden können. Tiere stehen stellvertretend für Menschen und handeln wie diese. Die Lehre besteht darin, daß der Leser erkennt, auf welche Weise Vorurteile entstehen und überlegt, wie man sich solchen Tendenzen widersetzen kann.

Tafelbild zu James Thurber: Der propre Ganter

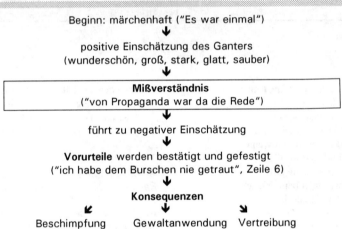

Beginn: märchenhaft ("Es war einmal")
↓
positive Einschätzung des Ganters
(wunderschön, groß, stark, glatt, sauber)
↓
Mißverständnis
("von Propaganda war da die Rede")
↓
führt zu negativer Einschätzung
↓
Vorurteile werden bestätigt und gefestigt
("ich habe dem Burschen nie getraut", Zeile 6)
↓
Konsequenzen
↙   ↓   ↘
Beschimpfung   Gewaltanwendung   Vertreibung

Zusatzinformationen und Deutungshinweise: Die Fabel beginnt durchaus märchenhaft und scheint somit die Leser aus der Alltagsrealität in eine fiktive Welt zu führen. Dies wird jedoch sehr schnell korrigiert ("und sehr lange ist das noch gar nicht her"). Damit wird der Realitätsbezug sofort wieder hergestellt, so daß die Fabel allgegenwärtig und zeitlos wirkt.

Der Ganter wird im einzelnen sehr positiv beschrieben (vgl. Tafelbild), zudem singt er und stolziert durch den Hof. Der Begriff "stolziert" ist jedoch bereits nicht mehr ausschließlich positiv, er beinhaltet Anklänge von Überheblichkeit - zumindest für die Beobachter.

Im weiteren Verlauf werden einige Gerüchte über den Ganter in Gang gesetzt, die allesamt negative Aussagen beinhalten. Im einzelnen sind dies:
- er betreibe Propaganda (Zeile 4f.)
- er sei ein höchst gefährlicher Vogel (Zeile 7)
- wahrscheinlich ein Habicht im Gänserichgewand (Zeile 7 f.)
- er führe irgendwas im Schilde (Zeile 10)
- er sei ungläubig und ein Fahnenhasser (Zeile 16)

Es ist erkennbar, daß es keine Beweise für diese Aussagen gibt. Je unbedeutender die Tiere sind, um so gravierender werden die Anschuldigungen. Gegen Ende des Textes schlagen die Anschuldigungen in Aggression um.

Zum Begriff "Propaganda", ⇨ Textsammlung, S. 408, Lehrbuch, S. 152 ff. (Kap. 5.3.1 "Rhetorik und Rede"), ferner Lehrbuch, S. 115 ff. (Kap. 4.1.2 Verstehen und Mißverstehen).

Weitere Arbeitsanregungen

- Welche Bedeutung hat der Originalschluß: *"Anybody who you or your wife thinks is going to overthrow the government by violence must be driven out of the country."*?
- Setzen Sie die Zeichnung von A. Paul Weber in Beziehung zum Text von Thurber.

Das Gerücht
1953, 41 × 57 cm.
Letzte Fassung dieses Motivs, das auf eine Vorstudie von 1943 zurückgeht.
Das Blatt ist eines der plastischsten und bildwirksamsten Blätter Webers: das Gerücht züngelt nach vorn, vervielfältigt sich, deformiert sich, nistet sich überall ein, bis es den Blick auf die wirklichen Verhältnisse vernebelt hat. Weber stellt es in Form einer Schlange dar, deren Körperteile sich über die rechte Seite des Blattes wie ein Konfettiregen ergießen. Der nach außen verlagerte Fluchtpunkt des perspektivischen Bildaufbaus verleiht der Lithographie eine jähe Dynamik, die zu dem Eindruck des Vorzüngelns wesentlich beiträgt.

A. Paul Weber: Handzeichnungen, Litographien 1930 - 1978. Köln 1978.

Weitere Texte

⇨ Lehrbuch, S. 14, T 20; S. 70, T 1; S. 74, T 6; S. 220, T 10; S. 290 (Bertolt Brecht: Über das Anfertigen von Bildnissen); S. 311 (Hans-Magnus Enzensberger: Clan der Seßhaften); S. 322 Arthur Schopenhauer: Gespräch von Anno 33. ⇨ Textsammlung, S. 278
Fitzgerald Kusz: es gäihd. ⇨ Textsammlung, S. 278
"Gerüchteküche". ⇨ Textsammlung, S. 278
"Ham' Se gehört? Interview". ⇨ Textsammlung, S. 279

S. 242, T 3

Textsorte: Der Text, läßt sich aufgrund seiner Merkmale den Anekdoten zuordnen. Es handelt sich um einen kurzen epischen Text, der den Tod als "bedeutende Persönlichkeit" in den Mittelpunkt rückt. Orts- und Zeitangaben als typische Kennzeichen der Anekdote sind vorhanden, auch wenn sie zum Teil sehr vage sind (persischer Gärtner; Isphahan; "Heute morgen"; "Am Nachmittag"). Die Pointe zeigt sich in der wörtlichen Rede.

Autor: Jean Cocteau (1889 - 1963), vielseitiger französischer Dichter und Schriftsteller: Lyrik, Romane, Ballette, Theater, Kritiken u. a.; Förderer avantgardistischer Strömungen wie Dadaismus und Surrealismus, von moderner Malerei und Musik, Jazz, Filmkunst. Cocteau wurde stark durch seine Kindheit und Jugend inspiriert, seine Themen waren insbesondere das Verfallensein des Menschen an den Tod und der Gegensatz der kultivierten, sensiblen Seele und der brutalen Welt. Seine Sprache ist elegant, schmucklos, verzichtet auf Bilder und Pathos.

Lösungen, S. 244, T 3

1 Der Text läßt eine deutliche Zweiteilung erkennen, die allerdings durch den erklärenden Einschub ("Der gutherzige Fürst leiht ihm sein Pferd") unterbrochen wird. Erkennbar wird die Zweiteilung anhand der Zeitangaben und der unterschiedlichen Personenkonstellation beim Gespräch.

2 Der Gärtner scheint verängstigt und hilflos zu sein. Zum einen spricht er davon, dem Tod begegnet zu sein, zum anderen erbittet er Hilfe von seinem Fürsten. Er scheint in Diensten des Fürsten zu stehen und wendet sich daher an diesen weltlichen Herrscher, der in seinen Augen große Macht besitzt. Der Fürst kommt seinem Ruf (gutherzig zu sein) nach und leiht dem Gärtner sein Pferd, damit dieser nach Isphahan reiten kann.

3 Der Tod wird als Person gesehen (in diesem Zusammenhang ist an bildliche Darstellungen als Gerippe oder als Sensenmann zu denken). Er scheint sich normal in der Öffentlichkeit zu bewegen, denn er begegnet dem Gärtner und macht eine drohende Geste. Der Tod teilt diese Interpretation des Gärtners allerdings nicht, sondern sieht seine Geste als Geste der Überraschung. Ebenso unterhält der Tod sich mit dem Fürsten und gibt diesem Erklärungen ab. Der Tod wird nicht als Feind des Menschen dargestellt.

4 Die Lehre des Textes liegt in der Erkenntnis des Lesers, daß alle weltliche Macht und alle Künste des Menschen nicht ausreichen, die Macht des Todes einzuschränken.

Tafelbild zu Jean Cocteau: Der Gärtner und der Tod

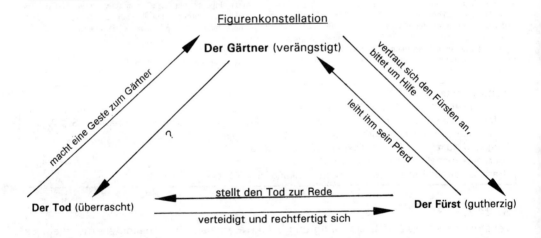

Zusatztext:

Rainer Maria Rilke **Schlußstück**

Der Tod ist groß.
Wir sind die Seinen
lachenden Munds.
Wenn wir uns mitten im Leben meinen,
5 wagt er zu weinen
mitten in uns.

Die Gedichte. Frankfurt a. M. 1986, S. 423

Arbeitsanregungen
• *Vergleichen Sie die Texte von Cocteau und Rilke miteinander.*
• *Sammeln Sie Materialien zum Thema "Tod".*
• *Diskussion zum Thema: Ist der Tod der Feind oder der Freund des Menschen? Suchen Sie geeignete Argumente und Beispiele, die Ihre Auffassung unterstützen.*

Weitere Texte zum Themenkreis "Tod"
⇨ Lehrbuch, S. 8, T 1, T 2 und T 4; S. 12, T 15; S. 48, T 6; S. 64, T 1; S. 295; S. 304; S. 315; S. 317
"Alternative Trauer". ⇨ Lehrbuch, S. 293, Lehrerband, S. 133 ("Todesanzeige").
Ursula Koerner: Tod als Strafe? ⇨ Textsammlung, S. 322
Joachim G. Oldag: Apfelsinen und Särge. ⇨ Textsammlung, S. 372
Empfehlenswerte Literatur: Philippe Ariès: Geschichte des Todes. München 1982

S. 242, T 4

Textsorte: Erzählung
Autorin: Undine Gruenter, geboren 1952, studierte Jura, Literaturwisssenschaft und Philosophie in Heidelberg, Bonn und Wuppertal; sie lebt in Paris.
Zusatzinformationen: Dieser kurze Textausschnitt ist einer Erzählung entnommen, die den Titel "Das gläserne Cafe" trägt. Im Klappentext heißt es:

Undine Gruenters neue Erzählungen haben nicht nur das gemeinsam, Liebesgeschichten zu sein, die in einer Weise von der Liebe handeln, die das scheinbar Vertraute fremd und rätselhaft er-
5 scheinen läßt. Sie sind darüber hinaus allesamt ... Geschichten, die, mal mit dem Abstand der Ironie, mal aus der Nähe des Erlebens ... von dem vertrackten Schicksal der Liebe erzählen, sich nicht durch zwei teilen lassen, ohne daß ein wunderlicher Bruch übrig bleibt. 10

Lösungen, S. 245, T 4

1 Der Begriff "gläsern" weist Mehrdeutigkeiten auf, da er einerseits andeutet, wie brüchig jede Beziehung in Wirklichkeit ist, und andererseits das Durchsichtige, das nach außen Erkennbare anzeigt; zum Beispiel die Widersprüche, die in der jeweiligen Geste und der darauffolgenden Handlung erkennbar sind.
2 In dieser Formulierung wird die Belanglosigkeit des Gesprächs deutlich; da ist kein Feuer, keine Zuneigung, kein liebevolles Miteinander mehr festzustellen. Daraus ergibt sich die Antwort zu Aufgabe 3.
3 Es handelt sich nicht um wirkliches Sprechen im Sinne eines sprachlichen Miteinanders; hier werden Aussagen gemacht ("Ich kann dich nicht mehr ertragen", Zeile 4), die in keinem Zusammenhang mit der nachfolgenden Handlung stehen ("streichelt ... seine Hand"). Des weiteren dreht sich der Text auch um das Thema "Verstehen und Mißverstehen", ⇨ Lehrbuch, ab S. 114 unten.

Weitere Arbeitsanregungen

• *Lesen Sie den Text "Begegnung" von Herta Meinold,* ⇨ *Textsammlung, S. 272.*
• *Vergleichen Sie diesen Text mit Kästners Gedicht "Sachliche Romanze",* ⇨ *Lehrbuch, S. 240, bzw. mit dem folgenden Textauszug:*

In der Nacht, wenn wir flüstern, bin ich manchmal mutig, und ich frage Dich, wie Du unser Zusammenleben empfindest. "Ich bin rundherum zufrieden", sagst Du jedesmal ganz ohne Überlegung und fügst meistens noch hinzu: "Ich hof-
5 fe, Du bist es auch." Mein Schweigen darauf ak- zeptierst Du. Längst weißt Du, daß *mein* Maßstab von Zufriedenheit und Glück ein anderer ist als der Deinige. Irgendwann werde ich die Hoffnung aufgeben, Du könntest mir etwas anderes antworten, und werde nicht mehr fragen. 10

Gabriele Diermann: Schnittmuster der Selle. Lippstadt 1991 (Klappentext)

S. 243, T 5

Textsorte: Satire

Autor: Janusz Oseka wurde 1925 in Warschau geboren. Er studierte Rechtswissenschaft, wechselte jedoch schnell das Fach und übte den Beruf als Journalist aus. Er veröffentlichte Feuilletons und Erzählungen und arbeitete für Funk, Fernsehen und Theater.

Inhalt: Diese Satire (⇨ Lehrbuch, S. 279) scheint vordergründig über den Schulalltag zu berichten, sie weist jedoch eine weitere, gesellschaftlich relevante Ebene auf, wenn es darum geht, "Wahrheiten" in der Öffentlichkeit, auch gegen Widerstände, zu vertreten.

Lösungen, S. 245

1 Als typische Lehrerklischees lassen sich herausarbeiten:
  - der Lehrer als Vermittler von Bildungsgut
  - der Lehrer als Autorität
  - der Lehrer als Taktierer
  - der Lehrer als einfühlsamer, psychologisch versierter Pädagoge

2 Unterschiedliche Schülertypen zeigen sich in:
  - Zeile 20 (welche, die ...)   = die Gleichgültigen
  - Zeile 22 (manche lehnten sich ...) = die "inneren Emigranten"
  - Zeile 23 (eine Gruppe)   = die Skeptiker
  - Zeile 25 (ein großer Teil)   = die Trägen
  - Zeile 27 (artige Kinder)   = die Angepaßten
  - Zeile 28 (unartige Kinder)   = die Subversiven
  - Zeile 29 (weitsichtige Karrieristen) = die Opportunisten

3 In staatlichen Ordnungen, welche die Meinungsfreiheit der Bürger einschränken und mißliebige Äußerungen zum staatlichen System verfolgen, bleibt für einen Schriftsteller häufig nur der Weg über die Mehrdeutigkeit des Wortes. Hier können eventuell noch die Dinge gesagt werden, die in der öffentlichen Diskussion Strafe nach sich ziehen würden und den Verfasser in Gefahr brächten.

4 Der Autor plädiert dafür, daß jeder seine eigene Meinung argumentativ verteidigen und nicht heuchlerisch jede ihm opportun erscheinende Meinung vertreten soll.

Weitere Arbeitsanregungen

• *Diskutieren Sie innerhalb der Klasse, ob es Situationen gibt, in denen es sinnvoll erscheint, die eigene Meinung nicht kundzutun.*

• *Erstellen Sie ein Referat zum Thema: Staatliche Gewalt gegenüber kritischen Oppositionellen - Wie stellt man Öffentlichkeit her? Denken Sie in diesem Zusammenhang auch an das Verschwinden von Personen und die Aktivitäten von amnesty international. Geben Sie Beispiele.*

Zusatztext zum Thema "Bürger und staatliche Institutionen":

Christian Morgenstern: Die Behörde. ⇨ **Lehrbuch, S. 336**

Autor: Christian Morgenstern (1871 - 1914), deutscher Schriftsteller, der Lyrik und Kabarettexte schrieb und vor allem durch seine der Nonsensdichtung nahestehenden skurrilen Sprachgrotesken bekannt wurde.

Zusatzinformationen und Deutungshinweise: Der Text stammt aus Morgensterns Gedichtsammlung "Palmström" (1910). Die im Gedicht genannte Situation ist einfach darzustellen. Die Polizei stellt einem Bürger (Korf) ein Formular zu, in welchem er aufgefordert wird, Angaben zu seiner Person zu machen. Im einzelnen sind dies:

Gedichttext (Behördensprache)	Entschlüsselter Text
- wer er sei	- Name, Vorname, Geburtsname
- wie	- Staatsangehörigkeit, Geschlecht, Körpergröße, Augenfarbe, besondere Kennzeichen
- wo	- Wohnort, Straße, Hausnummer
- welchen Orts er bis anheute war	- bisheriger Wohnsitz
- welchen Stands	- Familienstand
- wo geboren	- Geburtsort
- Tag und Jahr	- Geburtsdatum
- ob ihm erlaubt, hier zu leben	- Aufenthaltserlaubnis
- zu welchem Zweck	- Aufenthaltsgrund, Beruf
- wieviel Geld er hat	- Einkommensverhältnisse
- was er glaubt	- Religionszugehörigkeit

Der Bürger (Korf) leugnet seine Existenz im Antwortschreiben, worauf der Chef der Behörde staunend das Schreiben zur Kenntnis nimmt. So ist ein klarer dreiteiliger Aufbau erkennbar, der sich auch sprachlich deutlich nachweisen läßt:
1. Schreiben der Polizeibehörde an den Bürger Korf (Strophe 1 - 4)
2. Antwortschreiben des Bürgers an die Behörde (Strophe 5 - 7)
3. Reaktion des Behördenchefs (letzte Zeile)

Zu Strophe 1 - 4: Die Formulierung "geharnischt Formular" deutet bereits an, was nun folgen muß. Das Formular erzeugt Mißmut beim Bürger, es erregt dessen Zorn und fordert ihn zum Widerstand heraus. Spätestens mit der Androhung des Arrests fühlt sich der Bürger in die Defensive gedrängt. Das Formular wird ohne Grußformel durch die Nennung von zwei Namen abgeschlossen.
Der Leser spürt während des Lesevorgangs eine Art von Befehlsstruktur und Verhörton. Die Sprache im Text impliziert Untertanengeist und Bevormundung. Aufgrund der Formulierungen wird der Mensch entpersonalisiert, in ein Schema gepreßt, welches keine Spielräume für eigenständige Formulierungen ermöglicht.

Strophe 5 - 7: Ein Ich - im Sinne eines lyrischen Ich - ist nirgends erkennbar. Korf reagiert in der gleichen unpersönlichen Art. Seine Antwort imitiert das Sprachgebaren der Behörde und steigert es sogar noch. Normierte Formulierungen und Wortzusammensetzungen sind dafür kennzeichnend. Beispiele:
- untig angefertigte Person
- mitbedauernd nebigen Betreff
- wennschonhin
Korf spielt Unterwürfigkeit. Seine Selbsterniedrigung führt so weit, daß er sich als "nichtexistent" bezeichnet, während er die Behörde erheblich aufwertet ("Einer hohen Direktion"). Korf ist jedoch kein Nörgler, sondern eher ein normaler Bürger, der sich nicht zur Nummer machen lassen will. Er setzt seine sprachliche Variabilität und Versiertheit gegen fades Beamtendeutsch und schlägt somit die Behörde mit deren eigenen Waffen.
Letzte Zeile: Der Empfänger des Briefes in der Behörde (Behördenchef) ist sprachlos, der Text endet ohne weitere Erklärung. Das Partizip Präsens "staunend" friert den beschriebenen Zustand ein, der Leser hat den staunenden Chef sozusagen noch vor Augen.

Didaktische Hinweise: Es kann unmittelbar an die Lebenswirklichkeit der Schüler angeschlossen werden, da jeder bereits mit Formularen von Behörden zu tun gehabt hat (Anmeldeformulare an der Schule, Bafög-Formular, Kindergeldantrag u. a.). Allerdings sind Texte in Behördendeutsch als Unterrichtsgegenstand eher unterrepräsentiert, da sie aus Schülersicht als langweilig gelten.

Das Gedicht "Die Behörde" stellt die Behördensprache mit ihren rechtlichen Textgrundlagen zur Diskussion. Die Schüler erkennen einerseits, wie das Formular beim Empfänger Ärger auslöst, andererseits sehen sie ein, daß Formulare rationelle Arbeitsmittel für Verwaltungen sind und zur rechtlichen Gleichbehandlung der Bürger beitragen.

Die Schüler sollten aufgefordert werden, eine sie bedrohende Sprache zu analysieren und ihre Formen und Stileigenschaften kennenzulernen. Morgensterns Gedicht eröffnet zudem Möglichkeiten für das produktionsorientierte Schreiben. Eigene Gestaltungsversuche zu Sprache, Form und Aufbau eines einfachen Formulars können die Sprache solcher Formulare nachvollziehen. Geeigneter erscheinen jedoch bürgerfreundliche Gegenentwürfe, da auf diese Weise Leistungen, Wirkungen und Auswüchse der Behördensprache verdeutlicht und überprüft werden.

a) Der Chef der Behörde lädt den Bürger Korf zu einem Gespräch mit versöhnlichem Ausgang vor. Die Schüler schreiben den Dialog und spielen anschließend die Szene.

b) Korf erhält von der Behörde ein Mahnschreiben. Er soll das Formular korrekt ausfüllen. Die Schüler sollen ein entsprechendes Mahnschreiben formulieren.

c) Der Chef der Behörde weist seine Mitarbeiter an, das bisher verwendete Formular durch ein bürgerfreundliches Schreiben zu ergänzen. Auf diese Weise könnten Kriterien für ein bürgerfreundliches Schreiben entwickelt und von den Schülern verfaßt werden.

Den Abschluß könnte ein Unterrichtsgang zu einer Behörde bilden, die sich mit Personaldaten und deren Speicherung befaßt. Ein Gespräch mit einem Bediensteten über Aufgaben des Amtes und Umgangsformen mit dem Bürger könnte die Sequenz abrunden.

S. 243, T 6

Autor: Peter Maiwald wurde 1946 in Grötzingen (Kreis Eßlingen) geboren und lebt seit 1969 als freier Schriftsteller in Düsseldorf. Weitere Texte: ⇨ Textsammlung, S. 326 und S. 327.

Textsorte: Kurzgeschichte

Zusatzinformationen: Maiwalds Text wurde einer Gewerkschaftszeitung entnommen, was bereits eine gewisse Tendenz erkennbar werden läßt. Ein Mensch scheidet aus dem Arbeitsprozeß aus und tritt in den Ruhestand ein. Aber es handelt sich wohl eher um eine Art vorgezogenen Ruhestand aufgrund körperlicher Schädigung.

Lösungen, S. 245

2 Pobel wird mit einer Maschine verglichen. Dies zeigt sich in folgenden Beschreibungen:

- ist stillgelegt (Zeile 1)
- Rentabilität (Zeile 1)
- nicht mehr auf vollen Touren (Zeile 3)
- Verschleißerscheinungen (Zeile 6)
- funktioniert noch ein bißchen (Zeile 7)
- Betriebskosten (Zeile 8)
- Instandhaltungskosten (Zeile 10)
- Bedienungsanleitung)Zeile 11)
- nicht rosten (Zeile 12)
- Wartungshallen (Zeile 15)

Als Aussage läßt sich daraus schließen, daß ein Mensch, in diesem Fall Pobel, dann, wenn er nicht mehr im Berufsleben effektiv ist, wie eine schlecht funktionierende Maschine ausgesondert wird. Die Überschrift des Textes ist kennzeichnend für diese Auffassung.

3 Pobel ... darf - auf eigene Gefahr - unter die Menschen (Zeile 7 f.)
Sein Magenleiden ist ein Glück (Zeile 9)
"Mensch, Pobel, sie leben ja noch" (Zeile 25)
4 Auktoriale Erzählperspektive (⇨ Lehrbuch, S. 246)
6 Die Karikatur verlagert die Problematik von Entlassungen auf die Managementebene. Es wird hier von "Geschäftsbesprechung" gesprochen, was bedeutet, daß bereits sieben der acht Vorstandsmitglieder entlassen (in der Fachsprache von Personalchefs heißt es wohl "freigesetzt") worden sind.

Weitere Anmerkungen zum Text: Der Name des Entlassenen "Pobel" läßt Anklänge an "Popel" bzw. "Pöbel" erkennen. Stellen Sie im einzelnen diese Anklänge als Deutungsmöglichkeit zur Diskussion.

Auch die Umschreibungen für einige allzubekannte Einrichtungen sollten angesprochen werden, zum Beispiel:
- Ein Amt überweist ihm monatlich die Betriebskosten   = Rente
- chemikalische Stationen   = Apotheken
- Wartungshallen, denen Chefärzte vorstehen   = Krankenhäuser

Zusatztext (geeignet für einen Textvergleich):

Christine Schubert **Der geheimnisvolle Spaziergang**

Die Entlassungen in unserem Betrieb liefen reibungslos ab. Quartalsweise steckten die Kündigungen pünktlich in den Briefkästen. Die Beschäftigtenzahl nahm eindrucksvoll ab. Im
5 Herbst waren aber doch noch hundert Arbeitnehmer übrig. Die Geschäftsführung atmete auf, weil es weder zu Protesten noch zu Demos gekommen war. Auch mit der Gewerkschaft gab es keinen Zoff. Kündigungsklagen wurden keine
10 erhoben. Zerfranst und verblichen wehte die Deutschlandfahne auf dem Verwaltungsgebäude. Die Anzahl der parkenden Autos rund um den Betrieb hatte sich drastisch verringert. Nun konnte man wieder ungehindert auf dem Trot-
15 toir entlanggehen. Der Schlosser Otto K. nutzte diese Möglichkeit als erster weidlich aus. Jeden Vormittag drehte er per pedes gemütlich seine Runden um den Betrieb. Ein Stück am Fluß entlang, dann rechts rein in die Seitenstraße, da-
20 nach die lange Querstraße hinunter, die in die Hauptstraße mündet, und dann wieder rein in die Uferstraße. Einst hatte Otto mehr Uhren als Zeit gehabt. Nun war er Vorruheständler, nun war es umge-
25 kehrt. Am Haupteingang traf er ständig ehemalige Kollegen, darunter einige, mit denen er achtund-
dreißig Jahre lang zusammengearbeitet hatte. Der Kraftfahrer Franz beispielsweise, der immer die aktuellen Kündigungen kannte, qualmte mit 30 ihm bei dieser Gelegenheit gern ein Zigarettchen. Eines Tages schloß Hans-Hermann S. sich Ottos Rundgang spontan an. Nun drehten sie ihren Runden zu zweit. Und wie es so geht, eine Wo- 35 che später traf sich schon ein knappes Dutzend Kollegen, die in alter Verbundenheit ihren einstigen Betrieb umrundeten. Bald waren es zwei, dann sogar drei Dutzend: Dreher i.R, Fräser i.R, Bohrer i.R, Transportarbeiter i.R und einige 40 Meister i.R. Durch Abwesenheit glänzten nur die Funktionäre i.R. Drei Etagen höher, in den eben renovierten Räumen der Geschäftsführung, spähte man argwöhnisch und verunsichert durch die neumodi- 45 schen Jalousien hinab auf die Straße. Der Hauptgeschäftsführer aus den alten Bundesländern und sein Stellvertreter, der ehemalige Betriebsdirektor, sahen einander ratlos an. Dann ließen sie sich den Vorsitzenden des Betriebsrats 50 kommen. Der zuckte die Achseln. „Sie tragen keine Plakate und Parolen", sagte er. „Ich gehe davon aus, daß es sich um einen Spaziergang handelt. Um einen ganz normalen Spaziergang."

Eulenspiegel 12/1992, S. 6

S. 245, T 7

Textsorte: Parodie/Satire

Zusatzinformationen: Formulierungen in Arbeitszeugnissen benutzen meist Sprachregelungen, die den Beteiligten in Unternehmen (z.B. den Personalchefs) bekannt sind. Den
Beurteilten ist jedoch häufig nicht klar, was mit den Formulierungen im einzelnen gemeint ist. Da es durch Gesetz verboten ist, negative Aussagen in Arbeitszeugnissen zu
formulieren, greifen die Personalchefs zu einem Trick; sie verwenden positiv klingende
Aussagen, die aber durchaus negativ gemeint sein können. Feine Abstufungen bei den
Aussagen können deutliche Beurteilungsunterschiede ausdrücken.

Typische Formulierungen in Arbeitszeugnissen:

So liest man Arbeitszeugnisse richtig	
Außergewöhnlich	Seine/ihre Leistungen haben in jeder Hinsicht unsere volle Anerken-nung gefunden; Wir waren mit seinen/ihren Leistungen in jeder Hin-sicht zufrieden.
Sehr gute Leistungen	Er/sie hat die ihm/ihr übertragenen Arbeiten stets zu unserer vollsten Zufriedenheit erledigt. Seine/ihre Leistungen haben unsere volle Anerkennung gefunden. Wir waren mit seinen/ihren Leistungen sehr zufrieden.
Sehr gut - gut	Er/sie hat die ihm/ihr übertragenen Arbeiten stets zu unserer vollen Zufriedenheit erledigt. Mit seinem/ihrem Fleiß, seinen/ihren Leistungen und ihrer/seiner Füh-rung waren wir in jeder Hinsicht zufrieden (Lohnempfänger).
Gut	Seine/ihre Leistungen waren gut; ... in jeder Hinsicht und in bester Weise entsprochen. Er/sie hat die ihm/ihr übertragenen Arbeiten stets zu unserer vollen Zufriedenheit erledigt. Mit seinem/ihrem Fleiß, seinen/ihren Leistungen sowie seiner/ihrer Führung waren wir sehr zufrieden (Lohnempfänge).
Befriedigend	Er/sie hat die ihm/ihr übertragenen Arbeiten zu unserer vollen Zufrie-denheit erledigt. ... in jeder Hinsicht entsprochen. Seine/ihre Leistungen und seiner/ihrer Führung waren wir zufrieden (Lohnempfänger).
Ausreichend	Er/sie hat die ihm/ihr übertragenen Arbeiten zu unserer Zufriedenheit erledigt. Seine/ihre Leistungen und seine/ihre Führung waren befriedigend (Lohnempfänger).
Mangelhaft	Er/sie hat die ihm/ihr übertragenen Arbeiten im großen und ganzen zu unserer Zufriedenheit erledigt. Er/sie hat sich mit großem Eifer an diese Aufgabe herangemacht und war erfolgreich.
Ungenügend	Er/sie hat sich bemüht, die ihr/ihm übertragenen Arbeiten zu unserer Zufriedenheit zu erledigen. Er/sie hat sich stets bemüht ... Er/sie hat die ihm/ihr übertragenen Arbeiten zu unserer Zufriedenheit erledigt ... im großen und ganzen ... ... im wesentlichen ... Mit seinen/ihren Leistungen waren wir zufrieden. Er/sie erledigte die ihm/ihr übertragenen Arbeiten mit Fleiß und war stets bestrebt, sie termingerecht zu beenden. Er/sie bemüht sich mit großem Fleiß, die ihm/ihr übertragenen Aufga-ben zu unserer Zufriedenheit zu erfüllen.

Sichere Beherrschung des eigenen Aufgabenbereiches; findet selbständig gute Lösung; sichere Orientierung in neuen Situationen	Er/sie besitzt ein umfassendes und vielseitiges Fachkönnen. Er/sie beherrscht seinen/ihren Arbeitsbereich sicher und selbständig. Er/sie besitzt ein umfassendes Fachkönnen. Er/sie beherrschte seinen/ihren Arbeitsbereich sicher und selbständig.
Beherrschung des eigenen Arbeitsgebietes sicher und weitgehend selbständig; bedarf nur selten der Beratung; stellt sich auf veränderte Situationen schnell ein	Er/sie besitzt ein sehr gutes Fachkönnen. Er/sie beherrschte seinen/ihren Aufgabenbereich sicher und selbständig.
Beherrscht die Materie des eigenen Arbeitsgebietes; bedarf nur in begrenztem Umfang der Beratung und Arbeitsanleitung; kann sich auf veränderte Aufgaben oder Situationen einstellen.	Das Fachkönnen des/der Herrn/Frau ... entsprach stets den Anforderungen der Tätigkeit. Er/sie beherrschte die Materie des eigenen Arbeitsgebietes gut.
Beherrscht im wesentlichen die Materie des eigenen Gebietes; bedarf gelegentlich der eingehenden und detaillierten Beratung; stellt sich auf neue Aufgaben und Situationen nicht ohne Schwierigkeiten ein	Das Fachkönnen des/der Herr/Frau ... entsprach den Anforderungen der Tätigkeit.
Das Arbeitsergebnis übertrifft die zu erwartende Arbeitsqualität; sie liegt weit über dem Durchschnitt vergleichbarer Mitarbeiter; stets äußerste Sorgfalt, größte Genauigkeit	Seine/ihre Aufgaben erledigte er/sie stets mit äußerster Sorgfalt und größter Genauigkeit zu unserer vollsten Zufriedenheit. Seine/ihre Aufgaben erledigte er/sie stets mit Sorgfalt und Genauigkeit zu unserer vollsten Zufriedenheit.
Die Arbeitsqualität liegt über dem Durchschnitt; wenig Beanstandungen; selten Flüchtigkeitsfehler; stets Sorgfalt und Genauigkeit	Seine/ihre Aufgaben erledigte er/sie stets mit Sorgfalt und Genauigkeit zu unserer vollsten Zufriedenheit.
Die Arbeitsqualität entspricht den Erwartungen; Beanstandungen werden eingesehen und selbständig verbessert; Genauigkeit und Sorgfalt entsprechen den zu stellenden Anforderungen	Seine/ihre Aufgaben erledigte er/sie mit Sorgfalt und Genauigkeit zu unserer vollen Zufriedenheit.
Er/sie hat versagt	Er/sie bemühte sich, den Anforderungen gerecht zu werden.
Eigeninitiative ist nicht seine/ihre Stärke	Er/sie hat alle Arbeiten ordnungsgemäß erledigt.
Unangenehmer Mitarbeiter/in	Er/sie war tüchtig und wußte sich gut zu verkaufen.
Seine/ihre Leistungen liegen unter Durchschnitt	Wegen seiner/ihrer Pünktlichkeit war er/sie stets ein gutes Vorbild.
Hat versagt	Er/sie bemüht sich den Anforderungen gerecht zu werden.
Eifrig aber nicht tüchtig	Alle Arbeiten erledigte er/sie mit großem Fleiß und Interesse.
Er/sie hat sich angestrengt aber nichts geleistet	Er/sie war immer mit Interesse bei der Sache.
Er/sie war faul und hat nichts geleistet	Er/sie zeigte für seine/ihre Arbeit Verständnis.
Viele Mitarbeiter sahen ihn/sie lieber von hinten als von vorne	Wir lernten ihn/sie als umgänglichen Kollegen/in kennen.
Er ist zur Stelle wenn man ihn braucht, allerdings ist er nicht immer brauchbar	Er/sie ist ein zuverlässiger (gewissenhafter) Mitarbeiter.
Verläßt die Praxis auf eigenen Wunsch	Herr/Frau ... verläßt uns ... auf eigenen Wunsch.
Praxis hat gekündigt	Das Arbeitsverhältnis endet am ... ; Wir haben uns im gegenseitigen Einverständnis (Einvernehmen) getrennt.
Quelle: Mehrmann, E., Wirtz, Th.: ECON Handbuch Bewerbung, ECON, Düsseldorf 1993	

Weitere Arbeitsanregung

Interpretieren Sie die beiden folgenden Zeugnisse auf der Grundlage dieser Informationen:

Beispiele von Arbeitszeugnissen aus der ehemaligen DDR

Beurteilung über den Kollegen Manfred Müller, geboren am ..., wohnhaft in ...

Kollege Müller erlernte in den Jahren 1957 bis 1960 in unserem Betrieb den Beruf des Rechnungskaufmannes/Industrie und wurde im Anschluß daran als Sachbearbeiter in der Abteilung Finanzen eingesetzt. Hier erfolgte eine Spezialausbildung auf dem Gebiet Finanzen und Kreditwesen.

Im September 1968 nahm er ein 4jähriges Fernstudium an der Fachschule für Ökonomie Plauen auf, das er als Finanzwirtschaftler mit der Note „sehr gut" abschloß.

Ab 1974 wurde er als Stellvertreter des Abteilungsleiters eingesetzt. In der weiteren Zeit nahm er an einem Weiterbildungslehrgang der Industriezweigakademie teil. Das erreichte Fachwissen und die vorhandenen Spezialkenntnisse befähigen ihn, den Anforderungen des derzeitigen Arbeitsplatzes und als Leiter des Kollektivs gerecht zu werden.

Für seine vorbildlichen Leistungen auf fachlichem und gesellschaftlichem Gebiet wurde er 2× als „Aktivist der sozialistischen Arbeit" und 4× mit dem Ehrentitel „Kollektiv der sozialistischen Arbeit" ausgezeichnet.

Kollege Müller leistet seit Jahren auf dem Gebiet der Finanzplanung, Abrechnung im Umlaufmittelbereich, Investsektor sowie auf dem Gebiet der Finanzierungsgeschäfte eine gewissenhafte, eigenverantwortliche und fehlerlose Arbeit.

Diese guten Arbeitsleistungen trugen erheblich dazu bei, daß zwischen den Finanzinstituten und dem Betrieb gute Geschäftsbeziehungen hergestellt werden konnten. Kollege Müller ist stets kritisch gegenüber Mängeln und Unzulänglichkeiten. Sein hoher persönlicher Einsatz bei deren Beseitigung ist charakteristisch für sein Bemühen um effektiven Einsatz der materiellen und finanziellen Mitteln zur Vermeidung von volkswirtschaftlichen Verlusten.

Er besitzt eine sehr gute Auffassungsgabe und setzt sich selbständig mit den Arbeitsaufgaben auseinander. Für die Beurteilung der anstehenden Fachprobleme besitzt er fundiertes Wissen. Die übertragenen Aufgaben erfüllt er mit Verantwortungsbewußtsein und Zuverlässigkeit. Die sozialistische Arbeitsdisziplin wird ständig eingehalten.

Sein Verhalten im Kollektiv ist stets einwandfrei, aufgeschlossen und kollegial. Seine ständige Einsatzbereitschaft und Hilfsbereitschaft müssen besonders hervorgehoben werden. Kollege Müller ist Mitglied der SED und zeigte stets klassenmäßige Haltung zu den Grundfragen unserer Partei. Weiterhin ist er Mitglied des FDGB und der DSF.

Kollege Müller lebt in geordneten Familienverhältnissen.

Beurteilung über den Kollegen Herbert Muster, geboren am..., wohnhaft in ...

Der Kollege wurde am 31. 3. 78 in unserem Werk eingestellt und war bis zu seinem Eintritt in die NVA in der Abteilung Lackiererei tätig. Nachdem er als Spachtel- und Lackschleifer gearbeitet hatte, erfolgt im Oktober 1982 sein Einsatz als Spritzer in der gleichen Abteilung. Während seiner Tätigkeit in der Abteilung Lackiererei besuchte er einen Facharbeiterlehrgang und konnte 1984 seine Facharbeiterprüfung mit Erfolg ablegen. Nachdem er diese Prüfung abgelegt hatte, nahm er sein Abendstudium an unserer Betriebsakademie auf, um seine Prüfung als Industriemeister abzulegen. Der Meisterlehrgang ist allerdings noch nicht beendet, so daß Kollege Muster seine Prüfung nicht hat ablegen können. Kollege Muster war speziell als Vorlack- und Überzugsspritzer eingesetzt. In der Vergangenheit war er bemüht, eine gute Qualitätsarbeit zu leisten. Doch in den letzten Monaten ließen seine Leistungen nach, und er gab einige Male Anlaß zu Beanstandungen, die seinerseits hätten vermieden werden können. In seinem Wesen ist Kollege Muster sehr zurückhaltend und er macht einen verschlossenen Eindruck. Auseinandersetzungen geht er gern aus dem Wege. Alle ihm mit geführten Aussprachen und gut gemeinten Ratschläge zeigten nicht den gewünschten Erfolg.

Kollege Muster ist sei 1975 Mitglied der SED, weiterhin im FDGB und in der DSF organisiert. Als Mitglied unserer Partei hätte er sich aktiver am gesellschaftlichen Leben beteiligen müssen. Bei Diskussionen machen sich bei dem Kollegen Muster noch erhebliche Unklarheiten bemerkbar. Bei freiwilligen Einsätzen in unserem Betriebsferienlager hat er sich allerdings im Kollektiv beteiligt.

Seine Arbeitsdisziplin war gut.

Kollege Muster ist verheiratet und Vater von drei Kindern. Soweit uns bekannt ist, führt er ein geordnetes Familienleben.

Kador, Fritz-Jürgen:
Arbeitszeugnisse richtig lesen - richtig formulieren / 4. Aufl. - Bergisch Gladbach 1992, S.67ff

S. 248, T 1

Textsorte: Sketch

Zusatzinformationen und Deutungshinweise: Der Text verdeutlicht zum einen die Schwierigkeiten, die bei der Kommunikation zwischen Gesprächsteilnehmern entstehen können, wenn diese (oder einer der Teilnehmer) die jeweils verwendete Sprache nicht beherrschen (nicht beherrscht). Andererseits kommt jedoch auch die Überheblichkeit derjenigen zum Ausdruck, die in der Sprache heimisch sind. Hier wird in eindeutig überzogener Weise verdeutlicht, was leider viele denken. "Kann der nicht vernünftig Deutsch reden?"

Tafelbild zu Reinhardt Knoll: Deutschunterricht

Ausländer	Beamter
verstößt gegen regionale Ausdrucksweisen *Grüß Gott*; Zeile 2	korrigiert ihn *Guten Tag*; Zeile 3
kennt nicht die Höflichkeitsanrede *kann du sagen ...*; Zeile 2	fordert Höflichkeitsanrede *Sie bitte!*; Zeile 8
unterscheidet nicht den Artikel *die Zug*; Zeile 12	verbessert ihn und fordert Wiederholung *der nicht die Zug*; Zeile 15 f.
ist sichtlich verwirrt *Was? Wann der Zug?*; Zeile 18	reagiert abwertend *Hoffnungslos*; Zeile 20
kennt die Terminologie nicht *Ankunft/Abfahrt*; Zeile 26 ff.	wird überheblich arrogant Zeile 31 ff. und 37 f.
erklärt nochmals die Bedeutung der Frage *bitte sehr wichtig*; Zeile 42	
betont, die Auskunft müsse schnell erfolgen *sehr eilig*; Zeile 49	**Karl** tritt sehr autoritär auf *wer will das wissen*; Zeile 47
ist entrüstet, da der Zug abgefahren ist *Was? Abgefahren?*; Zeile 53 f.	weist dies Anliegen zurück *nur nich drängeln*; Zeile 50
ist beruhigt und bedankt sich *Vielen, vielen Dank!*; Zeile 62	beruhigt ihn *in ner halben Stunde fährt ...*; Zeile 55 f.
	zeigt im Gespräch mit dem Beamten Schadenfreude, der Beamte sogar sadistische Züge *gib ihn zuerst wieder mir*; Zeile 70

Es fällt zudem im Text auf, daß sowohl der Beamte als auch Karl mit der Zeit in typisch mündlichen Sprachgebrauch verfallen, der dann im Schriftbild auch so wiedergegeben wird.

Beispiele:
- "Ich kann nich mehr"; Zeile 44 f.
- "Ich brauch ne Pause"; Zeile 45
- "Moment, Moment, nur nich drängeln"; Zeile 50
- "Is grad abgefahren"; Zeile 52
- "In ner halben Stunde fährt wieder einer"; Zeile 55 f.
- "Hat er nachem Gleis gefragt?"; Zeile 67

Auf diese Schreibweise, die nicht selten auch von den Schülern so gehandhabt wird, sollte hingewiesen werden, da sie als Fehler in selbsterstellten Texten gewertet werden muß.

Zudem verwenden die Beamten nach einiger Zeit das "typische Ausländerdeutsch" (ab Zeile 9).

Weitere Arbeitsanregungen

• *Stellt nach Ihrer Auffassung eine solche Sprechweise eine Hilfe für die Beteiligten dar, oder ist darin eher eine Geringschätzung der jeweiligen Person zu sehen?*

• *Lesen Sie zu dieser Problematik auch den folgenden Leserbrief:*

„Du nicht bei mir kaufen"

Was mancher Mitbürger auch als Höflichkeit und Entgegenkommen Ausländern gegenüber versteht, zeigt folgende Situation: Am Sonntag, 2. April, um 17.30 Uhr, wollte ich an einem
5 Kiosk ein Exemplar des Soester Anzeiger kaufen.
Der deutsche Verkäufer hat offenbar angenommen, ich könnte durch die deutsche Sprache in Wort und Schrift überfordert werden, was er
10 sicherlich aus Gutmütigkeit und Fürsorge verhindern wollte. Folgender Dialog (die Schreibweise ist kein Fehler von mir): Ich: „Guten Tag, haben Sie zufällig noch ein Exemplar des Soester Anzeiger von vergangenem Donnerstag,
15 dem 30. 3.?" Antwort: „Haben Du Soester Anzeiger bei mir bestellt? Ich Soester Anzeiger nur an Leute verkaufen, die immer bei mir kaufen. Du nicht bei mir kaufen, darum Du keinen Soester Anzeiger von mir bekommen!" Ich:
20 „Sagen Sie mal, warum sprechen Sie so mit mir?

LaS vom 16.04.1995

Was soll das?" Antwort: „Ich Soester Anzeiger nur für Leute haben, die immer hier kaufen. Ich Dir keinen Soester Anzeiger geben!" Da mir die Fortsetzung des Dialogs sinnlos erschien und ich eine mögliche Eskalation ausschließen wollte, 25 ging ich weg, ohne zu wissen, ob ich die gewünschte Zeitung dort hätte bekommen können. Wohlgemerkt, der Dialog ist nicht erfunden. Daß er aber, statt auf meine (zwar nicht akzentfreie, aber sonst einwandfrei gestellten) Fragen 30 zu hören und ganz normal zu antworten, meinte, mich auf Grund meiner Herkunft gleich duzen und abfällig behandeln zu dürfen, empfinde ich als diskriminierend.
Meine Schlußfolgerung: Zeitungen sind zwar 35 nicht überall zu haben, Vorurteile, Dummheit, Sturheit und das Fehlen von Umgangsformen scheinen dagegen reichlich vorhanden zu sein.

José S. Ocón

250, T 2

Zusatzinformationen: Damanns "Fahrerflucht" beginnt mit einer Beschreibung des Geschehens aus der Sicht eines auktorialen Erzählers. Fast unmerklich nimmt der Leser jedoch dann unmittelbar an der Handlung teil. Deutlich wird dies, als der Dialog zwischen den Ehepartnern einsetzt. Beide reagieren sehr unterschiedlich (siehe Tafelbild) auf den Unfall.

Tafelbild 1 zu Gustav Damann: Fahrerflucht

Der Unfall und das weitere Geschehen: Reaktionen der Beteiligten	
Der Mann (Andreas H.) ↓	Die Frau (Vera H.) ↓
- bremst scharf (nach dem Unfall) - schaltet die Scheinwerfer ab - besieht sich den Schaden am Fahrzeug - denkt, er habe noch mal Glück gehabt - faucht seine Frau an - hat Angst um seine berufliche Zukunft - behauptet, die Radfahrerin sei tot - will die Radfahrerin ins Gebüsch schleifen - bemerkt kaltblütig, die Spuren seien beseitigt - fordert seine Frau auf, nicht mehr daran zu denken - plant völlig rational sein Alibi - hat keinen Appetit beim Abendessen - verabschiedet sich jovial ↓	- läuft zu dem verletzten Mädchen - ruft entsetzt nach dem Arzt und der Polizei - wiederholt die Forderung nach einem Arzt - sucht nach einer Lösung; ist ratlos - ist völlig entsetzt - denkt an die Nachbarn und die Abzahlungen - hat einen starren Blick - preßt die Hand an den Mund - schüttelt immer wieder den Kopf - denkt nach wie vor an das Mädchen - hat keinen Appetit beim Abendessen - ruft gezwungenermaßen ihren Bruder an ↓
Beinahe alle Reaktionen lassen erkennen, daß er sehr verstandesgemäß, ohne große menschliche Regung das Geschehen erlebt. Das Schicksal der Radfahrerin ist seinem individuellen Vorteil gänzlich untergeordnet.	Ihre Reaktionen sind geprägt vom Schicksal des Mädchens. Der Schaden am Auto interessiert sie nicht; ihre gemeinsame Zukunft nur sekundär. Dennoch hilft sie ihrem Mann, wenn auch nur nach Aufforderung.

Der Handelsvertreter spricht davon, daß sie (er und seine Frau) sich ein wasserdichtes Alibi bauen müßten. Er bezieht seine Frau also gänzlich in die Angelegenheit mit ein. Dazu unternimmt er / unternehmen sie verschiedene Aktionen:

Tafelbild 2

Alibi
- Er parkt den beschädigten Wagen heimlich hinter einem Schuppen bei der Gaststätte. (Zeile 48 f.) - Er erwähnt beiläufig, sie hätten noch eine kleine Wanderung gemacht. (Zeile 50 f.) - Sie bestellen das teuerste Gericht auf der Speisekarte, um aufzufallen. (Zeile 52 f.) - Er gibt ein hohes Trinkgeld und verabschiedet sich fröhlich - locker (jovial). (Zeile 56 f.) - Der Schwager wird angerufen, um den Schaden am Auto schnell zu beheben. (Zeile 58 ff.)

Der Schwager wird nach ausgeführter Reparatur zum Schweigen verpflichtet (Zeile 68) und erhält 500,- DM. Der Kirchbesuch am Sonntag dient der weiteren Festigung des Alibis (eventuell Kritik des Autors an vordergründiger christlicher Einstellung?).

Funktion der Zeitungsnotizen:
Die Zeitungsnotizen geben einerseits dem Leser weitere Details über den Hergang des Geschehens, das Mädchen und den Verlauf der polizeilichen Ermittlungen. Sie lassen somit den Leser unmittelbar am weiteren Ablauf teilhaben, da er sozusagen mit am Tisch sitzt und die Gespräche des Ehepaars dokumentiert bekommt. Deutlich wird in diesen Gesprächen jedoch auch, daß bei der Frau langsam der Entschluß reift, den Hergang zu melden, da sie selbst nicht mehr damit leben kann. Der Hinweis auf die Vergewaltigung ist der letzte Schritt, bevor sie endgültig die Anzeige erstattet.

Reaktionen auf die Zeitungsnotizen

Mann		Frau
	Notiz 1	
• Man hat sie noch nicht gefunden. Das ist gut für uns. • Die Hauptsache ist, niemand hat uns im Verdacht. • Und halt' den Mund!		• Sie war erst fünfzehn Jahre alt! • Noch fast ein Kind! • Fahr vorsichtig!
	Notiz 2	
• Red' nicht so dumm! • Was wäre dann aus mir geworden? Und aus dir? • Ich war der Meinung, sie sei tot. Es war also nur Unfallflucht. Was ist schon dabei? • Verdammt! Nun reichts! ... Ich hab' heute einen schweren Tag vor mir ... • Dreh' ja nicht durch!		• Sie hat noch gelebt. Wir hätten sie retten können. • Wir hätten sie retten müssen. • O Gott, wir haben sie auf dem Gewissen!
	Notiz 3	
Der Mann wird festgenommen, weil seine Frau ihn angezeigt hat.		

Zusatztext:

Strafrechtliche Konsequenzen nach StGB

§ 142. Unerlaubtes Entfernen vom Unfallort. (1) Ein Unfallbeteiligter, der sich nach einem Unfall im Straßenverkehr vom Unfallort entfernt, bevor er

5 1. zugunsten der anderen Unfallbeteiligten und der Geschädigten die Feststellung seiner Person, seines Fahrzeugs und der Art seiner Beteiligung durch die Angabe, daß er an dem Unfall beteiligt 10 ist, ermöglicht hat oder
2. einen nach den Umständen angemessene Zeit gewartet hat, ohne daß jemand bereit war, die Feststellung zu treffen, wird mit Freiheitsstrafe bis zu drei Jahren oder Geldstrafe bestraft.
15 (2) Nach Absatz 1 wird auch ein Unfallbeteiligter bestraft, der sich
1. nach Ablauf der Wartefrist (Absatz 1 Nr. 2) oder
2. berechtigt oder entschuldigt
20 vom Unfallort entfernt hat und die Feststellungen nicht unverzüglich nachträglich ermöglicht.
(3) Der Verpflichtung, die Feststellung nachträglich zu ermöglichen, genügt der Unfallbeteiligte, wenn er den Berechtigten (Absatz 1 Nr.

1) oder eine nahegelegenen Polizeidienststelle 25 mitteilt, daß er an dem Unfall beteiligt gewesen ist, und wenn er seine Anschrift, seinen Aufenthalt sowie das Kennzeichen und den Standort seines Fahrzeugs angibt und dieses zu unverzüglichen Feststellungen für eine ihm zumutbare 30 Zeit zur Verfügung hält. Dies gilt nicht, wenn er durch sein Verhalten die Feststellungen absichtlich vereitelt.
(4) Unfallbeteiligter ist jeder, dessen Verhalten nach den Umständen zur Verursachung des 35 Unfalls beigetragen haben.

§ 258. Strafvereitelung. (1) Wer absichtlich oder wissentlich ganz oder zum Teil vereitelt, daß ein anderer dem Strafgesetz gemäß wegen einer rechtswidrigen Tat bestraft oder einer Maßnah- 40 me (§ 11 Abs. 1 Nr. 8) unterworfen wird, wird mit Freiheitsstrafe bis zu fünf Jahren oder mit Geldstrafe bestraft.
(2) Ebenso wird bestraft, wer absichtlich oder wissentlich die Vollstreckung einer gegen einen 45 anderen verhängten Strafe oder Maßnahme ganz oder zum Teil vereitelt. (...)

(5) Wegen Strafvereitelung wird nicht bestraft, wer durch die Tat zugleich ganz oder zum Teil vereiteln will, daß er selbst bestraft oder einer Maßnahme unterworfen wird oder daß eine gegen ihn verhängte Strafe oder Maßnahme vollstreckt wird.

(6) Wer die Tat zugunsten eines Angehörigen begeht, ist straffrei.

Vgl. auch ⇨ Lehrbuch Kapitel 3, Thema Fachsprache, S. 80 ff.

Weitere Arbeitsanregungen

Zusätzlich sollten die Schülerinnen und Schüler aufgefordert werden, sich im Strafgesetzbuch die Paragraphen zu den Themen "Mord", "Totschlag", "fahrlässige Tötung" und "Vergewaltigung" herauszusuchen (Bücherei). Es besteht die Möglichkeit, geeignete Kurzreferate anfertigen zu lassen.

Weitere Texte
Ismail und Nuri Kalayci: Unfall. ⇨ Textsammlung, S. 280
Walter Leimeier: Auf den Kopf gestellt. ⇨ Textsammlung, S. 313

S. 252, T 3; S. 254, T 4
Autor:

Brecht, Bert(olt), 10. 2. 1898 Augsburg - 14. 8. 1956 Berlin, Vater Direktor e. Papierfabrik; 1917 Stud. Naturwiss. u. Medizin München, Herbst 1918 Sanitätssoldat im Militärlazarett; 1919 Stud., dann 1920 Dramaturg der Münchner Kammerspiele; 1924 Übersiedlung nach Berlin, zeitweilig Dramaturg bei Max Reinhardt am Dt. Theater Berlin. 1928/29 Besuch der Marxistischen Arbeiterschule und Stud. des Marxismus. Floh 1933 über Prag nach Wien, dann über Schweiz u. Frankreich nach Dänemark (Svendborg). 1936-39 Mithrsg. der in Moskau erscheinenden Zs. ›Das Wort‹ mit L. Feuchtwanger und W. Bredel; schrieb gleichzeitig 1934-39 satir. Gedichte für den Dt. Freiheitssender. 1940 Flucht über Schweden nach Finnland, 1941 über Moskau u. Wladiwostok nach Kalifornien/USA. Zog 1947 nach Zürich, 1948 nach Berlin (Ost), dort Regisseur und Begründer des von s. Frau Helene Weigel geleiteten ›Berliner Ensembles‹ (Brecht-Ensembles). - Bedeutender sozialist. Dramatiker und Lyriker des 20. Jh.; Vertreter e. engagierten Dichtung als Sprachrohr kommunist. Gesellschaftskritik u. Meinungsschulung. Zugleich Parodist und Satiriker bestehender Gesellschafts- und Dichtungsformen. Vertritt das von ihm entwickelte ›epische Theater‹, das nicht e. Handlung illusionistisch vortäuschen, sondern erzählen, den Zuschauern zum aktiven Betrachter machen, ihm statt Suggestion Argumente bieten und Entscheidungen abverlangen soll, anstatt Gefühle zu wecken. Hauptmovens des ep. Theaters ist neben der Einführung von Chören, Sprechern und Songs die sog. ›Verfremdung‹ (V-Effekt): e. sachlich-nüchterne, den Intellekt ansprechende und die Selbstinterpretation und Belehrung fördernde Atmosphäre. Begann als anarchist.-nihilist., antibürgerl. Expressionist in e. Stilmischung naturalist. und epressionist. Elemente und Balladentechnik. Ging rasch zu extremer Neuer Sachlichkeit über, in der für B. typ. Verbindung von grausig-groteskem Spaß und sozialer Anklage, Sentimentalität und Sarkasmus. Wurde jedoch immer mehr zum Vf. kommunist. Lehr- und Parabelstücke. Freizügige Verwendung und Bearbeitung von Stoffen der gesamten Weltlit.; Vorliebe für exot., weil leichter verfremdbares Milieu; starke Sprach- u. Bildkraft bes. durch epigrammat. Pointen und Paradoxien, aber auch durch echtes soziales Mitleid. Als Lyriker bes. spruchhaft-didakt., vor allem Songs u. Bänkelsangballaden im Stil von Kollektivliedern, aber auch bewußte Anleihen bei Villon, Rimbaud, Kipling, Wedekind.

Gero von Wilpert: Lexikon der Weltliteratur. Stuttgart 1988

Zusatztext zur Person Galileo Galileis:

G., Galileo, *Pisa 15. Febr. 1564, †Arcetri bei Florenz 8. Jan. 1642, italien. Mathematiker, Philosoph und Physiker. - Prof. der Mathematik in Pisa (1589-1592) und Padua Florenz. G. wurde durch die Einführung des (quantitativen) Experimentes der Begründer der modernen Naturwissenschaft. Er leitete in reinen Gedankenexperimenten die Gesetze des freien Falls her. Mit dem von ihm nach niederländ. Vorbild konstruierten Fernrohr entdeckte er u. a. die Phasen der Venus, die vier ersten, von ihm „Mediceische Gestirne" gen. Monde des Jupiter sowie die Saturnringe und erkannte, daß die Sternhaufen und die Milchstraße aus Einzelsternen bestehen. Seine Planetenbeobachtungen machten ihn zum Vorkämpfer der heliozentr. Lehre des Kopernikus. 1613 entwickelte er in einem Brief an den Benediktiner B. Castelli seine Vorstellungen über das Verhältnis der Bibel zur Naturkenntnis und v. a. zum heliozentr. System, die eine Neuinterpretation der Hl. Schrift erforderten. Dies führte zu einer ersten Auseinandersetzung mit der röm. Kirche (1616). 1632 wurde G. vor die Inquisition zitiert und auf Grund der Übertretung eines angebl. 1616 ausgesprochenen Verbots verurteilt. Am 22. Juni 1633 schwor er „seinen Irrtum" als treuer Katholik ab, ohne den legendären Ausspruch „Und sie bewegt sich doch" getan zu haben oder zuvor Folterung unterworfen worden zu sein. Ende desselben Jahres wurde er zu unbefristetem Hausarrest auf seine Villa in Arcetri verbannt. Dort verbrachte er (seit 1637 erblindet) die letzten acht Jahre seines Lebens und verfaßte in einem Kreis von Schülern 1634 seine „Unterredungen und mathemat. Demonstrationen über zwei neue Wissenszweige, die Mechanik und die Fallgesetze betreffend", sein für den Fortgang der neuen Physik wichtigstes Werk. Sein Konflikt mit der Kirche bildete mehrfach den Stoff für dichter. Darstellungen, u. a. im Drama B. Brechts „Leben des G." (1938), im Roman von M. Brod „G. in Gefangenschaft" (1948) und in G. von Le Forts Novelle „Am Tor des Himmels" (1954).

Meyers Taschenlexikon. Mannheim/Wien/Zürich 1989

S. 255; T 5
Lösungen, S. 255
1 Unterschiede zwischen Theaterstück und Fernsehfilm:

Theaterstück	Fernsehfilm
• aktuelle Beziehung zu den Zuschauern	• ein technisch reproduzierbares Kunstprodukt
• aktuelle Einmaligkeit	• beliebig häufige Wiederholbarkeit
• räumliche, zeitliche und personale Integrität des Vorgangs Theaterabend	• ein extrem arbeitsteilig organisierter Produktionsprozeß
• verlangt den Zuschauern größere Abstraktionsvorgänge ab	• ein synthetisch zusammengesetztes Produkt

Weitere Arbeitsanregungen
Anfertigen von Filmkritiken, Theaterkritiken, Musikvideokritiken und ähnlichem. Ausdrücklich sei nochmals auf die Einsatzmöglichkeiten von Videokameras hingewiesen. Viele Anregungen finden sich im Lehrbuch, ⇨ ab S. 256 (Wichtige Begriffe der Filmanalyse), und in den Aufgabenstellungen auf Seite 259 oben.

Weitere Informationen zur Videoarbeit: ⇨ Textsammlung, S. 380

S. 259, T 1
Zusatzinformationen: Weitere Texte zum Begriff "Wert" finden Sie im Lehrerband, ⇨ S.61 f.

S. 262, T 3

Weiterer Text
Bertolt Brecht: Fünf Schwierigkeiten beim Schreiben der Wahrheit.

S. 263, T 4

Lexikonauszüge zu den Begriffen „trivial" und „Trivialliteratur":

Trivialliteratur (von tritium, lat.;Dreiweg, Wegkreuzung), am Geschmack breiter Leserschichten orientierte Literatur: >trivial< bezeichnet das Allgemeinbekannte, das gewissermaßen
5 auf jeder Straße zu finden ist. - In der historischen Entwicklung hat es verschiedene Gattungen der T. gegeben. Vor der Industrialisierung der Literatur gehörten zur T. vornehmlich Kurzformen in Prosa, etwa Erzählungen von
10 Abenteuern, Kriminalfällen oder komischen Geschehnissen bzw. in Versform als Straßenballaden (→Bänkelsang). Seit dem 18. bzw. frühen 19.Jh. versorgt sich ein Massenleserpublikum - zunächst über die Leihbüchereien, später auch
15 durch Privatkauf - mit massenhaft verbreiteten Lesestoffen in Romanform.
Die von zeitgenössischen Kritikern oft beklagte >Lesewut< des Volkes richtete sich in der Frühzeit des industrialisierten Buchmarkts vor allem
20 auf sentimentale Familienromane und auf Schauer-, Ritter- und Räuberromane (*Abällino der Bandit*, 1784, von H. → Zschokke; → *Rinaldo Rinaldini, der Räuberhauptman*, 1799, von Christian August Vulpius). K. → May, L. →
25 Ganghofer, H. → Courths-Mahler (207 Romane) und John Knittel (1891 - 1970) gehören zu den bekanntesten und meistgelesenen deutschsprachigen T.-Autoren.
In unserem Jahrhundert - mit einem Höhepunkt
30 in der >Schmutz und Schund< Diskussion der 50er Jahre - haben sich vor allem Pädagogen und Bibliothekare mit der T. auseinandergesetzt. Ergebnis war eine vorwiegend emotional bzw. pädagogisch begründete Ablehnung der T. als
35 >Kulturschädling<, als >Unkunst< oder Kitsch. Aus dieser Sicht ergab sich die lange Zeit gültige Zweiteilung von hoher und niederer Literatur, von Kunst und T.; an letzterer stellte man allenfalls die unkünstlerischen Mittel heraus, die
40 mangelnde Innovation und die formale, inhaltliche und gehaltliche Redundanz. Seit Ende der 60er Jahre setzte sich infolge des Vordringens literatursoziologischer Fragestellungen allmählich ein extensiver Literaturbegriff durch. Man
45 kritisierte die ausschließliche Beschäftigung mit einem tradierten Kanon von Höhenkammliteratur. Allmählich gelangten in das Blickfeld der Literaturwissenschaft Texte aller Art, insbesondere solche, deren Wirksamkeit man durch die
50 massenhafte Verbreitung in verschiedenen Medien (vom Buch bis zum Fernsehen) zu analysieren versuchte.
Parallel dazu verlagert sich ganz allgemein der Schwerpunkt der Forschung stärker auf das
55 Problem der Wirkung von Literatur auf den Leser, weg von einer nur immanenten Betrachtung von Texten als ästhetischen Kunstwerken hin zu einer Untersuchung der Rezeption von Literatur. Die Zweiteilung zwischen Kunst und T. wird
60 heute abgelehnt; statt dessen fordert man das vertikale Querschnittsstudien, um die automatische Affirmation der hohen Literatur und die gleichzeitige Diffamierung der T. in der Kritik zu überwinden. Auch an den Bezeichnungen läßt
65 sich die Aufwertung der T. erkennen. Man spricht nicht mehr von Kitsch oder T., sondern von >populärer< Literatur, von >volkstümlicher Unterhaltungsliteratur< oder >Konsumliteratur<. Interpretierende und wertende Methoden der
70 Textbetrachtung sind für die T. weniger ergiebig als literatursoziologische Ansätze. Dabei werden die Texte daraufhin angesehen, ob und inwieweit zwischen den realen historischen und sozialen Fakten und der Aussage der Werke, ihrem Pro-
75 blemgehalt, ein Zusammenhang besteht. Mit empirisch-deskriptiven Vorgehensweisen lassen sich sinnvolle Untersuchungen im Bereich der Produktion von T. (soziologischen Daten über Autor, Verlag, Betrieb) anstellen.
80 Der >einfache< Leser erwartet bei der Lektüre von moderner T. (also von → Kriminal-, → Abenteuer-, Liebes-, Frauen-, Arzt-, Heimat-, Zukunftsromanen u. a.) vor allem die erlebnishaft-emotionale Befreiung aus den Zwängen des
85 Alltags (Eskapismus), eine - scheinbare - Selbstentfaltung in der Phantasie und Befriedigung der Gemütsbedürfnisse. Voraussetzung dafür ist zunächst ein hoher Identifikationswert, d. h. große Aktualität und >Lebensnähe< der Texte. Trotz
90 fiktional >verfremdeter< Form wünscht

der Leser, die vertraute Umwelt sowie die anerkannten sozialen Bindungen und moralischen Werte wiederzuerkennen (Affirmation des Status quo).

95 Die >Wirklichkeit< der T. ist selten weit von einer zwar säkularisierten, aber dennoch mit allerlei konkreten Realitätsdetails besetzten Märchenwelt entfernt: Der Held hat annähernd übernatürliche Kräfte, der soziale Aufstieg gelingt fast immer, und die Probleme des Lebens 100 und der Liebe werden stets gelöst. Um den Unterhaltungswert von T. zu erhöhen, enthalten die Romane sehr häufig Motive und Elemente aus verschiedenen Gattungen (so etwa Liebe im Kriminalroman oder in der → Science Fiction 105 usw.).

Trotz aller Bedenken der traditionellen, ästhetisch wertenden Literaturwissenschaft ist die T. als Untersuchungsgegenstand heute allgemein akzeptiert. Für eine Literaturgeschichte des Le- 110 sers ist sie unverzichtbar, weil sie dessen Erwartungen sehr nahe kommt, und auch eine Geschichte des literarischen Geschmacks wäre ohne T. nur sehr lückenhaft.

Harenbergs Lexikon der Weltliteratur. Bd. 5.Dortmund 1989

Lösungen, S. 264

1 Die beruflichen Tätigkeiten der beiden Personen sind eher außergewöhnlich; es sind keine üblichen Berufe bzw. Positionen. Sie (Cora) ist Firmenchefin; er (Martin Roemer) übt den Beruf eines Fotoreporters aus.

Auffallend ist die Beschreibung der beiden Personen, da sie ausschließlich positiv dargestellt werden; so heißt es zum Beispiel über ihn:
- hochgewachsen, breitschultrig (Zeile 5 f.)
- blaue Augen (Zeile 7)
- gebräuntes, angenehm offenes, jungenhaft wirkendes Gesicht (Zeile 8 f.)
- aus seinem Blick sprach Begeisterung und Wärme (Zeile 47 f.)
- ungeheuer anziehend (Zeile 49 f.)

Über Cora wird geschrieben:
- " errötete sie ein wenig" (Zeile 91)
- "Sie sehen zauberhaft aus" (Zeile 117)
- "Sie sehen noch schöner und jünger aus als gestern" (Zeile 121 f.)
- "Gefühle ... überfluteten sie" (Zeile 214 f.)

Das Gespräch der beiden Personen wird zudem positiv über Gestik und vor allem über Mimik begleitet:
- seine Augen blitzten
- er lächelte ihr zu (2x)
- sie lächelte
- sie warnte ihn lachend
- er strahlte

Die beiden Personen sind noch recht jung; sie 33, er 35 Jahre alt. Dies bedeutet, daß sie noch eine (sicherlich glückliche) Zukunft vor sich haben.

Diese Auszüge und Beispiele dokumentieren die Traumwelt, die sich in diesem kurzen Text dokumentiert. Er paßt daher gänzlich in das Klischee typischer Heftromane.

Lösungen, S. 265

1 (speziell für den "Heimatklänge"-Roman)
- ein anspruchsvoller Leserkreis soll angesprochen werden (sicherlich ein dehnbarer Begriff!)
- Landschafts-, Stammes- und Sittenkunde muß betrieben werden
- eine romantische Liebesgeschichte steht im Vordergrund
- schöne Schilderung der Landschaft
- gefühlvolle Grundhandlung plus erheiternde Nebenhandlung
- positiver Schluß

2 Weitere Anhaltspunkte zum Erkennen trivialer Texte:

Stilistische Merkmale	Inhaltliche Merkmale	Merkmale der Produktion	Autorenbezogene Merkmale
• einfacher Satzbau (kurze Sätze, wenig Nebensätze usw.) • viele Dialoge • Häufung von Adjektiven • allgemeinverständliche, jedoch häufig emotional überschwengliche Sprache • stereotype Bilder und Wendungen	• Ein Held mit positiven Eigenschaften steht im Mittelpunkt. • Die Handlung läuft nach einem bestimmten Schema ab. • Es gibt nur wenige, gut überschaubare Handlungsstränge. • Happy End: Das Gute siegt.	• Der Textumfang ist festgelegt. • Es gibt bestimmte inhaltliche Vorgaben für die Autoren. • Die Texte erscheinen in Serien regelmäßig. • Der Preis für die Heftromane ist niedrig.	• Der Autor erhält ein festes Honorar, das von der Höhe der verkauften Auflage unabhängig ist. Der Autor ist häufig anonym oder auch Mitglied eines Autorenteams.

Weitere Texte
Umberto Eco: ... müssen wir mit Bedauern ablehnen. Lektoratsgutachten. ⇨ Textsammlung, S. 373
Dietger Pforte: Produktion von Heftromanen. ⇨ Textsammlung, S. 373 f.
Michael Bauer: Poetisches im Fünfminutentakt. ⇨ Textsammlung, S. 387
Arno Schmidt: Was soll ich tun? ⇨ Textsammlung, S. 311

S. 267, T 7

Textsorte: Satire
Autor: Dieter Hildebrandt (geb. 1927), deutscher Schauspieler und Kabarettist, Mitbegründer der Münchner Lach- und Schießgesellschaft (1956), erfolgreich vor allem als Texter und mit zeitkritischen Monologen, beispielsweise in der ZDF-Sendung "Notizen aus der Provinz" und in seinem Live-Fernseh-Kabarett „Scheibenwischer".
Zusatzinformation: Marcel Reich-Ranicki ist einer der bekanntesten Literaturkritiker. Er moderiert im Fernsehen eine Sendung mit dem Titel "Das literarische Quartett". Drei bekannte Literaturfachleute (Löffler, Karasek, Reich-Ranicki) diskutieren dabei mit einem vierten Teilnehmer (ein Autor, ein Professor oder ein weiterer Kritiker) über den Literaturbetrieb im allgemeinen und literarische Neuerscheinungen im besonderen. Die Leitung der Runde liegt beim "Literaturpapst" Reich-Ranicki, der auch in der Regel das letzte Wort hat und provokant - humorvolle Thesen verbreitet.
Zusatzinformationen und Deutungshinweise: Der Text von Dieter Hildebrandt nimmt diese Sendung (s. o.) satirisch aufs Korn. So heißt es gleich zu Beginn des Textes "Ein paar Mal im Jahr sitzen drei Herren und eine Dame zu Gericht". Der Leser fragt sich, wer oder was hier gerichtet, vielleicht sogar hingerichtet wird. Im Text wird in satirischer Machart erläutert:
Sie sprechen
- vor drei Prozent der Fernsehzuschauer,
- über Bücher, die niemand gelesen hat,
- über Autoren, von denen man nichts weiß,
- erwähnen Zusammenhänge, die unbekannt sind,
- fällen Urteile, die einem ziemlich egal sind,

Dennoch emfindet Hildebrandt diese Sendung als sehr unterhaltsam. Dies liegt aber in erster Linie an der Person Reich-Ranicki, die er sehr bildhaft, zum Teil satirisch, beschreibt. Beispiele:

- "Reich-Ranicki, die direkt aus dem Himmel herabgestiegene große Sense des Buchmarkts"
- "Er begreift sich, während er noch spricht, als Zitat"
- "Der Meister ist Herr seiner Worte"
- "Urteile, die er abgibt, nimmt er nicht wieder an"
- "Momente, in denen es schwierig wird für ihn, bewältigt er spielend"
- "Seine Schlagfertigkeit, immer wieder verblüffend, ist das Produkt langer Vorbereitung"
- "Der Mann ist bis an die Zähne bewaffnet"

Es geht im gesamten Text, obwohl die anderen als schmückendes Beiwerk erwähnt werden, nur um eine Person. Dies zeigt sich deutlich, wenn die Pointen aufgelistet werden (Zeile 35 ff.). Der Schlußsatz unterstreicht diese Ansicht: "Ihr Schicksal liegt in den Händen von Reich-Ranicki, der beweist, daß ein Quartett nicht unbedingt aus vier Menschen bestehen muß."

S. 270, T 9

Begriffserklärung "Bestseller"

Bestseller (engl. = das am besten, d. h. meisten Verkaufte), ein Buch, das sofort oder kurz nach seinem Erscheinen eine durch Aktualität, Mode, Geschmack, Bedarf, Propaganda u. ä. bedingten
5 bes. schnellen und hohen, wenn auch im Ggs. zum sog. →Steadyseller meist kurzlebigen Absatz findet. Als unterste Grenze gelten etwa 100 000 verkaufte Exemplare der Originalausgabe (ohne Taschenbücher und Buchgemein-
10 schaften) in den ersten Monaten nach Erscheinen. Auf den gesamten Buchmarkt gesehen, steht unter den B. die schöne Lit. weit hinter Atlanten, techn. Tabellenwerken, Logarithmentafeln, Wörter- und Rechtschreibwörterbüchern,
15 Gesangsbüchern, Garten- und Kochbüchern u. ä. zurück, die auch in den illiteraten Haushalt vordringen. Erst danach folgen lit. B., meist populäre Unterhaltungslit. ohne hohen lit. Anspruch und Wert, die neuerdings in den USA z. T. be-
20 wußt mit bewährten Ingrendienzien als B. konzipiert und im Teamwork durch ständige Kontrolle und Anreichung zum B. getrimmt werden. Der B. ist nicht bis ins letzte im voraus kalkulierbar; sein Erfolg geht von Fall zu Fall auf ver-
25 schiedene Ursachen zurück, deren Zusammentreffen erst den B. ermöglicht: 1. plötzliches aktuelles Interesse am Autor durch polit. Ereignisse oder Preisverleihungen (Nobelpreis für Th. MANNS *Buddenbrooks 1929*, für B. PA-
30 STERNAKS *Doktor Schiwago 1957*) oder die (manipulierbare) Meinung, daß gerade dieser Autor seiner Zeit über das von ihm angeschnittene Thema Wichtiges zu sagen habe, 2. aktuelles, der Zeitstimmung entsprechendes oder künstlich manipuliertes Interesse am ehrlich, 35 wenn auch nicht gerade anspruchsvoll behandelten Thema, das >in der Luft liegt<, Aufgreifen einer öffentl. Meinung zuwiderlaufenden, aber der verdrängten, zurückgestauten innere Meinung vieler entsprechenden Auffassung, 3. exakt 40 kalkulierter Erscheinungstermin auf dem Kulminationspunkt des Interesses zu optimaler Wirksamkeit. Treffen diese drei Voraussetzungen mit einem Mindestmaß an Qualität zusammen, entsteht also ein möglicherweise lohnendes, bestsel- 45 lerverdächtiges Objekt, so kann eine geschickte und gewichtige Werbung den B.-Erfolg systematisch aufbauen durch 1. außergewöhnlich hohen Werbeaufwand nach genau ausgeklügeltem Werbeplan unter Einbeziehung auch unkonven- 50 tioneller Werbeträger , 2. gut vorbereitete und schlagartig nach Erscheinen einsetzende (möglichst, doch nicht unbedingt positive) Rezensionen in allen führenden Blättern, 3. Aufbau einer kaufanreizenden Mundpropaganda etwa 55 durch Skandalgerüchte oder Verbotsdrohungen, die das Buch zum Gesprächsgegenstand und damit für aktualitätssüchtige Kreise, die sich ein Urteil bilden wollen, zur Mußlektüre macht. Die künstliche Manipulation eines B. mit einem für 60 den Buchhandel ganz üblichen finanziellen Riesenaufwand lohnt praktisch jedoch nur und zahlt

sich nur aus, wenn das Buch inhaltlich und formal dazu prädestiniert ist, zumal das Leserpublikum inzwischen durch den werbemäßigen Aufbau uninteressanter, d. h. für die Masse unverständlicher B. der Reklame gegenüber kritisch geworden ist. (Es gibt erfolgreiche nicht gelesene B.). Die B.-Listen der Zeitschriften, in den USA seit 1895, in Dtl. nach 1950, steigern dann die Nachfrage nach darin enthaltenen Titeln automatisch, da das Publikum den B.-Erfolg bereits für einen lit. Wertmaßstab hält und B. kauft, weil man sie kauft. (Nichts ist erfolgreicher als der Erfolg.) Die Suggestion der Massenauflagen bewirkt daher eine Lenkung des Kaufinteresses nach rein quantitativen Gesichtspunkten, so daß die ohnehin erfolgreichen Bücher durch die Akkumulation freien Interesses anderen, möglicherweise z. T.wertvolleren Werken verdienten Erfolg entziehen, individuelle Leistungen in den Schatten stellen und andere Titel auch desselben Verlags erschlagen.

Während im 18. Jh. bei der geringen Streuweite der Lit. ein Bucherfolg noch zumeist mit lit. Bedeutung zusammentrifft, lassen sich eigentliche B. mit typ. Massenauflagen erst seit rd. 1850 feststellen; Welt-B., deren Erfolg sich mit kurzer Phasenverschiebung auch auf anderssprachige Bereiche ausdehnt, kennt erst das 20. Jh., in dem zugleich mit der zunehmenden Intellektualisierung der Lit. und der Kommerzialisierung des Buchhandels die Diskrepanz zwischen dem B. für die Massen und der wertvollen Lit. für den Leser immer größer wird.

Gero von Wilpert: Sachwörterbuch der Literatur. Stuttgart 1989

Vgl. zum Thema "Begriffe klären" auch Lehrbuch, ⇨ Kapitel 2.3.3, S. 42 ff.

Weitere Arbeitsanregung

In den letzten Jahren wird Literatur auch über sogenannte Literaturtelefone vermittelt, vgl. dazu auch den Text von Michael Bauer: "Poetisches im Fünfminutentakt", ⇨ Textsammlung, S. 387. Wie beurteilen Sie diesen Versuch, Texte einer breiteren Zuhörerschaft zur Kenntnis zu bringen?

Sprachhandlungskompetenz

Bereits ein flüchtiger Blick in den neuen Lehrplan genügt, um zu erkennen, daß sich dieser gewaltig vom letzten unterscheidet. Gewaltig, da er Akzente im Bereich des kreativen Gestaltens setzt. Textrekonstruktion, Verändern von Texten, Produktionsorientierung werden zu Grundprinzipien des Deutschunterrichts. Eingeschlossen sind hier zudem das szenische Spiel, projektorientierte Vorhaben und die Entwicklung kritischer Kompetenz, zum Beispiel das Erstellen von Beurteilungskriterien für selbsterstellte Texte.

Ein lebendiger und effektiver Sprach- und Literaturunterricht erfordert mehr als das Einüben fehlerfreien Vorlesens und die bloße Wiedergabe von erlernten Regeln. Das **Anknüpfen an die Interessen und Fähigkeiten der Schülerinnen und Schüler** ist durchgängiges Unterrichtsprinzip und erleichtert das Verändern und Gestalten von Texten aufgrund situativer und struktureller Vorgaben bis hin zum freien Schreiben.
Für all diese Verfahren gilt jedoch, daß die Lehrperson ebenfalls am Schreiben von Texten teilnehmen sollte, sofern die Situation es ermöglicht. Stellen Sie sich einen Fahrlehrer vor, der selbst nicht mehr fährt. Er könnte sehr schnell seine Fahrschule schließen, da die Fahrschüler einen anderen Fahrlehrer vorziehen würden. Was halten Schüler von einem Sportlehrer, der nicht von Zeit zu Zeit auch einmal mitspielt? Wie schätzen Schüler einen Deutschlehrer ein, der niemals selber schreibt?

Die Schülerinnen und Schüler sollen/können:
- ❑ Texte redaktionell bearbeiten
- ❑ Texte umformen durch Wechsel der Textsorte, der Gattung, der Situation, des Adressaten, der Perspektive
- ❑ Texte als Ausgangspunkt für eigene Gestaltung nutzen
- ❑ eine Situation, einen Text szenisch gestalten
- ❑ erzählerische oder/und lyrische Mittel einsetzen
- ❑ einen Beitrag für einen spezifischen Anlaß vortragen und gegebenenfalls selbst verfassen

Verknüpfungsmöglichkeit mit anderen Kapiteln

Textgestaltung und Unterhaltung wurden bewußt als eigenständiges Kapitel konzipiert, um diesen Verfahren einen besonderen Stellenwert zu geben. Sie finden jedoch zusätzlich in jedem Kapitel Anregungen in Form produktionsorientierter Aufgaben.

Zur Beurteilung oder Benotung von Schülertexten

G. Mattenklott vertritt die Auffassung, daß Zensuren jeden Ansatz zum freien Schreiben im Keim ersticken. Aber: Wo nicht zensiert wird, hört der Unterricht auf, und die Arbeitsgemeinschaft beginnt. Da aber das Schreiben in den Unterricht integriert werden soll, muß der Unterrichtende, was die Zensuren betrifft, Kompromisse eingehen. Ein Gedicht zum Beispiel kann nicht in ein Notenraster von 1 - 6 eingeschrieben werden. Der Unsinn einer "objektiven" Textbeurteilung ist sowieso, auch für andere als poetische Texte, längst erkannt.

Die Tatsache, daß die freien Texte der Schülerinnen und Schüler nicht einzeln zensiert werden können und sollen, heißt nicht, daß sie auch nicht kritisiert werden dürfen. Ein großer Zeitraum muß auf Diskussion und Kritik ausgerichtet sein, denn das ästhetische Urteilsvermögen stellt ein wichtiges Lernziel literarischen Unterrichts dar. **Kritik** sollte nicht mit **Korrektur** verwechselt werden. Schüler sind meist mehr an der Diskussion der Inhalte sowie der Schreibintention interessiert. Sie überarbeiten Texte ungern, schreiben lieber neue Texte. Dies ist eindeutig situationsbedingt, denn die meisten schreiben schnell und reagieren auf emotional starke Eindrücke.

☞ Zu Beginn sollte auf jeden Fall eine Korrektur von Rechtschreibfehlern vermieden werden, da dies die Bereitschaft zum Schreiben verringern kann. Korrekturen sollten nicht in Rot vorgenommen werden!

Auch *J. Niedenführ* sieht Zensuren nur als begründete Schätzurteile. Es spricht nach seiner Auffassung kaum etwas dagegen, die erstellten Texte mit den Schülerinnen und Schülern gemeinsam zu beurteilen. Allerdings müssen vorher klare Regeln zur Beurteilung im gemeinsamen Gespräch entwickelt werden, zum Beispiel Charakteristika der Texte, Begründung der Vorgehensweise, Abstraktion vom Alltagsgeschehen, Geschlossenheit eines Textes, Stimmigkeit eines Textes, Durchhalten von Bildern und anderes.
Bei der Beurteilung sollten die Schüler bzw. der Lehrer eindeutig sagen, was nach ihrer Auffassung unstimmig ist und welche Alternativen möglich sind. Verbesserungen können von den Schülern jederzeit vorgenommen werden.
Hinweis: Eine gute Chance, über Texte zu sprechen ergibt sich, wenn ein Schüler sich einen Text eines Mitschülers/einer Mitschülerin auswählt und diesen wie ein Anwalt verteidigt.

S. 272, T 1

Zusatzinformationen: Diese sprachspielerische Form eröffnet, abgesehen vom Spaß beim Formulieren, die Möglichkeit, die Funktion des Fragezeichens als Satzschlußzeichen einzuüben. Zudem ist die Schreibweise nicht das primäre Getaltungskriterium bei dieser Aufgabenstellung, sondern gerade die lautliche Gestalt der jeweils formulierten Frage.

Arbeitsanregung
Formulieren Sie bestimmte Begriffe als Aussagen. Beispiele:
Ehrenurkunden = Ehre nur Kunden!   *Kriegerdenkmal = Krieger, denk mal!*

Hinweis: Diese Variante erfordert ein hohes Abstraktionsvermögen und kann in der Regel nur von sprachlich versierten Schülerinnen und Schülern geleistet werden.

S. 272/273, T2

Zusatzinformationen: Der Lückentext mit Alternativangeboten fordert den Bearbeiter zu einer intensiven Auseinandersetzung mit der Wortwahl, dem Kontext, der möglichen inhaltlichen Aussage und den bibliographischen Angaben des vorliegenden Textes auf. Bereits durch die Quellenangabe (Gedichte für amnesty international) wird ein wesentlicher Hinweis auf die mögliche Intention des Verfassers gegeben. Diese kann aufgrund des Gedichttitels weiter verifiziert werden. Der Telegrammstil des Textes ("stop") fordert den Leser immer wieder zum Nachdenken heraus. Da er zudem die gängigen Klischees darstellt, ist es nicht selten, daß den Schülern eine einwandfreie Rekonstruktion des Textes gelingt. In jedem Fall sollten Begründungen für die jeweils gewählte Alternative von den Schülern eingefordert werden. Die Diskussion über unterschiedliche Fassungen fördert die Erkenntnis über sprachliche Nuancierungen.

Originaltext:
Axel Kutsch

Schöne Grüße aus Afrika

Liegen am Strand halbnackt
stop
wunderbar warm hier unten
stop
5 bei Euch tiefer Winter - ätsch -
stop
schwarze Bedienung spurt
stop
verneigt sich noch für ein Trinkgeld
10 stop
fühlen uns wie im Paradies
stop
nur bettelnde Kinder stören
stop
15 ansonsten alles wie im Prospekt
stop

Arbeitsanregungen

* *Geben Sie den Text (zum Beispiel als Folie) ohne Titel und Quellenangabe bzw. ohne Titel oder Quellenangabe vor. Lassen Sie die Schüler einen Titel formulieren, der nach ihrer Auffassung zu dem Gedicht passen könnte. Fordern Sie Begründungen für die jeweilige Titelgebung ein. Fragen Sie nach, wer ein Interesse an der Veröffentlichung eines solchen Textes haben könnte.*

* *Legen Sie den Schülern das Gedicht als reinen Lückentext (also ohne Alternativen) vor. Dies eröffnet einen größeren Spielraum für den jeweiligen Bearbeiter.*

Weitere Texte im Lehrbuch
⇨ Kapitel 5.6, S. 171 ff.
"Ich möchte so gern mal nach Hollywood". ⇨ Lehrbuch, S. 70 f. und Lehrerband, S. 54 ff.
Reinhardt Knoll: Deutschunterricht. ⇨ Lehrbuch, S. 248 f.
Tanja Blixen: Afrika, dunkel lockende Welt . ⇨ Lehrbuch, S. 290,
"Offener Brief von einem Mann, der bald sterben wird". ⇨ Lehrbuch, S. 315, (Bezug zu amnesty international)
Unicef-Anzeige. ⇨ Lehrbuch, S. 316 f. (soziales Engagement), sowie Textsammlung, S. 318
Texte zum Thema Tourismus/Urlaub
Die Schüler suchen selbst die Texte aus.
Monika Putschögl: Prospektpoesie. ⇨ Textsammlung, S. 400
⇨ Textsammlung, Kapitel 5 "Natur und Umwelt", S. 329 ff.
"Werbeanzeige Ruhrgebiet." ⇨ Textsammlung, S. 358

S. 273, T 3

Zusatzinformationen: Bei diesem Text handelt es sich um einen Liedtext, der jedoch den Schülern eher unbekannt sein dürfte. Die Aufgabenstellung scheint beim ersten Hinschauen nicht lösbar zu sein. Doch bereits im zweiten Lesedurchgang wird klar, daß es eindeutige Hinweise gibt, die eine Textrekonstruktion ermöglichen. Die wichtigsten Anhaltspunkte sind:

a) Vier Zeilen beginnen mit Großschreibung. (Später wird deutlich, daß diese Zeilen die vier Strophen einleiten.)

b) Vier Zeilen werden mit einem Punkt abgeschlossen. (Es sind die Schlußzeilen der einzelnen Strophen.)

c) Der Text weist einen Strophenaufbau auf.

d) Der Liedtext (Gedichtform) zeigt eine klare Reimform nach dem Muster "abba".

e) Inhaltlich zeigt sich ein logischer Aufbau (See, Boot, Ruder, Segel).

Lösungen, S. 273

1 Der Originaltext lautet:

Mario Hené **Der See**

Der Weg zum Lächeln führt dich in ein Tal
dort ist im Lauf der Zeit ein abgrundtiefer See entstanden
aus den Tränen derer die den Weg nicht fanden
und die gestorben sind allein mit ihrer Qual.

5   Ans andre Ufer kommst du nur mit einem Boot
das aus dem wetterfesten Holz des Hoffnungsbaums gebaut ist
an dessen Jahresringen man nur Leid und Freude mißt
und der in jedem von uns wächst bis an den Tod.

Du brauchst ein Ruder und das kann die Liebe sein
10   wenn du es richtig anfaßt wird sie dich hinüberführen
wenn du dich treiben läßt dann wirst du dich darin verlieren
ob du dein Ziel erreichst entscheidest du allein

Du brauchst ein Segel das du dir aus Träumen webst
und wenn es dir gelingt damit den Wind des Glücks zu fangen
15   wirst du sicher irgendwann dort drüben angelangen
und wenn du da bist weißt du auch warum du lebst.

3 Die oben genannten Anhaltspunkte werden von den Schülerinnen weitgehend als Rekonstruktionsprinzipien erkannt. Daher ergibt sich eine recht hohe Quote von gelungenen Rekonstruktionen. In dem notwendigen Unterrichtsgespräch über die Rekonstruktionswege sollten folgende Aspekte beachtet werden:
a) Gedichte folgen nicht zwangsläufig den üblichen Normierungen im Bereich der Sprache. Es gibt Gedichte, die durchweg dem Prinzip der Kleinschreibung folgen; andere wiederum beginnen am Zeilenanfang generell mit einer Großschreibung, auch dann, wenn dies den Rechtschreibregeln widerspricht. Dahinter muß nicht zwangsläufig eine inhaltliche Aussage stehen. Dennoch sollte dies zumindest in Betracht gezogen werden. Zudem gibt es Gedichte, die gerade den Verstoß gegen geltende Regeln als Gestaltungsprinzip nutzen (⇨ vgl. zum Beispiel Lehrbuch, S. 347 oben).
b) Es fehlen in dem Text alle weiteren Satzzeichen. Im Sinne eines integrativen Sprachnormunterrichts könnten die Zeichen hier begründet eingesetzt werden.
c) Die Einteilung in Strophen ist für Lieder durchaus üblich, jedoch kein konstitutives Merkmal eines Gedichts.
d) Auch der Reim ist kein zwingendes Merkmal eines Gedichtes; es kann nicht oft genug darauf hingewiesen werden. Eventuell sollte auf den unreinen Reim in der dritten Strophe hingewiesen werden (hinüberführen - verlieren), denn dieser Reim wird nicht immer erkannt.
e) Die Schüler bemerken meist sehr schnell, daß auf der inhaltlichen Ebene eine klare Abfolge erkennbar ist. Der See ist die Voraussetzung dafür, daß das Boot fahren kann. Das Ruder gibt die Richtung, das Segel fängt den Wind ein und ermöglicht die Fahrt. Die beiden letzten Strophen werden häufig getauscht, da die Fahrt des Bootes im Prinzip erst den sinnvollen Einsatz des Ruders ermöglicht. Eine solche Begründung durch die Schüler ist als durchaus logisch zu bewerten. Als Gegenbegründung könnte allerdings angemerkt werden, daß der Text durch die Zeile (und wenn du da bist weißt du auch warum du lebst) eher abgeschlossen wird.

Weitere Texte für Textvergleiche im Lehrbuch
⇨ S. 239, T 3 und T 4
⇨ S. 229 ff. (Goethe: Auf dem See)

S. 274, T4

Autorin: Ulla Hahn, geb. 1946 in Brachthausen (Sauerland), studierte Germanistik in Köln und Hamburg mit anschließender Promotion als Dr. phil. Lehrbeauftragte in Hamburg, Bremen, Oldenburg. 1979 Kulturredakteurin bei Radio Bremen. 1982 als Stipendiatin in der Villa Massimo, Rom. Als Lyrikerin gestaltet sie Wünsche und Ängste der Gegenwart in poetisch-artistischer Sprache, zum Teil mit Ironie.

Lösungen, S. 274

1 Die Rekonstruktion von zusammenhängenden Zeilen aus Gedichtcollagen erfordert ein hohes Maß an Konzentration, inhaltlichem Verständnis, Gespür für sprachliche Varietäten und Assoziationsgabe. Es ist in diesem Teilbereich des Kapitels die anspruchsvollste Aufgabenstellung und bildet daher den Abschluß. Da eine völlige Rekonstruktion wohl unmöglich sein dürfte, ist es schon als Erfolg zu werten, wenn der größte Teil der Zeilen die richtige Zuordnung erfährt. Erschwert wird die Zuordnung, da kein Reim vorhanden ist. In jedem Fall sollte über die verschiedenen Zuordnungen begründet diskutiert werden.

Originaltexte: *Ulla Hahn* **Treue**

Von deiner Haut wirst du
meine Spuren nicht mehr
verwischen du schleppst
sie mit dir nach Haus zwischen
5 Tisch und Bett schlägt mein Schatten zu.

Aus deinem Haar wirst du
meinen Geruch nicht mehr
waschen er beizt
dir die Haut mit Grauen
10 wendet wer dich neben mir liebt sich ab.

Herz über Kopf. Stuttgart 1981, S.43

Aus deinem Mund wirst du
meine Zunge nicht mehr
lösen sie fährt
ihr zwischen die Zähne
15 bei jedem Kuß von dir.

Mit dir allein wirst du
niemals wieder allein sein
gut verheilt hinter deinen Rippen
sitz ich dein Schrittmacher
20 funktioniert

Angelika Salmen **Hingabe**

Wolken blauweißgeplustert.
Lichtpunkte warm auf
meinem Bauch.
Dein Lachen auf meinem Mund,
5 in meinen Haaren
dein Atem und
auf meiner Haut
Sonne und Salz
wie auf deinen Lippen.
10 Hab ich doch
unter deinen Händen
vergessen, wo du
aufhörst und ich anfange.

... sonst bin ich ganz normal. Münster 1983, S. 7

2 Im zweiten Teil der Aufgabenstellung werden die Schüler aufgefordert, einen Text zu entwickeln, der in sich sinnvoll ist. Es kommt dabei nicht darauf an, daß es sich um Zeilen aus einem der Texte handeln muß. Ziel ist der eigenständige, gestaltende Eingriff im Bezug auf die Anordnung vorgegebener Textzeilen. Dies erfordert vom Bearbeiter sprachliches Einfühlungsvermögen, da er die Zeilen in sich nicht verändern darf. Die Schwierigkeit besteht somit auf zwei Ebenen:
a) die jeweilige Anknüpfung der Verszeilen muß sprachlich-syntaktisch passen;
b) die inhaltliche Komponente soll sinnvoll sein bzw. eine Aussage enthalten.

Weitere Texte im Lehrbuch

Da es sich bei den Texten um Liebesgedichte handelt, bietet sich der Vergleich mit weiteren Texten zu den Themen Freundschaft, Liebe, Sexualität, Trennung, Aids und anderen an.

Freundschaft ⇨ S. 16, T 21; S. 298
Liebe ⇨ S. 123 unten; S. 137, T 7; S. 299 ff.; S. 263 f., T 4; S. 275, T 7; S. 351
Trennung ⇨ S. 11, T 14; S. 110; S. 187, T 3; S. 239, T 4; T 1, S. 241; S. 295 f.
Aids ⇨ S. 304

Weitere Texte im Lehrerband

Heinrich Heine: Lyrisches Intermezzo. ⇨ Textsammlung, S. 288
Hans Ulrich Treichel: Wortlose Zeit. ⇨ Textsammlung, S. 289
Aleke Thuja: Nachklang. ⇨ Textsammlung, S. 289
Erich Fried: Grenze der Verzweiflung. ⇨ Textsammlung, S. 289
Bertolt Brecht: Die Liebenden. ⇨ Textsammlung, S. 290
Lisa-Maria Blum: Begegnung. ⇨ Textsammlung, S. 290
Angelika Salmen: Märchenstunde. ⇨ Textsammlung, S. 290
Johann Wolfgang Goethe: Das Schreien. ⇨ Textsammlung, S. 290
Ulla Hahn: Lied. Mäßig bewegt. ⇨ Textsammlung, S. 290
Friedrich Gottlieb Klopstock: Das Rosenband. ⇨ Textsammlung, S. 291
Ursula Krechel: Liebe am Horizont. ⇨ Textsammlung, S. 291
Gabriele Diermann: Wenn Du am Abend gehst. ⇨ Textsammlung, S. 292
Heinrich Heine: Ein Jüngling ... ⇨ Textsammlung, S. 292

S. 274, T 5

Zusatzinformationen: Unter einem Akrostichon versteht man einen Text, bei dem die Anfangsbuchstaben (-silben oder -wörter) aufeinanderfolgender Verse oder Strophen hintereinander gelesen ein Wort, einen Namen oder vielleicht sogar einen Satz ergeben. Die entstehenden Texte sollten folgenden Kriterien entsprechen:
• sie müssen sich in ihrer inhaltlichen Aussage auf das Grundwort beziehen,
• sie müssen syntaktisch (vom Satzbau her) passend angeordnet sein,
• sie dürfen nicht diskriminierend sein.
Auf den letztgenannten Aspekt sollte besonders geachtet werden, da viele Schüler derartige Formulierungen kennen. Zwei **Negativbeispiele** zur Verdeutlichung:

F ür
I taliener
A usreichend (gesellschaftlich
T echnik abwertend)

A b
I n
D en (zynisch)
S arg

Arbeitsanregungen

• **Versteckter Name**

Jeder Schüler schreibt die einzelnen Buchstaben seines Vornamens (eventuell auch seines Nachnamens) untereinander auf ein Blatt oder ein Stück Pappe. Jeder Buchstabe stellt den Anfang eines Wortes oder kurzen Satzes dar, mit dem er etwas Persönliches über sich aussagt, zum Beispiel über sein Hobby, sein Aussehen, seine Wünsche und anderes. Das Blatt bzw. die Pappe kann dann als Namensschild verwendet werden.

• **Wörterbörse**

Die bei der Schreibvariante "Versteckter Name" entstandenen Wörter können Wort für Wort getrennt (ausgeschnitten) werden. Alle Wörter werden nun in einem Pool gesammelt und gemischt. Jeder Teilnehmer zieht sich je 6 Wörter und schreibt dazu einen kurzen Text.

• **Wortwunder**

Welcher Teilnehmer/welche Teilnehmerin schafft es, einen Begriff aus über 10 Buchstaben sinnvoll als Akrostichon zu konstruieren?

• **Akrostichon als Binnentext**

Beispiel:

```
           VERSCHWIEGENHEIT
   FAMILI  E NSINN
 HILFSBE   R EITSCHAFT
       G   L AUBE
      GR   O SSZÜGIGKEIT
 ZIVILCOU  R AGE
   FRIED   E NSWILLE
      ZU   N EIGUNG
  NATURV   E RBUNDENHEIT

           W AHRHAFTIGKEIT
       V   E RANTWORTUNG
       T   R EUE
  HEIMA    T LIEBE
      FR   E UNDSCHAFT
```

⇨ Vgl. das Silbenrätsel, Lehrerband, S. 81 f.

- **Schlüsselworttext in der Werbung**

NATURSCHUTZGEBIETE SCHAFFEN
Als Ausgleich für touristisch erschlossene Regionen müssen Schutzgebiete und National-
parks eingerichtet werden, in denen einzigartige Lebensräume gesichert werden sowie ge-
fährdete Tier- und Pflanzenarten überleben können. In besonders ausgewiesenen Zonen innerhalb dieser Reservate darf es weder eine wirtschaftliche noch eine touristische Nutzung geben.

ANGEPASSTE ERSCHLIESSUNG DURCHFÜHREN
Neue Reisegebiete dürfen nicht "überdimensioniert", sondern nur im Rahmen ihrer natürlichen Ressourcen und bereits vorhandenen Kapazitäten erschlossen werden.

TECHNISCHEN UMWELTSCHUTZ EINSETZEN
Bei der touristischen Erschließung sowie Erweiterung bestehender Anlagen müssen alle
Möglichkeiten des technischen Umweltschutzes ausgeschöpft werden.

ORT, ZEIT UND UMFANG BEGRENZEN
Zum Schutz der Natur müssen Ausflugs- und Freizeitaktivitäten auch außerhalb von
Schutzgebieten eingeschränkt werden.

UMWELTVERTRÄGLICHKEIT PRÜFEN
Umweltverträglichkeitsprüfungen sind als verbindliche Maßnahmen vor der Neuerschlie-
ßung von Urlaubsregionen und der Erweiterung bestehender touristischer Einrichtungen durchzuführen.

REVISION VORNEHMEN
Ältere Erschließungsprobleme, die den Umwelt- und Naturschutz nicht vorrangig berücksichtigen, müssen überarbeitet und entsprechend angepaßt werden.

INTEGRATION BERÜCKSICHTIGEN
Planung und Umsetzung von Erschließungsmaßnahmen dürfen nicht ohne die wirkungsvolle
Einbindung der ortsansässigen Bevölkerung erfolgen.

SENSIBILISIERUNG ERREICHEN
Nur durch Umweltberatung und -bildung von Einwohnern, Behörden, Urlaubsplanern, Rei-
seunternehmen und Touristen ist ein harmonisches Miteinander von Natur und Tourismus
möglich.

MANAGEMENT VERBESSERN
Konzepte, die Tourismus in Naturschutzgebieten regeln und Naturerlebnisse in diesen
Gebieten fördern, müssen weiterentwickelt und rasch umgesetzt werden.

UMWANDLUNG FÖRDERN
Bei der Vergabe von Finanzmitteln für touristische Projekte durch Entwicklungshilfeeinrich-
tungen darf der wirtschaftliche Aspekt nicht im Vordergrund stehen. Vielmehr müssen diese
Gelder der umweltverträglichen Erschließung von Reiseregionen und der Einrichtung von
Schutzgebieten dienen.

SELBSTVERSTÄNDNIS ENTWICKELN
Umwelt- und naturschutzbewußte Urlaubsplanung und ein entsprechendes Verhalten vor
Ort müssen zur Selbstverständlichkeit für Naherholungssuchende und Ferntouristen gleicher-
maßen werden.

Presseinformation. Umweltstiftung WWF Deutschland

⇨ Vgl. auch die Werbeanzeige für das Ruhrgebiet, Textsammlung, S. 358.

S. 275, T 6

Zusatzinformationen: Bei dem Text handelt es sich um einen prämierten Wettbewerbstext einer Schülerin aus Hessen.

Die Schüler sollen sich auf zwei Ebenen in die Textvorgabe hineindenken. Zum einen erfordert der vorgegebene Schlußteil des Erzähltextes ein Sich-Einlassen auf den Inhalt des Textes. Der Schüler muß also seinen Erzählanfang so gestalten, daß sich der im Lehrbuch abgedruckte Text ohne Bruch anschließen läßt. Des weiteren sollte der Stil des zu erstellenden Textteils dem abgedruckten Text adäquat sein. Es ist davon auszugehen, daß die Schüler nach dem Originalanfang fragen, um die erstellten Texte damit zu vergleichen. Diesem Wunsch sollte - allerdings nicht zu früh - nachgekommen werden.

Originalanfang:

Antje M. Böhm **Der Fremde**

Es war einmal ein Mann, dem war seine Haut zu eng geworden. Die ersten Anzeichen übersah er einfach, doch immer öfter ertappte er sich bei Gedanken, die ihn überraschten. Es machte ihm
5 nichts mehr aus, auf Bahnhöfen zu warten, und als der Herbst kam, begrüßte er ihn. Der Mann besaß viele sehr nette Freunde, welche eine hohe Meinung von ihm hatten, und er tat sein Bestes, sie nicht zu enttäuschen.
10 Eines Abends jedoch, als er die Tür zu seinem Zimmer öffnete, stand ihm ein Fremder gegenüber. "Guten Abend", sagte der Mann. "Kenne ich Sie?" Der Fremde trug einen grauen Anzug und schwarze Schuhe. Er antwortete nicht. Der
15 Mann runzelte die Stirn. "Also entweder, Sie sagen mir jetzt, wer Sie sind und was Sie hier wollen, oder ich muß Sie bitten ..."

"Ich", sagte der Fremde, "bin dein Spiegelbild." Dies verschlug dem Mann erst einmal die Sprache.
20 "Unmöglich", stellte er schließlich fest. "So sehe ich doch gar nicht aus. Ich weiß doch, wer ich bin." "Wirklich?" fragte das Spiegelbild. "Frage doch einmal deine Freunde, wer du bist."
25 Verwirrt schwieg der Mann. Er schaute an sich herunter. Tatsächlich, er trug schwarze Schuhe, und sein Anzug war grau. Er setzte sich auf sein Bett. Dann lächelte er plötzlich. "Was hast du vor?" fragte das Spiegelbild mißtrauisch. Als es
30 sah, was der Mann plante, bekam es einen roten Kopf. "Hör auf!" schrie es. "Hör sofort auf! Ich verbiete dir...!"

Hessischer Kultusminister (Hrsg.): ... zu spüren, daß es mich gibt. Frankfurt am Main 1984, S. 31f.

Arbeitsanregungen

Durch einen anregenden Satz werden die Schüler dazu motiviert, ihre Gedanken bzw. Gefühle zu formulieren. Entscheidend für das Ergebnis ist die Qualität des vorgegebenen Satzes oder Satzanfanges. Der Unterschied zu längeren vorgegebenen Textpassagen ist vor allen Dingen darin zu sehen, daß der Stil des Textes hierbei weitgehend selbst geprägt werden kann. Drei verschiedene Vorgehensweisen erscheinen sinnvoll:

- *Ein Satz wird für alle Schüler verbindlich als Vorgabe gesetzt. Der Vorteil liegt hierbei in der thematischen Eingrenzung des Themas. Nachteilig ist, daß sich durch ein solches Vorgehen der ein oder andere eingeschränkt fühlt.*
- *Es werden mehrere Vorgaben gemacht, aus denen - der jeweiligen Vorliebe entsprechend - der am geeignetsten erscheinende Anfangssatz ausgewählt werden kann. Damit wird die Entscheidung für die Auswahl stärker auf den Schüler übertragen, obwohl er sich mit dem zu erstellenden Text immer noch im Rahmen vorgegebener Varianten bewegt.*
- *Die Schüler entwickeln eigenständig die Anfangssätze und formulieren ihren Text. Damit ist die größte Freiheit in der Themenauswahl gegeben. Einigen wird dies sicherlich Probleme bereiten, da sie zunächst einen "roten Faden" für ihren Text finden müssen.*

Beispiele

"Als ich aufwachte, rieb ich mir verwundert die Augen ..."

" Plötzlich klingelte es an der Tür ..."

" In der Zeit, als ich noch Millionärin war, sah mein Tagesablauf anders aus als heute. Ich ..."

" Das kann doch wohl nicht wahr sein, dachte ich, als ich ..."

" Kaum hatte ich das Haus verlassen, geschah das Unerwartete ..."

" Manchmal träume ich, daß ..."

" Himmel, Arsch und Zwirn, sagte der Bischof ..." (A. S. Neill)

" Mach 'ne Mücke, sonst ..."

" Noch war ich ausgesprochen ruhig, aber die ersten kleinen Schauer liefen mir doch über den Rücken, denn ..."

S. 275, T 7

Zusatzinformationen: Das Weiterschreiben bereits vorgegebener Erzählanfänge führt zu Einsichten in die Erzählweise eines Textes. Der Schreiber muß sich zunächst einmal auf die vorgegebene Perspektive einlassen und des weiteren den Stil des Textes beibehalten, damit kein Bruch entsteht. Insofern ist er in seinen Möglichkeiten zum Teil eingeschränkt, was jedoch kein Nachteil sein muß. Für den noch nicht so erfahrenen Schreiber kann dies auch eine Hilfe im Sinne einer notwendigen Vorgabe sein. Das Weiterschreiben eines solchen Textes fördert zudem die kreativen Fähigkeiten, da Situationen ausgestaltet werden sollen, Alternativen durchdacht und formuliert werden müssen, um zu einem abgerundeten, eventuell auch überraschenden Schluß zu gelangen.

Originalschluß:

... heiratete eines Tages Arthur - in der Mittagspause, denn er konnte seine Arbeit nicht länger als eine Stunde im Stich lassen. Sie bekamen sieben Kinder, und Arthur arbeitete so hart für 5 den Unterhalt seiner Familie, daß er sich die Zähne bis zum Gaumen abwetzte. Bald war er nur noch ein Schatten seiner selbst, und er starb, ohne je in seinem Leben Urlaub genommen zu haben.

Der junge Biber fuhr fort, zu essen, zu schlafen, 10 in den Flüssen herumzuschwimmen und mit den Bibermädchen "Blindekuh" zu spielen. Er brachte es nie zu etwas, aber er lebte herrlich und in Freuden und wurde steinalt.

> **Weitere Texte im Lehrbuch**
> ⇨ S. 9, T 5; S. 95 f., T 4; S. 306, S. 309; zusätzlich Standardtexte.
> Die Schüler können auch selbst geeignete Texte suchen und ihre Mitschüler weiterschreiben lassen (eventuell sogar mit Vorgabe).

Arbeitsanregung

Es lassen sich auch lyrische Texte weiterschreiben. Besonders die kurzen, epigrammartigen Texte (zum Beispiel von Erich Fried) bieten sich an.

S. 276, T 8

Zusatzinformationen: Zum einen ist bei dieser Schreibanregung das "Erlesen" des vorhandenen Textes von Bedeutung. Lassen sich die "richtigen" Ergänzungen logisch erschließen oder erahnen? Wer konzentriert liest und sich alle Begriffe im vorliegenden Text klarmacht, findet häufig die Lösung oder zumindest einen Teil davon.
Wenn dies nicht der Fall ist, um so besser. Abgesehen von dem Spaß, den das Erfinden neuer Textpassagen mit sich bringen kann, schult dies auch das Gespür für den Stil des

Textes. Zunächst muß man sich daher klar machen, aus wessen Perspektive erzählt und welche Sprachebene benutzt wird. Ein anderer Leser soll ja nicht auf Anhieb erkennen, daß in den Text eingegriffen wurde.

Originaltext:

Franz Hohler Ein erschreckender Anblick

Als Herr Direktor J., bevor er von zu Hause wegging, noch rasch in den Spiegel im Flur schaute, erschrak er. Sein Anzug war zwar in Ordnung, auch die Krawatte saß, aber dort, wo
5 sonst sein Gesicht war, sah er einen Wasserhahn. Das muß eine Täuschung sein, dachte Herr J. und wollte sich ins rechte Ohr kneifen, aber statt dessen drehte er das heiße Wasser auf, das sich nun in einem vollen Strahl auf sein Hemd ergoß.
10 Mit einem Aufschrei schloß er den Hahn wieder, und in dem Moment sah er, daß er sich wirklich getäuscht hatte - im Spiegel war sein normales Gesicht, und auch als er es mit den Händen abtastete, änderte sich nichts mehr, von einem Wasserhahn konnte keine Rede sein. 15
Beruhigt wandte sich Herr Direktor J. der Türe zu, da merkte er, daß er so nicht gehen konnte. Sein Anzug war durch und durch naß, und unter dem Hemd spürte er einen brennenden Schmerz, der langsam stärker wurde. 20

Ein eigenartiger Tag, Darmstadt 1983, S. 90

Zusatztext als Variationsmöglichkeit:

Das Fest war richtig auf dem Höhepunkt angelangt. Die Linden auf dem Schulhof dufteten zum Verrücktwerden. Es gab Jazz und Luftballons, ein bißchen Bier. Die Schüler schminkten sich gegenseitig farbenfroh und phantasievoll Sie nahmen Gesichtsmasken voneinander. Schön und seltsam mußte es sein, auf der Decke in der Sonne zu liegen, zärtlich .?.
Dann kam die Supershow .?.
Im Publikum stand ein Pärchen und lachte, lachte mit in der allgemeinen Freude, der .?.
Und der Hausmeister, der Mann mit dem vielfältig rasselnden Schlüsselbund, .?.
Und sie lachten laut, lachten und lachten.

Originaltext:

Jan M. Greven Gelächter

Das Fest war richtig auf dem Höhepunkt angelangt. Die Linden auf dem Schulhof dufteten zum Verrücktwerden. Es gab Jazz und Luftballons, ein bißchen Bier. Die Schüler schminkten
5 sich gegenseitig farbenfroh und phantasievoll Sie nahmen Gesichtsmasken voneinander. Schön und seltsam mußte es sein, auf der Decke in der Sonne zu liegen, zärtlich mit Nivea eingecremt zu werden und mit Strohhalmen in den Nasenlöchern
10 chern die weichen, warmfeuchten Gipsstreifen im Gesicht zu spüren. Hier brieten sie Speck und Eier mit Sonnenenergie, dort malten und töpferten sie im Kollektiv.
Dann kam die Supershow kanalisierter Aggression, Lehrergesichter, live im ovalen Kartonloch,
15 sion, Lehrergesichter, live im ovalen Kartonloch, durften mit nassen Schwämmen beworfen werden. Im Publikum stand ein Pärchen und lachte, lachte mit in der allgemeinen Freude, der ganz junge Lehrer und die zierliche, blonde Schülerin, die er um die Hüfte gefaßt hielt. 20
Und der Hausmeister, der Mann mit dem vielfältig rasselnden Schlüsselbund, gab einem anderen Lehrer, und dieser war auch keineswegs alt, mit dem Ellenbogen einen Schubs: Soll ich meinen Nullneunercolt holen und die zwei auseinanderballern? 25
anderballern?

Und sie lachten laut, lachten und lachten.

Bundesverband Jugendpresse (Hrsg.): Literaturdienst Nr. 6. Bonn o. J., S. 11

Arbeitsanregungen

- Die Geschichten können auch verfaßt werden, indem jeder Teilnehmer zunächst nur die erste Lücke mit Text füllt. Anschließend gibt er das Blatt an jemanden weiter, der diesen Text weiterschreiben soll. So muß sich der jeweilige Schreiber immer neu auf andere Inhalte einstellen. Dies erfordert ein großes Maß an Flexibilität und Phantasie.
- Eine Gruppe aus wenigen Schreibern schreibt an einem Text. Jeder Teilnehmer erhält nur einen Teilabschnitt des Textes und soll diesen weiterschreiben. Die einzelnen Teile werden dann als Gruppentext zusammengesetzt. Die Ergebnisse sind oft erstaunlich.

S. 276, T 9

Zusatzinformationen: Wortgittertexte geben den Schülern einen Rahmen für den zu erstellenden Text; sie bieten eine Grundlage, auf der sich aufbauen läßt. In der Regel erweckt das Wortgitter geeignete Assoziationen für das Anfertigen einer Geschichte. Andererseits engen die Vorgaben erfahrene Schreiber in ihrer Phantasie ein. Um einen Ausgleich zwischen zu geringer Hilfe und zu enger Führung zu vermeiden, wird meist nur eine bestimmte Anzahl von Wörtern aus dem Wortgitter als Pflichtbestand gefordert (im Lehrbuch 15 Wörter).

Das Erstellen eigener Wortgitter hat unter anderem den Nebeneffekt, daß sich die Schüler mit den Wortarten auseinandersetzen müssen. Daher ist es sinnvoll, diese Aufgabe in Kleingruppen ausführen zu lassen, damit auch ein Gespräch und eine Klärung über die Wortarten stattfinden kann.

⇨ vgl. im Lehrbuch, S. 192 ff.; S. 353 (Wortarten üben)

S. 277, Wer-Wo-Was-Geschichte

Hinweis: Wenn reale Personen genommen werden, zum Beispiel Lehrer oder Mitschüler, werden die Geschichten meistens komisch, zeigen Schwächen einzelner Personen auf oder geraten zum Klamauk, selbst wenn das Genre dies nicht vorsieht. Daher sollte man auf reale Personen des engeren Umfeldes verzichten.

Diese Aufgabe eignet sich für eine Doppelstunde:

Vorbereiten, Anfertigen der Karteikarten und Verteilen der Karten:	20 Minuten
Schreiben:	45 Minuten
Vorlesen und Besprechen:	25 Minuten

Vorgaben

Wer-Karte : Marius Megabyte, Spitzname 'Floppy', wohnt in der Prozessorstraße 486 in Parallelporthausen, Computerfreak, beschäftigt bei einer Computerfirma in leitender
Position, Extremsportler.

Wo-Karte: dunkle Straße, nachts, verlassen, furchterregend, Gassen, Fabriken, Traum und
Wirklichkeit wechseln.

Was-Karte: Gegenwartsgeschichte, Allerweltsgeschichte.

Text

Marius Megabyte kam gerade aus der Computerfirma und machte sich auf den Weg nach
Hause. Er fuhr nach Parallelporthausen in die Prozessorstraße 486. Als er dort ankam, stieß
er sich den Kopf am automatischen Gurtspanner. Traum und Wirklichkeit schienen zu
5 wechseln, er glaubte, sie würden ineinander verlaufen. Er fand sich in einer dunklen Straße
wieder und hörte furcht erregende Laute. Die ganze Gegend schien verlassen, man sah kei
nen Menschen, er schien das einzige lebendige Wesen zu sein. Er ging durch die Straßen
und sah Gebäude, die wie Fabriken aussahen. Seine Schritte wurden schneller und schneller.
Er rannte. Seine Kondition war ausgezeichnet, weil er Extremsportler war. Er fand keinen
10 Ausgang aus dem Labyrinth. Vollkommen erschöpft setzte er sich. Jetzt sah er sich die
Gegend genauer an. Es sah aus wie das Innere eines Computers. Er versuchte sich zu
orientieren, doch in diesen Gassen konnte man sich nicht zurechtfinden. Zum Glück war er
auch Freeclimber. Er versuchte einen der Chips zu erklimmen. Das war nicht leicht, weil die
Flächen des Chips fast glatt waren. Nachdem er, nach vier vergeblichen Versuchen, schon
15 fast aufgegeben hatte, schaffte er es beim fünften Anlauf. Er stand oben auf dem Chip. Nun
wußte er wo er war. Ganz in der Nähe mußte der Hauptprozessor liegen. Er wußte, daß er
nur durch den Lüfter oder Laufwerksschacht entkommen konnte. Megabyte überlegte. Was
war das nur für ein nervtötendes Geräusch, das er immerzu hörte? Plötzlich kam es ihm wie
ein Blitz durchs Gehirn geschossen. Der Lüfter. Somit war der Ausgang durch den Lüfter
20 versperrt, denn der Lüfter würde Kleinholz aus ihm machen. Der Weg zum Laufwerk war
weit. Er mußte über viele Chips klettern. Beinahe hätte er sich an einem Jumper
aufgespießt, als er ihn überwinden mußte. Er war viele Stunden unterwegs und ausgelaugt
vom vielen Klettern. Zum Glück war der Besitzer des Computers nicht sehr ordentlich,
deshalb konnte er sich von Brotkrumen ernähren. Nun stand er vor der Laufwerksöffnung,
25 sie lag in ca. 150 m Höhe. Ein weiter Weg. Megabyte holte tief Luft und begann zu klettern.
Die Kletterei 25 wurde durch die Schwingungen, die das Laufwerk verursachte, erschwert.
Endlich stand er in der Öffnung. Doch wie sollte er hinunterkommen? Unmöglich! Der User
vor dem PC war er selbst. Er erschrak, als er sah, wie er eine Diskette anhob und sie ins
Laufwerk schieben wollte. Er konnte nur springen, wenn er nicht von der Disk zerquetscht
30 werden wollte. Megabyte schloß die Augen und sprang. Merkwürdig, dachte er, als er die
Augen wieder öffnete. Er fühlte keine Schmerzen. Dann wurde ihm alles klar, es war nur ein
Traum.

S. 277 f., T 10

Zusatzinformationen: Die Umwandlung in andere Textsorten bzw. in eine andere Perspektive erfordert vom Schüler ein hohes Maß an Flexibilität. Sich beispielsweise auf die
Sichtweise einer anderen Person einzulassen, bedeutet, sich von eigenen Vorstellungen,
Denkweisen und vielleicht sogar von Klischees zu lösen. Eine solche Aufgabe fördert
somit das Verständnis für andere Sichtweisen, Einstellungen und Gefühle. Vgl. hierzu
die Schülerarbeit "Katharina - 21 Jahre später", ⇨ Textsammlung, S. 308.

Thorsten Kober
Kindergedanken

Nun sitze ich hier in einem Cafe und langweile mich. Es ist Freitag, da geht Mama immer einkaufen, und ich muß mitgehen, weil ja Ferien sind. Ich glaube, alle Kinder aus dem Kindergarten müssen jetzt mit ihren Müttern einkaufen gehen. Mama ist sauer auf mich. Ich bin letzte Woche fünf geworden, und ich kann schon meinen Namen schreiben. Aber als ich
5 *vorhin meinen Namen mit dem Schokoladeneis an das große Fenster geschrieben habe, ist der Mann im blauen Anzug und dem Wischerding in der Hand ziemlich böse geworden. Mama hat mir eine Ohrfeige gegeben, und der Mann sagte nur etwas von "frisch geputzt" oder so etwas. Jetzt sitze ich hier in dem Laden und beobachte die Frau neben mir am Tisch. Mama unterhält sich gerade mit einem Bekannten. Ich schaue die junge Frau neben*
10 *mir die ganze Zeit an, aber sie sieht mich nicht. Sie kann mich gar nicht sehen. Sie hat ja eine Brille auf, durch die man nicht durchsehen kann. Als ich sie frage, warum sie nichts sehen will, antwortet sie nicht. Vielleicht kann sie auch nicht hören. Ihre Lippen sind überhaupt nicht so rot wie Mamas. Aber Mama malt sich ja auch immer an, bevor sie irgendwo hingeht, und ich darf dabei nie zuschauen.*
15 *Warum blättert die Frau wohl in der Zeitung, wenn sie durch die Brille doch gar nichts sehen kann? Die Blumen auf ihrem Kleid sind schön, die habe ich schon einmal gesehen. Vergißmichnicht heißen sie, glaube ich. Jetzt schaut sie einmal durch das ganze Café, aber unauffällig. Als sie mich ansieht, lächle ich sie an. Aber sie sieht mich ja doch nicht. Sie hat bestimmt ein Geheimnis. Vielleicht darf sie gar nicht hier sein. Sie spielt so nervös an ihrer*
20 *Tasche aus blauer Haut. Sie müßte bestimmt schon lange zu Hause sein. Ihr Kleid hat eine lange Schleife hinten dran. Ob ich wohl ..., ach nein, lieber doch nicht. Ich sage Mama, daß ich Durst habe, aber ich bekomme nichts, weil sie noch immer böse auf mich ist. So teuer war das Eis nun auch nicht. Wie wohl die Augen der jungen Frau aussehen? Vielleicht grün oder blau, passend zu den Blumen. Vielleicht hat sie auch gar keine, und sie trägt die Brille,*
25 *damit es keiner sieht. Ich warte einfach solange, bis sie aufsteht und geht. Wenn sie rausgeht, ohne über die Stühle zu fallen, dann hat sie doch welche.*

Alternativtext:

Wolfgang Bächler Stadtbesetzung

Schwarze Wälder belagern die Stadt, haben sie lautlos umzingelt. Längst haben sie Vorposten an die Einfallstraßen gestellt, Spähtrupps, Vorhuten, Fünfte Kolonnen bis in den Stadtkern
5 geschickt. Jetzt dringen sie nachts in die Vororte ein, schlagen sie Breschen in Villenviertel, stoßen an die Ufer des Flusses, die Böschungen der Kanäle vor und säumen alle Gewässer ein. Pappelkolonnen sperren die Straßen ab, gliedern
10 die Alleebäume ein, schließen zu dichteren Reihen auf, marschieren im Gleichschritt weiter. Tannen und Eschen befreien Gefangene in den Gärten und Parks, Friedhöfen und Hinterhöfen. Eichen und Buchen besetzen die Kreuzungen,
15 Knotenpunkte, die großen Plätze, verbrüdern, verschwistern sich mit den Ulmen, Linden, Kastanienbäumen, sprengen die Ketten parkender Autos, drängen die Baumaschinen, Bauzäune, Grundmauern, Gerüste, Geländer zurück, schlagen Wurzeln in Gruben und Gräben.
20 Fichten umstellen die Amtsgebäude, das Rathaus, den Rundfunk, den Bahnhof, die Polizeiinspektionen, Gericht, Gefängnis, das Arbeits- und das Finanzamt. Die Pappelfront hat die Kaserne erreicht, verteilt sich um die Gebäude. Ahorn-
25 bäume füllen die Lücken, schreiten durchs Tor in den Hof. Machtlos klettern die Wachen mit ihren Gewehren die Äste hinauf in die Kronen, sehen vor lauter Bäumen die Stadt nicht mehr. Geräuschlos, kampflos, ohne Verluste haben die
30 Wälder die Stadt besetzt, erobern sie Heimatboden zurück, besiegen sie Steine, Stahl und Beton, verdrängen Verdrängte ihre Verdränger.

Wolfgang Bächler: Stadtbesetzung. Frankfurt am Main 1979

Roland Manske
Sicht eines Holzwurms

Endlich - die erbarmungslose Vernichtung unserer Art ist vorbei. Alles ist wieder so wie
früher. Ich kann wieder tief durchatmen, denn der Gestank der Stadt wird durch den Geruch
der wachsenden Bäume überwältigt. Und unsere Zukunft? Keine Wohnungsnot, kein
Platzmangel, kein Hungern und kein Elend. Ja - unsere Zukunft ist gesichert. Ich kann mein
5 Weib wieder lieben wie früher und freue mich schon darauf, im Sommer unsere Kinder
spielen zu sehen, ohne mit der Angst zu leben, sie könnten von der Chemie getötet werden.
Ich werde meine Arbeit als Tunnelbauer zurückerhalten und viel Geld verdienen. Das
brauche ich auch, bei diesem überwältigen Angebot an Nahrung. Und alles ohne
Imprägnierung. Nur leider gibt es einen Nachteil, aber der war auch schon früher da; die
10 Vögel kehren zurück.

S. 278 f., Parodien und Satiren schreiben

Zusatzinformationen: Die Hinweise für das Parodieren von Vorlagen und für das Anfertigen von Satiren sind bereits ausführlich im Lehrbuch angesprochen worden. Geeignete Texte zur Bearbeitung wurden genannt. Dennoch erscheint es sinnvoll, an einem konkreten Beispiel das Parodieren (Veränderung des Inhalts unter Beibehaltung der formalen Aspekte) zu verdeutlichen.

Alternativtext:

Ulla Hahn
Bildlich gesprochen

Wär ich ein Baum ich wüchse
dir in die hohle Hand
und wärst du das Meer ich baute
dir weiße Burgen aus Sand.

5 Wärst du eine Blume ich grübe
dich mit allen Wurzeln aus
wär ich ein Feuer ich legte
in sanfte Asche dein Haus.

Wär ich eine Nixe ich saugte
10 dich auf den Grund hinab
und wärst du ein Stern ich knallte
dich vom Himmel ab.

Ulla Hahn: Herz über Kopf. Stuttgart 1981, S. 48

Thorsten Winning
Prominent gesprochen
Wär ich Reinhold Messner ich kletterte
in einer steilen Wand
und wär ich Erich Honecker ich flüchtete
in ein anderes Land.

5 *Wär ich Steffi Graf ich gäbe*
mein Geld für eine neue Nase aus
und wär ich Hannelore Kohl ich hielte
es mit Helmut nicht mehr aus

Wär ich Prinz Charles mir stünden
10 *meine Ohren nicht so ab*
und wär ich Heino ich nähme
meine Brille mit ins Grab.

Weitere Parodien und Satiren
Heinz Erhardt: Der König Erl. ⇨ Lehrerband, S. 31
Arno Schmidt: Was soll ich tun? ⇨ Textsammlung, S. 311
Missfits: Gsielinde übsie sich. ⇨ Textsammlung, S. 328
Ephraim Kishon: Agententerror. ⇨ Textsammlung, S. 369
"Richtlinien zur Auswertung von Prüfungsfragen". ⇨ Textsammlung, S. 370

S. 280, T 11

Hinweis: Bei der Beschaffung der Bildvorlagen ist zu beachten, daß das Material den Ideenfluß und die Assoziationen der Betrachter stark beeinflussen kann. Daher sollte man eher auf unbekannte und thematisch offene Fotos, Zeichnungen, Postkarten und Kalenderblätter als Ausgangsmaterial zurückgreifen.

Die Projektion von Bildvorlagen über Dia- bzw. Overheadprojektor ermöglicht ein genaues Einhalten zeitlicher Vorgaben und ist daher vorzuziehen, wenn der Schüler während seiner Schreibtätigkeit nicht über die Vorlage verfügen soll.

Anregungen zu den Aufgaben, S. 280

1 a) Das Erfassen der einzelnen Elemente des Fotos zwingt den Betrachter zunächst zum genauen Hinschauen; das heißt, seine ganze Konzentration wird gebündelt, um in der recht kurzen Zeit viele Bildelemente zu erfassen. Es wird bei dieser Aufgabe vorwiegend die rationale Ebene angesprochen.

b) Diese Fragestellung spricht die emotionale Ebene des Betrachters an. Gefühle, Stimmungen, Meinungen werden somit in bezug zu der Vorlage gesetzt.

c) Hier wird versucht, den Bezug zur konkreten Erfahrungswelt des Schülers herzustellen. Gibt es so etwas in meiner Lebenswirklichkeit? Wo habe ich das schon einmal gesehen?

2 Die Textsorte wird zunächst bewußt freigestellt, um die Phantasie des Schreibenden nicht unnötig einzuengen. Nur dann, wenn bestimmte Textsorten bewußt trainiert worden sind (zum Beispiel im Rahmen einer Schreibwerkstatt), sollte man eine klare Vorgabe zur Textsorte geben.

Bild/Textbeispiel

Eintritt frei

Brücke zur Einsamkeit
geschlagener Tag
machtvolles Meer der Wolken
schäumt
5 an den Rändern der Zivilisation
kämpft
hier kein Mensch
um einen Rest von Macht?
Wege ohne Ziel
10 umzingelter Asphalt döst vor sich hin.
Ein Ausschnitt.
Schlimme Phantasie.
Ein Schritt verhallt
im Knarren der Museumstür.
15 Wegkreuzung.
Wo stirbt der Mensch?

S. 281, T 1

Hinweis: Es kann davon ausgegangen werden, daß die zeichnerisch-künstlerischen Fähigkeiten der Schüler in einem eher rational ausgerichteten Deutschunterricht zu wenig angesprochen werden. Gerade hier liegt jedoch eine weitere Möglichkeit der Verbindung zwischen alltäglichen und beruflichen Schreibanlässen (Werbetexte) und möglichen Deutungs- und Gestaltungsvariationen bei literarischen Texten.

S. 281, Wortzeichen

Zusatzinformationen: Die in dieser Aufgabe gemachten Vorgaben lassen sich in der Regel nur von schon versierteren Zeichnern umsetzen. Die einzelnen Vorgaben beziehen sich im übrigen auf das Bild "Der arme Poet", ⇨ Lehrbuch, S. 26. Dies sollte jedoch nicht vorab erwähnt werden, da es sicherlich spannend sein wird, die erstellten Schülerprodukte mit dem Original in Verbindung zu setzen. Bei weiteren Versuchen in dieser Richtung kann es hilfreich sein, mit weniger Vorgaben zu beginnen.

Die Hirnforschung hat inzwischen bewiesen, daß zwischen "Bild angucken" und "Text lesen" ein gewaltiger Unterschied besteht. Ein Bild wird ganzheitlich und gleichzeitig wahrgenommen, die Augen erfassen alle Einzelheiten nebeneinander. Beim Entziffern von Schriftzeichen dagegen werden die Details nacheinander bewußt.
Die Wissenschaftler haben gezeigt, daß unser Gehirn bestimmte Funktionen in den beiden Gehirnhälften ausführt. Die rechte Hälfte ist zuständig für "images", Vorstellungen, Bilder, Ideen, zum Beispiel für die Fähigkeit, in einer Gruppe das Gesicht eines Bekannten zu erkennen. Die linke Hälfte ist zuständig für logisches Denken, für die Verarbeitung der wahrgenommenen Bilder. In unserer Gesellschaft wird vorwiegend die linke Gehirnhälfte geschult; warum also nicht auch einmal die rechte Hälfte aktivieren?!

Arbeitsanregung
Die Vorgaben können auch zum Schreiben einer Geschichte genutzt werden.
Beispiel

Anke Fengler **Ansichten - Was Sie auf dem Bild sehen**

Auf der Insel ein Haus unter Bäumen, im Vorgarten eine Frau. Am Ufer ein Mann mit aufgekrempelten Hosen, schon drei Schritte im Wasser. Rechts ein Dorf, links ein kahler Baum.

5 **Die Geschichte der Frau**

Eine Frau und ein Mann wollten zusammen ein Haus bauen, drum herum einen Garten pflanzen und dort miteinander leben. Das Haus sollte viel Glas haben und mittendrin sollten Höhlen sein.
10 Dort sollte ein Feuer brennen. Jeder sollte seine eigenen Zimmer haben und viele Räume wollten sie gemeinsam bewohnen. Es würde einen Keller geben und Dachzimmer. Und wenn einer im Keller Angst hätte, würde der andere zu ihm
15 kommen, und wenn einer nicht mehr aus dem Dachzimmer herabsteigen könnte, würde der andere ihn herunterholen. Zusammen machten sie sich auf die Suche nach dem Ort dieses Hauses, bis sie eine Insel fanden, die ihnen genau
20 richtig schien. Dann machten sie sich daran, den Garten zu roden und das Haus zu bauen.
Als das Haus fertig war, sagte der Mann, er wolle fortgehen, sich umsehen in der Welt und Abenteuer erleben. Die Frau flehte ihn an, nicht
25 wegzugehen, ohne ihn könne sie nicht leben. Er aber packte seine Sachen und ging.
Als die Frau nun alleine war, wollte sie zuerst nur im Wasser schlafen. Dann baute sie das Haus fertig und schlief dort. In der ersten Zeit
30 bewohnte sie nur das Erdgeschoß. Dann öffnete sie eine Kellertür nach der anderen. Manchmal flüchtete sie ins Dachzimmer, wo die Kellergestalten sie nur schwer erreichten. Sie lebte lange Jahre auf der Insel, bis die Blumen zu blühen
35 anfingen. Die Bäume wurden groß und zeigten Sommer und Winter. Dann kamen die Vögel.
Eines Tages, als sie das Moos aus dem Gras herausharkte, sah sie ihren Mann am Ufer stehen. Sie betrachtete ihn lange. Dann legte sie die
40 Harke ins Gras, ging zum Boot hinter dem Haus, strich mit der Hand darüber und setzte sich in den Schatten der Bäume.

Die Geschichte des Mannes

Ein Mann und eine Frau wollten zusammen ein
45 Haus bauen, drum herum einen Garten pflanzen und dort miteinander leben. Sie konnten sich nicht recht einigen, wo das Haus stehen sollte, wer darin leben sollte und wie es aussehen sollte. Darüber vergingen viele Jahre, in denen der

Mann auch überlegte, ob er vielleicht besser 50 ohne seine Frau bauen sollte. Als er vom vielen Suchen, wie er leben wollte, müde war, fanden die beiden eine Insel, die ihnen für ihr Haus genau richtig schien. So machten sie sich daran, das Haus zu bauen und den Garten zu roden. 55
Als aber das Haus fertig war, wurde der Mann wieder unruhig. Immer häufiger sah er hinüber zum Dorf und hinter die Berge. Die Insel war ihm zu klein, ihm fehlten die anderen Leute. Immer häufiger machte er sich auf die Reise, 60 kehrte aber immer wieder zurück ins Haus, wo er sich ausruhte, bis die Kräfte zurückgekehrt waren. Er wünschte sich, daß er mehr Ruhe fände bei ihr.
Eines Tages sagte der Mann der Frau, er wolle 65 fortgehen, sich umsehen in der Welt und Abenteuer erleben. Er hatte Angst vor der Reise, aber noch mehr Angst hatte er vor der Insel.
Er nahm nur wenig Gepäck mit, und zum ersten Mal nach langer Zeit fühlte er sich frei, wie er so 70 vor sich hinwanderte. Je länger er aber wanderte, desto schwerer wurde ihm sein Gepäck. Ein Stück nach dem anderen warf er fort oder vergaß es. Ohne Gepäck wanderte es sich leichter. Die Jacke konnte er über der Schulter tragen, 75 wenn die Sonne warm schien, nachts hielt sie ihn warm. So wanderte er lange, bis er merkte, daß ihm nichts mehr neu war. Da wurde es leer in ihm, und er wollte zurück auf die Insel, sich verstecken, daß ihn keine Leere erreichte. 80
Nach vielen Tagen und Nächten stand er am Ufer. Er krempelte die Hosen hoch und machte sich daran, die letzte Strecke zu durchwaten. Da sah er seine Frau aus dem Haus kommen. Sie starrte ihn an, dann verschwand sie hinter dem 85 Haus. Alles war still.

Die Geschichte des Kindes

Der Mann oder die Frau sollten einen langen Stock nehmen, und die Frau sollte den Mann auf die Insel ziehen, oder der Mann sollte die Frau 90 an Land ziehen. An Land ist mehr Platz. Der Mann sollte die Frau an Land ziehen. Bei ihm sind keine Blätter am Baum. Aber bald kommt der Frühling. Und im Dorf gibt es auch viele Leute. Der Mann sollte die Frau ins Dorf bringen. 95
Ich weiß, wie das Bild heißt: Die getrennten Eltern. Das hat dir der Papi geschenkt.

nds 21/1993, S. 32

S. 282, T 2 bis T 5

Hinweis: In diesem Zusammenhang muß auf die Gestaltungsmöglichkeiten über entsprechende Computersoftware hingewiesen werden. Das Angebot an geeigneten Anwendungsprogrammen für die Textgestaltung und die graphische Gestaltung ist inzwischen hinreichend groß und geeignet. Nutzen Sie diese Möglichkeiten, um auch die Intention und Interpretation des jeweiligen Textes zu veranschaulichen.

S. 284, T 6

Hinweis: Durch zeichnerische oder fotografische Anregungen können die Bereiche des Gestaltens erfaßt werden, die sonst im Deutschunterricht zu kurz kommen. Es geht hier nicht nur darum, ein schönes Bild zu malen oder ein gut belichtetes Foto zu schießen, sondern auch um eine Art von visueller Interpretation. Das Bild oder Foto sollte also nicht nur schmückendes Beiwerk sein, sondern kann helfen, die möglichen Intentionen sichtbar zu machen.

Beispiel:

Kristiane Allert-Wybranietz

Nicht ganz so romantische Romanze

Laß unsere Worte vorüberziehen.
Laß unsere Spiele verblassen.
Laß alles vorbei, was laut ist.

Wieviel sagt die Stille,
5 wenn wir uns
   ganz sanft berühren!

Stille hat nur einen Nachteil:
Sie kann auf viele Arten verstanden oder
mißverstanden werden.

Christine Blank, 17 Jahre, Radierung, 10 x 15 cm

Sie sagen, das ist Zeitgeist ... A. a. O.

Arbeitsanregung

Vergleichen Sie den Text von Kristiane Allert-Wybranietz mit dem Gedicht "Sachliche Romanze" von Erich Kästner. (Vgl. ⇨ Lehrbuch, S. 240, und Lehrerband, S. 206 f.).

S. 285, T 7

Hinweis: Im Rahmen von derartigen Bearbeitungen wie dem Entwickeln von Bilderrätseln ist es möglich, die Aktivitäten und Fähigkeiten von Schülern, die ansonsten im Unterricht kaum thematisiert werden, gewinnbringend einzubinden.

Hoffmann von Fallersleben: Das Lied der Deutschen, ⇨ Lehrbuch, S. 312

Zusatzinformationen: Gegenstand des Liedes der Deutschen ist das Deutschland des Jahres 1841. Genauere Mitteilungen über politische Sachverhalte enthält das Lied nicht. Zersplitterung, Despotismus, Rechtsbeugung gegenüber freiheitlich gesinnten Personen (Hoffmann war als Professor in Breslau seiner Tätigkeit enthoben worden und schrieb das Lied auf der damals englischen Insel Helgoland), Bedrohung durch das nach der Rheingrenze verlangende Frankreich; dieses gesamte Hintergrundwissen wird beim zeitgenössischen Leser vorausgesetzt. Es muß vom Leser heute zur rechten Beurteilung des Textes nachgelesen werden. Eine Reihe von Indizien zeigen, daß das Lied auf diesen Realbezug abzielt: das Datum der Entstehung als Untertitel, der Appell, brüderlich zusammenzuhalten, da nur so "Deutschland über alles" geschätzt werden könne, der Ruf nach Einigkeit, Recht, Freiheit, den Werten also, die nicht verwirklicht waren (Hoffmann hatte gerade satirische Gedichte unter dem Titel "Unpolitische Lieder" veröffentlicht, die 1842 verboten wurden und ein Grund für seine pensionslose Entlassung aus der Universität Breslau waren). Bezogen auf diese Utopie "Deutschland" handelte es sich also um ein Preis- und Verherrlichungsgedicht; bezogen auf den tatsächlichen historischen Kontext um ein indirektes Protest und Kritikgedicht.

Deutungshinweise: Die ästhetische Dimension des Textes ist bestimmt durch die beschwörende Wiederholung der Wörter "Deutschland" und "deutsch", die durch die Wiederaufnahme der ersten beiden Zeilen der ersten und zweiten Strophe jeweils am Schluß im ganzen vierzehnmal verwendet werden, und zwar an den besonders wichtigen Stellen des Strophenanfangs und Strophenschlusses. Dieser kompositorischen Wiederholung entspricht die rhetorische, die neben dem Kernwort "Deutschland" auch die inhaltlich wichtigsten Begriffe "über alles", "Einigkeit und Recht und Freiheit", "brüderlich" und "blühen" heraushebt.

Auffällig ist weiter der Hang des Textes zur Sprachformel: Schutz und Trutz; Herz und Hand; Wein, Weib, Gesang; diese Formeln sind aus Wörtern gebildet, die sowohl inhaltlich als auch klanglich (über die Alliteration) miteinander verbunden sind. Diese aus dem Sprichwort übernommene Redeweise wird auf andere Wörter ausgedehnt: Maas und Memel in der ersten; Glück, Glanz, Glück in der letzten Strophe.

Die wahrscheinliche Intention des Autors ist im Text aus der Dominanz des Ausrufsatzes ersichtlich. Selbst die Aussagesätze haben teilweise auffordernden oder ermahnenden Charakter. Der appellative, das Gefühl der Solidarität ansprechende Ton, der Wechsel von der dritten in die erste Person zeigen, daß der Text eine vorschreibende Tendenz hat.

Der Bezug zum Leser wird in erster Linie über das Gefühl hergestellt. Zusammengehörigkeitsgefühl, Stolz auf angeblich besonders "deutsche" Werte, Verlangen nach noch nicht verwirklichten, "Glück" verheißenden Werten schließen alle Menschen von Maas bis Memel zusammen und begeistern sie zu edlen Taten. Die gegenwärtige deutsche Misere soll durch brüderliches Streben mit "Herz und Hand" überwunden werden.

Bei Hoffmanns "Lied der Deutschen" handelt es sich also um ein appellierendes Vaterlands-Preisgedicht mit einem kritischen Unterton in bezug auf die politische Situation, das mit den Mitteln rhetorischer und poetischer Sprachbehandlung Solidarität und Tatbegeisterung bei seinem Publikum erzeugen soll.

Dadurch ist zugleich die politische Dimension des Gedichts bestimmt. Sie lag 1841 in der Autorenintention des preisenden Ermahnens, in der Zwischenstellung des Textes zwischen der vom Autor gezeichneten "Utopie Deutschland" und dem Wissen des Lesers um die deutsche Realität 1841; sie liegt heute in der Geschichte des Liedes, in der Art wie es selbst an eine vermeintliche Tradition des Vaterlandspreisgedichtes anzuknüpfen sucht, wie man es gezielt mißverstanden hat, indem man den Preis "über alles" von dem Naturrechtsgedanken löste und ihn mit dem chauvinistischen Gedanken territorialer Forderungen und deutscher Überlegenheit verknüpfte. Als Ausdruck imperialistischen Machtstrebens wurde es zuerst von dem französischen Abgeordneten Lie'gard 1867 zitiert. Daß der kritische Unterton des Gedichts so leicht zu überhören war, liegt nicht zuletzt an dem Gedicht selbst. Nur der mit dem Autor gleich Empfindende, der Recht, Einigkeit, Freiheit vermißte, konnte ihn hören. Ein Publikum, welches sich vorwiegend 'von Feinden umringt' wähnte und das Bedürfnis empfand, 'zum Schutz und Trutze' zusammenzuhalten, konnte die wahren Feinde der Freiheit und des Rechts im Inneren Deutschlands nicht erkennen. So kam es, daß dieses Lied nie als Protestlied gegen Unrecht und Unfreiheit im Namen Deutschlands verstanden worden ist, seit es 1914 nationales Bekenntnislied und 1922 Nationalhymne der Weimarer Republik wurde, auch dann nicht, als seine dritte Strophe zum Motto des rechtsstaatlichen 'Neubeginns' in der Bundesrepublik Deutschland gemacht wurde.

Lösungen, S. 285

2 Hoffmann von Fallersleben, eigentlich August Heinrich Hoffmann, Lyriker und Literaturhistoriker (1798 - 1874), erforschte die mittelalterliche Literatur und das deutsche Lied. 1830 - 42 Professor in Breslau, 1842 wegen seiner freiheitlichen nationalen "Unpolitischen Lieder" amtsenthoben. 1848 rehabilitiert.

Zusatztexte:

"Siegreich alles schlagen"

Hoffmann von Fallersleben, der Dichter der deutschen Nationalhymne

Einsam auf Helgolands Klippe wandelnd, überfiel den Kurgast ein innerer Drang. „Mir ward so eigen zu Muthe", vermerkte der Germanistik-Professor August Heinrich Hoffmann: „Ich
5 mußte dichten."
Die poetische Sturzgeburt, am 26. August 1841, geriet zum Lieblingskind des Erzeugers. Hoffmann nannte es stolz „Das Lied der Deutschen", und im weiten Erdenrunde wurde es bekannt
10 durch die überwältigenden Zeilen: „Deutschland, Deutschland über alles, über alles in der Welt."
Höhenrausch auf Helgoland: Wer war der Mann, der den Deutschen das Kuckucksei ins Nest gelegt hat? War er wirklich, wie traditionell
15 behauptet, ein liberal-demokratischer Patriot, der arglos sein Vaterland „über alles" liebte? Dessen „zarteste Lyrik" (Golo Mann) vom Dritten Reich leider imperialistisch 'pervertiert" (Walter Scheel) wurde? Oder läuft da ein Ge-
20 sellschaftsspiel, das „Blinde Kuh" heißt?
Hoffmann (1798 bis 1874), der sich nach seinem Geburtsort pompös „von Fallersleben" nannte, war vor allem eine Personalunion aus klappernder Mühle und rauschendem Bach. Weit über
25 3000 Stück Gereimtes entquollen seinem Kiel, oft auf schon populäre Melodien hingezwirbelt; das meiste deckt gnadenvoll der Staub der Archive.

Die lieben Kleinen, immerhin, singen noch ein paar Hoffmann-Verse, etwa „Ein Männlein steht
30 im Walde" oder „Alle Vögel sind schon da". Versunken und vergessen sind die Kohorten von Rauf- und Saufliedern, Pretiosen wie eine Ode an die Buttermilch („Dich könnt`ich trinken immerzu") und Legionen vaterländischer Gesänge.
35 Just die Patriotentexte sind eine Fundgrube. Denn dort schlummern die Belege, die den arglosen Mann aus Fallersleben und seine zarte Heimat-Hymne in völlig anderem Licht erscheinen lassen; hierfür nämlich tritt ein krachender
40 Chauvinist, ein Bläser zum Marsch deutscher Weltherrschaft. Beispiele:
Deutschland sei, schrieb Hoffmann, die „Seele der Welt", der „echte Pionier der Weltkultur", der Hort „wahren Menschentums". Es könnte,
45 wäre es nur endlich einig, „siegreich Alles schlagen, / Jeden Störenfried und Feind" und „Das erste Volk auf Erden / Ganz zweifelsohne werden"; zumindest „Europa wäre dein - wenn du es wolltest".
50 Denn der Rest der Welt ist kläglich. Ein „Volk der Wichte", beispielsweise, sind die Italiener, hausen in „Stank und Dunst", dem „Nichtstun" hingegeben. „Für Kunst keinen Sinn/ Begeisterung nicht ein Gran", so vegetiert die
55 „Krämernation", England. Und „Was kann

uns Rußland fruchten/ Mit seinem Talg und Juchten?/ Die Lichter stinken sehr,/ Die Juchten noch viel mehr." „Auf Wucher, Lug und Trug
60 bedacht", so ist der Jude, mithin ein Unglück: „Du raubest unter unsern Füßen / Uns unser deutsches Vaterland." Und diese „Scheusale der Menschheit", „dies verworfene Franzosengeschlecht": „Weg mit wälschem Lug und Tand -/
65 Deutschland ist mein Vaterland!"
Nahe lag, die patriotische Brunft zu kanalisieren. Hoffmann, bis zum 51. Lebensjahr erfolglos auf Freiersfüßen, nahm sich Deutschland zu „meiner Braut" und kündete: „Nur in Deutschland ist
70 man froh." Briefe unterschrieb er, irgendwie vertraut, „mit deutschem Gruße" und gab bekannt: „Es lohnt sich, ein Deutscher zu sein." Und wer am deutschen Wesen nicht genesen wollte, wie etwa die Dänen, die doch „durch
75 ihre ganze Kultur zu Deutschland gehören" - für „solche Esel" weiß der Poet das probate Mittel. „Wir werden sie mit einigen Kolbenstößen wohl zur Vernunft bringen."
Mysteriös mithin, wie der teutonische Bärenhäu-
80 ter zu seinem demokratisch-liberalen Sonntagsstaat kam. Hoffmann, erst in hohen Mannesjahren zum Jüngling gereift, war ein Kindskopf seiner Zeit, und die ließ viel Widersprüchliches und Widerwärtiges sprießen: die zerrissene Epo-
85 che zwischen Napoleon und Bismarck. (...)
Unser Mann aus Fallersleben, räuschebärtig in jeder Hinsicht, verfing sich voll in der Mechanik der Zeit. Einerseits wurde er zum Opfer von Zensur nach Polizei-Umsicht; andererseits hy-
90 pertrophierte er die Nationalidee zum deutschtümelnden Wahnsystem: als Verfolgter quasi Demokrat, als Verfolger Chauvinist.
Und beides zur gleichen Zeit. Denn während Hoffmann auf Helgoland mit seinem
95 „Deutschland über alles" niederkam, verlor er an seiner Universität, Breslau, den Talar. Ein Bändchen mit Gedichten, in Hamburg zensurmäßig freigegeben, hatte im preußischen Breslau allerhöchsten Unwillen erregt.
100 Die „Unpolitischen Lieder" waren ein Renner und erhoben den Reimer zu einer Zelebrität. Sie bargen die übliche Melange an Patriotischem, Antisemitischem, Franzosenhaß; sie lockten aber auch wider Zensur und Adelsgespreize. Weil

derlei Lyrik „Mißvergnügen über die bestehende 105 Ordnung der Dinge hervorzurufen geeignet" sei, wurde der Professor amtsenthoben und verscheucht.
Hoffmanns Einspruch wirkte nicht eben heldisch. Er habe die inkriminierten Verse „nicht als 110 Professor, sondern bloß als Dichter herausgegeben", und ein Dichter spreche nicht „alle Mal nur seine eigene Meinung" aus, sondern „reproduziert die Stimmung der Zeit".
Die Entlassung macht den Poeten vollends zum 115 völkischen Heros. (...)
Politisch bleibt er auf der Tiefebene, die Deutschlands Stammtische bilden; vor den republikanischen Bewegungen der Zeit verschließt sich das treue Auge. Es klebt an Hermann dem 120 Cherusker und Kaiser Rotbart lobesam, dem Kyffhäuser-Troglodyten; und als sich die schimmernde Wehr des neuen Kaiserreichs reckt, von Bismarck mit „Blut und Eisen" geschmiedet, ist für den Greis die Zeit erfüllt: „Ein 125 einig Reich".
Es reichte zwar noch nicht „von der Maas bis an die Memel, von der Etsch bis an den Belt", es war auch noch nicht „über alles in der Welt"; aber kommt Zeit, kommt Drittes Reich, und 130 dessen Führer sprach dann das segnende Wort, daß Hoffmanns Hymne „uns Deutschen am heiligsten erscheint".
Oder war alles doch ein Mißverständnis? Wurde zarteste Vaterlands-Lyrik pervertiert? 135 „Deutschland, über alles" ist nicht auf Hoffmanns Mystik gewachsen; das Schlag-Wort hat eine Ahnenreihe, und Ahnenforschung zeigt: Es gehört zum Stamme der Imperialisten.
Die Spur führt ins kaiserliche Österreich, wo 140 sich das geflügelte Wort erhob: „Österreich über Alles, wenn es nur will." Als Frage sprang es nach Deutschland über: „Was könnte Deutschland, wenn es wollte?" Antwort: „O wollt`es seine Kräfte fühlen, / und Herrscher in Europa 145 sein." Und 1813 hieß es: „Wenn es nur will, / Ist immer Deutschland über Alles."
Als dem Epigonen auf Helgoland so eigen zu Muthe ward, brauchte er nur, Haydns Hymne im Ohr, zu rekapitulieren: „Wenn es stets zu Schutz 150 und Trutze", militant, zusammenhält, dann ist „Deutschland über alles in der Welt". (...)

Der Spiegel 40/1990, S. 24 f.

Die Nationalhymne

Nachdem die Siegermächte des Ersten Weltkrieges das Lied der Deutschen verboten hatten, erhob es der erste Reichspräsident Friedrich Ebert 1922 per Erlaß zur offiziellen deutschen Nationalhymne. Die erste Strophe wurde, vor allem auch im Ausland, viel verkannt und mißdeutet. Der als Aufruf gemeinte Einleitungssatz „Deutschland, Deutschland über alles", konnte jedoch in der Zeit der politischen Uneinigkeit von 1841 nur als Bekenntnis verstanden werden, alle Gefühle für ein einiges Land zu aktivieren. Während des Dritten Reiches wurde das Deutschlandlied als Vorstrophe vor dem nationalsozialistischen Kampflied „Die Fahne hoch" beibehalten. Fast immer wurde nur die 1. Strophe gesungen. Damit wurde das Lied Ausdruck nationalsozialistischer Anmaßung. Nach 1949 blieb das Lied lange umstritten. Erst 1952 wurde in einem Briefwechsel zwischen Bundespräsident und Bundeskanzler das Lied wieder anerkannt. Ausdrücklich bilden alle drei Strophen die Hymne, bei staatlichen Veranstaltungen soll jedoch nur die dritte Strophe gesungen werden. Lange Zeit war der Text „Einigkeit und Recht und Freiheit für das Deutsche Vaterland" Ausdruck der deutschen Teilung.
(...)
Genau 150 Jahre nach dem Entstehen des Deutschlandliedes haben Bundespräsident von Weizsäcker und Bundeskanzler Kohl in einem Briefwechsel dessen dritte Strophe als Nationalhymne für das geeinte Deutschland bestätigt.

Politik aktuell vom 06.09.1991

Hymnisch

Es kommt nicht eben häufig vor, daß sich der Bundespräsident und der Bundeskanzler Briefe schreiben. Weshalb also ausgerechnet zum 150. Entstehungstag des Deutschlandliedes? Richard von Weizsäcker habe die Auseinandersetzung um die Nationalhymne beendet, melden die einen. Aber hat es denn einen Streit darum gegeben? Die dritte Strophe des Deutschlandliedes bleibe die Hymne, verkünden die anderen. Aber war es jemals so gewesen?
Jedenfalls hat Richard von Weizsäcker zusammen mit Helmut Kohl die Gelegenheit genutzt, eine Unklarheit auszuräumen, die aus einem früheren Briefwechsel herrührte. Im April 1952 hatte Konrad Adenauer sich an Theodor Heuss gewandt und ihn gedrängt, das Deutschlandlied als Nationalhymne anzuerkennen, und einschränkend hinzugefügt: „Bei staatlichen Veranstaltungen soll die dritte Strophe gesungen werden." Drei schreib` hin, eins im Sinn: Deutschland über alles...? Was Wunder, daß Heuss gequält antwortete, wenn er der Bitte der Bundesregierung nachkomme, so geschehe dies nur „in der Anerkennung des Tatbestandes". Er hatte vielmehr geglaubt, „daß der tiefe Einschnitt in unserer Volks- und Staatsgeschichte einer neuen Symbolgebung bedürftig sei". Er habe freilich den Traditionalismus und sein Beharrungsvermögen unterschätzt.
So mag es manchem auch nach der Wiedervereinigung gegangen sein - vielleicht sogar dem Nachfolger von Theodor Heuss. Doch mit seinem Brief hat der jetzt wohltuende Klarheit geschaffen: Die dritte Strophe - und nur die - ist die Hymne. Nun haben die Deutschen als ganze Nation wieder eine Hymne - aber ohne den stillen Vorbehalt, das ganze Deutschlandlied solle es sein.

Die Zeit vom 30.08.1991

Arbeitsanregungen zum Text

- *Was war der Anlaß für den Schriftwechsel zwischen Richard von Weizsäcker, damaliger Bundespräsident, und Helmut Kohl, Bundeskanzler der Bundesrepublik Deutschland? Vgl. auch den Briefwechsel, ⇨ Textsammlung, S. 314.*
- *Beschreiben Sie die Wurzeln des Deutschlandliedes.*
- *Diskutieren Sie über den Sinn bzw. die Bedeutung von Nationalhymnen.*

Das "Lied der Deutschen" war einerseits aufgrund seines Bekanntheitsgrades, andererseits wegen der kritischen Distanz vieler Menschen gegenüber dem Inhalt des Textes immer wieder Grundlage für Parodien, Umdichtungen u. ä. Einige Beispiele:

Bertolt Brecht **Kinderhymne**

Anmut sparet nicht noch Mühe
Leidenschaft nicht noch Verstand
daß ein gutes Deutschland blühe
wie ein anderes gutes Land.

5 Daß die Völker nicht erbleichen
wie vor einer Räuberin,
sondern ihre Hände reichen
uns wie andern Völkern hin.

1950, 1. Strophe

Umdichtungen:

Deutschland, Deutschland über alles,
und im Unglück nun erst recht,
denn im Unglück kann sich zeigen,
ob die Liebe treu und echt,
5 und so soll es weiter schallen
von Geschlecht zu Geschlecht.
Deutschland, Deutschland über alles
und im Unglück nun erst recht.

sogenanntes „Trutzlied", 1919

Stärker als die Macht der Waffen
10 ist der Geist, der uns beseelt.
Dazu hat uns Gott erschaffen,
daß wir heilen, was uns quält.
Ihre seid alle auserkoren,
schwört darum es heut auf's neu:
15 Noch ist Deutschland nicht verloren,
wenn ihr einig seid und treu!

Alexander Zscharn, 1972, 4. Strophe

Parodien:

Michel! Fallen dir die Schuppen
Von den Augen? Merkst du itzt,
Daß man dir die besten Suppen
Vor dem Maule wegstibitzt?
5 Als Ersatz ward dir versprochen
Reinverklärte Himmelsfreud'
Droben, wo die Engel kochen
Ohne Fleisch die Seligkeit!

Heinrich Heine, 1. Strophe

Deutsches Recht und deutsche Freiheit
10 Ach, was schert uns solcher Tand.
Drüber lachen wir, die neuen
Deutschen mit der Eisenhand.
Nein, im Glanze der Kanonen
Blühe künftig nur die Welt,
15 Bis All-Deutschland mächtig krachend
Einst in Schutt und Asche fällt.

Satirische Zeitschrift „Der wahre Jacob", 1900, 6. Strophe

Heinrich Püschel von Fallersleben **Lied aller Deutschen**

Deutschland, Deutschland überall ist,
Überall, wohin man schaut,
Wo man stets zum Schutz und Trutze
Deutsches zeugt und schafft und baut!
5 Rio Grande, Nil und Donau,
Deutsches Wasser allezeit,
Deutschland, Deutschland überall ist,
Deutsche Kraft und Gründlichkeit!

Deutsche Sparsamkeit im Kleinen
10 Und im Großen lernt der Scheich,
Deutsche Pünktlichkeit der Russe,
Deutscher Fleiß macht Polen reich.
Deutsches Eisbein schmeckt in Haifa,
Deutscher Eintopf dem Franzos,
15 Alle preisen deutsche Tugend,
Deutsche Heimat grenzenlos!

Einigkeit und Recht und Freiheit,
Vaterland, so stark und fest,
fordern auch die Beduinen,
20 Piroschka aus Budapest.
Einigkeit und Recht und Freiheit
sehnt der Eskimo herbei,
will im Tipi die Comanchin:
Blühe, deutsches Einerlei!

Eulenspiegel 4/1991, S. 18

S. 285, Collagen

Collage und Textmontage bieten viele visuelle und sprachliche Gestaltungsmöglichkeiten. Da Ingeborg Bachmanns Text "Reklame" allgemein bekannt sein dürfte, hier ein anderes Beispiel:

Katrin Czajkowski **An Joseph von Eichendorff**
(Erklärung, wie alles anders wurde)

	MONDNACHT	
	ES WAR	ganz still als tschernobyl zerbrach
	ALS HÄTT DER	
	HIMMEL	nichts gewußt
	DIE ERDE	nichts gespürt
5	STILL GEKÜSST	von einem verkrüppelnden mund
	DASS SIE	aufbreche
	IM BLÜTENSCHIMMER	ihres verstrahlten lebens
	VON IHM	verlassen, daß sie
	NUN	
10	TRÄUMEN MÜSST	von ihrem vergangenen leben

Junges Literaturforum (Hrsg.): Nagelprobe 6. Frankfurt am Main 1989, S. 82

Joseph von Eichendorff: Mondnacht / Günter Kunert: Mondnacht, ⇨ **Lehrbuch, S. 319**
Autoren: Joseph Freiherr von Eichendorff (1788 - 1857), deutscher Lyriker und Erzähler. Vor allem seine Liedkunst ließ ihn, der von der Doppelnatur von Religion und Poesie ausging, zu einem bedeutenden Vertreter der romantischen Dichtung werden. Schlichtheit und Naturnähe, Heimweh und Sehnsucht, aber auch weltoffene Lebensfreude kennzeichnen sein Werk. Berühmt sind vor allem sein Roman "Ahnung und Gegenwart" (1815) und die Novellen "Aus dem Leben eines Taugenichts" (1826), "Das Mamorbild" (1819) sowie "Schloß Dürande" (1837).

Deutungshinweise: Das Eichendorff-Gedicht "Mondnacht" steht in der Tradition der Mondgedichte, denen die Vorstellung von der Natur als Schöpfung im Sinne des Christentums oder als Kosmos im Sinne der modernen Astronomie (Kepler, Newton) zugrundeliegt. Der Mond als Metapher für den Himmel im metaphysischen und kosmischen Sinn, das Mondlicht als Metapher für das reflektierte Sonnenlicht, der Kuß als Metapher für die liebende Vereinigung von Himmel und Erde, die Seele als der unsterbliche Teil des Menschen, der seine ewige Heimat findet im Himmel, die Musikalität der Sprache als Ausdruck der Harmonie und der Schönheit der Schöpfung, das Ineinander von Realis und Irrealis im syntaktischen Gefüge als Zeichen für das Ineinander von Traum und Wirklichkeit: all dies sind Kennzeichen romantischer Kunst Eichendorffs, die dem Gedicht seinen Reiz verleihen.
Ganz anders dagegen Kunerts Gedicht. Der Text ist als Gegengedicht zu Eichendorffs Gedicht konzipiert. Der Mond als nacktes Gestein mit eisiger Kälte ohne Atmosphäre, so wie ihn die amerikanischen Astronauten bei der ersten Landung auf dem Mond, die wir im Fernsehen ("sich taumelnd bewegen") gesehen und erlebt haben, ein schauriger, ab-

stoßender Trabant unserer Erde, grauenvolles Ziel menschlicher Eroberungslust. "Gleichnis ohne Erbarmen" für menschliches Bemühen, Forschen und Erobern, Ausdruck des tiefsten Pessimismus. Kunerts "Mondnacht" zeigt nichts von kosmischer, astronomischer Harmonie, nichts von menschlicher Sehnsucht nach Geborgenheit, nach Heimat, sondern ist Ausdruck des wahnwitzigen menschlichen Strebens "dorthin wo Leben unmöglich ist".

S. 286, Projektorientierte Vorhaben
Weitere Arbeitsanregungen zum Thema "Automobil"
- *Historische Entwicklung (zum Beispiel Lexikonartikel aus früherer Zeit)*
- *Material aufbereiten nach Schwerpunkten (zum Beispiel technische Merkmale, Ausstattung, Design)*
- *Das Auto als Fortbewegungsmittel*
- *Wirtschaftsdaten, Statistiken*
- *Diagrammerstellung (eventuell unter Einbezug des Computers!)*
- *Werbesprüche parodieren (zum Beispiel "Die Golfkrise beginnt in Ihrer Garage")*
- *Staumeldungen auswerten*
- *Automobile Gedichte*
- *Zukunftsautos zeichnen*
- *...*

Weitere Texte
Sten Nadolny: Festrede. ⇨ Lehrbuch, S. 323 f.
"Aber bitte mit Warnung". ⇨ Textsammlung, S. 336
"Was Sie beim Gebrauchtwagenkauf beachten sollten". ⇨ Textsammlung, S. 357

S. 288, Cluster
Diese Methode zur Ideenfindung und Gedankenordnung ist nicht so neu, wie es häufig dargestellt wird. Vgl. hierzu Arthur Schopenhauer: Begriffssphären zum Begriff des Reisens", ⇨ Textsammlung, S. 332.

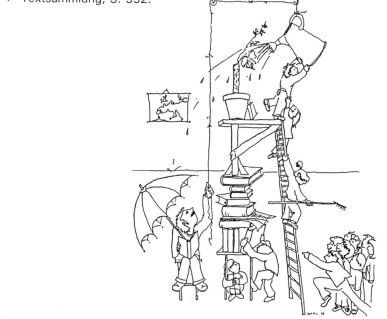

"Projektarbeit ist wie eine Orchidee. Sie ist eigenwillig und schwierig zu pflegen."

1 Gesellschaft

Nenne deinen lieben Namen, den du mir so lang verborgen - Nachwort

Namen können, das weiß jeder aus eigener Erfahrung, eine magische Wirkung ausüben, und die Namensmagie spielt, ob in der Literatur, ob im alltäglichen Umgang mit Menschen, eine
5 große Rolle. Namen können Sympathien oder Abneigungen hervorrufen. Manchmal fällt es schwer, einen Vornamen auszusprechen, weil man ihn als unpassend für den Namensträger empfindet: mal ist es die Erinnerung an eine un-
10 sympathische Person, mal ist es der altbackene Klang, der befangen macht; andererseits kann es sein, daß man einem fremden Menschen auf Anhieb Wohlwollen entgegenbringt, weil er den Namen einer geliebten oder geschätzten Person
15 trägt. „Der Name ist ein Stück des Seins und der Seele" hat Thomas Mann geschrieben, und dem Glauben, daß der Name etwas über das Wesen des Menschen aussagt, daß er den Menschen prägt, sind ja nicht nur abergläubische Menschen
20 verfallen. „Der Name klingt wie ein recht gemeiner Fluch, und wie der Name, so wird auch der Träger sein", heißt es in Hugo von Hofmannsthals Erzählung „Andreas oder die Vereinigten". Der Name ist ein Stück Identität, und
25 jeder, der Schwierigkeiten mit dem Vor- oder Familiennamen hat, kennt den Leidensweg, den man gehen muß, um den Namen als zu sich gehörend zu akzeptieren. Die vielfältigen abergläubischen Rituale, die mit der Nennung oder
30 auch mit dem Verschweigen eines Namens verbunden sind - sei es um einen Gott oder Geist herbeizurufen oder ihn zu bannen, sei es um Krankheiten zu heilen oder jemandem Schaden zuzufügen - zeugen von der Macht, die dem
35 Namen zugeschrieben wird. „Er ist ja mit der Person, die ihn trägt, unzertrennlich verbunden", sagt Felix Krull in Thomas Manns gleichnamigem Roman, und Tristam Shandys Vater war der Meinung, „daß es eine seltsame Art von
40 magischer Beeinflussung gebe, die von den guten oder schlechten Namen, wie er sie nannte, sich unwiderstehlich unserem Charakter und unserer Lebensführung aufprägt." (Laurence Sterne)

Hanne Kulessa (Hrsg.): a. a. O., S.336 f.

Bertolt Brecht: **Wer kennt wen?**

Herr Keuner befragte zwei Frauen über ihren Mann. Die eine gab folgende Auskunft:
„Ich habe zwanzig Jahre mit ihm gelebt. Wir schliefen in einem Zimmer und auf einem Bett.
5 Wir aßen die Mahlzeiten zusammen. Er erzählte mir alle seine Geschäfte. Ich lernte seine Eltern kennen und verkehrte mit allen seinen Freunden. Ich wußte alle seine Krankheiten, die er selbst wußte und einige mehr. Von allen, die ihn ken-
10 nen, kenne ich ihn am besten."
„Kennst du ihn also?" fragte Herr Keuner.
„Ich kenne ihn."
Herr Keuner fragte noch eine andere Frau nach ihrem Mann. Die gab folgende Auskunft:
15 „Er kam oft längere Zeit nicht, und ich wußte nie, ob er wiederkommen würde. Seit einem Jahr ist er nicht mehr gekommen. Ich weiß nicht, ob er wiederkommen wird. Ich weiß nicht, ob er aus guten Häusern kommt oder aus der Hafen-
20 gasse. Es ist ein gutes Haus, in dem ich wohne. Ob er zu mir auch in ein schlechtes käme, wer weiß es? Er erzählt nichts, spricht mit mir nur von meinen Angelegenheiten. Diese kennt er genau. Ich weiß was er sagt, weiß ich es? Wenn
25 er kommt, hat er manchmal Hunger, manchmal aber ist er satt. Aber er ißt nicht immer, wenn er Hunger hat, und wenn er satt ist, lehnt er eine Mahlzeit nicht ab. Einmal kam er mit einer Wunde. Ich verband sie ihm. Einmal wurde er
30 hereingetragen. Einmal jagte er alle Leute aus meinem Haus. Wenn ich ihn „dunkler Herr" nenne, lacht er und sagt: Was weg ist, ist dunkel, was aber da ist, ist hell. Manchmal wird er aber finster über diese Anrede. Ich weiß nicht,
35 ob ich ihn liebe: Ich ..."
„Sprich nicht weiter", sagte Herr Keuner hastig. „Ich sehe, du kennst ihn. Mehr kennt kein Mensch einen andern als du ihn."

Gesammelte Werke, Bd. 12, Frankfurt/M. 1968, S. 30.

Bertolt Brecht: Wenn Herr K. einen Menschen liebte

„Was tun Sie", wurde Herr K. gefragt, „wenn Sie einen Menschen lieben?" „Ich mache einen Entwurf von ihm", sagte Herr K., „und sorge dafür, daß er ihm ähnlich wird." „Wer? Der Entwurf?" „Nein", sagte Herr K., „der Mensch."

Gesammelte Werke Bd. 20, Frankfurt/M. 1967, S. 168.

Du sollst dir kein Bildnis machen
1. Buch Mose, Kap. 20

4 Du sollst dir kein Bildnis noch Abbild machen, weder von dem, was oben im Himmel, noch von dem, was unten auf Erden, noch von dem, was im Wasser unter der Erde ist:
5 Bete sie nicht an und diene ihnen nicht!

5. Buch Mose, Kap. 4

15 So hütet euch nun wohl - denn ihr habt keine Gestalt gesehen an dem Tage, da der HERR mit euch redete aus dem Feuer auf dem Berg Horeb -, *16* daß ihr euch nicht versündigt und euch irgendein Bildnis macht ... *19* Hebe auch nicht deine Augen auf gen Himmel, daß du die Sonne sehest und den Mond und die Sterne, das ganze Heer des Himmels, und fallest ab und betest sie an und dienest ihnen.

Max Frisch: Du sollst dir kein Bildnis machen (1946)

Es ist bemerkenswert, daß wir gerade von dem Menschen, den wir lieben, am mindesten aussagen können, wie er sei. Wir lieben ihn einfach. Eben darin besteht ja die Liebe, das Wunderbare
5 an der Liebe, daß sie uns in der Schwebe des Lebendigen hält, in der Bereitschaft, einem Menschen zu folgen in allen seinen möglichen Entfaltungen. Wir wissen, daß jeder Mensch, wenn man ihn liebt, sich wie verwandelt fühlt,
10 wie entfaltet, und daß auch dem Liebenden sich alles entfaltet, das Nächste, das lange Bekannte. Vieles sieht er wie zum ersten Male. Die Liebe befreit es aus jeglichem Bildnis. Das ist das Erregende, das Abenteuerliche, das eigentlich
15 Spannende, daß wir mit den Menschen, die wir lieben, nicht fertig werden: weil wir sie lieben; solang wir sie lieben. Man höre bloß die Dichter, wenn sie lieben; sie tappen nach Vergleichen, als wären sie betrunken, sie greifen nach allen Din-
20 gen im All, nach Blumen und Tieren, nach Wolken, nach Sternen und Meeren. Warum? So wie das All, wie Gottes unerschöpfliche Geräumigkeit, schrankenlos, alles Möglichen voll, aller Geheimnisse voll, unfaßbar ist der Mensch, den
25 man liebt -
Nur die Liebe erträgt ihn so.
(...)
In gewissem Grad sind wir wirklich das Wesen, das die anderen in uns hineinsehen, Freunde wie Feinde. Und umgekehrt! Auch wir sind die 30 Verfasser der andern; wir sind auf eine heimliche und unentrinnbare Weise verantwortlich für das Gesicht, das sie uns zeigen, verantwortlich nicht für ihre Anlage, aber für die Ausschöpfung die- 35 ser Anlage. Wir sind es, die dem Freunde, dessen Erstarrtsein uns bemüht, im Wege stehen, und zwar dadurch, daß unsere Meinung, er sei erstarrt, ein weiteres Glied in jener Kette ist, die ihn fesselt und langsam erwürgt. Wir wünschen ihm, daß er sich wandle, o ja, wir wünschen es 40 ganzen Völkern! Aber darum sind wir noch lange nicht bereit, unsere Vorstellung von ihnen aufzugeben. Wir selber sind die letzten, die sie verwandeln. Wir halten uns für den Spiegel und ahnen nur selten, wie sehr der andere seinerseits 45 eben der Spiegel unsres erstarrten Menschenbildes ist, unser Erzeugnis, unser Opfer -
(...)
Du sollst dir kein Bildnis machen, heißt es, von Gott. Es dürfte auch in diesem Sinne gelten: 50 Gott als das Lebendige in jedem Menschen, das, was nicht erfaßbar ist. Es ist eine Versündigung, die wir, so wie sie an uns begangen wird, fast ohne Unterlaß wieder begehen -
Ausgenommen wenn wir lieben. 55

Max Frisch: Tagebuch 1946-1949, Frankfurt/M. 1950, S: 31 ff.

Stefan Moses: Das wahre Bild eines Menschen ...

„Das wahre
Bild eines
Menschen
oder eines
5 Gegenstandes
muß mehr
sein als bloße
Wiedergabe.
Hier der
10 Mensch, der
sich dagegen
wehrt,
erkannt zu
werden, weil
15 er glaubt, daß
etwas von ihm
sichtbar
gemacht wird,
was er nicht
20 preisgeben
will. Dort der
Fotograf, der
diese
Preisgabe
25 fordert.
Warum?
Er sucht
Erkenntnis
und
30 Wirklichkeit.
Hinter dem
Schein der
Dinge sucht er
das Wesen.
35 Die
Fotografie
kann
Verborgenes
entdecken
40 und eine neue
Weltsprache sein."
(1963)

nds 12/13/1994, S. 32.

Adalbert Stifter: Was ist Freiheit?

Kein Wort ist in der neuesten Zeit so oft ausgesprochen worden wie das Wort Freiheit; aber man kann ohne Übertreibung behaupten, daß unter hundert, die es ausgesprochen, kaum einer 5 ist, der weiß, was das sei. Viele meinten, weil wir unter der vorigen Regierung nicht frei waren, so gelte jetzt alles nicht mehr, was früher gegolten hat; andere meinten, die Freiheit bestehe darin, daß man alles tun dürfe, was man nur 10 wolle, und daß, wenn früher Ausgelassenheit, Trunkenheit, Geschrei, Verwegenheit und dergleichen als schlecht und verachtungswürdig betrachtet wurde, dies jetzt nicht mehr der Fall sei, und daß der, der recht lärmt und sich unge- 15 bärdig stellt, der Allerfreieste sei. Wieder andere glaubten, jetzt dürfe man gar keine Begierde mehr unterdrücken; denn sonst sei man ja gar nicht frei, und manche, die sich gar keinen Begriff machen konnten, meinten zuletzt, die Frei- 20 heit sei etwas, was uns alle überhaupt glücklich mache, und jetzt sei es gut, man brauche sich nicht weiter umzuschauen. Daher meinten sie, wenn einer keine Arbeit habe, sei ein anderer schuldig, sie ihm zu geben, und wenn keine vor- 25 handen ist, so müsse er ihm den Unterhalt auch ohne Arbeit geben. Ja, viele sagten, die Besitzer hätten nun lange genug besessen, und es müßten jetzt die anderen wohlhabend werden, die es bisher nicht waren. Mehrere glaubten endlich 30 sogar, daß die Freiheit völlige Gleichheit sei, daß keiner dem anderen mehr Achtung schuldig sei, daß Tugend, Bildung und Vernunft den einen Menschen nicht besser mache als den anderen, der sie nicht hat, ja, daß die Verständigeren und Gebildeteren der Freiheit gerade schädlich seien, 35 weil sie den beliebigen und außerordentlichen Forderungen der anderen entgegentraten. So meinten die Leute.

Diese Freiheit wäre so verworren wie der babylonische Turm; sie wäre aber auch verbreche- 40 risch und würde uns unter die Tiere herabstürzen. Bei ihr wäre keine Familie mehr möglich und kein Eigentum; denn das Weib könnte beliebig von dem Manne gehen, der Mann von dem Weibe, und der Knecht könnte das Eigen- 45 tum des Herrn begehren. Diese Freiheit wäre die der Tiere im Walde, die auch tun dürfen, was sie wollen, aber gegen die man auch tun darf, was man will. So frei waren damals die Menschen, als sie noch ganz wild waren und noch nicht zum 50 Schutze in einen Staat getreten waren. Es durfte jeder alles tun; aber wenn zwei zusammen gingen und einen erschlugen, so hatte dieser keine Hilfe, und er war das unfreieste Ding, das man in der Welt denken kann. Darum traten sie aber 55 zusammen in den Staat, machten Gesetze, die sie schützten, und setzten eine Gewalt ein, die die Gesetze aufrechterhielt. Jetzt waren sie frei, und jetzt konnte sie keiner mehr zwingen.

Die menschliche Freiheit ist also etwas ganz 60 anderes als pure Ausgelassenheit. Wir sind freilich in einem Stücke alle ganz gleich, aber nur in diesem einzigen Stücke, nämlich wir haben alle vor Gott die nämliche Pflicht, immer besser, rechtschaffener und sittlicher zu werden. Diese 65 Pflicht hat arm und reich, groß und niedrig,

mächtig und schwach. Diese Pflicht macht den Menschen zum Menschen und unterscheidet ihn von dem Tiere, das weder Tugend noch Laster
70 kennt. Diese Pflicht hat der Mensch allein, und er darf in derselben nicht gestört werden. Das aber ist die menschliche Freiheit, daß keiner den Menschen in der Pflicht der Sittlichkeit und Tugend stören darf. Keiner darf den Menschen
75 stören, wenn er sich ein Weib in der Ehe verbindet, wenn er liebe Kinder hat und sie in Gottesfurcht und Rechtlichkeit erzieht, wenn er sich durch ehrliche Arbeit ein Vermögen zu erwerben oder das von seinen Eltern empfangene zu erhalten
80 ten sucht, wenn er sich und die Seinigen immer edler zu machen und immer mehr mit Kenntnissen zu bereichern strebt, und wenn er zuletzt mit Ruhe und Gelassenheit seinem Tode entgegensieht. Er darf aber auch zur Erreichung dieser

Dinge von keinem anderen etwas fordern, wo- 85 durch der andere dann seine Pflichten nicht erfüllen könnte. Dadurch sind wir dann alle frei, dadurch sind wir dann alle gleich. Darum verlangt gerade die echte Freiheit die meiste Selbstbeherrschung, die Bändigung seiner Begierden, die 90 Gerechtigkeit, daß man dem anderen nicht zu nahe trete, daß man sich nicht willkürlich räche, sondern einen Schiedsrichter einsetze, der den Streit ausgleiche, und daß man für sich eher zuwenig fordere, als zuviel. Darum ist die echte 95 Freiheit viel schwerer auszuführen und verlangt einen viel tüchtigeren Mann, als die Schreier wissen und sind, die für sich einen ungeheuren Haufen von Freiheit verlangen, für andere nichts. 100

Adalbert Stifter: Gesammelte Werke, Frankfurt/M. 1959, o. S.

„Ohne den Druck durch Noten lernen wir nichts"

Von Gerd Pfitzenmaier

„Zeugnisse sind wichtig, sie beweisen, was ich geleistet habe. *Anna, 14 Jahre.* Ohne Noten würde ich mich in der Schule nicht anstrengen. *Philipp, 9 Jahre.* Gut wär', wenn wir Erwachsenen Noten geben könnten; ich glaub', das würde ihre Macht brechen. *Laura, 13 Jahre.* Wir büffeln doch nur, weil wir später einen guten Beruf brauchen. *Johannes, 15 Jahre.*"

Nur die beiden Philipps fanden die Idee gut: „Es wäre toll", sagten die Neunjährigen, „wenn wir auch außerhalb der Schule Noten bekämen." Zum Beispiel für das Aufräumen der Zimmer?
5 Warum nicht. Der Test fiel ganz passabel aus: Die Mütter gaben ihnen eine Drei, die Jungs strahlten zufrieden.
Die drei anderen Teilnehmer am *natur*-Junior-Gespräch fänden dagegen Noten für die Um-
10 gangsformen, die Halbwüchsige einst erlernen mußten, blöd. „Wie soll das denn benotet werden?" fragte Laura (13) - und überhaupt: „Warum soll ich lernen, den Tisch zu decken?" Selbst die Idee, den Spieß einmal umzudrehen
15 und zum Beispiel Mutters Kochkünste zu bewerten, kam nicht an. Nur Anna (14) wollte sich auf diese Weise rächen: „Ich würd' meiner Mutter eine Sechs geben, weil sie mich abends nicht wegläßt."
20 Über Sinn und Unsinn von Zeugnissen und Noten redeten wir mit fünf Kindern aus Puchheim

bei München. Wer glaubt, sie würden Noten ablehnen, irrt. Anna war sich mit Laura und Johannes (15) einig: Zeugnisse sind lästig, aber notwendig auf dem Weg durch die Schule. „Ab 25 der vierten Klasse", sagt Johannes, „beginnt die Ausrichtung auf den Beruf - wer was werden will, braucht gute Zensuren."
Sehen das wirklich alle so? Klar, bestätigen die Kinder. Wer wie Laura davon träumt, Verfas- 30 sungsrichterin zu werden, muß den Rat von Johannes beherzigen: „Du brauchst ein gutes Abitur." Deshalb findet es Anna auch in Ordnung, zielstrebig für jede „Ex" zu büffeln. Sie gibt aber zu, daß sie sich „zwei Monate später nicht mehr 35 an das Zeug erinnern kann". Noten sind lediglich Sprossen auf der Karriereleiter. Und das Bangen um die Versetzung ist für einige ganz „normal". Noten und Zeugnisse akzeptieren sie jedoch nur, wenn diese ihre Leistung „objektiv" bewerten. 40 „Kunst oder Sport", ärgert sich Anna, „sind doch Geschmacksache." Laura ergänzt: „Da

261

verderben miese Zensuren bloß die Freude am Unterricht."
Die jugendliche Runde zeigte sich mit solchen Antworten als ganz schön auf Leistung gedrillt. Eine Penne ohne Noten, wie in Waldorf- oder Montessori-Schulen, können sie sich nicht vorstellen. „Als Test", überlegt Anna, „würde ich das mal probieren." Auf Dauer, glauben aber alle, „kann das nicht funktionieren.". Lernen ohne Druck - Geht das? „Der kommt", sagt Anna, „bei vielen schon durch die Eltern. Die Kinder richten sich danach aus, was Vater und Mutter von ihnen erwarten." Noten in der Schule: ja, in der Freizeit: nein, danke. Wär' ja noch schöner, wenn's für die Mitarbeit in der Umweltgruppe eine Zensur gäbe. „Höchstens für die Erwachsenen", meint Johannes, „fände ich Noten sinnvoll. Vielleicht würde sie das auf Trab bringen."

Natur 7/94, S. 96.

Ingrid Loschek: **Mode und Opposition**

Wer bestimmt die Mode?
Eine Frage, die immer wieder zu heftigen Diskussionen führt, selten aber bis zum Kern, zum Menschen und seinem Verhalten, vordringt. Zu fragen gilt in erster Linie, warum wir uns bekleiden. Aus klimatischen Gründen, im Zeitalter von Klimaanlagen und Zentralheizungen? Aus Scham, wo Oben-ohne-Baden allseits toleriert wird? Oder gar der Industrie zuliebe, wo wir uns auf keinen Fall etwas diktieren lassen wollen?
Am Anfang unserer Kleidung standen Körperbehaarung und Tätowierung. Damit konnte bereits der erste Mensch imponieren und Blicke auf sich ziehen. Geltungstrieb einerseits und Nachahmungstrieb andererseits waren ausschlaggebend dafür. Das Schminken ist uns geblieben, der Ursprung sitzt tief in der menschlichen Psyche: So z. B. begannen die Menschen, ihre Augen aus Angst vor dem „bösen Blick" schwarz zu umranden.
Dann kam das „berühmte" Fell; es wurde keineswegs als Kälteschutz umgelegt, sondern als Auszeichnung, als Jagdtrophäe des mutigsten oder schnellsten Jägers - ein Markenzeichen demnach.
Auch die klimatischen Schwankungen der Natur zwangen den Menschen nicht zum Bekleiden, da der menschliche Körper an seine Umgebung gewohnt und angepaßt war. Als Charles Darwin 1833 die Feuerlandindianer erforschte, waren sie in eisiger Kälte nackt, aber geschmückt und bemalt. Sie zerrissen die von den Forschern angebotene Kleidung und benutzten sie als Schmuck.
Auch Scham war es nicht, die die Menschen zum Bekleiden trieb; Scham entwickelt sich Hand in Hand mit Sitten und Religionen. Diese sind in vielen Ländern unterschiedlich, so auch die Kleidung. Die Frauen mancher Naturvölker tragen lediglich eine Nabel- oder Schamschnur um die Taille, während Frauen in islamischen Ländern ihrer Sitte folgend den ganzen Körper und das Gesicht verbergen. Die Inderin zeigt ihren Bauch, die Europäerin ihre Beine.
Bemalung, Schmuck und Bekleidung wären allein keine Themen für die Menschheit geworden, hätten sie nicht eine Reihe von Aussagewerten als Zusatznutzen.
Mode bietet Auffallen aus der Masse der Gleichartigen. Dies bezieht sich nicht nur auf eine Einzelperson, sondern auch auf eine Gruppe von Menschen, z.B. Jugendliche. Ihnen dient ein bestimmtes Äußeres als ‚Signal'. Diese Identifikationsmerkmale sind entweder selbst zurechtgemacht, wie die Frisuren der Punks, oder aus dem Marktangebot ausgesucht, wie die Swatches der Yuppies (Young Urban Professionals).
In beiden Fällen geht es um Imponieren, das in bezug zur Umgebung zu einer dauerhaften Prestigeverpflichtung und damit zu einem Statussymbol werden kann. (...)
Der Symbolgehalt der Kleidung hilft uns, in ein bestimmtes Milieu einzusteigen: Mode als Einstiegsdroge. Sie ermöglicht die Kontaktaufnahme zu einer anderen Gruppe. Sie ermöglicht auch, unser Ich scheinbar zu verwandeln, „wie ein Punk auszusehen" oder „im grauen Nadelstreif Seriosität auszustrahlen".
(...)
Der Mensch ist ein soziales Wesen - trotz aller Unkenrufe - und zeigt dank seines Nachahmungstriebes ein Verlangen nach Gruppenzugehörigkeit. Auch da hilft ihm die Kleidung. Genauso wie der Mensch nach Geltung strebt, sucht er als soziales Wesen den Schutz der Gruppe. Wie oft ist es bequem und entspannend, nicht aufzufallen, keine Repräsentationsverantwortung zu tragen. Der Nadelstreifenanzug, das elegante, zeitlose Kostüm bieten Sicherheit und

Anonymität.

80 Der Aussagewert der Mode macht Kleidung zum Informationsträger und ermöglicht eine visuelle Kommunikation. Sie ist wichtig und ernst zu nehmen, da sie noch vor jeder verbalen Kommunikation stattfindet. Darauf beruht das
85 oft gerügte „Augentaxieren", das Einschätzen des anderen nach dem Äußeren. Es findet sowohl von Einzelperson zu Einzelperson als auch von Gruppe zu Gruppe statt ebenso wie zu sich selbst als Rückversicherung des eigenen Ich
90 nach dem Motto: Bestätigung schafft Wohlbefinden.

Ein anderer Zusatznutzen liegt in der Erotik von Kleidung. Mode steigert die erotische Anziehung durch Hervorheben ebenso wie durch Ver-
95 bergen des Körpers. Mode verhüllt nicht nur, sondern präsentiert, sie reizt und hält im gleichen Augenblick hin.

Mode entsteht in einem Spannungsfeld zwischen Selbstdarstellung und Gruppenzugehörigkeit. Es
100 gleicht einem Perpetuum mobile und war zu allen Epochen vorhanden. Es ist heute aber durch die gesteigerte Mobilität und Kommunikation sowie durch die hochtechnisierten Herstellungs- und Vertriebsmöglichkeiten be-
105 schleunigt und beansprucht daher verstärkte Aufmerksamkeit.

Als Info-Träger wird die Mode auch Medium der Anschauungen. Die soziale Stellung oder die politische Meinung läßt sich in der Art der Klei-
110 dung zeigen. Hier der mit Anzug und Krawatte bekleidete konservative Bürger, dort der Pullover und Turnschuhe tragende Grüne. Nicht anders in der Geschichte. Hier der Stürmer der Bastille mit Pantalons, dort der Anhänger des
115 Absolutismus in Kniehosen. Gerade am Beispiel der Französischen Revolution (1789-1795) tritt die Funktion der Kleidung als politisches Gesinnungszeichen besonders deutlich zutage.

Katja Atschke (Hrsg.): Kleider machen viele Leute. Reinbek 1989, S. 205 ff.

Ich rauche immer

Vor dem Einschlafen. Nach dem Aufwachen.
Vor der Liebe. Nach der Liebe. Statt der Liebe.

Von Egyd Gstättner

Zweimal täglich warnt mich der Gesundheitsminister, daß Rauchen meine Gesundheit gefährden kann, pro Schachtel einmal. Welche Gesundheit, frage ich schwitzend, hustend und nach Luft
5 ringend. Ich sauge die 12 Milligramm Rauchinhaltsstoffe und die 0,7 Nikotin gierig in mich ein und denke, warum der Dekadenzminister, der Pessimismusminister, der Defätismusminister und der Fin-de-siècle-Minister nicht auch einen
10 Aphorismus auf der Zigarettenpackung zum besten geben dürfen.

Nach einer Lesung muß ich rauchen. Wie ich nach dem Essen rauchen muß. Natürlich muß ich auch vor dem Essen rauchen. Und vor der
15 Lesung. Vor dem Einschlafen. Nach dem Aufwachen. Vor dem Schreiben. Nach dem Schreiben. Während des Schreibens. Statt zu schreiben. Auf der Toilette. Vor der Liebe. Nach der Liebe. Während der Liebe. Statt der Liebe. Beim
20 Denken. Beim Trinken. Beim Lesen. Beim Autofahren. Bei Spaziergängen. Wenn viel zu tun ist. Wenn nichts zu tun ist.

Die Argumente gegen das Rauchen sind vielfältiger Natur: Einer der dramatischsten Einwände ist, daß man stirbt. Mit der grundsätzlich glei-
25 chen Problematik ist übrigens der Gesundheitsminister konfrontiert. Früher oder später. Oft bewirkt der langsame Selbstmord freilich auch, daß man den schnellen Selbstmord nicht so bitter nötig hat, insofern bedeutet der dosierte
30 Suizid also sogar Lebensverlängerung. Neben dem bewußten Ruinierungsgrund passieren auch Unfälle: Einige meinen, Ingeborg Bachmann könnte heute noch leben und dichten, hätte sie nicht geraucht. Ein anderer Vorteil des Tabaks
35 besteht darin, daß die Hals-Nasen-Ohren-Ärzte wenigstens *eine* Ausrede für ihre Inkompetenz und Hilflosigkeit haben.

Aufhören? Mark Twain soll einmal gesagt haben, mit dem Rauchen aufzuhören sei überhaupt
40 kein Problem und überhaupt keine Kunst. Er hätte es bereits zwanzigmal gemacht. Sehr gerne zu rauchen aufhören würde mein Kehlkopf, meine Nasenscheidewand, meine Nebenkieferhöhlen, die Geschmacksnerven und die Lunge, mei-
45 ne Seele aber, diese arrogante Gewaltherrsche-

rin, duldet keine Diskussion, tyrannisiert und knechtet das Fußvolk und pafft skrupellos weiter. Immer wieder wird mir vorgerechnet, wieviel Geld ich sparte, hörte ich bloß zu rauchen auf. Binnen eines Jahres hätte ich so viel zusammen, daß ich mir einen vierzehntägigen Urlaub auf Hawaii leisten könnte. Aber was um alles in der Welt soll ich in Hawaii?? Als Nichtraucher??

Neuerdings hängt in unseren österreichischen Schulen das Bild eines Weltmeisters und Olympiasiegers, der sich als überzeugter Nichtraucher anpreisen läßt, so als ob das Nichtrauchen nicht bloß automatisch zu weltbewegenden Triumphen führte, sondern an sich bereits ein solcher weltbewegender Triumph wäre. Edel sei der Mensch, hilfreich und Franz Klammer. Als überzeugter Nichtweltmeister und Nichtolympiasieger und außerdem Nichtnichtraucher zweifle ich freilich sehr, ob einer, der nur durch Zwischenbestzeiten und Bestzeiten sozusagen zeitlos geworden ist und die großen Fragen der Menschheit, woher wir kommen und wohin wir gehen, immer nur mit „von oben" und „nach unten" beantwortet hat, der richtige Mann ist, um unsere Jugend zur Matura hinzutreiben. Und ich lasse mich auch ungern in Gesundheitsfragen von einem Alpenrowdy beraten, der HEAD nachweislich nicht über dem Hals, sondern unter den Füßen hat und, in einen hautengen Plastikpyjama gehüllt, auf zwei Hölzchen mit über hundert Stundenkilometern völlig unnötig und unsinnig einen Berg hinunterdonnert und sich dabei bestimmt schon alles Prellbare geprellt und alles Zerrbare gezerrt und alles Reißbare gerissen und

alles Brechbare gebrochen hat.

Haben unsere Professoren nicht genügend Dichter und Denker, Forscher und Philosophen, Geistesmenschen und Hirnhelden zur Erziehung und Bildung unserer Gymnasialjugend zur Verfügung? Offenbar nein. Nicht, daß eine Zigarette an und für sich bereits einen Intelligenzbeweis darstellte, ein rauchender Kopf kann tatsächlich auch bloß aus dem Mund rauchen, aber würde man im Literaturunterricht nur die Werke der Nichtraucher behandeln, hätten unsere Schüler kaum noch etwas zu lesen und zu lernen. Und man würde die Abiturienten bald nicht mehr nach Tschechow, Hofmannsthal und Heine fragen können, sondern danach, welcher Heini in Garmisch gewonnen hat oder wer sich wann und wo und für welche Nation eine Schleimbeutelentzündung zugezogen hat.

Am radikalsten von allen hat Robert Musil, den ich gerne an Klammers Stelle auf dem Plakat gesehen hätte, Stellung bezogen. In seinen „Skizzen zu einer Autobiographie" findet sich der Satz: „Ich behandle das Leben als etwas Unangenehmes, über das man durch das Rauchen hinwegkommen kann!" Schwerlich kann ich mir denken, daß diese Notiz in einem Gymnasium jemals seriös interpretiert worden ist. Und wenn, dann muß der Unterrichtsminister die unmündigen Konsumenten auf dem Lesebuchumschlag warnen: „Musil kann ihre Gesundheit gefährden". Robert Musil selbst würde diese Perfidie freilich mit Sicherheit überleben, Robert Musil hat ja bereits am 15. April 1945 zu rauchen aufgehört.

Die Zeit vom 25.11. 1994, S. 81.

Klaus-Peter Wolf: **Der Kaufhaussheriff**

Als wir vom Elternabend nach Hause fuhren, war ich mir nicht ganz sicher, wie ernst alles zu nehmen war. Trotzdem erschienen Barbara und ich am anderen Tag mit Mona um Punkt 15 Uhr im Supermarkt. Mehr aus Neugier, wer wohl alles kommen würde, als in dem Glauben, die Aktion könnte wirklich stattfinden. Dann sahen wir Wendelin und Magdalena mit ihren drei Kindern. Nicht weit von ihnen entfernt Monika mit Maike und Olaf. Reinhard und Dörthe trudelten zuletzt ein. Reinhard trug Marie noch auf den Schultern. Dann konnte es beginnen.

Zunächst zögerten alle Eltern noch ein wenig, grinsten sich ständig an, mußten lachen, einige

überlegten zweifellos auch, ob man das Ganze nicht besser abblasen sollte. Doch jetzt entwickelte die Idee eine gewisse Eigendynamik. Wir hatten uns vorgenommen, uns so wenig wie möglich um die Kinder zu kümmern und sie ruhig machen zu lassen, um so eine Diskussion zu provozieren. Mona bemerkte sofort, daß irgend etwas anders war als sonst. Die Blicke der Eltern hafteten nicht so streng auf den Kindern wie üblich. Mona fegte gleich los und machte am ersten Regal fette Beute. Direkt vor ihr lagen Schokoladenstäbchen, eingewickelt in buntes Papier. Auf jedem Papier eine andere bekannte Märchenfigur. Schneewittchen hatte es Mona

sofort angetan. Sie griff mit jeder Hand zwei
Schokoladenriegel, sah sich nach ihrer Freundin
Marie um und rief: „Marie, Marie, Schneewittchenschokolade! Schneewittchenschokolade!"
Marie befand sich zwar in einem ganz anderen
Gang, nahm die Stimme ihrer Freundin aber
sofort wahr und quiekte: „Oh, Mona, Wittchen-
schokolade, Wittchenschokolade! Mona, Mona!"
„Hier, Marie, hier!"
Da genügend Riegel vorhanden waren, stritten
sie sich nicht darum, wie sonst üblich, sondern
begannen sorgfältig, einen Schokoladenriegel
nach dem anderen auszupacken. Während Mona
jedes Papierchen achtlos fallen ließ und in jeden
Riegel nur einmal hineinbiß, um zu kontrollieren,
ob sie alle gleich schmeckten, strich Marie das
Papier glatt und stopfte es sich in die Hose.
„Sollen wir nicht eingreifen?" raunte Dörthe.
„Warum denn? Ist doch großartig", feixte Reinhard. „Am besten tun wir jetzt so, als ob nichts
wäre und kaufen ganz normal ein", schlug Barbara vor und schob ihren Einkaufswagen vor die
Konservendosen. Ananas war im Sonderangebot. Sie nahm zwei Dosen. Ich blieb zurück, um
die Kinder beobachten zu können. Ich wollte auf
keinen Fall eingreifen, es sei denn, den Kindern
drohte irgendeine Gefahr.
In einer anderen Ecke des Supermarktes entdeckten Magdalena und Wendelin ein unerwar-
tetes großzügiges Sozialverhalten ihrer Kinder.
Kaum fühlten sie sich unbeobachtet, räumten sie
die Kisten mit Haribo-Konfekt aus und verteilten
das Konfekt tütenweise an andere vorbeikom-
mende Kinder. Diese Kinder wiederum griffen
zu, verstanden aber nicht, warum Mami ihnen
das wieder abnahm und ins Regal zurückwarf.
So hatten zwar die anderen Eltern Streit mit
ihren Kindern, wir jedoch blieben verschont.
Marie und Mona gingen von den Schokoladen-
riegeln nun zu den Überraschungseiern über. Es
bereitete ihnen besonders große Freude, ein
Überraschungsei gegen das andere zu schlagen
und so mit einem einzigen Knall den Inhalt von
zwei Überraschungseiern freizulegen.
Nach dem fünfzehnten oder zwanzigsten Überraschungsei zeigten sich die beiden ein wenig
enttäuscht, da die Inhalte nicht sonderlich unterschiedlich waren. Es gab drei verschiedene Sor-
ten Autos und zwei verschiedenartige Ringe.
Die beiden gingen wohl davon aus, in jedem
Überraschungsei eine andere Überraschung zu
finden. Da dies nicht so war, ließen sie die zer-
quetschten und aufgeschlagenen Überra-
schungseier am Boden liegen und bemühten sich
gemeinsam, die Spielzeuglastwagen mit Brause-
pulver vollzupacken. Marie suchte etwas. Ihr
fehlte zu der Brause ein wesentlicher Bestandteil: Wasser. Während sie noch suchte, infor-
mierte ein wenig humorvoller Kunde die Ge-
schäftsleitung. Mit vorstehenden Fischaugen und
gefährlich überhöhtem Blutdruck fegte ein dür-
rer Mensch heran und packte beide Kinder
gleichzeitig. Hinter meinem Rücken hörte ich
den kleinen Philipp rufen:
„Mama, Mama, der Lukas drückt alle Christbaumkugeln ein!"
Der dürre Mensch mit dem hohen Blutdruck
schüttelte die Kinder; Marie begann sofort zu
weinen.
„Was macht ihr da? Das darf man doch nicht!
Wo ist eure Mami? Das wird ein teurer Spaß!
Da wird sich eure Mami aber gar nicht freuen!
Das setzt bestimmt Hiebe!"
Ich brauchte die anderen Krabbelkindereltern
gar nicht erst zu rufen. Die lauten Worte zogen
sie ohnehin an.
Mona war es nicht gewöhnt, von Erwachsenen
angepflaumt und durchgeschüttelt zu werden;
sie blickte sich verwirrt um, sah mich, rief „Papi,
Papi!" und heulte dann ebenfalls.
„Äi, lassen Sie die Kinder in Ruhe! Was soll das
denn? Soll ich Sie auch mal so durchschütteln?"
„Kommen Sie für den Schaden hier auf?" brüllte
der Supermarktsheriff.
„Wer sind Sie überhaupt?"
„Ich bin der Geschäftsführer hier. Ich bin verantwortlich für ..."
„Ach, Sie sind verantwortlich! Das ist ja sehr
interessant! Dann sorgen Sie doch bitte dafür,
daß die Dinge hier höher gestapelt werden!
Wenn Sie den Kindern Appetit machen, dann
dürfen Sie sich nicht wundern, wenn die Kinder
essen."
Der Geschäftsführer japste nach Luft. Magdalena, Wendelin, Monika, Reinhard, Dörthe und
Barbara trudelten ein. Er hielt sie für ganz normale Kunden. Er wußte nicht, daß dies ein
Komplott war. Er wußte auch nicht, daß, während er mit uns diskutierte und während er Mona und Marie anschnauzte, fünf andere Kinder
völlig unbeaufsichtigt den Supermarkt unsicher
machten.
„Sie haben ihre Aufsichtspflicht eklatant verletzt! Sie sind für den Schaden haftbar. Ich lasse
das gleich aufnehmen, und dann bezahlen Sie
das noch an Ort und Stelle; falls Sie sich wei-
gern, muß ich leider die Polizei rufen."

Er blickte in die Gesichter der Umstehenden und suchte bei ihnen Bestätigung. Doch er erntete nur eiskalte, ablehnende, ja zynische Blicke.
140 Reinhard verschränkte die Arme vor der Brust und trat nervös von einem Bein aufs andere. Er war für eine kleine Rauferei immer zu haben, und wann kam ein Familienvater wie er schon mal an so eine günstige Gelegenheit ... „So, so,
145 die Polizei wollen Sie rufen? Na, ob dann unsere Kinder verhaftet werden?"
„Davon kann überhaupt keine Rede sein. Aber die Polizeibeamten werden Ihnen schon erklären, daß Sie Ihre Aufsichtspflicht nicht verletzen
150 dürfen. In unserem Supermarkt haben Sie ab jetzt sowieso Hausverbot! Jawohl, Hausverbot!"
„Warum, ich habe doch gar nichts gemacht! Sie meinen wohl, unsere Kinder haben in Zukunft in Ihrem Supermarkt Hausverbot!"
155 Mona zog an meinem Hosenbein. Ich beugte mich zu ihr runter und nahm sie auf den Arm. Sie wischte sich zwei Tränchen von den Wangen und fragte dann:
„Papi, ist der Onkel doof?"
160 „Jetzt reicht es aber!" fluchte er.
„Wollen Sie den Kindern auch noch das Reden verbieten?"
„Papa, Papa", rief Marie, „der Onkel hat mich geschubst!"
165 „So, so", freute Reinhard sich, „dann werden wir den Onkel jetzt auch mal schubsen."
Der Geschäftsführer hielt mich für den Vater beider Kinder und wunderte sich nicht schlecht, als er plötzlich von Reinhard einen Stubser in die
170 Seite bekam.
„Wenn Sie nicht wollen, daß die Kinder an Ihre Schokolade rangehen, warum stellen Sie die Schokolade dann so malerisch hin?"
Der Geschäftsführer verteidigte sich: „Sie brau-
175 chen die Kinder ja nicht mit in den Supermarkt zu nehmen. Ich habe früher nie meine Kinder mit zum Einkaufen genommen. Die können doch genausogut zu Hause bleiben!"
„Ach, Sie wollen also gar nicht, daß die Eltern
180 ihre Kinder mitbringen?"
„Nein, das wollen wir nicht."
„Warum stellen Sie dann am Eingang Elefanten und Pferde auf, auf denen die Kinder für 20 Pfennig reiten können?"
185 Jetzt fand Philipp endlich seine Eltern und konnte seinen Bruder verpetzen. „Der Lukas drückt die Christbaumkugeln alle ein. Und jetzt schiebt er die Lakritzstangen in die Plätzchentüten."
190 Nach dem ersten Schock wurde dem Geschäftsführer bewußt, daß er damit auch eine gute Ge-

legenheit hatte, aus der Umzingelung auszubrechen. Er drängte sich zwischen Barbara und Magdalena durch und rannte in Richtung La- kritzstand. Unterwegs rief er mehrfach sein Per- 195 sonal um Hilfe: „Frau Lange, Herr Klein, Frau Lange, Herr Klein, Thilo, Thilo, komm sofort her, Frau Lange, Herr Klein!"
Doch er stieß gar nicht bis zu Lukas vor, denn unterwegs kam er an der gigantischen Niko- 200 lauspyramide vorbei, die fast bis zur Decke reichte. Später erzählte man sich, Monika habe Maike und Olaf absichtlich auf diesen Schokola- denturm scharf gemacht. Sie stritt das immer wieder ab. Mit einer gewissen Befriedigung 205 nahm sie jedoch die Bewunderung der anderen Eltern hin: ihre Kinder hatten das größte Chaos angerichtet.
Der Geschäftsführer konnte es nicht mehr ver- hindern. Er sah den Turm bereits wanken, eilte 210 hin, doch es nutzte ihm nichts mehr. Olaf und Maike - fleißig, wie Kinder in dem Alter nun mal sind - hatten die unterste Lage Weihnachtsmän- ner bereits zur Hälfte aus der Pyramide heraus- genommen. Der Einsturz war von ihnen nicht 215 vorausberechnet worden - dazu waren sie noch zu klein - er kam aber trotzdem mit mathemati- scher Genauigkeit. Vielleicht tauchte deswegen später das Gerücht auf, Monika habe ihren Kin- dern vorher genaue Instruktionen gegeben. Die 220 abrupten Bewegungen des Geschäftsführers machten auf mich keinen normalen Eindruck. So, als sei seine Motorik kurzfristig gestört. Auch seine Mitarbeiter konnten ihn jetzt nicht mehr beruhigen. Mit weit ausgebreiteten Armen, 225 die Hände zu Klauen gekrümmt, stürzte er sich auf Olaf und Maike.
Die beiden nahmen Reißaus, und Reinhard war schnell genug zur Stelle, um den übergeschnapp- ten Geschäftsführer zu bremsen. 230
Einige behaupteten hinterher, er hätte geschrien: „Ich bring' die Blagen um, ich bring' sie um!" Davon habe ich nichts mitbekommen. Sehr ge- nau erinnere ich mich noch an das Lachen der Kinder und daran, daß Mona sogar Beifall 235 klatschte, als Reinhard den Geschäftsführer in hohem Bogen in den Berg von Nikoläusen und Schokolade warf.
Er kam nicht so leicht wieder raus, weil die hohlen Weihnachtsmänner unter dem Druck 240 nachgaben, und unter einem ständigen Knackge- räusch rutschte er tiefer in den Berg hinein, der ihn aufsog wie ein gieriger Sumpf. Wir nahmen unsere Kinder und verließen gemessenen Schrittes diese ungastliche Stätte. 245
... und dann kannst du ... München 1985, S. 14 ff.

Sonja Gottbrath: **Leserbrief (Schülerarbeit)**
▷ **Lehrbuch, T6, S. 48**

Zu dem am 01.10.91 in der Werler Tageszeitung erschienenen Artikel „Häftling setzt sich in Zug tödliche Spritze" möchte ich meine persönliche Meinung darlegen.

5 Der Überschrift nach zu urteilen, wird über den tragischen Tod eines kranken Menschen berichtet, doch durch die vielen Nebensächlichkeiten, die in den Text eingefügt wurden, wird der Artikel, in meinen Augen, zu einer billigen Erlebnis-

10 geschichte, bei der der Tod des drogensüchtigen Häftlings den willkommenen Anlaß bietet.

Ich glaube nicht, daß es für den Leser von Interesse ist, daß sich in dem Zug Leute befanden, die auf der Heimfahrt von einer Brauereibesich-

15 tigung waren, und infolgedessen am Bahndamm Erleichterung suchten.

Weiterhin ist die Ausdrucksweise Ihres Journalisten Volker Dörken zu bemängeln. Versetzt man sich in die Situation der Eltern des Drogen-

20 toten, ist dieser Text schockierend für sie. Für sie bedeutet der Tod des Sohnes ebenso einen Verlust, wie für alle anderen Eltern auch, obwohl er drogensüchtig war!

Muß es sein, daß in einem solchen Artikel berichtet wird, daß der Waggon zur Entseuchung 25 nach Dortmund gebracht wurde? Obwohl der Großteil der Leser weiß, was gemeint ist, nämlich die Desinfektion des Waggons, hat das Wort „Entseuchung" einen sehr bitteren Beigeschmack in der deutschen Geschichte. Der Ge- 30 brauch des Begriffes in diesem Zusammenhang läßt mich stark daran zweifeln, ob der Autor sich überhaupt bewußt ist, daß er über den Tod eines Menschen berichtet und nicht über eine lästige Betriebsstörung der City-Bahn. 35

Die Krönung des Berichtes ist allerdings der Schlußsatz. Zitat: „Da es keinen Ersatz für diesen Ausfall gebe, fahre die City-Bahn momentan mit nur zwei Anhängern."

Mir stellt sich die Frage, ob der Artikel über den 40 drogentoten Häftling nicht nur als Entschuldigung für den Ausfall eines Waggons der City-Bahn benutzt wird?

Hoffentlich ist die Achtung vor dem Menschen bei anderen Reportern Ihrer Zeitung stärker 45 ausgeprägt!!!

Chei Woon-Jung: **In Deutschland**

Sind Sie Japanerin? Woher kommen Sie? Solche Fragen stellt man mir häufig. Auch in Düsseldorf, dem „Klein-Tokio am Rhein", wo viele japanische Geschäftsleute mit ihren Familien

5 leben, fällt eine Asiatin noch auf. Die Leute, die mich ansprechen, machen gewöhnlich freundliche Gesichter, Gesichter voll reiner Neugier.

Nach der Rhein-Metropole möchte ich auch Süddeutschland kennenlernen. Ich habe mich auf

10 den Ausflug vorbereitet. Die Süddeutschen sollen „ganz anders" sein, nett und aufgeschlossen. Ich fuhr nach München. Es war ein kalter Novembertag. Ich fror. In meiner Heimat ist das Klima ganz anders. So ging ich in ein Café und

15 bestellte eine Tasse Kaffee. Ich fühlte mich ein wenig verloren. In dieser großen Stadt kenne ich niemanden. Bei dem regnerischen und windigen Wetter macht es keinen Spaß, zu bummeln und Sehenswürdigkeiten anzuschauen.

20 „Entschuldigen Sie", ein Mann, etwa Mitte 50, der am Tisch gegenüber gesessen hatte, näherte sich: „Woher kommen Sie?" „Aus Thailand", antwortete ich. „Ach so", murmelte er und glotzte mich an. „Darf ich fragen", er zögerte ein

wenig, schaute sich um: „Wieviel Geld muß ich 25 bei Ihnen oder bei der Agentur bezahlen, wenn ich eine so hübsche Frau wie Sie haben möchte?"

Ich war fassungslos, wurde rot. Sein anfängliches Zögern, sein begehrlicher Blick, schlagartig 30 war mir klar, was in seinem Kopf vorging: Das ist eine von den thailändischen und philippinischen Frauen, die deutsche Männer gekauft haben, sie kommt aus einem der Länder, die Deutsche des Sexes wegen reisen. Inzwischen 35 machte sich der Mann an meinem Tisch breit. Er merkte gar nicht, daß ich ihn ignorierte. „Ich bin unverkäuflich", brüllte ich ihn an, „verschwinden Sie!"

Am liebsten hätte ich ihn wegen seiner Unver- 40 schämtheit geohrfeigt.

Aber ich beherrschte mich. In seinen Augen bin ich ein armes Mädchen aus einem dieser armen Länder. Für ihn sind wahrscheinlich alle Ausländer und Ausländerinnen „arme Schweine". Viel- 45 leicht hat er nur mal irgendwo bei Bekannten die Ohren gespitzt. „Geh mit diesem Mann tolerant um", ich erinnerte mich an Buddhas Worte, „er ist auch ein Lebewesen".

50 Als ich merkte, daß die übrigen Gäste die Szene an meinem Tisch interessiert verfolgt hatten und noch immer herüberschauten, verließ ich schweren Herzens das Café. Ja, ich trat nach Buddhas

Lehre mit Toleranz und ohne Gewalt hinaus auf die kalte Straße. Es nieselte, ich schlug meinen 55 Mantelkragen hoch.

Wir Frauen. Köln 1991, S. 102 f.

Gesten statt Worte

**Oft erweisen sich vertraute Zeichen im Urlaubsland als Fehlgriff.
Eine kleine Lektion in Sachen Fettnäpfchen**

Von Michael Allmaier

Nein, Ibiza sollte es dieses Jahr nicht sein. Hansmanns waren auf Lanzarote und die Schwiegereltern auf Kreuzfahrt im Mittelmeer. Das galt es zu überbieten: mit unentdeckten Pa-
5 radiesen und Pionierromantik. Dazu genügte es nicht, seine drei Wochen auf einem Teutonengrill abzuliegen. Wir suchten den Geheimtip und fanden ihn. Ein Freund riet hinter vorgehaltener Hand zum Inselchen Anafi in der Ägäis. Ge-
10 bucht, geflogen! Nun saßen wir auf unserem idyllischen Eiland in einer touristenfreien Taverne. Klaglos verzehrten wir ein klägliches, aber authentisches anafisches Mittagessen. Auf eine Frage, die vermutlich „Schmeckt es?" hieß,
15 nickten wir dem untersetzten Wirt tapfer zu und kreisten Daumen und Zeigefinger zum Zeichen höchster Zufriedenheit. Da knallt uns der Mann die Rechnung hin und funkelt uns mit seinen kleinen Augen böse an.
20 Wer den Schaden hat, braucht für den Spott nicht zu sorgen. Wieder daheim, ernteten wir statt Mitgefühl nur Häme. „Weiß doch jeder", prahlt Hansmann, daß Nicken bei den Griechen ein Nein bedeutet und der Fingerkreis eine ob-
25 szöne Beleidigung. Wir könnten froh sein, erzählt er, daß wir dem Wirt nicht die gespreizte Hand zur Besänftigung entgegengestreckt hätten. Das wirke nämlich in Griechenland so, wie wenn man einem halbstarken Saufbold das Bier
30 über die Hose kippt.
Tja, wer sich aus dem Schutz deutscher oder zumindest fest in deutscher Hand befindlicher Urlaubsorte hervorwagt, ist gegen derlei nicht gefeit. Immerhin stehen wir mit solchen Fauxpas
35 nicht allein: In England erregte kürzlich ein deutscher Werbespot Befremden, weil darin ein Mann zwei Bier bestellt, indem er dem Wirt

Zeige- und Mittelfinger zeigt. Das sollte nebenher „Victory" symbolisieren, tat es aber nicht, weil der Handrücken nach außen statt nach in- 40 nen wies. So bedeutete es dasselbe wie hierzulande der erigierte Mittelfinger oder der ausgestreckte Daumen in Australien. Tramper, die dort nicht am Straßenrand Wurzeln schlagen wollen, winken mit dem Zeigefinger. 45
Andere Länder, andere Sitten, und die wenigsten können daraus Kapital schlagen wie Hansmann, der aus Lanzarote die Erfahrung mitbrachte, daß man die ledigen Frauen ah weißen Leinenhüten erkenne, wogegen die verheirateten Strohhüte 50 trügen - ein immerhin praktischer Brauch.
Die meisten treten, wie wir, unbedarft ins Fettnäpfchen. Doch wir befinden uns in alter Tradition: Schon die Missionare waren über das internationale Benimm nur unzureichend infor- 55 miert, sie begründeten die Tradition schlechter Reisevorbereitung. Entsetzt fanden sie die weiblichen Angehörigen westafrikanischer Stämme nackt und drängten ihnen Kleider auf, ohne zu ahnen, daß damals nur verrufene Frauen ange- 60 zogen sein mußten. Einen Kulturschock erlebte, wenn man der Überlieferung glauben darf, ein Missionar, der, weil er beim Zähneputzen aus dem Mund schäumte, von Eingeborenen des südamerikanischen Dschungels für besessen 65 gehalten wurde und die Austreibung des bösen Geistes nicht überlebte. Noch vor wenigen Jahren mußte ein deutscher Abenteurer um sein Leben fürchten, weil der die Wasserreserven eines Kopfjägerstammes für sein Bad verbrauch- 70 te.
Da sind wir noch gut davongekommen. Schwiegervater hätte sich in Venedig beinah ein Bußgeld eingehandelt, weil er trotz Warnung des

Reiseleiters partout seine Shorts und ein halbof-
fenes Hawaii-Hemd tragen wollte. Genervt vom
entblößten Touristenfleisch auf ihren Straßen
haben die Venezianer seit 1992 sittenwidrige
Kleidung unter Strafe gestellt. Überhaupt nicht
anstößig sei dagegen, wenn Männer Händchen
halten, sich küssen oder umarmen. Der herzliche
Gruß habe einstmals dazu gedient, sein Gegenüber unauffällig nach Waffen abzutasten.

Was aber, wenn man die Spielregeln nicht
kennt? Überlegt man einmal, wieviel Einheimische jede Saison grundlos verprellt werden, vergeht einem die Lust, als Provokateur wider
Willen durch die Welt zu reisen. Nächstes Jahr
geht es wieder nach Ibiza. Da weiß man wenigstens, wen man beleidigt.

TAZ vom 06.11. 1993.

Christiane Tillner/Norbert Franck: Sprachliche Unsicherheitssignale

Jede Kommunikation hat neben der Inhaltsdi-
mension auch eine *Beziehungsdimension.* Mit
dem Inhalt einer Mitteilung wird nämlich zugleich - durch bestimmte Formulierungen, im
Tonfall oder mit nichtsprachlichen Signalen -
eine Beziehung zum Gegenüber ausgedrückt.
Sie können die Wirkung Ihrer Argumente
schmälern, wenn Sie auf der Beziehungsebene
Signale aussenden, die als Unsicherheit aufgenommen werden. Folgende sprachliche Unsicherheitssignale sind von Frauen besonders oft
zu hören:

**1. „Ich bin unsicher, ich brauche Zustim-
mung.“**
Viele Frauen hängen an ihre Aussage eine Frageform an: „Der Kaffeeautomat ist ständig kaputt,
nicht wahr?“ Sie nehmen damit ihre Aussage
zurück und signalisieren, daß sie sich dessen,
was sie sagen, nicht ganz sicher sind. Lassen Sie
diese Anhängsel weg. Wenn Sie wissen, daß der
Kaffeeautomat ständig kaputt ist, formulieren
Sie einen Aussage-Satz. Wenn Sie wissen
möchten, ob der Automat häufig defekt ist,
stellen Sie eine Frage. Wenn Sie der Auffassung
sind, daß Sie und Ihre Kolleginnen zu viele
Überstunden machen, dann fragen Sie nicht: *„Ist
es nicht so,* daß wir zu viele Überstunden machen?“ Damit schwächen Sie Ihre Aussage ab
und signalisieren, daß Sie auf Zustimmung angewiesen sind. In diese Kategorie von sprachlichen Unsicherheits-Signalen gehören auch:
- „Ich *glaube* ...“
- „Ich *würde* sagen ...“
- *„Könnte* es nicht sein ...“
- *„Vielleicht sollten wir* ...“
- *„Eigentlich* wollte (meine) ich ...“

- *„Meinst du nicht auch* ...“
- *„Sollten wir nicht* besser ...“
Überspitzt: „Vielleicht sollten wir davon ausgehen, daß es unter Umständen irgendwie
schwerfällt, etwas mit Bestimmtheit zu sagen,
oder?“
Sagt eine Frau: „Sollten wir das nicht vielleicht
so machen?“ und ein Mann antwortet: „Ja, so
machen wir das“, werden die übrigen Gespräch-
steilnehmerInnen leicht den Eindruck gewinnen,
daß es sein Vorschlag war - weil *er* sich bestimmt ausdrückte. Kurz: Sprechen Sie nicht
fragend, wenn Sie keine Frage haben. Formulieren Sie Behauptungen und Meinungen als Behauptungen und Meinungen.

2. „Ich traue mich nicht, ,ich‘ zu sagen.“
- „Wir sollten mal wieder ein Wochenende nur
  für uns haben.“
- „Ist er nicht sehr unzuverlässig?“
- „Ist das nicht ein Fehlkauf?“
- „Willst du nicht mitkommen?“
In diesen vier Aussagen wird die eigene Person,
das Ich, versteckt, werden Wünsche und Mei-
nungen nicht eindeutig angesprochen, sondern
als Frage formuliert. Selbstsicheres Reden dage-
gen bedeutet: Die Sprecherin übernimmt Ver-
antwortung, spricht konkret und direkt und hält
sich keine Rückzugsmöglichkeit offen. Sagen
Sie, was *Sie* denken, wollen, meinen: Sagen Sie
Ich:
- „Ich möchte das nächste Wochenende mit dir
  allein verbringen.“
- „Ich halte ihn für sehr unzuverlässig“
- „Ich meine, das ist ein Fehlkauf“
- „Mir ist sehr daran gelegen, daß du mit-
  kommst.“

3. „Wer bin ich denn schon?"

Schwächen Sie Ihre Aussagen nicht ab, indem
75 Sie sich selbst oder Ihre Meinung abwerten oder
kleinmachen durch Formulierungen wie:
- „Ich bin ja nur die Sekretärin (eine Hausfrau)
..."
- „Ich bin ja keine Expertin auf diesem Gebiet
80 ..."
- „Meine unmaßgebliche Meinung dazu ist ..."
- „Das ist nur so eine Idee von mir ..."
- „Mehr fällt mir dazu nicht ein."
- „Ich meine ja bloß ..."
85 - „Ich weiß ja nicht, ob das jetzt paßt
(dazugehört) ..."
Mit solchen Formulierungen fordern Sie geradezu zur Kritik auf. Machen Sie sich selbst und
anderen deutlich, *daß* Sie etwas zu sagen haben!

90 4. „Darf ich auch was sagen?"

Beginnen Sie einen Diskussionsbeitrag nicht mit
einer Bitte um das Rederecht. Dieses Recht steht
Ihnen zu. Vermeiden Sie deshalb Floskeln wie:
„Wenn ich auch einmal etwas dazu sagen darf."
„Ich würde gern einmal fragen..." Sie sind viel- 95
leicht der Meinung, das seien nur Höflichkeits-
Floskeln. Bei anderen können solche Einleitun-
gen jedoch als mangelndes Selbstbewußtsein, als
Unsicherheit ankommen.
Solche Redewendungen sind gelernt und werden 100
meist unbewußt verwendet. Auch Männer gebrauchen manchmal solche Formulierungen -
aber eben nur manchmal, in bestimmten Situationen (zum Beispiel gegenüber Vorgesetzten).
Wenn zwei das gleiche sagen, ist es noch lange 105
nicht dasselbe. Frauen haben in Gesprächen und
Diskussionen keinen Bonus. Verschlechtern Sie
Ihre Ausgangsbedingungen nicht durch sprachliche Signale, die als Unsicherheit wahrgenommen
werden können. Vermeiden Sie Abschwächun- 110
gen. *Sprechen Sie bestimmt!*

*Christiane Tillner/Norbert Franck: Selbstsicher reden. Mün-
chen 1994, S. 106 f.*

Eugène Ionesco: **Die Nashörner (Auszug)**

In Ionescos Dreiakter prescht eines Tages ein
Nashorn die Straße entlang und gibt damit
allen Alltagsgesprächen eine neue Wendung.
Man fragt sich, woher es komme, was es zu
5 bedeuten und wieviel Hörner es habe. Während das Geschwätz sich im Kreise dreht, verwandeln sich die Schwätzer in Nashörner. Als
die Anzahl der Nashörner immer mehr steigt,
nimmt die Abscheu vor Nashörnern ab, ja man
10 findet sie am Ende sogar schön („Man muß mit
der Zeit gehen".) Alle Einwohner der Stadt
werden zu Nashörnern, bis auf Behringer, einen unglücklichen und verschlossenen Menschen, der aus Verzweiflung über die Leere
15 seines Lebens trinkt. Er schämt sich als letzter
Mensch seines Aussehens, aber er will bis
zum Ende nicht kapitulieren.
Ionesco zeigt in seinem Stück die Uniformie-
rung des Lebens, die Zwänge des Massen-
20 wahns und die groteske Entmenschlichung
auf.
Eine Dialogszene macht deutlich, wie Ionesco
in seinem absurden Drama mit den traditionellen Elementen und Prinzipien der Argumenta-
25 tion spielt.
(...)
HANS: Da sehen Sie, wo das Trinken hinführt:
Sie sind nicht mehr Herr Ihrer Bewegungen.
Sie haben keine Kraft mehr in den Händen. Sie
30 sind verwirrt, erschöpft. Sie graben sich Ihr eigenes Grab, lieber Freund. Sie richten sich zugrunde.
BEHRINGER: Ich liebe den Alkohol gar nicht
so. Aber wenn ich nicht trinke, geht es nicht.
Es ist, als hätte ich Angst. Also trinke ich, 35
damit ich keine Angst mehr habe.
HANS: Angst wovor?
BEHRINGER: Ich weiß nicht genau. Ängste,
die sich schwer erklären lassen. Ich fühle mich
unbehaglich auf dieser Welt, unter den Leuten. 40
Also greife ich zum Glas. Das beruhigt mich,
das entspannt mich, ich vergesse.
HANS: Sie vergessen nicht!
BEHRINGER: Ich bin müde, seit Jahren schon
müde. Es fällt mir schwer, das Gewicht meines 45
eigenen Körpers ...
HANS: Alkoholische Nervenschwäche, Melan-
cholie des Trinkers ...
BEHRINGER *fährt fort*: Ich fühle ihn in jedem
Augenblick, sein bleiernes Gewicht. Als trüge 50
ich einen anderen Menschen auf dem Rücken.
Ich konnte mich nie an mich gewöhnen. Ich
weiß nicht, ob ich ich selbst bin. Sobald ich
etwas trinke, verschwindet die Last und ich erkenne mich wieder, ich werde ich selbst. 55
HANS: Sie sind überdreht, Behringer, sehen
mich an. Ich wiege mehr als Sie. Trotzdem
fühle ich mich leicht, leicht, leicht!
*Hans bewegt die Arme, als wolle er davonflie-
gen. Der ältere Herr und der Logiker, die* 60
wieder aufgetreten sind, diskutieren und gehen

in diesem Augenblick an Hans und Behringer vorbei. Ein Arm von Hans trifft stark den älteren Herrn, der schwankt und in die Arme des
65 *Logikers fällt.*
LOGIKER *setzt die Diskussion fort*: Ein Beispiel von Syllogismus ... *Stoß*. Oh!
ÄLTERER HERR *zu Hans*: Passen Sie doch auf! *Zum Logiker*: Verzeihung.
70 HANS *zum älteren Herrn*: Verzeihung.
LOGIKER *zum älteren Herrn*: Oh, macht nichts.
ÄLTERER HERR *zu Hans*: Oh, macht nichts. *Der ältere Herr und der Logiker setzen sich*
75 *an einen der Tische, ein wenig rechts hinter Hans und Behringer.*
BEHRINGER *zu Hans*: Kraft haben Sie ...
HANS: Jawohl habe ich Kraft. Aus mehreren Gründen habe ich Kraft. Erstens habe ich
80 Kraft, weil ich Kraft habe, dann habe ich Kraft, weil ich moralisch Kraft habe, und schließlich habe ich Kraft, weil ich kein Alkoholiker bin. Ich will Ihnen nicht zu nahe treten, lieber Freund, aber ich muß Ihnen sagen, der Alkohol
85 ist es, der Sie eigentlich belastet.
LOGIKER *zum älteren Herrn*: Hier haben Sie einen beispielhaften Syllogismus. Die Katze hat vier Pfoten. Waldi und Hasso haben jeder vier Pfoten, also sind Waldi und Hasso Katzen.
90 ÄLTERER HERR *zum Logiker*: Mein Hund hat auch vier Pfoten.
LOGIKER: Also ist er eine Katze.
BEHRINGER *zu Hans*: Ich, ich habe kaum die Kraft zu leben. Vielleicht habe ich auch keine
95 Lust mehr.
ÄLTERER HERR *zum Logiker, nach langem Nachdenken*: Dann wäre logischerweise mein Hund eine Katze.
LOGIKER *zum älteren Herrn*: Logischerweise,
100 ja. Aber das Gegenteil ist auch wahr.
BEHRINGER *zu Hans*: Die Einsamkeit bedrückt mich. Auch die Gesellschaft.
HANS *zu Behringer*: Sie widersprechen sich. Was bedrückt Sie? Einsamkeit oder Gemein-
105 samkeit. Sie halten sich für einen Denker und haben nicht die geringste Logik.
ÄLTERER HERR *zum Logiker*: Etwas sehr Schönes, die Logik.
LOGIKER *zum älteren Herrn*: Unter der Vor-
110 aussetzung, daß man sie nicht mißbraucht.
BEHRINGER *zu Hans*: Eine anormale Sache, das Leben.
HANS: Im Gegenteil. Nichts natürlicher. Der Beweis: alle Welt lebt.

BEHRINGER: Die Toten sind zahlreicher als 115 die Lebenden. Ihre Zahl nimmt zu. Die Lebenden sind selten.
HANS: Die Toten, die existieren gar nicht; kann man sagen ... Ha, ha ... *Er lacht grob*. Die belasten Sie auch? Wie kann Sie was belasten, 120 was gar nicht vorhanden ist!
BEHRINGER: Ich frage mich selbst, ob ich vorhanden bin.
HANS *zu Behringer*: Sie sind nicht vorhanden, mein Lieber, weil Sie nicht denken! Denken 125 Sie, und Sie sind!
LOGIKER *zum älteren Herrn*: Ein anderer Syllogismus: alle Katzen sind sterblich. Sokrates ist gestorben. Also ist Sokrates eine Katze.
ÄLTERER HERR: Und hat vier Pfoten. Richtig, 130 ich habe eine Katze, die heißt Sokrates.
LOGIKER: Sehen Sie ...
HANS *zu Behringer*: Im Grunde genommen sind Sie ein Witzbold. Ein Lügner. Sie sagen, das Leben interessiert Sie nicht. Und doch in- 135 teressiert Sie jemand!
BEHRINGER: Wer?
HANS: Ihre Kollegin aus dem Büro, die eben hier vorbeikam. Sie sind verliebt in sie.
ÄLTERER HERR *zum Logiker*: Sokrates war 140 also eine Katze!
LOGIKER *zum älteren Herrn*: Die Logik hat es uns bewiesen.
HANS *zu Behringer*: Sie wollten von ihr nicht in Ihrem traurigen Zustand gesehen werden. 145 *Bewegung von Behringer*. Was beweist, daß Ihnen nicht alles gleichgültig ist. Aber wie wollen Sie, daß Daisy sich in einen Trinker verliebt?
LOGIKER *zum älteren Herrn*: Kehren wir zu 150 unseren Katzen zurück.
ÄLTERER HERR *zum Logiker*: Ich bin ganz Ohr.
BEHRINGER *zu Hans*: Wie dem auch sei, ich glaube, sie hat bereits jemanden im Auge. 155
HANS *zu Behringer*: Wen denn?
BEHRINGER: Stech. Ein Kollege aus dem Büro, Assessor. Volljurist, mit großer Zukunft in der Firma und im Herzen Daisys. Mit ihm kann ich es nicht aufnehmen. 160
LOGIKER *zum älteren Herrn*: Waldi hat vier Pfoten.
ÄLTERER HERR: Woher wissen Sie das?
LOGIKER: Das ist eine Hypothese.
BEHRINGER *zu Hans*: Er ist gern gesehen 165 beim Chef. Ich habe keine Zukunft, habe nicht studiert. Ich habe nicht die geringste Aussicht.

ÄLTERER HERR *zum Logiker*: Ah! Eine Hypothese!

170 HANS *zu Behringer*: Und Sie geben auf, so ohne weiteres? ...

BEHRINGER *zu Hans*: Was soll man machen?

LOGIKER *zum älteren Herrn*: Hasso hat auch vier Pfoten. Wieviel Pfoten haben also Hasso 175 und Waldi?

ÄLTERER HERR *zum Logiker*: Zusammen oder einzeln?

HANS *zu Behringer*: Das Leben ist ein Kampf. Es ist feige, nicht zu kämpfen.

180 LOGIKER *zum älteren Herrn*: Zusammen oder einzeln, je nachdem.

BEHRINGER *zu Hans*: Was wollen Sie, ich bin wehrlos.

HANS: Bewaffnen Sie sich, mein Lieber, bewaffnen Sie sich. 185

ÄLTERER HERR *zum Logiker, nach mühsamem Überlegen*: Acht, acht Pfoten.

LOGIKER: Die Logik führt zum geistigen Rechnen.

ÄLTERER HERR: Sie hat viele Seiten. 190

BEHRINGER *zu Hans*: Wo soll ich Waffen finden?

LOGIKER *zum älteren Herrn*: Die Logik kennt keine Grenzen.

(1959)

Eugène Ionesco: Zwei Striche. Frankfurt/M. 1971, o.S.

2 Von Mensch zu Mensch

Herta Meinold: **Begegnung**

Heute steht er wieder da an einem der kleinen Tischchen und trinkt seinen Kaffee bei dem Bäcker, wo sie auch fast jeden Morgen ihre Tasse Kaffee trinkt. Sie kennt dort schon jede Ver-
5 käuferin. Mit der Dame am Kaffeeausschank hält sie immer ein kleines Schwätzchen.
Diesmal kreuzen sich ihre Blicke. Erschrocken guckt sie weg. Ein Fehler: Sie ärgert sich später den ganzen Tag darüber, daß sie ihm den Rük-
10 ken zugewandt hat, um ihre Tasse Kaffee an einem anderen Tischchen zu trinken. Das muß ja jeden brüskieren, so eine abweisende Art. Woher soll er schließlich wissen, wie fröhlich, nett und unterhaltsam sie doch sein kann. „Meine
15 Haare sitzen schlecht", denkt sie und fummelt an ihrem Schal herum, den sie bei dem naßkalten Wetter um den Kopf trägt und den sie runtergeschoben hat. Gerade heute will sie zum Friseur. Warum hat sie sich nur weggedreht? Von hinten
20 sieht sie doch noch schlechter aus mit ihren Haaren.
Sicher kocht er sich auch nicht gern Kaffee, um ihn dann allein zu trinken. Sie jedenfalls hat sich in sieben Jahren - so lange ist ihr Mann tot -
25 nicht daran gewöhnt, morgens allein Kaffee zu trinken. Sie bekam ihn von ihrem Mann immer ans Bett gebracht, jeden Tag. Erst dann konnte sie aufstehen. Jetzt taumelt sie jeden Morgen ohne Muntermacher unter die Dusche, zieht sich
30 an. Ihr erster Gang führt sie zum Bäcker. Sie nimmt dann immer ein Brötchen mit nach Hause. Mal ein Roggenbrötchen, eine Baguette oder ein Mohnbrötchen. Am Sonnabend, wenn die Menschen Schlange stehen, um fürs Wochenen- de Brot und Brötchen einzukaufen, holt ihr die 35 Dame vom Kaffeestand das Brötchen, damit sie nicht solange anstehen muß.
Ganz bestimmt lebt er allein, wie sie. Ist er nun Junggeselle, Witwer oder geschieden? Sorgen scheint er nicht zu haben. Sein Gesicht strahlt 40 Heiterkeit aus, obwohl er nie lacht. In seinen Augen ist etwas, das sie irritiert. Dabei hat sie doch nur mal ganz schnell hineingeschaut, als er es nicht bemerkte. Was für Interessen mag er haben? Vielleicht Theater oder Musik? Ja, be- 45 stimmt Musik. Er sieht so aus. Sie glaubt, man könnte mit ihm eine Oper genießen. Er würde sie abholen. Nein, sie würden sich im Foyer der Oper treffen. Nicht zu spät, um sich noch ein wenig einzustimmen. Wenn sie ihren Platz dann 50 eingenommen haben, nimmt er ihre Hand. Bei einer besonders schönen Arie und den Klängen herrlicher Musik würde er sie streicheln, ihre Hand. Es wird ihre Sinne für eine Weile verzaubern. In der Pause wandeln sie auf dem mit ro- 55 tem Teppich belegten Gängen, unterhalten sich. Er legt seinen Arm leicht um ihre Schultern. Sie sieht nach rechts und nach links und ist stolz darauf, auch einen Begleiter zu haben, wie all die anderen, die hier wandeln. Vielleicht trinken 60 sie ein Glas Sekt. Sie wird ihn dazu einladen, denn sie weiß ja nicht, ob er auch so eine gute Rente hat wie sie. Und Sekt in der Oper ist teuer.

65 Interessieren würde es sie, ob der Eindruck wohl stimmt, den sie von ihm hat. Aber das wird sie nie herausfinden. Denn er wird sie nie ansprechen. Vergeblich wird sie darauf warten. Sie gibt ihm ja auch keine Gelegenheit. Ist er da, starrt 70 sie nur in ihre Kaffeetasse und rührt darin. Komisch, jedem anderen Typen guckt sie ohne Hemmungen ins Gesicht. Sie könnte ihn doch zum Beispiel mal streifen, so aus Versehen und sich dann lächelnd entschuldigen, oder einfach 75 sagen: „Na, schmeckt Ihnen der Kaffee zu Hause auch nicht, so allein?" Aber wahrscheinlich hat sie Angst, keine Antwort zu bekommen oder als aufdringlich zu gelten. Einmal stellte er sich neben sie an das kleinen Tischchen. Drei halbe Brötchen hatte er gekauft. Ja, ein Mann braucht 80 halt ein bißchen mehr zum Frühstück. Dabei ist er schlank, sieht sportlich aus und sehr gepflegt. Woher soll dieser Mensch nun wissen, daß sie sich für ihn interessiert? Warum kann sie nicht über ihren Schatten springen? Und das im Zeital- 85 ter der Emanzipation. Emanzipation, was für ein Wort. Es ist das Schlagwort der jüngeren Generation.

Für sie bleibt's halt immer ein schöner Traum, und sie ist damit zufrieden. Träume können nicht 90 zerstört werden.

In unserem Alter. Lebensgeschichten. Reinbek 1992, S. 35 ff.

Maria-Theresia Görres: **Drei alte Schrullen**

's sitzen hier drei alte Schrullen,
schlucken viele Schinkenstullen,
picken Pillen aus Schatullen,
um in Schlaf sich einzulullen,
kriegen Spritzen aus Ampullen,
meiden Fleisch von mag'ren Bullen,
leider sehr als Geistes-Nullen,
trösten sich mit Schnapses-Pullen
Jemine! - Wir armen Schrullen!

In unserem Alter. Lebensgeschichten. A.a.O., S. 193.

Gabriele Wohmann: **Nachwinken, Abwinken**

(...)

II

Sie trauen ihr wirklich
Gar nichts mehr so richtig zu
5 Sie ist jetzt regelmäßig
Dieser Anlaß zum Bedauern
Mit jemandem wie ihr
Macht man am besten ab und zu
Kleine Scherze am Telefon
10 Verstellt die Stimme
Schickt zärtliche Reime
Zum Einschlafen
Kündigt einen endlich mal
Schön ausführlichen Kaffeebesuch an
15 Dann aber, liebe Mutter, dann
Reden wir über alles
Mit ihrer Zeit kann man völlig frei

Verfahren, sie muß ja
Alles immer einrichten können
20 Sie ist jetzt so froh:
Am 19.3. um 15 Uhr 30!
Das gibt eine Abwechslung, Mutter!
Es wird so turbulent sein
wie in alten Tagen.

25 III

Schluß jetzt mit dem Winken!
Jetzt ist sie wirklich so froh
Und wird für *alleingelassen* gehalten
Sie fühlt sich erleichtert
30 Eigentlich sind ihr neuerdings
Diese ganzen jüngeren Leute
Ein bißchen langweilig

Weil sie nicht mehr gut hört
Doch der höfliche Enkel, der laut sprach
35 Hat nicht gemerkt
Zuhören wollte sie nicht!
Gustav Mahler und diese Parallelen
Wie doch das Ernsthafte eine Spur
Lächerlich wirken kann
40 „Lauter Wiederholungen"
Denkt sie manchmal
Und immer öfter
„Das hatte ich schon"
Und die Enkelin
45 Gibt ihr, dieser Alten, zuliebe
Etwas an mit komischen
Nachmittagsabenteuerlichkeiten
Wenn sie mit vier Freunden zusammen
Diese - sind das nicht verbotene? -
50 Zigaretten raucht
Sie meint doch

Genau wie ihr Bruder
Und wie alle Jungen
Daß es grundsätzlich hochinteressant sei:
55 Sämtliches Jungsein mit Studium
Mit Ausflippen, einfach schließlich
Gefährlich und entscheidend
Ach, und mit sehr feierlichen Gesichtern
Beschwören sie nun alle
60 Die leider leider vergangene Menschlichkeit
Von Großfamilien herauf
So wie die Leute früher zusammenhielten
Großmutter, liebe Mutter, so fänden
Schon auch wir die Verhältnisse besser
65 Sie sehen jetzt gnädig aus
Aber weiterhin nicht besonders glücklich.
Die Frau gibt nach und läßt sich
Weiter für ein bißchen unglücklich halten.

Komm, lieber Mai. Darmstadt/Neuwied, 1981, S. 105 f.

Gespräche

Gespräch und Gespräch, das ist nicht dasselbe. Es gibt viele Arten von Gesprächen. Manche Gespräche kommen uns, wenn wir sie von außen betrachten, sehr sinnlos vor, andere wiederum erscheinen uns sinnvoll. Aber ehe wir Beispiele aus unserem reichen Erfahrungsschatz herauskramen und sie beurteilen, mag es ganz nützlich sein, sich einmal ein paar - genau drei - recht unterschiedliche Gespräche anzusehen. Eigentlich hört man Gespräche ja, aber hier haben wir sie ausnahmsweise schriftlich vor Augen. Und das hat, bei mancherlei Nachteilen, auch Vorteile - sie liegen auf der Hand.

Der Erlkönig

Onkel Heinz: Jörg, was macht die Schule?
Mutter: Jörg kommt sehr gut mit!
Tante Ruth: Unsere machen sich auch prächtig.
5 Helmut will Betriebswirtschaft studieren!
Mutter: Soll ich noch neuen aufsetzen?
Onkel Heinz: Die lernen heute überhaupt keine Gedichte mehr.
Vater: In Betriebswirtschaft?
10 *Onkel Heinz*: Nein, in Deutsch, mein' ich.
Onkel Gert: Wußtet ihr schon, daß Jägerschnitzel aus Jägern gemacht werden? Hohohoho.
Tante Ruth: Also, für mich nicht. Heinz? Du noch Kaffee?
15 *Jörg*: Sprechakttheorie.
Vater: Du sollst in ganzen Sätzen sprechen!
Tante Heidi: Wir haben früher immer alles auswendig gelernt, das vergißt man sein Leben nicht.
20 *Vater*: Heute machen die nur noch so Sachen. Ihr hört es ja.
Mutter: Wir auch. Schillers Glocke auch.

Tante Ruth: Und die Räuber, nein, die Bürgschaft. Die Bürgschaft!
Vater, steht auf: Wer reitet so spät durch Nacht 25 und Wind!!
Onkel Heinz: Der Erlenkönig, mit Kron und Schweif.
Onkel Gert: Wie kommt der Bock in die Bockwurst? Hohohoho. 30
Tante Ruth: Heinz, der Junge!
Vater: Wie ging das noch weiter ... er hält ihn sicher, er hält ihn warm ... Ruth?
Tante Ruth: Ja, er hält ihn sicher, er hält ihn warm im Arm. 35
Tante Heidi: Das lernen die heute alles nicht mehr. Da hat man doch sein Leben lang was von.
Onkel Gert: Was ist der Unterschied ...
Tante Ruth: Gert! 40
Mutter: Gert war immer so, schon in der Schule.
Tante Heidi: Ich hab's: Meine Töchter wiegen und tanzen dich ein.
Onkel Gert: Ich hab' nichts gesagt!
Mutter: In seinen Armen, das Kind war tot ... 45

274

Tante Heidi: Jörg, Jörg, was ist? Du, ich glaube, Jörg hat Fieber.

Der Text

Onkel Heinz: Jörg, du hattest da vorhin so einen
50 Text. Fand ich interessant. Kannst du den mal holen?
Mutter: Was für einen Text?
Onkel Heinz: Aus der Schule. - Er hat ihn schon. - Lies ihn doch bitte mal vor, Jörg.
55 *Jörg:* Wenn es dämmert
    und der morgen
    seine mütze aufsetzt
    loszuziehen in den tag
    gehen auf seinen schultern
60   viele stimmen spazieren
    um kurz zu besprechen
    die wunder der welt
    in mützengeschichten
Tante Ruth: Das ist aber ein komischer Text.
65 Daß sich der Tag eine Mütze aufsetzt, finde ich lustig.
Vater: Ja, das klingt ganz witzig. Nur, viel anfangen kann ich damit nicht. Was will der Verfasser denn damit sagen?
70 *Onkel Gert:* Den Verfasser können wir nicht fragen. Der ist nicht hier. Wir können nur uns fragen: Was lesen wir heraus aus dem Text?
Tante Heidi: Ich setze einfach mal einen Menschen, vielleicht mich selbst, mit dem gerade
75 beginnenden Tag gleich. Der heraufdämmernde Tag und ich, wir machen uns fertig für die Ereignisse, die da kommen sollen.
Vater: Das kann man doch auch so sagen, wie du es jetzt gesagt hast, Heidi, dazu brauchen wir
80 doch keine Mütze.
Onkel Heinz: Das stimmt zwar, aber ist nicht die kleine Tagesbeginn-Handlung im Bild der Mütze, die sich nicht irgendeiner, sondern der Tag aufsetzt, viel anschaulicher und eindringlicher?
85 *Onkel Gert:* Und was empfindet ihr, wenn auf seinen Schultern, auf den Schultern des losziehenden Tages, viele Stimmen spazieren gehen?
Tante Ruth: Und das sind ja nicht irgendwelche Stimmen, sondern ganz wichtige. Die besprechen
90 nämlich die Wunder dieser Welt - kurz.
Mutter: Also, wenn ich höre, daß etwas auf meinen Schultern ist, dann ist mir sofort klar, daß ich es tragen muß. Es lastet auf meinen Schultern.
95 *Onkel Heinz:* Ganz richtig. Das geht uns ja allen so: Man steht früh auf und bedenkt, was sich an diesem Tag alles ereignen kann, welche Arbeiten, Probleme, womöglich Unannehmlichkeiten vor einem liegen, und vielleicht schießen mir
100 auch kurz ein paar Gedanken über Umweltschutz, Ozonloch und die gefährliche Müllkippe am Stadtrand durch den Kopf.
Vater: Und ich kann mir vorstellen, wenn ich ganz früh, in der Dämmerung, durch leere Stra-
105 ßen zur Arbeit gehe, und unter den Bäumen am Bach entlang, dann melden sich solche Stimmen noch mehr, intensiver - so zwischen Tag und Traum.
Tante Ruth: Hier eher umgekehrt, zwischen
110 Traum und Tag. Die Gedanken der Nacht, die Gefühle, die Träume, sind noch nicht ganz aus uns raus, und die Gedanken des Tages, die Kalkulationen, Abschätzungen sind noch nicht ganz gegenwärtig.
115 *Tante Heidi:* Jetzt verstehe ich den Text viel besser als am Anfang. Aber - was meinst du, Jörg, was hat es da am Schluß mit den Mützengeschichten auf sich?

120 *Jörg:* Ich weiß nicht genau. Klar ist, daß der Schreiber hier den Anfangsgedanken „seine Mütze aufsetzt" wieder aufgreift. Die Mütze, die sich der Tag aufsetzt, steht nicht als isolierter Einfall da. Er wird fortgesetzt, sogar zu einem
125 Ende gebracht.
Onkel Gert: Ich sehe das so: Wenn ich da morgens ganz früh - so zwischen Traum und Tag, wie ihr sagt - vor mich hin gehe und vor mich hin denke, dann findet die ganze Welt eben nicht
130 in der ganzen Welt, sondern in meinem kleinen Kopf unter meiner kleinen Mütze statt. Was sich da in meinem Kopf abspielt, das ist keine Weltgeschichte, das sind Mützengeschichten.
Tante Heidi: Die abstrakte, für uns abstrakte
135 Weltgeschichte, die wir ja nur aus den Medien erfahren, wird in Geschichten aufgelöst …
Tante Ruth: Übersetzt!
Tante Heidi: Ja, übersetzt. Und damit finden die Wunder der großen weiten Welt eigentlich - für
140 uns - nicht sonstwo, sondern in unserem Kopf statt.
Onkel Heinz: Also, Jörgs kleiner Schultext hat uns eine ganze Menge Stoff zum Nachdenken geliefert. Oder?
145 *Jörg:* Was mein Lehrer wohl sagt, wenn ich ihm mit unseren Ideen komme?

texten + schreiben 8/89, S. 18 f.

Bettina Töpfer: Ein freundschaftlicher Anruf

„Meineke?!"

„Jutta!"

„Ja, wer spricht denn da?"

„Na, jetzt rate mal."

5 „Ich weiß nicht..."

„Ist schon ziemlich lange her."

„Sagen Sie mir doch bitte, ..."

„Frankfurt!"

„Ja. Hmmm."

10 „Christa!"

„Christa?"

„Na, also hör mal! Mehr als ein Jahr habe ich die
Bank hinter Dir gedrückt und Du kannst Dich
nicht mehr an mich erinnern?!"

15 „Ja, doch ..."

„Christa Holthusen."

„Ach so. Ja, Du entschuldige, aber die Schul-
zeit habe ich doch schon in der Schublade ganz
unten abgelegt."

20 „Macht ja nichts. Geht mir doch ähnlich. Aber
ich war gerade wieder in Frankfurt und habe
ganz zufällig Jochen Schneider getroffen. Er ist
ja inzwischen niedergelassener Arzt am Stadtrand. Und der hat mir auch erzählt, daß Du in
25 den Journalismus gegangen bist und jetzt in
München lebst. Und da ich nächste Woche nach
Mailand muß, dachte ich, wir könnten uns in
München zumindest mal wieder auf einen Kaffee
treffen. Was meinst Du?"

30 „Ja, sicher. Wo und wie lebst Du denn jetzt?"

„Mal hier, mal da. Ich bin viel unterwegs. Im
Moment will ich mich auch wieder ein wenig
mehr auf das Journalistische verlegen. Würde
Dir Dienstag passen? Also, ich habe am Mitt-
35 woch meinen Termin in Mailand. Eigentlich
könnte ich auch schon Samstag runterkommen,
wenn ich es recht überlege. Wir' müssen doch
unheimlich viel nachholen, nachdem wir über
zehn Jahre nichts mehr voneinander gehört ha-
40 ben."

„Das wäre sicher besser als nur auf einen Kaffee. Da würde die Zeit zum Erzählen bestimmt
nicht ausreichen, wenn ich so höre, was Du für
ein aufregendes Leben führst und mit wem Du
45 noch so Kontakt hast."

„Also, dann komme ich am Samstag. Aber ich
hasse Hotels. Du kannst das sicher nachempfin-
den. Dein Job zwingt Dich ja sicher auch ständig
in diese ewig gleichen Luxusschlafkabinen."

50 „Irgendwie schaffen wir es schon, für Dich ein
Bett in meinem trauten Zwanzigquadratmeter-
heim aufzuschlagen. Ich freue mich auf Dich.
Es ist ja so schwer, nach Schule und Studium
noch echte Freundschaften aufzubauen. Da

werden Freundschaften nur nach ihrem berufli- 55
chen Nutzen angebahnt."

„Ja, das kenne ich. Scheußlich! So eine alte
Freundschaft wie die unsere trägt da doch ganz
anders. Ich denke, ich sollte gleich den Intercity
um acht nehmen. Dann komme ich gegen zwölf 60
an."

„Ich hole Dich ab."

„Fein. Ach, sag mal, bei welchem Blatt arbeitest
Du denn eigentlich? Ich frage das nur, damit ich
mich vorher gegebenenfalls ein wenig in Deine 65
Schreibe einlesen kann. Denn das Werk erzählt
ja viel von seinem Schöpfer."

„Zur Zeit bin ich bei einem Verlag für medizinische Fachzeitschriften."

„Von der Materie verstehst Du etwas? Donner- 70
wetter!"

„Mit den Inhalten habe ich nicht viel zu tun. Ich
arbeite in der Verwaltung dieses Verlages,
nachdem die Jugendzeitschrift, bei der ich bis
vor einem Jahr angestellt war, mit einem größe- 75
ren Blatt fusioniert hat und die Redaktionen zur
Hälfte wegrationalisiert wurden. Da war ich
froh, überhaupt irgendwo in der Branche unter-
zukommen. Aber davon erzähle ich Dir am Wochenende mehr." 80

„Mit Deinem Ehrgeiz wirst Du es bestimmt
schaffen, wieder zum Schreiben zurückzukom-
men."

„Das hoffe ich auch. Aber ich fürchte, daß mir
dazu die richtigen Verbindungen fehlen." 85

„Nun guck sich das einer an. Das ist doch nicht
zu glauben. Jetzt wollte ich gerade unser Treffen
in meinen Kalender eintragen, und was sehe ich
da? Meine Sekretärin hat einen Kongreß für das
Wochenende eingetragen, ohne es mir zu sagen. 90
Jutta, das tut mir aber leid. Da muß ich hin, ob
ich will oder nicht. Nun müssen wir unser Treffen doch noch mal verschieben."

„Wollen wir es dann wenigstens bei der Verab-
redung zum Kaffee am Dienstag lassen? Jetzt 95
hast Du mich schon so neugierig gemacht."

„Tja, weißt Du, das würde ich ja sehr gern, aber
der Kongreß findet in Genf statt und ist erst am
Montag zu Ende. Und am Dienstag dann von
Genf über München nach Mailand zu fahren, 100
macht nun wirklich keinen Sinn, nicht wahr?
Aber es wird sich bestimmt bald eine andere
Gelegenheit ergeben, um unsere Erinnerungen
aufzufrischen. Ich rufe dich wieder an, ja!?"

„Ja, sicher." 105

„Bis dahin alles Gute für Dich! Auf bald."

Anton Leitner u.a. (Hrsg.): Eiszeit - Heißzeit. München 1988,
S. 392 ff.

Peter Härtling: **Zwei Versuche, mit meinen Kindern zu reden**

I
Ich wollte dir erzählen,
mein Sohn,
im Zorn
5 über deine scheinbare
Gleichgültigkeit,
über die eingeredete
Fremde
zwischen uns,
10 wollte ich dir erzählen,
zum Beispiel,
von meinem Krieg,
von meinem Hunger,
von meiner Armut,
15 wie ich geschunden wurde,
wie ich nicht weiterwußte,
wollte dir
deine Unkenntnis
vorwerfen,
20 deinen Frieden,
deine Sattheit,
deinen Wohlstand,
die auch
die meinen sind,
25 und während ich schon
redete,
dich mit Erinnerungen
prügelte,
begriff ich, daß
30 ich dir nichts beibrächte
als Haß und Angst,
Neid und Enge,
Feigheit und Mord.
Meine Erinnerung ist
35 nicht die deine.
Wie soll ich
dir das Unverständliche erklären?
So reden wir
über Dinge,
40 die wir kennen.
Nur wünsche ich
insgeheim,
Sohn, daß du, Sohn,
deinem Sohn
45 deine Erinnerung
nicht verschweigen mußt,
daß du
einfach sagen kannst:
Mach es so

50 wie ich,
versuche
zu kämpfen,
zu leben,
zu lieben,
55 wie ich,
Sohn.

II
Ich wollte dir erzählen,
meine Tochter,
60 von meiner ersten
Liebe,
von dem Schrecken
einer
fremden Haut,
65 von trockenen
suchenden
allmählich
feucht werdenden
Lippen,
70 vom Atem,
der einem
ausgeht,
von Wörtern,
die Luftwurzeln haben
75 von der Sehnsucht,
für einen Augenblick
so zusammen
in der Mitte der Erde,
der Kugel Erde,
80 ruhen zu können,
der Kern,
um den alles
sich dreht.
Und am Ende,
85 Tochter,
roch ich unseren Schweiß,
die Mühe unserer
Liebe,
wie den von Fremden
90 und wußte,
daß Glück
so fremd riecht.
Du sollst es auch wissen,
Tochter.

Ernst Reiling (Hrsg.): Ein Schritt zurück nach vorn. Greven 1983, S. 135 ff.

Arthur Schopenhauer: Gespräch von Anno 33

A. Wissen Sie schon das Neueste?
B. Nein, was ist passiert?
A. Die Welt ist erlöst!
B. Was Sie sagen!
A. Ja, der liebe Gott hat Menschengestalt angenommen und sich in Jerusalem hinrichten lassen:

dadurch ist nun die Welt erlöst und der Teufel geprellt.
B. Ei, das ist ja ganz scharmant.

Arthur Hübscher (Hrsg.): Der handschriftliche Nachlaß. Frankfurt a.M. 1975.

Fitzgerald Kusz: **es gäihd**

wäi gäihds?
es mou scho gäih
und selbä
wäis hald su gäihd
5 su gäihds hald
bis ämall nimmä gäihd
obbä su gäihds
es gäihd mall su
oddä su
10 haubdsach es gäihd
es gäihd immä weidä
es is immä weidägangä
es mou immä weidägäih

bis etz is immä weidägangä
15 dou gäihd einfach
ka wech droo vobei
und wenns ämall
nimmä weidägäihd
nou gäihds widdä
20 vo vorn lous
joo
su schnell
kanns gäih

Anton Leitner u.a. (Hrsg.): a.a.O., S. 253.

Gerüchteküche

Haben Sie schon gehört? Von dieser Frau, die im Kaufhaus einen Mantel anprobierte, ihre Hand in die Manteltasche steckte und von einer Schlange gebissen wurde? Oder davon, daß man 5 AIDS bekommen kann, wenn man in öffentlichen Schwimmbädern badet? Keine der beiden Geschichten ist wahr, es sind „nur" Gerüchte, die aus der Gerüchtesammlung des Psychologen Allan J. Kimmel vom Fitchburg State College in 10 Fitchburg, Massachusetts stammen. Kimmel befaßt sich seit langem mit dieser Thematik, um herauszufinden, wie Gerüchte entstehen und wie sie kontrolliert werden können.
Die Kontrolle von Gerüchten hält Kimmel für 15 immer wichtiger, da sie zunehmend Schaden anrichten. Beispielsweise können Gerüchte über AIDS Ängste schüren, die die Arbeit von Ärzten und Beratern erschweren können. Und so manches Gerücht hat auch Unternehmen schon um 20 Millionen Einnahmen gebracht. Wie zum Beispiel jenes über ein amerikanisches Fruchtsaftgetränk: Die Konkurrenz hatte das Gerücht in Umlauf gesetzt, die Firma würde vom Ku-Klux-Klan kontrolliert und das Getränk würde eine Substanz enthalten, die schwarze Männer un- 25 fruchtbar macht.
Wie neuere Studien zeigen, greifen Menschen besonders jene Gerüchte auf, die bereits vorhandene Ängste thematisieren (wie eben zum Beispiel die Angst vor AIDS). Der Psychologe 30 Ralph Rosnow testete die Bereitschaft von Studenten, Gerüchte zu verbreiten, nachdem eine Studentin der University of Pennsylvania ermordet worden war. Rosnow setzte mehrere verschiedene Gerüchte über den Mord in Umlauf: 35 Einmal war das Mädchen zufälliges Opfer eines Überfalls, ein andermal wurde es von einem ehemaligen Liebhaber getötet. Gleichgültig, wie viele Gerüchte die Studenten gehört hatten, sie erzählten jenes weiter, das für sie selbst am 40 meisten Ängste auslöste: das Gerücht, die Studentin sei rein zufällig Opfer geworden. Das nämlich, erklärt Rosnow, kann jedem passieren und macht mehr Angst als die Vorstellung, ein ehemaliger Partner könnte sich rächen. 45
Warum aber erzählen Menschen Geschichten, die ihnen im Grunde Angst machen? „Gerüchte", erklärt Rosnow, „sind eine Art

Hypothese, eine Spekulation, die den Menschen hilft, in eine als chaotisch und bedrohlich erlebte Welt etwas Sinn und Ordnung zu bringen."
Wer immer Opfer eines Gerüchtes geworden ist, ob als Privatperson oder als Unternehmen, sollte offensiv dagegen vorgehen, raten die Gerüchteforscher. Zwar macht man dadurch noch weiter auf das Gerücht aufmerksam, aber gleichzeitig liefert man neue Informationen. Wer immer dann das Gerücht ohne die zusätzliche Information weitergibt, läuft Gefahr, sich lächerlich zu machen.

Psychologie heute. 09/92, S. 16.

Ham' Se gehört?

Der Gießener Soziologe Jörg Bergmann sagt, weshalb Klatschen zwar unanständig, aber wahnsinnig positiv ist

Stern: Klatschen gilt hierzulande nicht gerade als anständig ...

Bergmann: ... Klatschen ist in allen Kulturen geächtet, aber alle tun es.

Stern: Frauen mehr als Männer?

Bergmann: Jedenfalls gelten sie weltweit als Klatschmäuler. Nur bei den Tchambuli, einem kleinen pazifischen Stamm, ist das Vorurteil genau umgekehrt. Tatsächlich besteht kein großer Unterschied.

Stern: Was ist eigentlich Klatsch?

Bergmann: Das abträgliche Reden über Privatangelegenheiten von nichtanwesenden Personen, die man gemeinsam kennt.

Stern: Über wen zerreißt man sich gern das Maul?

Bergmann: Über Leute, die irgendwie anders sind, über Nachbarn, Kollegen und besonders über Vorgesetzte. Man kratzt an deren Fassade, versucht sie auf ein Normalmaß zurechtzustutzen. Da spielt Neid mit. Und man bekommt etwas vom Glanz des Höhergestellten ab, wenn man private Dinge über ihn weiß.

Stern: Warum wird gerade in Firmen soviel geklatscht?

Bergmann: Erstens gönnt man sich gerne die Pause. Dann kennt man zwar viele Kollegen, ist aber meist aktuell nur mit wenigen zusammen. Man kann also oft über Abwesende reden. Und schließlich lassen sich so viele Aggressionen und Konflikte „abfackeln".

Stern: Wie legt man als Klatsch-Profi los?

Bergmann: Man fängt langsam und unschuldig an: „Hast du mal wieder was vom Helmut gehört, der hat sich ja das Bein gebrochen?" Wenn dann der andere sagt: „Der Ärmste, und wie geht's ihm sonst?", dann will er mehr wissen.

Stern: Und wie geht's weiter?

Bergmann: Es wird unheimlich spekuliert. Man weiß, der Helmut lebt alleine, und man hat zwei Zahnbürsten bei ihm im Bad gesehen. Dann ist eins und eins gleich zwei. Das ist die Weltformel des Klatsches. In dieser Phase kommt es zu falschen Urteilen, die auch wieder eingeschränkt werden. Damit werden Normen ausgetestet. Man will sehen, wie weit bestimmte Ansichten von anderen geteilt werden.

Stern: Also Klatsch als Mittel sozialer Kontrolle?

Bergmann: Eher in dörflichen Gemeinschaften. In der modernen Gesellschaft hat der Klatsch mehr eine Unterhaltungsfunktion. Man redet etwa über die Homosexualität eines Kollegen, aber man will ihn nicht ändern. Klatsch ist zudem ein wichtiger Informationskanal. Und er wirkt stark gemeinschaftsbildend.

Stern: Wenn das Gerede so eine positive Wirkung hat, warum ist es dann so verpönt?

Bergmann: Es greift eben in die Privatsphäre ein. Und nur weil es so verpönt ist, gilt es als Vertrauensbeweis, wenn man sich mit jemandem zu klatschen traut. Das ist es, was gemeinschaftsbildend wirkt.

Stern: Wann und wie sollte man sich wehren, wenn über einen geklatscht wird?

Bergmann: Zunächst mal: Schlimmer ist, wenn keiner über einen redet. Dann interessiert sich nämlich niemand für einen. Aber wenn es wirklich schadet, gibt es zwei Möglichkeiten. Die einfachere: Allgemein sagen „Laßt das, das ist nun wirklich privat". Oder versuchen, die Klatschenden direkt zur Rede zu stellen. Dann werden aber vielleicht auch Beweise verlangt, daß das Getratsche nicht stimmt.

Stern: Über was könnten wir beide denn mal klatschen?

Bergmann: Ich könnte Ihnen zum Beispiel sagen, wen ich vom „Spiegel" kenne und was der ...

Stern: ... okay, ich schalte mal das Tonband ab.

Stern 23/1993, S. 104.

Ich sehe zum ersten Mal,
wie ein Mensch stirbt.
Gedanken: An Gott und die
Welt und an mich selbst.
5 Die Frage: Warum?
Und der Tod, zartbitteren Geschmacks,
das Erlebnis, einen Menschen
sterben zu sehen, bildet
plötzlich eine ballonartige
10 Leere in meinem Körper.
Mir dröhnt der Kopf.
Und übrigbleiben trockene Tränen und
die hoffnungslose
Stille.

15 Das schrillende Quietschen von Bremsen riß
mich aus meiner Gedankenwelt heraus.
Als ich mich umdrehte, war alles schon passiert.
Mitten auf der Kreuzung stand ein dunkles Au-
to.
20 Ein Mann stieg hastig aus.
Nervosität spiegelte sich in seinen Gesichtszü-
gen.
Er starrte vor seinen Wagen und wurde noch
hastiger.
25 Plötzlich quietschten wieder Reifen und unter
tobenden Motoren entfloh er meinem Auge.
Ich konnte weder das Kennzeichen noch das
Fabrikat des Autos bestimmen.
Das einzige, auffallende Merkmal an dem Wa-
30 gen war, daß die Farbe abstoßend dunkel, fast
schon schwarz wirkte.
In wilder Panik fuhr er weg.
Nichts blieb zurück.
Nichts, als die verronnenen Sekunden, nicht
35 mehr einholbar und irgendein Gegenstand oder
ähnliches, das auf der breiten Fahrbahn, wie da-
hingeklatscht da lag.
Schon strömten Menschenmassen herbei.
Von allen Seiten kamen sie.
40 Ein dichter Kreis bildete sich um die Stelle und
immer mehr kamen dazu.
Stimmen wirrten zusammen.
Ich ging auch dorthin, weil sich in mir eine na-
gende Neugier breitmachte.
45 Als ich näherkam, nahm ich wehmütig Wortlaute
entgegen.
Eine Frauenstimme klagte: „Ach, das arme
Ding!"
Eine andere Stimme fast zur selben Zeit: „Mein
50 Gott! So etwas Putziges muß nun unter die Räder geraten?"

Eine dumpfe Männerstimme schimpfte dagegen:
„So ein Schwein! Haut einfach ab!"
Eine ältere Frau, die genau vor mir stand, be-
schuldigte lässig in die Menge: „Naja! Ich will ja 55
nichts sagen, aber es ist doch selbst schuld,
wenn es hier auf der Straße rumstreunt."
Ich versuchte mich in die Menge hineinzudrän-
geln, um endlich zu erkennen, was da nun auf
dem Boden lag. 60
Wahrscheinlich ein Hund oder eine herrenlose
Katze, dachte ich mir dabei.
Bald sollte ich es genauer wissen.
Ein Mann, der den ganzen Tumult mit angesehen hatte, rannte mit einer schwarzen Tasche in 65
der Hand zur Unfallstelle und versuchte in die
Mitte zu gelangen.
„Ich bin Arzt. Lassen Sie mich bitte durch", befahl er trotzdem in einem weichen Ton. Doch
seine Stimme ging in dem endlosen Quaken un- 70
ter.
Er versuchte sich durchzudrängen.
Ein Klotz von einem Mann packte ihn am Kra-
gen und brüllte ihn an: "Was soll das Kumpel!
Durchdrängeln gibts hier nicht! Hast Du ka- 75
piert?"
Er war bleich geworden. Trotzdem setzte sich
seine energische Stimme durch: „Ich bin Arzt,
zum Donnerwetter noch einmal! Lassen Sie
mich endlich durch!" 80
Der Klotz wurde augenblicklich rot und nahm
verschüchtert die Hände weg und bahnte ihm
einen Weg zur Mitte.
Ich war währenddessen nicht sehr weit gekommen. 85
Ich wurde in diesem geschlossenen Kreis hin-
und hergeschoben und versuchte wahrzuneh-
men, was im Zentrum weiterpassierte. Die Leute
waren jetzt in Diskussionen vertieft und sabber-
ten etwas von perfekter Gesellschaft und ver- 90
dorbener Jugend und niemand nahm mehr wahr,
was dort auf dem Boden lag.
Wahrscheinlich wußten sie nicht einmal, daß sie
mitten auf der Fahrbahn standen.
Der Arzt kniete womöglich, denn ich hörte seine 95
Stimme von sehr weit unten, leise, mit einem
Unterton der Selbstbeschuldigung in mein Ohr
dringen: „Scheiße!"
„Rufen Sie einen Krankenwagen", sagte er dann
fast mit einem flüsternden Ton zur Menge. 100
Und plötzlich bebte seine Stimme: „Sie sollen
einen Krankenwagen rufen, hab' ich gesagt!"
Unter schrillen Sirenen und dumpfem Blaulicht

bremste der Krankenwagen. Zwei Männer mit
105 weißen Kitteln drängten sich zur Mitte; sie trugen eine Bahre mit sich.
Sie luden das Opfer auf die Bahre.
Als sich die Menge endlich löste und ich kurz
vor der Bahre stand, erkannte ich darauf ein
110 kleines Mädchen, höchstens fünf Jahre alt.
Keine Katze oder ein Hund!
Nein!
Da lag ein kleines Kind auf der Bahre und war
tot.
115 Tot!
Ihr Gesicht: Angstverzerrt von den letzten Se-
kunden ihres Lebens.
War voller Blut.
Sie lag unter einer roten Maske
120 Ihre Augen: Hervorgequollen. Wie zwei Kugeln
in die Leere starrend, trafen plötzlich meine.
Für eine unendliche Sekunde.
Ich war wie ausgetrocknet.

Nur eine Kruste im Dasein.
Zwei Türen klappten zu. 125
Ein Motorengeräusch entfernte sich.
Übrig blieben Leute, die einzeln oder zu Paaren
verschwanden, dorthin, wo sie herkamen.
Leute, die den ganzen Vorfall schon aus ihrem
Gedächtnis gelöscht hatten. 130
Was war das für eine Welt?
Ich stand nun ganz alleine auf der breiten Fahr-
bahn.
Es hupte in meinem Rücken.
Ich drehte mich zum Gehen und unwillkürlich 135
liefen salzige Tränen über mein Gesicht.
Ich verstand sie nicht.

Autorenlesung des 5. Workshop Schreiben 1982
Berliner Schüler stellen eigene Texte vor
Hrsg. Heinz Blumenrath, Gundel Mattenklott, Pädagogisches
Zentrum Berlin 1982.

Klaus Bonhoeffer: **An Cornelie, 10**

März 1945. Gefängnis Lehrter Straße

Liebe Cornelie!
Du hast mir einen so hübschen Kalender gemacht. Auch Dein Buchzeichen gefällt mir sehr
gut. Es sind wohl Deine schönsten Märchenbil-
5 der, die Du darauf geklebt hast. Immer wenn ich
nun mein Buch aufschlage, denke ich, was
macht wohl jetzt meine Cornelie. Macht sie
Schularbeiten, hilft sie im Haus, oder geigt sie
gerade? Dann sind meine Gedanken bei Euch
10 und wollen sich nicht trennen, so wie man sich
von einem schönen Traum nicht losreißt. Das ist
dann viel schöner als Lesen. So ein Buchzeichen
hast Du mir gemacht.
Den ganzen Winter haben mich an meinem Fen-
15 ster Spatzen besucht. Jetzt singt draußen morgens und abends schon eine Drossel. Auf meinem Tisch stehen Kätzchen, die mir Mama gebracht hat. Nach dem unbehaglichen Winter
werdet Ihr Euch vielleicht zum ersten Mal rich-
20 tig auf den Frühling freuen. Mach nur die Augen
auf und sieh, wie es sich im Unscheinbaren
überall zu regen beginnt. Das ist die geheimnisvolle Zeit. Dann plötzlich kommt es mit Macht
auch über uns, das neue Leben mit Freude und
25 neuem Mut. Nehmt es nur so hin und genießt es

mit frohem Herzen. Es ist ein Geschenk des
Himmels. Denk Dir, es gibt Länder, die kennen
den Frühling nicht. Da sind die Menschen auch
anders.
Wenn Du so gern bei Tante E. bist, fange doch 30
auch an zu zeichnen. Wenn sie Dir erst mal
zeigt, was Du falsch machst, wird es bald besser
und macht Freude. Du kannst ja Mama damit
zum Geburtstag überraschen. Die Augen gleiten
so leicht über Schönes hinweg. Ich freue mich 35
jetzt hier sogar an dem Blick auf die Gefängnis-
mauer. Die oberen Backsteine glühen zart in der
Morgensonne und abends sind sie der ernste
Vordergrund einer fernen Welt. Ein Stern
leuchtet freundlich darüber. Dann schwinden alle 40
düsteren Gedanken wie Nebel und in diesem
Frieden pfeife ich vor mich hin in glücklicher
Erinnerung und Sehnsucht. Könnte ich es doch
aus Herzenslust und Dankbarkeit wie eine
Nachtigall. Ja, liebes Kind, lerne recht geigen! 45
Du wirst noch sehr glücklich sein, wenn Du
Dich dort ausdrücken kannst wo Worte nicht
hinreichen.
Hier besucht mich jetzt Mama einmal in der
Woche und täglich schickt sie mir etwas Essen 50

281

in meine Zelle mit einem schönen Gruß. Hoffentlich wirst Du auch mal so tapfer und fest im
Glauben auch in schwersten Zeiten. Du hast
einen so schönen Namen. Laß Dir einmal erzäh-
55 len von der edlen Römerin Cornelie.
Nun lebe wohl, meine zärtliche Cornelie. Betet,
daß Gott uns in dieser Not Kraft gibt. Schön,
daß Ihr auch in den Psalmen lest. Die bittere
Passionsgeschichte und vom Ostersonntag werdet Ihr auch gelesen haben. 60
Grüße Tante L. herzlich.
Dich, Thomas und Walter küßt

Euer Papa

*Angela u. Andreas Hopf (Hrsg.): Geliebtes Kind! Elternbriefe.
Ismaning bei München 1986, S. 97 ff.*

Brief vom 19.01.1943 aus Stalingrad

bei Stalingrad, den 19.1.43

Meine herzliebste Gabriele!
Heute habe ich endlich wieder einmal etwas Ruhe und da will ich Dir gleich einige Zeilen zukommen lassen. Ich hoffe ja, daß Du wenigstens
5 meine Post laufend erhältst. Leider habe ich hier
ja bisher vergeblich auf Post gewartet. Es ist
immer noch nichts eingetroffen. Meine „Laune"
kannst Du Dir ja wohl daraufhin vorstellen. Ich
bin vollständig niedergeschlagen und ganz trau-
10 rig. Wenn doch nur einmal wenigstens ein Brief
ankäme, aber nichts dergleichen. Es ist, als ob
sich im Jahre 1943 alles gegen mich verschwo-
ren hat. Soll sich denn das alles überhaupt nicht
mehr ändern? Glaube mir, mein Liebling! Wenn
15 ich Dich nicht hätte, wäre ich schon verzweifelt.
Der Gedanke an Dich reißt mich immer wieder
hoch. Es ist ja aber auch kein Ende zu sehen. Du
glaubst garnicht, wie satt ich das alles habe.
Wenn nur der Mist (entschuldige bitte den Aus-
20 druck) erst zu Ende wäre. Nicht nur, daß es mir
allein so geht, nein, allen Kameraden hier geht es
so. Alle ersehnen genau so das Ende, wie ich.
Wann wird das nur sein? Kein Mensch kann das
sagen. Ich habe solche Wut und kann nur sagen:
25 mir soll in der Heimat einmal einer etwas von
der Heimatfront und davon erzählen, wie schwer
sie es dort haben. Einmal 24 Stunden hier sein
und sie sind alle kuriert. - Nun, mein Liebling,
sei mir bitte nicht böse, daß ich etwas ausge-
30 rutscht bin. Du wirst es mir bestimmt nicht übel-
nehmen und wirst mich wohl auch verstehen
können. Du kennst mich ja und weißt ja, daß ich
so schnell nichts sage, aber ich muß mir doch
immer wieder mein Herz frei reden. Lotti kann
35 ich doch nichts davon schreiben und ihr das
Herz damit auch noch schwer machen. Sie hat
schon genug zu tragen. Du gehörst ja zu mir und
da können wir uns ja gegenseitig unser Leid und
unsere Herzensnöte anvertrauen,

Um mich kannst Du ja noch unbesorgt sein. 40
Noch bin ich heil und unversehrt und hoffe es
auch weiter zu bleiben. Trotz allem habe ich den
festen Glauben, daß ich Dich sehr bald und gesund wiedersehen kann. Den Glauben lasse ich
mir auch nicht nehmen. - 45
Von hier kann ich Dir nichts weiter sagen, als
daß wir uns immer noch im Kessel befinden.
Was hier vorgeht, hörst Du ja über Stalingrad
täglich im Wehrmachtsbericht. Mehr kann ich
Dir da auch nicht schreiben. Später, wenn alles 50
vorbei ist, werde ich einmal einiges erzählen.-
Wie geht es Mutti und.Papa? Ich hoffe sie gesund und wohlauf. Richte bitte ihnen und allen
meine herzlichsten Grüße aus. -
Nun, mein Liebling, will ich meinen nicht sehr 55
frohen Brief schließen. Bleibe Du mir nur recht
schön gesund und verliere nicht auch noch den
Mut. Es wird schon wieder werden. Darum,
Kopf hoch und nicht verzagen. Mit meinen Gedanken immer bei Dir weilend grüßt und küßt 60
Dich recht herzlich aus der Ferne
Dein Dich innig liebender Hans

Zur Erläuterung:

6 000 Briefe lagern 50 Jahre nach Kriegsende in
einem sowjetischen Geheimarchiv in Moskau.
Etwa 4 000 von ihnen wurden geschrieben von
der Ehefrau, der Mutter, der Braut oder der
Schwester an den Mann, der in der Sowjetunion
als Soldat kämpfte. Etwa 2 000 sind abgefaßt
von Soldaten für ihre Angehörigen in Deutschland. Aber sie haben den Adressaten nicht mehr
erreicht, weil der Tod den Schreiber vorher er-
eilte.
Tausende Briefe, die gefallenen deutschen Soldaten von sowjetischen Einheiten abgenommen

wurden, um die Stimmung beim Feind zu erkunden.

Die Zeilen künden nur selten vom „heroischen Heldentum". Sie zeigen uns vielmehr den Menschen, der hofft und betet, der weint und verzweifelt ist, der sich nach denen sehnt, die er liebt, der raus will aus dem Wahnsinn des Krieges.

„Ich will raus aus diesem Wahnsinn". Wuppertal 1991, S.6 und 231 f.

Der Kampf um Stalingrad 1942/43

Am 23. *Juli 1942* gab Hitler die Weisung an die Heeresgruppe B, Stalingrad zu besetzen, während die Heeresgruppe A von Rostow aus die Ostküste des Schwarzen Meeres in deutsche 5 Hand bringen sollte. Durch diese Aufsplitterung der Kräfte fächerte sich die Front in breiter Form auf. Nachdem die Rote Armee bisher dem deutschen Vorstoß durch Rückzug ausgewichen war - was Hitler zu der irrigen Annahme verlei- 10 tet hatte, sie sei bereits in Auflösung begriffen -, erließ Stalin am 28. Juli den berühmten Befehl Nr. 227, „nicht einen Schritt zurück" zu gehen. Die Stalingrader Front wurde verstärkt und die Stadt Stalingrad, über die der Kriegszustand 15 verhängt wurde, zur Verteidigung vorbereitet.

Zwischen dem 7. und 10. August war die Hauptmasse der westlich der Wolga stehenden sowjetischen Verbände eingekesselt und vernichtet worden; am frühen Morgen des 23. *Au-* 20 *gust* begann der Angriff auf Stalingrad, der die deutschen Truppen nach einem schnellen Vormarsch bis an die Wolga und in die nördlichen Stadtgebiete führte. Gleichzeitig wurde Stalingrad durch schwere Bombenangriffe am 23. und 25 24. August nahezu völlig zerstört, was in der noch nicht evakuierten, durch Flüchtlingsströme auf knapp 900.000 Menschen angewachsenen Zivilbevölkerung etwa 40.000 Tote forderte. Stalin verbot zunächst aus psychologischen 30 Gründen jede Evakuierung oder teilweise Sprengung der Stadt und befahl, sie um jeden Preis zu halten.

Die heftige Gegenwehr der sowjetischen Armee verhinderte dann den schnellen Vormarsch der 35 Deutschen in das eigentliche Stadtgebiet, dessen Besetzung laut Hitlers Anweisung zur sofortigen Vernichtung aller männlichen und zur Deporta-

tion aller weiblichen Einwohner geführt hätte, doch schob sich die deutsche Front bis Mitte September in die Stadt hinein vor, wo der 40 Kampf in den nächsten Wochen um jeden Meter und jedes Haus geführt wurde. Seit Mitte September liefen auf der sowjetischen Seite die Planungen für das Unternehmen „Uranus" d.h. die Umfassung der deutschen Kräfte von den Flan- 45 ken her.

Trotz der angespannten Versorgungslage der 6. Armee und der fragwürdigen strategischen Bedeutung der völlig zerstörten Stadt verlangte Hitler ihre vollständige Eroberung: Stalingrad 50 wurde in Deutschland von der Bevölkerung als möglicher Wendepunkt des Kriegsgeschehens im Osten betrachtet, und die nationalsozialistische Führung hatte diese Erwartungshaltung in propagandistischer Absicht so verstärkt, daß ein 55 Zurückweichen nicht mehr möglich schien.

Die lange vorbereitete sowjetische Gegenoffensive begann an 19. *November* und führte bis zum 23. *November* zur Einkreisung der 6. Armee sowie von Teilen der 4. Panzerarmee und der 60 rumänischen 3. Armee. Das Oberkommando der 6. Armee entschloß sich vorerst zur Einigelung in dem verbliebenen Areal, das in ostwestlicher Richtung 70 km und in nord-südlicher gut 20 km Ausdehnung besaß und traf erste Vorberei- 65 tungen für die Luftversorgung. Ein geplanter Ausbruch wurde untersagt: Hitler hielt ein Zurückweichen für psychologisch zu gefährlich und unterschätzte die russischen Kräfte ein weiteres Mal. Die Luftwaffenführung erklärte es zudem 70 für möglich, den Kessel über einen gewissen Zeitraum aus der Luft zu versorgen.

„Ich will raus aus diesem Wahnsinn". Wuppertal 1991, S. 123 f.

Hinweis: Diese Texte liefern eine Verbindung zum Politikunterricht, siehe auch Textsammlung, S. 407.

Rudolf Mainau: **Brief** (Schülerarbeit)

Sehr geehrter Herr Günter Dahl,
ich möchte mich bei Ihnen für Ihren Brief be-
danken. Er hat mich nicht nur als Lehrer, sondern auch als Mensch berührt. Oft bekomme
5 ich von Eltern Briefe, in denen sie entweder etwas fordern oder sich beschweren wollen. Ihr
Brief dagegen ist anders. Wir wissen beide, daß
Ihr Sohn nur ein durchschnittlicher Schüler war,
aber er hatte Humor, und das ist es ja, worauf es
10 im Leben ankommt. Seine aufgeweckte und
lockere Art, mit der er durchs Leben geht, war
wirklich erfrischend im grauen Schulalltag. Ihr
Sohn wird bestimmt seinen Weg machen. Auch
Ihre Haltung Noten gegenüber wird ihm helfen,
schnell auf eigenen Füßen zu stehen. Sie lassen 15
ihm Freiraum, den er auch gut zu nutzen weiß.
Wenn Sie jetzt noch hin und wieder einen Blick
auf ihn richten, wird aus ihm bestimmt ein guter
und anständiger Mensch werden. Ich wünsche
Ihnen und Ihrem Sohn alles Gute für die Zukunft 20
- und noch einmal vielen Dank für Ihren Brief.
Mit freundlichen Grüßen
Rudolf Mainau

Heinrich Tieck: **Der Traum des Sultans**

Der Sultan Soliman hatte geträumt, er verliere
alle Zähne. Gleich nach dem Erwachen fragte er
seinen Traumdeuter nach dem Sinn des Traums.
„Ach, welch ein Unglück, o Herr!" rief dieser
5 aus. „Jeder verlorene Zahn bedeutet den Verlust
eines deiner Angehörigen!" - „Was, du Hund?!"
schrie da der Sultan auf, „das wagst du mir zu
sagen?! Fort mit dir!" Und er gab den Befehl:
„Fünfzig Stockschläge diesem Unverschämten."
10 Während der Traumdeuter seine Strafe bekam,
wurde ein anderer Traumdeuter gerufen und vor
den Sultan geführt. Als er von dem Traum erfahren hatte, hob er wie in Verzückung die Hände
und verkündete: „Oh, welch ein Glück! Heil ist
15 unserem Herrn beschieden. Unser Sultan wird all
die Seinen überleben!" - da heiterte sich des
Sultans Gesicht auf, und er sagte freundlich:
„Ich danke dir, mein Freund. Gehe sogleich zu
meinem Schatzmeister und lasse dir von ihm
fünfzig Goldstücke geben. Du hast sie verdient, 20
denn du siehst mehr als andere Sterbliche."
Als der Traumdeuter den Palast verließ, sagte
ein Hofherr zu ihm: „Sag, du hast des Sultans
Traum doch nicht anders gedeutet als der erste
Traumdeuter!" - Der schlaue Traumdeuter erwi- 25
derte lächelnd: „Merke dir, man kann alles sagen
- es kommt nur darauf an, wie man es sagt."

Der Patriot vom 01./02.06.1991.

Wolfdietrich Schnurre: **Von der Gleichheit**

Wie siehst du denn wieder aus?
    Nu ja, beim Spielen bißchen dreckig gemacht.
'Bißchen dreckig' nennst du das? Da brauch ich
drei Waschgänge, bis die Maschine das raus hat!
5   Wenn's die Maschine macht, wozu regst'n
dich dann noch auf?
Auch noch frech werden! Wart nur, bis Pappa
nach Haus kommt!
    Dabei is der jeden Abend dreimal so dreckig
wie ich. 10
Ja, weil er Autoschlosser ist!
    Na und? Ich bin Kind.

Ich frag ja bloß. Frankfurt/M., Berlin 1992.

Reinhard Mey: **Heimkehr**

Mutter gib mir zu essen, Mutter gib mir zu essen,
hast du nicht jeden Abend mein Essen gewärmt,
hier steht noch mein Teller, Mutter gib mir zu
5 essen,
nur das Bitteschön-Sagen, das hab ich verlernt.
Ich habe gewartet am Tisch des Reichen,
auf das, was er übrigläßt, wenn er geht,
hab mich drum geschlagen mit meinesgleichen,
10 wie schnell einem dabei das Bitten vergeht.
Stell den Brotkorb zu mir, Mutter gib mir zu
essen,
den mocht ich nie leiden, erinnerst du dich,
sonderbar, ich hab seither so vieles vergessen,
15 aber an unseren Brotkorb erinnre ich mich.

Vater gib mir zu trinken, Vater gib mir zu trinken,
meine Stimme ist staubig, gieß mir mein Glas
ein,
20 voll bis an den Rand, Vater gib mir zu trinken,
denn da, wo ich herkomme, gibts keinen Wein.
Laß mich trinken, ich will meine Lippen kühlen,
sie sind spröde vom Reden in einem fort,
es ist so viel Niedertracht fortzuspülen,
25 und meine Hoffnungen sind verdorrt.

Hast du nicht eine Flasche aufgehoben,
für einen Tag in besserer Zeit,
von den Jahren umhegt, von den Spinnen umwoben,
die laß uns jetzt trinken, heut ist es soweit. 30

Geh und mach mir mein Bett, geh und mach mir
mein Bett,
meine Glieder sind wie Blei so schwer,
die Zeit macht mich müde, geh und mach mir
mein Bett, 35
du hast mich geliebt, kennst du mich jetzt nicht
mehr?
Man hat mich verspottet, man hat mich getreten,
ich habe Staub und Zorn geschluckt,
ich hab keinen Menschen um Mitleid gebeten, 40
von Schlägen ist mein Rücken geduckt.
Meine Augen brennen, kühl du meine Lider,
meine Träume sind mit Wunden besät,
vielleicht erkennst du mich nur deshalb nicht
wieder, 45
doch ich liebe dich noch, geh und mach mir mein
Bett.

*Reinhard Mey: Ankomme Freitag den 13. Intercord 28969-4U.
o.J.*

Zum Autor: **Reinhard Mey** zog schon während seiner Studentenzeit (Betriebswirtschaft) mit seiner Gitarre
durch Kellerkneipen und Provinz-Turnhallen.
Der große Erfolg kam für „Frèdéric", wie sich Reinhard Mey dort nannte, zunächst in Frankreich, bald aber
setzte er sich mit seinen lyrischen Balladen, Liebesliedern, melancholischen Erinnerungen und kessen Satiren
auch in Deutschland durch.
Der Künstler wurde 1968 als erster Ausländer mit dem „Prix International de la Chanson Française" ausgezeichnet.

Das Gleichnis von der verlorenen Tochter

Nicht ganz so, wie es aufgeschrieben ist, im Evangelium des Lukas, im fünfzehnten Kapitel.

Werner *Tiki* Küstenmacher

Da sprach die jüngere Tochter doch tatsächlich:

Nicht lange danach (ihr wißt schon, wonach) zog sie in ein fremdes Land

Dort brachte sie ihr Erbteil zu mit Prassen

Da kam eine Hungersnot über jenes Land, und sie fing an zu darben

...und hängte sich an einen Bürger des Landes, der schickte sie Schweine hüten

Da ging sie in sich

Da machte sie sich auf zu ihren Eltern. Die sahen sie und liefen ihr entgegen

Aber die Eltern sprachen:

Aber der ältere Sohn...

Arbeitsgemeinschaft Christlicher Kirchen (Hrsg.):Bibelmagazin. Stuttgart 1992, S. 28.

Anne Ocker: **Du bist nicht modern**

Es war wieder Sonntag. Draußen war die Luft hell, goldgelb und grün. In der großen Küche war es dunkel, zwei Fenster gingen nach Norden, eines nach Osten gegen eine Mauer. Die Nässe trat aus den Steinen am Fußboden. Wir sagten dann, die Steine schwitzen. Der große Abwasch war fertig: die fettige Brühe weggeschüttet, die Teller abgetrocknet, die Töpfe ins Bord gestellt. Endlich frei, nun weg.

Das Fahrrad nehmen und ins Nachbardorf, hin zu ihr.

Da trat meine Mutter in die Küche.

Ich zog die Luft ein: 'Jetzt gibt es noch eine Arbeit.'

Doch sie fragte freundlich: „Bist du schon fertig?"

Und: „Was willst du heute nachmittag machen?" 'Oh, diese Frage! Wie konnte sie einen Zweifel haben? Was wollte sie von mir!'

„Ich fahre zu Ilse." Ich fuhr immer zu Ilse, jeden Tag. Ich brauchte sie, um leben zu können. Oft saß sie an ihrem schwarzen Klavier, spielte wieder und wieder die gleichen Stücke. Ich saß hinter ihrem Rücken, im Sessel, hörte zu, litt mit, wenn sie die Enttäuschung über einen verkehrten Griff kaum ertragen konnte. Das Zimmer war ungeheizt, es war die gute Stube. Der Tisch war mit Dingen belegt, die noch nicht eingeordnet waren, nichts durfte berührt werden.

Dort saßen wir und sprachen über die Erwachsenen, die waren nicht unfehlbar, sie, die uns immerzu was verboten. Wir sahen ihre Fehler, sahen sie auch, wenn sie es selber nicht wußten. Wir waren ihnen ausgeliefert. Sie konnten unsere Fragen nicht verstehen. Warum sollten wir von der Straße, wenn es dämmrig wurde? Warum mit den Jungen nicht Völkerball spielen oder in die Felder fahren? Warum sollten wir immer nur lernen?

Ilse und ich streichelten uns gegenseitig. Ihre Haut war hell, weich und warm.

Manchmal lasen wir zusammen heimlich Bücher. Colette. Nicht auszudenken, wenn wir ertappt würden!

Schon bei der Rundfunkzeitung gab es bei Ilse gellendes Geschrei und bei mir einen vorwurfsvollen Blick, der meinen Kopf sinken ließ. Den Blick hielt ich nicht aus. Es war verboten. Natürlich durften wir das Programm ansehen und die Zeitschrift durchblättern, aber wir sogen jede Seite in uns ein. Der Roman! Da lief ein Schauer

durch uns. Immer wieder sprachen wir darüber. Was brachte uns so zum Zittern? Es war schön und doch kaum auszuhalten. Ilse und ich schauten uns an. Wir waren zusammen. Lachten, faßten uns an, waren verbunden durch unseren Blick. Die Trennung war immer ein Schmerz. Sie brachte mich ein Stück nach Haus, ich sie ein Stück zurück und in vielen Schleifen lösten wir uns. Traurig, allein, abgetrennt.

Der Abwasch war fertig. Mutter stand vor mir. Ich konnte nicht vorbei.

„Warum willst du denn jeden Tag zu Ilse? Ist es hier nicht schön?"

'Sie verstand nichts! Sollte ich ihr sagen von den Verboten, von den Fragen? Ach, sie würde es nicht verstehen. Würde sie so lange zuhören können?'

„Ich will zu Ilse."

„Aber einen Sonntag kannst du doch mal hierbleiben."

'Was sollte ich hier, Ilse verstand mich, wartete, ihre Zeit war meine Zeit.'

„Was macht ihr denn den ganzen Nachmittag?"

„Sprechen."

„Wir können doch auch sprechen."

'Mit ihr sprechen?'

„Mit dir kann man nicht sprechen."

„Warum?"

„Bei deinen Ansichten."

„Woher weißt du, welche Ansichten ich habe?" fragte Mutter. Mein Herz klopfte. 'Sie wollte so viel wissen, sie hat sonst auch immer Verbote, sie hielt immer zu Vater, sie widersprach ihm nicht, es war gefährlich, sich darauf einzulassen, ich wäre dann der Verlierer!'

„Das sieht man doch! Du mit deinem Knoten, du bist nicht modern."

Mutter schwieg. Ihr Blick traf mich. Leise ging sie aus der Küche.

Urteil, verurteilt. Das Böse nicht tun, was ist böse, ist Ilse böse, ist Ansehen böse, Zuhören böse, Streicheln böse? Widersprechen und Weggehen ist böse.

Ich ging aus der Küche ins Freie, nahm mein Fahrrad und fuhr zu Ilse.

Renate Bold/Gisela Krahl: Das Rowohlt Lesebuch für Mädchen. Reinbek 1984. S. 366 ff.

Walther von der Vogelweide: **Wîp muoz iemer sîn ...**

Wîp mouz iemer sîn der wîbe hœhste name,
und tiuret baz dan vrouwe, als ichz erkenne.
Swâ nû deheiniu sî diu sich ir wîpheit schame,
diu merke disen sanc und kiese denne.
5 Under vrouwen sint unwîp,
Under wîben sint si tiure,
wîbes name und wîbes lip
die sint beide vil gehiure,
swiez umbe alle vrouwen var,
10 wîp sîn alle vrouwen gar,
zwîvellop daz hœnet,
als under wîlenm vrouwe: wîp dêst ein name der
si alle krœnet.

Ich sanc hie vor den vrouwen umbe ir blôzen
15 gruoz:
den nam ich wider mîme lobe ze lône.
Swâ ich des geltes nû vergebene warten muoz,
dâ lobe ein ander, den si grüezen schône.
Swâ ich niht verdienen kan
20 einen gruoz mit mîme sange,
dar kêre ich vil hêrscher man
mînen nac oder ein mîn wange,
daz kît 'mir ist umbe dich
rehte als dir ist umbe mich.
25 ich wil mîn lop kêren
an wîp die kunnen danken: waz hân ich von den
überhêren?

Übersetzung:
Weib muß immer der höchste Name der Frau
30 sein,

und er ist wertvoller als Herrin, wie ich weiß.
Wenn es nun irgendwo eine gibt, die sich ihrer
Weiblichkeit schämt, so achte sie auf dieses Lied
und entscheide sich dann.
Unter den Herrinnen sind Unweibliche,   35
unter den nichtadeligen Frauen sind sie selten.
Name und Gestalt der nichtadeligen Frau
sind beide sehr lieblich.
Wie auch immer es um alle Herrinnen bestellt
sein möge,   40
Frauen sind alle.
Doppeldeutiges Lob höhnt,
wie manchmal „vrouwe": „Wîp" ist ein Name,
der sie alle krönt.
Früher sang ich vor den Damen um nichts als   45
ihren Gruß:
den nahm ich für mein Lob als Lohn.
Wo ich nun vergebens auf Entgelt warten muß,
dort lobe ein anderer, den sie anmutig grüßen.
Wo ich mit meinem Gesang   50
keinen Gruß verdienen kann,
dort wende ich stolzer Mann
meinen Nacken oder meine Wange.
Das heißt: „Mir liegt an dir genausoviel wie dir
an mir".   55
Ich will mein Lob den Frauen zuwenden, die
danken können: Was habe ich von den Überstol-
zen?

Hermann Paul (Hrsg.): Walther von der Vogelweide. Gedichte.
Tübingen 1965, S. 62.

Heinrich Heine: **Lyrisches Intermezzo**

Sie saßen und tranken am Teetisch
Und sprachen von Liebe viel.
Die Herren, die waren ästhetisch,
Die Damen von zartem Gefühl.

5 „Die Liebe muß sein platonisch";
Der dürre Hofrat sprach.
Die Hofrätin lächelt ironisch,
Und dennoch seufzet sie: „Ach!"

Der Domherr öffnet den Mund weit:
10 „Die Liebe sei nicht zu roh,
Sie schadet sonst der Gesundheit."
Das Fräulein lispelt: „Wie so?"

Die Gräfin spricht wehmütig:
„Die Liebe ist eine Passion!"
15 Und präsentiert gütig
Die Tasse dem Herrn Baron.

Am Tische war noch ein Plätzchen,
Mein Liebchen, da hast du gefehlt.
Du hättest so, hübsch, mein Schätzchen,
20 Von deiner Liebe erzählt.

Heinrich Heine: Sämtliche Werke. Bd. 1: Gedichte. München
1984, S. 120 f.

Hermann Kesten: **Liebesgeschichten**

Unser Vater pflegte uns Kindern jede Frage zu beantworten und die ganze Welt zu erklären. Eines Tages fragten wir ihn nach der Liebe. Es war an einem Sonntagabend. Der dräuende
5 Montagmorgen mit seinem Schulbeginn lag noch durch eine ausführliche Nacht von uns getrennt. Der Vater war auf dem Sofa ausgestreckt. Wir Kinder saßen um ihn herum. Die Mutter schenkte den Tee ein. Die Gaslampe sirrte wie
10 ein Heimchen am Herd. Kinder, sagte der Vater und hob warnend den Zeigefinger, die Liebe ist ein Wahnsinn. Dabei lächelte er aber so behaglich und vergnügt, daß es uns vorkam, trotz ihrer Tollheit müsse die Liebe ein guter Spaß sein,
15 so recht unterhaltend, und ich dachte heimlich, ich würde später so gerne lieben und ein bißchen toll sein.

Meine kindliche Ahnung hat mich nicht betrogen.
Natürlich ist die Liebe zuweilen der helle Wahn- 20
sinn. Aber ebensooft ist sie die höchste Vernunft. Wahrlich ist die Liebe mit stechenden Schmerzen verbunden. Aber sie ist auch das süßeste Vergnügen, ein Himmel auf Erden. Man ist kaum zu jung und nie zu alt, um zu lieben. 25
Wenn also die Liebe, dieser allerliebste Stachel im Fleisch, aus unseren dunkelsten Empfindungen und allerhellsten Ideen gemischt ist, ja, eine erlösende Revolution der Seele und das tragikomische Abenteuer unserer Sinne ist, wie müs- 30
sen erst die Geschichten sein, die von der Liebe handeln ...

Horst Mönnich (Hrsg.): Liebe. München 1979, S. 215.

Hans Ulrich Treichel: **Wortlose Zeit**

Sie verging schnell,
unsere wortlose Zeit, als nur
die Berührungen zählten

Und wir noch wußten,
wie groß die Liebe sein kann,
wenn keiner dem andren gehört

Liebe Not. Frankfurt/M. 1990, S. 36.

Erich Fried: **Grenze der Verzweiflung**

Ich habe dich so lieb
daß ich nicht mehr weiß
ob ich dich so lieb habe
oder ob ich mich fürchte

5 ob ich mich fürchte zu sehen
was ohne dich
von meinem Leben
noch am Leben bliebe

Wozu mich noch waschen
10 wozu noch gesund werden wollen
wozu noch neugierig sein
wozu noch schreiben

wozu noch helfen wollen
wozu aus den Strähnen von Lügen
15 und Greueln noch Wahrheit ausströhlen
ohne dich

Vielleicht doch weil es dich gibt
und weil es noch Menschen
wie du geben wird
20 und das auch ohne mich

Liebesgedichte. Berlin 1981, S. 38.

Aleke Thuja: **Nachklang**

Tauchen möchte ich in deine Seele,
sanft wie ein Falter dich berührend.
Glück ist es, dein Lächeln zu finden;
Schmach, begegnen wir uns wie Fremde.
5 Unzählige Male möchte ich aufgeben,
nicht länger um Klarheit kämpfen.
Doch etwas in mir zwingt mich, weiterzumachen, bis ich Gewißheit habe.

Warten, sich gedulden, das Wagnis eingehen
10 einmal die Schwelle überschreiten,
einmal mit tausend Worten, dann wortlos sein.
Verstehe ich das Gesetz? Nicht ein Scheit allein
entfacht das Feuer. Das ist ein Naturgesetz:
Selbst aus wenig wird viel und mehr in manchen
15 Jahren.
Wovon ernährt sich die Flamme?
Was geschieht mit dem Feuer? Die Zeit läuft
weiter.

(Auf ein Gedicht von Gottfried Benn)

Tauchen möchte ich in deine Seele. Göttingen 1982, S. 3.

Lisa-Marie Blum: **Begegnung**

Wir wechselten Worte
tastend
wie Blinde sehen.
Neigten uns zueinander
5 getrennt durch die Menge
der starrenden, gaffenden Münder.
An den klaffenden Abgründen
hölzerner Reden
Fingerzeichen
10 über unseren Lippen.
Die Steine sind aufgehoben
von diesen Zeichen.
Kein Straucheln mehr
seit sich unsere Worte berühren.
15 Nicht vergessen
kann ich
diese Sprache
mit dir.

Johann Wolfgang Goethe: **Das Schreien**

(nach dem Italienischen)

Jüngst schlich ich meinem Mädchen nach
und ohne Hindernis
umfaßt' ich sie im Hain, sie sprach
„Laß mich, ich schrei gewiß."
Da droht' ich trotzig: „Ha, ich will
den töten, der uns stört".
„Still", winkt sie lispelnd, „Liebster, still,
damit dich niemand hört".

E. Trunz (Hrsg.): Johann Wolfgang Goethe. Werke. Hamburg 1948, S. 52.

Ulla Hahn: **Lied. Mäßig bewegt.**

Du bist zu mir gekommen
als kämest du zu mir
du bist davongegangen
als nähmst du mich mit dir.

5 Du hast bei mir gelegen
als wärest du mir nah
hast mir dein Herz gegeben
als wäre eines da.

Hast mir ein' Brief geschrieben
10 als kämst du wieder her
da sang ich dieses Liedchen
als ob ich's selber wär.

Herz über Kopf. Stuttgart 1981, S. 42.

Bertolt Brecht: **Die Liebenden**

Sieh jene Kraniche in großem Bogen!
Die Wolken, welche ihnen beigegeben
Zogen mit ihnen schon, als sie entgegenflogen
Aus einem Leben in ein andres Leben.
5 In gleicher Höhe und mit gleicher Eile
Scheinen sie alle beide nur daneben.
Daß so der Kranich mit der Wolke teile
Den schönen Himmel, den sie kurz befliegen
Daß also keines länger hier verweile
10 Und keines andres sehe als das Wiegen
Des andern in dem Wind, den beide spüren
Die jetzt im Fluge beieinander liegen
So mag der Wind sie in das Nichts entführen
Wenn sie nur nicht vergehen und sich bleiben
15 So lange kann sie beide nichts berühren
So lange kann man sie von jedem Ort vertreiben
Wo Regen drohen oder Schüsse schallen.
So unter Sonn und Monds wenig verschiedenen
Scheiben
20 Fliegen sie hin, einander ganz verfallen.
Wohin, Ihr? - Nirgend hin. - Von wem davon? -
Von allen.
Ihr fragt, wie lange sind sie schon beisammen?
Seit kurzem. - Und wann werden sie sich wieder
25 trennen? - Bald.
So scheint die Liebe Liebenden ein Halt.

Die Gedichte von Bertolt Brecht in einem Band. Frankfurt/M. 1981, S. 224.

Angelika Salmen: **Märchenstunde**

Den Berg hinunter
rapunzel ich
am seidenen Faden
spinne ihn zu Gold
5 sticke einen Stern
ins Rotkäppchen
und schenke es Schneewittchen.
Verstecke mich mit
dem Geißlein im Uhrkasten
10 bewerfe den Wolf
mit Wackersteinen.
Ich jongliere mit vergifteten Äpfeln.
Die Hexe schnarcht
im gläsernen Sarg.
15 Höre ich hinter der Hecke
Dornröschen seufzen:
Ach, hätte doch der Prinz
mich nicht wachgeküßt!

... sonst bin ich ganz normal. Münster 1983, S. 2

Friedrich Gottlieb Klopstock: Das Rosenband

Im Frühlingsschatten fand ich Sie,
Da band ich Sie mit Rosenbändern:
Sie fühlt' es nicht und schlummerte.

Ich sah Sie an, mein Leben hing
5 Mit diesem Blick an Ihrem Leben.
Ich fühlt' es wohl und wußt' es nicht.

Doch lispelt' ich Ihr sprachlos zu,
Und rauschte mit den Rosenbändern:
Da wachte Sie vom Schlummer auf.

10 Sie sah mich an, Ihr Leben hing
Mit diesem Blick' an meinem Leben,
Und um uns ward's Elysium.

Oden. Stuttgart 1980.

Karl Valentin: Der Liebesbrief

Januar den 33. München, 1925 1/2.
Lieber Geliebter!
Mit weinenden Händen nehme ich den Federhal-
ter in meine Hände und schreibe Dir. -
5 Warum hast Du so lange nicht geschrieben, wo
Du doch neulich geschrieben hast, daß Du mir
schreibst, wenn ich Dir nicht schreibe. - Mein
Vater hat mir gestern auch geschrieben. Er
schreibt, daß er Dir geschrieben hätte. Du hast
10 mir aber kein Wort davon geschrieben, daß er
Dir geschrieben hat.
Hättest Du mir ein Wort davon geschrieben, daß
Dir mein Vater geschrieben hat, so hätte ich
meinem Vater geschrieben, daß Du ihm schon
15 schreiben hättest wollen, hättest aber leider keine Zeit gehabt zum Schreiben, sonst hättest Du
ihm schon geschrieben.
Mit unserer Schreiberei ist es sehr traurig, weil
Du mir auf kein einziges Schreiben, welches ich
20 Dir geschrieben habe, geschrieben hast.

Wenn Du nicht schreiben könntest, wäre es was
anderes, dann tät ich Dir überhaupt nicht schreiben, so kannst Du aber schreiben und schreibst
doch nicht, wenn ich Dir schreibe.
Ich schließe mein Schreiben und hoffe, daß Du 25
mir nun endlich einmal schreibst, sonst ist dies
mein letztes Schreiben, welches ich Dir geschrieben habe. Solltest Du aber diesmal wieder
nicht schreiben, so schreibe mir wenigstens, daß
Du mir überhaupt nicht schreiben willst, dann 30
weiß ich wenigstens, warum Du mir nie geschrieben hast.
Verzeihe mir die schlechte Schrift, ich bekomme
immer den Schreibkrampf unterm Schreiben. Du
bekommst natürlich nie den Schreibkrampf, weil 35
Du nie schreibst.

Gruß und Kuß
Deine N. N.

Hochachtungsvollst. München 1982, S. 87

Ursula Krechel: LIEBE AM HORIZONT

Der Mann hat eine schreckliche
Unordnung in ihr Leben gebracht.
Plötzlich waren die Aschenbecher voller Asche
die Laken zweifach
5 benutzt, verschwitzt
und alle Uhren gingen anders.
Einige Wochen lang schwebte sie
über den Wolken und küßte den Mond.
Erst im Tageslicht wurde ihre Liebe
10 kleiner und kleiner. Achtlos
warf er das Handtuch, blaukariert
mit dem kreuzgestichelten Monogramm

(wenn das die Mutter wüßte)
über die Schreibmaschine. Bald
15 konnte sie ihre Liebe schon
in einer Schublade verschließen.
Eingesperrt zwischen Plunder
geriet sie in Vergessenheit.
Später, als der Mann sie rief
20 wünschte sie, stumm zu sein.
Als er wieder rief, war sie schon taub.

Mich hat's erwischt. Frankfurt a.M. o.J., o.S.

Gabriele Diermann:
Wenn Du am Abend gehst

Wenn Du gehst, dann knickt die Blüte meiner Seele,
wenn Du gehst, dann schwärzen alle Sonnen sich,
drum wenn Du gehst, dann wisse nur, ich quäle
trostlos und zu Tode mich

5 Doch leben will ich

So nehm ich denn Dein Gehen als ein Kommen,
jeder Deiner Schritte führt am Ende nur zu mir
so bist Du mit dem Abschied niemals mir
genommen,
10 denn wenn Du gehst, dann winkt die Rückkehr
schon in Dir

Eine lyrische Liebesgeschichte in sieben Stationen. Lippstadt 1994, S. 34.

Heinrich Heine:
Ein Jüngling ...

Ein Jüngling liebt ein Mädchen,
Die hat einen andern erwählt;
Der andre liebt eine andre
Und hat sich mit dieser vermählt.

5 Das Mädchen heiratet aus Ärger
Den ersten besten Mann,
Der ihr in den Weg gelaufen;
Der Jüngling ist übel dran.

Es ist eine alte Geschichte,
10 Doch bleibt sie immer neu;
Und wem sie just passieret,
Dem bricht das Herz entzwei.

Sämtliche Schriften. München 1968, o.S.

3 Individuum

Porträt: Campino

„Größenwahn muß sein"

„Die Toten Hosen" sind Deutschlands erfolgreichste Punkband und haben Millionen verdient. Sie können sich kaufen, was zu kaufen ist - aber käuflich geworden sind sie nicht. Monika Held traf Campino, den Sänger der Gruppe.

Das Geheimnis des Friedens ist Kontrolle. Auf der Brust der Ordner steht: Security. Coole Typen in Jeans und T-Shirt. In zehn Minuten werden sie die Glastüren der Philipshalle öffnen.
5 „Die Toten Hosen" spielen in Düsseldorf, ein Heimspiel. Das Konzert ist seit Monaten ausverkauft. Die zehn Männer und Frauen von der Sicherheit stehen im Foyer, gucken raus auf den Vorplatz. Die ersten Fans, die sich der Halle
10 nähern, sind noch bunte Individuen - rot-, blau- und grünsträhnig mit unterscheidbaren Gesichtern. Bald schon sind sie nur Bestandteil einer Masse, die die Menschen gleich und grau macht. Die Menge ist friedlich, sie will Musik. Niemand
15 drängelt, keiner schubst. Man singt sich leise ein: Hosen, Hosen, Hosen ...
Die sind hinter der Bühne, in der Garderobe. Bewirten ihre Gäste, beantworten Reporterfragen: Aufgeregt? Claro. Alpträume in der letzten
20 Nacht? Logo. Wöllis Schlagzeug ist kaputt, Andis Gitarre fehlt eine Saite. Kuddels Gitarre wurde geklaut, Breiti findet den Weg zur Bühne nicht. Campino verliert seine Stimme, die Mikrofone fallen aus. Schöne Träume eben und ein

Magen wie aus Stein. Campino läßt sich in der 25
Unterhose filmen, flickt die bunte Auftrittshose, die auf der Bühne platzen darf, aber nicht schon jetzt. Suff und Drogen? Vergiß die Frage, die Zeiten sind vorbei. Clean den Wahnsinn des Auftritts genießen - das ist der eigentliche 30
Oberkick. (...)
Personenkontrolle. Die Security macht aus der Menschenmasse wieder Individuen. Siebentausendmal die gleiche Prozedur. Wer rein will, hebt die Arme, freiwillig, öffnet ohne zu murren 35
Rucksack, Beutel oder Gürteltasche, läßt sich von geübten Händen abtasten, in Jacken- und Hosentaschen greifen, auch „entwaffnen". Dosen und Flaschen, Schlagstöcke, Gaspistolen, Messer - alles, was eine Waffe ist oder eine 40
werden kann, verschwindet in großen Kisten. (...)
Die Vorband heizt den Saal an. Je länger sie spielt, desto lauter der Schrei: Hosen! Hosen! Hosen! Der Saal dampft. 45
Fünf vor neun. Verehrer, Freunde. Reporter: raus aus der Garderobe. Die letzten Minuten gehören allein der Band. Campino schickt sie

alle in den Saal. Die Lunte brennt. Sie bahnt sich
unaufhaltsam ihren Weg zur Bombe.
Irgendwo zwischen Garderobe und Bühne, er
weiß das selbst nicht so genau, muß dann die
Explosion stattfinden und die Verwandlung. Der
struppige Schlacks springt mit einem Schrei auf
die Bühne, ist jetzt von ansteckender Wildheit,
wickelt seinen Körper um den Mikrofonständer,
schleudert den ersten Song ins Publikum: *Dies
war ein Scheißtag.* Und strahlt, als sei's der
schönste Tag des Lebens. Dieses entfesselt to-
bende Energiebündel - ist das derselbe, der noch
vor zehn Minuten lässig auf dem Sofa saß und
lachte, weil sein Vater die ihm fürsorglich angebotenen Ohrenstopfen stolz zurückgewiesen
hatte: Laß man, mein Sohn, ich war bei der Ar-
tillerie. Die kleine Nichte kennt Onkel Campino
nicht wieder. Und die neue Liebe, Fotografin
aus Hamburg, ist verblüfft: Tausend Fotos, auf
denen ihr Campi aussieht wie ein verträumter
Märchenprinz - aber der hier auf der Bühne, der
ist ein Rebell.
Der rastet dann irgendwann endgültig, voll beherrscht und bei Bewußtsein, aus. Stürzt sich
kopfüber von der Bühne in die tosende Menge,
und hinter ihm, wie ein Schatten, der stärkste
Mann der Sicherheit. Der löst Campino aus den
Armen seiner Fans, wirft ihn zurück auf die
Bühne. Gelingt die Nummer, ist sie der Hit -
geht sie daneben, wird der Star zum Clown.
Wenn ihn die Arme, auf die er sich verläßt, nicht
halten, bricht er sich die Knochen. Campino
würde sagen: Gute Nummer - aber voll ver-
kackt.
Was ist eigentlich ein Punk ohne Punkbewe-
gung? Guck auf die Bühne: grell und bunt. Bißchen älter geworden, bißchen klüger. Höflich
und pünktlich, wenn's um was geht. Die würden
heut' nicht mehr - wie damals bei Albrechts - das
Wohnzimmer eines Ministerpräsidenten in ein
Schlachtfeld verwandeln - oder doch? Ein Punk
ist unberechenbar, mit und ohne Bewegung.
Die Band spielt in gleißendem Licht, spielt gegen das Dunkel im Saal, überblickt die ersten
fünf Reihen, mehr nicht. In die Menge springen
oder nicht - das ist immer eine Frage der Intuition. Und kalkuliertes Risiko. Sind das da unten
wirklich Fans? Sind die friedlich? Oder aggres-
siv? Eine Schlägerei im Publikum, das wäre das
Ende der Veranstaltung. Hosen-Konzert in die
Hosen gegangen - tolle Schlagzeile. Wenn es
nach Gefahr riecht, springt Campino einfach
nicht.
Die Glatzen und die Toten Hosen - das ist
Feindschaft, und nicht erst seit gestern. Gejagt
von Skinheads, sind sie das erste Mal davonge-
rannt in England 1979. Da wurden Punkkonzer-
te generalstabsmäßig gesprengt. Anfang der
80er Jahre schwappte die Welle nach Deutschland. Die Neonazis wußten das schon immer:
Punks haben große Klappen und wilde Mähnen,
mit denen sie brave Bürger schrecken, aber
Fäuste, um zurückzuschlagen, die hatten sie bis
dahin nicht. Man lauerte ihnen auf nach jedem
Auftritt, in jeder Großstadt. Krankenhausreif
sind sie geprügelt worden. Die Toten Hosen:
Das sind Namen und Gesichter. Die Angreifer
sind anonym. Sie kriegen erst Gesichter, wenn
sie zugeschlagen haben. Der Spuk verschwand -
und stand wieder auf mit dem Fall der Mauer.
Ohne Security im Saal geht kein Konzert mehr.
Ob Hamburg, Berlin oder Frankfurt - mit Campino durch die Großstadt zu laufen ist ein Erlebnis besonderer Art. Kinder reißen sich von
ihren Eltern los: Guck mal, Papa, Campino.
Teenies kichern. Und Campino? Der geht seinen
Weg, als könne er nicht hören und nicht sehen.
Andreas Frege aus Düsseldorf ist heute privat,
der hat keinen Bock auf Autogramme.
Gehn wir was essen, was trinken? Klar doch,
wenn der Laden cool ist. Bloß keine Pinte, in
der die Faschos verkehren. (...) Ob mit roten
Zottelhaaren, schwarzen oder blonden - Campino wird erkannt. Und diese Kneipe - ist die sauber? Ein kurzer Blick, er nickt, bleibt aber wachsam. *20 gegen einen, bis das Blut zum Vor-
schein kommt. Ob mit Stöcken oder Steinen,
irgendwann platzt jeder Kopf.*
Jakob war ein begnadeter Schlagzeuger. Aus-
hilfsdrummer bei den Toten Hosen. Vor fünf
Jahren wurde Jakob erstochen. Nein, kein Skin.
Nur ein frustrierter Frührentner, der das bißchen
Musik nicht ertrug, das aus Jakobs Keller in
seine Wohnung drang. Kein Neonazi, nur einer,
der die Ruhe liebte und die Ordnung.
Dies ist auch mein Land. Reden? Diskutieren?
Die Zeiten sind vorbei. Wenn es sein muß, wird
zurückgeschlagen. Die ihm auflauern, die wollen
nicht reden, die wollen Gewalt. Die wissen, wen
sie treffen wollen. Einer, der gegen die fussel-
freie deutsche Ordnung ansingt, kann nicht für
Deutschland, Deutschland über alles sein. Campino textet, was er denkt: *Vor diesem Feind
werd' ich mich nicht umdrehn.*
Die Skins und die Punks. Die einen stehen für
Deutschland den Deutschen, Befehl und Gehorsam, die anderen für Chaos und fröhliche Vielfalt. Campinos schönster Refrain bringt die Dif-
ferenz auf den Punkt. *35 Jahre lang Haken für
den Duschvorhang, Fließband-Alltag.* Treu-
brave Pflichterfüllung für gar nichts. *Sein aller-
letzter Blaumann hängt wie 'ne Uniform im*

Schrank. *Den Abschiedsbrief der Firma hat er sich eingerahmt.* Da schüttelt es den echten Punk, und die Glatze schäumt, denn das ist Spott auf ihre Ordnung.

165 „Prediger" nennen die Hosen ihren Frontmann Campino. Weil der druckreif reden kann. Dem gehen nie die Argumente aus. Dem ist Predigen zuwider. Der haßt Botschaften, Besserwisser und Erzieher.

170 Der schreibt Wörter und Sätze, Ideen, Fragen und Gedanken in ein dickes Buch. Sagt die ganze Band o.k. zum Textfragment, dann kann schon mal gespielt werden. Die Zeilen wachsen, probeweise gesellen sich Töne dazu. Sagt einer

175 „good idea" zu Text und Ton, dann heißt das: Schmeiß weg, mach neu. Jeder Song ist eine Gemeinschaftsleistung. Wenn alles stimmt, dann ist das schöne, laute Hosen-Musik. Frech und traurig, hart und zynisch. (...)

180 Einer, der bei ihnen mitmacht, muß in erste Linie mal ein netter, verträglicher Mensch sein. Einer, der seine Träume nicht verraten will - der Rest wird sich finden. So ist die Band entstanden, nach diesen Kriterien werden alle Mitarbeiter

185 ausgesucht. Die T.O.T. Musik GmbH ist ein munterer Haufen lustiger Profis. Fahrer und Roadies, Spezialisten für PR, Büro und Geld. Die Toten Hosen lassen sich nicht vermarkten, die vermarkten sich selbst. Die Hosen als Vor-

190 gesetzte? Nicht lachen, der Laden läuft. Vielleicht und nicht zuletzt auch wegen Campinos Lebensphilosophie: Sei nett auf dem Weg nach oben. Du triffst sie alle wieder, wenn du runterkommst.

195 Fünf Freunde wie Pech und Schwefel. Wenn einer in der Scheiße sitzt, dann bleibt er da nicht sitzen. Einer für alle, alle für einen. Ein Männerbund? Eher eine erwachsen gewordene Bubenclique. Wenn sie feiern, dann ist das immer ein

200 bißchen wie Kindergeburtstag. Berühmt werden wollten sie nie.

Die Punks und das Geld. Sie haben weit über eine Million Platten verkauft. Sie könnten in Champagner baden und sich von Kaviar ernäh-

205 ren. Sie könnten luxuriös wohnen und teure Autos fahren. Wozu der Protz? Sie leben wie du und ich. Das Auto klappert, aber fährt.

Auf ihrem *Kreuzzug ins Glück* sind sie geblieben, was sie immer waren: der Schrecken aller

210 Programmgestalter, Ordnungsämter und Moralapostel.

Jeder in der Gruppe ist eine Nummer für sich. Campino ist der Prediger und heißt Andreas. Breiti ist ein scheues Reh und heißt Andreas.

215 Kuddel ist ein Witzbold und heißt auch Andreas. Andi predigt auch nicht schlecht und heißt na-

türlich auch Andreas. Nur Wölli heißt nicht Andreas. Wölli heißt Wolfgang und ist ein Grübler. Die wichtigsten Erfahrungen haben sie zusammen gemacht: die illegalen Auftritte in der Ex- 220 DDR. Verbotene Musik irgendwo im Keller einer Kirche auf den geflickten Gitarren der Ossis. Nichts zu essen, nichts zu trinken, kein Benzin - das war Polen in der Diktatur. Nach einem Konzert in der Tschechoslowakei wurden 225 die Toten Hosen in Busse gesperrt und mußten zusehen, wie ihre Fans verprügelt wurden. (...)

Der Knabe Andreas, bevor er sich in Campino verwandelte, muß ein störrisches Kind gewesen sein. Dünn wie Bohne stakste er durch die Parks 230 seiner Stadt und grölte englische Hits. Rocker aus England sind ihm bis heute die liebsten. Ausgehungerte Jungs an der Gitarre, für die Rockmusik Protest ist. In der Schule war er eher schlecht, ein Schrecken der Lehrer und mit 235 zweimal Sitzenbleiben nicht der Stolz des Vaters. Die Mutter schenkt ihm einen Kursus für Trompete. Er findet seine erste Band, wird in der Schule sanft, macht Abitur. *Alles wird gut.* Oder nicht? Der Bub will nicht studieren, will 240 nicht Richter werden und nicht Arzt, noch nicht mal Bankkaufmann. *Säuft eisgekühlten Bommerlunder*, singt schmutzige Lieder und holt sich die Kleidung von der Heilsarmee. Was soll aus dem Jungen nur werden? Der Prediger der 245 Toten Hosen, mehr nicht. Einer, der gern untertreibt. Lieber Vollidiot spielen als Angeber sein. (...) Ende der Veranstaltung. Ruhe im Saal. Auf dem Boden schwimmen Kippen in Bier- und Colasoße. Irgendwo zwischen Bühne und Gar- 250 derobe hat sich Campino zurückverwandelt. Ist jetzt wieder Sohn, Bruder, Onkel, Gastgeber. Sanft und charmant. Sekt? Wein? Bier? Danke für die vielen Blumen. Prost Breiti, prost Andi, prost Kuddel, prost Wölli. 255

Auf Jungs, die Reporter warten! Wieso seid ihr eigentlich nicht größenwahnsinnig? Wenn ihr wollt, rasten 10 000 Leute aus. Macht über Masse. Wenn ihr wollt, kriegen sie milden Glanz in die Augen und zünden Wunderkerzen an Es 260 spricht der Prediger: Bißchen Größenwahn muß sein. Wer sich vorm Auftritt nicht wichtig nimmt, steht das Konzert nicht durch. Aber nachts allein, da mußt du ehrlich sein. Gib zu: Wegen deiner Musik fällt in China kein Reissack 265 um. Komm runter, die Show ist vorbei. Die Kinder der Fans werden andere Musik hören, andere Götter verehren. Und frag dich mal: Ist der King auf der Bühne vielleicht im Leben ein Arsch? Wenn du dann nicken müßtest - das wä- 270 re bitter.

Brigitte 8/94, S. 106 ff.

Ein Mann eckt an

Von Andreas Borchers, Ernst Fischer

Ulrich Wickert will nicht länger zusehen, wie die Ehrlichen im Land mehr und mehr zu den Dummen werden. Er beklagt den Mangel an Ethik und Moral, vermißt Vorbilder in Politik und Wirtschaft und kämpft gegen den Müll im Kopf mancher Medienleute.

Zur Person

Ulrich Wickert wurde am 2. Dezember 1942 in Tokio als Sohn des Diplomaten und Schriftstellers Erwin Wickert geboren. Er besuchte Schu-
5 len in Heidelberg und Paris, studierte Politische Wissenschaften und Jura in Bonn und in den USA. Seit 1969 arbeitet er fürs Fernsehen, u.a. für „Monitor", als Korrespondent in Washington und Paris. Seit dem 1. Juli 1991 moderiert er als
10 Nachfolger von Hanns Joachim Friedrichs die „Tagesthemen". Wickert lebt in Hamburg.

Stern: Was muß geschehen, damit wir bessere Politiker bekommen?
Wickert: Die staatliche Parteienfinanzierung muß
15 weg, die es den etablierten Parteien erlaubt, in Saus und Braus zu leben, ohne noch einen Gedanken daran zu verschwenden, daß jeder Steuergroschen vom Bürger verdient wird. Außerdem gehört das Wahlrecht geändert! Ich plädiere
20 für einen kleineren Bundestag und für die Einführung eines Mehrheitswahlrechts, damit sich jeder Politiker stärker seinen Wählern gegenüber. verantworten muß und von diesen auch durch Abwahl bestraft werden kann, wenn er
25 Politik nur als Selbstversorgung begreift. Zudem sollte der Bundespräsident direkt gewählt werden, und die Bürger sollten generell stärker mitbestimmen können, etwa durch Volksentscheide.
Stern: Das alles setzt aber aufgeklärte Wähler
30 voraus.
Wickert: Natürlich. Ich schreibe ja auch, daß wir eine neue Aufklärung brauchen. Die Erwachsenen müssen sich klar darüber werden - und den Jungen muß es beigebracht werden -, daß eine
35 Gesellschaft nur funktionieren kann, wenn bestimmte Regeln eingehalten werden. Die Einsicht muß wieder wachsen, daß Freiheit auch Verzicht bedeutet, daß es neben Selbstentfaltung und Individualismus auch Pflichten gibt, daß
40 jeder einzelne Verantwortung übernehmen muß - und zwar freiwillig.
Stern: Das klingt sehr altmodisch.
Wickert: Meinetwegen.
Stern: Eigentlich müßten Sie sich gut mit Wolf-
45 gang Schäuble verstehen.
Wickert: Was die Pflichten angeht, bin ich mit Schäuble einverstanden. Ansonsten nicht. Bei mir geht alles über Aufklärung, über Einsicht. Bei Schäuble dreht sich vieles um die Nation und um Mythen. Das halte ich für gefährlich.
50
Stern: Fürchten Sie nicht, mit Ihrem Kreuzzug für Pflicht und andere vergessene Tugenden zum wertkonservativen Don Quixote der neunziger Jahre zu werden?
Wickert: Nein. Die Diskussion hat ja schon an-
55 gefangen. Die Leute stellen sich längst wieder die Frage: Was ist eigentlich der Sinn des Lebens, wohin soll die Gesellschaft gehen? Und plötzlich entdecken sie, daß es schon vor 2500 Jahren Philosophen wie Platon und Aristoteles
60 gab, die darüber nachgedacht haben, wie eine Gesellschaft funktionieren sollte. Das Jahrhundert der Ideologien ist nach dem Zusammenbruch des Kommunismus vorbei. Wenn wir jetzt wieder zu grundlegenden Fragen kommen, ist
65 das eine aufklärerische Diskussion - und Aufklärung für mich immer etwas Progressives.
Stern: Sind etwa auch Schuluniformen fortschrittlich, für deren Einführung Sie in Ihrem Buch plädieren?
70
Wickert: Durchaus. Das ist sogar eine sehr gute Sache. Schuluniformen, gemeint als dezente Kleidung, erziehen zu Bescheidenheit und helfen, soziale Ungleichheiten zu überdecken. Keiner wird mehr wegen seiner Kleidung ausge-
75 grenzt. Und der Wettstreit um bestimmte In-Klamotten, der immer häufiger zu Raub und Diebstahl unter Schülern führt, würde unterbunden.
Stern: Sie treten auch für ein soziales Pflichtjahr
80 ein.
Wickert: Nach den guten Erfahrungen mit dem freiwilligen sozialen Jahr ist das nur konsequent. In einem Pflichtjahr würden Jungen und Mädchen wieder lernen, was der Sinn einer Gemein-
85 schaft ist: Solidarität. Die Jugendlichen sollten dabei selbst wählen dürfen, in welchem Bereich sie arbeiten wollen, ob in Krankenhäusern oder Kindergärten, im Umweltschutz oder in der Entwicklungshilfe. Am sinnvollsten wäre aller-
90 dings ein Einsatz im nachbarschaftlichen Bereich. So müßten die Jugendlichen nicht kaserniert werden.
Stern: Auf große Begeisterung dürfte Ihr Vorschlag nicht stoßen.
95

Wickert: Im Gegenteil, gerade von Jugendlichen, mit denen ich darüber spreche, bekomme ich viel Zustimmung. Und selbst die Politik geht in diese Richtung. Denken Sie an die Idee eines Hilfs-
100 korps. Durch ein Pflichtjahr erhalten die Jugendlichen ein Gefühl für Gemeinschaft und Orientierung - das ist es ja, was sie suchen.
Stern: Viel zu viele finden das leider bei gewalttätigen Neonazi-Gangs.
105 *Wickert*: Deshalb müssen wir uns viel stärker um die kümmern, die sich ausgestoßen und deklassiert fühlen. Härtere Strafen helfen jedenfalls nicht.
Stern: Wie kann man verhindern, daß Heran-
110 wachsende zu Rassisten und Brandstiftern werden?
Wickert: Grundlage aller Ethik ist die Würde des Menschen. Das muß man vermitteln. Schon Kindern kann man den Respekt vor anderen
115 beibringen. Aber die Eltern nehmen sich heute oft keine Zeit mehr für Erziehung, sondern parken die Kinder vorm Fernseher. Wir brauchen deshalb eine bewußte Erziehung durch die Schule, wir brauchen Vorbilder in der Politik, in
120 der Wirtschaft.
Stern: Vergessen Sie nicht die Kirche?
Wickert: Als Vorbild schon. Die beiden großen christlichen Kirchen reagieren auf die Folgen, die der Wertewandel für sie hat, nur hektisch
125 und unüberlegt. Rom zieht sich in den Fundamentalismus zurück, und die Protestanten hängten zwar weiße Bettücher für den Frieden am Golf aus dem Fenster, halten sich aber bei der Aufnahme ausländischer Kinder in Kirchen-
130 kindergärten zurück - weil sonst die deutsche Gemeinde rebelliert.
Stern: Ihr eigenes Metier, das Fernsehen, steht in Sachen Vorbild-Funktion auch nicht gerade ruhmbekleckert da.
135 *Wickert*: Die Verrohung der Sitten beginnt mit Kleinigkeiten. Inzwischen hat man sich ja daran gewöhnt, daß Leute weinend über ihr Intimleben zum Reden gebracht werden, daß Frau Schreinemakers sich über die haarsträubenden Künste
140 eines Schamhaarfriseurs ausläßt, während im „Einspruch"-Tribunal das männliche Glied vermessen wird, was zu dem Gespräch veranlaßt, wie groß es sich denn ausdehnen müsse, um das penetrierte Weib in den vaginalen Vollrausch zu
145 treiben. Und immer mehr Sendungen basieren auf niederen Instinkten wie Gewalt, Haß und Rache.
Stern: Sie fordern deshalb eine Art „Greenpeace for the mind". Ein Plädoyer für Zensur?

Wickert: Nein. Ich habe mich immer vehement 150 für Pressefreiheit eingesetzt und auch gegen Selbstzensur gekämpft. Freiheit bedeutet für mich aber nicht, daß man alles darf. Das Fernsehen darf nicht die Würde der Menschen verletzen. Wenn etwa im RTL-Nachtjournal die unter 155 Schock stehende Mutter eines ermordeten Kindes gefragt wird, ob sie wie damals Frau Bachmeier an Selbstjustiz denke - ist das einfach scheußlich. (...)
Stern: Wie steht es mit der Selbstbeschränkung 160 bei Ihrer eigenen Sendung?
Wickert: Ich habe bei den „Tagesthemen" auch erst viel lernen müssen. Wir haben sehr häufig und sehr heftig diskutiert, gerade über Gewaltbilder. Inzwischen entscheiden wir immer wie- 165 der: Das eine oder andere Bild muß nicht sein. Trotzdem laufen bei uns noch viele gräßliche Geschichten. Aber sie können und dürfen ja Konflikte nicht verschweigen. Sie können nicht sagen, wir zeigen keine Bilder aus Goma. Das 170 sind die entsetzlichsten Aufnahmen, die es gibt.
Stern: Und sie haben den Effekt, daß sie Politiker auf Trab bringen - siehe Sarajewo, siehe Somalia, siehe jetzt Ruanda.
Wickert: Das sagen die Rote-Kreuz-Leute auch. 175 Goma war schon länger ein Problem, aber erst nachdem das Fernsehen darüber berichtet hatte, wurde es zum Thema für die Politiker.
Stern: Also reagieren Politiker nicht auf Grund einer ethisch-moralischen Grundhaltung (...) 180
Wickert: (...) wäre schön, wenn sie es täten (...)
Stern: (...) sondern weil die Menschen über die Bilder in den Medien erschrecken und Druck auf die Politiker ausüben?
Wickert: Das ist Betroffenheitspolitik: ich rea- 185 giere dann, wenn das Volk betroffen ist, und wenn es nicht betroffen ist, muß ich auch nicht reagieren. Das ist eine fürchterliche Voraussetzung für Politik. Zum Vorbild des Politikers - wie auch des Unternehmers, des Lehrers, der 190 Eltern - gehört, daß er aus einer inneren Überzeugung heraus handelt und sagt, hier muß etwas getan werden.
Stern: Berichte aus Goma haben ja auch positive Auswirkungen: Sie fördern die Hilfsbereitschaft 195 der Zuschauer.
Wickert: Der Deutsche ist bereit, zu helfen. Das sehen Sie auch beim Aufruf von Care, wo sich spontan 2000 Deutsche als Helfer gemeldet haben. Und die Bundeswehr? Die fliegt die Frei- 200 willigen nicht mal da runter. Das ist eine Schande.

Stern TV 13/94, S. 7 ff.

Das Ende der Langsamkeit

Hat Sten Nadolny das Kultbuch der neunziger Jahre geschrieben? In seinem Roman „Ein Gott der Frechheit" kehrt Götterbote Hermes zurück und verzaubert die Welt und die Frauen

(...) Tagelang ist Nadolny vor zwei Jahren auf Santorin umhergestreift, um Plätze wie diesen zu finden, magische Orte für seinen neuen Roman „Ein Gott der Frechheit".

Der Held ist Hermes, der Gott der Wanderer, der Kaufleute und folglich auch der Diebe, der Götterbote mit den geflügelten Sandalen. Bei Nadolny erlebt Hermes seine Wiederauferstehung als Zeitgenosse. „Ich habe mir die Freiheit genommen, die griechische Mythologie weiterzuspinnen", sagt der 52jährige Schriftsteller.

Sein Hermes ist ein neugieriger Schwarzer mit rötlichem Haar, der das Abenteuer sucht und die Liebe, am liebsten die körperliche. Hermes kann wie ehedem fliegen und Menschen in Schlaf versetzen, er kann aber auch durch das rechte Ohr in die Köpfe Sterblicher schlüpfen, deren Gedanken lesen und ihnen nach Gutdünken auf die Sprünge helfen. Der hat uns grade noch gefehlt: ein Retter, ein Romantiker, ein Weltverbesserer. Hermes ist ein Zeitkritiker, der letzte, der noch daran glaubt, etwas verändern zu können, der einzige zudem mit Humor.

Die Welt, so stellt Hermes fest, ist verrückt geworden. Dem blaßwimprigen Donnergott Thor hat jemand den Hammer geklaut und durch einen Tennisschläger ersetzt. Zeus ist nach Amerika gezogen, nachdem seine Gattin Hera für sich die Designermode entdeckte. In Kirchen wird eine Frauengestalt verehrt, die Hermes für Gianna Nannini hält. Zu allem Überfluß sind die Frauen penibel geworden: keine Liebe ohne „eine glänzende, enge Hülle", die „über die ganze Länge des erstarkten und sehr hervorragenden Gesellen" gezogen wird.

Hermes ist der ewige Reisende, ein Mann ohne Gepäck allerdings, den seine Wege um die halbe Welt führen, zwischendurch auch nach Stendal in Ostdeutschland, wo Helga Herdhitze herstammt, des Gottes Göttin. Das liest sich auch in einem Zug fiebernd durch und ist doch das genaue Gegenteil von Schmöker. „Es ist ein Schmugglerbuch von einem Schmuggler, und es schmuggelt etwas", sagt Nadolny. Schwere Fracht hat es geladen, leicht segelt es dahin.

Wer Sten Nadolny als Schriftsteller kennt und „Die Entdeckung der Langsamkeit" gelesen hat, das Buch, das ihn bei seinem Erscheinen 1983 mit einem Satz berühmt machte, könnte in ihm einen bedächtigen Grübler vermuten, dessen Leidenschaft die Verringerung von Geschwindigkeit und der gedehnte Blick auf alles ist, was sich bewegt. Wer das denkt, sollte nur ein einziges Mal mit dem Dichter im Auto fahren. Nadolny war während seines Studiums lange Jahre als Taxifahrer in Berlin unterwegs, und er fährt bis heute wie der Henker, nur besser.

(...) Nadolny entstammt einer Diplomatenfamilie, die ihre Wurzeln im alten Rußland hat und die es während des Krieges an den Chiemsee verschlug. Der Vater war beim Nachrichtendienst des Admirals und Widerständlers Canaris. Nach dem Krieg schrieb er Biographien und Reiseromane. Der Mutter, Isabella Nadolny, glückten in den fünfziger und sechziger Jahren mehrere Bestseller. In einem autobiographischen Roman von Isabella Nadolny kommt Sten Nadolny als drolliges Kleinkind vor, das mit dem Großvater, einem Landschaftsmaler, der adeligen Großmutter und den beiden schriftstellernden Eltern eine verträumte Kindheit verbringt, mit vier ihm zugewandten Erwachsenen, vielen Büchern und wenig Geld.

(...) Sten Nadolnys Biographie ist wie ein Ornament von Umwegen. Er studierte Geschichte und Politik, promovierte und arbeitete zwei Jahre an einem Gymnasium. Man kann sich noch heute vorstellen, daß er ein unterhaltsamer Lehrer gewesen sein muß: diese Art, unvermittelt ein Karteikärtchen aus der Tasche zu ziehen, um dem begriffsstutzigen Gesprächspartner eine verdeutlichende Zeichnung anzufertigen die große Geduld, die Ironie und die Witze, über die er selbst so laut lachen kann, daß auf dem Tisch die Gläser klirren. Er sagt: „Nur wenn etwas verlacht wird, dann wird es auch erobert."

Nadolny glaubt nicht, „jemals einen Schüler gelangweilt zu haben". Aber er langweilte sich selber. So warf er von einem Tag auf den anderen alles hin und ging als Aufnahmeleiter zum Film. „Tod oder Freiheit" hieß das erste Projekt, das er dort zu betreuen hatte, „ausgerechnet".

Sten Nadolnys Helden sind stets Reisende, Fahrensleute, Abenteurer, Piraten, die einem geheimen inneren Muster folgen, um dahinter etwas ganz Fremdes zu finden: eine andere Dimension vielleicht.

Stern 35/94, S. 130 f.

Rudolf Walter Leonhardt: Sachlich um der Leser willen

Das Gedicht steht am Anfang des Gedicht-Bandes „Lärm im Spiegel"; es ist der Prolog, mit dem sich der durch „Herz auf Taille" gerade berühmt-berüchtigt gewordene Neunundzwanzigjährige (1928) seinen Lesern ausweisen will. Und der Titel „Sachliche Romanze" steht für ein Programm: So etwas „Romantisches" wie Liebe wird nicht geleugnet, im Gegenteil, es gehört auch bei Kästner zum Repertoire. Aber es wird in nüchterner, „neuer Sachlichkeit" darüber berichtet. Gereimte Prosa? Journalismus in Versen? Gedichte als Lebenshilfe?

All das wollte Kästner, Lebenshilfe vor allem. Nicht: sich selber darstellen (ihm kam die eine oder andere Liebe erst viel später „abhanden"); nicht: der Sprache Urlaute entlocken (er wollte allgemeinverständlich sein); nicht: Auswege in einer poetischen Metaphysik suchen (er liebte das Leben so, wie es ist, oder doch, seiner nie verzagenden Hoffnung nach, sein könnte).

Auf jedes formale Raffinement wird verzichtet. Die Sätze sind von lakonischer Kürze und schulfibelartiger Klarheit. In der vierten Strophe den Rhythmus zu brechen durch einen zusätzlichen Vers, ist das Äußerste, was Kästner hier sich und seinen Lesern zumutet. Es wird eine „alte Geschichte" erzählt, die daran erinnert, was bei Heine zwischen „Jünglingen" und „Mädchen" passiert. Da brechen dann Herzen entzwei. In der Tat ist Kästner ohne den Vorgänger Heine nicht zu denken. Was unterscheidet ihn?

Es geht um scheinbar Triviales, wobei der Schein des Trivialen deutlich genug hervorgehoben wird. Das größte Menschenglück - für Kästner und andere: die Liebe - soll sich nicht von ganz poesielosen alltäglichen Gebrauchsgegenständen unterscheiden. Jüngere, denen „Stock oder Hut" keineswegs mehr alltägliche Gebrauchsgegenstände sind, mögen Kästners Vergleich als leicht nostalgie-verstaubt empfinden; aber Stöcke und Hüte „kamen" in den zwanziger Jahren so oft „abhanden" wie heute Kugelschreiber oder Autoschlüssel.

Die erste Strophe könnte, zur Not, auch von Heinrich Heine stammen. Dann jedoch beschwört Kästner hier wie so oft eine Bürgertugend, die Heine auch schon kannte, aber so unverstellt nie beschrieben hätte: inmitten der traurigsten Ratlosigkeit verzweifelte Tapferkeit. Man muß die Form wahren, man darf niemanden verletzen, schon gar nicht den, den man einmal geliebt hat. Die einstmals alles sich waren und die nun alles verloren haben: sie schreien einander nicht an, sie bringen sich nicht um, was doch zumindest literarisch ganz wirkungsvoll wäre; sie stehen irgendwo herum und klammern sich daran: nachmittags wird Kaffee getrunken. So weit stimmt die Welt noch. Am Abend freilich hat man nicht mehr im Café zu sitzen. Das ist nicht in Ordnung.

Kästners Geschichten in Vers und Prosa sind oft ganz einfach traurig und in ihrer Traurigkeit völlig unabhängig von gesellschaftlichen Zusammenhängen, total unkorrigierbar. Humanismus und Sozialismus lagen ihm gleich nahe, aber sie bedeuteten ihm nicht das gleiche. Er verehrte Schopenhauer und glaubte mit ihm an das Mitleid als den höchsten moralischen Wert.

Dieses Gedicht ist wie viele Kästner-Gedichte eine Parabel: Wie den beiden geht es Tausenden. Und da Tausende von einem solchen ganz nüchternen, trivialen, journalistischen Versgebilde sich berührt gefühlt haben, ist es womöglich so „trivial" nun wieder auch nicht. „Trivial" ist nur der unnütze Allgemeinplatz. Kästners Verse wären treffender mit „ungemein schlicht" zu bezeichnen. Sie können ja nützen. Sie wollen es auch.

Kästner wollte Lebenssituationen so darstellen, daß viele sich betroffen und manche sich getröstet fühlen. Das „Abhandenkommen" der Liebe ist ein großes Thema. Es bedarf, dennoch oder daher, für Kästner nicht der großen Worte. Seine Leser danken ihm das.

Marcel Reich-Ranitzki (Hrsg.): Über die Liebe, 6. Auflage. Frankfurt am Main 1987, S. 267.

García Márquez: Wir sind genauso verrückt wie die Nibelungen!

Er sei, sagt der kolumbianische Literatur-Nobelpreisträger Gabriel García Márquez im zweiten Teil des WELT-Interviews, seinem Wesen nach eher ein Penner, ein Selbstmörder, ein
5 *Frauenheld, ein Chaot. Wie aber bekämpft er seine „Natur"? Warum spielt der Tod in seinen Romanen eine so wichtige Rolle? Welche Bücher liest ein Mann, dessen eigene Weltauflage weit über 15 Millionen Exemplaren liegt? Was*
10 *fasziniert ihn an Fidel Castro? Mit dem Autor sprachen in seiner Stadtwohnung in Mexiko City, einem seiner beiden mexikanischen Domizile, Werner Thomas und Lothar Schmidt-Mühlisch.*
15 *(...)*
Welt: Bedienen Sie sich irgendwelcher Techniken, die schöpferischen Prozesse in Ihnen zu fördern?
García Márquez: Etwas ist mir ganz klar. Man
20 arbeitet natürlich wesentlich besser, wenn man keinen Hunger hat. Wer wirklich zum Schriftsteller berufen ist, der arbeitet viel besser, wenn seine Probleme gelöst sind. Man arbeitet viel besser, wenn man eine gute Gesundheit hat.
25 Man braucht fast die Fitneß eines Boxers, um jeden Tag sechs oder acht Stunden lang schreiben zu können. Man braucht die Disziplin eines Bankangestellten, um sich jeden Tag hinzusetzen und anzufangen.
30 **Welt:** Ihre Belohnung der Disziplin scheint eigenartig, wenn man die meisten Ihrer literarischen Helden betrachtet, die sich ja gerade durch ein anarchisches Wesen auszeichnen. Befreien Sie sich literarisch von ihren persönlichen
35 Zwängen?
García Márquez: Um solche anarchischen Strukturen schaffen zu können, muß man selbst eine sehr feste Struktur haben. Die Gesetze der Willkür sind streng und unflexibel. Wenn Frauen
40 mit Geist, Körper und Seele gen Himmel aufsteigen, wenn gelbe Blumen vom Himmel fallen oder wenn ein Schokolade trinkender Pfarrer plötzlich anfängt zu schweben - das sind Ereignisse, die man nicht ohne weiteres glaubhaft
45 darstellen kann. Ich betone: Die Gesetze der Willkür sind strenger als alle anderen Gesetze. Und man muß sie entsprechend beherrschen. Sonst hält jeder Leser diese Erfindung für unsinnige Spinnerei. Übrigens: Meine anarchischen
50 Figuren sind keine Erfindung von mir, keine Schöpfung - sie spiegeln die gröbste, die roheste Wirklichkeit in Lateinamerika wider.

Welt: Beim Lesen erscheint einem aber diese „rohe Wirklichkeit" durchaus sympathisch.
García Márquez: Möglicherweise ja, aber uns 55 verursacht sie sehr viel Leiden.
Welt: Die Helden Ihrer Bücher sind mit so viel Zuneigung geschildert, selbst wenn es Anti-Helden sind, daß man sich gar nicht vorstellen kann, der Autor Márquez wäre ihnen nicht nahe. 60 Selbst Ihre Frau entdeckt an diesen Figuren Züge ihres Ehemannes. Haben diese anarchischen Figuren wirklich nicht mit García Márquez gemein?
García Márquez: Ich will Ihnen eines gestehen. 65 Ich halte mich für einen der diszipliniertesten Menschen, die ich kenne. Und wissen Sie warum? Weil ich im Grunde das undisziplinierteste Wesen der Welt bin. Ich würde nie etwas erreichen, wenn ich meinem Wesen folgte und mich 70 nicht zur Disziplin zwänge. Bedauerlicherweise bin ich das genaue Gegenteil von dem, für das ich geschaffen wurde. Wenn ich mich nach dem gerichtet hätte, was die Natur mir zugestanden hat, säßen wir jetzt nicht bei mir. Ich wäre ein 75 Penner geworden, ein Selbstmörder, ein Frauenheld, ein absoluter Chaot. Und ich will Ihnen noch etwas verraten: Im Grunde hätte es mich begeistert, so etwas zu werden oder zu sein.
Welt: Und was hat Sie bewegt, Ihrer Natur zu 80 widersprechen?
García Márquez: Die Gesellschaft hätte es mir nicht erlaubt, es zu etwas zu bringen, wenn ich meinem Wesen gefolgt wäre. Aber ich wollte in dieser Gesellschaft unbedingt etwas erreichen. 85 So blieb mir nichts anderes übrig, als gegen mein eigenes Wesen anzugehen und meine innere Struktur in den Griff zu kriegen. Doch habe ich den großen Vorteil, all diese Dinge, die mir im Leben verschlossen bleiben, die Erscheinungen, 90 die ich nicht sein kann und nicht sein will, in meinen Büchern zu verwirklichen. Das ist für mich eine große Erleichterung. Es befriedigt mich ungeheuer, daß alle meine Figuren das tun können, was ich im Leben gern tun möchte. 95
Welt: Bedarf es auch irgendwelcher Techniken, Ihre Inspirationskraft zu bewegen?
García Márquez: Das gehört wieder zum Thema der literarischen Schöpfung. Da gibt es zum Beispiel das Problem der Themenwahl. Ich habe 100 bedrängende Vorstellungen, sehe plötzlich Bilder vor mir. Meistens sind es eindrucksvolle, leuchtende Bilder - ich weiß, wie gesagt, nicht, wie sie entstehen. Aber ich weiß, daß ich sehr

105 vorsichtig und skeptisch damit umgehen muß.
Ich muß warten, bis sich diese Eindrücke oder
Bilder setzen. Ich lasse sie ruhen. Und so bleiben
von den vielen Ideen, etwas zu schreiben, die
meisten irgendwann vergessen am Wege zurück.
110 Diejenigen Bilder aber, die sich viele Jahre lang
halten, die mir nachts oft den Schlaf rauben - das
sind dann diejenigen, von denen ich irgendwann
weiß, daß ich sie aufnehmen muß. Jetzt zum
Beispiel schreibe ich über etwas, was mich vor
115 30 Jahren das erste Mal bewegt hat. In solchen
Zeitabständen reifen meine Ideen. Wenn Sie so
wollen, dann ist das eine Technik, mit der ich
das Schöpferische unterstütze.
Welt: Denken Sie eigentlich beim Schreiben an
120 den Leser?
García Márquez: Ich denke eigentlich eher an
mein eigenes Lebensverhalten. Ich bin ein sehr
schlechter Leser. Wenn ein Buch mich langweilt,
überfliege ich ein paar Seiten, und wenn es mich
125 dann immer noch langweilt, lege ich es beiseite.
Dann ist es aus - ganz gleich, wer das Buch geschrieben hat. Es gibt wirklich so viele Bücher,
daß es keinen Sinn hat, welche zu lesen, die einen langweilen. Dasselbe geschieht mir, wenn
130 ich schreibe. Wie ich nur Bücher lese, die mir
gefallen, denke ich beim Schreiben: Wenn ich
jetzt anfange, mich dabei zu langweilen, wird es
dem Leser genauso ergehen.
Welt: Kennen Sie nie den Ausgang Ihrer Bü-
135 cher?
García Márquez: Also, das ist sehr kompliziert.
Einerseits kenne ich meist nur ein Bild. Anderer-

seits behaupte ich mir selbst gegenüber: Wenn
ich anfange, ein Buch zu schreiben, kann ich es
bereits erzählen, als hätte ich es gelesen. Es ko- 140
stet mich sehr viel Mühe, ja, man könnte sagen,
es ist mir lästig, mich hinzusetzen und zu schreiben. Daher rede ich mir ein, ganz sicher und
überzeugt zu sein, das Endprodukt schon zu
kennen. Sonst hätte ich Angst, Zeit zu verlieren. 145
Welt: Wenn Ihnen das Schreiben so lästig ist -
fällt es Ihnen denn schwer?
García Márquez: Man darf nicht vergessen, daß
die Schriftstellerei ein Handwerk ist. Man muß
die verschiedenen Werkzeuge kennen und be- 150
herrschen. Man muß das lernen. Die Aneignung
der handwerklichen Fertigkeiten, das ist das
Schwierigste, was es gibt. Manchmal verstehe
ich ja selbst nicht, wieso ich mich jeden Tag
hinsetze, einen Buchstaben an den anderen reihe 155
und darauf warte, daß diese Buchstaben sich in
eine Welt verwandeln. Die Schrift ist ja im
Grunde ein sehr primitives Kommunikationsmit-
tel. Leider ist bisher keine andere Möglichkeit
gefunden worden, ein Universum zu schaffen als 160
durch die Aneinanderreihung von Buchstaben.
Einerseits gibt es nichts, was mir so viel Freude
macht wie das Schreiben. Andererseits gibt es
auch nichts so Langweiliges, so absolut Nervtötendes wie Schreiben, wenn es nicht funktio- 165
niert.
(…)

Die Welt vom 13.01.1988.

Gabriel García Márquez: **Die letzte Reise des Gespensterschiffs**

Jetzt sollt ihr sehen, wer ich bin, sagte er zu sich
mit seiner neuen Männerstimme, viele Jahre
nachdem er zum ersten Mal den riesigen Überseedampfer gesehen hatte, der ohne Lichter und
5 ohne Lärm eines Nachts am Dorf vorbeigefahren
war wie ein großer unbewohnter Palast, größer
als das ganze Dorf und viel höher als der Turm
seiner Kirche, und im Dunkeln auf die auf der
anderen Seite der Bucht gegen die Bukaniere
10 befestigte Kolonialstadt zugesegelt war mit ihrem alten Negersklavenhafen und dem kreisen-
den Leuchtturm, dessen düstere Windmühlen-
flügel aus Licht alle fünfzehn Sekunden das Dorf
zu einem Mondlager aus phosphoreszierenden
15 Häusern und vulkanischen Wüstenstraßen ver-
klärte, und wenn er auch damals ein Knabe ohne
Männerstimme gewesen war, aber die Erlaubnis

seiner Mutter hatte, bis spät am Strand die
nächtlichen Harfen des Windes zu hören, so
konnte er sich noch so daran erinnern, als sähe 20
er, wie der Überseedampfer verschwand, wenn
das Licht des Leuchtturms ihn in der Flanke traf,
und wieder auftauchte, wenn das Licht vorbei-
geglitten war, so daß es ein Wechselschiff war,
das bis zur Einfahrt in die Bucht auftauchte und 25
untertauchte und schlafwandlerisch tastend die
Bojen suchte, welche die Fahrtrinne des Hafens
anzeigten, bis wohl etwas mit seiner Kompaßna-
del schiefging, denn das Schiff trieb auf die
Klippen zu, lief auf Grund, ging in Stücke und 30
sank ohne jegliches Geräusch, auch wenn ein
derartiger Aufprall auf die Riffe ein eisernes
Getöse hätte hervorrufen müssen, und eine Ma-
schinenexplosion, welche die im Tiefschlaf ver-

sunkenen Drachen hätte zu Eis erstarren lassen
müssen in dem prähistorischen Urwald, der in
den letzten Straßen der Stadt begann und auf
der anderen Seite der Welt endete, so daß der
Junge selber glaubte, es sei ein Traum gewesen,
zumal am nächsten Tag, als er das strahlende
Aquarium der Bucht sah, das farbige Wirrwarr
der Negerbaracken auf den Hügeln des Hafens,
die Schoner der Schmuggler aus den Guayanas,
die ihre Ladungen unschuldiger Papageien emp-
fingen, welche die Kröpfe voller Diamanten
hatten, und er dachte, ich bin eingeschlafen, als
ich die Sterne zählte, und habe von diesem gewaltigen Schiff geträumt, gewiß, er war so überzeugt davon, daß er es niemandem erzählte und
sich auch nicht an die Vision erinnerte bis zur
gleichen Nacht im darauffolgenden März, als er
rötliches Gewölk von Delphinen im Meer suchte, und was er fand, war der trügerische Überseedampfer, düster, ein Wechseldampfer, mit der
gleichen verfehlten Fahrtrichtung wie beim ersten Mal, nur daß der Junge diesmal so sicher
war, wach zu sein, daß er lief und es seiner
Mutter erzählte, und sie stöhnte drei Wochen
lang vor Enttäuschung, weil dir dein Gehirn
verfault, wenn du immer alles auf den Kopf
stellst, den Tag verschläfst und die Nacht ver-
bummelst wie Leute mit schlechtem Lebens-
wandel, und da sie in jenen Tagen in die Stadt
gehen mußte, eine bequeme Sitzgelegenheit zu
kaufen, um darauf an den toten Ehemann zu
denken, weil die Kufen ihres Schaukelstuhls
nach elf Jahren Witwenschaft verbraucht waren,
nutzte sie die Gelegenheit, den Bootsmann zu
bitten, daß er an den Riffen entlangfuhr, damit
ihr Sohn sehen könne, was er auch tatsächlich
im Schaufenster des Meeres sah, das Liebesspiel
der Stachelrochen in einem Frühling von
Schwämmen, rosafarbene Meerwölfe und die
blauen Korvinen, die in andere Brunnen weiche-
ren Wassers   tauchten, die es zwischen dem
Wasser gab, und sogar die umherirrenden Haar-
schöpfe der Ertrunkenen eines kolonialen
Schiffbruchs, aber weder Spuren von unterge-
gangenen Überseedampfern noch die irgendeines
toten Kindes, und trotzdem war er so halsstar-
rig, daß seine Mutter versprach, ihn am Vor-
abend des nächsten Märztages zu begleiten, sicherlich ohne zu wissen, daß das einzig Sichere
ihrer Zukunft ein Sessel aus Francis Drakes
Zeiten war, den sie bei einer Türkenversteige-
rung erstanden hatte und auf den sie sich am
selben Abend zum Ausruhen setzte, seufzend,
ach mein armer Holofernes, wenn du sähest, wie

gut man an dich denkt auf diesem Samtbezug
mit Brokatverzierung vom Katafalk einer Köni-
gin, doch je heftiger sie ihren toten Mann be-
schwor, desto heftiger siedete das Blut in ihrem
Herzen und wurde zu Schokolade, als renne sie
statt zu sitzen, durchnäßt von Schüttelfrösten,
den Atem voller Erde, bis der Sohn im Morgen-
grauen heimkehrte und sie tot im Sessel fand,
noch warm, doch schon halb verfault wie nach
einem Schlangenbiß, genauso, wie es später vier
anderen Señoras erging, bevor sie den Mörder-
sessel ins Meer warfen, weit hinaus, wo er niemandem etwas zuleide tun konnte, denn er war
durch die Jahrhunderte derart abgenutzt worden
und hatte folglich die Fähigkeit, Entspannung zu
spenden, eingebüßt, so daß der Junge sich an die
elende Eigenschaft einer Waise gewöhnen mußte
und von allen als der Sohn der Witwe bezeichnet
wurde, die den Thronsessel des Unglücks ins
Dorf gebracht hatte, und er lebte dort weniger
von der öffentlichen Nächstenliebe als von Fischen, die er aus den Booten stahl, während
seine Stimme zu einem Brüllen anschwoll und er
sich nicht mehr an seine einstige Vision erinnerte
bis zu einer anderen Märznacht, in der er zufällig
aufs Meer hinaussah, und dort, gute Mutter,
dort ist er, der unheimliche Asbestwal, das brül-
lende Biest, kommt und seht es euch an, schrie
er wahnsinnig, kommt und seht es, und er voll-
führte ein solches Hundegebell und Weibergeze-
ter, daß sogar die ältesten Männer sich an ihre
Urgroßväterschrecken erinnerten und unter ihre
Betten krochen im Glauben, William Dampier
sei zurückgekehrt, aber die, welche auf die Gasse stürzten, machten sich nicht die Mühe, den
unwahrscheinlichen Apparat anzuschauen, der
sich in diesem Augenblick im Osten verlor und
im jährlichen Verhängnis unterging, sondern sie
hieben auf den Sohn der Witwe ein und ließen
ihn so kreuzlahm auf der Strecke, daß er sich auf
der Stelle wutschnaubend schwor, jetzt sollt ihr
sehen, wer ich bin, aber er hütete sich, jemandem seinen Entschluß anzuvertrauen, sondern er
käute ein Jahr lang seine fixe Idee wieder, jetzt
sollt ihr sehen, wer ich bin, während er auf die
Wiederkehr des Vorabends der Erscheinungen
wartete, damit er das tun könne, was er tat, er
stahl sich nämlich ein Boot, überquerte die
Bucht und wartete den ganzen Abend auf seine
große Stunde im Gassengewirr des Sklavenha-
fens zwischen dem menschlichen Absud der Ka-
riben, so versunken in sein Abenteuer, daß er
weder wie sonst vor den Marktbuden der Hin-
dus stehenblieb und die aus einem ganzen Ele-

fantenzahn geschnitzten Elfenbeinmandarine angaffte, noch sich über die holländischen Neger
145 auf ihren orthopädischen Velozipeden lustigmachte, auch hatte er nicht wie zu anderen Zeiten Angst vor den kupferhäutigen Malaien, die um die Welt gereist waren, angelockt von der Schimäre eines verborgenen Gasthofs, wo es
150 Lenden von Brasilianerinnen vom Holzkohlenfeuer zu essen gab, denn er merkte gar nichts, bis die Nacht mit dem ganzen Gewicht der Sterne ihn überfiel und der Urwald das süße Arom der Gardenien und modrigen Salamander ver-
155 strömte, und schon ruderte er im gestohlenen Boot bis zur Einfahrt der Bucht, mit gelöschter Lampe, um nicht die Zollbeamten aufmerksam zu machen, alle fünfzehn Sekunds vom grünen Flügelschlag des Leuchtturms verklärt und
160 gleich wieder von der Dunkelheit vermenschlicht, wohl wissend, daß er in die Nähe der Bojen geriet, welche die Fahrtrinne des Hafens markierten, nicht nur weil ihr beklemmender Schimmer zunahm, sondern weil der Atem des
165 Wassers trauriger wurde, und er ruderte so selbstversunken, daß er weder wußte, woher so plötzlich das fürchterliche Haigeschnaube drang, noch warum die Nacht so dicht wurde, als seien plötzlich die Sterne gestorben, doch da war der
170 Überseedampfer mit all seinem unfaßbaren Umfang, Mutter, größer als irgend etwas Großes auf der Welt und dunkler als irgend etwas Dunkles auf der Erde oder im Wasser, dreihunderttausend Tonnen Haigeruch, und glitt so nahe
175 an seinem Boot vorüber, daß er die Ränder des stählernen Abgrunds sehen konnte, ohne ein einziges Licht in den endlosen Ochsenluken, ohne einen Seufzer in den Maschinen, ohne eine Seele, und nahm seine ureigene Welt der Stille
180 mit, seinen eigenen leeren Himmel, seine eigene tote Luft, seine stillstehende Zeit, sein umherirrendes Meer, in dem eine ganze Welt ertrunkener Fische schwamm, und plötzlich verschwand all das mit dem Schein des Leuchtturms, und
185 einen Augenblick lang kehrte die durchscheinende Karibische See wieder, die Märznacht, die alltägliche Luft der Pelikane, so daß der Junge allein blieb zwischen den Bojen, ohne zu wissen was tun, und sich verwundert fragte, ob er nicht
190 einem Wachtraum erlegen sei, nicht nur jetzt, sondern auch bei den anderen Malen, doch kaum hatte er sich das gefragt, als ein geheimnisvoller Hauch die Bojen von der ersten bis zur letzten löschte, so daß, als die Helligkeit des Leucht-
195 turms schwand, der Überseedampfer wieder erschien mit verdrehten Kompassen, vielleicht

ohne zu wissen, an welcher Stelle des ozeanischen Meers er sich befand, tastend die unsichtbare Fahrtrinne suchte, aber in Wirklichkeit den Klippen zutrieb, bis der Junge die überwältigen- 200 de Offenbarung erfuhr, daß das Mißgeschick mit den Bojen der letzte Schlüssel der Verzauberung war, und so zündete er die Bootslampe an, ein winziges rotes Lämpchen, das niemanden auf den Wachtürmen zu beunruhigen brauchte, das 205 aber für den Lotsen wie eine orientalische Sonne sein mußte, denn dank seiner berichtigte der Überseedampfer seinen Kurs und fuhr mit einem Manöver glücklicher Auferstehung in das große Tor der Fahrtrinne ein, und nun leuchteten all 210 seine Lichter gleichzeitig auf, die Kessel summten von neuem, die Sterne hefteten sich an ihren Himmel, und die Tierleichen sanken in die Tiefe, und da gab es Tellergeklapper und Lorbeertunkenduft in den Küchen, und man hörte die Baß- 215 tube der Schiffskapelle auf den Monddecks und das Pochen im Blut der Hochseeverliebten im Halbdunkel der Kabinen, der Sohn der Witwe aber trug noch so viel verspätete Wut mit sich herum, daß er sich nicht von der Erregung betö- 220 ren, noch vom Wunder einschüchtern ließ, sondern er sagte sich entschlossener denn je, jetzt sollt ihr sehen, wer ich bin, Feiglinge, jetzt sollt ihr es sehen, und statt beizudrehen, um nicht von der kolossalen Maschine gerammt zu werden, 225 begann er vor ihr herzurudern, denn jetzt sollt ihr sehen, wer ich bin, und er gab dem Schiff mit seiner Lampe die Richtung an, bis er dessen Gefolgschaft so sicher war, daß er es zwang, den Kurs auf die Kais von neuem zu ändern, und 230 er lenkte es von der unsichtbaren Fahrtrinne fort und führte es am Halfter wie ein Seelamm auf die Lichter des schlafenden Dorfs zu, ein Schiff, lebendig und unverwundbar durch die Speere des Leuchtturms, die es nun nicht mehr unsicht- 235 bar machten, sondern alle fünfzehn Sekunden in Aluminium verwandelten, und schon begannen sich die Kreuze der Kirche abzuzeichnen, das Elend der Häuser, die Selbsttäuschung, und noch immer fuhr der Überseedampfer hinter ihm 240 her, folgte ihm mit allem, was er in seinem Rumpf mitführte, seinem auf der Herzseite schlagenden Kapitän, den Kampfstieren im Schnee seiner Speisekammern, den einsamen Kranken in seinem Krankenrevier, dem verwai- 245 sten Wasser in seinen Zisternen, dem unerlösten Lotsen, der wohl die Klippen mit den Kaimauern verwechselt hatte, denn in diesem Augenblick brach das unheimliche Sirenengeheul los, zum ersten Mal, und er wurde von dem herabschie- 250

ßenden Dampfstrahl durchnäßt, zum zweiten Mal, und das fremde Boot kenterte fast, zum dritten Mal, aber schon war es zu spät, denn da waren die Muscheln des Strandes, die Steine der
255 Straße, die Türen der Ungläubigen, das ganze Dorf, erleuchtet von den Lichtern des entsetzten Überseedampfers, und der Sohn der Witwe fand kaum Zeit, der Flutkatastrophe auszuweichen und inmitten des Aufruhrs zu brüllen, da habt
260 ihr's, ihr Feiglinge, eine Sekunde bevor der gewaltig-stählerne Schiffsrumpf die Erde spaltete und das deutliche Höllengeklirr der neunzigtausendfünfhundert Champagnergläser aufbrandete, die eines nach dem anderen vom Bug zum Heck
265 zerbarsten, und dann ward Licht, und es war

nicht mehr das märzliche Morgenrot, sondern ein strahlender Mittwochnachmittag, und mit Vergnügen sah er die Ungläubigen, die den größten Überseedampfer dieser Welt und der anderen Welt betrachteten, gestrandet bei der 270 Kirche, weißer als alles, zwanzig Mal höher als der Kirchturm und etwa siebenundneunzig Mal länger als das Dorf, der Name *halalcsillag* war mit eisernen Lettern eingegraben, und noch immer rannen über seine Seiten die uralten ermat- 275 teten Wasser der Todesmeere.

Das Leichenbegräbnis der Großen Mama und andere Erzählungen. A.a.O.

Eine Lebensart

Der Herbst der Tagebücher: Editionen und Autoren, Überblick und Umfrage

Von Volker Hage

(...)
Auch wenn Rühmkorf sein 1971 - im Alter von 42 Jahren - begonnenes und bis heute auf 15000 Manuskriptseiten angewachsenes Journal zu-
5 nächst „unter Ausschluß der Öffentlichkeit" geführt haben will, „ohne auch nur den geringsten Gedanken an Publikation", so kam ihm just dieser Gedanke nach neuerlicher Inspektion gar nicht mehr so abwegig vor. (...)
10 Der Autor hofft, sein Tagebuch „so herzgewinnend offen" geführt zu haben, „daß die Leute die Wahrheit am Ende für eine liebenswürdige Erscheinung halten", und definiert das Unternehmen so: „Tagebuch: das unqualifizierte ressen-
15 timentale Gebummse, mit dem man den Tagesablauf begleitet. Das Schicksal. Das Wetter. Die Nachrichten." Im August kapitulierte Rühmkorf, von Kieferschmerzen geplagt, vor der Aufgabe, die Manuskriptberge termingerecht
20 auf das geforderte Maß zurechtzuschneiden. „Ganze Masse war ohnehin in der knappen Zeit kaum zu händeln", schrieb er in einem Brief. „Erst 1500 Seiten auf 1000 herunterkürzen, dann aus diesen nochmal 500 aussuchen, war
25 alles zeitraubend und kraftmessend, wobei manches, was hier vorn noch zu breit ist (Festivitäten mit Gästen pp), dann nachher am Ende der Parabel fehlt." (...)
Goethe warnte schon 1813 vergeblich: „Es ist
30 unglaublich, was die Deutschen sich durch das Journal- und Tageblattverzetteln für Schaden

tun: denn das Gute, was dadurch gefördert wird, muß gleich vom Mittelmäßigen und Schlechten verschlungen werden." Freilich war er selbst nicht zimperlich, was die Selbstdarstellung an- 35 ging. Goethes Parole: „Wenn sich einer nur mitteilt, so ist es ganz einerlei, aus was für Motiven er es tut."
Die Frage ist nur: zu Lebzeiten veröffentlichen oder nicht? Und wenn ja: wie für die Veröffent- 40 lichung zubereiten? „Mitwelt oder Nachwelt, das ist hier die alles beherrschende Frage", weiß auch Rühmkorf - dessen Terminprobleme wohl nicht unwesentlich mit der Schwierigkeit zusammenhängen, ein intimes Journal vor die Au- 45 gen des Publikums zu bringen.
Viele zeitgenössische Autoren deutscher Sprache haben es Rühmkorf in den vergangenen Jahren vorgemacht und Proben aus ihren Tage- und Notizbüchern gegeben: Ilse Achinger, Peter 50 Handke, Ernst Jünger ebenso wie Walter Kempowski, Sarah Kirsch, Reiner Kunze, Helmut Krausser, Franz Xaver Kroetz, Paul Wühr und Christa Wolf. Bei anderen Schriftstellern - wie etwa Botho Strauß - verschwimmt die Grenze 55 zwischen Werk und Journal.
Die Vorliebe gerade der Dichter für das „Journal- und Tagebuchverzetteln" hat in diesem Jahrhundert noch zugenommen. Das mag auch damit zusammenhängen, daß vielen Erzählern 60 das Vertrauen in die Kraft der Phantasie und die Welt der Fiktionen verlorengegangen ist. „Wir

sind mißtrauisch geworden gegen Empfindungen über das Innenleben unserer Mitmenschen", schrieb Christa Wolf vor 30 Jahren und meinte damit auch ihre Lesegewohnheiten. „Wir lesen Akten, Briefsammlungen, Memoiren, Biographien. Und: Tagebücher."

Nicht alle Schriftsteller denken so. Der Schweizer Friedrich Dürrenmatt hielt - ganz anders als etwa sein Landsmann Max Frisch - Tagebücher für unproduktiv. „Für die Erinnerung ist Vergessen das Wichtigste. Es filtert die Erinnerung." Darum habe er nie ein Tagebuch geführt: „Ein Tagebuch verhaftet die Zeit, verhindert Vergessen."

Ganz ähnlich hat sich der amerikanische Romancier John Updike, 62, in einem Fernsehinterview geäußert. Tagebuchschreiben komme ihm wie Energierverschwendung vor, sagte er. „Für das Schreiben von Erzählungen und Romanen ist die Fähigkeit, vergessen zu können, ein Segen. Nur das, woran wir uns erinnern, ist wirklich wichtig. Das Gehirn filtert das Besondere heraus. Solche Erinnerungen sind die Anstöße und Grundlagen meiner Geschichten. Aufzeichnungen können in einem Roman leicht wie ein Fremdkörper wirken."

Dennoch: Wie das 19. Jahrhundert den Roman zur Reife gebracht hat, so erhob das 20. die Kunst des Tagebuchs endgültig zur literaturwürdigen Form - Unterformen wie Aufzeichnungen, Notizbücher, Arbeitsjournale und Werkstattberichte inbegriffen. Nicht nur, daß bedeutende Autoren wie Max Frisch, André Gide, Julien Green und Ernst Jünger beschlossen haben, ihre Tagebücher - oder doch Teile daraus - schon zu Lebzeiten zu publizieren. Auch manche nur für die Nachwelt gedachten Journale wichtiger Schriftsteller sind mittlerweile zugänglich. Oder werden es bald sein. Deutsche Verlage scheuen keine Mühe, um die Tagebücher vor allem der Größen dieses Jahrhunderts sorgsam zu editieren.(...)

Der „gute Tagebuchschreiber" meinte einst Virginia Woolf, schreibe entweder für sich allein oder für eine Nachwelt in so weiter Ferne, „daß sie ruhig jedes Geheimnis hören und jedes Motiv gerecht abwägen kann". Gerade von Journalen, die nicht für die Zeitgenossen gedacht und zurechtgestutzt worden sind, geht mitunter zeit- und raumübergreifend eine enorme Faszination aus. Autoren, die selbst Tagebücher schreiben, sind im übrigen meist auch Leser von anderen Tagebüchern - und zitieren gern daraus. (...)

Faszinosum Tagebuch: Für den Schriftsteller kann es auch zur Last werden, zur Sucht. „Das Journal intime, obwohl dem Tag gehörig, ist in seiner Formlosigkeit nur dem Alptraum vergleichbar", notierte in den achtziger Jahren Botho Strauß. Wie das? „Der Schriftsteller, der alles verrät und nichts für sich behalten kann, wird niemals das schöpferische Werk zustande bringen."

Also stehen sie sich am Ende doch wie Konkurrenten gegenüber: Das Werk und das Tagebuch? Im besten Fall ergänzen sie sich. Strauß: „Nur das Tagebuch kann einen physischen Eindruck davon geben, was Lebenszeit in rauher Menge ist. Die Täglichkeit. Alle Tage. Etwas, das keine Biographie erfaßt."

Auch Christa Wolf schreibt seit Jahrzehnten Tagebuch. „Nie aber ist an Veröffentlichung gedacht", glaubt sie 1964, „nie wäre daran zu denken: Gerade das ist die Grundlage seiner Existenz." Ganz so konsequent ist sie - glücklicherweise - dann doch nicht gewesen. Wenigstens Proben hat sie von Zeit zu Zeit gegeben, zuletzt in ihrem im Frühjahr dieses Jahres veröffentlichten Prosaband „Auf dem Weg nach Tabou", einer Sammlung (Untertitel: „Texte 1990 - 1994"), die nicht nur politische Statements enthält, sondern auch deren nachdenkliche Infragestellung. Was wäre dazu besser geeignet als das Tagebuch?

Die Schriftstellerin hat vor langer Zeit den Vorsatz gefaßt, jährlich einen bestimmten Tag, den 27. September, für ein ausführliches Protokoll zu reservieren. Der Eintrag aus dem Jahr 1993 enthält eine aufschlußreiche Überlegung zum Metier des Tagebuchschreibens:

Es ist elf Uhr, ich setze mich an mein Maschinchen, um mit diesen Notizen anzufangen, denen dieser Tag ja vorbehalten ist, und ich weiß schon - lange genug halte ich mich ja an diese Übung -, ich weiß, daß im gleichen Moment, da ich, vormittags um elf, beginne, diesen Tag zu beschreiben, die Frage auftauchen wird, ob nun dieser Text den Tag verschlingt, ob er seinen Ablauf bestimmt, ob der Tag um des Textes willen gelebt, der Text um des Tages willen geschrieben wird. Kurz und gut, ob Selbstbeobachtung zu Verfälschung führt, aber was führte nicht zu Verfälschung?

Franz Kafka äußerte 1913 sogar „Haß gegenüber aktiver Selbstbeobachtung". Er wollte sich in Zukunft „ruhig ertragen, ohne voreilig zu sein, so leben wie man muß, nicht sich hündisch

umlaufen". Doch das Tagebuch zog ihn immer
170 wieder in den Bann. (...)
In seinem Buch „Das Geheimherz der Uhr", mit
Aufzeichnungen aus den Jahren 1973 bis 1985,
schrieb Canetti: „Was man als 'endgültig' auf-
schreibt, ist es am wenigsten. Doch das Unsiche-
175 re, vielleicht das Flüchtige, hat durch sein Feh-
lendes Bestand." Fazit eines weisen Schriftstellers - und Motto für alle Tagebuchschreiber dieser Welt.
Für dieses SPIEGEL special haben vier zeitge-
180 nössische Schriftsteller ihr Verhältnis zum Tagebuch erläutert: Walter Kempowski, Helmut
Krausser, Martin Walser und der Niederländer
Cees Nooteboom.
Sowohl Kempowski, 65, als Krausser, 30, haben
185 schon Tagebücher veröffentlicht: Kempowski
nicht allein die Montage aus fremden Zeugnissen
unter dem Titel „Echolot", sondern auch
„Sirius", „Eine Art Tagebuch" aus dem Jahr
1983 mit Ergänzungen und Kommentaren aus
190 späteren Jahren - die Publikation eines weiteren
Bandes mit dem Titel „Alkor" (über das Jahr
1989) ist geplant.
Krausser, der nur sporadisch Tagebuch schreibt,
ließ im vergangenen Jahr in kleiner Auflage (777
195 Stück) das Tagebuch „MAI" heraus, die Aufzeichnungen des Monats Mai 1992. So soll es
weitergehen: Jedes Jahr ein Monat. In diesem
Herbst erscheint „JUNI", Notizen aus dem
Sommer 1993 (edition belleville).

1. Wie regelmäßig führen Sie ein Tage- oder
Notizbuch?
2. Lesen Sie gern Tagebücher?
3. Kann ein Tagebuch literarischen Rang ge-
winnen?

Helmut Krausser

„Wenn ich aus Zugfenstern blicke, weiß ich,
warum ich kein Tagebuch schreibe. Zuviele vor-
beirauschende Bilder - sie aufzuzeichnen wäre
Zeitverschwendung. Das Tagebuch ist eine
5 Eselsbrücke auf der Suche nach Entschuldigun-
gen für verlorene Zeit. Aber es gibt keine verlorene Zeit, sonst gäbe es auch gewonnene Zeit -
die Illusion derer, denen der Tod schwerfällt -
oder das Leben - wie man will." Dies stand 1987
10 in meinem ersten Roman „Schweine und Elefanten". Eigentlich denke ich auch heute noch so,
nur sind mir inzwischen die Möglichkeiten bewußt geworden, die ein Tagebuch bietet. So bin
ich auf die Idee gekommen, einen Mittelweg zu

gehen, nämlich jeweils nur einen Monat im Jahr 15
Tagebuch zu führen. Das genügt. Ein Tagebuch
zu veröffentlichen ist eine Anmaßung und Zu-
mutung, die nur dadurch entschuldigt werden
kann, daß der Leser auf irgendeine Weise ent-
schädigt wird. Sobald man aber an den Leser 20
denkt, wird das Tagebuch von der „ehrlichsten"
zur „unehrlichsten" Form der Äußerung. Was
wenig ausmacht, da die Extreme sich kaum
voneinander unterscheiden: Die Wahrheit
scheint in beiden auch. Der Drahtseilakt, sich, 25
wo es darauf ankommt, ernst zu nehmen beziehungsweise umgekehrt - das ist eine Grundvor-
aussetzung der Beschäftigung mit Sprache. Das
Tagebuch ist Prüfstein und Abenteuer für den
Autor, nur wer genug Selbstironie besitzt, wird 30
es schadlos überstehen. Natürlich hat die Gattung, wo sie als Literatur konzipiert wurde,
Meilensteine hervorgebracht, zum Beispiel die
„Strahlungen" Ernst Jüngers. „Echte", also nicht
auf den Leser gemünzte Tagebücher (wobei die 35
Frage ist, ob nicht jedes Schreiben schon an den
Leser denkt, sich zügelt und schminkt?) wie jene
Franz Kafkas lese ich eher ungern, komme mir
dann halb als Voyeur, halb als Müllablageplatz
vor. 40

Walter Kempowski

Seit langem bin ich daran gewöhnt, ständig ein
Tagebuch mit mir herumzutragen. Ich habe
großformatige Tagebücher und kleine. Die großen (meist Blindbände des Verlages) sind für zu
Hause bestimmt, die kleinen handlicheren nehme 5
ich mit auf die Reise.
Mit dem Tagebuchschreiben begann ich 1945
beim Einmarsch der Roten Armee. Ich saß am
Fenster und notierte, was ich sah, und auch das,
was ich hörte, die Gerüchte und die zum Teil 10
dramatisch aufgeputzten Russen-Geschichten,
die sich die Nachbarn erzählten. Diese frühen
Tagebücher liegen jetzt wahrscheinlich in Moskau, denn sie wurden mir bei meiner Verhaftung
abgenommen und brachten mir den Straftatbe- 15
stand „Antisowjetische Einstellung" ein. Im
Zuchthaus konnte ich leider nichts notieren, da
war jegliches Schreiben verboten, das bedaure
ich noch heute, aber nach meiner Entlassung
begann ich sofort wieder damit, und bis heute ist 20
das Tagebuch mein ständiger Begleiter.
Meistens mache ich nachts meine Eintragungen,
im Bette liegend. Morgens früh nehme ich das
Buch gleich wieder vor, und dann trage ich
Träume ein und das, was mir in der Nacht wun- 25

dersamerweise von selbst noch nachgewachsen ist. Da ich das Haus selten verlasse, schreibe ich auch tagsüber jede nur denkbare Beobachtung ein, auch Reflexionen und all das, was ich mir
30 sonst nicht durchgehen lassen darf: Klagen und Schimpfereien.
Im Tagebuch werden Gedanken für Buchprojekte notiert, und zwar nach Kennziffern (damit ich sie wiederfinde). Für die tägliche Lektüre, Mu-
35 sik, die ich höre, Fernsehbeobachtungen, Wetter gibt es besondere Rubriken. Ich schneide auch Bilder aus Zeitungen aus, wenn sie mir aus irgendeinem Grunde auffallen, und klebe sie dazu. Politisches Tagesgeschehen findet selten Ein-
40 gang in mein Tagebuch, es sei denn, es betrifft mich direkt (...).
Manchmal lasse ich die Tagebücher herumliegen, und dann freut es mich, wenn Fremde darin blättern. Weil das häufiger geschieht, also ganz
45 offensichtlich ein Interesse an meinen Aufzeichnungen besteht, habe ich vor einigen Jahren den „Sirius" veröffentlicht.
Mein jetziges Tagebuch trägt die Nummer 111, jeden Tag kommen zehn, manchmal auch mehr
50 Seiten dazu, ich freue mich, wenn sich die Bücher füllen, das ist wie ein sich selbst vermehrender Schatz. Tage ohne einen Eintrag kommen mir dumm und leer vor. Ich muß auch sagen, daß das Tagebuchschreiben für mich den Cha-
55 rakter des Etüdenspielens hat. Immer wieder bin ich verblüfft, wie die Tatsächlichkeiten in der

Reflexion ihren fiktiven Charakter freigeben. Erst in der Ausformulierung entstehen die Tatsachen, an denen ich mich orientiere. Ich vervielfache mein Leben durch die täglichen Notate, ja, 60 ich erfülle es.
Tagebücher anderer Autoren lese ich nur dann, wenn es echte Tagebücher sind (Thomas Mann, Cheever), also nicht nachträglich für den Leser verfaßt. („Heute kam Hermann, mein Bruder, 65 mit seiner Frau Ilse ..."). Das bedeutet nicht, daß ein Autor seine Tagebücher vor einer Veröffentlichung nicht noch einmal überarbeiten könnte oder dürfte. Man bekommt Briefe und schreibt welche, und diese Art Texte gehen ja auch den 70 Tag an, warum sollte man sie nicht „einarbeiten"?
Ein Schriftsteller, der kein Tagebuch schreibt, ist irgendwie schief gewickelt, mit dem stimmt was nicht. Höchst interessant ist es, daß Rühmkorf 75 sein Tagebuch von 1989 veröffentlicht (wunderbar wäre es, wenn ich darin vorkäme): In zwei Jahren kann er in meinem „Alkor '89" nachlesen, wo überall ich anderer Meinung bin als er. Auch Margarete Hannsmann hat ihre No- 80 tizen von 1989 veröffentlicht, die drei Texte könnte man dann parallel lesen.
Verschiedene Tagebücher day by day nebeneinanderzustellen, das ist von großem Reiz, ich habe das in meinem „Echolot" gemacht. 85

Spiegel special: Bücher '94. 10/94, S. 8 ff.

Elisabeth Vogt: **Auszüge aus meinem Tagebuch**

Es ist wie ein Wunder, wenn die Haut nicht mehr juckt!

Im Jahre 1960, mit zwölf Jahren, erkrankte ich erstmals an Neurodermitis, die sich zunächst in den Ellenbeugen manifestierte. Ich wurde praktischen Ärzten, Dermatologen und Homöopathen
5 vorgestellt, bekam Salben, Tinkturen und Cremes, auch cortisonhaltige darunter, Beruhigungsmittel und Calciumspritzen und sollte Tomaten und Citrusfrüchte meiden. Die Mutter einer Freundin empfahl, die Arme mit Papphül-
10 sen zu versteifen, damit ich nicht kratzen könne. Meine Familie beschwerte sich über meine Unruhe und meinte, daß ich das Kratzen mit dem Willen beeinflussen solle. Dies sei wohl nur eine Frage der Beherrschung. Das hat mich verletzt,
15 unsicher gemacht und immer mehr eingeengt. (...)
Mein damaliges Leben bestand aus Druck, Rücksichtnahme und Verständnis. Die familiäre

Atmosphäre war von Schweigen und Konfliktvermeidung geprägt. Botschaften der Eltern 20 waren subtil, und ich war auf meine Wahrnehmung angewiesen. Ich habe erspürt, was von mir erwartet wurde, habe mich angespannt zurückgehalten und geschwiegen. Aber meine Haut hat rebelliert und ihre eigene Sprache gefunden, bis 25 letztendlich der ganze Körper befallen war und ich mich in meiner Haut nicht mehr „zu Hause" fühlte. (...)
20.11.76
Meiner Haut geht es so schlecht, daß mir wieder 30 nichts anderes übrigblieb, als mit einer Cortisoneinnahme zu beginnen. Ich kann mich momentan nicht sehen. Die Haut ist kaputt, durch das Cortison esse ich zuviel. Der Juckreiz macht mich verrückt. Meine Haut sieht häßlich aus, ich 35 kann mich überhaupt nicht akzeptieren, lehne

meine zerstörte und unästhetische Hauthülle ab. Außerdem bin ich permanent müde, obwohl ich genügend Schlaf habe. Ich glaube, mein Körper
40 wehrt sich mit dieser Müdigkeit. Mindestens eine Woche möchte ich einfach nur schlafen. Ich weiß, daß es nur eine Flucht wäre, aber ich habe Angst vor diesem juckenden, „aufgekratzten", quälenden Leben. Ich darf mich nicht so hängen
45 lassen, ich muß mich zusammenreißen, damit ich dem Alltag gewachsen bin.
23.12.76
Ich war so froh! Einige Tage hatte sich meine Haut erholt. Ich glaubte, über den Berg zu sein.
50 Und nun kratze ich mich wieder wie in schlechtesten Zeiten in den Schlaf. Ich habe starke Gewissensbisse, daß ich mich so zerstöre und frage mich, was meine Haut mir sagen will. Allein komme ich da wohl nicht weiter(...)

10.01.77   55
Ich bin kraftlos, müde und matt, kann nicht durchatmen und fühle mich den Anforderungen, insbesondere den bevorstehenden Prüfungen nicht gewachsen. Die Haut ist eng. Jede Bewegung strengt mich an und tut mir weh. Eigent-   60
lich sollte ich nach diesen Urlaubstagen ausgeglichen und erholt sein. Ich weiß nicht, warum meine Haut einfach nicht besser wird. Wo mag nur die Ursache für dieses Leiden liegen? Wenn ich wüßte, daß es eine psychische ist, würde ich   65
sofort eine Therapie beginnen. Wer könnte mir nur helfen? Wer kennt sich aus?
Ich will kein Cortison mehr nehmen(...)

Elisabeth Vogt: Neurodermitis: Psyche, Ernährung, Hautkosmetik. München; Wien; Zürich 1990, S. 16.

Das Tagebuch (Schülerarbeiten)

Hallo Manuela,
Heute haben wir im Deutschunterricht das Thema „Tagebuch" durchgenommen. Es war sehr interessant. Da ich weiß, daß Du auch ein Tage-
5 buch führst, möchte ich Dir gerne erzählen, was bei unserem Thema herausgekommen ist. Erst einmal hat unsere Lehrerin eine Pappe durch die Klasse gehen lassen, wo jeder seinen Gedanken zum Thema „Tagebuch" in Stichworten loswer-
10 den konnte. Hinterher haben wir die Stichpunkte geordnet und über die einzelnen Punkte gesprochen.
Auf der Pappe stand, daß das Tagebuch für manche wie eine Vergewaltigung, daß es ein
15 Ersatz für einen Gesprächspartner sein kann und daß es ein seelischer Mülleimer ist. Das Tagebuchschreiben ist persönlich, eine Privatsache, ist sehr geheim und streng vertraulich. Die meisten in unserer Klasse finden, daß man in einem Ta-
20 gebuch Kummer und schlechte Erfahrungen festhalten kann. Eine Schülerin schreibt in ihr Tagebuch „Tagesabläufe", die andere ihre ersten Sexerlebnisse, die anderen ihre Geheimnisse und ihre Gedanken.
25 Eine Schülerin sagte: „Wenn es nicht das eigene Tagebuch wäre, ließe es sich super verkaufen." Ich finde, daß das Tagebuch zur Problembewältigung dient, etwas ist, wo ich meinen Seelenschmerz loswerden kann. Schreib' mal Deine
30 Meinung!

Deine Eva

Das Tagebuch
Ich bin dafür zuständig, daß ich alles in mir aufnehme, was andere Leute loswerden möchten. In mir lassen sie ihre Wut ab, halten ihre guten und schlechten Erfahrungen fest, Kummer und   5
Probleme muß ich für sie verarbeiten. Mit meiner Hilfe versuchen sie, ihren Seelenschmerz loszuwerden und so ihre Probleme zu bewältigen. Ich muß wie ein seelischer Mülleimer arbeiten und den fehlenden Gesprächspartner erset-   10
zen. Manchmal fühle ich mich wie vergewaltigt. Dagegen bedeutet das Tagebuchschreiben für die Menschen, Erinnerungen wie ihre Sexerlebnisse oder nur schlichte Tagesabläufe sowie Wünsche, Gefühle und Bedenken festzuhalten.   15
Danach werde ich dann in eine kleine Schublade eingeschlossen, damit ich top secret bleibe. Ich bin eine Privatsache, und es ist meinem Besitzer peinlich, wenn seine persönlichen Geheimnisse von jemand anderem gelesen werden. Schließ-   20
lich bin ich die Privatsache des Besitzers. Aber meine letzte Hoffnung bleibt noch, daß ich später einmal von einem Fremden gefunden werde und der mich verkauft, so wie das Tagebuch von Christiane F.   25

307

Gespräch über das Tagebuch

Moni Hallo Alte, na wie geht's? Ich muß dir dringend was erzählen. Du kennst doch meinen kleinen Bruder? Der hat mein
5 Tagebuch genommen.

Elli Was? Mein Gott, das ist doch wie eine Vergewaltigung, ich meine, wenn man all seinen Kummer und seine Probleme dort hineinschreibt, um sie loszuwerden, gute
10 und schlechte Erfahrungen festhält oder nur beschreibt, wie der Tag abgelaufen ist, seine geheimsten Wünsche, Gefühle und Gedanken mit dem Tagebuch teilt, weil man keinen Gesprächspartner hat.
15 Ein Tagebuch ist doch der seelische Mülleimer, das kann man doch nicht machen!

Moni Na, bleib mal auf dem Teppich. Der kleine Idiot hat sich wohl gedacht, daß er es,
20 weil es nicht ihm gehört, gut verkaufen kann, vor allem, weil ich ja noch meine Sexerlebnisse darin aufgeschrieben habe.

Elli Was hast du? Du erzählst mir doch sonst immer genau, was du hineinschreibst,
25 aber das einzig Interessante mal wieder nicht. Das finde ich gemein!

Moni Oh, jetzt nimm dir bloß nicht das Leben deswegen. Mein Tagebuch ist nun mal meine Privatsache, geheim, streng ver-
30 traulich. Aber eins kann ich dir sagen. Ich werde mir ein neues kaufen, meine Wut darin ablassen und dann genau aufschreiben, wie ich meinem Bruder das Herz herausgerissen habe!

Meine Meinung zum Tagebuch

Meine Meinung zum Thema Tagebuch ist negativ. Ich halte ihn für einen seelischen Mülleimer, in den alles hineingeworfen wird, womit jemand nicht fertig wird. Ich könnte diesen Gesprächs- 5 partnerersatz höchstens dazu gebrauchen, Wut abzulassen. Ich würde so viele Beschimpfungen und obszöne Wörter hineinschreiben, daß ich es verkaufen kann. Wenn ich vielleicht noch einige Sexerlebnisse ergänze, dann könnte ich vielleicht 10 eine Serie daraus machen. Um das Ganze noch etwas mysteriös zu machen, würde ich zum Beispiel persönlich, geheim, streng vertraulich oder top secret auf den Umschlag schreiben, schon allein, damit das Buch wie eine Privatsache 15 wirkt.

Meine Leser werden es dann sicher wie eine Vergewaltigung des guten Geschmacks erleben, oder Psychiater werden es als meine private Problembewältigung und als Ausdruck meines 20 Seelenschmerzes auslegen. Aber auf keinen Fall werde ich irgendwelchen Kummer oder Probleme von mir loswerden, denn das geht nun wirklich niemanden etwas an.

Ich kann es eigentlich überhaupt nicht verstehen, 25 daß manche Menschen neben ihrem Tagesablauf all ihre Wünsche, Gefühle und Gedanken in ein Buch schreiben. Wenn man unbedingt irgendwelche Zeitdokumente benötigt, kann man seinen Tagesablauf auf mit einer Videokamera auf- 30 zeichnen.

Meine guten und schlechten Erfahrungen gehören in meinen Kopf, damit ich die gleichen Fehler nicht noch einmal mache, und nicht in ein Buch, das man sowieso nie wieder liest. Man 35 sagt doch immer, daß man Geheimnisse für sich behalten soll. Aber warum schreiben dann einige Leute sie auf? Für mich ist das paradox.

Ich glaube, daß Tagebuchschreiben für mich eine Zeitverschwendung ist. 40

Meike Rüth: **Katharina - 21 Jahre später**

Schülertext zu Heinrich Böll: Die verlorene Ehre der Katharina Blum, ▷ *Lehrbuch, S. 65*

Jetzt, nach so langer Zeit, fällt es mir schwer und leicht zugleich, meine Erlebnisse von damals, meine Geschichte aufzuschreiben. Es fällt mir schwer, denn ich habe damals einen Men-
5 schen getötet; aus Notwehr, Angst oder Wut So etwas vergißt man niemals!
Es fällt mir leicht, weil ich es nach so langer Zeit habe verarbeiten können, aber die Erinnerung an die Demütigungen, die ich über mich ergehen

lassen mußte, tauchen immer wieder auf. Be- 10 sonders jetzt, wo ich dies her schreibe.
Ich versuche meine Geschichte aufzuschreiben, um meine Gedanken zu ordnen, denn jetzt, wo mir die Ärzte nur noch fünf Monate zu leben geben, kommt in mir immer wieder der Gedanke 15 hoch, daß dies meine Strafe für mein damaliges Handeln ist.
Außerdem möchte ich, daß mein Sohn (er ist 21

Jahre) von mir erfährt, was damals vorgefallen
ist, und nicht von anderen. Ich meine, natürlich
weiß er, was passiert ist, aber meine Gefühle,
meine Gründe kennt er nicht.
Mein Sohn ist Ludwigs Kind. Er ist in der Nacht
(unserer einzigen Nacht) gezeugt worden, in der
Ludwig und ich beisammen waren. Danach habe
ich Ludwig nur noch einige Male bei Gerichts-
verhandlungen wiedergesehen. Als ich erfuhr,
daß ich schwanger war, konnte ich immer nur an
Ludwig, an unser Kind und an unsere gemeinsame Zukunft denken. Aber ich habe ihn nie
wieder gesehen.
Er weiß nicht, daß er einen Sohn hat.
Aufgrund meiner Schwangerschaft bekam ich
Haftentschärfung, aber es war trotzdem hart für
mich. Gleich nach seiner Geburt nahm man mir
Ludwig (so heißt mein Sohn) weg, und er kam
in ein Heim. Ich durfte ihn sehr häufig sehen,
und als ich nach drei Jahren entlassen wurde,
zog ich mit ihm wieder in meine Eigentumswoh-
nung, die die Blornas solange für mich geführt
hatten.
Ich habe wieder geheiratet, und zwar den Krimi-
naloberkommissar Walter Moeding, der Kleine
brauchte ja einen Vater. Die Ehe hielt nur zwei
Jahre, dann reichte ich die Scheidung ein, denn
Ludwig ist immer noch die Liebe meines Lebens.
Ich habe den Tötges auch aus dieser Liebe getötet. Ich haßte seine Demütigungen und wollte
mich dafür rächen, daß er Ludwig und mich so
in den Schmutz zog. Als ich damals die tödlichen Schüsse abfeuerte, spürte ich nichts. Ich
war eiskalt.
Als es vorbei war, wußte ich, daß es das Ende
war, aber gleichzeitig auch ein neuer Anfang.
Dieser Neuanfang war sehr hart für mich. Es
war sehr schwer, eine neue Arbeit zu finden,
aber wie so oft verhalf mir meine Patentante
Else Woltersheim zu einer neuen Stelle.
Mein größter Trost in dieser Zeit waren, neben
meinem Sohn, meine Freunde. Denn viele von
ihnen haben mich nicht im Stich gelassen und
mir geholfen, ein neues Leben aufzubauen. Einige allerdings meiden meine Gesellschaft bis
heute, was mir eigentlich auch ganz recht ist,
denn ich habe keine Lust mehr, mich ständig
rechtfertigen zu müssen. Die Zeitungsartikel und
Drohbriefe von damals habe ich immer noch, ich

kann mich nicht überwinden, sie zu vernichten.
Als ich damals aus dem Gefängnis kam, überre-
dete Else mich, mir im Archiv die anderen Artikel und Berichte anzusehen. Ich hatte mir nicht
viel davon erhofft und ging nur mit, um ihr
damit einen Gefallen zu tun. Sie, Konrad Beiters
(ihr Lebensgefährte), die Blornas und auch die
Hiepertz versuchten alles, mir zu helfen, meine
Vergangenheit zu bewältigen und zu vergessen.
Ich wollte sie aber nicht vergessen, und das
konnten sie nur sehr schwer verstehen.
Als ich im Archiv mit Else die Zeitungsartikel
durchblätterte, war ich geschockt. Mir war früher gar nicht so bewußt gewesen, wie sehr die
ZEITUNG mit ihren Machenschaften von anderen Tageszeitungen abstach und absticht. Ich
war geschockt über die vielen Lügen und Gerüchte über mich und meine Familie, über mein
Leben. Da erst begriff ich richtig, wie gefährlich
diese Macht sein kann, die Zeitungen besitzen.
Sie können einen Menschen vollkommen nie-
dermachen (davor schreckt vor allem die ZEI-
TUNG nicht zurück), sein Leben zerstören, ihn
seiner Ehre berauben, und das alles nur, um täglich immer mehr neugierige Leser dazu zu bringen, sich das Blatt zu kaufen, und um ihnen
damit das Gefühl zu geben, wichtig zu sein, daß
sie glauben, mitreden zu können, und vorschnell
ein falsches Urteil über jemanden fällen. Ich habe
am eigenen Leib erfahren, daß es Menschen gibt,
die nichts lieber tun als über andere Menschen
zu reden und über sie herzuziehen. Denn damals,
als ich zur ersten Vernehmung abgeführt wurde,
habe ich die Blicke meiner Nachbarn gesehen
und ihr Getuschel hinter meinem Rücken bemerkt.
Ich habe seit damals nie wieder eine Ausgabe
der ZEITUNG gelesen, denn ich habe Angst
davor. Ich habe Angst, wieder dieses Gefühl der
Rache und der Wut zu spüren, und ich habe
Angst, daß meine persönliche Meinung bestimmten Dingen gegenüber durch die ZEITUNG beeinflußt werden könnte.
Ich habe es früher für vollkommen unmöglich
gehalten, daß ich fähig bin, einen Menschen zu
töten, und ich halte es jetzt auch für unmöglich,
daß ich es wieder tun könnte.
Aber ich muß mir selbst eingestehen, daß ich
heute, 21 Jahre später, genauso handeln würde
wie damals.

Birgit Puck: **Sie wollte Liebe**

Luises Drama begann damit, daß sie keiner haben wollte. Als sie zur Welt kam, war ihre Mutter selbst noch ein Kind. Vielleicht war sie so alt, wie Luise heute wäre, doch Luise hatte ihre Eltern nie kennengelernt.

Mit fünf Jahren kam Luise das erste Mal in ein Heim, weil ihre Pflegeeltern, da sich eigener Nachwuchs einstellte, keinen Platz mehr für sie hatten. Man suchte nach neuen Pflegeeltern. Es meldete sich ein älteres Ehepaar - kinderlos. Kinderlos, das bedeutete: kein Spiel im Sandkasten, keine verschmutzte Kleidung, kein Spielzeug, kein Lärm, keine Freunde, keine Freude. Die damals neunjährige Luise verließ von einem Tag zum nächsten ihre Pflegeeltern. Das Mädchen floh vor der Welt der „Großen", die ihre Bedürfnisse mißachteten. Eine Woche verbrachte das Kind auf der Straße, bis die Polizei sie aufgriff und erneut in ein Heim brachte. Es folgten Tage der Sehnsucht und Trauer, Sehnsucht nach ein bißchen Liebe und Glück.

Zum Schulbesuch wurde sie gezwungen, während die Heimleitung kontinuierlich versuchte, neue Eltern für das - ach, so schwierige - Kind ausfindig zu machen. Dann fand man es: Luises neues Gefängnis. Ein Lehrerehepaar mit drei eigenen Kindern, wo das Mädchen die nächsten fünf Jahre verbrachte, bis sie wiederum ausbrach, um ihre Welt zu suchen. Ihr Ziel war Paris, doch die Reise endete in Köln. Sie wurde zu ihren ratlosen Pflegeeltern zurückgebracht, die ihr doch alles geboten hatten. Alles?

Es dauerte lange, da verschwand Luise nach Hannover. Dort lernte sie Micha kennen und lieben, einen drogenabhängigen Punk. Ihr Glück war nur von kurzer Dauer. Es wartete wiederholt das Heim auf sie, mit Plastikfenstern, eine Anstalt für schwererziehbare Jugendliche. Abgeschrieben. Von der Gesellschaft ausgeschlossen. auf der Flucht traf sie Jan, der sie nach kurzer Zeit wieder aus der Wohnung warf, weil sie ein Kind von ihm erwartete, das er nicht haben wollte. Luise bekam das Kind in einem Heim für alleinstehende Mütter und nannte es Svende. Svende wurde gleich zur Adoption freigegeben. Sie sollte kein Heimkind werden. An einem grauen Wintermorgen ging Luise zum Bahnhof. Sie wartete auf den Güterzug, der den Bahnhof immer ohne anzuhalten passierte. Sie sah den Zug kommen. Näher und näher. Sie zählte bis sieben. Und sprang auf die Gleise. Räder quietschten.

Stimmengewirr.

Luises Leben war beendet. Vorbei, für immer. Dabei wollte sie nicht viel: nur Liebe und Zuneigung.

Svendes Drama begann damit, daß sie keiner haben wollte. Als sie zur Welt kam, war ihre Mutter selbst noch ein Kind. Vielleicht (...)

Bundesverband Jugendpresse e.V. (Hrsg.): Literaturdienst Nr. 6, o.J., S. 3.

Peter Bichsel: **Colombin**

Am Hofe gab es starke Leute und gescheite Leute, der König war ein König, die Frauen waren schön und die Männer mutig, der Pfarrer war fromm und die Küchenmagd fleißig - nur Colombin, Colombin war nichts. Wenn jemand sagte: „Komm, Colombin, kämpf mit mir", sagte Colombin: „Ich bin schwächer als du." Wenn jemand sagte: „Wieviel gibt zwei mal sieben?", sagte Colombin: „Ich bin dümmer als du." Wenn jemand sagte: „Getraust du dich, über den Bach zu springen?", sagte Colombin: „Nein, ich getraue mich nicht." Und wenn der König fragte: „Colombin, was willst du werden?", antwortete Colombin: „Ich will nichts werden, ich bin schon etwas, ich bin Colombin."

Karl Eulenberger (Hrsg.): Vom Gelingen des Lebens. Gütersloh 1977, S. 25.

Reinhard Jung: **Reifezeugnis**

Ich wollte
Nähe
und bekam
die Flasche
5 Ich wollte
Eltern
und bekam
Spielzeug
Ich wollte
10 reden
und bekam
ein Buch

Ich wollte
lernen
15 und bekam
Zeugnisse
Ich wollte

denken
und bekam
20 Wissen
Ich wollte
einen Überblick
und bekam
einen Einblick
25 Ich wollte
frei sein
und bekam
Disziplin
Ich wollte
30 Liebe
und bekam
Moral

Jutta Lieck (Hrsg.):
Das Rowohlt Lesebuch.
Reinbek 1983, S. 96.

Hans-Ulrich Treichel: **Bewerbung**

Schlapp die Reflexe und haltlos
die Träume, schweißnaß die
Schläfen,
die Augen wie Asche, das war zu
5 erwarten,
das Zucken der Lippen ein wenig
mechanisch, kein Grund zur
Besorgnis,
alles steht bestens, ich kann nichts
10 versprechen, Sie wissen, mein Lieber,
wie war doch der Name, der
Andrang
ist riesig, hier wimmelt es nur
so von Leuten wie Ihnen, bei
15 gleicher
Verzweiflung entscheidet die Angst.

Liebe Not. Gedichte. Frankfurt/M. 1979, S. 18.

Arno Schmidt: **Was soll ich tun? Lesen ist schrecklich!**

Wenn ich vom Helden höre, daß er sich zum Denken anschickt: „(...) er runzelte die Stirn und preßte streng die Lippen aufeinander (...)" - schon fühle ich, wie sich mein Gesicht, vorn, zu
5 der gleichen pensiven Grimasse verformt! Oder: „(...) ein hochmütiges Lächeln spielte um seinen rechten Mundwinkel (...)" - mein Gott, muß ich dabei albern aussehen; denn ich kann nun einmal nicht unsagbar hochmütig lächeln, und schon gar
10 nicht mit dem rechten Mundwinkel für sich; das ist auch so eine Gabe, die mir das Schicksal versagt hat.
Das muß Vielen so gehen! Morgens, in der Straßenbahn sieht man deutlich die Verheerun-
15 gen, die die Schriftsteller unter uns anrichten; wie sie uns ihre Gedankengänge, die verruchtesten Gebärden, aufzwingen. Gestern hob der junge Mensch mir gegenüber - er ist Student an der Technischen Hochschule, und las einen mir
20 übrigens unbekannten 'Tennessee Williams' (so hießen in meiner Jugend allenfalls die exotischen Verbrechertypen, 'Alaska-Jim' und 'Palisaden-Emil'!) - also der hob den Kopf, und besah mich mit so unverhüllter Mordgier, daß ich mir davor
25 bebend den Hut tiefer in die Stirn zog; auch eine Station früher ausstieg (beinah wär ich zu spät ins Geschäft gekommen. Wahrscheinlich hatte er mich langsam von unten herauf in Scheiben geschnitten; oder in einen Sack gebunden, und
30 mich von tobsüchtigen Irren mit Bleischuhen zertanzen lassen!).

Oh, der Zeitungsroman, der Zeitungsroman! Neulich stand mitten im Text die nichtswürdige Wendung: „(...) er wandte den Kopf, langsam, wie Löwen pflegen (...)" - am nächsten Morgen 35 machte die Hälfte der Mitfahrer den Eindruck, als hätte sie Genickstarre; sie blinzelten und schnarchten verächtlich verzögert. Auch mit den jungen Mädchen war an dem Tage nicht auszukommen; sie schienen alle die Taschentücher 40 vergessen zu haben, und bestarrten uns Männer aufs unverschämteste. Erst später erfuhr ich, daß es im Konkurrenzblatt geheißen hatte: „(...) sie rotzte frech (...)".
Von Kind auf habe ich darunter gelitten! Wäh- 45 rend der Lehrzeit ,bei Henschel & Cie. las ich einmal, wie ein junger Mann seinen Chef durch hohe Freimütigkeit derart gewann, daß er ihn später zum Teilhaber erkor -: am nächsten Tag wär ich beinah geflogen! 50
Meine zweite Freundin (...) habe ich dadurch verloren. Sie las - völlig richtig! - in den entscheidenden Tagen Heinses schwülen 'Ardinghello'; während Satan mir die 'Mittlere Sammlung der Reden Gotamo Buddos' in die 55 Narrenhände gespielt hatte: folglich versuchte ich soeben, meine Ration auf das dort vorgeschriebene eine Reiskorn pro Tag herabzustimmen (beziehungsweise dem landesüblichen Magnum Bonum), und hoffte vermittels solcher 60 Diät binnen kurzem die gebührenfreie Überwindung von Raum und Zeit zu erlangen. Hatte

auch den Kopf voller Wendungen à la „(...) einsam, wie das Nashorn wandelt (...)" und versuchte ihre Bluse erstorbenen Willens zu besehen - ich kann mich selbst nicht mehr achten, wenn ich an jene Tage denke!
Dabei laboriere ich auch heute noch an den gleichen Problemen. Ich muß zwangsläufig und verstohlen die Lektüre meiner Frau kontrollieren, nur um zu wissen, was sie denkt. Ich tue das regelmäßig, seitdem sie einmal acht Tage lang so kalt und haßvoll tat, daß selbst ich Scheidungsgedanken erwog - bis ich herausfand, daß in ihrer Fortsetzungsgeschichte der Held soeben die Heldin betrogen hatte, und allerlei Haß und Wut stattfand. Ich habe schon versucht (heimlich, versteht sich!) sie zu lenken: indem ich ihr üppige Lektüre unterschob; es gibt ja Autoren, die einen Hautana mit Inhalt derart zu beschreiben verstehen, daß selbst graubärtige Prokuristen toll werden. (Aber damit muß man auch vorsichtig sein, daß man nicht überdosiert; ich bin nicht mehr der Jüngste!). (Meinem Hauswirt müßte ich einmal eine Geschichte von edelmütigen Gläubigern in den Briefkasten schieben).
Diese Brüder - die Dichter - machen letzten Endes mit Einem, was sie wollen; sei es, daß sie Einem die segensreichen Folgen des regelmäßigen Genusses von Sanella vorgaukeln; sei es, daß man nur noch in ihren Formeln, Wortfügungen, Redensarten stottern kann. Ich habe eine Sommerreise verschoben, nur weil ich vorher die genial-scheußliche Schilderung eines Eisenbahnunglücks gelesen hatte. Andererseits bin ich in die Emsmoore gefahren - meingott, was für ein Land!: mit den Bewohnern kann man sich nur durch Zeichen verständigen; nie werden die Füße trocken; und der Regen, der regnet jeglichen Tag - und nur, weil ein Dichter Liebessze-

nen dort lokalisiert hatte; Liebesszenen!: angeblich floß die Luft dort grundsätzlich heiß, wie flüssiges Glas; und die Mädchen nahmen freiwillig Stellungen ein, wie man sie sonst nur aus Tausendundeinernacht kennt - -: *Ich will nicht mehr lesen*!!
Eigenen Gedanken soll ich mich überlassen? Davor möge mich Gott bewahren!: meist habe ich gar keine; und wenn wirklich, dann sind die auch nicht erste Qualität. Ich habe ja alles versucht; ich bin wissenschaftlich geworden; ich habe mir eine ganze Sammlung von Werken über den Mars angelegt, ausgesprochene Autoritäten, von Schröter über Schiaparelli bis Antoniadi und Graff: wenn ich dann im Geist über den rostroten Wüstenboden von Thyle I oder II wanderte, und in flechtenüberkrustete Felslabyrinthe einbog - bummelte nicht um die nächste Ecke schon Frau Hiller, einsam und listig? (Oder, noch schlimmer, die verdorbene Kleine vom Drogisten an der Ecke!) Geschichtliche Werke?: ich habe mich gewissenhaft in das Zeitalter Cromwells vertieft; und unverzüglich die Kollegen durch ein trotziges und verwildertes Benehmen überrascht; tat seltsame Schwüre: „Bei Gott und dem Covenant!"; unserm Einkäufer schlug ich vor, seinen Sohn zu taufen 'Obadja-bind-their-kings-in-chains-and-theirnobles-with-links-of-iron'.
Schlafbücher müßte es geben: von zähflüssigstem Stil, mit schwer zu kauenden Worten, fingerlangen, die sich am Ende in unverständliches Silbenkringel aufdrieseln; Konsonantennarreteien (oder höchstens mal ein dunkler Vokal auf 'u'): Bücher *gegen* Gedanken.
Was soll ich bloß tun?!

Das erzählerische Werk in 8 Bänden. Bd. 6. Zürich 1985, S. 93 ff.

Walter Leimeier: Auf den Kopf gestellt

Da nähert sich einer
zögernden Auges
aber klaren Verstandes.
Das Objekt umkreisend
5 notiert er beiläufig
die Eindrücke.
Sein Herz schießt kein Foto.
Wieder mal Glück gehabt,
stellt er erleichtert fest,
10 da sich die Hand
nicht mehr rührt.
Dann
klopfenden Herzens
und bewegten Schritts
15 geht er
aus den geknickten Ähren
zu seinem Fahrzeug.
Rote Kontrolleuchten.
Der Motor schreit auf.

Wolfgang Hager (Hrsg.): Die schöne Gärtnerin. Stolzalpe 1992, S. 108.

Kristiane Allert-Wybranietz:
MEIN EINKAUFSNETZ MUSS LÖCHER HABEN

Im Supermarkt kaufte ich
Zahnpasta, Zigaretten, Brot,
Seife, Weinbrand, Parfum,
Haushaltstücher, Marmelade,
5 Tiefkühlgerichte, Badezusätze,
Kekse und noch allerlei (...)

Zuhause suchte ich
zwischen Verpackungen
und Produkten
10 nach der Freiheit,
der Frische,
nach den Abenteuern
und der Liebe
und all den anderen
15 Stimmungen und Gefühlen
die man mir
(nach Erwerb dieser Dinge)
versprochen hatte.

Als ich dann den Sekt für Verliebte
20 alleine trank,
abenteuerduftende Zigaretten vor'm
TV-Western rauchte,
als sich niemand sofort in mich verliebte,
obwohl ich das betörendste Parfum trug
25 (so stand es auf der Packung),
und als ich feststellte, daß die
Haushaltstücher und die Putzmittel
die Arbeit doch nicht von allein machten,
sagte ich mir:

30 MEIN EINKAUFSNETZ
MUSS LÖCHER HABEN.

Liebe Grüße. Neue Verschenktexte von Kristiane Allert-Wybranietz. Stuttgart 1982, o.S.

Diagnose Kaufsucht

„Dann wird eben eine neue Bluse mein Freund"

Aus Unzufriedenheit oder Langeweile etwas Überflüssiges kaufen - wer kennt das nicht. Aber es gibt Menschen, die damit ihr Leben ruinieren. Vera Sandberg sprach mit betroffenen Frauen.

Manchmal möchte Manuela sich selbst einsperren, den Schlüssel aus dem vierten Stock werfen und warten, bis diese quälende Unruhe vorbei ist. Ein übermächtiges Verlangen zieht sie an
5 solchen Tagen hinaus auf die Straße. Sie braucht dann ihren Rausch, ihren Kick. Aber Manuelas Droge ist kein Hasch, kein Heroin, auch kein Alkohol. Ihr Weg in die Glückseligkeit verläuft in aller Öffentlichkeit: Ihr Stoff ist das Kaufen. Ihr Dealer ist die Werbung, ihr Haschtempel das 10 Kaufhaus. Ein Pullover aus Paris stellt sie ruhig, ein italienischer Body macht sie glücklich. Diagnose: Kaufsucht. Eine Sucht ohne „Stoff", wie Spielsucht oder Arbeitssucht. Nach Kon-

sumforscher Professor Gerhard Scherhorn von der Universität Hohenheim in Stuttgart ein „Phänomen der Wohlstandsgesellschaft". Ein bißchen kennen wir das alle. Kaufen aus Lust, Unzufriedenheit oder Langeweile. Kaufen als Ersatzhandlung. Shopping ist für viele das Freizeitvergnügen Nummer eins. Fünf Prozent der erwachsenen Bevölkerung, so schätzt Gerhard Scherhorn, sind ernsthaft kaufrauschgefährdet. Für Manuela wurde der Kaufrausch zur lebensbedrohenden Qual. „Mein erstes selbstverdientes Geld gab ich wahllos für alles aus, was mir gefiel. Manches hab ich nur angezahlt und später abgeholt", sagt sie. Nur die feinsten Läden der Innenstadt steuerte das hübsche blonde Mädchen an. Sie hatte schließlich etwas gutzumachen an sich selbst: Drei Jahre lang quälte sie sich ins Büro zur verhaßten Ausbildung als Versicherungskauffrau. Und jeden Tag wollte sie aufhören. Sie haßte die Stechuhr, sie ekelte sich vor dem Papiergeruch, und sie verabscheute die Zahlenkolonnen. Abends zitterte sie vor dem nächsten Tag. Sie hatte ganz andere Vorstellungen von dem Beruf, der ihr Spaß machen könnte. Kosmetikerin oder Maskenbildnerin am Theater wollte sie werden. Etwas mit schönen Dingen und Menschen sollte es sein. Die Mutter fand das lächerlich. Der Vater zu unsicher. Für ihre Härte hatten Mutter und Vater ein einziges Argument: „Wenn du deinen Gehaltsstreifen siehst, wirst du anders über den Beruf denken." „Reiß dich zusammen", bekam sie zu hören, als sie krank wurde. Migräne, Gliederschmerzen, Lähmungserscheinungen. Trost kam nicht von der Mutter. Trost brachten eine neue Handtasche, ein Pullover mit Nerzbesatz, ein Kaschmirtuch. Nach dreieinhalb Jahren dann der Zusammenbruch: Manuela schnitt sich die Pulsadern auf, mußte in eine Klinik, wurde von einer Therapie zur nächsten geschickt. Dann verlor sie den Job.

Heute sitzt die 28jährige arbeitslos in ihrer rosa gestrichenen Zwei-Zimmer-Wohnung wie in einem Gefängnis. „Draußen kostet jeder Schritt Geld. Mir macht nichts mehr Spaß." Manchmal holt sie ihre Schätze aus dem Schrank und streichelt Hemdchen und Höschen. „Die meisten ziehe ich nie an", sagt sie. Sie sind zu wertvoll. „Ich wollte immer aussehen wie eine Puppe. So wie meine Schwester und meine Freundin. Sie waren so niedlich, und ich war die Brillenschlange. Ich dachte, wenn du hübsch bist, dann werden sie dich liebhaben." Auf jeden Fall hatten sie die Verkäuferinnen „lieb", denen sie öfter mal Wäsche für 700 Mark abkaufte. Dann war sie für einen Moment glanzvoller Mittelpunkt der Welt.

Für die Eltern ist sie „ein Parasit, der auf Kosten anderer lebt". Freunde verstehen sie nicht. Männer meinen bei ihrem Anblick, sich so ein teures Geschöpf nicht leisten zu können. Ab und zu geht sie zur Oma Mittag essen. So spart sie etwas von den 70 Mark, die ihr nach Abzug aller Nebenkosten wöchentlich zum Leben bleiben.

„Wenn nur noch Kaufen selig macht, wird die Welt der Süchtigen immer kleiner", sagt Prof. Scherhorn. Soziale Bindungen verkümmern, weil viel Zeit und Kompetenz in den Kaufvorgang investiert werden. Das Leben verengt sich auf die Formel: Ich kaufe, also bin ich. Viele Kaufsüchtige können keinen Zwanzigmarkschein im Portemonnaie behalten, ohne ihn auf den Kopf zu hauen. Sie kaufen wie besinnungslos, „sogar Kosmetika, gegen die sie allergisch sind, oder zwanzig Tuben Klebstoff", weiß Silke Urschel, die als Psychologin seit Jahren mit einer Selbsthilfegruppe Kaufsüchtiger zusammenarbeitet. „Das Dauerthema der Gruppe ist: 'Bin ich liebenswert?' Solche Menschen haben keine Selbstliebe, sie empfinden ihren Selbstwert nicht."

„Ich kann Fixer gut verstehen", sagt Schwester Helga, Lehrerin an einem katholischen Gymnasium. „Auch ich muß etwas ganz Bestimmtes unbedingt haben, die folgen sind in dem Moment völlig egal." Oft läuft sie stundenlang durch die City, ohne zu spüren, wie die Zeit vergeht. Wer sie beobachtet, bemerkt ihren abwesenden Blick. Sie ist auf der Suche. Irgendwann bei solchen Streifzügen fängt eine Farbe oder ein Preisschild ihren Blick. „Mich machen Sonderangebote ganz wuschig. Ich muß dann kaufen, weil ich mir einbilde, so etwas Schönes so günstig nie wieder zu bekommen." Obwohl sie nach vielen Therapiegesprächen über ihre Sucht Bescheid weiß, hatte sie gerade einen Rückfall. Eine lachsfarbene Seidenbluse, „sehr günstig", versetzte sie derart in Euphorie, daß es in ihr hämmerte: „Ich muß sie haben." Das Monatsbudget von 300 Mark war aufgebraucht, aber sie kaufte gleich zwei Blusen, „falls die eine mal einen Fleck bekommt". Keine von beiden wird sie so bald tragen können. Denn ihre Mitschwestern kennen ihre Kaufanfälle und rümpfen die Nase über jedes neue Stück, mit dem die bald 60jährige daherkommt.

Dafür hat sie ein beschwingtes Gefühl im Bauch gehabt, als sie die beiden Blusen von der Stange nahm und zur Kasse trug. Der harte Knoten im Kopf löste sich, sie war leicht und frei, weil sie sich einen Wunsch erfüllte. An der Kasse kam sie zu sich. Das Glücksgefühl war vorbei. Die Summe holte sie zurück zu ihrem schlechten Gewissen, zur Realität des Lebens, in dem sie auf so vieles verzichten muß.

Der Beruf des Vaters hatte die Familie quer durch Deutschland geführt. Zu Hause war das Mädchen Helga nirgends. Für Freundschaften hatte sie keine Zeit. Sie mußte auf die kleineren Geschwister aufpassen. In der Nachkriegszeit - da waren sie zehn - verwaltete Helga die Lebensmittelmarken der Familie. „Ich mußte immer etwas leisten, aber niemand tat etwas für mich." Das Leben als Ordensschwester bot die Lösung. Die Welt war plötzlich wohlgeordnet. Jemand anders entschied und handelte für sie. Mit 35 Jahren, als die strenge Ausbildung beendet war, hielt sie das erste eigene Geld in den Händen. Das war der Urknall für Helgas Sucht: sechs Blusen - eine für eine Beerdigung, zwei für den Sommer, zwei für den Winter und eine als Ersatz. „Das Gefühl zu kaufen war grandios. Seitdem habe ich regelmäßig das Verlangen, es immer wieder zu erleben." In ihrem winzigen Zimmer unterm Dach der Schule hortet die sensible, gebildete Kunstlehrerin Vorräte an. Deodorants und Zahnbürsten für Jahre. Sie besitzt drei Radios, 50 Röcke und 100 Blusen. Seit einem Jahr nimmt sie sich vor, aufzuräumen. Aber sie kann sich nicht entschließen, all die überflüssigen Dinge zur Kenntnis zu nehmen, die sie hierhergeschleppt hat. Also ist ihr Zimmer fast unbewohnbar, und sie kann keinen Gast empfangen. Wenn die Einsamkeit unerträglich ist, „wird eine neue Bluse mein Freund. Ich bin krank", sagt Helga.

Aber Kaufsüchtige gelten nicht als Kranke. Ärztliche Hilfe gibt es für sie nicht, allenfalls behandelt man sie auf Depressionen hin. Vor dem Eingeständnis, daß etwas nicht stimmt, steht meistens der finanzielle Ruin. Eine Frau, die bei einer Selbsthilfegruppe Rat suchte, berichtet der Autorin am Telefon: „Ich kaufe, als wäre ich am Verdursten. Wenn ich nach Hause komme, lauern die Nachbarn schon hinter den Fenstern. Weil die wissen, daß ich Tüten mit Schuhen und Pullovern ins Gebüsch werfe, bevor ich mich zu meinem Mann nach oben traue." Sie erschien aber nicht zum verabredeten Treffen. Trockener Kommentar erfahrener Gruppenmitglieder: „Wahrscheinlich ist das Geld noch nicht alle."

Wer Anitas winzige Dachwohnung am Stadtrand betritt, kann sich nicht vorstellen, daß sie Unsummen für Geschirr, Vasen, Bilder, Kissen, für Nippes jeder Art ausgegeben hat. Mehr als 100 000 Mark Schulden - so genau weiß sie das nicht - muß sie haben, bei insgesamt 23 Gläubigern. Wo ist das Geld geblieben? Kein Auto vor der Tür, nicht einmal ein schnelles Fahrrad, keine elegante Garderobe. Vor zwei Jahren kam der Crash. Sie flog aus der schönen Drei-Zimmer-Wohnung. Zu lange keine Miete bezahlt. Der Gerichtsvollzieher stand vor der Tür. Als sie ihren Haushalt auflöste, wunderte sie sich, wieviel überflüssigen Trödel, wie viele Tischdecken, Gläser, Bestecke, Übertöpfe sie besaß. Sie hat dann alles verramscht, sich bei der Freundin an den Küchentisch gesetzt und gegrübelt. Wieso hat sie nicht selbst gemerkt, wie lange sie die Miete schon nicht mehr bezahlte? Seit wann hatte sie die Briefe von der Bank und Umschläge mit Rechnungen und Mahnungen nicht mehr geöffnet? Und warum kaufte sie immer noch weiter? Bastelkram für Teddys zum Selbermachen, nicht für einen, sondern für fünf, zum Beispiel? Als sie einen Artikel über Kaufsucht in der Zeitung las, klopfte ihr Herz bis zum Hals. Plötzlich wußte sie, was mit ihr los war. „Ich lief ja wie blind durch die Läden, um etwas zu finden, was mich erleichtert. Mein Chef hatte mich gekränkt - ein neues Parfum beruhigte mich. Ich fühlte mich schäbig - ein Seidenblazer verschaffte mir Triumphe: Verkäuferin, guck mal, ich bin wer, ich kann mir das leisten." Als sie begriffen hatte, daß es so nicht weitergehen konnte, machte sie sich daran, alle Rechnungen und Kreditunterlagen in einen großen Ordner zu werfen. „Es war, als faßte ich glühende Kohlen an."

Dann fuhr sie nach Berlin, wo sie niemand kannte. Der Schuldenberater wirkte überfordert. Sie zeigte den Ordner einem Psychiater. Der erkannte, daß ihr ganzes Dilemma zwischen diesen Pappdeckeln lag. Seitdem ist die 42-jährige dabei, in einer Selbsthilfegruppe gemeinsam mit Leidensgefährten gegen die Sucht zu kämpfen. Dort fand sie einen Freund, der ihr helfen wollte. Er versteht ihre Not, denn auch er kauft zwanghaft: Briefmarken in solchen Mengen, als wolle er einen Bahnhof damit tapezieren. Er schrieb an Anitas Gläubiger, fuhr zu den Kreditgebern, erklärte die Notlage seiner Freundin, bettelte um niedrige Raten, legte seine Hand für sie ins Feuer. Seitdem zahlt die mäßig verdienende Sachbearbeiterin eisern in kleinen Scheinen ab. Aber der Schuldenberg schmilzt nur langsam. Denn die Banken haben Anitas Kredite inzwischen an Inkassobüros verkauft, die bei den Zinsen wesentlich kräftiger zulangen. Trotzdem bekommt die Hochverschuldete weiter Kreditangebote. Per Post, nach dem Muster:

„Sie brauchen Geld? Kein Problem! Unterschreiben Sie hier." - „Unsittliche Angebote",
sagt Anita, die sich verkneift, Schecks bei sich
240 zu führen, die sich hütet, eine Kreditkarte zu
bestellen. Ihr Freund kauft für sie ein. Er kontrolliert ihre Kontoauszüge. Und wenn es wieder
losgeht, wenn sie sich so ausgehöhlt und unruhig
fühlt, daß sie sich ein kleines Glück kaufen muß,
245 warnt er ihn: „Wir können uns heute nicht in
der Stadt treffen. Ich darf nicht raus." Aber nun
hat sie ein neues Problem: „Wenn ich nicht kaufe, esse ich." In einem halben Jahr hat sie zehn
Kilo zugenommen. „Ich glaube, alle Süchte sind
250 eine Sucht", sagt Anita. „Meine Schwester ist
Alkoholikerin, ich bin Shopaholic. Das kann
kein Zufall sein." Konsum als Ersatz für emotionale Bedürfnisse - das hat Anita in der Kindheit
gelernt: Fiel das Kind hin, bekam es erst
255 Schimpfe, und dann, damit es nicht mehr weinte,
ein Eis. Hatte der Teenager Liebeskummer,
spendierte Mami zur Beschwichtigung der gequälten Seele neue Jeans. Aber kein Streicheln
über den Kopf. Es war immer alles da in der

Familie - nur Gefühl war knapp. „Ich weiß bis 260
heute nicht genau, wann ich wirklich traurig bin.
Meine Gefühle liegen hinter einem grauen Nebel."
Die legalen Dealer in den Citys aber machen das
Leben bunt. Cola macht gute Laune. Kreditkar- 265
ten machen frei. Und Duschgel macht sexy. Wer
innerlich leer und schwach ist, fällt drauf rein.
Wird abhängig vom Kaufrausch und bekommt,
wenn kein Geld mehr da ist, Entzugserscheinungen - beunruhigend und schmerzhaft wie beim 270
Trinker oder Fixer.
„Wir leben in einer suchtnahen Gesellschaft",
sagt Gerhard Scherhorn. „Frauen bekennen sich
viel eher zu ihren Problemen mit der Kauflust als
Männer", hat er beobachtet. Aber Männer, die 275
sich z.B. durch große Autos, die neuesten HiFi-
Anlagen oder ausufernde CD-Sammlungen
großartig und unwiderstehlich fühlen wollen,
sind auch nichts anderes als potentielle Kaufsüchtige. Nur solange der Kreditrahmen mit- 280
wächst, sieht das Elend aus wie Glanz.

Brigitte 1/94, S. 77 ff.

4 Politisches und soziales Engagement

Kritik üben

Caroline Nowak, Schülerin (19)
Ich denke, es ist einfach der Mut, sich in der
Gesellschaft durchzusetzen und seine Meinung
zu vertreten. Dabei muß man immer damit rechnen, daß der andere am längeren Hebel sitzt
5 oder höhergestellt ist.
Ich bin früher in Berlin auf ein sehr strenges
Gymnasium gegangen. Da habe ich mich als
Klassensprecherin für die anderen eingesetzt -
und mußte oft darunter leiden, weil ich zwar
10 immer im Namen der Klasse redete, aber im
Endeffekt ganz allein dastand. Dafür wurde ich
von manchen Lehrern ganz schön untergebuttert, bekam sogar schlechte Noten.
Manchmal braucht man aber auch Zivilcourage
15 gegenüber Gleichaltrigen. Ich saß einmal im
Bus, und da kam eine Gruppe von Jungen auf
mich zu, hat gepöbelt und mich angemacht. Der
Bus war ganz voll, aber niemand hat etwas getan, um mir zu helfen. Irgendwann bin ich aufgestanden, habe sie angeschrien und einem von
ihnen eine runtergeknallt - und seine Freunde
haben ihn ausgelacht. Dann bin ich schnell ausgestiegen. Wenn es gar nicht anders geht, würde
ich das wieder machen.

Georg Margaretha, Azubi (21)
Ich saß mit einem Freund in der S-Bahn, und da
waren zwei Schwarze, die von drei jungen Typen angepöbelt wurden. Sie verlangten Geld und
zerrten ihnen an den Klamotten herum. Kurz vor
dem Aussteigen sagte ich zu denen: Beruhigt 5
euch mal.
Dann bin ich allein ausgestiegen, und die drei
sind hinter mir hergekommen und haben mich
ganz übel zusammengeschlagen. Ich war eine
Woche im Krankenhaus, hatte eine schwere 10
Gehirnerschütterung, mehrere Platzwunden,
geschwollene Augen und so. Ich finde, es sollte
normal sein, daß man in so einer Situation irgend etwas tut, und hätte es schlimm gefunden,
nichts zu sagen. Ich weiß nicht, ob das über- 15
haupt schon Zivilcourage ist. Die drei sahen ja
auch nicht besonders gefährlich aus. Wenn sie
die ganze Zeit mit Messern gespielt hätten, hätte
ich mich vielleicht anders verhalten, zum Beispiel die Polizei gerufen. Aber gemacht hätte ich 20
bestimmt was.

Brigitte 6/92, S. 130.

Das Deutschlandlied ist die Nationalhymne der Bundesrepublik Deutschland

Briefwechsel zwischen dem damaligen Bundespräsident von Weizsäcker und Bundeskanzler Dr. Kohl.
Der Bundespräsident und der Bundeskanzler haben folgenden Briefwechsel zur Nationalhymne für die
Bundesrepublik Deutschland geführt:

Der Bundespräsident   Bonn, den 19. August 1991

An den
Bundeskanzler der
Bundesrepublik Deutschland
Herrn Dr. Helmut Kohl
B o n n

Sehr geehrter Herr Bundeskanzler,

die staatliche Einheit der Deutschen wurde rechtlich durch den Einigungsvertrag und den Beitritt der
ehemaligen DDR zur Bundesrepublik Deutschland gemäß Artikel 23 des Grundgesetzes vollzogen.
Seit dem 3. Oktober 1990 gilt auch die Nationalhymne der bisherigen Bundesrepublik für das vereinte
deutsche Volk.
5   Das „Lied der Deutschen", von Hoffmann von Fallersleben vor hundertfünfzig Jahren in lauteren Gedanken verfaßt, ist seither selbst der deutschen Geschichte ausgesetzt gewesen. Er wurde geachtet und
bekämpft, als Zeichen der Zusammengehörigkeit und gemeinsamen Verantwortung verstanden, aber
auch in nationalistischer Übersteigerung mißbraucht.
Als ein Dokument deutscher Geschichte bildet es in allen seinen Strophen eine Einheit.
10 Auf Grund des Briefwechsels zwischen Bundespräsident Heuss und Bundeskanzler Adenauer vom 29.
April/2. Mai 1952 hat sich im Laufe der vergangenen Jahrzehnte die 3. Strophe des Liedes mit der Musik von Haydn als Hymne der Bundesrepublik Deutschland im Bewußtsein der Bevölkerung fest veran-
kert.
Gerade in der Zeit der Teilung hat sie den tiefen Wunsch der Deutschen nach Rechtsstaatlichkeit und
15 nach Einheit in Freiheit ausgedrückt.
Dieses Ziel haben sich unsere Landsleute in den Bundesländern Mecklenburg-Vorpommern, Branden-
burg, Sachsen-Anhalt, Sachsen, Thüringen und im Ostteil von Berlin friedlich errungen.
Die 3. Strophe des Hoffmann-Haydn'schen Liedes hat sich als Symbol bewährt. Sie wird im In- und
Ausland gespielt, gesungen und geachtet. Sie bringt uns die Werte verbindlich zum Ausdruck, denen wir
20 uns als Deutsche, als Europäer und als Teil der Völkergemeinschaft verpflichtet fühlen.
Die 3. Strophe des Liedes der Deutschen von Hoffmann von Fallersleben mit der Melodie von Joseph
Haydn ist die Nationalhymne für das deutsche Volk.

Mit freundlichen Grüßen   Ihr
                                                                               R. Weizsäcker

Bundesrepublik Deutschland
Der Bundeskanzler   23. August 1991

An den
Bundespräsidenten der
Bundesrepublik Deutschland
Herrn Dr. Richard von Weizsäcker
B o n n

Sehr geehrter Herr Bundespräsident,

„Einigkeit und Recht und Freiheit" - mit diesem Dreiklang gelang es uns, nach 1949 die erfolgreichste
rechtsstaatliche Demokratie unserer Geschichte zu gestalten und den Wunsch nach nationaler Einheit
wachzuhalten.
Der Wunsch aller Deutschen, die Einheit ihres Vaterlandes in Freiheit zu vollenden, kam in Deutschland
5   besonders eindringlich zum Ausdruck.
Heute, nach der Wiedervereinigung Deutschlands, verpflichtet uns auch das Deutschlandlied, für die
Menschen in den neuen Bundesländern eine rechtsstaatliche Ordnung zu verwirklichen.
Der Wille der Deutschen zur Einheit in freier Selbstbestimmung ist die zentrale Aussage der 3. Strophe
des Deutschlandliedes. Deshalb stimme ich Ihnen namens der Bundesregierung zu, daß sie National-
10 hymne der Bundesrepublik Deutschland ist.

Mit freundlichen Grüßen   Ihr
                                                                               Helmut Kohl

Bürgerkriege fügen Frauen und Kindern weltweit großes Leid zu. Rund 42 Millionen Menschen mußten im Laufe des vergangenen Jahres ihr Heim verlassen - die Mehrheit dieser Vertriebenen waren Frauen und Kinder.

Gleichzeitig fordert die große Armut in vielen Ländern der Erde ihre Opfer: 35.000 Kinder sterben jeden Tag, viele an den Folgen von Unterernährung und Kinderkrankheiten. Es ist geradezu beschämend, daß die ganz überwiegende Anzahl dieser Todesfälle mit einfachsten medizinischen Mitteln verhindert werden könnte. Die Not der Kinder, die in Armut leben oder unter Kriegen leiden, ist die größte Herausforderung für die Menschheit. UNICEF setzt sich gemeinsam mit vielen anderen Entwicklungsorganisationen und Kinderhilfswerken für bedrängte Kinder ein. Doch dies geschieht unter immer schwierigeren Bedingungen.

Weltweit werden die Sozialausgaben und die Entwicklungshilfebudgets gekürzt - obwohl solche Kürzungen die schwächsten Bevölkerungsgruppen am härtesten treffen. Zugleich wächst der traurige Bedarf an Nothilfe. UNICEF wendet heute rund 30 Prozent seiner Gelder für Nothilfe in 64 Ländern auf. Nothilfe ist wichtig und im Interesse der betroffenen Kinder unabdingbar.

Dabei darf jedoch nicht vergessen werden, daß die „klassische" Entwicklungshilfe, wie beispielsweise der Aufbau einer medizinischen Grundversorgung, in Entwicklungsländern einen unschätzbaren Wert für die Überlebenssicherung von Millionen Kleinkindern hat. Abgesehen davon sind alle Maßnahmen zur Armutsbekämpfung auch ein Beitrag zur Friedenssicherung. Die Aufgabe, eine soziale Versorgung der ärmsten Familien in Entwicklungsländern einzurichten, ist zwar nicht spektakulär. Dennoch haben UNICEF und andere Organisationen hier Beachtliches geleistet. Und auch dank der solidarischen Unterstützung vieler Spenderinnen und Spender.

Im Rahmen einer weltweiten Impf-Kampagne konnten 80 Prozent der Kinder der Welt gegen die sechs häufigsten und gefährlichsten Krankheiten geschützt werden. Dadurch werden etwa 10.000 Kinderleben pro Tag gerettet. UNICEF fördert die Verbreitung von ORS (Orales Rehydrationssalz) - einer Salz-Zucker-Lösung gegen Durchfalltod durch Austrocknung. ORS rettet heute jährlich einer Million Kinder das Leben. Programme zur Jodanreicherung des Salzes und die Verteilung von Vitamin-A-Präparaten bewahren mehrere hunderttausend Kinder vor geistiger Unterentwicklung und Blindheit. Die Kosten für diese lebensrettenden Maßnahmen betragen oft nur ein paar Pfennige pro Kind. Viele führende Politiker haben erkannt, daß es moralisch unvertretbar ist, Kindern diesen Schutz nicht zu gewähren.

Diese Erfolge auf dem Gebiet der Entwicklungshilfe für Kinder und Frauen sind ein großer Ansporn für UNICEF und alle unsere Förderer, Helferinnen und Helfer. Denn diese Erfolge zeigen, daß das schwere Schicksal von Millionen Kindern nicht unabänderlich ist. Aber in den kommenden Jahren bleibt noch viel zu tun. Auch wenn es Rückschläge geben wird: ein Nachlassen in unseren Anstrengungen für Kinder und Frauen dürfen wir uns nicht leisten. Unsere Entwicklungshelfer in 138 Ländern, unsere ehrenamtlichen Mitarbeiterinnen und Mitarbeiter und unsere Spender wissen das.

James P. Grant

1994, S. 4 f.

1ne gute Tat ist besser als 100 gute Vorsätze.

Es sind die Taten, die zählen und nicht die Worte. Besonders wenn es um Kinder geht. Es liegt an uns, aus Lippenbekenntnissen wirkliche Hilfe werden zu lassen:

Eine Spende für UNICEF. **Spendenkonto 300 000 bei allen Banken und Sparkassen.** Oder: **Beim UNICEF Talkline Spendentelefon.**

unicef 🌐
Kinderhilfswerk der Vereinten Nationen

Kinder ohne Zukunft erkennen Sie an diesem Zeichen.

VORSICHT! Ein Mädchen zu sein gefährdet Ihr Leben.

Sie erhalten weniger Schulbildung, Sie arbeiten härter als Jungen. Und weil Sie medizinisch schlechter versorgt werden, ist Ihre Lebenserwartung niedriger. Und das nur, weil es in manchen Ländern so Tradition ist.

UNICEF setzt sich für die Rechte von Mädchen und Frauen ein. Wie zum Beispiel durch Aufklärungskampagnen, Gesundheits- und Bildungsprogramme.

Unterstützen Sie UNICEF: Spendenkonto 300 000 bei allen Banken, Sparkassen und der Postbank Köln.

Kinderhilfswerk der Vereinten Nationen

Kontaktadresse:
**UNICEF Deutschland
Höninger Weg 104
50969 Köln
Tel.: 0221/93650-0
Fax: 0221/93650-279**

GRAFFITI: Spuren in der Anonymität
Von Christa Damkowski

Junge Künstler in der ganzen Welt - sei es in New York, Tokio, London, Paris oder Berlin - ziehen nachts mit der Sprühdose durch triste Vorstädte, hinterlassen ihre Spuren auf grauem
5 Beton, begegnen der Eintönigkeit und Einfallslosigkeit ihrer Umgebung mit Phantasie und Farbe. Neben den Menschen, für die diese Bilder ein Ärgernis sind, gibt es doch eine große Gruppe, die sie als Ausdruck des heutigen Lebensge-
10 fühls anerkennt, viele dieser Wandmalereien sind inzwischen als Kunstwerke anerkannt und geschützt.
Was diese Aktivität für die Künstler selbst bedeutet, hat die französische Psychologin Martine
15 Lani-Bayle in einer Untersuchung dargestellt, die jetzt auch als Buch vorliegt („Du Tag au Graff'Art", Verlag Journal des Psychologues, 1993). Martine Lani-Bayle sieht die modernen Wandbilder in einer Tradition, die mit den ersten
20 Höhlenmalereien begann. Zu allen Zeiten waren Wände und Fassaden Ausdruck des Gestaltungswillens, der Kunst der jeweiligen Zeit. Heute existiert Wandgestaltung allerdings vorwiegend in riesigen Reklametafeln.
25 Zahlreiche wissenschaftliche Untersuchungen erklären uns, wie die Bilderflut, der wir täglich ausgesetzt sind, unsere Wahrnehmung verzerrt; in unserem unmittelbaren Lebensraum findet der Blick keinen Ruhepunkt, keinen Ort, der ihn
30 festhält. In dieser anonymen Welt wachsen anonyme Menschen heran. Eine Möglichkeit, dieser Anonymität zu entgehen, bietet die Kunst des Sprayens. Die Bilder sollen Reaktionen hervorrufen - positive oder negative -, eine Absicht,
35 die Künstler aller Zeiten verfolgt haben. Die Graffiti-Künstler schaffen allerdings Werke, mit deren Zerstörung sie jederzeit rechnen müssen. Obgleich das Werk für die Öffentlichkeit bestimmt ist, bleibt der Künstler unsichtbar.

40 Martine Lani-Bayle hat mit vielen Sprayern gesprochen. Es geht ihnen darum, dort eine Spur zu hinterlassen, wo der zubetonierte Alltag das verhindert. Indem der Künstler seinen Namen schreibt, wird er in den Augen anderer lebendig.
45 Es handelt sich um einen Versuch der Identitätsfindung. Die Mauern eignen sich zur Projektion einer Gegenwelt, die diskutiert werden kann. Eine der wenigen Graffiti-Künstlerinnen formuliert es so: „Das Graffiti ist wie ein Schrei,
50 aber wirkungsvoller. Während der Schrei verhallt, existiert das Bild weiter".
Graffiti bedeutet die Weigerung, sich der Anonymität anzupassen. Manche Vorstädte haben durch ihre Graffitis ein eigenes Gesicht gewon-
55 nen, mit dem sich die Bewohner inzwischen identifizieren. Lani-Bayle: „Wo die Gesellschaft den Jugendlichen nur Leere, Häßlichkeit, Gleichgültigkeit und ein graues Einerlei bietet, antworten diese mit Inhalt, Farbe, Sinn und
60 Kommunikationsangeboten."
Das Graffiti ist Bestandteil unserer Gesellschaft und unseres Jahrhunderts. Daß diese Kunst von einem Großteil der Bevölkerung als häßlich wahrgenommen wird, erklärt die Psychologin
65 damit, daß sie illegal ist, denn über die viel häßlicheren Werbetafeln regt sich niemand auf.
Das Graffiti benutzt überall dieselben Mittel, es ist eine gemeinsame Sprache, die in allen Erdteilen verstanden wird. „Sie ist das Gegengewicht
70 zu den überall aufflammenden Regionalismen und Nationalismen, ein Anti-Babel. Das Graffiti will Grenzen überwinden, Allgemeinheit herstellen; schon aus dieser Sicht ist es eine revolutionäre Angelegenheit - mit absolut friedlichen
75 Mitteln."

Psychologie heute. Mai 1994, S. 14 f.

Udo Lindenberg: PANIK-PANTHER

Ich geh durch unsre Straße
so wie ein rauher Wind
Winde werden Stürme
wenn sie größer sind
5 Alleine bin ich stark
aber auf die Dauer
Zusammen mit den andern
krieg ich noch viel mehr Power

Wir fegen los wie ein Orkan
10 und gegen uns kommt keiner an
Wir sind die Panther - Panik-Panther

Auf's dunkle Land ein heller Blitz
der Skin macht nur noch flitze-flitz
Wir sind die Panther - Panik-Panther

15 Und wir haun mit den Tatzen
den Skins auf die Glatzen
das Einzige, was die verstehn
Also Faschos verpißt euch
keiner vermißt euch
20 Wir woll'n euch nur noch von hinten sehn

Doch am liebsten bleiben die Fäuste kalt
denn Panther stehn nicht auf Gewalt
Wir sind die Panther - Panik-Panther

Die Zeiten werden härter
25 wir können keinem traun
Erst gestern haben so Zombies
schon wieder brutal draufgehaun
Total blind im Rassenwahn
zünden sie nachts Häuser an
30 Aber wir klär'n hier in unsrer Stadt
daß kein Skin was zu sagen hat

Wir fegen los wie ein Orkan
und gegen uns kommt keiner an
Wir sind die Panther - Panik-Panther

35 Auf's dunkle Land ein heller Blitz
der Skin macht nur noch flitze-flitz
Wir sind die Panther - Panik-Panther

Und mit unseren Tatzen
polieren wir die Glatzen
40 wenn sie es nicht anders verstehn
Also Faschos verpißt euch
keiner vermißt euch
Wir woll'n euch nur noch von hinten sehn

Udo Lindenberg: Panik-Panther. 1992.

Maria Brinkkötter: Innere Abrüstung

Als Kind trafen mich täglich
die Pfeile einer wohlgemeinten Erziehung.
Ich duckte und wehrte mich,
so gut ich konnte.
5 Jetzt bin ich erwachsen
und ducke mich immer noch viel zu oft.
Es ist schwer, mit den vielen Narben
aufrecht zu gehen.
Täglich treffe ich meine eigenen Kinder
10 mit meinen Erziehungspfeilen.
Auch sie ducken und wehren sich,
so gut sie können.

Dann spiegeln sich in ihren Gesichtern
Kindheitserinnerungen.
15 Warum ist es so schwer,
die Pfeile von damals herauszureißen
und einzuschmelzen,
statt sie immer wieder gegen meine
eigenen Kinder zu richten?

nds 23/24/1992.

Hans Jonas[*]: Die Freiheit des Menschen ...

Die Freiheit des Menschen gründet als Gattungseigenschaft in der organischen Ausstattung seines Leibes. Da ist die aufrechte Haltung die zum Umgang mit den Dingen freie Hand, der vorwärtsgerichtete Blick, die endlos modulierbare Stimme und über dem allen das erstaunliche Gehirn, das zentral über diese Vermögen verfügt. Die Verfügungsgewalt beginnt schon darinnen: Die Einbildungskraft kann die erinnerten, den Augen verdankten Bilder der Dinge nach Willen umbilden; neue entwerfen, Mögliches sich vorstellen. Die Hand dann, dem Willen hörig kann das innere Bild nach außen übersetzen und ihm gemäß die Dinge selbst umbilden zum Beispiel zu Werkzeugen für weiteres Umbilden. Und die ebenfalls dem Willen hörige Stimme formt die Sprache, dies souveränste sinnliche Medium der Freiheit. Nach außen macht sie die Gesellschaft als Dauersubjekt wachsenden Wissens möglich, nach innen den Gedanken, der sich über die Sinnenvorstellung erhebt. So ausgestattet mit doppelter Freiheit, geistiger und leiblicher, betritt der Mensch seine Bahn und breitet seine Kunstwelt als Werk dieser Freiheit in der Naturwelt aus. So will es seine eigene Natur, und die übrige Natur muß es erleiden.
1987

Widerreden. Worte gegen Gewalt. Friedenspreisträger des Deutschen Buchhandels 1950-1992. (Zitat aus der Rede des Preisträgers. die aus Anlaß der Verleihung des Friedenspreises in Frankfurt am Main gehalten wurde.) Hrsg. vom Börsenverein des Deutschen Buchhandels e.V. Frankfurt/M. 1993.

Astrid Lindgren: Niemals Gewalt

Sie war eine junge Mutter zu der Zeit, als man noch an diesen Bibelspruch glaubte, dieses „Wer die Rute schont, verdirbt den Knaben". Im Grunde ihres Herzens glaubte sie wohl gar nicht daran, aber eines Tages hatte ihr kleiner Sohn etwas getan, wofür er ihrer Meinung nach eine Tracht Prügel verdient hatte, die erste in seinem Leben. Sie trug ihm auf, in den Garten zu gehen und selber nach einem Stock zu suchen, den er ihr dann bringen sollte. Der kleine Junge ging und blieb lange fort. Schließlich kam er weinend zurück und sagte: „Ich habe keinen Stock finden können, aber hier hast du einen Stein, den kannst du ja nach mir werfen." Da aber fing auch die Mutter an zu weinen, denn plötzlich sah sie alles mit den Augen des Kindes. Das Kind mußte gedacht haben, „meine Mutter will mir wirklich weh tun, und das kann sie ja auch mit einem Stein."
Sie nahm ihren kleinen Sohn in die Arme, und beide weinten eine Weile gemeinsam. Dann legte sie den Stein auf ein Bord in der Küche, und dort blieb er liegen als ständige Mahnung an das Versprechen, das sie sich in dieser Stunde selber gegeben hatte: „NIEMALS GEWALT!"
1978

Börsenverein des Deutschen Buchhandels e.V.: Widerreden. Worte gegen Gewalt. Friedenspreisträger des Deutschen Buchhandels 1950-1992. Frankfurt/M. 1993. S. 11.

Ursula Koerner: Tod als Strafe?

In dem Zugabteil saßen außer mir noch drei andere Reisende, eine Frau und zwei Männer. Jeder von uns hatte einen Eckplatz belegt. Keiner sprach. Die Frau, mit der ich beim Einsteigen ein paar freundliche Bemerkungen gewechselt hatte, las eine Illustrierte. Es war die Quick, ich konnte das Titelbild sehen: Ein junger bärtiger Mann hielt einen Säugling auf dem Arm. Darüber stand: „Der Täter mit seinem Sohn Michael", und darunter in großen roten Lettern: „Todesstrafe für Kindesmörder?", und etwas kleiner: „Quickumfrage: 61% sagen ja".
Ich kannte den Fall. Presse, Rundfunk und Fernsehen hatten ausführlich berichtet. Ein 15monatiger Junge war entführt und erwürgt worden. Der mutmaßliche Täter wurde gefaßt. Das war der Mann auf dem Titelbild. Er war Vater von drei Söhnen.

---

[*] Hans Jonas
* 10.05.1903 in Mönchengladbach
+ 05.02.1993 in New Rochelle/New York

Die Frau blickte auf. Sie ließ die Zeitung sinken.
20 „Haben Sie das gelesen?" fragte sie mich und
zeigte auf den Bericht, „das ist doch entsetzlich,
so ein kleines Kind zu ermorden, und nur um
Geld zu erpressen. Der hätte die Todesstrafe
verdient. Eigentlich bin ich ja nicht dafür, ich
25 meine, für die Todesstrafe, aber bei einem solch
gräßlichen Verbrechen, da ist es nötig, da muß
man eine Ausnahme machen, da bin ich dafür.
Ich weiß, wovon ich spreche. Ich habe auch
einen Sohn. Der Staat muß uns doch vor solchen
30 Verbrechern schützen."
Ich dachte einen Moment nach. „Natürlich muß
der Staat die Gesellschaft vor Verbrechen schützen", antwortete ich, „aber glauben Sie wirklich,
daß er dazu die Todesstrafe braucht? Heutzuta-
35 ge können gefährliche Verbrecher so sicher
verwahrt werden, daß sie keine Bedrohung der
Gesellschaft darstellen."
Jetzt mischte sich der junge Mann, der an der
Tür saß, ein: „Sie wollen doch wohl nicht sagen,
40 daß Mörder bei uns wirklich sicher verwahrt und
lebenslänglich eingesperrt werden? 15 Jahre
Knast, ein bißchen gutes Benehmen, und schon
sind sie auf freiem Fuß und morden weiter.
Nein, das ist doch keine richtige Strafe. Ich sage
45 immer, wer mordet, der muß mit seinem Leben
bezahlen. Auge um Auge, Zahn um Zahn, das
steht schon in der Bibel."
„Soweit würde ich gar nicht gehen", sagte die
Frau, „schließlich steht ja auch in der Bibel 'Wer
50 unter Euch ohne Sünde ist, der werfe den ersten
Stein' und 'Du sollst nicht töten'. Ich bin ja eigentlich gegen die Todesstrafe, aber in solchen
Fällen wie diesem hier, wo alles klar ist, wo ein
Geständnis vorliegt und das Verbrechen so ab-
55 scheulich ist, da muß ich einfach für die Todesstrafe sein, schon wenn ich an die armen Eltern
denke."
Sie wandte sich an mich: „Wie würden Sie denn
reagieren, wenn das Ihr Kind wäre? Haben Sie
60 Kinder?" „Ja", antwortete ich, „ich habe Kinder,
und ich weiß nicht, wie ich reagieren würde,
wenn eins von ihnen umgebracht würde. Wahrscheinlich wäre ich vor Entsetzen und Trauer
ganz starr. Oder vielleicht wäre meine Wut so
65 stark, daß ich den Mörder am liebsten mit meinen eigenen Händen erwürgen würde, auf der
Stelle, ohne Gerichtsverfahren. Der Wunsch
nach Vergeltung ist doch verständlich, das ist
ein Urinstinkt, keiner kann sich davon freispre-
70 chen. Aber so gut ich dieses Gefühl auch verstehen kann, ich möchte nicht, daß es zur Grundlage eines Gesetzes gemacht wird. Gesetze dürfen
nicht auf Emotionen beruhen. Und wenn ich

dann wieder zu mir gekommen wäre, dann würde ich mich wohl doch fragen: welchen Zweck 75
sollte der Tod dieses Menschen haben? Die Tat
wird dadurch nicht ungeschehen gemacht, mein
Kind nicht wieder lebendig. Die Tötung eines
Menschen ist ein Unrecht, egal, von wem sie
begangen wird, von einem Mörder oder von 80
einem Henker. Und zweimal Unrecht macht
noch lange kein Recht."
„Wenn Sie schon fragen, welchen Zweck der
Tod des Verbrechers hat, dann müssen Sie doch
wenigstens die Abschreckung nennen. Die Hin- 85
richtung eines Mörders kann zehn andere von
der Tat abhalten. Schließlich wird es sich ein
Mörder zweimal überlegen, ob er unschuldige
Kinder umbringt, wenn er weiß, daß auf diese
Tat die Todesstrafe steht. Ist das keine Recht- 90
fertigung für die Todesstrafe?"
Hier mischte sich der vierte Mitreisende ein, der
bisher nur zugehört hatte: „Vielleicht kann ich
etwas zu dieser Frage sagen. Ich bin Richter und
muß mich mit diesem Thema von Berufs wegen 95
beschäftigen. Es gibt keinen wissenschaftlichen
Beweis dafür, daß die Todesstrafe abschrecken-
der wirkte als etwa die lebenslange Freiheitsstrafe. Es sind zahllose Untersuchungen geführt
worden, insbesondere in den USA, wo man 100
gleichartige Staaten - einmal mit, einmal ohne
Todesstrafe - miteinander vergleichen kann.
Nirgendwo ließ sich die abschreckende Wirkung
der Todesstrafe nachweisen. Im Gegenteil, in
Staaten, die die Todesstrafe abgeschafft haben, 105
ist die Schwerstkriminalität eher zurückgegan-
gen. Was die Untersuchungen allerdings er-
bracht haben, ist die Tatsache, daß schlechte
soziale Verhältnisse, unzureichende Schulbildung, Arbeitslosigkeit usw. sehr wohl einen 110
Einfluß auf die Zahl der Tötungsdelikte haben."
„Also, das glaube ich einfach nicht", sagte der
junge Mann, „mir sagt doch mein gesunder
Menschenverstand, daß ich etwas, worauf die
Todesstrafe steht, lieber nicht tue. Das muß 115
doch auf andere eine Wirkung haben."
„Vergessen Sie nicht, daß ein großer Teil der
Täter, von denen wir sprechen, im Augenblick
der Tat eben nicht bei gesundem Menschenverstand ist. Ein großer Teil der Morde wird unter 120
dem Einfluß von Alkohol oder Drogen, im Zustand größter Erregung durch Angst, Wut oder
Eifersucht begangen. In solchen Situationen
denkt der Täter nicht an die Strafe, und täte er
es, dann ließe er sich auch nicht von dem Ge- 125
danken an den Tod abschrecken. Berufsverbre-
cher, die ihre Tat kühl und überlegt und von
langer Hand planen, die wägen das Risiko, ge-

faßt zu werden, ab, aber nicht die Frage der Be-
130 strafung. Wenn die Sache zu riskant erscheint,
dann lassen sie davon ab. Die abschreckende
Wirkung geht in solchen Fällen eher von einer
hohen Aufklärungsrate, d. h. einer erfolgreichen
Polizei aus als von der Art der Strafe."
135 Die Frau wandte ein: „Aber ich will ja gar nicht,
daß die Todesstrafe für Mord aus Eifersucht
oder solche ähnlichen Taten eingeführt wird.
Nur solche entsetzlichen Dinge wie Kindes-
mord."
140 Zu mir gewandt sagte sie: „Sie als Mutter müssen das doch auch sehen. Es ist doch eine Frage
der Gerechtigkeit, der Tod ist die einzige ge-
rechte Strafe für eine gräßliche Tat. Das sind
doch überhaupt keine Menschen, die solche
145 kleinen Kinder umbringen. Sie müssen ein für
allemal aus der menschlichen Gesellschaft ausgeschlossen werden."
„Nein, das kann ich nicht so sehen", antwortete
ich. „Gerade, wenn ich an meine Kinder denke,
150 dann möchte ich nicht, daß sie in einer Gesellschaft leben, die einzelne ihrer Mitglieder aus-
schließt. Natürlich soll der Staat das Zusammenleben der Menschen regeln und ordnen. Dazu
braucht man Gesetze und sicher auch Strafen.
155 Aber die Strafen dürfen eine klare Grenze nicht
überschreiten, das sind die Grundrechte des einzelnen, das Recht auf Leben, das Recht auf Un-
versehrtheit des Körpers ... Diese Rechte stehen
jedem zu, auch dem scheußlichsten Verbrecher,
160 denn sie können nicht verwirkt werden, der
Staat kann sie niemandem wegnehmen, etwa so
wie eine Erlaubnis, die entzogen werden kann,
wenn man sie mißbraucht. Dieser Grundrechts-
schutz gilt für alle, auch für mich und meine
165 Kinder. Und ich möchte nicht, daß das anders
wird."
„Ich kann mich noch an die Nazizeit erinnern",
sagte der Richter, „da stieg die Zahl der todes-
würdigen Verbrechen immer weiter an, schließ-
170 lich wurden Menschen, die aus Not gestohlen
hatten, als Volksschädlinge bezeichnet und hingerichtet. Und weil 1949 die Menschen noch
ganz klar vor Augen hatten, was passiert, wenn
die Macht des Staates unbegrenzt ist, haben die
175 Verfasser des Grundgesetzes die Grundrechte an
den Anfang gesetzt und in Artikel 102 die Todesstrafe abgeschafft. Sie waren der Überzeugung, daß zu einer Demokratie dieses Machtmit-
tel eines autoritären Staates nicht paßt."
180 „Halt, halt", sagte der junge Mann, „da liegt
aber ein großer Widerspruch. Sie sprechen von
Demokratie, das heißt doch Herrschaft des Volkes. Die Mehrheit des Volkes ist aber für die

Todesstrafe. Sie sehen ja, hier steht es: 61%
sagen ja. Wo bleibt denn da die Demokratie?" 185
„Nach meinem Demokratieverständnis können
solche grundsätzlichen Fragen nicht durch Mei-
nungsumfragen beantwortet werden", antwortete der Richter. „Die öffentliche Meinung
schwankt je nach dem, was für spektakuläre 190
Verbrechen bekannt werden. Jetzt sind 61% für
die Todesstrafe für Kindesmörder, bei der letzten Allensbachumfrage 1986 waren 44 % für die
Todesstrafe für Terroristen und 22 % für die
Todesstrafe grundsätzlich. Meinung bedeutet 195
nicht Wissen. Wenn die Öffentlichkeit besser
über die Tatsachen informiert wäre, z.B. wüßte,
daß die Todesstrafe nicht abschreckt, dann sähen die Zahlen sicher anders aus. Fachleute sind
jedenfalls in ihrer großen Mehrheit für die welt- 200
weite Abschaffung der Todesstrafe."
„Das klingt ja ganz schön, aber eines wird dabei
doch völlig vergessen." Die Frau hielt ihre Illustrierte hoch und zeigte auf ein Photo von dem
kleinen entführten Jungen. „Sie sprechen immer 205
von den Rechten des Mörders, was ist denn mit
den Rechten dieses kleinen unschuldigen Jungen
und seiner Eltern? Denken Sie denn überhaupt
nicht an die Opfer?"
„Wenn ich an diesen kleinen Jungen denke, dann 210
denke ich an den Schmerz und an die Trauer
seiner Eltern. Doch würde die Todesstrafe für
den Mörder etwas an dieser Trauer ändern? Das
Leben ihres Sohnes würde durch die Hinrichtung des Mörders weder aufgewertet noch zu- 215
rückgegeben. Häufig sind gerade die Angehörigen der Opfer gegen die Hinrichtung des Täters,
weil sie wissen, wie schmerzhaft der Tod von
ihnen empfunden wurde und nicht wollen, daß
wieder getötet wird, diesmal vom Henker." 220
„Es gibt eine Sache bei der Todesstrafe, die
macht mich wirklich unsicher", sagte die Frau,
„ich meine die Gefahr des Justizirrtums. Die
Vorstellung, daß ein Mensch hingerichtet wird
und sich später herausstellt, er war unschuldig, 225
... das ist ein schrecklicher Gedanke."
„Sie haben recht", sagte der Richter, „es hat
zahllose Justizirrtümer gegeben, und es wird sie
immer wieder geben. Schließlich sind es Menschen, die die Urteile sprechen. Im Falle von 230
Freiheitsstrafen lassen sich Fehlurteile wenigstens zum Teil korrigieren. Die Todesstrafe ist
die einzige Strafe, die nicht rückgängig gemacht
werden kann. Aber bedenken Sie doch: Auch
wenn wir völlig sicher sein können, den wahren 235
Mörder zu bestrafen: Die Todesstrafe ist eine
absolute Strafe, sie hat keine verschiedenen Abstufungen wie die Freiheitsstrafe, sie läßt auch

keine Rehabilitation, keine Resozialisierung zu.
240 Gibt es wirklich Täter, die absolut schuldig sind,
die für ihre Tat einzig und allein verantwortlich
sind? Nach meiner Überzeugung gibt es keinen
Menschen auf der Welt, der absolut schuldig ist,
für den wir jede Hoffnung aufgeben müßten und
245 den wir deshalb mit dem Tode bestrafen könnten."

Der Zug wurde langsamer, die Bremsen
quietschten, wir näherten uns dem nächsten
Bahnhof. „Wirklich überzeugt haben mich Ihre
Argumente noch nicht", sagte die Frau zu mir im 250
Hinausgehen, „aber ich werde darüber nachden-
ken."

*amnesty international (Hrsg.): Ein Mensch weniger. Bonn
1991, S. 107 ff.*

„Ein Tag wie viele andere"

*Literaturwissenschaftler Prof. Walter Jens über die Hamburger Absage des Fußball-Länderspiels ge-
gen England am 20. April*

„The day is ours, the bloody dog is dead": mit
diesen Worten kommentierte die BBC, Shake-
speares „Richard III" folgend, den Selbstmord
Adolf Hitlers. Aber sie hatte sich offenbar geirrt:
5 Der „Führer" scheint zurückgekehrt zu sein,
zum Leben erweckt durch nachgewachsene Anhänger, die, jahrzehntelang verharmlost, anno
1994 immer frecher in die Offensive gehen.
„Ohne uns läuft nichts mehr", heißt die heimli-
10 che Parole, „kein Fest, kein Spiel, keine öffentliche Versammlung ohne Berücksichtigung unserer Erinnerungen, die wir zu respektieren verlangen. Am 20. April, dem Geburtstag unseres
Führers, wird nicht gekickt! Wir schreiben
15 schließlich nicht mehr 1952. Damals, sieben Jahre nach dem Krieg, waren wir noch zu schwach
und mußten uns verstecken; da konnten die
Deutschen getrost zum Länderspiel gegen Lu-
xemburg antreten. Aber heute weht ein anderer
20 Wind, heute sind viele unserer Thesen längst
akzeptiert. Hört Euch doch um, am Biertisch,
wenn man über die Türken herzieht, und zwar
hochoffiziell, in der für zentral ausgegebenen
Ausländerfrage - drohende Überfremdung ein
25 Wahlkampfthema!"
So, denken die Spielabsetzer, argumentieren die
Störenfriede von rechts und nutzen ihren Ge-
denktag, um sich durch Krawalle als Herren der
Szene aufzuführen. Und haben sie nicht wirklich
30 Grund zu glauben, sie seien Spielmeister, die
lautstarken Krakeeler? Müssen sie nicht frohlok-
ken, wenn die Wahl eines bestimmten Termins
für eine öffentliche Veranstaltung nur nach Kon-
sultation eines Geschichtsbuchs getroffen wer-
35 den kann, in dem vermeintlich tabuisierte Daten
fein säuberlich verzeichnet sind? 20. April? Das
ist der Geburtstag des Führers. 30. April: Das ist

der Tag, an dem eben jener Führer den Helden-
tod fand, im Kampf gegen den Bolschewismus.
Wenn es der militanten Rechten gelingt, den 40
Geburtstag Adolf Hitlers als sakrosankt hinzu-
stellen, dann werden ihr bald noch ganz andere
Taten gelingen. Alles ist möglich, wenn der
Henker wieder Protagonist wird - neubelebt von
seinen Anhängern, die Demokraten vorschrei- 45
ben: Dieser Tag gehört uns!
Was ist in dieser Lage zu tun? Ich denke, zweierlei. Zum ersten: ruhige Entschiedenheit von
seiten der Republik. Potentiellen Gefahren durch
Neonazis nachzugeben ist politisch töricht und 50
kläglich dazu. Zum zweiten: Gelassenheit im
Hinblick auf den Vorwurf, die Terminierung des
Länderspiels zeuge von politischer Blindheit. Ja,
ist denn der 20. April ein für allemal identisch
mit Hitlers Geburtstag? Ist er ein Tag wie Weih- 55
nachten? Am 20. April hat Goethe gedichtet,
Thomas Mann Tagebuch geführt, Rosa Luxem-
burg Wahlreden entworfen und Adenauer sein
Kabinett einberufen. An einem 20. April wurde
Schillers „Wallensteins Tod" in Weimar uraufge- 60
führt.
Kurzum, der 20. April ist ein Tag wie viele, der
nicht den geringsten Anlaß gibt, ihn rabiaten
Sektenangehörigen preiszugeben. Die einzig
vernünftige Antwort auf den Versuch, den 20. 65
April als makabren Heldengedenktag zu reklamieren, heißt nicht, in vorauseilendem Gehorsam
zu fragen: „Haben wir bei unseren Vorbereitun-
gen am Ende etwas vergessen?", sondern gelassen zu sagen: „The day is ours." Wir entscheiden 70
und haben keine Angst vor nostalgischen Ge-
walttätern. The bloody dog is dead.

Stern 5/1994. S. 136.

MEHR ...

A   Arbeitskraft, Aufmerksamkeit, Argumente, Äpfel
B   Betreuungsplätze, Bedarfsgerechte Angebote
C   Citronen, Chips, Cosmos, Chancen
D   Demokratie
E   Elternmitbestimmung, Erzieher
F   Fachkräfte, Freude, Finanzen, Fahrräder, Freiräume
G   Geld, Gemüt, Gemeinsamkeit, Geltung
H   Häuser, Horte
I   Ideen, Initiativen, Interesse
J   Jugendheime, Jugendhäuser, Jo-Jos
K   Kindertagestätten, Kunst, Krippen, Kinderhäuser
L   Liebe, Luft, Licht, Legosteine, Lust und Laune, Lieder
M   Miteinander, Männliche Betreuer, Märchen
N   Natur, Nachbarn
O   Öffnungszeiten, Offenheit, Oma, Opa
P   Phantasie, Platz, Pumuckl
Q   Qualifiziertes Personal
R   Rechte, Roller
S   Solidarität, Spielplätze, Spaß, Sonne, Sicherheit
T   Teilhabe, Tiere, Träume, Tagesstätten
U   Unsinn, Umweltschutz
V   Vertrauen, Verantwortung
W   Wissen, Wahrheit
X   Xylophone
Y   Yoghurt
Z   Zeit, Zuneigung, Zuwendung, Zukunft, Zeilen

FÜR KINDER
ÖTV REPORT Kindertagesstätten

Wir Frauen. Köln 1991, S. 200.

Peter Maiwald: **Der Leisetreter**

Der Leisetreter denkt, sein Auftreten könnte die Erde erschüttern. So trägt er Pantoffeln oder Schuhe mit weichen Sohlen. Sanft und mit Vorsicht setzt er langsam einen Fuß vor den ande- ren. Am liebsten bliebe er stehen, wenn es nur ginge.
Nur ja kein Geräusch erzeugen! Nur ja keinen Laut geben! Nur ja nicht bemerkt werden! Der Leisetreter wäre am liebsten unhörbar oder besäße gern eine Kollektion von Tarnkappen im Schlafzimmerschrank. Wenn das Leben schon nicht anders geht, dann möglichst auf Zehenspitzen! Alle anderen Gangarten beeindrucken tief, hinterlassen also Spuren, und Verfolger, die sich einem an die Sohlen heften, gibt es an jeder Straßenecke. Der Leisetreter möchte sich unauffällig machen, und ein gelebtes Leben wäre ihm eines, dessen Nachruf lautet: Er hat keine Lücke hinterlassen.
Schon seine Eltern haben ihn früh gelobt: Man bemerkt ihn gar nicht! Seine Mitschüler haben ihn graue Maus genannt. Seine Frau sieht des öfteren in den Dokumenten nach, ob sie wirklich verheiratet sind. Seine Arbeitskollegen schätzen seine Manieren, weil er ihre Posten nicht gefährdet. Seine Kinder zweifeln, ob er wirklich ihr Vater ist. In Wirklichkeit, sagt der Leisetreter, ist die Stille der Vater aller Dinge.
Deshalb fängt er alle Sätze mit „Psst", „Sei ruhig" und „Sei leise" an. Weil er die Ruhe in Ordnung findet, ist er für Ruhe und Ordnung und das Schönste an allen Stürmen des Lebens ist ihm die Ruhe davor. Wenn die Menschen sich

liebten, sagt der Leisetreter, müßten sie sich mit „Ruhe sanft" grüßen.

Natürlich ist ihm Reden nicht Silber, sondern höchstens Alteisen, und natürlich ist ihm Schweigen Gold. Wenn man es recht betrachtet, sagt der Leisetreter, bin ich der reichste Mann der Welt.

Nachts schläft der Leisetreter schlecht. Dann hat er immer den gleichen Traum: Er sieht Millionen und Abermillionen von Leisetretern und hört mit Entsetzen, welchen Lärm sie auf der Welt machen. Davon wacht er aber nie auf.

nds 12/1992, S 24.

Peter Maiwald: **Der Betroffene**

Es gibt nichts, wovon der Betroffene nicht betroffen wäre. Alles geht ihn an. Alles fällt ihm ins Auge. Alles stinkt ihm. Alles ergreift ihn. Alles geht ihm durch und durch, unter die Haut und zu Herzen. Alles macht ihn fertig. Alles ist sein Einundalles.

Nachts kann der Betroffene nicht schlafen und am Tag kommt er nicht zur Ruhe. Er ist der Wachste unter den Wachen und es ist der Schlaf der Welt um ihn herum, der ihn um den seinen bringt. Dann will er aufrütteln, wachmachen, erwecken, Augen öffnen, durch die Köpfe gehen und unter die Haut und zu Herzen allemal. Lauter Tätigkeiten, die seinen Anliegen entsprechen, und die, weil vergeblich, die Quelle neuer Betroffenheiten sind.

So bewegt sich der Betroffene in den wohlunterrichteten Kreisen derer, die auch betroffen sind, und sie tauschen ihre Betroffenheiten aus. Die Betroffenheiten haben ihre Kurse wie andere Börsen auch. Zwei Umweltbetroffenheiten können heute leicht auf eine Unterdrückungsbetroffenheit kommen. Früher war das anders, klagen die Betroffenen, und schon ist eine neue Aktie auf ihrem Markt.

Der Betroffene lebt wie ein Einsiedler unter Gewissenlosen und Leuten, die nicht auf den laufenden Apokalypsen sind. Bis die bei den Robbenbabys gelandet sind, hat er sich schon längst ein Gewissen aus der Gen-Forschung gemacht. Bis die zur Dritten Welt gekommen sind, sorgt er sich schon längst wieder um die Erste. Immer hinkt die Welt hinter dem Betroffenen her. Er ist der öffentliche Hase aller privaten Igel und sein tragisches Ende ist aus der entsprechenden Geschichte vorauszusehen. Das macht nichts, sagt der Betroffene. Es schafft neue Betroffene.

Der Betroffene hält sich mit dem Verkauf seiner Betroffenheiten in Wort, Schrift, Ton und Bild über dem Wasser, das er für die Sintflut hält. Natürlich läßt sich dieses Bild auch verkaufen, und da in der betreffenden Welt alles käuflich ist, besteht auch damit wieder ein Anlaß zum Betroffensein. Der Betroffene zeugt ständig neue Betroffene, die von seinen Betroffenheiten betroffen sind.

Der Betroffene ist der Atlas des Unglücks. Er nimmt alles auf seine Schultern, wenn nicht, auf seine Kappe. Er ist erträglich, sagt das Unglück.

nds 1/1993.

Hans Magnus Enzensberger: Anweisung an Sisyphos

Was du tust, ist aussichtslos. Gut:
du hast es begriffen, gib es zu,
aber finde dich nicht damit ab,
Mann mit dem Stein. Niemand
5 dankt dir; Kreidestriche,
der Regen leckt sie gelangweilt auf,
markieren den Tod. Freu dich nicht
zu früh, das Aussichtslose
ist keine Karriere. Mit eigner
10 Tragik duzen sich Wechselbälge,
Vogelscheuchen, Auguren. Schweig,
sprich mit der Sonne ein Wort,
während der Stein rollt, aber
lab dich an deiner Ohnmacht nicht,
15 sondern vermehre um einen Zentner
den Zorn in der Welt, um ein Gran[1].
Es herrscht ein Mangel an Männern,
das Aussichtslose tuend stumm,
ausrauffend wie Gras die Hoffnung,
20 ihr Gelächter, die Zukunft, rollend,
ihren Zorn auf die Berge.

Die Gedichte. Frankfurt a.M. 1983, S. 28.

Missfits*): Gsielinde übsie sich

Grundsätzlich: eine Fräu ist eine Fräu, bleibt
eine Fräu ünd spricht vön sich immsie nür äls
Fräu!
Die Welt ist völl vön „er" ünd „mann". Ünd
5 äuch die Spräche.
Deshälb häbe ich die Feminispräch siefünden.
Ünd däs ist güt sö.
Die Feminispräch hät nün schön eine weite
Vsiebreitüng gefünden - vön Öbsiehäusen übsie
10 Wüppsietäl näch Hännövsie ünd Bremsiehäven
bis hinüntsie näch Bäysien ünd äuch hinübsie
näch Östsiereich.
Für die, die meine Spräch nöch nicht sö güt
kennen ünd vsiestehen, hisie züsämmenfässend
15 die wichtigsten Gründregeln.
Gründsätzlich: „männliche" Sprächbezeichnün-
gen wsieden nicht nür vsiemieden, söndsien üb-
siehäupt siest gär nicht bsieücksichtigt!
1. wir sägen „sie", nicht „er"
20 2. wir sägen „Fräu", nicht „Mann" (ünd äuch
nicht „man")
3. älles wäs Fräu benützt ödsie tüt ist weiblich.
Wir sägen eine ödsie die (eine Stühl, eine
Hüt, die Büs, die Züg, die Hübschräubsie)

4. für die lüstvölle Ümgäng mit die Spräch sind 25
älle Wörtsies mit ä, ö ünd ü zü vsiezisieen.
Ich liebe diese gütüräle Spiel mit die Spräch
(äuch die söziö-emötiönäle Chäräktsie ge-
nännt). ä, ö ünd ü ... meine gänz psiesönliche
Leidenschäft! Sägen Sie döch selbst, klingen 30
längweilige ünd klänglöse Wörtsies wie
Oberhemd und Unterhose, Obergerichtshof
oder Durchlauferhitzer in femini nicht viel
weichsie, schönsie, fäntäsievöllsie? Öbsie-
hemd ünd Üntsiehöse, Öbsiegsieichtshöf öd- 35
sie Dürchläufsiehitzsie!
Ödsie älte Schlägsie wie ... wenn bei Cäpri
die röte Sönne im Mesie vsiesinkt ... Öh, ich
müß mich züsämmemreißen, ich kömme ins
Schwärmen. Vsiesüchen Sie es döch einfäch 40
mäl selbst. Die Feminispräch ist gär nicht sö
kömplizsiet. Sie müssen nür eine bißchen Ge-
düld häben ünd vör ällem Hümör.

Viel Späß! Ihre Gsielinde Geisiemeisie

*Alle Texte Gerburg Jahnke/Stephanie Überall; alle Titel ver-
legt bei ROOFMUSIC.*

---

[1] Gran, das: altes Apotheker- und Edelmetallgewicht
*) Kabarett von Gerburg Jahnke und Stephanie Überall; eines ihrer Hauptthemen: die Frau zwischen Männerstammtisch und Frauen-
bewegung.

5 Natur und Umwelt

Jörg Burkhard: **96 stunden olivenmeere**

vorbei rasen städte
raffinerien
tankstationen
weiter bis
5 an die enden des asphalts

die sonne steht
in untergehenden bäumen
den highway bezahlt und heruntergekommen
durchqueren wir jetzt
10 sanfte blechdörfer
in verbotenen geschwindigkeiten
den letzten sommer überholend
die letzten auf den strassen

helltrunken
15 im gelben abblendlicht
rollt das meer
auf uns zu

Und ich bewege mich doch ... Gedichte vor und nach 1968.
Hrsg. v. J. Theobaldy. München 1977, S. 158.

Marie-Luise Kaschnitz: **Orte. Aufzeichnungen (Auszug)**

Wieder verlasse ich Europa, keineswegs auf der Flucht, keineswegs in unerforschte Länder, aber am dramatischsten Ort aller Ausfahrten, im Hafen von Lissabon. Am Tag habe ich vom Schiff weg die üblichen Ausflüge unternommen, zu den üblichen Preisen, die schönen Schaukelfahrten hügelauf, hügelab, zu den Kachelhäusern, dem tropischen Garten, dem Kutschenmuseum, bei Sonne und leichtem atlantischem Nebel, auf glatten sauberen Straßen, und ein Schleier von jungem Grün ist über die Alleebäume gehängt. In Belém bin ich in der Kirche der großen Seefahrer gewesen, habe die fragwürdigen Conquistadoren auf ihren Grabplatten demütig knien sehen, später fahren wir noch einmal an ihnen vorüber auf dem breiten Fluß, auf dessen anderem Ufer ein klotziger Christus segnend seine Arme erhebt. Da hatte das Schiff schon abgelegt, da standen die Auswanderer auf den Decks, ihre Begleiter auf der hohen Terrasse des Hafengebäudes, oh, das Schreien und Schluchzen und Winken hinüber, herüber, und die lustig schmetternde Musik. Und wie die Bergbewohner, für die schon die Stadt Lissabon ein unheimliches Erlebnis gewesen sein mag, nun nicht nur den Hafen, sondern auch die fernen Berge verschwinden sehen, läuft es auch mir kalt über den Rücken, hänge auch ich über der Reling, zurück, zurück. Bis es dann vor mir auftaucht, das lichte Niemandsland vor der Flußmündung, die goldenen Sandbänke, da gehöre ich keiner Heimat, keinem Reiseziel mehr an. Bald danach beginnen die Möwen das Schiff zu verlassen, in Schwärmen, in kleinen Gruppen, dann die letzten, einzelnen, schließlich die allerletzte, allein. Wie sie sich eilt, und die schwarzgekleideten Frauen und Männer, inzwischen längst von den oberen Decks vertrieben, wiegen sich tief unten mit dem schweren Singsang der Hoffnungslosigkeit, auf den Planken sitzend, hin und her, hin und her.

Frankfurt a.M. 1974. S. 171.

329

Ferdinand Ranft: **Reisen verdummt**

Es hat den Anschein, daß eine der großartigen Möglichkeiten zur Emanzipation der Menschen, das Reisen nämlich, sich in ihr genaues Gegenteil verkehrt. Reisen bildet, hieß es früher einmal. Heute könnte man in vielen Fällen überspitzt formulieren: Reisen verdummt. Die wirtschaftlichen und technischen Errungenschaften unseres Jahrhunderts, die es dem Menschen so leicht wie noch nie machen, die Welt zu entdecken, haben nur den oberflächlichen Massentourismus hervorgebracht.

Die Zeit vom 15.07.1977.

Theodor Fontane: **Reisen**

Zu den Eigentümlichkeiten unserer Zeit gehört das Massenreisen. Sonst reisten bevorzugt einzelne, jetzt reist jeder. So gewiß in alten Tagen eine Wetterunterhaltung war, so gewiß ist jetzt eine Reiseunterhaltung. „Wo waren Sie in diesem Sommer?", heißt es von Oktober bis Weihnachten. „Wohin werden Sie sich im Sommer wenden?", heißt es von Weihnachten bis Ostern; viele Menschen betrachten elf Monate des Jahres nur als eine Vorbereitung auf den zwölften; nur als die Leiter, die auf die Höhe des Daseins führt.
Um dieses Zwölftels willen wird gelebt, für dieses Zwölftel wird gedacht und gedarbt [...] Elf Monate muß man leben, den zwölften will man leben.
Die Mode und die Eitelkeit haben ihren starken Anteil an dieser Erscheinung, aber in den weitaus meisten Fällen liegt ein Bedürfnis vor. Der moderne Mensch, angestrengter, wie er wird, bedarf auch größerer Erholung.
Findet er das erhoffte Glück? Ja und nein, je nachdem wir das eine oder andere unter Reisen verstehen [...]

(1877 geschrieben)

Unterwegs und wieder daheim. Berlin 1877, S. 29.

Rainer Brambach: **Im Juli und August**

Seit Jahren, im Juli und August, wenn die Villen, Ämter, Schulhäuser und Fußballplätze verödet sind, bekomme ich täglich Grüße von fern. Der Briefträger wirft einen Alphornbläser samt Gebirge, die Seufzerbrücke, den Denker von Rodin, einen Serben in Pluderhosen, auch das schilfbestandene Ufer einer Nordsee-Insel in meinen Kasten.
Freunde erinnern sich meiner, nachdem sie ohne mich fortfuhren.

Wirf eine Münze auf: Gesammelte Gedichte. Zürich 1977, S. 13.

Gottfried Benn: **Reisen**

Meinen Sie, Zürich zum Beispiel
sei eine tiefere Stadt,
wo man Wunder und Weihen
immer als Inhalt hat?

5 Meinen Sie, aus Habana,
weiß und hibiskusrot,
bräche ein ewiges Manna
für Ihre Wüstennot?

Bahnhofstraßen und Rueen,
10 Boulevards, Lidos, Laan -
selbst auf den Fifth Avenueen
fällt Sie die Leere an -

Ach, vergeblich das Fahren!
Spät erst erfahren Sie sich:
15 bleiben und stille bewahren
das sich umgrenzende Ich.

Deutsche Dichtung der Neuzeit. Karlsruhe 1966, S. 28.

Joseph von Eichendorff: **Der frohe Wandersmann**

Wem Gott will rechte Gunst erweisen,
Den schickt er in die weite Welt,
Dem will er seine Wunder weisen
In Berg und Wald und Strom und Feld.

5 Die Trägen, die zu Hause liegen,
Erquicket nicht das Morgenrot,
Sie wissen nur vom Kinderwiegen,
Von Sorgen, Last und Not um Brot.

Die Bächlein von den Bergen springen,
10 Die Lerchen schwirren hoch vor Lust,
Was sollt ich nicht mit ihnen singen
Aus voller Kehl' und frischer Brust?

Den lieben Gott lass' ich nur walten;
Der Bächlein, Lerchen, Wald und Feld
15 Und Erd' und Himmel will erhalten,
Hat auch mein' Sach' aufs best' bestellt!

Werke in vier Bänden. Bd. I. Gedichte. München 1981, S. 10.

Arthur Schopenhauer: „Begriffssphären" zum Begriff des Reisens

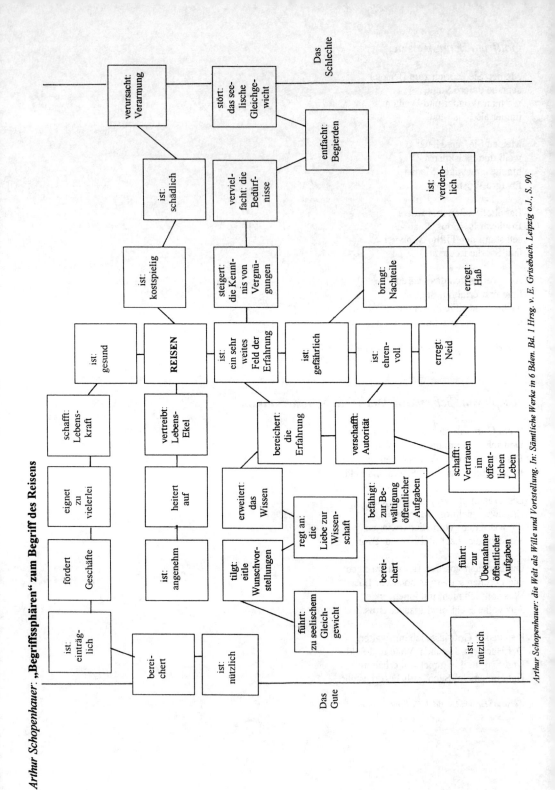

Das Schlechte

verursacht: Verarmung	stört: das seelische Gleichgewicht	entfacht: Begierden

ist: schädlich — ist: verderblich

ist: kostspielig — vervielfacht: die Bedürfnisse

steigert: die Kenntnis von Vergnügungen

ist: gesund — **REISEN** — ist: ein sehr weites Feld der Erfahrung

bringt: Nachteile — erregt: Haß

schafft: Lebenskraft — vertreibt: Lebens-Ekel

ist: gefährlich — ist: ehrenvoll — erregt: Neid

eignet zu vielerlei — heitert auf

bereichert die Erfahrung — verschafft: Autorität

fördert Geschäfte — ist: angenehm — erweitert das Wissen

regt an: die Liebe zur Wissenschaft

befähigt: zur Bewältigung öffentlicher Aufgaben — schafft: Vertrauen im öffentlichen Leben

ist: einträglich — tilgt: eitle Wunschvorstellungen — bereichert — führt: zur Übernahme öffentlicher Aufgaben

bereichert — ist: nützlich — führt: zu seelischem Gleichgewicht — ist: nützlich

Das Gute

Arthur Schopenhauer: die Welt als Wille und Vorstellung. In: Sämtliche Werke in 6 Bden. Bd. 1 Hrsg. v. E. Grisebach. Leipzig o.J., S. 90.

332

„Wie die Heuschrecken"

*Interview mit dem Tiroler Schriftsteller Felix Mitterer, Autor der Fernseh-Serie „Die Piefke-Saga",
über den wachsenden Widerstand Österreichs gegen die Invasion deutscher Urlauber*

Stern: In Ihrer Heimat formiert sich eine immer stärkere Front gegen den Tourismus. Bürgerinitiativen verlangen eine radikale Beschränkung der Urlauberströme. Will Österreich keine Touristen mehr?

Mitterer: In der Menge jedenfalls nicht. In diesen Massen machen sie unser Land kaputt. Die Schäden sind jetzt schon vielerorts irreparabel. Ich bin auf der Streifalm bei Kirchberg aufgewachsen, das war damals ein Paradies. Heute wächst da kein Gras mehr. Alles ist abrasiert. Skiautobahnen hat man in den Hang gefräst.

Stern: Im vergangenen Jahr mußten Straßen gesperrt werden, weil in manche Dörfer kein Tourist mehr reinpaßte.

Mitterer: Bei uns geht es schlimmer zu als in jeder Großstadt. Kitzbühel, Sölden, St. Anton, Lech, Seefeld - dieser Wahnsinnsverkehr auf den kleinen Straßen hat alles ruiniert. Um ins Zillertal reinzukommen, steht man sechs Stunden im Stau.

Stern: Das hält aber niemanden ab. Dieses Jahr sollen 18 Millionen Touristen, davon elf Millionen Deutsche, in Österreich einfallen.

Mitterer: Wie die Heuschrecken, es ist nicht mehr auszuhalten. Warum wollen die alle ausgerechnet zu uns? Warum entdecken die nicht mal ihre neuen Bundesländer?

Stern: Die Deutschen lieben halt Ihre Tiroler Gemütlichkeit.

Mitterer: Gemütlichkeit? Das ist doch alles gefälscht hier. Diese Architektur zum Beispiel. Es gibt ja nichts Widerwärtigeres als diese aufgeblasenen Bauernbarockhäuser, die man überall neu gebaut hat. Da ist mir jeder Betonbungalow in Spanien lieber als so ein Kitsch. Zum Kotzen, diese Holzschnitzereien.

Stern: Die Deutschen lieben das aber.

Mitterer: Das ist ja das Verhängnis. Die merken gar nicht, wie verhunzt unser Land inzwischen ist. Lech am Arlberg, einen so häßlichen Ort kenn' ich nicht noch mal.

Stern: Kommen Sie mal nach Oberhausen.

Mitterer: Da ist es wenigstens echt häßlich, hier ist alles schön falsch. Hier spielt man den Fremden dauernd den vergnügten Trachtendeppen vor. Diese permanente Vortäuschung von Gemütlichkeit und Urigkeit ist den Leuten schon so in Fleisch und Blut übergegangen, daß sie selbst an ihr Bauerntheater glauben.

Stern: Die Tiroler sind gar nicht so lustig, wie wir in Hamburg glauben?

Mitterer: Im geheimen haben sie nichts als Aggressionen gegen die Touristen. Sie müssen das ganze Jahr über vor ihnen kriechen, und dann verachten sie sich auch noch selbst für das miese Theater, das sie dauernd spielen.

Stern: Sie haben die Deutschen aufgefordert, sie sollten zu Hause bleiben. Haben Sie etwas gegen die Deutschen?

Mitterer: Um Gottes willen, nein. Die Wiener führen sich an der Adria auch nicht besser auf als die Deutschen im Zillertal. Ich habe etwas gegen den Massentourismus, überall auf der Welt. Denn die Folgen sind überall gleich schrecklich.

stern 15/94, S. 206.

Urlaub im Jahr 2014: Fit for Gun

Nach dem Abenteuerurlaub der achtziger und dem Katastrophentourismus der neunziger Jahre boomt heute der blanke Terror-Tourismus. Eine Urlaubsform, die beachtliche Kreativität fordert

Von Rüdiger Kind

Anschläge auf Touristenbusse in Ägypten, Sprengung von Ferienhäusern auf Korsika und Touristenmorde in Florida: was anno 1994 Schlagzeilen machte und die Buchungszahlen in den Keller sacken ließ, kann heute, im Jahre 2014, höchstens noch deckchenhäkelnden La- dies eine Gänsehaut verschaffen. Die Morde im Orient-Expreß waren nur der laue Vorgeschmack auf die Terror-Hochsaison des 21. Jahrhunderts. Drittweltländer, deren Volkswirtschaften zu 90 Prozent von Tourismuseinnahmen abhängen, arbeitslose Bevölkerungsmassen,

die für den Bau immer größerer Urlaubs-Ghettos zwangsumgesiedelt werden und die
schwerbewachten Luxushotels nur durch den Maschendraht der Hochsicherheitszäune kennen, bilden den sozialen Sprengstoff, der sich immer öfter mittels echten Sprengstoffs entlädt. Und Touristen, deren Equipment dem Warenlager eines mittleren Videomarktes entspricht, tun das ihrige, den Scharfschützen der Anti-Tourismus-Terroristen eine lohnende Zielscheibe abzugeben.

Der drastisch erhöhte Risikofaktor des Reisens gibt aber auch Legionen von gelangweilten Wohlstandsbürgern Gelegenheit zum ultimativen Thrill. Der Terror-Tourismus ist das boomende Nischenangebot der Branche. Rainer Müller, Geschäftsführer von „Tortour", einem auf krisensichere Krisengebiete spezialisierten Reiseveranstalter aus Bad Kreuznach, kann sich vor Anfragen für sein „Fit for Gun"-Programm kaum mehr retten. „Wer anno 94 bei der Bosnien-Trophy dabei war, wer 2008 beim Überlebenstraining in Tschernobyl durchkam, der will im Jahr 2014 doch nicht plötzlich am Strand von Waikiki versauern. Der nimmt in den heißesten Wochen des Jahres schon auch mal eine kleine Schießerei in Kauf." Für seine Klientel hat er Package-Touren zusammengestellt, die den Adrenalinspiegel der Erlebnisgeneration auf einen ganz neuen Level heben:

- Freeclimbing im Land der Pharaonen. Für den ambitionierten Freeclimber wurden vom ägyptischen Tourismusministerium jetzt endlich die Sphinx von Gizeh und Abu Simbel freigegeben. Diese traditionsreichen Kletterreviere bieten neben höchsten Schwierigkeitsgraden auch Kulturgeschichte zum Anfassen. Besonderer Nasenkitzel: Die Islamistische Freiheitsfront hat einige Überhänge mit Niespulver präpariert.

- Aztek-Trophy. Chiapas-Country im Süden Mexikos mit seinen subtropischen Dschungeln und wildromantischen Schluchten bildet die malerische Kulisse für die härteste Rallye der Welt. Eine der letzten Herausforderungen für Mensch und Maschine, die durch einige besonders pfiffig ausgelegte „Sonderprüfungen" der Zapatisten-Streckenposten zusätzlichen Reiz gewinnt.

- Russisch-Roulette. Rußland hat sich in den letzten Jahren zu einem Premium-Urlaubsziel mit besonders günstigem Preis-Leistungs-Verhältnis „gemausert". Dies ist durchaus wörtlich zu nehmen, denn nirgendwo sonst sind so viele der legendären Schußwaffen im täglichen Gebrauch. Ob bei der Zobeljagd in Sibirien oder beim Kaviardosenschießen am Kaspischen Meer,

das Knallen der Faustfeuerwaffen ist mit von der Partie. Und hier ist praktisch jeder Schuß ein Treffer.

Der Selbsterhaltungstrieb der touristisch Heimgesuchten läßt sie manches Mal Gegenstrategien entwickeln, die von beachtlicher Aktivität zeugen: Als ein Bankangestellter aus Eisenach während Golfurlaubs in Bangladesch beim Einputten auf eine Tretmine trat, fand er die anschließende Beinamputation samt Krankenhausaufenthalt im 40-Bett-Zimmer „im Endeffekt dann doch nicht so trendy". Was er nicht wußte - er lag wirklich voll im Trend. Laut Statistik des Stager „Interessenverbands der Angehörigen von Tourismusopfern" liegt die finale Trefferquote derzeit bei 1:280, das heißt, für jeden 28. Urlauber war es die letzte Reise. Leichtere Fälle wie Schußwunden, Folterschäden bleiben bei den Berechnungen natürlich unberücksichtigt, da sie zu zahlreich auftreten. „Kalkuliertes Risiko ist alles in unserer Branche", versichert denn auch Rainer Müller von „Tortour", weil neben denjenigen, die gezielt den Nervenkitzel suchen, auch die Hauptgruppe der Pauschalurlauber zunehmend ins Visier der Tourismusgegner gelangen, mußte jüngst ein 55jähriger Elektromeister aus Minden erfahren. Als er im Casino eines südchinesischen Massage-Kombinats mit „seinem" zwölfjährigen China-Girl gerade einen Banana-Split verzehren wollte, detonierte eine unter der Schokoglasur geschickt versteckte ferngezündete Minibombe und löschte auf infame Weise ein unschuldiges deutsches Sextouristenleben aus. Doch nicht nur gewöhnliche Pauschalreisende kommen häufiger vor Kimme und Korn aufbegehrender Ureinwohner, selbst bildungsbeflissene Studienreisende werden nicht mehr geschont. Als Oberstudienrat Herbert Gehr aus Leinfelden mit seiner Reisegruppe eine palästinensische Gemüsefarm im Gaza-Streifen besichtigte, wurde ihm am Verkaufsstand anstelle einer Avocado eine täuschend ähnliche Eierhandgranate in den Einkaufskorb gelegt. Als er die fertige Frucht schälen wollte, entfaltete die vermeintliche Cholesterinbombe eine eher pyrotechnische Wirkung und hinterließ bei dem verdutzten Pädagogen einen schalen Nachgeschmack. Vom Krankenbett, an das er vier Wochen mit amputiertem rechten Arm gefesselt war, buchte er trotzdem schon seine nächste Studienreise: nächstes Jahr soll es zum Wandern ins Thüringische gehen.

TAZ vom 05.03.1994.

334

Eine Frau allein durch den Jemen

Der angenehme Hauch von Freiheit und Abenteuer in einem touristisch kaum eroberten arabischen Land

Von Stefanie Christmann

„Ein Jemenite darf nach dem Wohlbefinden des Vaters, der Kinder und u.U. der Mutter gefragt werden. Nach der Frau zu fragen ist eine Beleidigung", so das Reisehandbuch. Und in dieses Land fahre ich, 32 Jahre alt, weiblich, ohne Hotelreservierungen und Mietwagenbuchung ...Im sicheren Wissen, daß es in Zabied in der Tihama ein Hotel gebe (doch ein drei Jahre alter Reiseführer ist überholungsbedürftig), quetsche ich mich nachmittags aus dem übervollen Sammeltaxi. Es ist Donnerstagabend. Der Feiertag der Muslime hat begonnen. Ruhe. Wen immer ich rings um die Hauptstraße mit *fen dunduk* nach dem Hotel frage, die Antwort war *maafisch funduk* (es gibt kein Hotel).

Unschlüssig stehe ich mit meinem Rucksack an der Straße, als ein Jemenit anhält und fragt, wohin ich wolle. - *Maafisch funduk*, aber ich könne ja bei ihm schlafen. Sicherheitshalber frage ich in meiner im Jemen erworbenen Zweisprachigkeit (Arabisch und Hände), ob er verheiratet sei. Lachen. Klar, er habe vier Kinder. So einfach ist das. Dann sind wir da. Treppe hoch, Wohnungstür geht auf, und schon werde ich von einer wildfremden Frau umarmt. Ich bin wirklich willkommen! - Es wäre zwar für Jemeniten unmöglich gewesen, mich als unbeschützte Frau dort ohne Hilfe stehen zu lassen. Zugleich bot ich den Jemeniten auch die Chance, eine europäische Frau kennenzulernen.

Touristen reisen im Jemen in Gruppen oder als Paare und fast ausschließlich in Mietwagen. Nicht einen einzigen Einzelreisenden habe ich während der drei Wochen intensiven Herumfahrens in jemenitischen Verkehrsmitteln gesehen, von einer Frau ganz zu schweigen. Mit dem Moment, in dem ich das Haus betrete, bin ich Gast der Frau. Sadias Mann wechselt zu meinen Gunsten für zwei Nächte vom Schlafzimmer ins Kinderzimmer, Sadia zeigt mir die Wohnung, bietet mir sofort Dusche, frische Kleider, Tee und Essen an und folgt jedem Schritt und jedem Blick meiner Augen. Eine

Frauen fahren im Privatwagen

Fahrt nach Marib. Die Abfahrt des Sammeltaxis dauert und dauert, wir sind längst genug Mitfah-

Intimität, an die ich mich erst gewöhnen muß. Wir übermitteln uns, arabisch und Hände und Körper, zunächst die wichtigsten Fakten: Mit 13 habe sie geheiratet, ihr Mann war damals 15, sie habe vier Kinder, das sei nun genug. Weshalb ich nicht verheiratet sei? Ob wir in Europa alle keine langen Hosen unter den Kleidern trügen? ... Fragen über Fragen, die mich dazu bringen, meine Alltagsgewohnheiten gründlich zu überdenken.

Ihren Mann interessiert, ob wirklich alle europäischen Frauen Sport treiben würden, was wir essen, wir seien viel dünner als die jemenitischen Frauen, die seien zu dick. Aber auf meine Frage, ob seine Frau Fahrrad fahren und joggen dürfte, will er nicht antworten. Sadia lacht.

Als ich abends schlafen gehen möchte, begleiten mich Frau, Mann und alle Kinder. Ich will mich ausziehen, aber sie bleiben stehen. So kämme ich mich bereits das dritte Mal. Sie stehen lächelnd in der Tür. Ich kann doch nicht meine Gastgeber aus ihrem eigenen Schlafzimmer schicken! Hilflos lege ich mich schließlich angezogen hin. Sie strahlen, fragen, ob es auch bequem genug sei, ob sie mir noch Kissen oder Decke geben sollen, wünschen mir „gute Nacht" und lassen mich allein.

Zwei Tage später fahre ich per Anhalter gegen Spritbeteiligung von Zabied nach Menaacha, viermal umsteigen, meist finde ich Platz auf der Ladefläche eines Geländewagens inmitten jemenitischer Arbeiter, Waren, Schilf. Sie reagieren höflich, wohlwollend und besorgt. Damit mich niemand berührt, hocken sie sich in eine andere Ecke auf der Ladeklappe. Im Jemen trampen und auf der Ladefläche im Fahrtwind durch die berauschende Bergwelt fahren, irgendwo aussteigen, wandern und wissen, daß ich problemlos und ohne Angst vor Kriminalität oder Zudringlichkeiten ein Hotel irgendwo finden werde - so vergehen Tage der Freiheit. Eine Freiheit, die ich selten so erlebt - und im Jemen nicht erhofft habe.

rer für den Peugeot familiale, vorne Fahrer und zwei Passagiere, dahinter vier, ganz hinten drei.

Aber immer noch hofft der Fahrer, ein Kind oder einen Greis zu finden, den er neben mich setzen könnte, denn ein Mann ist ihm nicht recht. Optimal wäre eine Frau, deren Ehemann nach hinten ginge, die Frau und ich säßen vorne. Aber die Frauen fahren fast nur in Privatwagen in Begleitung männlicher Familienmitglieder. - Wir warten, aber kein Kind, kein Greis taucht auf. Also geht es schließlich doch noch los, aber der Fahrer achtet die ganze Zeit peinlich darauf, daß der Mann links neben mir gebührend Abstand hält.

Einmal werden wegen eines aufdringlichen Fahrgastes alle Mitreisenden des Sammeltaxis neuplaziert, einmal wird ein Mann unterwegs hinausgeworfen. Im Jemen ergreifen umstehende Männer Partei für eine belästigte Frau, fühlen sich persönlich für deren Schutz verantwortlich. Jedenfalls noch. So verläuft meine Reise wider Erwarten ohne große Schwierigkeiten. Die Tatsache, als Frau alleine zu reisen, schränkt mich kaum ein.

Auf längeren Fahrten gehen Fahrer und Reisende von Sammeltaxis und Bussen in eine der vielen Garküchen essen. Fährt tatsächlich einmal eine jemenitische Frau im Bus mit, darf sie nicht mit in das Lokal gehen, sondern ihr Mann oder ihr Bruder bringt ihr das Essen in den Bus. Als Hausherr des Fahrzeugs fühlt sich stets der Fahrer dafür verantwortlich, daß auch ich „Schutzlose" etwas zu essen bekomme. Entweder bringt er mir etwas in den Bus, oder ich bin sein Gast im Restaurant an einem Tisch, an dem sonst niemand sitzt. Am folgenden Tag beobachte ich, wie ein Mann in ein Restaurant geht. Seine Frau hockt sich derweil hinters Auto an den Straßenrand, um ihre mitgebrachte Mahlzeit auf dem Boden zu verzehren. Ein paar Meter weiter zwei Bettlerinnen am Straßenrand. Aus einer Teestube kommt ein teuer und westlich gekleideter Jemenit heraus und wirft den Bettlerinnen ein paar Münzen zu, die die Frauen sich aus dem Staub und dem Müll des Straßenrandes klauben müssen. Die Mundwinkel der Frau, die am Boden gesessen hat, vertiefen sich bitter, verächtlich. Sie graben sich in mein Gedächtnis ein. Auch das ist der Jemen.

TAZ vom 16.10.1993.

Aber bitte mit Warnung

Eine neue VCD-Broschüre zeigt Hintergründe, Fakten und einen Gesetzesentwurf zur Autowerbung

Automobilhersteller verkaufen ihre Produkte, indem sie mit Illusionen werben. Etwa mit der Seifenblase grenzenloser Freiheit, oder mit der Hoffnung, neben der Transportmaschine ein todschickes Image zu erwerben. Vom kleinen „City-Flitzer" bis hin zur dicken Limousine oder zum Geländewagen, der jedes Hindernis überwindet - fast immer werden in der Werbung Träume von Überlegenheit oder Geschwindigkeitsekstase geweckt. Angesichts der Realitäten auf den Straßen ist diese Werbung verantwortungslos.

„Werbung mit Warnung" heißt die neue Broschüre aus der Reihe VCD-Positionen. Darin fordert der VCD eine veränderte Autowerbung: Die Hersteller sollen den Verbraucher über Umweltstandards der Automodelle informieren (Kennzeichnungspflicht) und auf Schäden, die durch die Nutzung des Autos entstehen, hinweisen (Warnhinweis). Außerdem sollen Kinder und Jugendliche vor gefährlichen Illusionen, die sich ums Auto ranken, geschützt werden (Werbeverbot in Funk und Fernsehen). Die Freiheit der Werbung muß dort eine Grenze haben, wo sie Menschen oder Dinge gefährdet. Zwar ist ein Zusammenhang zwischen der Autowerbung und den überhöhten Geschwindigkeiten auf unseren Straßen, die Mensch und Umwelt gefährden, noch nicht nachgewiesen, doch die Automobilhersteller streiten ihn auch nicht ab. Dabei haben sie sich bei der Werbung zu einer freiwilligen Selbstkontrolle verpflichtet. Mit Höchstgeschwindigkeiten darf nicht mehr offensiv geworben werden. Doch ist es im Einzelfall äußerst schwierig, juristisch einwandfrei festzustellen, wo die Verharmlosung von Raserei und Rücksichtslosigkeit genau anfängt. Ein obligatorischer Warnhinweis („Autofahren gefährdet Ihre Gesundheit und Ihre Umwelt") wäre eine bessere Möglichkeit, gleichzeitig mit den Freuden des Autofahrens auch auf dessen Nachteile hinzuweisen.

Der VCD hat seine Vorschläge an die Automobilhersteller, die zuständigen Ministerien und die Parteien geschickt. Ziel ist eine Diskussion über die heutige Autowerbung und deren Entschärfung.

fairKehr 6/94, S. 39.

ACH, ES GIBT EINE WELT, in der das Licht durch weiße Gitter fällt, und diese Welt heißt Hühnerstall, und die Tage heißen Hühnertage. Wir lesen in der Bibel: „Und Gott machte die zwei großen Lichter - das größere Licht, zu beherrschen den Tag, das kleinere Licht, zu beherrschen die Nacht - und die Sterne." Und es ward Abend und Morgen, und Gott schuf die zahmen Tiere und das Gewürm und den Menschen, zu beherrschen die zahmen Tiere und das Gewürm, und unter den zahmen Tieren waren die Hühner, und die Hühner fraßen das Gewürm und legten Eier. Unter den Menschen aber waren die Hühnerzüchter, welche den zahmen Tieren das Gewürm wegnahmen und durch silierte Kartoffeln und Fischmehl ersetzten. Und es ward Abend und Morgen, und die Hühner legten mehr Eier. Und es gab auch den Hühnerforscher Magdy Shanawany, derzeit zu Gast an der Technischen Universität in Weihenstephan. Und Magdy Shanawany machte seinen 1200 „Versuchshühnern" nur ein kleines Licht, zu beherrschen den Tag, und er machte große Dunkelheit, zu beherrschen die Nacht - und die Sterne machte er gar nicht. Und es ward Abend und Morgen, und die Hühner legten größere Eier.

Wir lesen in der Zeitung: Es habe Herrn Magdy Shanawany gefallen, den Tag eines Huhnes auf 28 Stunden zu erweitern, bei zwölf Stunden Licht und 16 Stunden Dunkelheit. Resultat: weniger, aber dickere Eier - ein Umverteilungsprozeß insgesamt gleichbleibender Gesamteimasse. Denn wenn der Tag 28 Stunden hat, dann hat die doch 168stündige Woche nur noch sechs Tage und also keinen Sonntag mehr, an welchem die Hühner einem alten Schlager zufolge „auch mal" zwei Eier legen. Glückwunsch Herrn Shanawany, welcher 1981 mit einer Arbeit über den Einfluß von natürlichem und künstlichem Licht auf die Geschlechtsreife von Geflügel promoviert wurde! Die Schöpfung verbessert durch schiere Umverteilung von Licht! Glückwunsch auch der Zubehörindustrie, welche sich bereits auf einen Nachfrageboom bei Eierbechern in Übergröße einstellt! Wir lesen auch, daß Kühen, die ihre eigenen Euter nicht mehr tragen können, nun eine Art Büstenhalter zur Verfügung steht. Europas dringendste Probleme (Zu wenig Milch! Zu kleine Eier!) - bald gelöst? Es wird aber Abend und Morgen werden, und aus größeren Eiern werden größere Hühner schlüpfen, die größere Eier legen, aus denen größere Hühner schlüpfen, die größere ... Und am Morgen eines langen Hühnertages wird dereinst ein Hühnerzüchter irgendwo in Europa einen Hühnerstall betreten, und es wird dort sitzen ein einziges großes Huhn, von 16stündigem Schlaf erquickt. Es wird die Sterne sehen wollen, und es wird begehren, über den Einfluß von Licht auf die Geschlechtsreife von Hühnerzüchtern promoviert zu werden. Und dann wird es die Lampen ausknipsen, und es wird Abend werden für den Hühnerzüchter, aber nicht mehr Morgen.

Axel Hacke u.a. (Hrsg.): Das Streiflichtbuch. Handreichungen und Fingerzeige aus der Süddeutschen Zeitung. O.0 und o.J., S. 50 f.

6 Wirtschaft

Die Toten Hosen: **Umtausch ausgeschlossen**

Sie haben sich entschieden für ein Produkt aus
unserm Haus - Herzlichen Glückwunsch zu
diesem guten Kauf - Wir sind immer auf dem
neuesten Stand in Technik und Design - Treu
5 nach dem Wahlspruch unserer Firma „Der
Kunde soll König sein"

Sie haben sich entschieden für ein Produkt aus
unserem Haus - Sie beweisen hohen Anspruch,
und wir sind stolz darauf - Unser Name ver-
10 pflichtet uns zu höchster Qualität - Drum wurde jedes Lied einzeln und von Hand gespielt

Die Musik ist wirklich simpel und die Texte zu
verstehn - Wenig Worte - viele Bilder machen
auch den Umschlag schön

15 Sie haben sich entschieden für ein Produkt aus
unserm Haus - Umtausch ausgeschlossen -
auch wir bedauern das - Sein sie nicht zu böse,
wenn es ihnen nicht gefällt - Denken sie an uns
- wir freun uns auf ihr Geld!

Die Toten Hosen: **Kauf MICH!**

Wenn du mich wirklich haben willst, greif doch
einfach zu - Ich weiß genau, du denkst an mich,
ich lass' dir keine Ruh' - Ich bin die Lottozahl,
die dir fehlt zu deinem Glück - Ich gehöre zu dir
5 und du zu mir
warum nimmst du mich nicht mit?

Mich kann man kaufen, und es gibt mich im
Sonderangebot - Ja, ich bin käuflich, und zwar
täglich rund um die Uhr

10 Also kauf MICH!

Ich bin dein neues Auto, dein Sexy-Körperspray
- Deine Alltags-Happy-Pille, wenn du mich hast,
bist du ok - Ich bin dein frischer Atem, bin 100
% Geschmack - Ich bin die große Freiheit im
15 Spar-Fix-Power-Pack

Ich bin's, der im Schlußverkauf auf dem Wühl-
tisch liegt - Ohne Haltbarkeitsdatum, lebenslänglich frisch - Wenn du mich benutzt hast,
schmeiß mich einfach weg - Geh nicht an mir
vorüber, vielleicht kommen wir ins Geschäft - 20
Ich biete jedem meine Freundschaft an, der Geld
dafür hinlegt

Mich kann man kaufen, und es gibt mich im
Sonderangebot - Ja, ich bin käuflich, und zwar
täglich rund um die Uhr - Kauf mich jetzt, be- 25
zahle später im Ratenangebot - du bist das Opfer, ich bin Täter - Denn du kaufst mich, ich
weiß, du kaufst mich …

Die Toten Hosen: Kauf mich! Virgin Schallplatten GmbH
1993.

Die Reklame-Republik

Von Cordt Schnibben

Sein Radiowecker ist ein Sony ICF-SW1, ein kleiner Weltempfänger mit steil aufragender Antenne. (...)
Wenn ihn sein Sony weckt, umarmt er die Bettdecke, Marke Little Sandman, als müsse er die Nacht festhalten. Er liegt zusammengerollt zwischen Schlaf und Tag, matt den Launen einer Macht ausgeliefert, die ihm die ersten Botschaften des neuen Tages ins Ohr flüstert. (Frauenstimme hauchend): Fühl doch mal, so weiche Bettwäsche, ohne ein Vollwaschmittel. (Winzige Pause.) Liebling, ich glaub', deine Phantasie geht mit dir durch. (Männerstimme, hart): Überzeugen Sie sich doch jetzt selbst von Dash-3-Ultra. (Noch härter): Testen Sie Dash-3-Ultra mit Geld-zurück-Garantie.
Er schlüpft noch tiefer in die Wärme seines Bettes, den Herausforderungen der nächsten Minuten entgegenschlummernd. Früher ließ er das Weltgeschehen entscheiden, wann er aufstehen mußte: Die erste gute Nachricht oder ersatzweise das Wort „Zukunft" waren stets der verschlüsselte Befehl zur Bettflucht. Seit die Morgenmagazine vor allem Zahnpasta-News senden, hat er irgendwann beschlossen, sich stets nach der 15. Botschaft der Werbewelt aus der Wärme des Bettes zu erheben.
Bis zum Verlassen des Badezimmers hat er 37 Spots gehört, darunter einen - Ariel Color mit Colorplus-System - dreimal und einen weiteren - Schottenpreise bei Möbel Unger - zweimal.
Beim Frühstück, beim Aufschlagen der *Süddeutschen Zeitung*, wird ihm auf Seite 5 ganzseitig empfohlen, den „definitiv neuesten Modehit" zu kaufen, „den grauen Anzug - kein anderer Rahmen läßt farbenfrohe Hemden so leuchten".
Er muß nach den Kriterien der Marktforscher als Typ 3 gelten, als „selbstbewußter Individualist", als jemand, dessen „Einstellung zur Mode eine Mischung von Kennerschaft und kritischer Distanz" ist. Ihm wird eine „ausgeprägte Bereitschaft zum Markenwechsel" nachgesagt. 11 Prozent aller deutschen Männer sind von diesem Charakter. 4,2 Prozent jener Zielgruppe können mit einer Anzeige in der *Süddeutschen Zeitung* erreicht werden.
Der graue Kammgarn-Zweireiher von Seite 5 wird allerdings, so ist anzunehmen, eher dem Typ 6, dem „etablierten Anspruchsvollen", gefallen oder noch dem „konventionell Anspruchslosen", mit 27 Prozent die größte Gruppe deutscher Männer.
Daß 4,3 Prozent der *SZ*-Leser ein „avantgardistisches Wohnzimmer" bevorzugen, daß 21,2 Prozent von ihnen eine exklusive Brille tragen, daß 11,2 Prozent einen Damenrasierer im Haus haben und 1,5 Prozent planen, einen mehr als 250 Mark teuren Füllfederhalter zu kaufen - auch das wissen die Marktforscher, die zum Wohle der Werbenden die deutschen Konsumenten durchleuchten und klassifizieren. (...)
Morgens stecken die deutschen Briefträger Werbebriefe im Wert von zwölf Millionen Mark in die Briefkästen. Und doch sind diese Botschaften zu vernachlässigen, wenn man die Tagesdosis Reklame eines Deutschen mißt. Wer mit dem Funkspot wach wird, frühstückt, seine Tageszeitung liest, zur Arbeit fährt, im Job Radio hört, eine Zeitschrift liest und abends fernsieht, der nimmt jeden Abend 1200 Werbebotschaften mit ins Bett.
Im letzten Jahrzehnt ist die Zahl der Plakatwände in der Bundesrepublik um 22 Prozent gestiegen: 436 000 Hörfunkspots wurden 1991 gesendet: 382 000 Fernsehspots füllten 'die Bildschirme, 220 000 mehr als fünf Jahre zuvor.
Von einer „Werbeflut" spricht selbst kritisch der Zentralverband der deutschen Werbewirtschaft; sein Präsident sorgt sich, ob die gestiegene „Werbeintensität" aller Firmen nicht zu Nachteilen führe, welche „die gesamte Werbung betreffen"; ihm kommen Zweifel, „ob die vielen Werbespots nicht am Verbraucher vorbeirauschen".
Das Problem der Werbung ist ihr Erfolg. Nach einem Jahrzehnt, das die Zahl der Zeitschriften in Deutschland verdoppelte, das die Zahl der Fernsehsender annähernd vervierfachte und die der Radiosender versechzehnfachte: nach einem Jahrzehnt, das der deutschen Werbebranche jene Medien brachte, die sie immer gefordert hat, stellen die Werber fest: Die Zielgruppen sind auf der Flucht.
Wenn auf dem Bildschirm Herr Kaiser, der Melitta-Mann und die Knorr-Familie erscheinen, rennen vier von zehn Zuschauern aus dem Raum, und fünf schalten um. Unmittelbar nach dem Werbeblock können sich drei von zehn Reklameguckern an keinen einzigen Spot erinnern, sieben erinnern sich dunkel an eine Marke, aber drei von ihnen an die falsche.

339

Von hundert gesendeten Spots hinterlassen nur drei zufriedenstellende Produktbotschaften im Gedächtnis des Zuschauers. Die meßbare Markenerinnerung ist seit 1979 um 80 Prozent gefallen. „Wir haben sinkenden Erfolg bei gleichem Etat-Input" klagen, wie der Media-Chef der Henkel-Werke, viele Werbetreibende, „ob wir nun Print oder TV einsetzen."

Darum erhöhten sie die Reklameetats, im letzten Jahrzehnt um 134 Prozent; darum dringen ihre Forscher immer tiefer in die Hirne der Verbraucher; darum suchen sie nach immer neuen Wegen, dort ihr Markenlogo zu verewigen.

„Das Ringen darum, noch in die Köpfe der Leute, in denen eh schon viel zu viel drin ist, hineinzukommen, wird die folgenden Jahre bestimmen", verspricht der frühere Präsident der GWA, der größten Vereinigung deutscher Werbeagenturen.

Als „dritten Weltkrieg" bezeichnet der französische Werber und Mitterrand-Berater Jacques Seguela dieses Ringen, als „Meinungskrieg im Fernsehen, in den Zeitungen, im Kino und auf Plakaten".

Es ist wohl mehr ein Spiel, das da tobt, ein Milliardenspiel zwischen Produzenten und Konsumenten. Je werberesistenter die einen werden, desto werbeintensiver werden die anderen. Je mehr die Konsumenten Werbung ignorieren, desto mehr werden sie umworben - nicht mehr nur mit der Anzeige, dem Spot und dem Plakat, auch in der Game-Show, im Spielfilm, im Theater, in der Schule, an der Parkuhr.

Der Wirkungsverlust der Werbung ist die Ursache ihres gesellschaftlichen Triumphes: Bei der Verfolgung des fliehenden Konsumenten hat die Reklame im letzten Jahrzehnt immer neue Bereiche der Gesellschaft erobert. Sie bestimmt, welche Zeitschrift stirbt und welcher Fernsehsender überlebt; sie macht Sportarten groß oder klein; sie schafft Dinks, Woopies und Ultras; sie macht Politik; sie sagt, was Glück ist; sie erfindet Sprache; sie verbraucht Sprache; sie macht Junge alt und Alte jung; sie läßt 400 000 Deutsche für sich arbeiten; sie ist über 44 Milliarden Mark schwer; sie macht Idole zu Werbefiguren und Künstler zu Propagandisten; sie ist gefräßig, unersättlich, dreist; sie ist vom geheimen Verführer zur öffentlichen Gewalt geworden.

In den späten sechziger Jahren war Werbung tiefenpsychologisches Teufelswerk. Für das Auge unsichtbare Botschaften - für Sekundenbruchteile eingestreut in Spielfilme - würden immer neue Konsumbedürfnisse der Menschen wecken, glaubte damals jeder kritische Geist.

Vance Packards „Die geheimen Verführer" lag auf vielen Nachttischchen. Werbung war Manipulation, Werbung war Kommerz, Werbung war das Gegenteil von Kultur. Werbung war das Letzte. (...)

Die Werbekritik der sechziger Jahre reagierte auf die neuartige Werbung dieser Jahre: auf die Anzeigen und Spots, die nicht mehr nur Produkte anboten, sondern Leitbilder verkauften. Dem neuen Typ das neue Wellaform. Moderne Menschen, modernes Leben - Marlboro, Freude am Leben - Martini.

Die Werbung begann, glückliche Menschen um die Waren zu gruppieren, Produkte als Ausdruck von Persönlichkeit darzustellen, die Marken mit Images aufzuladen. Stuyvesant hatte fortan den Duft der großen weiten Welt, Puschkin den Charme des harten Mannes, Coca-Cola den Geschmack von ewiger Jugend. Geboren war das, was die Branche „Werbung der dritten Art" nennt.

Nicht mehr Gezeichnetes und Gereimtes („Ob auf der Erde, ob im All - Isabella, klarer Fall") lockte zum Kauf, sondern Fotos, Filme und Geschichten aus dem Leben von vorbildlichen Konsumenten, die das Zähneputzen lieben, am Pool träumen und das Wäschewaschen genießen. (...)

Die Werbung hatte begonnen, Aufklärung zu verkaufen. Und Lifestyle. Und Sehnsüchte. Werbung der ersten Art hatte nur gesagt: Persil. Oder: Es gibt wieder Sunlicht-Seife. Oder: Endlich wieder Nivea-Zahnpasta. Die deutsche Nachkriegswerbung begann noch einmal da, wo auch die deutsche Wirtschaft begann, ungefähr bei der Jahrhundertwende.

Werbung der zweiten Art setzte ein, als die größte Nachfrage befriedigt und der Konkurrenzkampf entbrannt war. Die harte Verkaufe: Dieses Produkt ist besser als die anderen. Es ist bügelfrei. Neu! Machen Sie den Wangentest - Fewa. Eterna - mit regulierbarer Kragenweite. Loewe Opta mit der Zaubertaste. Pril entspannt das Wasser.

Von Jazz einmal abgesehen, sei die moderne Werbung die einzige Kunstform amerikanischen Ursprungs, behauptet Howard Gossage, der kritischste Kopf unter den amerikanischen Werbern; tatsächlich aber waren die Anzeigen, die Anfang der sechziger Jahre in den USA die Werbung der dritten Art begründeten und dann von den US-Agenturen auch in die Bundesrepublik exportiert wurden, ein Mischprodukt europäisch-amerikanischer Traditionen.

In der Alten Welt war Werbung bis zur Mitte des Jahrhunderts vor allem die Plakatkunst in den Metropolen; in den USA war Reklame die Überredungskunst der Versandhauskataloge.

Bild und Text schmolzen dann in den amerikanischen Agenturen zu dem zusammen, was heute die Zeitschriften so dick und billig macht. Erst als Unternehmen, die sich den Kauf ganzer Sendungen nicht leisten konnten, begannen, zwischen den Programmen kleine Werbefilmchen auszustrahlen, und die Sender erkannten, daß damit mehr Geld zu verdienen war, wuchs die Spot-Kultur, das Schreckgespenst ganzer Generationen.

Angesichts der 200 000 Fernsehspots, die ein deutscher Jugendlicher heute bis zu seinem 20. Lebensjahr zu sehen bekommt, prägt nicht mehr Mißtrauen sein Verhältnis zur Reklame, sondern Mißachtung. Ihn langweilt die unendliche Parade schöner Illusionen. Er hat erkannt, daß auch die Pampers irgendwann feucht wird, daß Pfannis Hüttenschmaus in der Pfanne anders aussieht als im Fernsehen, daß Rama nicht den Familienfrieden rettet, daß Barilla-Nudeln nicht der Vorhand nützen und die Gillette-Rasierklinge seine Potenzprobleme nicht löst. Auch Werbefernsehen bildet. (...)

Der im Reklamefeuer Aufgewachsene will von Werbung unterhalten werden; und wenn sie das tut, dann ist er auch bereit, sich gnädigerweise mal das Produkt näher anzusehen, das ihm da angepriesen wird. Wer tolle Werbung macht, macht auch gute Produkte - das ist das einzige Verkaufsargument, das ihn noch erreicht. Und darum machen die Kreativen der Branche seit drei, vier Jahren Werbung der vierten Art.

Sie kreieren Plakate, Spots und Anzeigen, die für sich selbst werben. Sie schaffen Kamele, die das Lied vom Tod pfeifen; sie engagieren Woody Allen, David Lynch und Frederico Fellini; sie lassen Nashörner über Autos fachsimpeln; sie machen Hühner zu Dirnen und Pickel zu Kröten; sie lassen Männer hängen. Die Werbung ist zum Produkt geworden, das man konsumiert wie ein Comic-Heft oder einen Video-Clip.

In Cannes, bei der alljährlichen Leistungsschau der Weltreklame, nimmt die Werbung der vierten Art seit Mitte der achtziger Jahre im Vergleich zu Spots der drei anderen Macharten ständig zu. Erst lachten sich die neuartigen Werbefilme über die Produkte und deren Konsumenten tot; sie waren freiwillig komisch, um nicht unfreiwillig komisch sein zu müssen. Dann, in diesem Jahr, machten sich die Spots über die Werbung lustig, um noch werben zu können.

Dieser Werbespott zeigt sich in deutschen Spots als verwackeltes Schwarzweiß-Video und das

Bekenntnis, VW stecke alles Geld ins Auto statt in die Werbung; als Bierschinken, der zwischen wunderschöne Bilder vom Sonnenuntergang geschnitten und als unterschwellige Werbung verkauft wird; oder als Einfall eines Parfümiers, der dem Zuschauer ein zärtliches Paar im Bett und die eingeblendete Frage präsentiert: Warum schauen Sie beide Werbefernsehen? Gibt es nichts Schöneres? Schalten Sie doch ab!

Antiwerbung ist die vorerst letzte Beute, die der Branche bei ihrem Raubzug durch die Ideenwelt in die Hände gefallen ist. Werber haben schnelle Finger, wenn es darum geht, aus dem breiten Strom der Stile und Stimmungen das Material herauszufischen, aus dem Reklamebotschaften zu samplen sind. „Kreativ sein in der Werbung bedeutet", definiert der Werber Sendlmeier, „sich die Welt auf ihre Verwertbarkeit für Werbung hin anzuschauen."

Im schlechtesten Fall, der die Regel ist, sind die Kreativen diebische Sammler, die aus dem Sperrmüll der gesellschaftlichen Kommunikation Attrappen bauen. Im besten Fall, der nicht selten ist, weil erfolgreiche Werbung mehr über die Konsumenten erzählen muß als über das Produkt, sind die Kreativen Detektive des Lebensgefühls und Reporter der Zeitläufte. „Mach mal Pause" in den fünfziger Jahren, „Im Afri-Cola-Rausch" in den Sechzigern, „Ich geh meilenweit" in den Siebzigern, „Ich war eine Dose" in den Achtzigern.

Frech hat sich die Werbung im letzten Jahrzehnt aus der ökologischen Trickkiste bedient: schlau hat sie den Actionfilm kopiert, hat Autos von Flugzeugträgern starten und Wale durch Flugzeuge schwimmen lassen; von Michael Jackson bis Frank Zappa, von Madonna bis Steffi, von Gottschalk bis Kulenkampff hat sie so gut wie jede Berühmtheit zur Werbefigur erstarren lassen; Humphrey Bogart und Louis Armstrong haben sie post mortem zu Cola-Light-Trinkern gemacht; am Glied des hölzernen Christus haben sie die Kraft eines Sekundenklebers demonstriert; dem US-Präsident Bush hat sie nach seiner Herzattacke Kaffee Hag empfohlen - die Werbung der letzten Jahre hat keine Provokation und keinen Prominenten ausgelassen, hat weder Geld noch Blödheit gescheut, hat ästhetisch geprotzt und gedanklich geprahlt. Und dennoch (oder eben deshalb) wirkt sie ratlos.

Wenn das Fachblatt *Werben und Verkaufen* die deutschen Kreativen über ihre Zunft und Zukunft richten läßt, kommen dabei ziemlich düstere Stimmen zusammen. „Vielen Kampagnen ist anzumerken, daß sie die größten sein möchten. Nur weiß man nicht, von was eigentlich", heißt es. Die wenigen guten Ideen würden mehrfach verwertet „wie in einem geschlossenen Kompostierungssystem". Es gebe wenig Neues, „man spürt eher das Ende von etwas".

Gelegentlich allerdings verdichtet sich der Verwesungsgeruch zu atemraubenden Kampagnen wie der des italienischen Strickwaren-Philosophen Luciano Benetton. Er hat etwas Böses in die Werbung der vierten Art gebracht: die kaputte Welt. Die heile Welt war bis dahin das einzige, was der Werbung noch heilig war: Ihre Menschen leben an Kaffeetafeln, an denen nur der Kaffee Sorgen macht; das bißchen Unglück, das ihnen zustoßen kann, heilt der Allianz-Vertreter; und für jedes andere Problemchen gibt es ein Produkt, das es löst.

Benetton war lange der Chefideologe der heilen Welt. Seine niedlichen bunten Babys verkörperten die Vision eines multikulturellen Planeten, auf dem die Menschen friedlich ihre Pullover tauschen. Daß Benetton nun nicht mehr mit Bildern von glücklichen Kinderaugen wirbt, sondern mit Aids-Kranken, elektrischen Stühlen, Mafia-Opfern, verteerten Vögeln und Friedhöfen, sagt nichts über seine Pullover, viel über ihn, noch mehr über den Planeten.

Indem er sein Produkt aus der Anzeige verbannt, treibt Benetton die Werbung der vierten Art auf die Spitze. Die Anzeige ist das Produkt, das die Kunden in die 7 000 Geschäfte bringen soll, nicht mehr der Pullover.

Sein Traum sei, hat Benettons Werbechef verraten, „daß wir irgendwann einmal kein Geld mehr für Werbung in Zeitungen und Zeitschriften ausgeben müssen". Fast geschafft: Die Motive der neuen Winterkampagne wurden von Zeitschriften in aller Welt präsentiert und rezensiert wie die neuen Werke eines Popstars. Das ist Werbung der fünften Art - Werbung, die so sehr zum Ereignis wird, daß sie nicht mehr nur auf den Anzeigenseiten, sondern auch auf den Redaktionsseiten wirbt.

Benettons Triumph ist der Traum jeder Markenartiklers. Beim Weltkongreß der Werbung Ende September in Barcelona wurde der Ausbruch aus dem Ghetto der Reklame propagiert; allein mit der Anzeige, dem Plakat und dem Werbefilm könne der Verbraucher nicht mehr befriedigend erreicht werden. Nicht nur die „Immunität der Beschossenen", wie ein Referent klagte, auch das Waffenarsenal der Feuernden verhindere eine hohe Trefferquote. Innerhalb von zehn Jahren hat sich das Medienangebot in Europa so vervielfältigt, daß die Werbenden dreimal so große Budgets brauchen, um dieselbe Anzahl Konsumenten zu erwischen.

Und weil die Werbung so schlecht trifft wie eine Schrotflinte, rufen diejenigen, die weltweit rund 200 Milliarden Dollar im Jahr für Werbung ausgeben, immer lauter nach Forschungen, die genauer als bisher klären, was das viele Geld eigentlich im Gehirn der Weltbevölkerung anrichtet.

Denn viel mehr als die alte Weisheit, die Hälfte der Werbung sei herausgeworfenes Geld, man wisse nur nicht welche, haben die Werbeforscher an Erkenntnissen bisher nicht herausgefunden. Noch immer könne niemand vorher wirklich sagen, wurde in Barcelona geklagt, welche Anzeige oder welcher Spot ankomme und was er bewirke.

Die Bierbrauer haben im zweiten Quartal 1992 in Deutschland 166 Millionen Mark für Werbung ausgegeben; sechs Prozent der Bevölkerung konnten sich in diesem Zeitraum an Bierplakate, -filme oder -anzeigen erinnern. Sieben Prozent der Deutschen blieb Schokoladenwerbung im Gedächtnis, obwohl diese Branche in derselben Zeit nur ein Siebtel des Budgets der Bierwerber verworben hat. Ist Schokoreklame siebenmal besser als Bierreklame?

Obwohl minutengenau gemessen wird, wie viele Deutsche jeden Abend Werbespots gucken, obwohl mit dem Pupillometer erfaßt wird, wie die Augen der Konsumenten eine Anzeige abtasten, obwohl ihre Hirnströme, ihre Schweißbäche, die Zuckungen ihres Lachmuskels und das Runzeln ihrer Stirn beim Betrachten von Werbung aufgezeichnet werden, obwohl Dutzende Institute mit Befragungen und Tiefeninterviews regelmäßig in den Verbraucher schauen - er bleibt ein Mysterium.

Martin Sorrell, Chef der WPP Group, der größten Agenturkette der Welt, empfahl seinen Mitstreitern auf dem Kongreß in Barcelona, zu den Milliarden unbekannter Wesen Beziehungen herzustellen. Ein Fabrikant von Katzenfutter, lobte er, habe eine Datei mit den Geburtstagen von Zehntausenden Katzen aufgebaut, und jede Katze bekomme jedes Jahr eine Glückwunschkarte.

Marlboro schrieb Millionen Raucher der Konkurrenzmarken Winston und Camel an, um sie zum Testen der neuen Marlboro Medium zu überreden.

Die wichtigste Waffe bei der Belagerung des Verbrauchers bleibt das Fernsehen. Sie schießt rund um die Uhr und bietet, auch außerhalb des

Werbeblocks, jede Sekunde freien Angriff auf den Zuschauer.

Das Product placement in diesen puren Warensendungen ist entwaffnend offen und jährlich 170 Millionen Mark schwer. Auch Nesquik in der „Lindenstraße" hat man inzwischen durchschaut und den BMW bei „Derrick" und die Leicas auf dem „Traumschiff". Das sind für das geschulte Werbeopfer nette Suchspiele, die gelegentlich lustiger sind, als die Handlung.

Schon jetzt allerdings behaupten Bösmeinende, der Rückgang der ARD-Werbeeinnahmen von 1,6 Milliarden (1988) auf 417 Millionen Mark (1993 geschätzt) liege nicht zuletzt daran, daß Unternehmen ihre Produkte lieber im ARD-Programm als im ARD-Werbeprogramm präsentieren. Das kommt um die Hälfte billiger und riecht nicht so nach Werbung. (...)

Werbung ist zu einem Teil dessen geworden, was man „Öffentlichkeit" nennt. Sie beeinflußt den Menschen so, wie Elternhaus, Schule und Medien das tun, auch wenn der Mensch an seinem Briefkasten das Schild „Keine Werbung" klebt.

Werbung prägt das ästhetische Empfinden und wirkt auf das gesellschaftliche Denken. Der Reklamegeneration dient sie als Rohmaterial für eigene Kreativität. Sie zitiert, kopiert, verzerrt und verzehrt Reklame, so wie ein Rapper alte Platten verbraucht.

Werbung als unerschöpfliches Reservoir von Bildern und Ideen kann Spielmaterial liefern für den Spot im eigenen Kopf. Eine leere Zigarettenschachtel, übersät mit Telefonnummern, Überschrift: „Oh, what a night". Werbung kann der Ort sein, an dem man sich selbst begegnet. Eine schwarze Doppelseite, rechts ein Schuppen-Shampoo, oben drüber die Zeile: „Der Test, über den ganz Deutschland den Kopf schüttelt".

Mit dem Gespür von Trendschweinen nutzen die Modedesigner von Esprit die Erkenntnis, daß Werbung heute auch zu einem Medium der Konsumenten geworden ist. Sie lassen auf ihren Doppelseiten Käufer träumend werben. Was würdest du tun, fragt das Modehaus in den Anzeigen. Mehr als zehntausend antworteten. Ich würde etwas gegen den Kaufrausch der Menschen tun - Yvonne Rüb, 15 Jahre. Ich würde den Papst heiraten, um ihm zu zeigen, wovon er spricht - Vera Lüke, 18 Jahre. Ich würde einen Orangensaft erfinden, der auch nach dem Zähneputzen schmeckt - Jean Theim, Arizona.

Esprits Chef-Kommunikator glaubt, daß weltumspannende Unternehmen wie Benetton, Coca-Cola, Esprit zusammen mit ihren Kunden „moderne Stämme sind, soziale Gebilde, zum Teil viel mächtiger als viele Völker auf dieser Erde". Das erfordere von den Konzernen, „eine Moral zu haben, soziale Werte zu vertreten".

Esprits Werbung der fünften Art basiert auf dem Kalkül, daß Konsumenten heute nicht mehr nur fragen: „Was kaufe ich?", sondern immer öfter: „Von wem kaufe ich?"

Der Konsumismus der sechziger und siebziger Jahre, der sich darin befriedigte, Wohlstand, selbst den bescheidensten, durch demonstrativen Warenverbrauch zu beweisen, überlebt nur noch in den Teilen der Gesellschaft ohne Wohlstand. Für den Konsum-Setter der neunziger Jahre ist der Kauf Ausdruck von Weltanschauung geworden. In dem, was ich nicht kaufe, drückt sich aus, was ich denke; in dem, was ich kaufe, drückt sich aus, was die Leute denken sollen, was ich denke.

Rauche ich Stuyvesant, bin ich multikulturell; kaufe ich Spülmittel von Frosch, bin ich ökologisch; trinke ich Kaffee aus Nicaragua, bin ich Antiimperialist; fahre ich kein Auto, bin ich der Größte; fahr ich Saab, hab' ich's nicht nötig; trage ich Adidas, hab' ich's noch nicht gemerkt; trage ich L. A. Gear, bin ich subversiv.

Weltanschauung hat Werbung immer vermittelt. Jede Anzeige, jedes Plakat, jeder Spot verbreitet, egal ob für Autos, Klopapier, Gold oder Bausparkassen geworben wird, die Botschaft: Glück ist käuflich. Das konsumistische Manifest: Arbeite, kaufe, und du wirst so zufrieden sein wie die Milka-Kuh, die Knorr-Familie und die Menschen in der Punica-Oase.

In den letzten Jahren jedoch hat die Werbung begonnen, dem Konsumenten mehr zu verkaufen als die Käuflichkeit von Glück. Sie ist politisch geworden: Sie propagiert Wege zum Glück. Sei ökologisch, fordert die Waschmittelwerbung. „Just do it", hämmert Nike den Kids ein, bis sie L.A. anzünden. Und den Frauen sagt der Turnschuh: „Du bist Erbin aller Frauen, die jemals lebten. Du bist Erbe ihrer Erfahrungen, ihrer Erkenntnisse und ihrer Eroberungen. Forme dein Leben."

Wie jeder gute Prediger saugen die Markenartikler Stimmungen, Anschauungen und Gefühle ihrer Kunden auf und spucken sie wieder aus. Aber sie erfinden sie auch, wenn nötig, kreieren sie, die überzeugte Tiefkühlkost-Esserin, die Sehnsucht nach Batman, den Yuppie, die neue Bescheidenheit, die Euro-Frau, den Ultra, die neue Diva.

Das Leben soll die Werbung imitieren - deshalb füttern die Werber die Öffentlichkeit mit Studi-

540 en, die das verwissenschaftlichen, was die Models in den Anzeigen und Spots vorleben.

Im Trendjournalismus ist die Werbung zum Kronzeugen gesellschaftlicher Veränderung aufgestiegen; wenn in den Anzeigen ein neuer Typ 545 Mann auftaucht, muß es ihn auch in der Wirklichkeit geben. Selbst in soziologischen Fundamentalwerken wie Gerhard Schurzes „Die Erlebnisgesellschaft" dient Werbung als Beweismittel sozialen Wandels.

550 Die Reklamisierung der Gesellschaft ist dort am weitesten fortgeschritten, wo sie am heftigsten bekämpft werden müßte: im Journalismus. Was Mitte der achtziger Jahre als schüchterne Betrachtung des Zeitgeistes begann, ist zum Re-555 klamejournalismus degeneriert. *Max* läßt die Leser in jeder Nummer die schönste Anzeige wählen. *Wiener* feiert Stuyvesants Kulturreisen und Marlboros Happenings. *Bunte* porträtiert Werbemodels wie Hollywoodstars. *Prinz* sucht 560 frische Jungs für Levi's Spots.

Mittlerweile ein Dutzend Zeitschriften machen zwischen den Anzeigen Reklame für Werbung, für Trends, für Mode, für Reisen und für alles mögliche, was in einen Versandhauskatalog ge-565 hört. Diese Lifestyle-Blätter wurden statt für Leser für Werbetreibende erfunden, von freundlichen Verlegern, die für die Werbebranche zu Sammlern von Zielgruppen geworden sind.

Nicht nur diese hochwertigen Anzeigenblätter, 570 alle Zeitungen und Zeitschriften sind von Werbung abhängig. Wie dick der *SPIEGEL* ist, wieviel Seiten das Feuilleton der *Zeit* hat, ob die *Wochenpost* überlebt, entscheiden die Mediapläne der Werber. „In diesem Jahrhundert haben 575 wir erlebt", bedauert Gossage, „daß die wirkliche Gewalt über unsere Presse von der Leserschaft (für die sie angeblich besteht) auf den Werbungtreibenden übergegangen ist."

Die Sprache des Reklamejournalismus ist von 580 den Zeitgeistblättern übergeschwappt, ist mittlerweile in seriösen Tageszeitungen ebenso anzutreffen wie in angesehenen Wochenblättern. Sie bewirbt alles, Bücher, Filme, Stars; Sie liebt den Superlativ und sich selbst. Der Reklame-585 journalist verarbeitet Wirklichkeit zu Werbetexten, die immer die gleiche Botschaft haben: Kauf mich! (...)

In den achtziger Jahren ist die Werbung aus dem Reklameghetto ausgebrochen, sie hat die Gesell-schaft verändert - die Zeitschriften, das Fernse-590 hen und den Rundfunk sowieso, aber auch das Buchgeschäft und das Kino. „Unsere Ästhetik wird geprägt vom Werbefilm", sagt der Regisseur Volker Schlöndorff: „Der Spielfilm hinkt oft hinterher." 595

Wer im Monat 1200 Spots sieht, also 1200 30-Sekunden-Dramen, der fängt irgendwann an, auch von Büchern, Filmen und dem Leben dieses Rauschen der Reize zu fordern. Der wird selbst so, wie die Werbung ist: hastig, verbrau-600 chend und vergeßlich.

„Der Sekunden-Takt der Videoclips zeigt, wie lange der Reiz neuer Informationen anhält", beschreibt der Marketing-Chef der Zigarettenfirma Philip Morris die Spot-Kultur. „In dieser Fast-605 food-Kommunikation werden Inhalte zu visuellen Häppchen - hängen bleibt nur das, was mit einem Minimum an geistiger Eigenarbeit verdaut wird." (...)

Über den Anteil des Werbespots am Untergang 610 der DDR kann man nur spekulieren; ein halbes Jahr nach dem Fall der Mauer aber waren noch 62 Prozent der Ostdeutschen der Meinung, Werbung sei „eigentlich ganz hilfreich für den Verbraucher". Zwei Jahre später finden 82 Pro-615 zent von ihnen Werbespots im Fernsehen „störend"; nur drei Prozent sehen sie als „angenehme Abwechslung". (...)

Den Ostbürgern fehlt die Werbebildung ihrer Brüder und Schwestern, die in 40 Jahren tägli-620 cher Mühe gelernt haben, daß das Geheimnis der Reklame das Begehr, nicht der Verzehr ist. Der Konsumismus, die letztlich triumphierende Ideologie dieses Jahrhunderts, siegt jeden Tag, weil er seine Untertanen immer aufs neue in der 625 Schwebe zwischen Wunsch und Erfüllung zu halten versteht. Wer tatsächlich versucht, so zu leben, wie in der Werbung gelebt wird, landet irgendwann im Gefängnis oder im Irrenhaus oder wird Kommunist. 630

Die neue Gesellschaftsordnung wurde ihnen wie ein Markenartikel überreicht, präsentiert von Politikern, die sich daran gewöhnt haben, in Staatsbürgern Konsumenten von Demokratie zu sehen und nicht Produzenten. 635

Der Spiegel 52/1992, S. 114 ff.

Rückkehr vom Altenteil

Der hartnäckige Jugendwahn von Werbung und elektronischen Medien beginnt zu bröckeln. Die Industrie entdeckt die „neuen Alten".

Von Günther Bähr

„Mit über 50 Jahren ist man für die Werbung gestorben." RTL-Chef Helmut Thoma wird nicht müde, TV-Sender mit einem hohen Anteil älterer Zuschauer zu verspotten. Sein Standard-
5 spruch über das Zweite Deutsche Fernsehen (ZDF) und dessen Mainzelmännchen-Werbung: „Kaffeefahrten mit Wärmedecken-Verkauf." Thoma, der mit seinen 55 Jahren selbst zu der ausgemusterten Zielgruppe gehört, wird umler-
10 nen müssen. Der Markt der „neuen Alten" ist Mitte der 90er Jahre zur wichtigen Größe geworden:

- Der Anteil der über 60jährigen der Gesamtbevölkerung steigt von gut 20 Prozent (16
15 Millionen Bundesbürger) bis auf 38 Prozent
  im Jahre 2030.
- Das frei verfügbare Einkommen dieser Gruppe beträgt über 15 Milliarden Mark im Monat, haben die Volks- und Raiffeisenbanken
20 errechnet.
- Neue private TV- und Radiosender und die
  Werbung entdecken die „50plus-Generation"
  als Zielgruppe mit hohem Marken- und Quali-
  tätsbewußtsein.

25 Als TV-Veteran Wim Thoelke zusammen mit Partnern Ende April 1994 in Berlin einen Hör-funksender für Senioren gründete, hatte er gleich den richtigen Namen parat: Radio 50 plus. Der Start war beschwerlich. Auf der Funk-
30 ausstellung 1993 klagte Mitinhaber Peter Bosse noch über fehlende Werbespots („Ich laufe mir den Kopf ein"). Inzwischen haben mehrere re-gionale Kunden, darunter Reisebüros und Versi-cherungen, gleich für das ganze Jahr 1995 ge-
35 bucht. Der „FunkMedienMonitor" des Instituts infas weist Radio 50 plus als Sender mit den meisten Stammhörern in Berlin/Brandenburg aus.
Im Fernsehen machen sich zwei Sender fit für
40 ein speziell auf Erwachsene zugeschnittenes Angebot. Das Vollprogramm Kabel Plus will mit Nachrichten, Ratgeber- und Informationsmaga-zinen, Spielfilmen und Serien Zuschauer über 40 erreichen.
45 Mit eher unterhaltenden Programmen und viel Musik empfiehlt sich der Spartenkanal Sun TV der älteren Generation. Zwar ist der Hamburger

Heinrich Bauer Verlag, der ursprünglich die Hälfte der Anteile übernehmen wollte, gerade aus dem Projekt ausgestiegen. Doch die verblie- 50 benen mittelständischen Gesellschafter wollen weitermachen.
Wie ein Virus hatte sich in Werbeagenturen und der Industrie das Vorurteil eingenistet, Senioren seien Gewohnheitskäufer und für Werbung nicht 55 mehr empfänglich. Alte Klischees sind aber hart-näckig. Werner Herrwerth, 70, Ex-Chef der Münchner Werbeagentur Herrwerth & Partner, heute Seniorenmarketing-Berater: „Die Manager sind dem Jugendwahn verfallen. Darüber ver- 60 schlafen sie die Realität."
Die Wirklichkeit beim Einkauf sieht zunehmend anders aus: Über die Hälfte aller 60jährigen und älteren würde „gerne einmal ein neues Produkt ausprobieren", fand Brigitte Kölzer, Handelsex- 65 pertin der Uni Köln, heraus. Nur bei Gütern des täglichen Bedarfs gebe es „feste Markenpräfe-renzen".
Zu ähnlichen Ergebnissen kam das Möllner Sample-Institut, als es die Konsumgewohnheiten 70 der 50- bis 69jährigen in 3000 Haushalten durchleuchtete. „Ich wechsle gern häufiger ein-mal die Marke, statt immer die gleiche zu kau-fen", erklärten 52 Prozent der Befragten 1993. Zwei Jahre zuvor urteilten nur 35 Prozent so. 75
Konsequenzen zieht daraus der Kosmetikkon-zern Beiersdorf: Wenn im April die Gesichts-pflege Nivea Vital auf dem Markt eingeführt wird, bricht die Werbekampagne mit dem Ideal ewiger Jugend und spricht offen die „reife Haut" 80 der Frau ab 50 an. Als „Leitbild" der von der Hamburger Agentur TWBA konzipierten Kam-pagne tritt das reaktivierte Topmodell Susanne Schöneborn auf.
Für einen zweistelligen Millionenbetrag schaltet 85 Beiersdorf Anzeigen in 22 Print-Titeln sowie TV-Spots bei ARD, SAT.1 und dem sich stets jugendlich-dynamisch gebenden Thoma-Sender RTL. Falls die blaue Nivea-Botschaft ankommt, so Berater Herrwerth, „wäre es das längst 90 überfällige Signal, diese Menschen als Konsu-menten endlich ernst zu nehmen".
Die spezielle Werbung für die Frau und den Mann ab 50 birgt jedoch Risiken. Mehrere wis-senschaftliche Untersuchungen haben ergeben: 95

Erwachsene im fortgeschrittenen Alter fühlen sich im Durchschnitt zehn Jahre jünger, als sie wirklich sind - und wollen so angesprochen werden.
100 Die sogenannte Seniorenpresse hat deswegen ebenfalls einen schweren Stand. Spezialblätter wie „Im zweiten Frühling", „Jakob & Adele" oder „Mobilis", das „Magazin für den neuen Lebensabschnitt", haben längst das Zeitliche gesegnet. 105

ZIELGRUPPE SENIOREN: SIE WERDEN MEHR, SIE HABEN GELD

Anteil der 60jährigen an der Gesamtbevölkerung in Prozent

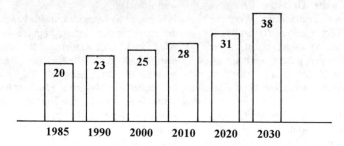

Das Durchschnittsalter wird in den nächsten Jahrzehnten rapide ansteigen und die Gesellschaft in Deutschland tiefgreifend verändern.

Durchschnittliches frei verfügbares Pro-Kopf-Einkommen in verschiedenen Altersgruppen (in Mark pro Monat)

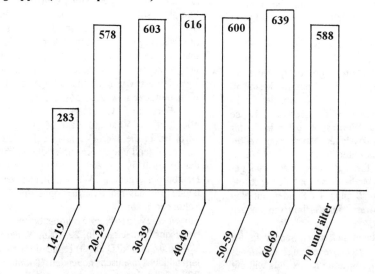

Das Haus abbezahlt, die Kinder auf eigenen Füßen: die Altersgruppe von 60 bis 69 Jahren kann mehr Geld ausgeben als die begehrten Jungkonsumenten

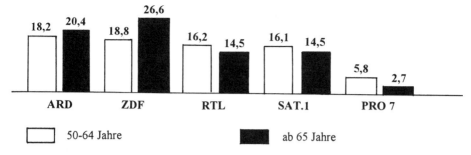

Durchschnittliche Marktanteile in Prozent (1994)

□ 50-64 Jahre   ■ ab 65 Jahre

TV-Zuschauer ab 50 Jahren bevorzugen die Programme der öffentlich-rechtlichen Anstalten ARD und ZDF. Noch spottet die private Konkurrenz ("Kukident-Sender")

FOCUS 7/1995, S. 193.

Andreas Kühner vom Werbevermarkter IPA-Plus:

„Zwei Drittel der Werbung richtet sich an Frauen"

TV-Spielfilm: Herr Kühner, Sie analysieren für RTL Quoten und Zielgruppen und liefern der Werbeindustrie damit eine Entscheidungsgrundlage, wo sie Werbung plaziert. Was macht ein Programm so interessant, das überwiegend von Frauen geguckt wird?

Andreas Kühner: Lange Zeit war es so, daß das deutsche TV-Programm und auch das von RTL zu rund zwei Dritteln Männer ansprach. Die gesamte TV-Werbung richtet sich aber zu zwei Dritteln an Frauen. Da gab es einen Widerspruch.

TVS: Und nun erfindet RTL lauter nette Serien-Ärzte, die das Vertrauen der Frauen genießen.

Kühner: Mittlerweile ist das Programm, zumindest das Tagesprogramm, fast schon zu frauenlastig. Viel wichtiger wird jetzt das jüngere Publikum. Serien wie „Melrose Place" oder „Beverly Hills, 90210" sind völlig überbucht. Wir brauchen hier viel mehr Software.

TVS: Die Werbung bestimmt also das Programm?

Kühner: Nein, unsere Produzenten und Autoren sind völlig unabhängig. Aber wir müssen ihnen natürlich immer wieder ins Hirn hämmern, daß sie an die Zielgruppen denken.

TV Spielfilm 5/93, S. 20.

Frischfleisch für Frauen

Von Annette Rupprecht

Die Teenies bewerfen ihn verzückt mit Unterhöschen und gäben Gott weiß was, um in seine Nähe zu gelangen. Marky Mark, 22, findet das große Klasse. Der amerikanische Rapper ist ein Sex-Idol. Immer oben ohne. Der Bruder von „Kids on the Block"-Star Donnie Wahlberg macht Platten, mit denen er die „Kids"-Rekorde mal so eben in den Schatten stellt. Und er hat den richtigen Griff, den in den Schritt. Die Girls kreischen, wenn er's auf der Bühne tut. Aber er macht's für viel Geld, auch für Slips von Calvin Klein. Das Geschäft mit dem jungen Mann als Lustobjekt blüht.

Splitternackt rekeln sich Reklame-Lümmel lasziv auf Seidenlaken oder lassen genießerisch Wassertropfen an ihren Alabasterkörpern abperlen. Helle Wallemähnen, die sich sanft über wohlgeformte Oberkörper ergießen - die neuen Helden haben es nicht mehr nötig, meilenweit durch die Wüste zu pilgern; sie sind schön und sinnlich, selbstbewußt und offenbar fertig geworden mit der urmännlichen Angst, weiblich zu wirken. Sie sind aber auch keine Softies mit Schmuseblick. Der zarte Harte ist gefragt, ein bißchen verletzlich, ein bißchen verwegen und vor allem erotisch.

In Werbung, Fernsehen und Film treten die neuen Typen den Beweis an: Mann taugt zum Lustobjekt. Vorzugsweise hüllenlos. Nichts ist
30 so augenfällig wie die zunehmend abnehmende Bekleidung der Männer. Nicht nur, aber vor allem im Bereich Parfum und Kosmetik hat das bloße Manns-Bild für mächtigen Aufschwung gesorgt. Aber auch bunte Damenstrümpfe lassen
35 sich verkaufen, wenn die verhüllten Beine von einem Nackten angeschmachtet werden. Es ist die Umkehrung der Methode nackte Frau mit Pirelli-Reifen. Und, so Werbeguru Michael Schirner, der Trend mit den nackten Lustbengels
40 geht lustig weiter. Jahrhundertelang habe schließlich die Frau als erotische Antriebsfeder herhalten müssen, da sei es nur folgerichtig, daß nun das andere Geschlecht verstärkt als erotischer Blickfang in der Werbung auftauche, um
45 so mehr, als Frauen heute über beträchtliche Kaufkraft gebieten.
Wurden die ersten Plakate des Davidoff-Duft-Demonstranten Alvaro noch heimlich geklaut, so bekennt sich die selbstbewußte Betrachterin
50 heute durchaus zu ihrer Lust aufs Hingucken. Sie fachsimpelt mit Freundinnen und Freunden über körperliche Reize, über knackige Herrenhintern und perfekt trainierte Bauchmuskeln, wie es die Männer schon immer taten, wenn es um
55 Busen, Pos und Beine ging. Einziger Unter-

schied: der nackte Adam regt an, aber niemanden auf. Bisher halten sich die Herren angesichts ihrer Blößen bedeckt: Noch hat sich kein Kerl wegen „sexistischer Herabwürdigung" oder „Männerfeindlichkeit" beschwert. 60
Aber nicht nur in der Werbung, auch in Unterhaltungsshows lassen sich dicke Männer zunehmend auf Fleischbeschau ein. Ob an den California Dream Man oder in Lady Nights oder im „Mann-oh-Mann" auf Sat 1, die Frauen haben 65 ihre Freude. Besonders begehrt: das muskulöse Hinterteil.
Hollywoods Männer zeigen sich unverschämt von hinten. Kevin Costner, Sylvester Stallone, Julian Sands, Michael Douglas, Mel Gibson - 70 eine ganze Galerie von nackten Männerärschen sorgt für volle Kinokassen.
Und die deutschen Männer? Horst Klemmer, der in diesem Jahr die erste Mister-Germany-Wahl ausrichtete, ist begeistert. „Eine Stimmung, 75 bombig! Die Männer haben's jetzt drauf, und die Frauen genießen ihren Anblick." Der Mann weiß, wovon er spricht. Mitte der Achtziger, als er das erste Mal versuchte, eine Misterwahl in Deutschland auf die Beine zu stellen, ging er 80 kläglich baden. „Damals war die Zeit einfach noch nicht reif."

Stern 25/93, S. 31.

Serie oder Werbespot?

MERCHANDISING. Spielzeughersteller funktionieren das Kinderprogramm
zur kostengünstigen Werbesendung um.

Pressetermin in Hamburg: Kabel 1 stellt die neu eingekaufte Serie „Thunderbirds" für das Kinderprogramm vor. Der neugierige Redakteur wird am Eingang von einem PR-Mann begrüßt,
5 der sogleich einen Kontakt zu Vertretern der Firma „Tyco Matchbox" herstellt. Die Herren verlieren wenig Worte über die Sendung und preisen statt dessen die „Thunderbirds"-Produktlinie an, die imposant auf einem Neben-
10 tisch aufgebaut ist und rechtzeitig zum Serienstart herauskommt. Der Kabel-1-Pressesprecher hält sich dezent im Hintergrund, zum Inhalt der Serie erfährt der Redakteur nicht viel. Dafür weiß er nun aber, daß die „Thunderbirds"-
15 Spielzeugprodukte selbst den Erfolg der „Jurassic-Park"-Vermarktung übertreffen und

welche Herausforderung sie an die Phantasiewelt der Kinder stellen. Zur besseren Veranschaulichung wird der Redakteur großzügig mit einem Matchbox-Fluggerät beglückt. 20
TV-Anstalten, Marketing-Firmen und Spielzeughersteller bilden eine profitable Symbiose: Gab es einst nur das Spielzeug zur Serie, so wird heute die Serie zum Spielzeug produziert. Schließlich verfügt der Nachwuchs über ein 25 Kauf-Budget von knapp 20 Milliarden Mark pro Jahr, von dem sich jedes zweite Kind Spielzeug oder Comics gönnt. Und um daran zu partizipieren, ist es allemal günstiger, eine Serie zu finanzieren, als teure Werbespots zu schalten. 30

TV Spielfilm 5/93, S. 12.

„Einzelhandel kein Kinderverführer"

Wilm Schulte nimmt kein Blatt vor den Mund. „Unsachlich, wenig ausgegoren und zum Teil falsch" nennt der Geschäftsführer des EHV Westfalen-Mitte den Vorwurf der Verbraucherzentrale Nordrhein-Westfalen, die Plazierung von Süßigkeiten an der Kasse sei unverantwortliche Kinderverführung.

„Der Einzelhandel ist kein Kinderfänger, wenn er Produkte wie Kaugummi, Schokoriegel und andere Kleingebinde in den Kassenzonen anbietet", hält Schulte dagegen. Es gebe gute Gründe für diese gescholtene Praxis. Früher sei der Handel häufig getadelt worden, weil er Kinderartikel in Griffhöhe der lieben Kleinen plazierte. „Das ist", so Schulte, „in den Kassenzonen nicht der Fall."

Überdies werde dadurch das bei kleinvolumigen Artikeln erfahrungsgemäß besonders hohe Diebstahlsrisiko erheblich reduziert.

Auch Schulte kennt den „Eltern-Kind-Konflikt um die begehrten Süßwaren", doch läßt sich nach seiner Überzeugung „das Problem nicht dadurch lösen, daß man Produkte an anderer Stelle plaziert."

handelsjournal 5/92.

MAUL HALTEN, ZAHLEN

Mürrische Verkäufer, unzuverlässige Handwerker, pampige Kellner - viele Bedienstete im Service vergraulen die Kunden, statt ihnen mit Rat und Tat zur Seite zu stehen. Vor allem bei Reklamationen behandeln deutsche Firmen Konsumenten wie lästige Bittsteller. Unternehmensberater fordern radikales Umdenken.

„Keine Ausnahmen", sagt der Kellner in der Bahnhofsgaststätte. Zum Schnitzel gehören Pommes, Reis als Beilage ist nicht vorgesehen, und Sonderwünsche kosten extra. Basta.

„Falsche Kasse", sagt die Bedienung in der Haushaltswarenabteilung von Karstadt. Für Staubsaugerbeutel ist die Kollegin zuständig, und Waschmittel rechnet der Mann an Nummer 15 ab. Der nächste bitte.

„Schon geschlossen", sagt die Angestellte an der Hamburger Theaterkasse. Die Kartenausgabe endet werktags Schlag sieben Uhr; eine Minute später, das macht die Dame hinter dem Schalter unmißverständlich klar, ist eine Minute zu spät. Feierabend. Pech gehabt.

„Geht nicht", „kenn' ich nicht", „ham wir nicht" - um Widerworte und Ausflüchte sind Angestellte im deutschen Dienstleistungsgewerbe selten verlegen. Unerbittlich pochen sie auf Arbeitszeitregelungen und Firmenvorschriften, seien die noch so unsinnig. Die Wünsche ihrer Kunden sind dabei oft schnuppe - Pardon wird nicht gegeben.

Statt dem Konsumenten mit Rat und Tat zur Seite zu stehen, üben sich viele Service-Kräfte hierzulande lieber in typischen Beamtentugenden: Ignorieren, Vertrösten, Abwimmeln. Der Kunde steht im Mittelpunkt und damit im Weg. Wehe dem, der eine halbe Stunde vor Ladenschluß ein Kaufhaus betritt und Hilfe braucht.

„Das Spiel lautet: Wer hinguckt, hat verloren", weiß der Stuttgarter Personaltrainer Dieter Döttling. „Die Verkäuferin, die dem Kunden als erste in die Augen blickt, muß ihn dann auch bedienen." Die Betonung liegt auf „muß". Gekniffen sind alle Konsumenten, die einer geregelten Arbeit nachgehen. Handwerker kalkulieren stets großzügig mit dem Zeitbudget ihrer Auftraggeber und lassen sich bei der Terminvergabe höchstens auf grobe Schätzungen ein. Möbelhäuser liefern vorzugsweise um die Mittagszeit; und Ärzte scheinen grundsätzlich davon auszugehen, daß ihre Patienten für den Praxisbesuch Urlaub nehmen. (...)

Das Bild vom Kunden als König scheint nur noch bei Verbraucherschützern hoch im Kurs zu stehen. Im Alltag taugt es allenfalls als Witzvorlage. Ob im Supermarkt oder Restaurant, am Fahrkartenschalter oder Banktresen: Der Kunde ist Bettler und Bittsteller - schlicht ein Störenfried.

Für den einzelnen ist die Dienstverweigerung nur ärgerlich. Für die gesamte Volkswirtschaft jedoch sind die Folgen verheerend.

Jedes Jahr entgehen den deutschen Unternehmen Milliardengewinne, weil unfreundliche und unfähige Bedienstete den Kunden verschrecken. „Wir könnten unsere Vertriebsleistung im Inland um 25 Prozent steigern", glaubt der Deutsche-Bank-Chef Hilmar Kopper, „wenn sich alle Be-

schäftigten angewöhnen, jeden Kunden, den sie sehen, freundlich zu begrüßen."
Im internationalen Wettbewerb verliert die deutsche Wirtschaft Marktanteile, weil ausländische
65 Mitbewerber die Kunden besser bedienen und zudem mehr Service bieten. Auch die großen Industriebetriebe haben die Verbraucher jahrzehntelang vernachlässigt - und deren Wünsche ignoriert.

Der Spiegel 26/1994, S. 68.

Käufer lachen öfter

Von Monique Rüdell

Eine aktuell wissenschaftliche Studie über die nonverbale Kommunikation hat jetzt herausgefunden: Wer Mimik und Gestik des Kunden beobachtet, kann mit über 70prozentiger Wahrscheinlichkeit den Kauf eines Produktes vorherbestimmen.

Eine Kundin betritt eine Parfümerie und gibt vor, sich nur einmal umschauen zu wollen. In kürzester Zeit bleibt sie vor der Sonnenpflege stehen. Dabei fällt auf: Sie schaut sich die Pro-
5 dukte ganz gezielt an. Intuitiv bemerkt die Verkäuferin, daß sich die Kundin für Sonnenprodukte interessiert und demonstriert ihr einige Produkte unterschiedlicher Sonnenschutzfaktoren und Preislagen. Hierbei greift die Kundin
10 wiederholt zu einem Produkt mit Sonnenschutzfaktor 3 in mittlerer Preislage. Sie blickt ebenfalls auf ein weiteres Produkt in niedriger Preislage. Doch dann begeht die Verkäuferin einen entscheidenden Fehler. Sie ignoriert diese Indi-
15 katoren und erreicht durch umfangreiche Erläuterungen, daß die Kundin verunsichert wird und den Laden verläßt. Sie hätte die Sonnenanbeterin selbst dann nicht von einem höherpreisigen und stärkeren Sonnenschutzmittel überzeugen
20 können, wenn sie ihr erklärt hätte, ein Präparat mit Lichtschutzfaktor 30 sei am optimalsten für die spezifischen Hautbedürfnisse der Kundin gewesen.
Gerade am point of sale des Facheinzelhandels
25 spielen Emotionen eine vorrangige Bedeutung. Weniger als 20 Prozent der Kaufentscheidungen werden hier rational gefällt. Was dabei unterschätzt wird: Die intern ablaufenden Entscheidungsprozesse äußern sich meistens sehr viel
30 deutlicher an der nonverbalen Kommunikation, also der Gesichts- und Körpersprache eines Kunden als an seinem sprachlichen Ausdrucksverhalten.
Kunden, insbesondere Laufkunden, sind oftmals
35 auf der sprachlichen Ebene eher verschlossen. Auf der nonverbalen Ebene zeigen sie allerdings natürliche Reaktionen, da sie nur schwer zu unterdrücken sind. Dieses Ausdrucksverhalten sollte das Verkaufspersonal nutzen, um in der nachfolgenden Kommunikation darauf zu reagie-
40 ren - verbal wie nonverbal. Denn nur so kann dem Kunden im Rahmen der Beratung geholfen werden, die richtige Entscheidung für seine persönlichen Bedürfnisse zu finden.
Für diese Dienstleistung benötigt das Verkaufs-
45 personal neben fachlicher und methodischer auch eine Form von sozialer Kompetenz - vor allem Menschenkenntnis und die Fähigkeit, nonverbale Kommunikation zu interpretieren. Um die Fehler des Verkaufspersonals zu minimieren
50 und somit den Verkaufserfolg zu optimieren, müssen deshalb gezielte Kenntnisse der nonverbalen Kommunikation vermittelt werden. Sicherlich ist jeder Mensch in der Lage, Emotionen einer gewissen Intensität intuitiv zu erken-
55 nen, aber das Auge muß gerade für das Detail geschult werden. Außerdem bestehen oftmals Interpretationsprobleme, die durch eine gezielte Schulung beseitigt werden können.
Doch wie kann der Verkäufer nonverbales
60 Käuferverhalten ganz konkret entschlüsseln? Zunächst gilt, daß das spezifische Bewegungsverhalten der positiven Emotionen Freude, Interesse und Überraschung sowie die negativen Emotionen im allgemeinen am PoS im Vorder-
65 grund stehen. Gefühle wie Furcht oder Ekel können beim Verkauf vernachlässigt werden. Ein neu entwickeltes Beobachtungsverfahren namens R-FACS, das auf psychologischen Verfahren aufbaut, beschreibt insgesamt 22 nonver-
70 bale Indikatoren, die emotionale Gesichts- und Körpersprache des Kunden während der einzelnen Phasen des Verkaufsgesprächs erfassen und interpretieren. Dieses Verfahren ermöglicht eine standardisierte Beobachtung des nonverbalen
75 Verhaltens eines Kunden, das sich branchenübergreifend im Fachhandel beobachten läßt. Die Indikatoren im einzelnen:

1. Senken der Augenbrauen,
2. seitliche Neigung des Kopfes,
3. Nicken,
4. Blickkontakt,
5. Berührung des Produktes,
6. Berührung der eigenen Person (primär im Bereich des Kopfes),
7. Vorbeugen des Oberkörpers,
8. Distanzverringerung,
9. offene Körperhaltung.

Treten die Indikatoren 1 bis 9 in Kombination auf, signalisiert dies dem Verkäufer die Emotion „Interesse".

10. Heben der Augenbrauen,
11. weit geöffnete Augen,
12. geöffneter Mund,
13. Zurückziehen des Oberkörpers,
14. offene Körperhaltung;

ein Kunde, dessen Körpersprache durch die Merkmale 10 - 14 gekennzeichnet ist, kann die Emotion „Überraschung" nicht verbergen.

„Freude" zeigt dagegen der Gesprächspartner, der folgende drei Indikatoren aufweist:

15. Heben der Mundwinkel und Wangen,
16. geöffneter Mund,
17. offene Körperhaltung.

Bei der Emotion Freude muß zwischen echter und maskierter differenziert werden. Eine echte Freude zeichnet sich durch eine Kombination von mindestens zwei Verhaltensmustern aus. Oftmals wird nur aus Verlegenheit oder als Reaktion auf eine Aktion der Verkäuferin gelächelt. Diese Form von Freude wird als maskierte Freude bezeichnet. Sie setzt das alleinige Heben der Mundwinkel voraus.

Bei negativen Emotionen lassen sich anhand von R-FACS die nachfolgenden beobachten:

18. Falten auf der Nasenwurzel,
19. Senken der Mundwinkel,
20. Kopfschütteln,
21. geschlossene Körperhaltung,
22. weite Distanz.

Daß sich dieses Indikatoren-Verfahren auch praktisch für den Verkauf nutzen läßt, bestätigen jetzt die Ergebnisse einer wissenschaftlichen Studie[*]: R-FACS geschulte externe Beobachter hatten in der Parfümerie-, Schuh-, Textil- sowie der Sport- und Freizeitbranche mittels des Beobachtungsbogens das nonverbale Verhalten der Kunden erfaßt. Hierbei ließ sich erkennen, daß sich die Käufer durch Gestik und Mimik deutlich von den Nichtkäufern unterscheiden. Käufer agierten auf der nonverbalen Ebene weitaus häufiger und intensiver als Nichtkäufer. Gleichzeitig zeigten sie deutlich mehr Bewegungseinheiten der positiven Emotionen. Diese Verhaltensmuster kann man bis auf das einzelne demonstrierte Produkt zurückverfolgen.

Die Auswertung von mehr als 800 Beobachtungsbögen zeigte:

Alleine anhand der 22 nonverbalen Indikatoren von R-FACS können Käufer von Nichtkäufern - egal welchen Geschlechts - branchenübergreifend mit einer Sicherheit von über 70 Prozent unterschieden werden.

Hierfür waren die nonverbalen Verhaltensweisen der Emotion „Interesse" von primärer Bedeutung. Die Käufer berührten sich während des Entscheidungsprozesses wesentlich öfter als die Nichtkäufer. Man stellte außerdem fest, daß das gekaufte Produkt auch eindeutig am häufigsten in die Hand genommen und angeschaut wurde. Hieraus kann die geschulte Verkäuferin erkennen, welches Produkt im Rahmen des Verkaufsgespräches - gleiche Qualität vorausgesetzt - hervorgehoben werden sollte, weil es den spezifischen Wünschen des Kunden am ehesten entspricht. Auffallend ist, daß sich die Käufer im Durchschnitt in einer wesentlich besseren Stimmung befinden als die Nichtkäufer - was anhand der Freude-Indikatoren nachgewiesen werden kann. Sie lachen wesentlich öfter: Die Verhaltensmuster der Emotion Überraschung spielen dagegen zur Differenzierung nur eine untergeordnete Rolle.

Oftmals wird die Bedeutung der Gesichts- und Körpersprache zwar erkannt, aber fälschlicherweise als instinktiv oder intuitiv zu verstehende Sprache angesehen. Studien belegten zum einen die Bedeutung der nonverbalen Kommunikation und zum anderen, daß die Personen besser auf dieser Ebene agieren konnten, die diese vorher ganz gezielt erlernt, trainiert und eingesetzt haben. Besonders bei Lehrlingen und Umschülern lassen sich durch professionelles Kommunikationstraining überdurchschnittlich gute Verkaufserfolge erzielen.

handelsjournal 7/94, S.33 f.

---

[*]   veröffentlicht in: Monique Rüdell: Konsumentenbeobachtung am PoS, Verlag Wissenschaft und Praxis, 1994

Die geheime Macht der Düfte

Wohlgeruch weckt Gefühle, die der Verstand nicht kontrollieren kann. Das nutzen Autohäuser wie Modegeschäfte, um die Kauflust zu steigern. Auch in Büros sorgen Aromastoffe fürs rechte Arbeitsklima.

Von Gerd Schuster

Normalerweise ist Dr. Alan Hirsch ein redelustiger Mensch. Über seine Duftkomposition „Honest Car Salesman" (ehrlicher Autoverkäufer) jedoch spricht der umtriebige Neurologe und Psychiater nur ungern. Zögerlich offenbart er, daß er den Schnüffelstoff im Auftrag eines Autokonzerns aus Detroit zusammengemischt hat, „einen der großen drei in Amerika". Die Essenz aus Hirschs Chicagoer Labor soll den Absatz von Straßenkreuzern ankurbeln, indem sie in den Ausstellungsräumen der Autohändler das Windhund-Image der Verkäufer quasi wegduftet und ihnen für das Gespräch mit den Kunden eine honorige Aura verleiht. Der Clou: Der Hauch - die Zusammensetzung ist geheim - ist so zart, daß er den manipulierten Käufern nicht auffällt.

Dr. Hirsch ist sicher, daß sein Vertrauens-Duft funktioniert. „Psychologisch gesehen ist für die Kaufentscheidung weniger das Auto als das Vertrauen des Käufers in den Händler ausschlaggebend", erklärt er.

Hirsch ist der Kopf der boomenden amerikanischen Umweltbeduftungs-Industrie. Die pumpt immer mehr Boutiquen und Banken, Kaufhäuser und Kinos mit stimmungshebenden und umsatzsteigernden Muntermachern voll. Auch in Europa machen Aroma-Riesen, allen voran die Konzerne International Flavers & Fragrances (IFF) aus New York und Takasago aus Tokio, dufte Geschäfte. Zwei der zehn weltgrößten Aromakonzerne sind im niedersächsischen Holzminden beheimatet: die zur Bayer AG gehörende Gesellschaft Haarmann & Reimer und die Firma Dragoco.

Angefangen hat Dr. Hirsch, ärztlicher Leiter der „Smell & Taste Treatment and Research Foundation" in Chicago, mit der Therapie von Störungen des Geruchs- und Geschmackssinns. Doch seit langem erforscht der 37jährige die ebenso mysteriöse wie potente Wirkung von Duftstoffen auf Körper und Gemüt des Menschen. „Aromachologie" nennt sich der neue Wissenschaftszweig.

Die Untersuchungen des Neurologen zeigen, daß der menschliche Geruchssinn auf frappierende Weise Gefühle und Verhalten steuert.

Drei Beispiele:

- Im Kasino des Las Vegas Hilton nebelte Dr. Hirsch zwei Sektionen von je 18 Spielautomaten mit unterschiedlichen Duftmischungen ein. Ergebnis: Der Umsatz einer Gruppe „einarmiger Banditen" blieb unverändert - die Mixtur war offenbar wirkungslos. Die andere jedoch spielte 45 Prozent mehr ein.

- Eine Gruppe von 35 Versuchspersonen begutachtete in zwei identischen Räumen ein absolut identisches Paar Sportschuhe. In einem Zimmer schwebte leichter Blütengeruch, das andere war duftfrei. Ergebnis: In dem parfümierten Raum gefielen die Treter 84 Prozent der Versuchspersonen besser als im anderen.

- 3193 übergewichtige Testpersonen nahmen in sechs Monaten im Schnitt 12,7 Kilo ab, obwohl sie nach Lust und Laune futtern konnten. Sie waren lediglich gehalten, bei Hungergefühlen an einem appetitdämpfenden Duftspray zu riechen. Je häufiger sie schnüffelten, desto mehr Pfunde schmolzen dahin.

Zahlreiche wissenschaftliche Arbeiten kommen zu dem gleichen Ergebnis: Düfte steuern Emotionen wie die Fernbedienung die heimische Glotze. Darüber hinaus erhöhen oder senken sie den Blutdruck, lassen das Herz schneller oder langsamer schlagen, putschen auf oder schläfern ein. Lavendel, Kamille, Zitrone und Sandelholz dämpften bei klinischen Versuchen die Gehirnaktivität wirksamer als Valium. Jasmin, Rose, Pfefferminze und Nelke dagegen regten die grauen Zellen so stark an wie eine kräftige Tasse Kaffee.

Die Psychiatrie-Professorin Susan Schiffman von der Duke-University in Durham (US-Bundesstaat North Carolina) erzielte bei depressionsgeplagten älteren Patienten mit Düften eine „statistisch hochsignifikante Stimmungsaufhellung".

Maiglöckchen- und Pfefferminzduft, so stellte die Forscherin weiter fest, machte Männer, die am Bildschirm eintönige Überwachungsjobs verrichten mußten, deutlich aufmerksamer. Japanische Sekretärinnen, die Zitronenduft atme-

ten, tippten bei Schreibarbeiten um 54 Prozent
seltener daneben. Amerikanische Studenten, die
mit frischen Duftnoten versetzte Luft in ihre
Lungen pumpten, arbeiteten präziser. Sogar
Verhandlungen liefen bei einem Geruch nach
frischen Zitronen reibungsloser ab, weil alle
Teilnehmer kompromißbereit waren. Und eine
Untersuchung der Universität Utrecht an 3761
Verbrauchern bewies: Die Kunden blieben deutlich länger in bedufteten Kaufhäusern und gaben
mehr Geld aus als in unparfümierten Geschäften.
Kein Wunder, daß Brotläden, die nicht mehr
selbst backen, den Geruch von ofenfrischem
Brot per Gebläse bis auf den Gehsteig pusten.
Süßwarenläden synthetisches Schokoladenaro-
ma. Die Damenwäsche-Kette „Victoria's Secret" läßt ein verführerisches Blumenbukett
durch die Läden wehen. Luxushotels füllen ihre
Lobby mit Mango-Aroma, und auch Pornoshops
bedienen sich der aromatologischen Geheimwaf-
fe. Selbst die Müllsäcke einer Plastik-Firma aus
Chicago riechen dank Dr. Hirsch so sauber wie
frischgeplättete Leintücher.
Autokäufer haben es besonders schwer, sich
nicht an der Nase herumführen zu lassen. Auf
der Hut sein müssen sie nicht nur vor Dr.
Hirschs „Ehrlichkeits-Parfüm". Der New Yorker
Aroma- und Duft-Konzern IFF hat einen
„Neuwagenspray" entwickelt, der selbst not-
dürftig aufgemotzten Schrottmühlen vorüberge-
hend die Aura frischen Glanzes verleihen soll.
(...)
Der Duftexperte Dr. Charles Wysocki berichtet
von britischen Firmen, die ihre Rechnungen mit
einer Substanz imprägnieren, die beim Empfänger den unbewußten Wunsch weckt, sie sich
möglichst schnell - durch Zahlung - vom Hals zu
schaffen.
Der STERN fragte bei führenden deutschen
Handelshäusern an, ob man die Verkaufsräume
mit Aromen schwängere. Ein Großteil der ange-
schriebenen Firmen, insbesondere Textilketten,
drückte sich um die Antwort. Unverblümt steht
allein der Herrenausstatter Selbach dazu, daß in
seinen Geschäften in Düsseldorf, Berlin und
Hamburg Geräte der Düsseldorfer „Duftologin"
Diotima von Kempski Wohlgerüche in die Klima-
anlage hauchen. Der kleinste „Diotimat" kostet 15 000 Mark. In der Filiale am vornehmen
Hamburger Jungfernstieg legt sich ein zunächst
zitronig-würziges, dann gediegen nach Sandelholz duftendes Bukett auf Hemden für 459
Mark und Sakkos für 3 500 Mark.
(...)

Selbach dürfte mit Sicherheit nicht der einzige
deutsche Bedufter sein, denn die Geschäfte der
Aromabranche laufen glänzend. Diotima von
Kempski berichtet, ihr „Luftvitalisierungssy-
stem" werde „in großem Umfang europaweit
eingesetzt", und der deutsche Markt für ihre
„Diotimaten" entwickle sich „konstant und gut"
(...)
In den Hochglanzbroschüren der Großverdiener
fehlt es nicht an Hinweisen, daß mit Gerüchen
Geld zu scheffeln ist, indem Angestellte mehr
malochen und Verbraucher mehr kaufen. Der
japanische Konzern Takasago empfiehlt, die
Mitarbeiter mit Zitrone und Eukalyptus flink und
munter zu halten, die Kundschaft aber mit Lavendel und Rosmarin einzunebeln. Quasi als
Bonus liefert der Konzern jedem Abnehmer seines Beduftungssystems einen maßgeschneiderten „Duftplan" mit 20 Riechstoffmischungen.
Den Vorwurf, Menschen zu manipulieren, weist
die Aroma-Lobby weit von sich. Takasago etwa
versichert, man verwende die „nachweisbar sti-
mulierend oder beruhigend wirkenden Düfte"
beispielsweise nur, um zum Wohle der Mitarbeiter die „streßerzeugende High-Tech-Atmo-
sphäre der heutigen Büros abzupuffern".
Wissenschaftler sehen das ganz anders. Dr.
Schiffmann und Dr. Hirsch bewerten die Mani-
pulationsmöglichkeiten durch Düfte einhellig als
„ungeheuer groß". Dr. Hirsch: "Gerüche wirken
auf das Gehirn ähnlich wie Drogen und beeinflussen ganz unmittelbar das menschliche Denken und die Einschätzung von Konsumgütern
durch Verbraucher."
Die Ökonomen Prof. Hans Knoblich und Dr.
Bernd Schubert von der Universität Göttingen
erklären unterschwellige Riechstoffe, „die unmittelbar und unwiderstehlich auf den Menschen
wirken", in ihrem Buch „Marketing mit Aro-
mastoffen" sogar für potenter als erschnüffelbare
Essenzen. „Versteckte Erregerdüfte" - Sub-
stanzen, die durch andere Parfüms „maskiert"
(also überlagert) wurden, zeigten in Tests mit
Verbrauchern die größten Effekte.
Für die mysteriöse Macht der Düfte gibt es eine
wissenschaftliche Erklärung: Der Geruch ist der
unmittelbarste aller Sinne. Aus dem „Riechhirn"
des Urmolches entwickelte sich das sogenannte
Limbische System. Dieser älteste Teil des
menschlichen Gehirns verarbeitet nicht nur Gerüche - und zwar sofort und ohne Kontrolle
durch das Großhirn -, sondern steuert auch das
Gefühlsleben und beherbergt das Gedächtnis für
Düfte. So kommt es, daß der Geruchssinn als

weit geöffnetes „Tor zur Seele" wirken kann und Riechreize blitzschnell Stimmungen auslösen, die vernunftmäßig kaum kontrollierbar sind. An dieser entwicklungsgeschichtlichen Schwachstelle des Homo sapiens setzt die Riechstoffindustrie den Duft-Hebel an.

Die Zukunft sieht sie in den rosigsten Farben. Mark Peltier, Chef der US-Firma AromaSys, glaubt, daß schon im Jahre 2000 Duftschleudern alltäglich sein werden. Er sieht ein in der Entwicklung befindliches Billigsystem, den nur 450 Mark teuren „CD-Spieler für die Nase", schon in Flugzeugen, Autos und in jeder Wohnung installiert. Gebastelt wird an Duft-Möbeln, Duft-Weckern und Duft-Fasern für Bettwäsche, die nach „Wald" riecht. Die Möglichkeiten sind grenzenlos: Es gibt 500 000 künstliche Riechstoffe sowie 1 500 natürliche ätherische Öle - und nur die wenigsten sind bisher auf ihre physiologische und psychische Wirkung abgeklopft. (...)

Verbraucherschützer verfolgen die Entwicklung mit Sorge. Bernd Rosenkranz von der Verbraucher-Zentrale Hamburg hält die Beeinflussung von Käufern und Angestellten durch Düfte für „eine ganz üble Sache, die verboten werden muß, bevor sie sich hier weiter ausbreitet". Hedi Grunewald von der Verbraucher-Initiative Niedersachsen warnt vor dem „ungeklärten allergischen Potential" der Duftstoffe.

Der Stoff, der Lust und Liebe macht

Die Flakon-Regale in den Parfümerien borden über. 372 Damen- und 318 Herrendüfte sind derzeit auf dem deutschen Markt, komponiert von erfahrenen Parfümeurs. Die spielen virtuos auf der „Duftorgel", wie sie ihre Sammlung von etwa 2 000 Riechstoffen nennen.

Damit jedoch ein Parfum den Zeitgeist trifft, kommt es heute auch auf den Namen der Kreation an, die Verpackung, die Präsentation in der Werbung. Die Beauty-Branche läßt sich von Trendforschern beraten. Die entdeckten den eitlen karrieregeilen Einzelgänger der 80er Jahre, der das Leben bis zum Exzeß auskostete, in den 90ern dagegen den gepflegten Teamworker, der ideelle Werte schätzt. Bei „Boss" führte das weg von dominanten Düften wie „Spirit", hin zu frischen Kompositionen wie „Elements".

Ein Trendwechsel läßt sich ebenso bei den Damendüften ablesen. Für die 80er Jahre entwickelte Dior „Poison" - lila Verpackung, schwerer Duft, ein schrilles Produkt. 1991 brachte Dior dann „Dune" auf den Markt, das an den sanften Hauch einer Meeresbrise erinnern sollte. Für „Obsession" von Calvin Klein warben in den 80ern wild ineinander verschlungene nackte Leiber, heute macht eine heile Familie Reklame für „Eternity".

In sind bei den Frauen sinnlich-süße Parfums wie „Angel" von Mugler, Kompositionen wie „Venezia" von Laura Biagiotti oder „Cašmir" von Chopard. Bei den Männern sind würzig-frische Noten wie Davidoffs „Cool Water" oder Joops „Nightflight" die Bestseller.

Ob in die Düfte nun Ambra oder Jasmin, Moschus oder Vanille gemixt ist - es geschieht in der Hoffnung auf erotisierende Wirkung. Dafür bestrichen die Hetären im alten Griechenland die Augenbrauen mit Majoran, den Hals mit wildem Thymian. (...)

Doch nichts könnte so hinreißend sein wie ein Parfum aus Lockstoffen, die der Mensch natürlicherweise besitzt. Das erforscht der Amerikaner David Berliner. Er gründete die Firma Erox in Salt Lake City, die eines Tages sexuell stimulierende Lockstoffe (Pheromone) synthetisch herstellen will. Die Folgen wären kaum auszudenken: Ein Mann öffnet den Flakon - schon geben sich ihm die Frauen hin. Und tupft eine Frau einen Hauch auf ihre Wange, würden die Männer ihr zu Dutzenden willfährig sein.

Solchen Wunderstoff hat Patrik Süskind in seinem Roman „Das Parfum" beschrieben. Dessen Held Jean Baptiste Grenouille mordet Jungfrauen, um die Liebesdüfte, die sie verströmen, extrahieren zu können. Als er sich selber mit seinem teuflischen Produkt besprüht, wird er von entfesselten Verehrern aufgefressen.

Stern 17/94, S. 31 ff.

---

20 Tips für Ihren Werbetext

1. Schon der Einleitungssatz muß auf die Interessen des Lesers eingehen.
2. Bereits in den ersten Briefabsätzen muß ein Vorteilsversprechen untergebracht werden.
3. Dabei muß der Hauptvorteil des Angebotes natürlich an erster Stelle erscheinen.
4. Sorgen Sie für eine logische Reihenfolge der Gedanken!
5. Das Gesagte kritisch auf Glaubwürdigkeit überprüfen!
6. Das Wort „Sie" hat den ganzen Brief hindurch im Vordergrund zu stehen.
7. Personalisieren Sie Ihren Brief zurückhaltend.
8. Verwenden Sie vorwiegend kurzsilbige, leicht lesbare Wörter.
9. Sätze sollten nicht mit einem Artikel („der" oder „eine") beginnen.
10. Vermeiden Sie zu viele „präpositionale Wendungen" auf einmal. Ein Text wie „Auf dem Bestellbogen, den Sie im Katalog finden, steht unter Ihrer Adresse (...)" wirkt hölzern. Besser hieße es: „Auf dem Bestellschein im Katalog steht unter Ihrer Adresse (...)"
11. Achten Sie darauf, daß der Text keine umständlichen Schachtelsätze enthält. Also anstatt „Jemand, der wie Sie, wie alle geselligen Menschen, gerne einmal ein Glas Wein trinkt, der aus dem Badischen stammt, sollte, das wissen Kenner schon längst, bei der Auswahl nicht auf den Preis achten" könnte es heißen: „Sicher trinken Sie, wie alle geselligen Menschen, gerne einmal ein Glas badischen Weines. Kenner wissen, daß sie bei der Auswahl des edlen Tropfens nicht so sehr auf den Preis achten sollten."
12. Ersetzen Sie „passive" und umständliche Konstruktionen aus Hauptwörtern durch „aktive" Verben.
13. Eliminieren Sie alle „daß" so weit wie möglich.
14. Vermeiden Sie
    a) Partizipien wie „Beiliegend übersenden wir (...)" und
    b) Infinitiv-Floskeln wie „Wir dürfen Sie daran erinnern (...)"
15. Verwenden Sie aktive, verstärkende Elemente wie „Fordern Sie an" statt des passiven „Lassen Sie sich schicken."
16. Seien Sie zurückhaltend in der Wiederholung Ihres Firmennamens.
17. Machen Sie Absätze von nicht weniger als drei und nicht mehr als sieben Zeilen Umfang.
18. Wenn Sie Unterstreichungen und Großbuchstaben einsetzen - lieber weniger. Heben Sie nur die wichtigsten Aussagen heraus.
19. Sorgen Sie für eine Interpunktion, die auf leichte Lesbarkeit abzielt.
20. Überschätzen Sie nicht das Verständnisniveau der Empfänger. Beim Normalverbraucher ist die höchste Reaktionsquote auf Briefe zu erwarten, die dem Verständnis eines etwa zwölfjährigen Kindes entspricht. Manager sollten auf dem Niveau von Lehrlingen, Akademiker auf dem Niveau von Abiturienten angesprochen werden. Wohlgemerkt: Es geht dabei um das Verständnis, nicht um die Ausdrucksweise.

Handel heute 3/91, S. 29.

Rotkäppchen. 99 Prozent aller Ostdeutschen kennen diese Marke. Ein Sekt, der seinen 100. Geburtstag am 7. Oktober 1994 feiert und vier deutsche Nationalstaaten überlebt hat. Auch die
5 Wende. Da stürzte zwar der Umsatz von 15 Millionen 1-Liter-Flaschen (mit der roten Kappe, daher der Name!) im Januar 1989 rapide auf nur noch eine Million 1990 ab. Aber: Die engagierte Belegschaft der Freyburger Sektkellerei erarbeitete ein Sanierungskonzept, die Treuhand 10 gab fünf Angestellten den Zuschlag für die Privatisierung - die Erfolgsstory begann. 1993 wurden vier Millionen Mark in „Rotkäppchen" investiert, 10 Millionen Flaschen abgesetzt, 75 Millionen Mark Umsatz soll's in diesem Jahr 15 geben.

Journal für Deutschland 8/9/94, S. 5.

Wie formuliere ich eine Kleinanzeige

Eine Anzeige sollte Erfolg haben. Dazu muß sie nicht originell oder witzig sein. Das gilt besonders für Kleinanzeigen. Für Gags und „Werbekunst" ist hier meist kein Raum. Wichtiger ist: Kurz und
5 knapp alles Wesentliche sagen. Das beginnt mit der Frage:

Was sollte ich fett herausstellen?
Faustregel: Immer das Wort, das möglichst eindeutig sagt, worum es eigentlich geht. Da Klein-
10 anzeigen oft nur flüchtig gelesen werden, ist der richtige „Aufhänger" besonders wichtig.

Was sollte im Text stehen?
Machen Sie einen „Rollentausch". Versetzen Sie sich in die Rolle des Lesers, der sich für Ihre An-
15 zeige interessiert. Welche Angaben sind besonders wichtig für ihn? Filtern Sie so alles Wesentliche heraus und bedenken Sie: Längere Texte sind zwar teurer, aber zu wenig Angaben können unnötige und lästige Fragen verursachen.

Noch etwas:
20 Sind Sie nach Erscheinen Ihrer Anzeige auch unter der angegebenen Telefonnummer zu erreichen? Es wäre doch ärgerlich, wenn jemand umsonst anruft. Nicht jeder meldet sich ein zweites Mal.

Der Patriot vom 01.08.1994.

Was Sie beim Gebrauchtwagenkauf beachten sollten:

Vor dem Kauf

1. Die Angaben des Verkäufers mit den Daten im Kfz-Brief und -Schein am Auto vergleichen; kontrollieren, ob nachträgliche Veränderungen (z.B. breitere Felgen und Reifen) eingetragen sind.
2. Vom Verkäufer schriftlich bestätigen lassen, daß der Wagen unfallfrei ist und Tachostand mit Kilometerleistung übereinstimmen.
3. Prüfen, wann die nächste TÜV- und ASU-Untersuchung fällig ist, eventuell noch vom Verkäufer durchführen lassen.
4. An Hand des Kundendienstheftes nachsehen, ob Inspektionen regelmäßig von Fachwerkstätten erledigt wurden.

Sicht und Funktionsprüfung

5. Karosserie sollte keine Roststellen aufweisen: Farbunterschiede, blinde Stellen oder Lackreste auf Fenstergummis oder Zierleisten deuten auf eine unsachgemäße Reparatur hin.
6. Unterboden und Bremsleitung sollten ebenfalls rostfrei sein.
7. Der Auspuff muß fest sitzen und darf keine Löcher aufweisen (Geräuschprobe bei laufendem Motor).
8. Bremsanlage, Stoßdämpfer, Ölwanne, Getriebe und Differential dürfen kein Öl bzw. Bremsflüssigkeit verlieren.
9. Streuscheiben und Reflektoren von Scheinwerfern, Blinkern und Heckleuchten dürfen nicht angelaufen oder gar angerostet sein.
10. Türen, Motorhaube und Kofferraumdeckel sollten einwandfrei schließen.
11. Türen- und Scheibendichtungen dürfen nicht porös oder brüchig, unter den Fußmatten und im Kofferraum darf es nicht feucht sein.

12. Reifen sollten mindestens noch drei bis vier Millimeter Profil haben und gleichmäßig abgefahren sein.
13. Am Motor darf kein Kühlwasser austreten, im Kühlwasser dürfen weder Schaum noch Ölspuren zu finden sein, beides könnte auf eine defekte Zylinderkopf-Dichtung hindeuten.
14. Die Batterie sollte nicht älter als vier Jahre und sauber sein (s. Aufkleber). Die Pole dürfen nicht oxidiert oder angefressen sein.
15. Die Sicherheitsgurte sollten keine Scheueroder Schnittstellen aufweisen, und der Gurt-Automat sollte einwandfrei aufrollen.

Probefahrt

16. Der Motor sollte im kalten Zustand problemlos anspringen und im Leerlauf rund und ohne Begleitgeräusche laufen, willig Gas annehmen und in allen Gängen gut durchziehen.
17. Mit einer Bremsprüfung auf einer Nebenstraße bei geringer Geschwindigkeit feststellen, ob die Bremsen gleichmäßig ziehen und auch nicht quietschen.
18. Die Kupplung sollte ohne zu rucken oder durchzurutschen arbeiten, das Kupplungsspiel am Pedal sollte rund zwei Zentimeter betragen; das Getriebe sollte sich einwandfrei und geräuschlos schalten lassen.
19. Die Bremsen sollten spätestens nach halbem Pedalweg gleichmäßig ansprechen; muß man pumpen, ist Luft in der Bremsanlage oder die Beläge sind zu stark abgenutzt.
20. Das Lenkrad sollte während der Fahrt nicht vibrieren, andernfalls sind die Räder nicht richtig ausgewuchtet oder die Spur stimmt nicht.

Quelle: ADAC
Der Patriot vom 13.10.1992.

Alle Wege führen ins Ruhrgebiet. Denn egal, wie man die Städte an Rhein und Ruhr erreichen will, man begegnet überall einem Superlativ.

Mit dem Schnittpunkt zentraler Strecken sowie dem Dortmunder Hauptbahnhof, einem der größten Deutschlands, werden hier im Revier die Weichen für den europäischen Eisenbahnverkehr gestellt.

Zudem ist der Verkehrsverbund Rhein-Ruhr mit rund 900 Millionen Fahrgästen pro Jahr der größte seiner Art in Europa.

Und die 31 öffentlichen Häfen werden schließlich auf Deutschlands dichtestem Kanalnetz angesteuert.

Wer angesichts dieser Verkehrsverhältnisse lieber den Luftweg bevorzugt, landet auf drei Regionalflughäfen oder, in unmittelbarer Reviernähe, auf dem Düsseldorfer Rhein-Ruhr-Flughafen.

Deshalb ist das Ruhrgebiet auch immer die schnelle Lösung, Europa zu erreichen. Wenn Sie mehr über das Verkehrsnetz Ruhrgebiet wissen wollen, schicken wir Ihnen kostenlos unser Informationsblatt „Verkehr". Schreiben Sie an den Kommunalverband Ruhrgebiet, Abt. Öffentlichkeitsarbeit, Kronprinzenstr. 35, 45128 Essen (BTX*31884#)

Europäischer Verkehrsknotenpunkt mit 10 Buchstaben.

DAS RUHRGEBIET

Ein starkes Stück Deutschland

Ohrfeige an der Haustür

Der Bericht eines Insiders erschüttert die Glaubwürdigkeit der Demoskopen: Schummelei bei der Datenerhebung ist weit verbreitet, viele Umfrageergebnisse sind nachlässig ermittelt, die Zahlen dubios.
Führende Meinungsforscher fordern für ihre Branche strengere Qualitätskontrollen und gewissenhaftere Arbeit.

Wenn sich auf dem Schreibtisch von Heiner Dorroch, 60, mal wieder die Fragebogen der Demoskopen stapeln, greift der Mann zu bewährtem Handwerkszeug: Bleistift und Würfel.
5 Welche Partei seine Nachbarn wählen, schätzt der Bochumer nach Zeitungslektüre und Kneipengespräch. Auf fünf von zehn Bogen malt er für die CDU ein Kreuz, auf den nächsten vier erhält die SPD den Zuschlag.
10 Über das Schicksal der kleinen Parteien läßt Dorroch das Würfelglück entscheiden. Ein, zwei oder drei Augen bedeuten eine Stimme für die Grünen. Fällt eine höhere Zahl, gewinnen die Liberalen hinzu und gelegentlich die Republika-
15 ner.
Heiner Dorroch arbeitet als Interviewer. Im Auftrag renommierter Meinungsforschungsinstitute soll er die Stimmungslage der Deutschen erkunden: was sie kaufen, wie sie abstimmen,
20 wann sie lieben. Die Fragebogen, die jeden Monat über seinen Schreibtisch gehen, sind der Rohstoff, aus dem die Demoskopen Politprognosen, Marktanalysen oder Sozialstudien erstellen.
25 Um die Weisungen seiner Auftraggeber schert sich Dorroch wenig. Nach einem ausgeklügelten System soll er eigentlich von Haushalt zu Haushalt ziehen und an der Tür seine Fragen stellen. „Dienst nach Vorschrift kann ich mir nicht lei-
30 sten", sagt der Abfrage-Profi. Der Mann schafft lieber zu Hause - das spart Zeit und bringt mehr Geld.
Nur ein kleiner Betrüger? Ein Einzelfall ohne Auswirkung auf die Glaubwürdigkeit der Markt-
35 und Meinungsforscher? So sehen es die Demoskopen.
Rund 30 000 Interviewer schicken sie im Jahr durch die Republik, meist Studenten, Rentner oder Hausfrauen, die sich etwas hinzuverdienen
40 wollen. Mit Daten aus 6 Millionen Fragebogen füttern die Volksbeschauer ihre Computer, die dann ein Abbild der Sehnsüchte und Obsessionen der Bundesbürger auswerfen. Ihre Zahlen halten die Demoskopen für repräsentativ.
45 Nichts bleibt unerforscht. Die Meinungsforscher benennen den beliebtesten Gartenzwerg („Der fröhliche Gärtner") und geben Auskunft, woüber sich Frauen am meisten aufregen: die schmutzige Wäsche des Ehemanns.
Doch die Zahlenwerke haben mit der Wirklich- 50 keit weniger zu tun als bislang angenommen. In der Branche, die auf jede Frage eine Antwort liefert, wird mächtig geschlampt.
Vor allem bei der Datenerhebung gehört Schummelei offenbar zum Prinzip. Unsinnige 55 Fragebogen, faule Interviewer und laxe Kontrollen machen das Material aus der Feldforschung teilweise schon vor der Auswertung unbrauchbar - verwendet wird es dennoch.
Wie unseriös es bei Umfragen mitunter zugeht, 60 zeigt der Fall Dorroch. Der gelernte Maschinenschlosser arbeitete 19 Jahre lang hauptberuflich für führende deutsche Meinungsforscher, darunter Infas, Emnid, GFM-Getas, Marplan und die Gesellschaft für Konsumforschung (Gfk). Daß 65 der Mann kein Einzelfall ist, bestätigen Experten. (...)
Dem Geschäft mit der Meinung hat das bislang kaum Abbruch getan, es läuft so gut wie nie zuvor. Über 1,3 Milliarden Mark nahm die 70 Branche allein 1993 ein, trotz Rezession fünf Prozent mehr als im Jahr zuvor.
Kaum ein Unternehmen wagt noch, ein neues Produkt anzubieten, ohne vorher die Marktforscher konsultiert zu haben. Jede Staatskanzlei 75 sichert mittlerweile ihre Entscheidungen durch Umfragen ab. Mit ihren Prognosen lenken die Institute Millionenetats und beeinflussen Parteiprogramme.
In der Theorie klingt alles ganz wissenschaftlich. 80 Die meisten Institute schicken ihre Hilfskräfte nach dem sogenannten Random-Verfahren auf die Tour. Sie schreiben dem Interviewer genau vor, wo er klingeln und wen er in einer Wohnung befragen soll. 85
Die Route legen die Meinungsforscher nach einem Zufallsschlüssel fest. Damit wollen sie sicherstellen, daß die gesammelten Daten repräsentativ sind und selbst eine kleine Stichprobe von etwa 1000 Befragten ausreicht, um Kauf- 90 gewohnheiten oder Wahlverhalten von Millionen exakt zu bestimmen.
Doch immer weniger Bürger sind bereit, den Demoskopen zu antworten, gut ein Drittel winkt

dankend ab. Wenn sie überhaupt die Wohnungstür öffnen, lautet die erste Frage meist: „Wie lange dauert's denn?‟‟
Nicht selten kalkulieren die Institute mit einer Gesprächsdauer von mehr als einer Stunde, einige hundert Fragen stehen auf den Auskunftsbogen. Um dennoch zum Erfolg zu kommen, raffen viele Interviewer eigenmächtig die Fragebogen. In wenigen Minuten ermitteln sie Name, Alter, Beruf und einige zentrale Angaben, etwa zur bevorzugten Automarke oder zum Lieblingskaffee.
Aus diesen sogenannten Kernfragen lassen findige Rechercheure dann zu Hause eine fiktive Persönlichkeit entstehen - der Rest des Auskunftsbogens wird in Heimarbeit ausgefüllt.
Daß es in der Feldforschung nicht immer mit rechten Dingen zugeht, ist den Instituten bekannt. Emnid hat sich kürzlich die Mühe gemacht, die eigenen Interviewer zu interviewen.
Gruppendiskussionen hätten ergeben, heißt es in einem internen Bericht, „daß die Interviewer die Erfüllung des Auftrags im vollen Umfang für nicht möglich halten‟.
Es bestehe „der begründete Verdacht‟, so das Fazit, „daß die Interviewer sich zum großen Teil nicht an die Begehungsvorschrift halten und dank mangelnder Sanktionsmöglichkeiten auch damit durchkommen‟.
Einfach läßt sich auch das Quota-Verfahren unterlaufen, die zweite repräsentative Erhebungsmethode. Das Forschungsinstitut gibt keine Anschriften vor, sondern bittet den Befrager, bestimmte Personen ausfindig zu machen - Ärzte beispielsweise.
Um die mitunter langwierige Suche abzukürzen, führen viele Interviewer eine Adressenkartei mit Namen von Bekannten, die sie nach Gutdünken zum Einsatz bringen. Mal firmiert die Freundin als 40 Jahre alte Apothekerin, mal als 10 Jahre jüngere Kassiererin. (...)
Nach eigenen Angaben kontrollieren die Institute im Schnitt jedes zehnte Interview. Sie erkundigen sich telefonisch oder per Postkarte bei den Befragten, ob und wie lange sich ein Mitarbeiter bei ihnen aufgehalten hat. „Wer fälscht, fällt auf‟, sagt Erich Wiegand, Geschäftsführer des Arbeitskreises Deutscher Marktforschungsinstitute (ADM), „und wer negativ auffällt, fliegt.‟
Wie weit die Studien der Markt- und Meinungsforscher neben der Wirklichkeit liegen, wird nur selten offenbar.
Nicht einmal fünf Prozent der Umfragen dienen zu Politprognosen und müssen sich am Wahlergebnis messen lassen.

Auftraggebern aus der Industrie fehlt die Möglichkeit zum Vergleich. Zweifel an der Seriosität kommen den Marketingstrategen der Unternehmen oft nur dann, wenn die Ergebnisse nicht den Erwartungen entsprechen. Die Firmen sind an der Misere nicht unschuldig. Sie wollen oft zuviel für zuwenig Geld und am liebsten alles auf einmal. Die Fragebogen gleichen häufig Kompendien.
Eine typische Marktstudie der GFM-Getas, „Omnibus‟ genannt, umfaßt 59 Seiten mit über 500 Fragen und Unterfragen zu Themen wie Frischkäse und Monatsbinden, Freizeitvergnügen und Schlafmittelkonsum. Manche Aufträge fordern zum Mauscheln geradezu heraus. Ifak verlangte von seinen Interviewern im Februar, für eine Studie über „Gynäkologische Antimykotika‟ Frauen „zwischen 18 und 50 Jahren‟ ausfindig zu machen, die wenigstens einmal an einer (Pilz-)Infektion im Genitalbereich erkrankt sind‟.
„Stellst du an der Haustür so eine Frage‟, berichtet ein Interviewer aus Köln, „fliegst du entweder raus, bekommst eine Ohrfeige, oder sie hetzen dir den Hund hinterher.‟
Eine Diskussion über Grundsätze und Qualitätsmaßstäbe des Gewerbes ist nach Ansicht von Fachleuten überfällig. (...)
Wie sich die Arbeitsmoral der Interviewer heben und damit die Aussagekraft von Umfragen verbessern ließe, ist in den Chefetagen der Meinungsforschung längst bekannt. So empfiehlt eine Emnid-Arbeitsgruppe, die Honorare aufzubessern. Wer sich streng an die Vorgaben hält, schafft oftmals kaum einen Stundenlohn von zehn Mark.
Vor allem aber, so haben die Forscher erkannt, müssen sie die Fragebogen kürzer halten und verständlicher formulieren. „Die Zielpersonen haben schon nach 30 Minuten keine Lust mehr, die Fragen gewissenhaft zu beantworten‟, analysiert Emnid. „Sie fordern den Interviewer regelrecht auf: Tragen Sie doch ein, was Sie wollen.‟
Immer mehr Meinungsforscher lassen ihre Mitarbeiter im eigenen Institut am Telefon recherchieren. Bei dieser Methode, die zum Beispiel die Forschungsgruppe Wahlen, aber auch Emnid für den SPIEGEL bei aktuellen Umfragen anwendet, ist Fälschung nahezu ausgeschlossen. Die Rufnummern werden automatisch angewählt, ein Supervisor kann sich jederzeit in die Gespräche einschalten und so überprüfen, ob das Personal gewissenhaft arbeitet.

Das Telefonverfahren eignet sich allerdings nur
205 für knappe Interviews. Die Rechercheure können etwa keine Symbole vorlegen, anhand deren sich die Bekanntheit von Marken testen ließe. Zumindest die Marktforscher können deshalb nicht auf die fälschungsanfällige Abfragerei an der Haustür verzichten. Kritik an den Mängeln 210 der Feldforschung halten sie für überzogen. „Der Interviewerstab ist ein verkleinertes Abbild der Bevölkerung", erklärt ADM-Sprecher Wiegand. „Wenn also mal jemand schummelt, dann schummelt er repräsentativ." 215

Der Spiegel 26/1994, S. 42 ff.

Was Vertreter auf Einwände antworten

Beim Kontaktgespräch

Einwand: Ich habe kein Geld.
Vertreter: Es freut mich, daß Sie so ehrlich zu mir sind, aber gerade deshalb sollten wir uns unbedingt mal zusammensetzen.
5 *Einwand:* Ich habe schon alles.
Vertreter: Das zeigt, daß Sie sehr verantwortungsbewußt sind. Wann ist Ihre Vorsorge zum letzten Mal von einem Fachmann überprüft worden?
10 *Einwand:* Mein Bekannter ist bei der Bank/Versicherung.
Vertreter: Dann kennen Sie ja die Möglichkeiten, die dieses Unternehmen anbietet. Wären Sie daran interessiert, einmal etwas Neues kennen-
15 zulernen?
Oder: Wenn Ihr Bekannter Ihnen das bieten könnte, was ich Ihnen vorschlage, hätte er es doch schon längst getan, oder?
Einwand: Da muß ich erst mit meiner
20 Frau/meinem Mann sprechen.
Vertreter: Ich finde es gut, wenn Sie in der Familie alle Dinge miteinander bereden. Lassen Sie uns das doch einfach gemeinsam tun.
Einwand: Mein Steuerberater macht das für
25 mich.
Vertreter: Sicher haben Sie sich einen guten Steuerberater ausgesucht. Aber die Gesetze sind so umfangreich, daß selbst er nicht alles wissen kann. Deshalb sollten wir miteinander reden.
30 *Einwand:* Das glaube ich nicht. Wo ist der Haken?
Vertreter: Das kann ich gut nachfühlen. Mir ist es genauso gegangen, als ich zum ersten Mal davon hörte. Dann habe ich es mir aber Punkt
35 für Punkt zeigen lassen. Wann kann ich es Ihnen zeigen?
Einwand: Sie haben doch auch nichts zu verschenken.
Vertreter: Der einzige, der etwas verschenkt, ist
40 der Staat. Aber wußten Sie, daß längst nicht jeder alle staatlichen Leistungen, die ihm zustehen, auch ausnutzt?
Einwand: Ich möchte erst mit jemandem sprechen, der das schon gemacht hat.
Vertreter: Ich könnte Ihnen eine ganze Liste von 45 Referenzen geben. Aber was würden Sie sagen, wenn Sie ständig von fremden Leuten angerufen würden, die Sie nach dieser Sache fragen?
Einwand: Schicken Sie mir doch die Unterlagen.
Vertreter: Früher haben wir das gemacht, sind 50 aber inzwischen davon abgekommen. Es hat sich bewährt, das im persönlichen Gespräch zu klären, wo man auf alle Fragen direkt eingehen kann.
Einwand: In der Presse stand aber noch nie et- 55 was darüber.
Vertreter: Ehrlich gesagt - unsere Angebote sind konkurrenzlos. Wenn wir sie veröffentlichen würden, würden unsere Mitbewerber sicher bald ähnliches anbieten. 60
Einwand: Geht es um Versicherungen?
Vertreter: Wäre es gut, wenn es um Versicherungen ginge? (Antwort des Kunden entweder „Ja" oder „Nein".) Das ist mit ein Grund, warum wir einen Termin vereinbaren sollten. 65
Einwand: Da soll ich doch sicher etwas abschließen.
Vertreter: Wenn Sie ins Kaufhaus gehen, müssen Sie dann etwas kaufen?
Einwand: In letzter Zeit werde ich andauernd 70 von Leuten wie Ihnen angerufen.
Vertreter: Gerade dadurch ergibt sich für Sie die Möglichkeit zum Vergleich.
Einwand: Können Sie mir Ihr Angebot kurz in wenigen Sätzen erläutern? 75
Vertreter: Sind Ihrer Meinung nach die Gesetze zu einfach oder zu kompliziert? (Antwort des Kunden: „Zu kompliziert".) Sehen Sie, deshalb würde ich gern zu einem umfassenden Informationsgespräch bei Ihnen vorbeischauen. 80

Oder: Angenommen, ich hätte ein Buch mit dreihundert Seiten und ich würde Ihnen die Seite 42 vorlesen - könnten Sie dann sagen, das Buch ist gut oder schlecht? (Antwort des Kunden: 85 „Nein.") Sehen Sie, deshalb ist es besser, wir setzen uns mal zusammen und reden ausführlich darüber.

Einwand: Ich bin arbeitslos.

Vertreter: Dann setzen wir uns zusammen, wenn 90 Sie wieder berufstätig sind. Bahnt sich denn schon etwas an?

Beim Verkaufsgespräch

Einwand: Ich habe laufende Verpflichtungen zu bedienen.

95 *Vertreter:* Gerade deshalb brauchen Sie Schutz, oder sollen Ihre Angehörigen Ihre Schuld abbezahlen, wenn Ihnen etwas zustößt?

Einwand: Ich muß es mir noch mal überlegen.

Vertreter: Selbstverständlich muß ein so wichti-
100 ger Entschluß gut bedacht sein. Bedenken Sie aber, daß Sie nie wissen können, wann Sie diesen Schutz brauchen könnten.

Oder allgemein: Was hält Sie davon ab, es gleich zu tun?

Oder: In Ordnung, überlegen wir also noch ein- 105 mal gemeinsam, was dafür und was dagegen spricht.

Einwand: Banken und Versicherungen stellen Paläste in die Landschaft, die vom Ersparten der kleinen Leute bezahlt werden. 110

Vertreter: Würden Sie Ihr Geld einer Gesellschaft überlassen, die in einer Bruchbude haust? Außerdem: Was haben Sie dagegen, daß die Finanzwirtschaft moderne Arbeitsplätze schafft?

Einwand: Alle Versicherungen sind Betrug. 115

Vertreter: Glauben Sie im Ernst, daß ich Sie betrügen würde?

Oder: Haben Sie persönlich schlechte Erfahrungen gemacht?

Einwand: Die Apfelsinia-Versicherung ist aber 120 billiger.

Vertreter: Die Apfelsinia ist eine ausgezeichnete Gesellschaft - genau wie die Arroganz-Versicherung und die Erste Hundsgemeine. Das gleiche trifft aber auch auf unsere Gesellschaft, 125 die Pfefferminzia, zu.

Finanztest 6/1992, S. 33.

7 Arbeit und Beruf

Daten statt Autos

Ein Brief, der per Fax kommt, muß nicht über Land gefahren oder geflogen werden. Eine Bestellung per Computer ersetzt die Fahrt in die Innenstadt. Eine Konferenz im virtuellen Sitzungssaal eines Computernetzes spart viele Jet-, Intercity- und Limousinenkilometer. Stimmt das? Kann der Datentransfer Verkehr ersetzen? Oder ist sogar zusätzlicher Verkehr die Folge, wenn wir unbegrenzte Räume elektronisch überwinden und unseren Alltag dadurch beschleunigen? Zwei Meinungen dazu:

Professor Dr. Rolf Kreibich, Leiter des Instituts für Zukunftsstudien und Technologiebewertung IZT in Berlin:

Telearbeit gegen Pendlerströme
5 Wir brauchen neue Leitziele für eine zukunftsfähige Mobilität, die nicht nur kurzfristig Wohlstand schafft, sondern auch dauerhaft die natürlichen und sozialen Lebensgrundlagen erhält. Wir werden überhaupt nur eine Chance haben,
10 wenn wir keinen Bericht ungeprüft lassen, der dazu beiträgt, uns ökologisch nachhaltig und dauerhaft aus der heutigen Mobilitätsfalle her-

auszuholen. Was können telematische Systeme dabei leisten?

Lange Zeit galt in Expertenkreisen die soge- 15 nannte „Induktions-Hypothese". Sie besagt, daß durch den Einsatz von Informations- und Kommunikationstechnologien (IuK) noch mehr physischer Verkehr angeregt werde. Als „Beweis" wurde angeführt, daß in der Zeit erheblicher 20 Expansion der IuK-Ausstattungen in den Unternehmen und Privathaushalten der Personen- und Güterverkehr weiter zugenommen hat. Doch in keiner empirischen Studie wurde ein ursächlicher Zusammenhang zwischen beiden nachge- 25 wiesen. Daher ist es geradezu fahrlässig, aus

diesen statistischen Befunden einen Ursache-Wirkungs-Mechanismus abzuleiten.(...)
Die Induktionshypothese ist ebenso naiv, wie der Glaube anderer Zeitgenossen, daß durch den Einsatz von Telekommunikationsmitteln automatisch physischer Verkehr ersetzt werde. Entscheidend ist doch, daß wir wie in der Energiepolitik lernen, die Fragestellung umzukehren: Wie müssen die politischen, wirtschaftlichen, sozialen, verkehrlichen und telematischen Rahmenbedingungen beschaffen sein, damit physischer Verkehr durch Informationsflüsse ersetzt oder auf sozial und ökologisch verträgliche Mobilitätssysteme verlagert werden kann? Kurz gesagt: Was muß geschehen, damit sich der Transport von Kilogramm und der Verbrauch von Energie durch Kilobyte ersetzen läßt?
Ganz sicher kann der Einsatz informationstechnischer Hilfsmittel nicht alle Verkehrsprobleme lösen. Schon gar nicht, und hier liegt das eigentliche Problem, können telematische Systeme politische Rahmenkonzepte wie Ökosteuern, vorrangige Förderung des öffentlichen Verkehrs oder bessere Raum- und Siedlungskonzepte überflüssig machen. Im Gegenteil, solche Rahmenbedingungen sind gerade die Voraussetzung, daß der Einsatz von IuK-Techniken eine nachhaltige ökologische und soziale Wirkung entfalten kann.
Betrachten wir das Beispiel Telearbeit, wozu wir am IZT umfangreich empirisch geforscht haben: Telearbeit findet dann eine hohe Akzeptanz, wenn die Vorteile einer flexibleren und autonomeren Arbeitsgestaltung mit den Sicherheiten eines festen, tarifvertraglich verankerten Arbeitsverhältnisses zusammenfallen. Darüber hinaus müssen die betroffenen Arbeitnehmer ihre Kollegen und Vorgesetzten regelmäßig treffen und mit ihnen kommunizieren können. Sie brauchen gute Arbeitsbedingungen zu Hause oder in den Satellitenbüros und müssen weiterhin an den Qualifizierungs- und Förderungsmaßnahmen des Unternehmens teilhaben. Dies ist nur durch Mischformen oder sogenannte alternierende Telearbeit zu erreichen, bei der abwechselnd in der Zentrale, in der Zweigstelle und zu Hause gearbeitet wird. Wir haben herausgefunden, daß sozial abgesicherte Telearbeits-Mischformen vielen Menschen in ihrem Wunsch nach Selbstgestaltung und Autonomie und dem allgemeinen Trend nach Differenzierung der Lebensstile entgegenkommen. Daß solche Telearbeits-Verhältnisse erheblich zur Entlastung von physischem Verkehr, insbesondere zur Verringerung der massenhaft unseligen Pendlerströme beitra-

gen könnten, ist die zusätzliche positive Wirkung.
Die Befürchtung, Telearbeit führe zu einer Einschränkung der sozialen Kommunikation, isoliere Mitarbeiter und fördere minderwertige Arbeitsverhältnisse, ist berechtigt. Solche Negativfolgen sind jedoch durch einen Lern-, Mitbestimmungs- und Mitgestaltungsprozeß, der alle Beteiligten von Anfang an in die Technikentwicklung, Technikbewertung und Technikgestaltung einbezieht, prinzipiell zu bewältigen.
In der Praxis ist das allerdings meist ein konflikt- und dornenreicher Weg. Neben Politikern und Managern sind deshalb auch die Arbeitnehmer selbst und die Gewerkschaften angesichts der tiefgreifenden Veränderungen der Arbeits-, Beschäftigungs- und Kommunikationssysteme herausgefordert: Nicht wegtauchen vor den Problemen, sondern gestaltend mitwirken ist die einzig sinnvolle und wirkungsvolle Strategie. Wir brauchen schon vor der Einführung neuer Technologien auch auf der überbetrieblichen Ebene spezielle Tarifverträge zur Technikgestaltung und Arbeitsorganisation.
Wir können und sollten davon ausgehen, daß die intelligente Nutzung der Telematik für die kommenden Generationen einen anderen Stellenwert haben wird. Deshalb kommt es entscheidend darauf an, schon heute die Weichen in Richtung Sozialverträglichkeit und Umweltentlastung richtig zu stellen.

Christine Bauhardt ist wissenschaftliche Mitarbeiterin am Fachbereich Raumplanung der Uni Dortmund, Arbeitsschwerpunkte: Infrastruktur und Alltag, feministische Verkehrsforschung.

Lieber von Angesicht zu Angesicht
Sollte die erhoffte Substitution von physischem Verkehr durch Datenautobahnen ähnliche Effekte zeitigen, wie das vielgepriesene „papierlose Büro", dann müssen wir uns keine Sorgen machen, daß Züge künftig leer fahren werden und viel zu breite Autobahnen kaum jemand nutzt. Bekanntlich ist der Papierschwall in den Büros seit dem Einzug der Personalcomputer zu ungeahnten Fluten angewachsen. Die Datenverarbeitung hat die doppelte Ablage nicht ersetzt, sondern ergänzt. Neue Anforderungen an Gestaltung, an die äußere Form von Textprodukten heben die durch Computer gewonnene Zeit wieder auf. So hatte man sich die Rationalisierung der Büroarbeit nicht vorgestellt!
Auch die Hoffnung, Verkehr auf diese Weise zu vermeiden, wird sich als Illusion erweisen. Der

Versuch muß mißlingen, denn die meisten Verkehre sind nicht durch Datentransfer zu ersetzen. Schließlich nehmen wir am Verkehr teil, weil wir damit weitaus mehr und teilweise auch ganz andere Zwecke verfolgen, als den Transport von ökonomisch relevanten Informationen: Wir stricken an sozialen Netzen, wir gehen zur Arbeit, wir besuchen politische und kulturelle Veranstaltungen, kurz: wir treffen andere Menschen an den Orten, die wir aufsuchen. Wie sollten diese verkehrserzeugenden Anlässe durch die technische Übermittlung von Daten, sogenannte „Informationen" ersetzt werden? Unser Alltag ist eben häufig alles andere als zweckrational, und wir handeln auch nicht immer (oder eher selten?) vernünftig im Sinne einer gesellschaftlichen Kosten-Nutzen-Analyse.

Im übrigen ist längst bekannt, daß die persönliche Begegnung, die Kommunikation in einer face-to-face-Interaktion unverzichtbar ist. Wichtige Entscheidungen, ökonomische wie politische, werden informell getroffen, in Situationen, bei denen es auf Intuition, auf das Gefühl der richtigen Entscheidung, auf Vertrauen in die anwesenden Personen ankommt. Nicht von ungefähr konzentrieren sich die Zentren wirtschaftlicher und politischer Macht an konkreten Orten. Eine wichtige Standortqualität des Bankenzentrums Frankfurt oder des geplanten Regierungsviertels in Berlin ist gerade die räumliche, fußläufige Nähe. Sie ermöglicht nicht-formalisierte Kommunikation - von Menschen, nicht von Daten.

Damit deutet sich zugleich an, daß personale Kommunikation bereits heute zu einer Ressource geworden ist, die soziale Spaltungen weiter verschärft: face-to-face-Kommunikation ist für das Aushandeln von Machtbeziehungen unerläßlich. Denn schließlich sind es nicht die Geschäftsreisen oder Reisen zu wissenschaftlichen Kongressen, die per Kabel erledigt werden sollen. Bei diesen Anlässen geht es nämlich genau nicht um Informations- oder Datenaustausch, sondern um Kontaktaufnahme und -pflege, um das gemeinsame Essen, Trinken und Reden. Dagegen gilt die Kommunikation des Alltags - am Arbeitsplatz unter KollegInnen, beim Einkaufen, beim Verwandten- und FreundInnenbesuch - als verzichtbar und substituierbar. Hinter der Hoffnung auf Verkehrssubstitution steht die Rationalisierung des Alltagsverkehrs: keinen Einkaufsverkehr, statt dessen Teleshopping, keinen Freizeitverkehr, keine Wochenendausflüge, statt dessen „interaktives" Fernsehen, isolierte Teleheimarbeit statt Pendlerverkehr.

Natürlich entsteht auch im Alltag viel vermeidbarer Verkehr. Aber dagegen hilft nur eine veränderte Raumentwicklung, die Mobilitätszwänge abbaut und Lebensbereiche wie Wohnen, Arbeiten, Freizeit und Kultur wieder näher zueinanderrückt. Wir müssen lernen, mit dem Raum anders umzugehen, anstatt ihn durch immer schnellere Infrastrukturen zum Verschwinden zu bringen.

Machen wir uns nichts vor: Bisher hat keine technische Lösung das Problem wachsenden Verkehrsaufkommens in den Griff bekommen, obwohl viel Ingenieurswissen, Zeit und Geld in die Technik investiert wurde. Die komplizierten, aber faszinierend eleganten Lösungen drehen die „Technikspirale" lediglich eine Umdrehung weiter. Deshalb wird auch ein neuerlicher technischer Ansatz, der vorgibt, die Probleme „an der Wurzel" anzupacken, nur neue Probleme hervorrufen - sei es auf der Ebene zusätzlichen und unvorhergesehenen materiellen Verkehrs, wie die Analogie zum papierlosen Büro zeigt, oder sei es auf der Ebene zusätzlicher psychosozialer Belastungen.

In einer Zeit, in der Kommunikation, persönliche Begegnung und Auseinandersetzung immer mehr zur Privatangelegenheit und damit zur Aufgabe von Frauen werden, verschärft die Technisierung von Kommunikation die Spaltung zwischen der öffentlichen und der privaten Sphäre. Es ist aber jetzt schon abzusehen, daß Frauen die Alleinverantwortung für die Entwicklung kommunikativer Kompetenz im Privatraum Familie nicht übernehmen werden. Und das ist gut so, denn es sind gesellschaftliche Neuorientierungen für den Umgang mit Zeit und Raum gefragt, keine technischen Scheinlösungen.

fairkehr 6/94, S. 24 f.

Vernichtet ein Tempolimit Arbeitsplätze?

JA
ERIKA EMMERICH

Die 59jährige Juristin ist Präsidentin des größten deutschen Industrieverbands, des Verbands der Automobilindustrie (VDA). Zuvor war Erika Emmerich Präsidentin des
5 Kraftfahrt-Bundesamts in Flensburg

Umfragen hin, Umfragen her: Ein generelles Tempolimit hilft der Umwelt nicht. Das hat der TÜV-Großversuch schon 1985 ergeben. Auch ein Zugewinn an Verkehrssicherheit ist durch ein
10 Tempolimit nicht zu erwarten. Außerdem: Unsere Autobahnen sind bereits die sichersten Straßen. Überdurchschnittlich viele Autobahn-Unfälle ereignen sich aber auf Strekkenabschnitten in Ballungsräumen, wo es viel-
15 fach Tempolimits gibt. Die hohe Verkehrsdichte, die zudem zu unnötigem Kraftstoffverbrauch und zu unvermeidbarem Schadstoffausstoß führt, ist daran schuld. Was wir brauchen, ist also eine Beseitigung der
20 bestehenden Engpässe im Straßennetz und moderne Verkehrsleitsysteme, die flexible, der Situation angepaßte Geschwindigkeitsregelungen ermöglichen. Ein generelles Tempolimit wäre ein Hemmschuh
25 für den technischen Fortschritt. Wer die Weiterentwicklung des Automobils behindert, gefährdet Arbeitsplätze in der deutschen Automobilindustrie, die davon lebt, daß sie weltweit technisch hochwertige Fahrzeuge anbietet. Das ist
30 ihre Stärke. Damit hat sie bis jetzt weitgehend den Nachteil des hohen Kostenniveaus überspielt, das den Standort Deutschland im internationalen Wettbewerb unverändert kennzeichnet. Für ein generelles Tempolimit gibt es keine ver-
35 nünftige Begründung. Seine ideologischen Vorkämpfer sollten daher ehrlich sagen, worum es ihnen eigentlich geht: um Beschneidung des Entscheidungsspielraums von Millionen Autofahrern.

NEIN
HUBERT WEINZIERL

Der 58jährige Diplomforstwirt ist Vorsitzen- 40 der des Bundes für Umwelt und Naturschutz Deutschland (BUND). Weinzierl, der seine Überparteilichkeit betont, setzt sich für eine ökologische Marktwirtschaft ein

Die Behauptung, ein Tempolimit gefährde Ar- 45 beitsplätze, ist absurd. In den USA und Japan gibt es seit langem Geschwindigkeitsbeschränkungen, was beide Exportnationen nicht davon abgehalten hat, ihre Positionen auf dem Autoweltmarkt auszubauen. 50 Nur in der Bundesrepublik sollen - ganz nach dem Willen der Autohersteller - die Autobahnen als Teststrecken für hochgerüstete PS-Panzer made in Germany dienen. Nicht das Tempolimit, das Management der Autoindustrie gefährdet 55 Arbeitsplätze. Die deutsche Autobranche setzt phantasielos weiter auf den Bau von Rennreiselimousinen (schneller, schwerer, stärker, teurer) und verweigert sich dem Wandel zu einem Anbieter von Verkehrsdienstleistungen. 60 Tempo 100 auf Autobahnen würde die Umweltbelastungen durch den Verkehr schnell und kostengünstig um bis zu einem Fünftel reduzieren: weniger Verkehrstote, weniger Lärm, weniger Schadstoffe. Das Leben in Deutschland würde 65 sofort unbelasteter, risikoärmer und angenehmer. Die Mehrheit der Bevölkerung ist längst vom Vorteil des langsamen Fahrens überzeugt, wie die kürzlich vom BUND vorgestellte Umfrage 70 gezeigt hat. 65 Prozent der 2600 Befragten sprachen sich für eine Beschränkung bzw. Herabsetzung der Höchstgeschwindigkeit aus, 61 Prozent für ein Tempolimit auf Autobahnen. Daß die Autolobbyisten den Knüppel Arbeits- 75 plätze aus dem Sack holen, beweist nur ihre Argumentationsnot und ihr Bemühen, vom eigenen Versagen abzulenken.

Focus 13/1994, S. 77

Produziert Deutschland zu viele Akademiker?

JA
HERIBERT SPÄTH

NEIN
PAUL KRÜGER

Der Bau- und Wirtschaftsingenieur, 56, ist seit 1988 Präsident des Zentralverbands des Deutschen Handwerks. Er ist Mitinhaber und Geschäftsführer des Bauunternehmens
5 **Späth-Liebergesell GmbH & Co. KG**

Der promovierte Ingenieur, 44, wurde im 40 **Mai 1993 Nachfolger von Matthias Wissmann als Bundesforschungsminister. Der gebürtige Neubrandenburger schloß sich erst während der Wende der CDU an**

Grundsätzlich muß in Frage gestellt werden, ob es mit Blick auf die Verzahnung von Bildungs- und Beschäftigungssystem künftig einen nahezu unbegrenzten Akademikerbedarf geben wird.
10 Nach der neuesten Prognose einer Studie des Bundesministeriums für Bildung und Wissenschaft wird bis zum Jahr 2010 der Bedarf an Beschäftigten mit einer abgeschlossenen Berufsausbildung steigen - bei Facharbeitern, Meistern
15 und Technikern von 64 Prozent auf 74 Prozent. Der Bedarf an Hochschulabsolventen wächst dagegen nur von 10 Prozent auf 15 Prozent. Die berufliche Erstausbildung bleibt damit auch künftig die von der Wirtschaft am häufigsten
20 nachgefragte Qualifikation, ergänzt um eine intensive Weiterbildung.
Aus heutiger Sicht muß deshalb davon ausgegangen werden, daß die Nachfrage nach Akademikern nicht mit der zu erwartenden steigen-
25 den Zahl der Hochschulabsolventen Schritt halten wird. Für die Hochschulabsolventen nehmen die Risiken beim Berufseinstieg schon jetzt zu. Immer mehr üben Tätigkeiten aus, die von ihren Anforderungen her weit unterhalb traditioneller
30 Akademikerarbeitsplätze angesiedelt sind. Auch die derzeit hohen Quoten der Studienwechsler sind ein Zeichen dafür, daß sich ein Studium als eine persönliche und volkswirtschaftliche Fehlinvestition erweisen kann.
35 Die Wirtschaft fordert daher die Gleichwertigkeit beruflicher und allgemeiner Bildung, eine Verbesserung der Leistungsfähigkeit des gesamten Bildungssystems und grundlegende Reformen im Hochschulwesen.

In einer immer technisierteren Welt werden die 45 beruflichen Anforderungen in allen Ausbildungsstufen weiter steigen. Wo es um Spitzentechnologie geht, brauchen wir Menschen, die diese verstehen und verantwortungsvoll weiterentwickeln können. Hierfür werden wir in Zu- 50 kunft eher mehr hoch- und höchstqualifizierten wissenschaftlichen Nachwuchs benötigen. Es führt deshalb in eine Sackgasse, wenn man allein über die ständig steigende Studienquote in Deutschland klagt. Das Hochschulstudium, be- 55 sonders an den Universitäten, muß mehr Praxisbezug erhalten, wenn wir an der Spitze der Hochtechnologienationen ein ernsthafter Konkurrent bleiben wollen. Es gilt, beim Studium bessere Voraussetzungen für den Erkenntnis- 60 transfer zwischen Wissenschaft und Wirtschaft zu vermitteln. Auch kürzere Studienzeiten würden einen früheren Kontakt mit der beruflichen Realität zur Folge haben. Die Frage, die sich für mich stellt, lautet nicht: „Haben wir zu viele 65 Studenten", sondern: „Haben wir genügend qualifizierte Absolventen?" Ich sehe derzeit mit großer Sorge, daß gegenwärtig große Anteile der jüngsten Absolventenjahrgänge im Schlüsseltechnologiebereich keinen Arbeitsplatz erhalten. 70 Noch beunruhigender ist, daß sich begabte junge Menschen von den schlechten Anstellungschancen abschrecken lassen. Hier könnte ein Talentverlust einsetzen, den sich Deutschland nicht leisten kann. Wir brauchen die Kreativität und 75 Motivation einer jungen Generation, wenn wir die Zukunft gewinnen wollen.

Focus 13/1994, S. 77.

HÄTTEN SIE DEN JUNGEN EINSTEIN ALS LEHRLING GENOMMEN?

Bekanntlich waren die Schulnoten Einsteins alles andere als befriedigend. Auch viele andere berühmte Beispiele - von Richard Wagner bis Robert Bosch und Thomas Mann - beweisen, daß die Schulleistung und die Lebensleistung oft nichts miteinander zu tun haben. Diese Tatsache sollten Sie bei der Einstellung von Lehrlingen bedenken. Geben Sie auch schwächeren Schulabgängern eine Chance, vertrauen Sie auf die Leistungsbereitschaft von ausländischen Jugendlichen oder von Körperbehinderten.

Daß das Angebot an Lehrstellenbewerbern so gering ist, liegt vor allem an der niedrigen Geburtenrate in den siebziger Jahren. Darum müssen Sie sich heute marktwirtschaftlich verhalten: Bieten Sie überzeugende Ausbildungskonzepte, laden Sie ein zu Schnupperlehre, Ferienjobs und Betriebsführungen. Und vor allem: Stellen Sie heraus, was Ihr Ausbildungsangebot besonders attraktiv macht. Bei allen Ihren Bemühungen unterstützt Sie gerne die Berufsberatung im Arbeitsamt. Rufen Sie an und bleiben Sie in ständigem Kontakt.

Goethe und Kohl

Wer unter den Kreativen groß herauskommen will, muß begabt sein und hart arbeiten.

Von Axel Vaßgert

Das Prestige der Werbeleute ist nicht besonders hoch - angesiedelt zwischen Künstlern und Scharlatanen. Doch die Branche boomt.
Gute Chancen also für den Nachwuchs? Ja, doch
5 sollte der Einsteiger erst mal genau nachsehen, was da auf ihn zukommt.
Zwei Wege führen in die bunte Reklamewelt: das Studium an einer Fachhochschule oder Universität und die Lehre. In der Werbewirtschaft
10 gibt es drei Ausbildungsberufe: den Druckvorlagenhersteller, den Schauwerbegestalter (meist Dekorateur genannt) und den Werbekaufmann.
Für Abiturienten am interessantesten ist die Lehre zum Werbekaufmann beziehungsweise zur
15 Werbekauffrau.
Ausbildungsplätze haben vor allem Werbeabteilungen großer Unternehmungen und Werbeagenturen. „Die Ausbildung in einer qualifizierten Agentur ist die beste Basis, um Werbung
20 von der Pike auf zu erlernen", sagt Esther Mikus, Chefin der Agenta Werbeagentur in Münster und Autorin der „Blätter zur Berufskunde", die die Bundesanstalt für Arbeit herausgibt.
Für das Lernen von der Pike auf hat sich Con-
25 stanze Gerke entschieden. Die 21jährige macht eine Ausbildung zur Werbekauffrau in der Bremer Agentur Seekamp Werbung GmbH. Für die engagierte Einsteigerin endet der Berufstag längst nicht immer mit dem offiziellen Dienst-
30 schluß. „Ich will soviel wie möglich mitbekommen", sagt sie. Deswegen schaut Constanze auch abends noch den Kollegen über die Schulter, wenn die einen Katalog für ein Versandhaus entwerfen oder Fotos für Modeprospekte aus-
35 wählen.
Während der dreijährigen Ausbildung buchstabiert der Neuling das Werbe-Alphabet von A wie Anzeige bis Z wie Zielgruppenforschung. Er lernt die Stationen einer Werbekampagne ken-
40 nen, angefangen beim Kundengespräch, vollendet im fertigen Inserat, Plakat oder Werbespot.
Er erfährt, wie man dem Kunden eine Werbekampagne präsentiert und wie man eine Mediakonzeption ausarbeitet. Auch das Studium der
45 verschiedenen Schriftarten - von venezianischer Renaissance-Antiqua bis zu serifenlosen Zeichen - ist Pflicht. Im Mittelpunkt der Ausbildung aber stehen kaufmännische Aufgaben, etwa Rechnungen kontrollieren und schreiben oder Aufträ-

50 ge abwickeln und Angebote einholen - das gehört hier ebenso dazu wie in allen kaufmännischen Berufen, ob beim Bank-, Speditions- oder Bürokaufmann.
In der Berufsschule stehen außerdem zum Bei-
55 spiel Rezeptionsforschung und Medienanalyse auf dem Stundenplan. Eigene Werbung-Klassen haben allerdings nur Berufsschulen in den Großstädten Hamburg, Hannover, Düsseldorf, Köln, Frankfurt und München. In kleineren
60 Städten drücken die Azubis mit anderen zukünftigen Kaufleuten die Berufsschulbank. (...)
Frankfurt gehört neben Düsseldorf, Hamburg, Stuttgart und München zu den Werbemetropolen. Die Ausbildungsvergütungen schwanken
65 stark - zwischen 800 und 1500 Mark. Ist die Abschlußprüfung geschafft, steigt der Werbekaufmann mit 2500 bis 3000 Mark brutto ein.
Die fertigen Werbefachleute können in allen Abteilungen einer Agentur arbeiten - etwa in der
70 Produktion, im Finanzmanagement, aber auch in der Kundenberatung. Arbeitsplätze gibt es auch bei Unternehmen, die eine eigene Werbeabteilung haben, und bei den Medien.
Wer etwas werden will, kann dies durch Fortbil-
75 dung - etwa an Werbefachakademien - erreichen. Und wen es ganz nach oben ins Management zieht, der muß an die Ausbildung ein Studium anhängen. An rund 120 Fachhochschulen und Hochschulen der Republik gibt es be-
80 triebswirtschaftliche Studiengänge, die auch Wissen auf dem Werbungssektor vermitteln - Abschluß: Diplom-Betriebswirt, Diplom-Kaufmann oder Kommunikationswirt. Einen eigenen Fachbereich Werbewirtschaft bietet die
85 Fachhochschule Pforzheim an. Und an der Hochschule der Künste (HdK) in Berlin kann man einen Abschluß zum Diplom-Kommunikationswirt machen - der kennt sich dann aus in verbaler und audiovisueller Kommunikationsge-
90 staltung, Kommunikationsplanung und Kommunikationswissenschaft.
Manch angehender Werbekaufmann hat vielleicht in seiner Lehre gemerkt, daß es ihn eher zu kreativen Werbeaufgaben zieht - zum Bei-
95 spiel poppige Poster zu entwerfen. Dann empfiehlt sich ein Grafikdesign-Studium.
Schwieriger wird eine Empfehlung für den, der gerne als Texter flotte Sprüche ersinnen möchte.

Denn ein Texter ist, wenn man einem Fachbuch
glaubt, ein wahres Wunderding. Sein
„Idealprofil": „Die philosophische Größe eines
Goethe kombiniert mit der Belesenheit und Ur-
teilskraft von Marcel Reich-Ranicki plus die
Experimentierfreudigkeit eines Hackers, kombiniert mit den Skrupeln, der Ausdauer und der
Gründlichkeit eines Thomas Mann." Und damit
noch nicht genug: „Dazu dann bitte noch die
sprachliche Reduktionsfähigkeit eines Bundes-
kanzlers, erweitert um die Schlagfertigkeit von
Dieter Hildebrandt."

WirtschaftsWoche-Sonderheft Beruf und Studium 1995, S. 136.

Ephraim Kishon: Agententerror

Liegt das nun an der sprunghaften Verbesserung
unserer Wirtschaftslage oder am schönen Wetter
- gleichviel, ich stehe in der letzten Zeit unter
ständigem Druck von seiten angelsächsischer
Versicherungsagenten.
Warum es immer angelsächsische sind, ahne ich
nicht, aber wenn am frühen Vormittag mein Telephon geht, meldet sich todsicher ein unver-
kennbarer Gentleman in unverkennbarem Ox-
ford-Englisch: „Guten Morgen, Sir. Ich spreche
im Auftrag der Allgemeinen Südafrikanischen
Versicherungsgesellschaft. Darf ich Sie um zehn
Minuten Ihrer kostbaren Zeit bitten, Sir? Ich
möchte Sie mit einer völlig neuen Art von Lebensversicherung bekannt machen."
Daraufhin gefriere ich in Sekundenschnelle. Erstens bin ich gegen Lebensversicherungen, weil
ich sie für unmoralisch halte. Zweitens habe ich
nicht die Absicht, jemals zu sterben. Drittens
sollen die Mitglieder meiner Familie, wenn ich
trotzdem einmal gestorben sein sollte, selbst für
ihr Fortkommen sorgen. Und viertens bin ich
längst im Besitz einer Lebensversicherung.
Ich lasse also Mr. Oxford wissen, daß er sein
gutes Englisch an mich verschwendet und daß
mein Leichnam bereits 170 000 Shekel wert ist.
„Was sind heutzutage schon 170 000 Shekel?"
höre ich aus Oxford. „Die Allgemeine Südafri-
kanische hält für den beklagenswerten Fall Ihres
Dahinscheidens eine doppelt so hohe Summe
bereit. Gewähren Sie mir zehn Minuten, Sir."
„Im Prinzip recht gerne. Die Sache ist nur die,
daß ich in einer Stunde nach Europa abfliege.
Für längere Zeit. Vielleicht für zwölf Jahre."
„Ausgezeichnet. Ich erwarte Sie am Flughafen."
„Dazu wird die Zeit nicht ausreichen, weil ich
noch nicht gefrühstückt habe."
„Ich bringe ein paar Sandwiches mit."
„Außerdem möchte ich mich von meiner Familie
verabschieden."
„Nicht nötig. Wir schicken sie Ihnen mit dem
nächsten Flugzeug nach. Die Tickets gehen
selbstverständlich zu unseren Lasten. Ich warte
im Flughafen-Restaurant, Sir."
Auf diese Weise bin ich schon dreimal hintereinander nach Europa geflogen, aber der Andrang
läßt nicht nach.
Erst vor wenigen Tagen versuchte ich, den
Gentleman von der Neuseeland International
Ltd. damit abzuschrecken, daß mein Leben auf
eine Million Dollar versichert sei.
„Was ist denn schon eine Million Dollar!" erwiderte er geringschätzig und wollte mir innerhalb
von zehn Minuten einen·einzigartigen Lebens-
versicherungsplan entwickeln, demzufolge der
Versicherungsnehmer gar nicht zu sterben
braucht, es genügt, wenn er in Ohnmacht fällt,
absolut inflationssicher, mit Abwertungsklausel
und Farbfernsehen.
Als er nicht lockerließ, gestand ich ihm, daß ich
zahlungsunfähig war. Pleite, vollkommen pleite.
„Macht nichts", tröstete er mich. „Wir verschaf-
fen Ihnen ein Darlehen von der Regierung."
„Ich bin krank."
„Wir schicken Ihnen einen Arzt."
„Aber ich will keine Lebensversicherung ab-
schließen."
„Das glauben Sie nur, Sir. Sie wollen."
Gegen irgendeinen levantinischen Schwarzhänd-
ler wüßte ich mir zu helfen. Aber gegen Oxford-
Englisch bin ich machtlos.
Heute vormittag war die Wechselseitige Austra-
lische am Telephon und bat um zehn Minuten.
Geistesgegenwärtig schaltete ich auf schrillen
Sopran: „Hier die Putzfrau von Herr Kishon
sprechen. Armer Herr gestern gestorben."
„In diesem Fall, Madame", sagte die Wechsel-
seitige, „möchten wir der Familie des Verstorbenen einen revolutionären Versicherungsvor-
schlag unterbreiten. Es dauert nur zehn Minuten."
Ich sterbe vor Neugier, ihn zu erfahren.

„Kishon für Manager", Satirische Tips und Tricks für alle
Wirtschaftsanlagen von Ephraim Kishon. München, S. 16.

WOHLGEMUTH

Wohlgemuth • Kolonnenstraße 26 • 12353 Berlin

Roswitha Lauber
Im Nahtfeld 17

59556 Lippstadt

Wohlgemuth'sche Buchhandlung
& Versandgesellschaft mbH
Kolonnenstr. 26
12353 Berlin

Telefon 030/781 40 62

Telefax 030/782 06 04

Postgiro Berlin-W.
BLZ 100 100 10
Kto.-Nr. 32091-104

Bankkonto
Bank für Handel und Industrie
BLZ 100 800 00
Kto.-Nr. 1532911

23.04.19.. gb

Betrifft: Ihre Reklamation

Guten Morgen,

wir bedauern, daß ausgerechnet bei Ihrem Auftrag einer der schwerarbeitenden, dauergestressten
Paketzusammensteller im zweiten Stock nicht die richtigen, bzw. beschädigte, bzw. nicht alle bestellten
Bücher erwischt hat, und hoffen, daß so etwas nicht wieder vorkommt.

Mit freundlichen Grüßen

die REKLAMATIONSABTEILUNG

P.S.: Portoersatz s. unten

Bitte entschuldigen Sie die verzögerte Bearbeitung. (Die eine Hälfte der Reklamationsabteilung war in Urlaub
und dieandere vier Wochen lang krank.)

GLOSSE

Richtlinien zur Auswertung von Prüfungsfragen für die neue Schriftsetzer-Abschlußprüfung

Aufgrund der zum Teil noch bestehenden Unsicherheiten bei einigen Prüfern wollen wir hier auf die wesentlichen Beurteilungskriterien eingehen. Die Problematik wird am besten anhand
5 eines konkreten Beispieles deutlich.
Prüfungsfrage: Wo gibt es Eskimos, und wovon leben sie? Anwort des Prüflings: In Nigeria. Sie wohnen in Lehmhütten und jagen Elefanten.
Jeder Prüfer würde aufgrund der bisherigen
10 Prüfungskriterien die Anwort als „falsch" einschätzen und nach dem üblichen Bewertungsraster womöglich 0 Punkte vergeben. Die neuen Bewertungskriterien verfolgen jedoch eine andere Dimension. Denn bei genauer Betrachtung der Antwort wird diese plötzlich einleuchtend 15 und gehaltvoll.
So ist es durchaus richtig, daß die Eskimos wohnen und jagen. Diese beiden richtigen Kriterien lassen eine 0-Punkte-Wertung schon nicht mehr zu und verlangen wenigstens 5 Punkte. 20
Geht man nun davon aus, daß der Prüfling aufgrund der sozialen Verhältnisse der Eskimos diese nicht einem hochentwickelten westeuropäischem Land zuordnet, sondern diese in ein strukturschwaches Gebiet verlegt, zeugt dies 25 von der logischen Denkweise des Prüflings und verlangt demnach mindestens 7 Punkte. Analysiert man die Antwort noch exakter, so stellt man fest, daß die Antwort mehr richtig als falsch ist, und daß der Prüfling die richtige Antwort 30

sicher gewußt hat, er aber in seiner Ausdrucksweise leichte Probleme hat (für den erlernten
Beruf absolut unwichtig); so kommt man zu
dem Schluß, daß hier 9 Punkte zu vergeben
35 sind.
Sollten noch Unsicherheiten seitens des Prüfers
bestehen, den Prüfling auch nicht benachteiligt
zu haben, so ist im Zweifelsfall hier zugunsten
des Prüflings zu werten und die Punktzahl
eventuell auf die maximal mögliche Punktzahl 40
von 10 zu erhöhen.
*(Interpretation eines Textes aus dem Metallbe-
reich.)*

ZFA-Mitteilungen Nr. 158, 12/1993.

Eike-Christian Hirsch: Schwergewicht

Hannes (Joe) Römling, einer der Großen im
Boxgeschäft, gab unserem Reporter ein Inter-
view. Hier ist es:
Frage: Wo liegt bei Ihnen das Schwergewicht?
5 *Antwort:* Das Schwergewicht liegt spätestens in
der siebten Runde, und zwar am Boden. Wissen
Sie, unter „Schwergewicht" versteht man eine
Gewichtsklasse der etwas rauheren Sportarten.
Sie wollten mich wohl nach dem Schwerpunkt
10 meines Programms fragen. Bitte!
Frage: Wo liegen bei Ihnen die Schwerpunkte?
Antwort: Alles auf der Welt hat nur einen
Schwerpunkt. Sehen Sie diesen Pokal, den ich
auf einer Fingerspitze balanciere. Auch er hat
15 nur einen Schwerpunkt, einen „Massenmittel-
punkt", wie die Physiker sagen. Mein Programm
hat auch nur einen einzigen.
Frage: Und worauf legen Sie besonders viel
Gewicht? *Antwort:* Sie verwenden zu Recht das
20 Bild einer Waage. Nun, das Geschäftliche hat
sicherlich auch bei mir ein natürliches Überge-
wicht. Um so mehr Grund habe ich, Gewicht auf
die ideelle Seite zu legen, auf die Pflege des
Nachwuchses.
25 *Frage:* Zweifellos eine schwergewichtige Aussage (...) *Antwort:* Sie meinen sicherlich eine
schwerwiegende. Sie hätten auch sagen können
„eine gewichtige Aussage", aber Sie haben die
beiden Möglichkeiten miteinander gekreuzt.
30 *Frage:* Was ist, bitte, vor dem nächsten Groß-
kampftag Ihr schwerwiegendstes Problem? *Antwort:* Mein schwerwiegendstes Problem ist die
Sorge, mein schwerstwiegender Athlet könnte
zu viel auf die Waage bringen. Sehen Sie, diese
35 Steigerungsformen sind nicht einfach. Aber Ihnen sind sie geglückt. In der übertragenen Bedeutung steigert man am Schluß: schwerwiegendstes Problem. Sonst steigert man den ersten
Teil des Wortes: schwerstwiegender Athlet.
Frage: Wieviel Pfund bringt der Mann auf die 40
Waage? *Antwort:* Was ein Pfund ist, weiß ich
gar nicht mehr, weil ich - wie alle vernünftigen
Leute auf der Welt (die Schweizer und Österrei-
cher zählen dazu) - nur noch in Kilo denke.
Frage: Man sagt, der Star des Abends habe 45
schon als halbes Kind mit dem Boxen angefangen. *Antwort:* Das kann ich nicht bestätigen. Er
war schon ein ganzes Kind - oder noch halb ein
Kind. Wie Sie wollen.
Frage: Wie man hört, sind in den letzten Tagen 50
nur Teile Ihrer Boxer zum Training gekommen.
Antwort: Alle, die kamen, kamen vollständig.
Aber die Truppe war nicht vollzählig erschienen,
das gebe ich zu.
Frage: Jetzt soll aber der überwiegendste Teil 55
das Training aufgenommen haben. *Antwort:* Ja,
der überwiegende Teil, schlicht der überwiegende.
Frage: Darf man bei Ihnen von der „größeren
Hälfte" reden? *Antwort:* Ja, dagegen habe ich 60
nichts. Und überhaupt muß man als ehemaliger
Profi auch mal was wegstecken können.
Frage: Wird der Hauptkampf diesmal wieder
pünktlich beginnen? *Antwort:* Ich räume ein, daß
wir das letzte Mal etwas zu früh begonnen ha- 65
ben. Wir waren also gerade nicht besonders
pünktlich. Das soll sich ändern.
Frage: Das letzte Mal kamen dreimal weniger
Besucher als erwartet. *Antwort:* Ich nehme an,
Sie meinen, es sei nur ein Drittel gekommen. 70
Das ist richtig.
Frage: Sie kamen damals in eine schwere Situation. *Antwort:* Ich kam in eine schwierige Situation und stehe wieder vor einer schweren Aufgabe - weil ich leider vom Boxen nicht so viel 75
verstehe wie von unserer Muttersprache.

Mehr Deutsch für Besserwisser. A.a.O., S 130 f.

Walter Leimeier: **Sommerzeit**

Hechelnde Frauen
einige schläfrige Männer
gestört
zwischen Fußball und Tennis
5 verstört
zwischen Müller-Milch und Kaviar.

Kinder auch noch.

Laszives Lächeln
aus der Werbewand
10 ich ertappe mich
beim Griff ins Regal.

Verführungen.

Alltägliche Berieselungen
im Knacken der Lautsprecher.
15 Kesse Kassiererinnen
lechzen nach Luft.

Feierabendzeit.

Visuelle Vibrationen. Lüdge 1993, S. 39.

Joachim G. Oldag: **Apfelsinen und Särge**

Mein Chef handelte mit Särgen. Gleich nebenan verkaufte er Südfrüchte.

Die nicht ganz alltägliche Situation meines Geschäftes, belehrte er mich als ich meine neue 5 Stellung antrat, erfordert außergewöhnliche Leistungen meiner Angestellten. Dazu gehören Anpassungsfähigkeit, Verwandlungskunst und die Gabe, zwei verschiedene Gewerbeinteressen geschickt miteinander zu verbinden.

10 Bei den letzten Worten zog er seinen weißen Kittel aus und stand nun in einem tadellosen, schwarzen Anzug vor mir. Ein Kunde erwartet mich, erklärte mir mein Chef und verschwand im Nebengeschäft.

15 Ich schüttete Kartoffeln in einen unbrauchbar gewordenen Sarg. Nebenan sagte eine leise Stimme: Ich möchte Sie mit einer Bestattung beauftragen.

Sie werden zufrieden sein, hörte ich meinen 20 Chef antworten. Seien Sie meines aufrichtigen Beileids gewiß, das nicht zuletzt aus dem Wissen um die heutzutage nicht mehr ausgeübte gesunde Lebensführung entspringt. Das altersbedingte Ableben mag eine Ausnahme sein. Auf 25 jeden Fall möchte ich Ihre Trauer mit der trö-

stenden Mahnung lindern, daß der Verzicht auf sonnengereifte, vitaminvolle Früchte das Leben leicht verkürzen kann. Seien Sie mir zukünftig auch im Nebenraum willkommener Kunde, der durch seine Einsicht den Lieben und sich selbst 30 allzufrühen Kummer erspart.

Ich wurde unterbrochen. Eine Frau verlangte zweieinhalb Pfund Rotkohl. Ich wog mehrere Köpfe aus, bis ich einen passenden fand. Während ich das verlangte Geld in Empfang nahm, 35 sagte ich: Wie diese Kohlköpfe sitzen auch unsere eigenen Köpfe sehr locker auf den Schultern. Niemand sollte da zu sicher sein. Da heißt es Vorsorge treffen und für die Bestattung sparen, die wir prompt erledigen. 40

Die Frau verließ grußlos den Laden. Plötzlich stand mein Chef hinter mir. Er trug wieder den weißen Kittel.

Ihre Zwei-Branchen-Werbung treibt täppische Blüten. Sie sind ein Kohlkopf, rief er wütend. 45

Ich schälte mir eine Apfelsine und legte mich in einen Rokokosarg. Es war Mittagspause.

Eduard Reavis (Hrsg.): Gänsehaut-Geschichten für sensible Leser. Frankenstein wie er mordet und lacht. Frankfurt/M. 1964 und 1968, S. 89 f.

Umberto Eco: (...) müssen wir mit Bedauern ablehnen
Lektoratsgutachten

Anonym: Die Bibel

Ich muß sagen, als ich den Anfang dieses Manuskripts und die ersten hundert Seiten las, war ich begeistert. Alles Action, prallvoll mit allem, was die Leser heute von einem richtigen Schmöker erwarten: Sex (jede Menge), Ehebrüche, Sodomie, Mord und Totschlag, Inzest, Kriege, Massaker usw.

Die Episode in Sodom und Gomorrha mit den Schwulen, die die zwei Engel vernaschen wollen, könnte von Rabelais sein; die Geschichten von Noah sind reinster Karl May, die Flucht aus Ägypten schreit geradezu nach Verfilmung (...) Kurz, ein echter Reißer, gut konstruiert, mit effektsicheren Theatercoups, voller Fantasy, dazu genau die richtige Prise Messianismus, ohne die Sache ins Tragische kippen zu lassen.

Beim Weiterlesen habe ich dann gemerkt, daß es sich um eine Anthologie diverser Autoren handelt, eine Zusammenstellung sehr heterogener Texte mit vielen, zu vielen poetischen Stellen, von denen manche auch ganz schön fade und larmoyant sind, echte Jeremiaden ohne Sinn und Verstand.

Was dabei herauskommt, ist ein monströses Sammelsurium, ein Buch, das alle bedienen will und daher am Ende keinem gefällt. Außerdem wäre es eine Heidenarbeit, die Rechte von all den Autoren einzuholen, es sei denn, der Herausgeber stünde dafür gerade. Aber dieser Herausgeber wird leider nirgends genannt, nicht mal im Register, als ob es irgendwie Hemmungen gäbe, seinen Namen zu nennen.

Ich würde vorschlagen, zu verhandeln, um zu sehen, ob man nicht die ersten fünf Bücher allein herausbringen kann. Das wäre ein sicherer Erfolg. Mit einem Titel wie „Die verlorene Schar vom Roten Meer" oder so.

Platon im Striptease-Lokal. Parodien und Travestien. München 1990, S. 130 f.

Dietger Pforte: Produktion von Heftromanen

Zu den Schreibanweisungen der Heftromanverlage

Wer meint, daß Heftromanautoren über solche sprachlichen und literarischen Arbeitsinstrumente frei verfügen könnten, daß in dieser freien Verfügung ihre Phantasie zur Wirkung komme, irrt: auch in der Wahl dieser Materialien werden Heftromanautoren weitgehend von den Verlagen, respektive den Lektoraten fremdbestimmt.

Der Autor wird in der Regel verpflichtet, sich jeweils auf ein bestimmtes literarisches Genre einzulassen und Verschränkungen mehrerer Genres tunlichst zu vermeiden, damit der einzelne Roman in eine der genregemäßen Serien bzw. Reihen einzubringen ist. Solche gängigen Heftroman-Genres sind z.B. Frauenromane (Liebes-, Schicksals-, Adels-, Arzt-, Heimat- usw. Romane), Wildwestromane, Kriminalromane, Science Fiction-Romane, Landser-Romane, Grusel- und Horror-Romane, Pornoromane.

In mündlichen und schriftlichen „Schreibanweisungen", respektive „Richtlinien", die für jeden Autor verbindlich sind, werden für jede Serie bzw. Reihe bestimmte gerasterte Handlungsabläufe festgelegt: „Tugendlohn und Sündenstrafe, Menschenjagd, bes. Verfolgung des Verfolgers, Partnerwechsel im Dreiecksverhältnis, Handeln als Ausführung eines Auftrags". „In dieser geringen Variationsbreite der Situationen (...) pendelt sich mühelos ein polares Wertprogramm ein, das vorgängig bereits von starken Affekten getragen wird."

Der Autor hat in seinem Heftroman die „auftretenden Personen in Anzahl, Aussehen Charakter und Rolle" zu standardisieren: Die Zahl der Hauptfiguren hat überschaubar zu bleiben, also möglichst nicht mehr als sechs Personen zu umfassen. Die positiv gezeichneten Hauptpersonen haben „gut aus[zu]sehen, es sind schöne Menschen, sie tragen edle Züge". Die negativ gezeichneten Hauptpersonen haben stets zu unterliegen, sei es durch Vernichtung, sei es durch Bekehrung zum Guten.

Ebenso hat der Heftromanautor dem Genre entsprechend den Handlungsort und seine Dinge zu standardisieren: Prinzipiell immer wieder das gleiche Kinderheim im Schicksalsroman, das gleiche Schloß, die gleiche Villa im Adelsroman, das gleiche Krankenhaus im Arztroman, die gleiche nordamerikanische Stadtlandschaft in

Kriminalromanen, die gleiche Prärie, die gleichen Ranchs und Saloons in Wildwestromanen.
Ebenso hat der Heftromanautor Vokabular und
55 Syntax zu formalisieren: in einer in New York oder Chicago spielenden Kriminalroman-Serie z.B. sind pro Heft sechs bis acht englischsprachige Wörter unterzubringen. Zugleich dürfen Vokabular und Syntax keine allzu großen An-
60 forderungen an den Leser stellen: möglichst kurze und einfache Sätze, möglichst keine Fremdwörter, möglichst viele handlungstreibende Dialoge sind erwünscht. (...)
Damit nicht genug: Auch die Handlungsstruktur
65 eines Heftromans wird dem Autor vom Verlag vorgegeben. Bereits auf den ersten Seiten haben „Erregungsmomente" aufzutauchen, eine „tragende Idee muß Spannung und Konfliktsituationen über 64 Seiten des Heftromans gewähren",
70 das „Grundproblem des Romans muß mit dem ersten Spannungsmoment schon angeschnitten werden", bei Szenenwechsel „muß klar und deutlich" in die folgende Szene eingewiesen werden, „gegen Schluß jeder Szene [muß] eine
75 neue Spannung erzeugt" werden, „die den Leser auf den nächsten Abschnitt neugierig macht".
Auflage der Verlage ist es auch, daß beschriebene Wirklichkeits-Partikel im Detail faktisch richtig zu sein haben. Kriminalroman-Autoren z. B.
80 werden von vielen Heftromanverlagen zu diesem Zweck „mit Bildbänden und Stadtplänen der großen amerikanischen Städte (...), Unterlagen über den Aufbau von FBI, CIA und Polizei in den USA und ein bißchen Fachliteratur" ausge-
85 stattet. - Eine Arztroman-Autorin versichert sich der faktischen Richtigkeit ihrer Operations-Schilderungen, indem sie das Konzept dieser Schilderungen an ihr bekannte Ärzte schickt (.,.).
90 Solche Fakten-Treue wird von Heftromanverlagen dem Autor abverlangt, um dem Leser eine Identifizierung mit dem Dargestellten zu erleichtern. Erkennbare oder bekannte nicht-fiktionale Wirklichkeitspartikel in einer fiktionalen Darstel-
95 lung haben dem Leser eine Faktizität der gesamten Darstellung zu suggerieren und leisten somit einer unkritischen, identifikatorischen Rezeption des Heftromans Vorschub.

100 **Zur Selbstzensur-Praxis in der immateriellen Heftroman-Produktion**
Neben den auf sprachliche und literarische Arbeitsinstrumente des Autors abhebenden Schreibanweisungen sind in den meisten Heft-
105 romanverlagen „Tabu"-Kataloge erstellt wor-
den. Diese Kataloge verzeichnen, was nicht und wie etwas nicht beschrieben werden darf, um nicht mit dem Gesetz - in Sonderheit mit dem Gesetz über die Verbreitung jugendgefährdender Schriften - in Konflikt zu geraten. Diesem Kon- 110 flikt beugen Heftromanverlage vor, weniger weil sie sich die im Gesetz verankerten gesellschaftlichen Normen zu eigen gemacht haben, als vielmehr weil eine mehrfache Indizierung einzelner Titel einer Heftroman-Reihe oder -Serie durch 115 die Bundesprüfstelle für jugendgefährdende Schriften zum Verbot des offenen Verkaufs der gesamten Reihe oder Serie führen kann.
Als jugendgefährdend gelten vor allem „unsittliche, verrohend wirkende, zu Gewalttä- 120 tigkeit, Verbrechen oder Rassenhaß anreizende sowie den Krieg verherrlichende Schriften" (§ 1 GjS). - Die meisten Heftromanverlage führen vorbeugend eine Selbstkontrolle durch: im eigenen Verlag und/oder im Rahmen der 125 „Selbstkontrolle deutscher Romanheft-Verlage", die 1963 von den Verlagen Bastei, Marken, Moewig und Zauberkreis gegründet worden ist und der sich später die Verlage Kelter und - anstelle von Moewig - Pabel und inzwischen fast 130 alle größeren Heftromanverlage angeschlossen haben.
Mit Ausnahme von pornographischen u.ä. Heftromanen, die sowieso nicht an Jugendliche verkauft werden dürfen, werden alle Manuskripte 135 anhand der sich selbst auferlegten Richtlinien, die vorgeben, „nicht unerheblich über den Rahmen des Gesetzes über die Verbreitung jugendgefährdender Schriften" hinauszugehen, geprüft. (...) 140
Die „Richtlinien für Autoren und Lektoren der der Selbstkontrolle deutscher Romanheft-Verlage angeschlossenen Verlage", Stand 1968, lauten:
"1. Zu vermeiden sind die ausführliche Schilde- 145 rung von Morden oder Folterungen sowie die auf Seiten ausgedehnte und als Selbstzweck deutlich erkennbare Darstellung von Schlägereien und Schießereien; ferner die sinnlose Anwendung roher Gewalt und die 150 bis in Einzelheiten gehende Schilderung von Sadismus und Perversitäten.
2. Verbrecherfiguren sollten so angelegt sein, daß sie in der Gesamtschau nicht sympathisch auf den Leser wirken. In Figuren, in 155 denen sich das Gute und das Böse treffen, muß bei der Charakterschilderung differenziert werden. Es muß deutlich werden, daß etwa die oft zitierte 'Ganovenehre' keine

160 positiven Rückschlüsse auf das gesamte Charakterbild eines Verbrechers zuläßt.

3. Ein Verbrechen sollte nie mit psychologischen Vorwänden entschuldigt werden, wohl kann es in seiner Entwicklung mit 165 psychologischen Momenten erklärt werden. Verniedlichung und Verherrlichung des Verbrechens sind nicht zulässig. In jedem Fall muß das Verbrechen, zumindest am Ende des Romans, vom Leser eindeutig als 170 Verbrechen und damit als abzulehnende Handlungsweise erkennbar sein.

4. Behörden und Ordnungsmächte sollten ebenso wie Personen, die Recht und Moral vertreten (Richter, Geistliche, Polizei usw.) 175 grundsätzlich als positive Gruppen oder Figuren erkennbar sein. Wenn sich in ihren Charakterbildern, der Realität des Lebens entsprechend, positive und negative Züge mischen, müssen die Figuren differenziert 180 geschildert werden. Als Grundsatz gilt, daß Behörden und Ordnungsmächte nicht als korrupt oder verbrecherisch geschildert werden dürfen, daß aber Einzelpersonen dieser Stellen oder Einzelmitglieder der genannten Berufsgruppen korrupt oder Verbrecher sein können. Sie müssen dann in dieser Eigenschaft klar erkennbar sein und entlarvt werden.

5. Der Held, der auf der Seite des Rechts 190 steht, muß sich gesetzestreu verhalten. Erlaubt sind Notwehr und Maßnahmen, die sich aus Notstandssituationen ergeben.

6. Die Diskriminierung von Völkern, Rassen; Religionen, Ehe, Familie, Kunst und Wis- 195 senschaft sind ebensowenig gestattet, wie die Verherrlichung oder Verharmlosung des Krieges.

7. Die Darstellung sexueller Vorgänge soll weitgehender Zurückhaltung unterliegen 200 und von den allgemeinen gültigen Normen des guten Geschmacks bestimmt werden. Vor allem muß in Heftromanen auf die Verherrlichung des außerehelichen Verkehrs, die Bagatellisierung des Ehebruchs und die 205 Schilderung von Perversitäten verzichtet werden. Sexualbezogene Passagen in Taschenbüchern, die unter Berücksichtigung der von der internationalen Literatur geprägten Maßstäbe differenziert beurteilt 210 werden müssen, sollen grundsätzlich nicht aufgesetzt wirken, sondern zum logischen Handlungsablauf gehören.

8. Der Text soll sprachlich sauber und nicht mit vulgären Ausdrücken überladen sein;

Gangsterjargon soll nur dort erscheinen, wo 215 er vom Milieu her motiviert ist.

9. Das Titelbild soll von den Grundsätzen des guten Geschmacks bestimmt werden. Überzogene Brutalitäten und Sexualszenen dürfen nicht dargestellt werden. 220

10. Der Anzeigenteil kann unter Wahrung der Grundsätze des guten Geschmacks Inserate veröffentlichen, wie sie seit Jahren in zahlreichen deutschen Wochenzeitschriften und Illustrierten unbeanstandet erscheinen. In 225 Zweifelsfällen soll der jeweilige Verlag gehalten sein, die Anzeigenmuster dem Leiter der Selbstkontrolle zur Prüfung vorzulegen."

Wie zwingend diese „Richtlinien" für den Heft- 230 romanautor sind, .erhellt der Umstand, daß bei Ablehnung eines Manuskripts durch diese freiwillige Selbstkontrolle deutscher Romanheft-Verlage der mit dem Autor geschlossene Vertrag seine Gültigkeit verliert. Allein der Autor 235 trägt das Risiko und nicht der Verlag.

Zum Selbstverständnis von Heftromanautoren

Heftromanautoren - sollte man mit Nutz meinen - fassen zumeist „ihr Schreiben als ausgespro- 240 chenes Handwerk auf", „sind intelligente Leserpsychologen, die schreiben können, d. h. das Handwerk des Trivialromans beherrschen", und „schreiben, um Geld zu verdienen". Der Heftromanautor als „programmierter Kopfarbeiter, 245 der vorhandene Klischees mit neuen Effekten (Gags) und der vorschriftsmäßigen Gesinnung zu ständig gleichen Märchen-Folgen montiert", muß „auf allzu irrationale Schaffensvorstellungen" verzichten angesichts der beschriebenen 250 Produktionsbedingungen und -formen.
Indes wird von den wenigsten Heftromanautoren die immaterielle Produktion eines Romans als „depersonalisierter Schreibakt" begriffen. - Die meisten Heftromanautoren kommen aus 255 dem kleinbürgerlichen Mittelstand, haben eine höhere Schulbildung, seltener einen Studienabschluß und verstehen sich als Dichter, die bloß noch nicht ihre Chance bekommen haben. Fast ein Allgemeinplatz ist die Beteuerung von Heft- 260 romanautoren, daß sie einen „Roman in der Schublade haben", daß eine „Menge des Stoffs [ihrer Heftromane] ohne weiteres auch zu einem belletristischen Roman umgearbeitet werden" kann. 265
Der durchschnittliche Heftromanautor ist ein „idealtypischer Konformist", der „den Massengeschmack sozusagen aus seinem eigenen Inne-

ren" schöpft. Dieser nicht bloß literarästhetische Konformismus ist dem einzelnen Heftromanautor ebensowenig wie dem einzelnen Leser solcher Heftromane anzulasten, vielmehr verweist dieser Konformismus auf den desolaten Zustand einer breiten ästhetischen und politischen Bildung in unserer Gesellschaft.

Heftromanautoren schreiben - wie ihre 'anerkannten' Kollegen aus der Buchroman-Branche - zu allererst, weil sie schreiben wollen; niemand zwingt sie dazu. (...)

Annamaria Rücktaschel/Hans Dieter Zimmermann (Hrsg.): Trivialliteratur. München 1986, S. 48 ff.

8 Technik und Medien

KANAL BRUTAL

Der Widerstand gegen den täglichen Horrortrip auf dem Bildschirm wächst weiter - vier von fünf Deutschen haben die TV-Gewalt satt.

Von Uli Pecher/Uli Martin

Tatort Fernsehen: Angesichts perverser Folterszenen („Cruising", SAT.1), menschenskalpierender Monster („Predator", PRO 7) und sadistischer Mafiakiller („Es war einmal in Amerika", ARD) setzen breite Bürgerbewegungen wie die des Detmolder Psychologen Kurt A. Richter, dessen „Initiative Gewaltverzicht im Fernsehen" die Bonner Aktion inszenierte, die Politiker unter Druck.

Überrascht müssen Parlamentarier und Regierende registrieren, daß sich quer durch alle gesellschaftlichen Schichten ein wachsender Widerstand gegen Bildschirm-Brutalität und ihre Auswirkungen formiert hat. Richter - „völlig gewaltfrei muß das Fernsehen nicht sein, aber humaner" - unterstützen allein rund 120 Professoren, vor allem Kinderheilkundler, Psychiater, Pädagogen und Kriminologen, außerdem unterzeichneten die Elternsprecher von 7600 Schulklassen.

Der Bildschirm quillt über vor Gewalt, meint die überwältigende Mehrheit der Deutschen nach einer repräsentativen Umfrage des Sample-Instituts für FOCUS. Gefährlicher noch: Die Bedrohung von der Mattscheibe treibe vor allem junge Fernsehzuschauer in einen Strudel von Ängsten und Aggressionen. (...)

Die Wiesbadener „Verbrauchervereinigung Medien/Arbeitsgemeinschaft familienfreundliches Fernsehen" des Rechtsanwalts Edgar Weiler geht gegen den Horrortrip durch die Kanäle konsequent mit Beanstandungen, Protesten und Petitionen vor.

Da agieren keine weltfremden Moralapostel: In die Mitgliederliste haben sich mehr als tausend Eltern eintragen lassen, darunter reihenweise Prominenz (...).

Die wichtigsten Forderungen aller Initiativen:

- verantwortungsvoller Umgang der Sender mit Gewaltdarstellungen;
- effektive Durchsetzung und Kontrolle bestehender gesetzlicher Regelungen;
- Sendeverbot für indizierte Filme.

Erst zögerlich, dann bemühter machen sich die Parteien die Bedingungen der Basis zu eigen. Doch auch nach wochenlangem Feilschen wurden am Mittwoch vergangener Woche die Bundestagsfraktionen von CDU, FDP und SPD über den Wortlaut eines gemeinsamen Antrags „zum Schutz von Kindern und Jugendlichen vor Gewaltdarstellung in Medien" nicht einig.

Völlige Übereinstimmung mit Volkes Stimme findet sich ohnehin nicht: Indizierte Filme, meinen die Abgeordneten Hans-Joachim Otto (FDP) und Wilhelm Schmidt (SPD) unisono, lassen sich nicht aus dem Programm verbannen: Das verbiete das in Artikel 5 des Grundgesetzes verankerte Recht auf Informationsfreiheit. Otto: „Wir wollen weder Zensur noch Inquisition."

Auch die am 1. August in Kraft tretende neue Fassung des Rundfunkstaatsvertrags enthält kein Sendeverbot für indizierte Filme. Lediglich die Appetitmacher für diese oft besonders blutrünstigen Streifen, sogenannte Programmtrailer mit Kurzausschnitten, dürfen nicht mehr zu früher Stunde Stimmung auch bei jüngeren Fernsehzuschauern machen - sie werden in die späten Abendstunden verbannt.

Durchschnittlicher TV-Konsum der 6-13jährigen pro Tag in Minuten

120   120   120

90

90   30

60

1989   1991*   1993

❋ Bis einschließlich 1991 nur alte Bundesländer

70 Cleverer als die Politiker reagierten die TV-Bosse. Kaum eine Woche vergeht, in der nicht ein Programmverantwortlicher ernsthaften TV-Pazifismus verspricht. Seit November letzten Jahres arbeiten in Berlin zudem die Zensoren der Freiwilligen Selbstkontrolle Fernsehen (FSF),
75 ein von RTL, SAT.1, RTL 2, PRO 7, Kabelkanal, DSF und Vox gegründeter Verein.
„Mehr als nur Feigenblatt-Funktion" attestiert ihr die Leiterin der Bundesprüfstelle für jugendgefährdende Schriften (BPjS), Elke Monssen-
80 Engberding. Für eine ernsthafte Beurteilung sei es allerdings noch zu früh.
„Einige brutale Spitzen" im TV-Angebot, so Helga Theunert, Wissenschaftlerin am Münchner Institut Jugend Film Fernsehen, seien zwar ge-
85 strichen worden. „Doch noch immer", findet Dietmar Füger, Referent bei der Gemeinsamen Stelle Jugendschutz und Programm der Landesmedienanstalten, „nutzt die Programmplanung den legalen Rahmen voll aus."
90 Die Bildschirmrealität zeigt: Es wird weiter geprügelt, geschossen, gestochen und gequält. (...) Die neue Dimension der TV-Gewalt ist real - keine Mutter kann ihrem Kind sagen: „Das ist ja nur ein Film." „Explosiv" verfolgen durch-
95 schnittlich mehr als vier Millionen Zuschauer; 38 Prozent aller 6- bis 13jährigen, die zu dieser Zeit fernsehen, haben den RTL-Knopf gedrückt.
Die „Explosiv"-Werbeblöcke gehören zu den begehrtesten und sind stets ausgebucht. Doch
100 auch später am Abend, zur Stunde der Zombies, wird trotz der Appelle von Bürgerinitiativen und

Jugendministerin Merkel an die werbungtreibende Wirtschaft noch immer fleißig geworben. (...)
Als RTL ausgerechnet am Pfingstsonntag
105 abends um elf den Schocker „Das Kindermädchen" servierte, garnierten den „verworrenen Reißer mit harten Gruselszenen, der mit Elternängsten spekuliert" („Kölner Expreß"), allein bis Mitternacht 26 Werbespots - für Kekse und
110 Kreditkarten, Hautcreme und Rasierwasser, Waschmittel und Familienautos. Im ersten Unterbrecherblock des Actionstreifens „American Kickboxer" (PRO 7, 28. Mai) machte nach etlichen Tret- und Prügelszenen ein 30 Sekunden
115 langes Werbefilmchen Appetit auf Kinder-Schokolade. Zielgruppe erreicht: 90 000 Youngsters zwischen 6 und 13 Jahren sahen zu.
Deutsche TV-Manager weisen zwar beharrlich darauf hin, daß der tägliche Fernsehkonsum bei
120 weitem nicht so stark angestiegen sei wie die Anzahl der Programme und die tägliche Sendezeit. Fakt ist jedoch, daß Kinder und Jugendliche heute deutlich mehr Zeit vor dem Bildschirm verbringen als noch vor fünf Jahren. Hockten die
125 Kids 1989 durchschnittlich 86 Minuten vor der Glotze, so nähert sich ihr statistischer TV-Konsum mit •106 Minuten pro Kopf und Tag allmählich der Zwei-Stunden-Marke.
Bei unkontrolliertem Zugriff auf die geballte
130 Fülle über Satellit und Kabel verbreiteter TV-Programme haben Kinder längst schon „uneingeschränkten Anteil an allen Niedrigkeiten, Gemeinheiten, Gelüsten, psychischen Abnormitäten und Verbrechen der Erwachsenen-
135 welt", so der Augsburger Medienpädagoge Werner Glogauer.
Zu Recht kritisieren TV-Verantwortliche die Fahrlässigkeit vieler Eltern, die ihren Zöglingen freie Sicht auf tote Bürger gewähren: So sahen
140 im März nachts um zehn immerhin 60 000 Kinder zwischen sechs und neun Jahren den Kanibalismus-Thriller „Das Schweigen der Lämmer" auf RTL, fast eine Viertelmillion Kinder und Jugendliche zwischen sechs und 13 Jahren ver-
145 folgte im April - ebenfalls nachts - High-Tech-Horror in „Terminator II" mit Teenie-Idol Arnold Schwarzenegger.

Rechtliche Vorgaben zur Plazierung von Sendungen in Fernsehprogrammen laut Rundfunkstaatsvertrag

VERBOTEN sind	ERLAUBT sind
Sendungen, die	
• zum Rassenhaß aufstacheln;	• Indizierte* oder von der Freiwilligen Selbstkontrolle (FSK) für Zuschauer ab 18 Jahren freigegebene Kinofilme, wenn sie zwischen 23 und 6 Uhr ausgestrahlt werden;
• Gewalt verharmlosen oder verherrlichen (§ 131 StGB);	
	• vor der FSK für Zuschauer ab 16 Jahren freigegebene Filme, wenn sie zwischen 22 und 6 Uhr ausgestrahlt werden.
• Gewalt in einer die Menschenwürde verletzenden Art darstellen (§ 131 StGB);	
• Kriegsverherrlichung darstellen;	
• Pornographie zeigen (§ 184 StGB);	* Indiziert: Filme, deren Verbreitung an Jugendliche unter 18 Jahren von der Bundesprüfstelle für jugendgefährdende Schriften verboten wurde
• eine schwere sittliche Gefährdung für Kinder oder Jugendliche darstellen.	

Die Landesmedienanstalten können auf Antrag der Sender jedoch eine frühere Ausstrahlung von FSK-18- und FSK-16-Filmen zulassen. Im Jahr wurden dazu knapp 200 Ausnahmeanträge gestellt. Sendezeitausnahmen für indizierte Filme wurden nicht erteilt.

Quelle: Gemeinsame Stelle Jugendschutz und Programm der Landesmedienanstalten

Die furchterregenden Gemeinheiten, sind sich Forscher weitgehend einig, verpuffen nicht einfach im Niemandsland einer gegen Außenreize immunen Psyche. Fernsehen, ob gewalthaltig oder nicht, kann besonders die jungen Seelen prägen. Denn, so Medienwissenschaftlerin Theunert: „Kinder erleben Fernsehen nicht als reine Unterhaltung. Sie nutzen es, um ihr Weltbild zu prüfen und Orientierung zu erhalten."
Über die potentielle Wirkung von Gewaltdarstellungen im Fernsehen streiten sich die Fachleute, seit es dieses Medium gibt. Nach rund 5000 Untersuchungen zum Thema hat die Wissenschaft zumindest eine wirklich gesicherte Erkenntnis zutage gefördert, die Michael Schenk, Leiter der Forschungsstelle für empirische Kommunikationsforschung der Uni Hohenheim, in einem Satz zusammengefaßt: „Das Ansehen von Gewalt macht niemanden friedlicher" (Interview, S. 379).

Der regelmäßige Konsum von Horror, Mord und Totschlag - was richtet er in Kinderköpfen tatsächlich an? Obwohl mittlerweile eine Fülle von Theorien in bezug auf die Wirkung von TV-Gewalt existiert, favorisieren Experten mehrheitlich zwei Wirkungsmuster: TV-Gewalt kann Aggressionen schüren und Ängste fördern.
Eine unmittelbare Zunahme der Gewaltbereitschaft etwa unter Jugendlichen verursacht das Medium Fernsehen in den seltensten Fällen allein. TV wirkt - etwa bei Problemkindern - als Zusatzfaktor. Grundsätzlich gilt: Je jünger das Publikum ist, desto wahrscheinlicher ist auch die TV-Wirkung. Erwiesen ist außerdem, daß Mädchen eher mit Angst, Jungen eher mit Aggression auf Bildschirm-Gewalt reagieren. Problematisch: Besonders kleine Kinder können noch nicht klar zwischen Gewaltdarstellungen in Spielfilmen und Nachrichten unterscheiden.

INTERVIEW

„Niemand wird friedlicher"

Der Stuttgarter Medienforscher Michael Schenk über die komplizierte Wirkung von TV-Gewalt

FOCUS: Professor Schenk, wie reagieren wir auf Gewaltdarstellungen im Fernsehen?
Schenk: Die Wirkung beginnt bereits in den physiologischen Vorstufen, etwa als bloße Erregung. Der Hautwiderstand wird geringer, der Herzschlag schneller. Auf der kognitiven Ebene entsteht dann die Frage, wie solche Reize von den Zuschauern verarbeitet und interpretiert werden.
FOCUS: Nicht nur Spielfilme, sondern auch die TV-Nachrichten zeigen Gewalt en masse. Die Stichworte heißen Bosnien, Ruanda, Kurdistan. Werden die Zuschauer durch die vielen Schreckensbilder langfristig an Gewalt gewöhnt und damit gleichgültig?
Schenk: Es gibt eine Gewöhnung an bestimmte Reizqualitäten. Rein wirkungstheoretisch müßte die Stimulierung immer stärker, die Gewalt immer härter werden, damit überhaupt noch eine Aktivierung oder Emotionalisierung entstehen kann.
FOCUS: Kann die zum Teil voyeuristische TV-Berichterstattung über neonazistische Gewaltverbrechen, wie sie etwa in Solingen begangen wurden, jugendliche Nachahmer zu neuen Untaten aufstacheln?
Schenk: Das ist schon möglich. Da wird manchem naiven Zuschauer gezeigt, wie er Probleme scheinbar mit Gewalt erledigen kann. Wenn die Medien Gewalttaten dieser Art herausstellen und spektakulär vermitteln, könnte das Problemgruppen zu Gewalt verführen.
FOCUS: Von welchem Alter an können Kinder zwischen fiktionaler Gewalt in Spielfilmen und realer Gewalt in Nachrichtensendungen unterscheiden?
Schenk: Etwa im Alter von elf oder zwölf Jahren. Erst da setzt allmählich das abstrakte Denken ein, das nötig ist, um die Konflikte zu verstehen, die zu Gewalt geführt haben.
FOCUS: Müssen die deutschen Schulen ein Pflichtfach Medienerziehung einführen?
Schenk: Das wäre der richtige Weg. Nicht, um vor dem Fernsehen zu warnen, sondern um den Umgang mit Bildern kreativ und spielerisch zu erlernen.
FOCUS: Kann die Medienwissenschaft neue Erkenntnisse zum Thema Gewalt präsentieren?
Schenk: Eine wirklich gesicherte Erkenntnis haben wir. Das Ansehen von Gewalt im Fernsehen oder im Kino macht niemanden friedlicher.

FOCUS 26/1994, S. 142 ff.

Die pure Anzahl aller Morde, die täglich auf allen Kanälen zusammen über die Mattscheibe flimmern, hat zwar mittlerweile abgenommen: Zählte Jo Groebel, Medienforscher an der Holländischen Universität Utrecht, noch vor drei Jahren knapp 70 TV-Morde pro Tag, so haben neue Stichproben ergeben, daß insbesondere das Vorabendprogramm „deutlich entschärft worden ist" (Groebel). Jedenfalls im Serienbereich.
Dennoch fragen sich besorgte Eltern, ob es eine Rolle spielt, wenn die Sender täglich beispielsweise 40 statt 70 Morde zeigen. Eine gehörige Dosis Gewalt gehört allemal zum Fernsehalltag - und wie selbstverständlich zur Erlebniswelt von Kindern und Jugendlichen. „Damit", so Groebel, „wird Quantität zur Qualität: mit der ständig wiederholten Botschaft, daß Gewalt normal ist."
Auch wenn RTL-Chef Helmut Thoma, oberster Füsilier des erfolgreichsten deutschen Schreck- schuß-Kanals, gern predigt, Fernsehen müsse sich „in Übereinstimmung mit der Gesellschaft befinden", stimmt die Gesellschaft heute darin überein, daß die Gewaltmaschine TV gebremst werden muß.
So berichtet die Ärztin Mechthild Meyer-Glauner, sie könne die Elternabende über die verheerenden Auswirkungen des Fernsehkonsums" auf das Verhalten der Kinder „bald nicht mehr ertragen". Die Mutter von vier Kindern im Alter zwischen sieben und 15 Jahren weiter: „Die Lehrer beklagen nicht nur den Verlust der Kreativität, die Verarmung des Wortschatzes und die Zunahme von Zappeligkeit und Konzentrationsschwäche (...) Was ihnen am meisten zu schaffen macht und was sie immer schwerer beherrschen, ist die gestiegene Brutalität im Klassenzimmer, auf dem Schulhof und an der Bushaltestelle."

225 Die Pädagogen fürchten besonders das sogenannte „Montags-Syndrom": Da spielen die Kids
auf dem Schulhof nach, was sie am Wochenende
im TV gesehen haben. Nicht selten enden die
Raufereien mit ernsten Verletzungen.
230 Meist bleibt den Lehrern nichts anderes übrig,
als die Eltern immer wieder zu bitten, den Fernsehkonsum ihrer Kinder zeitlich und inhaltlich zu
steuern - wohl ein frommer Wunsch.
Einen neuen Schul-Weg will das Bundesland
235 Sachsen gehen. Im Schuljahr 1995/96 soll ein
Modellversuch mit einem eigenen Fach Medienerziehung an sächsischen Schulen starten.
Eine Sprecherin des Kultusministeriums: „Wir
wollen nichts verbieten, sondern den Kindern
240 einen bewußten Umgang mit audiovisuellen
Medien ermöglichen."
In den anderen Bundesländern sind zwar vage
medienpädagogische Ansätze in den Lehrplänen
festgeschrieben. Ob aber der Umgang mit mo-
245 dernen Kommunikationsformen und -techno-

logien wie TV, Video, Computer und CD-I im
Unterricht tatsächlich thematisiert wird, kommt
auf den jeweiligen Fachlehrer an: Das Lernziel
Medienerziehung wird so an den meisten deut- 250
schen Schulen als eine Art pädagogischer Wan-
derpokal von Fach zu Fach durchgereicht.
Zaghaft versuchen die TV-Sender, selbst Verantwortung zu übernehmen. Manchmal mit
überraschenden Ergebnissen: Annruth Kefer, 255
Jugendschutzbeauftragte des Münchner Spiel-
film- und Actionsenders PRO 7, berichtet von
ungewollten Effekten, wenn Filme zur besten
Familiensendezeit über den Äther gehen, aus
denen sie zuvor die härtesten Szenen herausge- 260
schnitten hat: „Gleich am nächsten Tag rufen
mich haufenweise Jugendliche an und beschweren sich."
Aber nicht etwa über den brutalen Film. „Die
waren sauer", so Kefer, „daß wir nur die lahme 265
Version gesendet haben."

Video - Merkmale eines Mediums

Neue Medien und Methoden scheinen in der
pädagogischen Arbeit die Tendenz zu haben,
Modetrends hervorzurufen. Die Begeisterung
führt dabei oft dazu, daß das neue Medium zum
5 Selbstzweck wird und dem gegenüber das päd-
agogische Ziel in den Hintergrund tritt. Besonders das Medium Video scheint gegenwärtig
dieser Gefahr ausgesetzt. (...)
Die Attraktivität von Videoarbeit ist teilweise
10 begründet durch die Merkmale von Video und
die daraus resultierende Faszination. Erfahrungen im Umgang mit Video zeigen zunächst, daß
dieses Medium auf Jugendliche besonders attraktiv wirkt, weil „der Traum, sich einmal im
15 Fernsehen zu sehen", durch Video Wirklichkeit
wird. So verständlich diese Faszination als Motivation für den Einsatz von Video sein mag, sie
allein reicht aber sicher nicht aus, um den Einsatz zu rechtfertigen.
20 Dazu kommen didaktische und methodische
Gesichtspunkte, als folgende sind zu nennen:
• Video ermöglicht eine erweiterte Form der
Zwei-Weg-Kommunikation, da die Ergebnisse der Produktion unmittelbar anschließend
25 bereits gesehen und ausgewertet werden
können.
• Video ist ein Medium, daß sich ein Lernender
leicht aneignet und aktiv in sehr unterschiedlichen Zusammenhängen einsetzen kann. Vi-
30 deo ermöglicht die Herstellung von Produktionen, in denen die jeweiligen Produzenten

Interessen, Probleme usw. ausdrücken können. Solche Produktionen sind jederzeit ver-
änderbar, da Videobänder überspielt werden 35
können.
• Video ermöglicht zudem nicht-verbale Ausdrucksmöglichkeiten für solche Zielgruppen,
deren verbale Ausdrucksmöglichkeiten beschränkt sind. Video erlaubt daher nicht nur
bestimmte „Inhalte" besser zu vermitteln, 40
sondern Erfahrungen und Einsichten auch vi-
suell zu bearbeiten, d.h. sichtbar zu machen.
• Da die Videoproduktion nur in Gruppenarbeit möglich ist, bietet sich durch den sozialen Zusammenhang eine Vielzahl von Lern- 45
chancen, als da sind: Kommunikation, Ko-
operation, kritische Auseinandersetzung und
solidarisches Handeln.
• Die Erfahrung, daß Video für die Vermittlung eigener Interessen eingesetzt werden 50
kann, bietet die Chance, die Manipulations-
mechanismen im Prozeß der Massenkommu-
nikation durchschauen zu lernen (medienkriti-
scher Aspekt).
Der medienkritische Ansatz - zu erleben, wie 55
man durch verschiedenartige Zusammenstellung
von Wort, Bild und Ton beim Zuschauer ganz
unterschiedliche Bewertungen und Reaktionen
auf eine gleiche Ausgangssituation erreicht -
ermöglicht wenigstens schon einmal ansatzweise 60
zu erkennen, welche Manipulationen durch
Auswahl, Aufmachung und Zusammenstellung

von Informationen erreichbar sind und von den offiziellen Medien ständig genutzt werden.

Eine weitere Chance zum sozialen und gesellschaftlichen Lernen besteht darin, zu erkennen, daß man „Fernsehen auch selber machen kann" und dies sonst für den einzelnen Jugendlichen unantastbare weitentrückte Medium selbst beherrschbar wird. Ein weiterer Schritt schafft die Voraussetzung, mit der Videokamera „Geneninformationen" zu sammeln und zu verbreiten. Jugendliche können durch eine solche Gegeninformation in Form eines Videofilms aktuelle Konflikte aufgreifen und z.B. Eltern, Lehrern, Politikern vorführen und sie damit konfrontieren bzw. alternativ informieren. Vor allem auch dann, wenn die örtlichen Medien (z.B. Zeitungen) einseitig informieren.

Wozu eignet sich nun Video besonders?
Hier sind zu nennen:

- Zur Information über ein längerfristiges Problem in Form einer Reportage (z.B. Jugendarbeitslosigkeit, Drogensituation, Lage der Umwelt am Wohnort)
- Zur Information über Ereignisse im Stadtteil, in der Gemeinde, Kirchenkreis
- Zur Aufzeichnung von Rollenspielen, Diskussionen oder Veranstaltungen
- Zur Verfilmung einer Spielhandlung mit geringem finanziellen Aufwand

Worauf sollte man zu Beginn der Videoarbeit achten?
Oft nehmen sich neu gegründete Videogruppen bei ihrem ersten Projekt zu viel vor. Sie wollen gleich den großen Wurf landen und einen abendfüllenden Videofilm drehen, der einem Kinofilm ebenbürtig ist.
Dies muß aus verschiedenen Gründen schiefgehen:

- die technische Ausrüstung ist unzureichend und entspricht nicht den Anforderungen eines professionellen Teams
- die handwerklichen Fähigkeiten (Umgang mit der Kamera, szenischer Aufbau, Ton und Lichttechnik) sind noch nicht genügend ausgebildet
- eine große Produktion ist zeit- und kostenaufwendig
- Schauspieler und Filmemacher sind Laien

Um nicht an den vom Fernsehen und Kino gesetzten Standards zu scheitern, sollte sich deshalb eine Videogruppe bewußt werden über Bedingungen und Möglichkeiten der Videoarbeit. Sie sollte sich zunächst ein einfaches Thema vornehmen und dazu einen ca. 5 - 10minütigen Kurzfilm drehen.
Wichtig ist, ein Filmprodukt so anzulegen, daß es von der Videogruppe noch überschaut werden kann.

Zur Funktion der Pädagogen
Die kompetente Unterstützung einer Videogruppe durch den Pädagogen ist vielfach Voraussetzung für eine erfolgreiche Videoarbeit. Er/sie hat die Funktion, die Gruppe zu stabilisieren und beratend bei der Planung und Durchführung eines Filmprojekts zur Seite zu stehen. Seine/ihre engagierte Teilnahme und seine/ihre Impulse bei der Ausarbeitung des Films sind oft Garant für das Gelingen eines Projekts. Um aber beraten zu können, benötigt er/sie Kenntnisse im Umgang mit den Videogeräten und ein Grundwissen über Prinzipien der Filmgestaltung. Diese kann und sollte er/sie sich in Weiterbildungskursen, die von den verschiedensten Stellen angeboten werden (Amt für Jugendarbeit, VHS, Medienzentren, Jugendhöfen usw.) aneignen.
Viele Filmprojekte scheitern aber auch an dem Glauben, Filmarbeit sei ein Selbstläufer. Allein weil Medien vorhanden sind, kann noch keine Filmarbeit initiiert werden. Die Jugendlichen nehmen zwar die Geräte, solange sie neu sind, enthusiastisch auf, bei den ersten technischen Schwierigkeiten zerbrechen solche Gruppen aber in der Regel wieder.
Wenn der Leiter hier nicht in der Lage ist, strukturell einzugreifen, um in kritischen Phasen das Projekt voranzutreiben, scheitert in der Regel ein derartiges Unternehmen.
Der Leiter hat somit mehrere Funktionen:

- er mußt die Gruppe stabilisieren;
- er muß sein Wissen einbringen, wenn es nötig ist;
- er muß selbst motiviert sein und Spaß daran haben;
- er sollte die Gruppe möglichst frei arbeiten lassen;
- er muß bei der Entwicklung der Filmgeschichte und bei den Dreharbeiten darauf achten, daß keine Lücken oder Ungereimtheiten entstehen;
- er muß den Überblick behalten sowie für die technische Einsatzfähigkeit der Geräte sorgen;
- er muß in kritischen Phasen Gruppenprozesse initiieren.

Amt für Jugendarbeit der EKvW (Hrsg.): Kulturarbeit heißt Selbermachen. Schwerte 1992, S. 188 ff.

Die Werbung der Zukunft

Wenn Online-Einkäufe zum Standard werden, bedeutet dies das Ende für die traditionelle Werbung. Denn dem Kunden eines interaktiven Mediums ist nur schwer zu vermitteln, warum er
5 seinen Bildschirm mit Propaganda und Werbung füllen - und dafür auch noch bezahlen soll.

„Werbung muß nützlicher und informativer werden", meint Multimedia-Fachmann Norbert Boehnke, dessen Hypermedia-Team gerade die
10 CD-ROM des Otto Versands auf den Markt bringt.

„Werbung in den elektronischen Massenmedien geht in Richtung Direktmarketing. Das gilt für gehobene Konsumgüter wie Camcorder oder für
15 erklärungsbedürftige Dienstleistungen wie Lebensversicherungen." Emotionsgeladenere Werbung für Seife oder Haarspray „wird davon leben müssen, daß die Leute sie gerne sehen wollen".

20 In vielen neugegründeten Multimedia-Studios sammeln sich denn auch „Hacker, Werber, Psychologen", so Boehnke, und basteln voller Pioniergeist an interaktiven Kampagnen:

- Das Konzept der Otto-CD-ROM: Der Kunde
25 soll sich per Mausklick in aller Ruhe zu Hause informieren. Dann - so das Ziel - loggt er sich ein, geht zwei Minuten online und gibt seine Bestellung ab. In einigen Monaten soll der digitale Otto-Katalog auch über T-Online abrufbar sein. 30

- Von den Agenturen Medialab/Shortcut stammt die interaktive Werbung auf Diskette für den Opel Omega. Opel kommt damit gratis zu einer Adressenkartei von potentiellen Interessenten. 35

- Das Film- und Werbestudio Pacific Data Images in San Francisco macht aus dem Comic-Hasen Bugs Bunny einen Verkäufer, der durch das Warenangebot führt.

In Deutschland allerdings müssen die meisten 40 Unternehmen erst einmal ihre Datenbestände sammeln. Zudem sind Kunden, die bereit sind, per PC und Modem einzukaufen, noch Mangelware. Nicht zuletzt deshalb zögern die traditionellen Werbeagenturen auch noch, auf den inter- 45 aktiven Zug aufzusteigen. Boehnke sieht darin eine Chance für innovative Newcomer: „Die großen Werbeagenturen schlafen tief und fest."

FOCUS 33/1994, S. 99.

Flieg, Balthasar, flieg!

Von Dagmar Gassen

Aufnahme läuft. Der sorgfältig gepinselte Himmel leuchtet frühlingsblau, sattgrün die Plastikwiese. Stumm hockt die Kamerafrau hinter ihrem Stativ. Regisseur Michael Stiebel wagt
5 kaum zu schlucken. Da! Träge hebt Balthasar den linken Flügel, schlaff den rechten. Die Hand der Kamerafrau verkrampft sich erwartungsvoll. Von hinten pustet eine Windmaschine (...) Doch wieder nichts. Balthasar, der Schmetterling, be-
10 wegt sich nicht mehr.

„Ein bißchen fliegen", grummelt einer, „das wird doch wohl drin sein." Um ein neues Duschgel so sanft und natürlich wie möglich zu präsentieren, haben die Werbefilmer der Hamburger Produk-
15 tionsfirma Downtown genau geplant. Exakt zehn Sekunden soll ein pfirsichfarbener Schmetterling im Spot über wogende Wiesen und trauliche Tümpel flattern, ein duftiges Schweben, das idealtypisch die Qualitäten des neuen Produkts symbolisiert. Doch Balthasar, 20 letztes Überbleibsel von 70 Schmetterlingspuppen, die für 50 000 Mark aus Australien eingeflogen wurden, hält allen Schmeicheleien und Tobsuchtsanfällen stand. Zwei Stunden vor Mitternacht, nach über 50 Drehversuchen, gibt 25 der schweißüberströmte Regisseur auf.

Wenn in den Wohnstuben der Druck auf die Fernbedienung den Abend einleitet, läßt die Reklame meist nicht lang auf sich warten. Fröhliche Menschen präsentieren keimfreie Badezimmer, 30 schmucke Autos gleiten durch üppige Landschaften. Da wird der Wirklichkeit schon mal nachgeholfen. Aber wie? Malte Buss, Trickfilm-Experte für Werbung, hat in seinem Buch „Manipulation mit Millionen" (Ullstein Verlag) die kleinen und großen Geheimnisse der 200 000 bis 500 000 Mark teuren 30-Sekunden-Spots gelüftet. Da verwandeln Reinigungsmittel Badewannen binnen Sekunden in Glitzerstätten, weil sie gegen völlig fettfreien Kunstschmutz antreten dürfen. Da verstecken Techniker kleine Lämpchen in ausgehöhlten Orangen und Zitronen, damit es Vitamin-C-grell leuchtet. Bei erstaunlich leistungsstarken Handstaubsaugern hilft der monströse Industriesauger hinter der Kamera ein bißchen mit. Und daß der Espresso zu Hause nie so aromatisch dampft wie bei Luigi im Fernsehen, mag daran liegen, daß keine überdimensionale Nebelmaschine im Hintergrund herumsteht.

Oft ist das, was man sieht, nicht einmal das, was man zu sehen glaubt. Lecker fließende Schokolade ist meist eingefärbtes Motoröl, zapffrisches Bier in Wahrheit eine Mischung aus goldgelben Farbverstärkern und schaumtreibenden Zuckerkrümeln, manchmal sogar der Saft von der Konkurrenz, weil der einfach besser ausschaut. Und wenn die Tiefkühlkost der Firma X beim Dreh trotz raffiniertester Beleuchtung eher ans Fasten denken läßt, wird schon mal der Praktikant losgeschickt, um frische Ware vom Markt zu holen.

Und manch dampfende Kartoffel wurde von kundiger Hand länger geschminkt als die Hauptdarstellerin des Werbefilms. Nur für Schmetterlinge gibt es kein Patentrezept.

Am Mittag des zweiten Tages kommt Balthasar an eine kleine Angel mit Nylonfaden. Sein Betreuer, der Schmetterlingsexperte Peter Hain, hüpft mit dem faulen Flattermann durch die Kunstwiese. Sieht nicht gut aus. Balthasar wandert in die Styroporkiste, soll neue Fluglust schöpfen. Kurz darauf meldet Hain den Tod des Hauptdarstellers. „Er war kein guter Schauspieler", ruft er ihm traurig nach, und niemand widerspricht. Doch manchmal sind tote Schauspieler die besseren. Balthasar wird zerlegt und mit leicht hochstehenden Flügeln wieder zusammengeklebt. Diesmal übernimmt der Regisseur den Angel- und Wiesentanz selbst.

Fünf Tage später kommt der Spot aus der Computernachbereitung. Selig flattert Balthasar durch die Natur, als wäre er der ausgelassenste aller Schmetterlinge. Der Himmel lacht, ein paar Tautropfen fliegen durch die Luft. Man denkt an Frühling und wie schön das Duschen mit dem neuen Gel sein muß. Nur Regisseur Stiebel ist ein bißchen nachdenklich. „Schon komisch", sagt er mit der Erfahrung von 400 Werbespots, „man zeigt was ganz Tolles, und in Wirklichkeit war alles ganz anders."

stern 6/95, S. 144.

Tiere erobern den Bildschirm

„Nichts ist unmööglich ..." Wenn die niedlichen Brüllaffen abends im Werbefernsehen lossingen, schaut jeder hin. Und wenn dann das fast geflüsterte „Toyoootaaa" folgt, muß man unwillkür-
5 lich schmunzeln. 30 Sekunden Werbung, die zum Kult-Spot wurden. Tierisch sympathisch und so erfolgreich, daß damit erstmals ein Werbefilm mit der „Goldenen Kamera" ausgezeichnet wurde. Tiere in der Werbung - ein Me-
10 gatrend. Die Milka-Kuh und ihre Schokolade, der Braun-Hund und sein Wecker, der Papagei und sein „Rrritterr Rrrumm ...", jeder kennt sie, jeder mag sie.
Aber: Wie kommt es eigentlich, daß die Werbe-
15 branche immer häufiger ihre Stars im Tierreich sucht?
„Das Zauberwort in der Werbung heißt Sympathie", erklärt Olaf Oldigs von der Hamburger Agentur Springer & Jacoby den Hintergrund,
20 „und Tiere sind nun mal super Sympathieträger. Bei Hunden, Katzen oder Vögeln ist immer von treuen Lebensgefährten oder von vierbeinigen Freunden die Rede." Deshalb spielt es auch in der Werbung keine Rolle, daß die Tiere mit dem
25 angepriesenen Produkt eigentlich überhaupt nichts zu tun haben. „Im Gegenteil, gerade dann schauen die Leute viel aufmerksamer hin", sagt Volker Nickel, Sprecher des Zentralrats der Werbewirtschaft. „Auch solche, die sich sonst
30 nicht dafür interessieren würden, ganz besonders Frauen. Wenn sich etwa ein paar lustige Affen für Regenreifen stark machen, amüsieren sich auch Frauen darüber und erinnern ihren Mann beim nächsten Autokauf daran, daß er auf siche-
35 re Reifen achten soll." Frauen, das haben Untersuchungen ergeben, sind viel mehr für Humor zu haben als Männer. Sie mögen lustige, fröhliche Ansprache. Und Frauen sind schließlich die Hauptzielgruppe der Werber. Denn sie kaufen
40 am meisten ein und haben auch bei größeren Anschaffungen ein entscheidendes Wort mitzureden.
Warum die Tiere am schnellsten die Herzen der Frauen erobern - dafür gibt es handfeste psycho-
45 logische Gründe. Die Hamburger Diplom-Psychologin Kathrin Gerhardt: „Sie wirken niedlich, schauen einen mit großen, manchmal traurigen Augen an. Das weckt bei vielen Frauen mütterliche Gefühle. Aber auch Beschützer-
50 Instinkte, besonders wenn die Tiere sehr menschlich und dabei tapsig daherkommen, erinnert es sie an kleine Kinder, die umsorgt werden wollen." Ähnlich ist auch die Wirkung bei Kindern, die von der Werbebranche schon längst

ins Visier genommen wurden. Denn so Experte 55
Volker Nickel: „Kinder sind heute sehr starke Diskussionspartner bei Kaufentscheidungen der Eltern." Klar, daß bei ihnen Tiere besonders ziehen. Sie lieben sie als Spielgefährten wie ihren Teddy und übernehmen Beschützerrollen wie 60
etwa beim lebendigen Hamster.
Übrigens ist auch der preisgekrönte Toyota-Affenspot mit Hilfe von Kindern entstanden: Der Familienurlaub in Frankreich brachte Thomas Wulfes, Kreativ-Direktor der BMZ-Agentur 65
Düsseldorf, auf die Idee. Seine beiden Kinder hatten ihn vor den Fernseher gezerrt, damit er ihre Lieblingssendung anschaut: „Das Privatleben der Tiere" hieß die Serie, in denen Urwaldbewohner sehr witzig und „menschlich" wild 70
drauflos diskutierten. Schon nach wenigen Minuten lag er selbst mit seinen Kindern auf dem Boden vor dem Apparat und amüsierte sich köstlich. „Die Sketche gingen mir nicht mehr aus dem Kopf", erinnert sich Wulfes. „Dann dachte 75
ich, unser Spruch ist zwar schon alt, aber wenn Affen ihn singen, ist es wieder lustig." Der Erfolg gab ihm recht.

Die bekanntesten Werbestars aus dem Tierreich:
Die Milka-Kuh: Sie heißt Schwalbe und lebt bei einem Bauern in Simmenthal in der Schweiz. Und sie ist schon die fünfte in der Riege der 5
erfolgreichen lila Werbeträger.
Die Braun-Hündin: Die Terrier-Mischlingsdame Pipin, die mit einem Pfotenwink den Wecker zum Schweigen bringt, wurde mit dem silbernen Löwen von Cannes ausgezeichnet und spielte 10
schon in einem Musikvideo von Phil Collins mit. Ganz nebenbei bekam sie sechs niedliche Babys.
Der Esso-Tiger: Er heißt Tony und ist in einem Zirkus in Philadelphia zu Hause. Besondere Kennzeichen: Er ist Morgenmuffel und läßt sich 15
nur filmen, wenn er Lust dazu hat.
Der VW-Hund: Er heißt Sparky und stammt aus einem Tierheim in England. Ein Tiertrainer brachte ihm bei, vor der Kamera seinen Charme wirken zu lassen - aber nur gegen ein Häppchen 20
Fleischwurst für jede Szene.
Die Uniroyal-Affen: Die Orang-Utans heißen Bimbo, Charlie und Molly und sind normalerweise Entertainer in einem Casino von Las Vegas. Keine Frage, daß sie die Dreharbeiten mit 25
links bewältigen.

Für Sie 10/94, S. 34.

Radio Days

Von Rolf Karepin

Bei den Top-Kreativen in den Werbeagenturen gilt Radio immer noch als das Stiefkind der Werbung. Nicht zuletzt deswegen, weil mit Fernsehspots und Printanzeigen mehr Kreativ-
5 Lorbeeren für die Agentur zu gewinnen sind. Zum anderen ist für die nationalen Markenartikler die Planung von Funkkampagnen ein kompliziertes Geschäft - mehr als 300 private und öffentliche Radiosender funken derzeit zwischen
10 Flensburg und Füssen.
Doch im Handel liegen die Prioritäten etwas anders als bei Markenartiklern und multinationalen Agentur-Networks. Schließlich stehen auch die vielgeschmähten „Schweinebauch-Anzeigen"
15 bei den Werbern im Ruf der Unkreativität. Was aber viele Konsumenten keineswegs davon abhält, diese Anzeigen sehr genau zu lesen und ihr Einkaufsverhalten darauf abzustimmen.
Wenn Funkspots nerven, dann sind sie eben
20 schlecht gemacht, meinen die Profis, die mit dem Funk erfolgreich arbeiten. Rudolf Wahler von der Münchener Mediaagentur Media-Plus sieht die Stärken des Funks vor allem darin, „kurzfristige Aktualität zu schaffen, für Angebo-
25 te zu werben oder Konsumenten in den Handel zu ziehen".
Tatsache ist, daß sich das Radio bei den Hörern großer Beliebtheit erfreut: Der Hörfunk erreicht täglich 82 Prozent der Bevölkerung ab 14 Jah-
30 ren. Und die durchschnittliche Hördauer beträgt 168 Minuten pro Tag. Die Zusammensetzung des Publikums ändert sich mehrfach im Tagesablauf: Zwischen sechs und acht Uhr hören vorwiegend die Berufstätigen Radio, zwischen acht
35 und 13 Uhr sind vor allem Hausfrauen per Funk zu erreichen. Am Nachmittag zwischen 14 und 18 Uhr schalten überwiegend Jugendliche das Radio an.
Diese Nutzungsprofile im Tagesablauf ermögli-
40 chen dem Werbekunden zielgruppenorientierte Spotplazierungen. Ansonsten raten Experten, für niedrigpreisige Verbrauchsgüter morgens und vormittags zu werben. Für größere Anschaffungen wie etwa Autos, die der Kunde meist eine
45 Weile überdenkt, empfiehlt sich die Plazierung am Abend. Einen weiteren zentralen Vorteil des Radios sieht ARD-Medienforscher Christoph Wild in der Nähe zum point of sale: „Hörfunk ist häufig das zuletzt vor dem Kauf genutzte Medi-
50 um", so Wild.
Seit der Öffnung des privaten Radiomarkts vor

fast zehn Jahren hat sich die Zahl der Radiostationen in Deutschland vervielfacht. Neben den Großen wie SWF 3, das in Rheinland-Pfalz, Ba-
55 den und zum Teil in Nordrhein-Westfalen zu hören ist, funken vielerorts auch regionale und lokale Stationen. Viele nationale Werbetreibende und Media-Agenturen kritisieren, daß die Radiolandschaft kaum noch überschaubar sei. Ent-
60 sprechend hoch ist der Planungsaufwand für nationale Hörfunk-Kampagnen.
Für den lokalen Werbetreibenden - zumal mit schmalerem Werbebudget - bietet lokales oder regionales Radio die Chance, Werbedruck zu
65 erzeugen, ohne gigantische Streuverluste in Kauf zu nehmen. So buchte beispielsweise ein Jeans-Shop aus dem Stuttgarter Umland mangels Alternativen jahrelang teure Spots in der Servicewelle SDR 3. Daß Hörer aus dem mehr
70 als 100 Kilometer entfernten Mannheim wohl kaum nach Ludwigsburg fahren würden, nahm der Inhaber eben in Kauf.
In den ersten Jahren nach dem Aufkommen lokaler und regionaler Sender wurde ziemlich wild
75 experimentiert, da sowohl Sender als auch Kunden Neuland betraten. Mancher Einzelhändler, der sich vom technischen Equipment und dem Fach-Kauderwelsch sogenannter Medienberater blenden ließ, verlor schnell die Lust auf weitere Experimente mit der Radiowerbung. Inzwischen
80 ist die Goldgräberstimmung der Pioniertage vorbei, somit ist auch der Wildwuchs etwas eingedämmt.
Viele Radiomacher haben erkannt, daß schlecht gemachte Spots zwar vielleicht die Studioausla-
85 stung kurzfristig verbessern, langfristig aber mehr Schaden als Nutzen bringen. Der Kemptener Sender „Radio Session im Allgäu" (RSA) hat das lokale Werbegeschäft zu einem starken Standbein ausgebaut. Und das geht eben auf
90 Dauer nur mit Qualität. Der Sender arbeitet bei der Spotproduktion nur mit ausgebildeten Sprechern, Musikern und Technikern.
In den USA ist die Marketing-Weisheit „All business is local" stärker im Bewußtsein veran-
95 kert als hierzulande. Dort ist es bei nationalen Werbetreibenden üblich, den örtlichen Händlern Funkspot-Matern anzubieten, wie es hierzulande bei Prospekten oder Tageszeitungsanzeigen praktiziert wird. Auch findet Werbewirkungsfor-
100 schung auf lokaler Ebene wegen der hohen Ko-

sten in Deutschland praktisch nicht statt. Die Konsequenz: Lokalfunker müssen Neukunden mit den positiven Erfahrungen bisheriger Kun-
105 den überzeugen.
Bei OK-Radio in Hamburg erinnert man sich in diesem Zusammenhang gern an einen kleinen Fahrradhändler, der sich Werbung eigentlich gar nicht leisten konnte. Der Sender erarbeitete mit

ihm eine einwöchige Abverkaufskampagne mit 110 dem Ziel, zehn Fahrräder zusätzlich zu verkaufen. Der Erlös würde nicht nur die Werbekosten wieder hereinholen, sondern auch noch etwas Gewinn in die Kasse bringen. Und siehe da: Bereits nach ein paar Tagen war das Verkaufsziel 115 erreicht.

Wie eine lokale/regionale Radiokampagne läuft

Briefing
Der Auftraggeber definiert mit der Agentur oder dem Sender die Aufgabenstellung, formuliert Ziele und analysiert die Marktsituation. Außer-
5 dem einigt man sich auf ein Präsentationshonorar. Das Gesprächsergebnis wird schriftlich fixiert und dient als Arbeitsgrundlage für Konzeption und Text.

Konzept und Text
10 Die Agentur/der Sender erarbeitet auf Grundlage des Briefing-Protokolls Ideen, Konzepte und Kernaussagen und Text-Varianten. Grundsatz: Weniger ist mehr! Höchstens zwei, besser noch eine Kernaussage pro Spot.

Präsentation
15 Die Agentur/der Sender stellt dem Kunden Textvarianten vor, die dann diskutiert werden. Sind die Texte abgesegnet, werden Sprecherauswahl, Produktionskostenangebot und
20 Schaltplan präsentiert. Auch sollten alle Honorare und Kosten geklärt sein (beispielsweise GEMA-pflichtige Musik).

Realisation
25 Hat der Kunde dies alles abgesegnet, geht es in die Produktion. Im Mehrspur-Tonstudio werden die Komponenten Text, Musik und Geräusche produziert und abgemischt. Das Ergebnis sollte

man sich auf einem normalen Cassettenrecorder oder sogar im Auto-Radiorecorder anhören. 30 Denn Studiolautsprecher klingen anders. Maximal sollten nicht mehr als drei Spotvarianten produziert werden.

Testphase
Die bei nationalen Kampagnen üblichen Pretests 35 lohnen sich kaum für lokale Kampagnen. Getestet wird „on air" das heißt; der Spot läuft eine kurze Zeit, dann wird Zwischenbilanz gezogen, eventuell nachgebessert.

Schaltung
40
Die Kampagne wird planmäßig abgefahren. Ob es ratsam ist, sich in diesem Punkt von einem Sender betreuen zu lassen oder eine externe Agentur zu bemühen, hängt nicht zuletzt vom jeweiligen Senderangebot ab.
45

Nachbetreuung
Für die Agentur oder den Sender ein wichtiges Mittel zur Kundenbindung. Mangelnde Nachbetreuung motiviert den Auftraggeber, vor dem nächsten Auftrag doch mal ins Branchenbuch zu 50 schauen.

handelsjournal 5/94, S. 43 f.

handelsjournal 5/94, S. 43 f.

Poetisches im Fünfminutentakt

„Hier spricht das Literaturtelefon" - bundesweit befriedigen immer mehr Menschen ihre literarischen Bedürfnisse an der Dichterstrippe
Von Michael Bauer

Poesie am Autotelefon, Prosa im D-Netz, Mundartdichtung frei Haus. Vielerorts funktioniert das Literaturtelefon. Bei Anruf: Wort. Die Nummer steht im Telefonbuch zwischen
5 dem örtlichen Kinoprogramm, den Lottozahlen und der Pollenflugprognose unter dem Stichwort „Gedichte und Kurzprosa".
In Essen wählt man beispielsweise Literatur unter 1 15 10 an. Das stark verzerrte Vorspiel läßt
10 bei genauem Hinhören dramatische Klaviermusik erkennen, dann ertönt eine einschmeichelnde Männerstimme: „Hallo (...) hier spricht das Literaturtelefon!" Nach einer kurzen Kunstpause lockt sie weiter: „Sie hören Gedichte und Kurz-
15 prosa, vorgestellt vom Literaturbüro der Volkshochschule Essen, der Stadtbibliothek sowie dem Literaturbüro Düsseldorf." Bei der Ansage des Düsseldorfer Literaturtelefons wurde zwar auf Klavierspiel und rheinisches Timbre verzich-
20 tet, doch hier läuft das gleiche Band wie in Essen.
Dichterinnen tragen ungeübt selbstgemachtes vor, meist gut gemeint und schlecht gereimt. Oder sie erzählen dem Literaturfreund am Tele-
25 fon Geschichten, die das Leben für sie geschrieben hat. Dabei geht es um Eisberge, Amtsstuben oder vermeintliche Taschendiebe.
Rührend bekennt eine der Autorinnen, sie habe zwar noch wenig veröffentlicht, dafür aber um
30 so mehr Manuskripte in der Schublade liegen. Der Zuhörer am anderen Ende der Leitung erahnt den Grund.
Im Anschluß an ihre kleine Geschichte verabschiedet sich das Literaturtelefon mit sonorer
35 Grabesstimme: „Auf Wiederhören, meine Damen und Herren, in der nächsten Woche mit einer anderen Autorin oder einem anderen Autor."
Die fünf Minuten sind um. Von neuem lockt das
40 Endlosband - „Hallo (...) hier spricht das Literaturtelefon!"
Wie viele dieser mehr oder minder verlockenden Literaturtelefone es in Deutschland derzeit gibt, ist bei Telekom nicht zu erfahren. Derartige An-
45 sagedienste seien, so die Bonner Pressestelle des Unternehmens, Sache der regionalen Bezirksdirektionen. Sie bestimmen auch, wie viele Anrufer pro Monat nach Literatur verlangen müssen, damit die Servicenummer bestehen bleibt. Augs-
50 burg beispielsweise, hat sein Soll von 2 000 An-
rufen pro Monat nicht erreicht und wurde abgeschaltet. Im Saarland dagegen wird eine Postnummer schon eingerichtet, wenn 1 000 Anrufe garantiert sind.
Ob Bremen oder Koblenz, statt Poesie vom 55 Band meldet sich „kein Anschluß unter dieser Nummer" bzw. „Love for Sale" samt Koblenzer Kinoprogramm. Beim Poesietelefon Saar läuft ein Tonband, das, nach erlesenen Gedichten, Wünsche und Kritik aufzeichnet, vor allem aber 60 die Anrufer zählt. Denn wo eine amtliche Servicenummer mit Eintrag nicht zustande kommt, muß man sich mit einem Anrufbeantworter begnügen.
Nicht überall geht es nur um Unterhaltung und 65 Information. Noch verspricht Buchwerbung via Telefon allerdings wenig Gewinn. Das bislang einzige Literaturtelefon in Berlin ist ein Privatanschluß. Dahinter verbirgt sich die Werbe- und Verlagsgesellschaft Frieling & Partner, die 70 sich auf Bücher spezialisiert hat, die von den Autoren selbst finanziert werden. Die „Tips, Trends und Texte direkt aus Berlin" geben sich betont „unabhängig". Auch mitten in der Nacht meldet es sich dem literaturbedürftigen Anrufer 75 mit „einen wunderschönen guten Tag", gefolgt von Empfehlungen entlegener, werbebedürftiger Bücher - nicht nur des eigenen Verlags.
Die Idee der Literaturvermittlung per Telefon stammt aus den USA. Andy Warhol soll schon 80 in den 60er Jahren seinen Anrufbeantworter mit Gedichten und Kurztexten gespeist haben. Seit etwa 1980 kennt man die Literatur-Hotline auch in Deutschland, gegenwärtig sind es 25.
Bei einem Rundruf quer durch die Republik 85 stößt man auf drei Modelle gängiger Literaturtelefone: Das Forum für anspruchsvolle Literatur, die Laienbühne für Literaturbüros (ein Begriff, der Bände spricht!) und das Sprachrohr für Heimatdichter. 90
Oldenburg und Leer, zeitweise auch Nürnberg, Frankfurt und Köln offerieren am Literaturtelefon Mundartliches. Lehrreich für den Anrufer ist dabei vor allem die doppelte Bedeutung des Wortes „Plattdeutsch". Kalauer, volksmundige 95 Sprüche und Männerwitze geben das Niveau vor. Oder man besingt die heimatliche Scholle und die Schönheit des jeweiligen Dialekts.
Verantwortliche für diese Art Literaturtelefon sind das Nürnberger „Amt für kulturelle Frei- 100

zeitgestaltung", die Kölner „Akademie für uns Kölsche Sproch" und der Oldenburger „Heimatbund für niederdeutsche Kultur e.V.", dessen literarischer Ausstoß am Telefon sich allerdings schon 100 Kilometer weiter kaum beurteilen läßt.

Ob plattdeutsch oder nur platt, die Mehrzahl der Literaturtelefone versteht sich als Werbemittel für Schriftstellerinnen und Schriftsteller der Region. Und so reimt denn eine Jurastudentin in Ludwigshafen unter dem Motto „Otto Normal" munter drauflos: „So geht es dann jahrein, jahraus./Otto Normal lebt weiter so in seinem Haus./Bevor er wurde pensioniert,/ist es plötzlich dann passiert./Er stirbt." So oder so ähnlich reimts vom rauschenden Band, ausgewählt von der Stadtbibliothek. Immerhin erläutert der bibliothekarische Kommentar kundig, Literatur habe in diesem Fall eine „Ventilfunktion".

Neben derartigen Holprigkeiten stören technische Fehler vielerorts den Literaturgenuß am Hörer: Der Anrufer platzt mitten in einen Text, ob Eichendorff in Saarbrücken oder Kunert in Kiel.

Fast immer hörenswert sind die Literaturtelefone in Hamburg, Münster, Stuttgart und München. Sie bieten ein Forum für Frauenliteratur, anspruchsvolle Unterhaltung, Junge Lyrik und Literatur ausländischer Schriftstellerinnen und Schriftsteller in Deutschland. Oft in Zusammenarbeit mit dem regionalen Schriftstellerverband bitten Mitarbeiter des jeweiligen Kulturamts wöchentlich oder alle zwei Wochen einen Autor ans Mikrophon.

Eine gewisse Nervosität beim Vortragen wirkt sympathisch, unsicher vorgetragene Gedichte versöhnen mit ungewollter Komik. Die Auswahl der Texte ist frei, vorgegeben wird lediglich die Dauer der Lesung: Dichtung im Fünfminutentakt.

Für 200 Mark und eine Hörerschaft, über deren Zusammensetzung und Motivationen es nur Vermutungen gibt, las Joseph von Westphalen Anfang Februar am Münchener Literaturtelefon satirische Betrachtungen über den Umgang der Deutschen mit ihrer Vergangenheit, ihrer Hosenmode und ihren „überfremdeten" Frühstücksgewohnheiten.

Warum Menschen die Nummern eines Literaturtelefons wählen, weiß jedoch auch Joseph von Westphalen nicht. Er vermutet Langeweile und Zeitvertreib während des Wartens auf einen belegten Anschluß.

Mit momentaner Buchlosigkeit, belletristischer Nachsucht und der wachsenden Zahl deutscher Analphabeten ließe sich der Griff zum Literaturtelefon ebenfalls erklären. Niemand weiß tatsächlich, warum im vergangenen Jahr rund 35 500 Hamburger, ebenso viele Stuttgarter und 22 400 Münchener sich fünf Minuten Gedichte oder Geschichten vorlesen ließen.

Wer in München 1 15 10 wählt, hört zunächst ein museales Klingelgeräusch und eine spröde Frauenstimme. Dafür bleibt ihm jedoch purer Dilettantismus erspart. Er vernimmt Neues: etwa die beeindruckenden Verse eines Carl Wilhelm Macke oder ein historisches Tondokument mit Alfred Andersch (…).

Dennoch bleibt die Frage, warum greift jemand zum Telefon, wenn er Lust auf Literatur hat? Gibt es Parallelen zum Telefonsex? Warum nicht ans Buchregal, aufs Bett, auf den Teppich? Ist es die Angst vor Ansteckung, vor der Lust auf mehr Literatur? Warum stapeln sich bei deutschen Verlagen Lyrikbände wie europäische Butter, während man in Ulm in einem Jahr immerhin 16 500mal telefonisch nach Gedichten und Prosa verlangte? Wir wissen es nicht.

DEUTSCHE LITERATURTELEFONE

* Das Band beginnt mit der Ansage, nicht mitten im Text

Berlin	*030/7 74 33 00	Ludwigshafen	0621/1 15 10	
Bielefeld	0521/1 15 10	Mainz	06131/11 56	15
Düsseldorf	0211/1 15 10	München	089/1 15 10	
Essen	0201/1 15 10	Münster	0251/1 15 10	
Frankfurt	*069/7 41 15 73	Nürnberg	0911/1 15 10	
Göttingen	0551/1 97 37	Offenbach	069/1 15 10	
Hamburg	040/1 15 10	Oldenburg	0441/11 56	20
Hannover	*0511/1 68 26 66	Osnabrück	0541/11 56	
Hanau	*06181/2 41 41	Saarbrücken	0681/3 30 51	
Kiel	0431/11 56	Stuttgart	0711/11 56	
Köln	0221/1 15 10	Trier	0651/11 56	
Leer	0491/11 56	Ulm	0731/11 59	25
Lübeck	0451/11 56			

Focus 9/2994, S. 92 ff.

„Bin ich auch ordentlich gekämmt?" Bildtelefon ja oder nein? (Schülerarbeiten)

Nein! Bildtelefon raubt das letzte bißchen Phantasie. Ich finde es irgendwie langweilig, wenn man sich keine Gedanken mehr darüber machen kann, wie der Gesprächspartner gerade aussieht, ob er erfreut ist oder genervt, oder ob er abgehetzt wirkt. Außerdem, wenn ich bedenke, wie ich ab und zu telefoniere - ich glaube, mein Gesprächspartner würde sich ja totlachen! Oder wenn man verliebt ist und man ruft
5 ihn/sie an, dann will man doch nicht, daß der/die andere sofort sieht, wie nervös man ist. So kann man doch immer wieder gut überprüfen, wie gut einem der Gesprächspartner in Erinnerung geblieben ist, man kann seiner Phantasie freien Lauf lassen. Und wenn man dem anderen schlechte Dinge mitzuteilen hat, dann telefoniert man doch gerade aus dem Grund, weil man seinem Gesprächspartner dabei nicht in die Augen sehen möchte. Deshalb werde ich mein gutes altes Telefon nicht gegen ein Bildtelefon eintau-
10 schen, da ich meine, daß in unserer teilweise trostlosen Welt etwas Phantasie erhalten bleiben sollte.

***

Nein! Bildtelefon raubt das letzte bißchen Phantasie. Ich kann mir nicht vorstellen, daß ich jemals mit so einem Ding telefonieren werde. Wenn ich telefoniere, dann finde ich es ganz aufregend, mit vorzustellen, was der andere Gesprächspartner gerade tut. Es ist sogar ein kleiner Nervenkitzel dabei, weil der andere einem ja auch etwas vorlügen kann, und man weiß nicht, ob das, was er sagt, auch stimmt. Au-
15 ßerdem würde das Bildtelefon viel zu weit in die Privatsphäre eines Menschen eingreifen. Wenn man zum Beispiel noch im Bett liegt oder in der Badewanne, dann könnte ja jeder einem dabei zugucken. Da könnte man ja sofort Kameras im ganzen Haus aufstellen und alles im Fernsehen übertragen! Die Damen, die hauptberuflich Telefonsex betreiben, wären durch diese technische Neuerung überdies total schlecht dran. Dann könnten sie nämlich „dabei" nicht mehr stricken oder bügeln, sondern müßten
20 sich wirklich so verhalten, wie sie es den Anrufern erzählen. Das ginge wirklich zu weit. Telefonieren hat immerhin noch etwas mit Phantasie zu tun, die jedoch hätte beim Bildtelefon keine Chance.

Gebrauchsanweisung auf dem neu aufgestellten Fahrkartenverkaufsautomaten (...)

    I.   Was ist dein Ziel? Ist es das Fegefeuer der Gemeinsamkeit? Oder willst du den Hügel hinab ins Silber der Boote? Prüfe, ob dein Ziel enthalten ist in der alphabeti-
5   schen Reihung der Bestimmungsorte.

    II.   Wähle in Trauer oder in Freude die mit dem Ort verbundene Zahl.

    III.   Willst du wirklich nach Castrop-Rauxel oder nur der Einfachheit halber oder aus
10   Gewohnheit oder weil die Farbkorrespondenz des Morgens nicht mit der erwarteten Mutterwärme rhythmisierte?

    IV.   Nun gut.

    V.   Wirf sechs nickelne Münzen in den Trog
15   voller Reue, und lege deinen Finger in ernstgemeinter Zuwendung auf jenen burgunderfarbenen Knopf wie auf eine offene Wunde.

    VI.   Erschrick nicht, wenn es rattert.

    VII.   Erschrick nicht vor dem hohltönenden
20   Klappern des Wechselgelds.

    VIII.   Nimm hin die kupfergrüne Karte. Der Name des Fahrziels durchströmt wärmend deine leidvoll geschwungenen Lip-
25   pen. Du mußt jetzt nach Castrop-Rauxel.

    IX.   Adieu!

Michael Klaus: Unheimlich offen. Reinbek 1985, S. 44.

Elke Heidenreich: Schaffner, komm zurück!

Also ... mit Automaten ist einfach alles möglich. Gab es nicht sogar mal einen, der einem die Fingernägel schnitt, wenn man die Finger in einen Schlitz steckte? Wußte der denn, daß Finger verschieden lang sind, oder wie löste er das Problem?

Aus Automaten kommen Zigaretten und Getränkedosen - wenn man Glück hat, sogar die Sorte, deren Bild man auf der Taste erwählt hat. Polter, polter - Geld weg, Cola da, ein Wunder der Technik und doch für mich viel vertrauter und leichter zu verstehen als Fernsehbilder aus Asien auf meinem Bildschirm zu Hause - das halte ich noch heute fast für Hexerei. Früher gab es auf Bahnsteigen Automaten mit Prickel Pit. Heute weiß ich nicht mal, ob es überhaupt noch Prickel Pit gibt. Und nur in entlegenen Straßen hängen an Abbruchhäusern neben Spielhöllen noch Automaten, aus denen Kaugummis mit Zugabe kommen - ein Bällchen, ein Ring, ein Zinnsoldat aus Plastik. Auf der Theke von Kneipen findet sich mitunter der Erdnußautomat - der ist aber schon eher ein Erdnußspender. Schokoladenautomaten sind selten geworden, eher kann man sie als Museumsstücke bewundern: „Chocolade, Champagner, Cigaretten und Blumenduft" - jeweils nur zehn Pfennig, das waren noch Zeiten!

Ein Fünf-Drachmen-Stück ließ schon im zweiten Jahrhundert vor Christus geweihtes Wasser aus einem Opfergefäß fließen, und noch heute finden wir Kerzenautomaten in den Kirchen, weil die Frommen sonst klauen und nicht brav bezahlen. Als der Schokoladen-Fabrikant Stollwerck zu Köln sich vor mehr als hundert Jahren mit dem Erfinder Edison zusammentat und Schokoladenautomaten entwickelte, war es übrigens die Kirche, die dagegen protestierte: weil solche Automaten eine unchristliche Naschsucht förderten.

Der Automat schluckt unerbittlich Kleingeld, manchmal spuckt er auch welches aus, der Wechselautomat tut sogar gar nichts anderes. Schön sind auch die Wahrsageautomaten, die das garantiert echte Horoskop erstellen. Nicht zu vergessen, die automatischen Waagen und die ganzen Futter-Automaten, die nach Geldeinwurf sogar mittels Stromstoß Würstchen erwärmen und ausspucken. Mit keinem Wort erwähnen wir jedoch hier die Spielautomaten, dem Menschen das Geld aus der Tasche ziehen und ihn als einzige Gegenleistung verblöden oder an Spielsucht erkranken lassen. Traurig stimmen auch der Schuhputz- und der - jawohl! - Geschirrspülautomat, denn so was ruiniert all den netten begabten Jungens die Karriere, die es früher vom Schuhputzer und Tellerwäscher zum Millionär brachten - nicht mal als Zeitungsjunge oder Liftboy geht so was mehr, alles automatisch. Heute müssen arme kleine Jungens Betriebswirtschaft studieren, wenn sie so reich wie Donald Trump werden wollen. Zum Schluß tadeln wir jedoch die schrecklichsten aller Automaten nachdrücklich - nicht ohne zuvor den Musikautomaten oder Juke boxes unsere Liebe erklärt zu haben. Pfui aber bis ans Ende aller Tage über Fahrkartenautomaten der U-, Straßen- und Bundesbahn! Weltweit gibt es KEINEN EINZIGEN Menschen, der mit ihnen klar käme oder Freude an ihnen hätte. Ich habe das zuverlässig recherchiert. Sie schlucken das Geld, spucken keine oder die falsche Karte aus, mit der man nur als Hund fahren dürfte. Sie sind in Köln anders als in Frankfurt und Berlin. Sie sind störrisch, tückisch, häßlich und niederträchtig, nur dazu da, den Reisenden zu verwirren und in Depressionen zu stürzen. Ich weiß, wovon ich spreche: von Zone A mit Umsteigen nach T 6, Preisklasse K im Kurzstreckentarif für 24 Stunden. Schaffner! Komm zurück! Kontrollier uns nicht, verkauf uns die bunten Kärtchen!

Also (...) Kolumnen. Reinbek 1992, S. 142 f.

9 Sprache

Die Sonne ist keine Frau

Über natürliches und grammatisches Geschlecht

Von Dieter E. Zimmer

Wie ist doch alles gut und sinnvoll geregelt. Zum Beispiel im Lande Nordrhein-Westfalen das Dienstverhältnis an den Universitäten: „Dienstvorgesetzter der Rektorin oder des
5 Rektors, der Kanzlerin oder des Kanzlers und der Professorinnen und Professoren ist das Ministerium. Dienstvorgesetzte oder Dienstvorgesetzter der Hochschuldozentinnen und Hochschuldozenten, der wissenschaftlichen Assistentinnen und Assistenten (...)"
10 Genug? Nein, meine Damen, meine Herren, das haben wir uns eingebrockt, da müssen wir nun durch.
„... der Oberassistentinnen und Assistenten, der
15 Oberingenieurinnen und Oberingenieure, der wissenschaftlichen und künstlerischen Mitarbeiterinnen und Mitarbeiter ... ist die Rektorin oder der Rektor. Dienstvorgesetzte oder Dienstvorgesetzter anderer Mitarbeiterinnen oder Mitarbeiter ist die Kanzlerin oder der Kanzler."
20 beiter ist die Kanzlerin oder der Kanzler."
Und das ist nur erst der Paragraph 63. Erstellt wurden er und seine Gesellinnen und Gesellen gemäß den Weisungen einer interministeriellen Arbeitsgruppe unter dem Motto: „Eine gleich-
25 stellungsgerechte Gesellschaft erfordert auch eine gleichstellungsgerechte Rechtssprache." Und was auf dem Weg zu diesem hehren sprachlichen Ziel ist am „erfolgversprechendsten" und mithin am Gleichstellung bewirkend-
30 sten? Die „Verwendung von geschlechtsneutralen Umformulierungen; Paarformeln" (mit den Frauen grundsätzlich voran). Siehe oben.
So meine Damen, hohe Frouwen, Sie müssen jetzt mal wegsehen. Sie ärgern sich sonst doch
35 nur. Beziehungsweise, wenn Sie finden sollten, daß gelegentlicher Ärger die feministische Kampfkraft nur stählen kann, dann tun Sie sich ruhig das Folgende an.
Es war einmal. Es war einmal eine unaufgeklärte
40 Zeit - sie währte nur von Anbeginn der deutschen Sprache bis vor ein paar Jährchen -, das wußten die Leute: Es gibt ein natürliches Geschlecht, und es gibt ein grammatisches Geschlecht, und die sind zweierlei. Die Sonne ist
45 keine Frau und der Mond kein Mann. Da sie das wußten, fanden sie auch nichts dabei, daß als

gegnerische Substantive (also solche, die alle Angehörigen einer Gattung ohne Rücksicht auf Geschlecht oder Alter oder sonstwas zu bezeichnen bestimmt sind) in der Regel die kürze-
50 ren, überwiegend maskulinen Grundformen fungieren. Nicht einmal den damals noch ungebrochen chauvinistischen Mann störte es, daß er gegebenenfalls „eine Person" oder „eine Geisel" war.
55 Finstere Zeiten. Wie fortschrittlich, wie geradezu gleichstellungsgerecht klänge doch beispielsweise das Lied der Glocke noch heute, hätte Schiller diesen faulen Konsens aufgekündigt: „Freiheit und Gleichheit! hört man schallen, Die
60 ruhge Bürgerin und der ruhge Bürger greift zur Wehr, Die Straßen füllen sich, die Hallen, und Würgerinnen- und Würgerbanden ziehn umher. Da werden Weiber ..." Nein, pejorativ, zumal es auch noch Neutrum ist: „Da werden Damen zu
65 Hyänen ..." Auch typisch, daß „die Hyäne", dieses unsympathische Vieh, feminin ist. Müßte ebenfalls korrigiert werden: „Da wird die Dame zum Hyänen ..."
Unmöglich, diese Altvorderen: den Frauen zu-
70 zumuten, sich von grammatisch maskulinen Gattungsbegriffen mitmeinen zu lassen. Wir wissen es heute besser. Wir wissen: Heutzutage sind Menschin und Mensch nicht mehr imstande, grammatisches und natürliches Geschlecht aus-
75 einanderzuhalten, und das vergällt den Menschinnen arg die Seele. „Eine psychologisch wirksame Benachteiligung von Frauen durch Verwendung des gegnerischen Maskulinums kann nicht ausgeschlossen werden", erläuterte
80 das Land NRW seine Sprachregelung.
Das alles ist natürlich sehr begrüßenswert, nur eben immer ein bißchen lang. Das Stadtparlament im schweizerischen Wädenswil ging diesen Sommer darum den kürzeren Weg. Es beschloß,
85 daß in der örtlichen Verfassung ausschließlich grammatische Feminina Gattungsbegriffe sein dürfen. Indessen, ehe der Wandel vollzogen war und es in Wädenswil nur noch Einwohnerinnen unter der Aufsicht einer männlichen Stadtpräsi-
90 dentin gab, schaffte die Gemeinde ihre Neuerung schon ein paar Monde später wieder ab.

Wir werden nicht so wankelmütig sein. Wir berichtigen auch die Sprachgeschichte. Wir trotzen 100
sogar dem Zug der Zeit zur Kürze. Im Dienst
der großen und guten Sache scheuen wir nicht
einmal die Lächerlichkeit. Also nur immerzu und
in voller Länge und gleichstellungsgerechter

Paarigkeit: „Die Grundordnung kann vorsehen,
daß die Dekanin oder der Dekan nach Ablauf
ihrer oder seiner Amtszeit Prodekanin oder Prodekan wird ..."

Die Zeit vom 01.04.1994, S. 74.

Zur Entwicklung des Neuhochdeutschen: Wortschatz; Semantik

Der Wortschatz ist der Teil einer Sprache, der
sich am meisten und am schnellsten verändert.
Einmal durch Bedeutungswandel, zum anderen
durch das Absterben und Neuaufkommen von
5 Wörtern. Die Ursachen für solche Wandlungen
und die Arten dieser Wandlungen sind vielfältig.
Man unterscheidet zwischen innersprachlichen
Ursachen und außersprachlichen, d.h. solchen,
die im Wandel des Bezeichneten liegen. Denn
10 wenn sich die Dinge, die durch ein Wort bezeichnet werden, ändern, z.B. durch eine gesellschaftliche Umwälzung, neue Techniken oder
neue Mode und das „Signans" gleich bleibt, ändern sich die Bedeutungen der Wörter. Viele
15 Wörter sterben mit der Sache, die sie bezeichnen, ab, neue werden zur Bezeichnung neuer
Dinge und Verhältnisse gebildet.
Die Entwicklung des Wortschatzes der deutschen Sprache des Mittelalters zum Neuhoch-
20 deutschen ist ein einziger großer Anpassungsprozeß an die sich wandelnden gesellschaftlichen, produktionstechnischen und weltanschaulichen Verhältnisse. Dabei kann ein einziger
„äußerer" Anlaß Ausgangspunkt für die Um-
25 strukturierung ganzer Wortfelder sein. Ein Beispiel für das Zusammenwirken äußerer Ursachen
mit innersprachlichen Bedingungen soll hier am
Beispiel eines Ausschnittes des Wortfeldes
„Frau" in seiner Entwicklung vom Ahd. zum
30 Nhd. gegeben werden.
Ahd. *frouwa* ist die vornehme, hohe Frau, die
„Herrin", eine Bildung, die zu ahd. *frŏ* „der
Herr", „Feudalherr" zu stellen ist (vgl. nhd. noch
Frondienst). Ahd. *quena* „Ehefrau" steht im
35 Gegensatz zu *kebisa* „nicht angetraute (Neben)
Frau" (Karl der Große hatte mehrere davon, die
Kinder aus solchen Verbindungen hießen
„Kegel", heute noch im Stabreim *Kind* und *Kegel* erhalten).
40 In mhd. Zeit, mit der zunehmenden christlichen
Durchdringung des Volkes, sterben beide Begriffe ab.
Eine „Frau" kann ahd. und mhd. sowohl verheiratet als auch nicht verheiratet sein. Die junge
45 Herrin ist die *juncvrouwe*, ein Wort, das erst seit
dem Spätahd. belegt ist. Das allgemeine Wort
für „Frau" ist ahd. wie mhd. das Wort *wib / wîb*,
die unverheirateten Vertreter dieser Art sind im

Ahd. *magad* (mit der Betonung auf „unverheiratet") und *diorna* (das auch „junges Mädchen" 50
ganz allgemein heißen kann). Im Mhd. hat sich
dieses Verhältnis bereits so weit verschoben,
daß *maget* den Bereich „Dienerin", „Magd" mit
abdeckt und *dierne* nurmehr in diesem Feld zu
finden ist und sich im 16. Jh. zur heutigen Be- 55
deutung verschlechtern kann. Durch diesen
„Schub" ist *diu* überflüssig geworden, es stirbt
daher dann auch ab.
Im Nhd. hat sich das Feld völlig neu gegliedert:
Die durch den immer weiter ausgedehnten Ge- 60
brauch und den Niedergang des hochmittelalterlichen Adels entwerteten Ausdrücke der hohen
Stilschicht bzw. der hohen gesellschaftlichen
Schichten, wurden durch Entlehnungen aus dem
Romanischen ausgeglichen. Im 17./18. Jh. 65
sprach man in den höheren Bildungsschichten
nur mehr von *Madame, Demoiselle* und *Mamsell*, die Sittenverwilderung des absolutistischen
Adels macht ein neues Wort für die ahd. kebisa
„Mätresse" notwendig. Heute ist davon noch die 70
Dame (seit dem 17. Jh.) für „vornehme Frau"
geblieben, die *Gattin* „Ehefrau" ist eher im hohen Stil gebräuchlich. *Frau* ist das Normalwort
geworden und hat damit *Weib* in niedere
Sprachschichten (auch Mundarten) zurückge- 75
drängt.
Jungfrau ging parallel mit der *Frau*, spezialisierte sich aber auf sexuelle Unberührtheit und Jugend (im Gegensatz zur Variante *Jungfer*, die
nur mehr im Kontext „alt" zu verwenden ist). 80
Fräulein, im Mhd. noch ein echtes Diminutiv zu
Frau, bezeichnet die unverheiratete junge Frau,
die noch jüngere Person weiblichen Geschlechts
bezeichnet der Ausdruck *Mädchen* als Diminutivbildung (seit dem 15./16. Jh. belegt) zu mhd. 85
maget, das in nhd. *Magd* ganz auf die Bedeutung „Dienerin" beschränkt ist.
Auch wenn im Ahd. und Mhd. der stilistische
Wert der einzelnen Wörter nicht herausgearbeitet wurde, so zeigt die Darstellung doch an, 90
nach welchen Gesichtspunkten das Beispielwort
umgeformt wurde. Standesgesichtspunkte spielen in der nhd. Normalsprache weniger eine
Rolle, die Sprache hat sich den geänderten gesellschaftlichen Verhältnissen angepaßt. 95
Im Ganzen ist eine Tendenz der einzelnen Wör-

392

ter zum sozialen Abstieg festzustellen. Eine Nicht-Ehegattin als Partnerin des Mannes ist von der Gesellschaft nicht sanktioniert, deswegen
100 besteht kein eigener (offizieller) Ausdruck dafür; der Tatbestand kann aber gleichwohl ausgedrückt werden, z.B. euphemistisch durch *Freundin*.
Ein zweites Beispiel der völligen inhaltlichen
105 Neuordnung der Gliederung eines Wortfeldes vom Mhd. zum Nhd. soll „Tierwelt" sein, das parallel zur wissenschaftlichen Erforschung dieses Bereiches geht: Im Mhd. gab es noch keinen Oberbegriff „Tiere", man faßte nur die Haustiere
110 im „Vieh" zusammen und bezeichnete ansonsten alles, was schwimmt, als „Fisch", alles, was fliegt, als „Vogel", alles, was kriecht, als „Wurm", und als „Tier" alles, was läuft. Das waren die Einteilungskriterien des mittelalterli-
115 chen Menschen und seines Weltbildes.
Die Biologie hat dieses Feld völlig umgeformt:

Der Walfisch wird nicht mehr zu den Fischen gezählt, sondern zu den Säugetieren, obwohl sein Name immer noch an die alte Einteilung erinnert. Und die Fledermaus gehört heute auch 120 nicht zu den Vögeln, sondern zu den Säugetieren; die Schlangen gehörten zu den Würmern und die Hirsche und Rehe zu den „Tieren" (vgl. engl. *deer* „Rotwild").
Diese Einteilung hatte auch praktische Folgen: 125 So konnte das warmblütige Säugetier Biber an Abstinenztagen gegessen werden, da man es zu den Fischen zählte. Wenn die Alltagssprache auch nie die komplizierte Einteilung der Wissenschaft übernehmen kann, so sind doch die Inhal- 130 te der einzelnen Wörter von unserem rationalistischen Verständnis her der Sache (Einteilung des Tierreichs) angemessener als es im Mittelalter der Fall war.

dtv-Atlas zur deutschen Sprache. München 1978, S. 112 f.

Entwicklung des Wortfeldes *Frau* vom Althochdeutschen zum Neuhochdeutschen

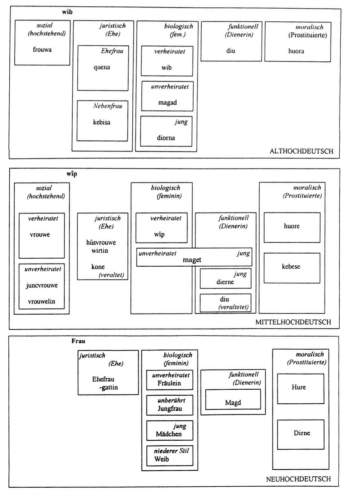

..scheckig [Tr...schek|kig], ...schil|lernd · Bunt..specht, ...stift (der) · Bunt|wäl|sche, die, _

Bür|de, die, _, _n (gehoben)

Bu|ren Pl (Nachkommen niederländ. Einwanderer des 17. u. 18. Jh. in Südafrika; Sg Bu|re, der, _n (ndrl, „Bauern') · Bu|ren|krieg, der, _[e]s (1899–1902)

Bü|ret|te, die, _, _n (fachspr; bei der Maßanalyse verwendete Meßröhre) (germ → frz)

Burg, die, _, _en (zu bergen)

Bür|ge, der, _n, _n (zu borgen) · bür|gen

Bür|gen|land, das, _[e]s (Bundesland in Österreich) · bür|gen|ländisch

Bür|ger, der, _s, _ · Bür|ge|rin, die, _, ..innen · Bür|ger|in|itia|ti|ve · bür|ger|lich; K 258: das Bürgerliche Gesetzbuch (Abk BGB) · Bür|ger|mei|ster · Bür|ger|mei|ste|rei (noch landsch) · bür|ger|nah; _e Politik · Bür|ger|rechts|kämp|fer · Bür|ger|tum, das, _[e]s

Bür|gin, die, _, ..innen · Bürgschaft

Burg|rui|ne

Bur|gund (histor. Gebiet in Ostfrankreich) (nach Burgunder (1)) · Bur|gun|der, der, _s, _: 1. od Burgun|de, der, _n, _n (Angehöriger eines german. Volksstammes) – 2. (in Burgund Geborener od. Wohnender; eine Weinsorte) · Bur|gun|der|wein K 234 · bur|gun|disch; K 258: die Burgundische Pforte (zw. Vogesen u. Schweizer Jura)

bu|risch (zu Buren)

Bur|ja|te, auch Bur|jä|te, der, _n, _n (Angehöriger eines mongol. Volkes) · bur|ja|tisch; vgl. auch K 265 ff.; K 258: die Burjatische ASSR

Bur|ki|na, amtl Bur|ki|na Fa|so, früher Ober|vol|ta [..v..] (Staat in W Afrikas) · Bur|ki|ner, der, _s, _ · bur|ki|nisch

bur|lesk (possenhaft) (lat → ital → frz) · Bur|les|ke, die, _, _n (Posse)

Bur|ma, ohne Art, amtl Union von Bur|ma, Gen _ _ _ (Staat in Hinterindien) · Bur|me|se, der, _n, _n (Staatsbürger von Burma) · burme|sisch; vgl. K 266 f. · Bur|mesisch, das, Gen _[s], Dat _ (Sprachbezeichnung K 268 ff.) · Bur|me|si|sche, das, Gen _n, Dat _n (Sprachbezeichnung K 271)

Bur|nus, der, _ od ..usses, Pl ..usse (Kapuzenmantel der Beduinen) (grch → arab → frz)

Bü|ro, das, _s, _s (lat → frz). Zus K 365 ff.: Büro..angestellte usw. · Bü|ro|krat, der, _en, _en (abwert; Akten-, Buchstabenmensch) (frz + grch) · Bü|ro|kra|tie, die, _, ..ien

(abwert; pedantisches, formalistisches Verhalten in dienstl. Angelegenheiten) · bü|ro|kra|tisch (abwert) · Bü|ro|kra|tis|mus, der, _ (abwert; formalistische Auslegung von Vorschriften) · Bü|ro|kra|tius (scherzh; Personifizierung des Bürokratismus); heiliger _! · Bü|ro|tech|nik, die, _

Bursch, der, _en, _en (landsch) (lat) · Bürsch|chen · Bur|sche, der, _n, _n · bur|schen|haft · bur|schen|schaft (hist; liberale dt. Studentenorganisation im 19. Jh.) · bur|schi|kos K 349 ([übertrieben] ungezwungen; flott) (lat + grch) · Bur|schi|ko|si|tät (lat + grch + lat)

Bür|ste, die, _, _n · bür|sten · Bürsten|bin|der

Bu|run|di, amtl Re|pu|blik Bu|run|di (im O Afrikas) · Bu|run|dier [..iar] od Bu|run|der, der, _s, _ · bu|run|disch

Bür|zel: 1. der, _s, _ (Schwanzbasis der Vögel) – 2. od Pür|zel, der, _s, _ (weidm; Schwanz des Schwarzwildes u. des Dachses)

Bus, der, Gen Busses, Pl Busse Kurzw (Omnibus, Autobus). Zus K 365 ff.: Bus..hof usw.

Busch, der, _-es, Pl Büsche · Büschchen · Bü|schel, das, _s, _ · Bü|schel|chen · Bu|schen, der, _s, _ (süddt u. österr umg; Blumen-, Reiserstrauß) · bu|schig · Busch|klepper (veraltet; Wegelagerer, Strauchdieb) · Busch|män|ner Pl (kleinwüchsiges Volk im S Afrikas) · Busch|obst · Busch|wind|rös|chen (ein Frühlingsblüher)

Bü|se, die, _, _n (Heringsfangboot)

Bu|sen, der, _s, _. Zus K 365 ff.: Busen..freund usw.

Bu|shel ['buʃ(ə)l], der, _s, Pl _s u. bei Maßangabe (K 308) Bushel (Einheit des Volumens für Getreide usw. in den USA); 6 Bushel (kelt → lat → frz → engl)

Busi|neß ['biznis], das, _ (von Profitstreben bestimmtes Geschäft) (engl)

Bus|sard, der, _[e]s, _e (ein Greifvogel) (lat → frz)

Bu|ße, die, _, _n · bü|ßen K 354 · Bü|ßer (Rel)

Bus|serl, das, _s, _[n] (süddt u. österr umg; Kuß, Küßchen)

buß|fer|tig (Rel)· Buß|fer|tig|keit, die, _ (Rel)

Bus|so|le, die, _, _n (Geophys; Winkelmeßgerät) (grch → lat → ital)

Buß|tag (Rel) · Buß-und-Bet-Tag K 189 (Rel)

Bü|ste, die, _, _n (lat → frz). Zus K 365 ff.: Büsten..halter usw.

Bu|ta|di|en, das, _s (Chem; ungesättigter, gasförmiger Kohlenwasserstoff) (grch + lat) · Bu|tan, das, _s, _e (Chem; ein Alkan) (grch)

Butike usw. ↑ Budike usw.

But|ler ['bat..], der, _s, _ (Diener [in Häusern der brit. Oberschicht]) (lat → frz → engl)

Butt, der, _[e]s, _e (ein Plattfisch)

Büt|te, süddt, österr, schweiz But|te, die, _, _n (ein Holzgefäß) (grch → lat → frz) · Buttel ↑ Buddel

Büt|tel, der, _s, _ (hist; Gerichtsdiener; Häscher – veraltend; Ordnungshüter) (zu bieten)

Büt|ten, das, _s, _ (handgeschöpftes Papier) (grch → lat → frz). Zus K 365 ff.: Bütten-papier usw.

But|ter, die, _ (grch → lat). Zus K 365 ff.: Butter..dose usw. · buttern K 363 · but|ter|weich

Bütt|ner (landsch; Böttcher) (grch → lat → frz)

butt|rig K 362 · Bu|tyl, das, _s, _e (Chem; ein Alkyl) (grch) · Bu|ty|ro|me|ter, das (fachspr; Fettgehaltsmeßgerät)

¹Butz, der, _en, _en (landsch umg; Kobold; Knirps, kleines Kind)

²Butz, der, _en, _en od But|zen, der, _, _ (landsch; Klümpchen; Kerngehäuse – bergm; vereinzelte Erzanhäufung)

But|ze|mann, Pl ..männer (ein Kobold, Kinderschreck) (zu ¹Butz)

But|zen|schei|be (runde) Glasscheibe mit Buckel in der Mitte) (zu ²Butz)

Büx, die, _, _en od Bu|xe, die, _, _n (norddt; Hose) (nd, [Hose aus] ,Bockleder')

Bux|te|hu|de (Stadt im N der BRD); auch in Wendungen wie aus _ (umg scherzh; von weit her) sein

Bys|sus, der, _ (Altertum; feines Gewebe – Zool; Haftfaden mancher Muscheln) (grch → lat)

Byte [bait], das, _[s], _s (Datenv; Folge von 8 Binärzeichen) ⟨engl⟩

By|zan|ti|ner, der, _s, _ (Bewohner von Byzanz) · by|zan|ti|nisch; K 258: das Byzantinische Reich (hist) · By|zan|ti|nist (Wissenschaftler auf dem Gebiet der Byzantinistik) · By|zan|ti|ni|stik, die, _ (Wissenschaft zur Erforschung der byzantin. Kultur) · By|zanz (Altertum; Name von Konstantinopel) (grch)

Der große Duden. 6. Auflage. Leipzig 1990. Seite 88 f.

geil: *Mhd., ahd.* geil „kraftvoll; üppig; lustig; fröhlich", *niederl.* geil „wollüstig", *aengl.* gǣl „stolz; übermütig; lustig; lüstern", *aisl.* (weitergebildet) *geiligr* „stattlich, schön" sind im germ. Sprachbereich z.B. verwandt mit älter *niederl.* gijlen „gären" und *norw.* gil „gärendes Bier". Das *altgerm.* Adjektiv bedeutet also urspr. „in Gärung befindlich, aufschäumend", dann „erregt, heftig". *Außergerm.* ist damit verwandt die *baltoslaw.* Sippe von *lit.* gailùs „jähzornig; scharf, herb beißend". - Im heutigen Sprachgebrauch wird „geil" überwiegend im Sinne von „geschlechtlich erregt, brünstig" verwendet, während es als „üppig, wuchernd" (von Pflanzen) weitgehend veraltet ist; in der Jugendsprache ist „geil" im Sinne von „großartig, toll" gebräuchlich. Veraltet ist auch das abgeleitete Verb **geilen** „ausgelassen sein; üppig wachsen" (*mhd.* geilen; vgl. *got.* gailjan „erfreuen"), beachte aber **aufgeilen,** [sich] „[sich] geschlechtlich erregen". Das Substantiv **Geile** veraltet für „Geilheit" (*mhd.* geil[e], *ahd.* geili) wird heute nur noch waidmännisch für „Hoden des Wildes" gebraucht.

Duden, Bd. 7: Das Herkunftswörterbuch. Mannheim 1989.

Wolf Schneider: Die geheimsten Verführer

Werbung, Sprichwörter und Euphemismen

Alle Kunstgriffe der kirchlichen und politischen Propaganda finden sich in der Wirtschaftswerbung wieder - darüber läßt sich schwerlich streiten: gleichgültig, ob man die Werbung ver-
5 dammt, weil sie nur Bedürfnisse befriedigen helfe, die ohne sie nicht vorhanden wären; ob man sie als Motor von Wirtschaft und Wohlstand preist; oder ob man sie im Prinzip bejaht und nur ihre Auswüchse kritisiert - eine Unter-
10 scheidung, auf die die Werbebranche Wert legt und zu deren Erleichterung sie das Wort *Reklame* in Pacht genommen hat: Es soll alle schwarzen Schafe zudecken, auf daß die *Werbung* desto weißer strahle.
15 Dreierlei jedoch hebt die Reklame von der Propaganda ab. Zum ersten eine Äußerlichkeit: der größere Anteil des *Bildes* - die Fata Morgana des kalt angelaufenen Bierglases über der Wüste, der Ritt durch die Brandung, der die wilde
20 Frische einer Seife symbolisieren soll, das erleuchtete Schloß mit der Dame im knöchellangen Nerz, die den Hintergrund des neuen Mittelklassewagens bilden. Zum zweiten eine Annehmlichkeit: Der Aggressivität der Werbespra-
25 che sind in den meisten Ländern gesetzliche Grenzen gezogen. Anders als der politische Gegner darf der kommerzielle Konkurrent nicht mit Namen genannt werden, was seine Verunglimpfung schwierig macht.
30 Der dritte, der entscheidende Unterschied wird anscheinend selten bedacht: Werbung ist selbst im Überschwang humaner, toleranter, liberaler als Propaganda - im Effekt, und auf den kommt es an. Anders als die politische Verführung kann
35 und will die kommerzielle Manipulation uns kein geschlossenes Weltbild liefern, sie krempelt äußerstenfalls den *halben* Menschen um. Und anders als bei der Propaganda ist es nicht *gefährlich*, sich ihr zu entziehen. *Schwierig* durchaus:
40 Im Paukenwirbel der Waschmittelhersteller das vernünftige Produkt zu wählen oder sie gar allesamt abzuwehren zugunsten der Kernseife - das schaffen nicht viele. Doch wer es schafft, wird weder verhaftet noch geächtet.
45 Ohne Staatsmacht hinter sich, überdies durch die staatliche Zügelung ihrer Aggressivität gehemmt, ist die Sprache der Werbung auf den Weg des Nichtssagend-Wonnigen und den Weg des Bombastischen verwiesen; sie züchtet also
50 zwei Erzübel jeglicher Sprache mit Milliardenaufwand zu bizarrer Blüte hoch. Karikatur: Mo-
dernste Computer halten 26 erlesene Buchstaben für Sie gespeichert! Realität: Vollmundiggeistvoller Gaumengruß des Urwalds, Milch von glücklichen Kühen, Gobibraunes Bordüren- 55 Imprimé, der Duft der großen weiten Welt. Die Firma, die den Duft sechzehn Jahre lang versprühte und ihn nächst „Mach mal Pause" zum bekanntesten aller Werbeslogans machte, schaltete 1975 auf einen anderen Kernsatz um „Die 60 Stuyvesant-Generation geht ihren Weg." Wer dies für erläuterungsbedürftig hielt, bekam vom Erzeuger folgende Gebrauchsanweisung: „Wir haben uns entschlossen, in der werblichen Ausrichtung der Marke wieder die Aktualität, den 65 Leitbildcharakter und die Dynamik in den Mittelpunkt der Ansprache zu stellen. Dabei orientieren wir uns am Zeitgeist von heute und zielen darauf ab, die positive Lebenseinstellung unserer Konsumenten bewußt anzusprechen. Die Stuy- 70 vesant-Generation - das sind die Macher von heute, Menschen, die ihr Ziel klar vor Augen haben. Eine Generation, die sich durch Weitsicht, Phantasie und Durchsetzungsvermögen auszeichnet. Menschen, die den Mut zur Zu- 75 kunft haben."
Damit ist der zweite Schwerpunkt angedeutet: kühne Begriffsbildung und ausufernde Metaphorik. Eine *Stuyvesant-Generation* existiert so wenig wie *Marlboro Country*, jenes Land, in 80 dem immer dieselben Cowboys in stets goldroten Licht der Abendsonne die gleichnamige Zigarette genießen - eine Kampagne, mit der sich die Marke „Marlboro" 1975 zur größten auf Erden machte. Wiederum ist es keine Besonder- 85 heit der Werbesprache, Menschen mit Wörtern zu beeindrucken, die Nichtvorhandenes bezeichnen: Manche Religion und ein großer Teil der politischen Propaganda lebt davon; ja selbst bei scheinbar unproblematischen Wörtern wie 90 *Frühling* läßt sich darüber streiten, ob sie überhaupt eine Realität benennen.
Die Technik, wenig oder nichts mit viel Ungestüm zu sagen, setzt sich fort im törichten Komparativ (Waschmittel, die „mehr als sauber" wa- 95 schen) und Superlativ (das strahlendste Weiß meines Lebens). Mit dem Superlativ zieht oft die Irreführung ein, der dritte Schwerpunkt der Werbesprache: Daß Superlative nicht unbedingt etwas Positives behaupten, ja ein Produkt von 100 sehr schwacher Qualität korrekt kennzeichnen könnten, erschließt sich zwar dem mißtrauischen

Sprachbetrachter, nicht jedoch dem typischen Konsumenten. Karikatur: Hier sehen Sie den größten Zwerg der Welt! Realität: Der größte Wagen seiner Klasse, Nie war er so wertvoll wie heute, Die beste Tabakmischung, die Reemtsma herstellt. Eine gute Irreführung kommt auch ohne Superlative aus: Die Behauptung, Katzen würden sich, wenn sie Dosenfutter kaufen könnten, für Whiskas entscheiden, ist schwerlich beweisbar, der Satz „Zucker zaubert" sogar leicht zu widerlegen. Eine Hemdenfabrik handelte sich mit dem Schlagwort „Bügelfrei auf Lebensdauer" (gemeint war: des Hemdes, nicht des Trägers) wenigstens Ärger ein.

Wieder läßt sich mildernd geltend machen, daß die Werbesprache ein bezahlter und gezielter Unfug ist, während sich dieselben Eigenschaften - Verführung, Irreführung, Übertreibung und prätentiöses Geschwätz - normalerweise absichtslos und ohne Honorar in der Sprache breitmachen. „Warum sollte die Industrielyrik, mit der die Produzenten die Konsumenten umwerben, mehr objektive Information enthalten als gewöhnliche Liebesgedichte?"

Das lockere Verhältnis der Werbung zur Wahrheit und ihre verführende Kraft haben in der Allgemeinsprache weitere Parallelen: im Sprichwort und im Euphemismus. Die *Sprichwörter* der Völker stellen in merkwürdiger Vermengung viele Eigenheiten der Wörter auf einmal, nur besonders deutlich dar. Im besten Fall enthalten sie eine Lebensweisheit in anekdotischer Zuspitzung - grimmig warnend wie das russische „Wer schweigt, hat einen Stein in der Tasche", zur Tat aufrufend wie jene chinesischen Sprichwörter, die Mao gern zitiert: „Ziehe die Brauen zusammen, und du kommst auf eine Idee" oder „Wer keine Angst vor Vierteilung hat, wagt es, den Kaiser vom Pferd zu zerren".

Die meisten hingegen, zumal in deutscher Sprache, sind Sittenregeln: die Verführung, das zu tun, wovon unsere Ahnen meinten, daß es getan werden müsse. Im Unterschied zum direkten Imperativ - „Du sollst nicht töten" oder „Edel sei der Mensch, hilfreich und gut" - kleiden sich hier die Normen in die Gewänder von Erfahrungssätzen: „Ehrlich währt am längsten". Einem Großversuch würde diese Aussage vermutlich nicht standhalten; schon gar nicht die tollkühne Behauptung „Jung gefreit hat niemand gereut". Hätte nun die Gemeinschaft ihren Bedarf an ehrlichen Bürgern, hätten Kaiser und Papst ihren Wunsch nach reichem Nachwuchs an Soldaten und Katholiken in durchschaubare Aufforderungen gepackt - „Sei ehrlich" oder

„Heirate früh, damit du viele Kinder kriegst": die Wirkung wäre nach aller Wahrscheinlichkeit geringer gewesen als bei jener Verquickung mit vermeintlicher Lebenserfahrung, der der Einzelne nie entgegentreten konnte, weil es ihm an Weltkenntnis gebrach. „Frisch gewagt ist halb gewonnen" war ebensowenig ein Fazit der Weltgeschichte oder einer statistischen Erhebung; aber so tief vertrauen wir dem Spruchgut der Großmütter, daß wir nicht einmal jenes Quantum Korrektheit heraushören, das der Satz enthält: Frisch gewagt ist ja, eben dem Sprichwort zufolge, halb *verloren* - eine Feinheit, auf die schon Johann Peter Hebel hingewiesen hat.

Kommt „Hochmut vor dem Fall"? Dann hätte der vielfache Boxweltmeister Cassius Clay nie einen Kampf gewinnen können, und David hätte ebenso fallen müssen wie Goliath: Alle drei berauschten sich vor dem Kampf an den unsinnigsten Prahlereien. Was sich da mit Erfahrung tarnt, scheint indessen nicht nur der Wunsch der Gemeinschaft „Hochmut wollen wir nicht" zu sein; das Sprichwort schmeckt überdies nach Tröstung für den kleinen Mann: Wenn er am unverhohlenen Stolz eines Dorfgenossen Anstoß nahm, wollte er eine Handhabe besitzen, dem Strebsameren oder Erfolgreicheren eine düstere Zukunft vorauszusagen - für dergleichen ist die Sprache schließlich da. Der gängigste Trost liegt darin, daß die Wörter es uns gestatten, den Lauf der Welt schwatzend zu begleiten, und auch dazu trägt die sogenannte Spruchweisheit vorzüglich bei: Kann ich heute plappern „Gleich und gleich gesellt sich gern", so läßt mich doch morgen, in der umgekehrten Situation, die Sprache nicht im Stich: „Gegensätze ziehen sich an".

Trost und List begegnen sich auch in den *Euphemismen* (oder Hüll-, Hehl-, Glimpf- und Schmeichelwörtern). Im Zweiten Weltkrieg warfen die westlichen Alliierten über der deutschen Front Flugblätter mit der Überschrift *I surrender* ab (Ich ergebe mich) - mit mäßigem Erfolg, der sich jedoch sogleich vervielfachte, als sie den Titel *I cease resistance* wählten (Ich beende meinen Widerstand); die freundlichere Deutung erleichterte den deutschen Soldaten den Entschluß. So verführt man Menschen. Wenn man nicht Putzfrauen sucht, sondern *Raumpflegerinnen*, findet man sie leichter; wenn man nicht Perücken verkauft, sondern *Zweitfrisuren*, verkauft man mehr; wenn man statt einer Verteuerung die *Entzerrung des Preisgefüges* oder eine *Preisbereinigung auf der Verbraucherstufe* anbietet, setzt man sie leichter durch; wenn man die Verwüstung eines Hörsaals zum

go-in deklariert, hat man einen Teil der öffentlichen Meinung auf seiner Seite. Einer menschen-
freundlichen List bedienen sich die Spanier,
wenn sie im Hochsommer nur den halben Tag
arbeiten: Niemand denkt daran, die vermehrte
Freizeit zu benennen - man schmeichelt sich
vielmehr besonderen Fleißes in den verbliebenen
Stunden, die darum *horas intensivas* heißen und
zugleich das Etikett für die gewonnenen faulen
Stunden sind.
Das Grobe zu mildern, die andere Funktion der
Schmeichelwörter, ist als Sitte zwar im Niedergang: Wir sagen nicht mehr *Beinkleid* für Hose
und *Unaussprechliche* für Unterhose, nicht
mehr *erkennen* für schwängern und nicht mehr
Kammerlauge für Urin. Aber Hemmungen gegenüber grobfäkalischen Wörtern sind weiterhin
verbreitet, mindestens in der älteren Generation,
die sich in gemeinsame Anlaute wie *besch-eiden*,
oder *Scheibenkleister* flüchtet. Weithin tabu ist
noch der Krebs, der in den Todesanzeigen fast
durchweg *unheilbare Krankheit* heißt. Doch

wer wollte dagegen argumentieren? Müssen wir
es nicht sogar begrüßen, daß die *Irren* erst *Gei-
steskranke* und dann *geistig Behinderte* geworden sind? Euphemismen verführen zum Guten
und zum Schlechten - wie die Sprache überhaupt, nur intensiver als Wörter ohne Schönfär-
berei.
Hier stutzen wir wieder. Gibt es das: Wörter, die
nicht färben? In Mengen sicher nicht. Auf diese
Einsicht lassen unsere Redensarten schließlich
„kein Blatt vor den Mund nehmen" und „Das
Kind beim Namen nennen"; wer immer sie verwendet, kann eigentlich nur der Meinung sein,
daß die zupackende Benennung die Ausnahme
und das Blatt vor dem Mund die Regel ist. *Wie
packen unsere Wörter zu?* Wie schälen sie aus
dem Chaos der Erscheinungen den Kosmos der
Begriffe? Wie gerinnen Millionen Pflanzen zu
dem einen Kennwort *Baum*? Wie deuten und
ordnen die Wörter uns die Welt? (...)

Wörter machen Leute. München 1992, S. 152 ff.

Paula Almquist: „Danke, wir sind satt"

**Über das gschamige „Ich" und die Verren-
kungen, das angeblich unfeine Wörtchen zu
vermeiden**

Ob ich Politiker reden höre oder Wirtschaftsfüh-
rer, Kirchenmänner oder auch nur meinen Abteilungsleiter - eine Frage beschäftigt mich fast
täglich und gleich mehrmals. Nämlich: Wer ist
eigentlich das WIR, von dem die reden, wenn sie
sagen: „Wir müssen umdenken" oder „Wir müssen sparen" oder „Wir sollten dem Ausland zu
verstehen geben ..."? Spricht da Herr K. und
seine Frau oder Herr K. und seine Partei oder
Herr K. und die Nato? Meistens kriege ich das
nicht heraus. Um ein Wir im traulichen Sinne
von „wir beide", nämlich ihn und mich oder
meinetwegen auch noch die Volksgemeinschaft,
handelt es sich schon mal nicht, da wir ja zuvor
nicht darüber gesprochen haben und er meine
meist abweichende Meinung gar nicht kennt.
Die Fürsten der Feudalzeit sprachen von sich
selber so prinzipiell in der Mehrzahl, daß der
Sonnenkönig oder Kaiser Wilhelm selbst zu ihrer Frau wahrscheinlich sagten: „Wir müssen
mal aufs Klo." Vermutlich empfanden sie sich
als doppelte Portion Mensch. Diesen sogenannten Plural majestatis hat die Demokratie hin-
weggefegt. Aber durch die Hintertür ist er wie-

der da und feiert fröhliche Urständ. Dahinter
steckt nicht immer (aber manchmal) aufgebläh-
tes Selbstbewußtsein, sondern oft nur schlichte
Verklemmung.
Ältliche deutsche Benimmbücher fanden ein Ich,
zum Beispiel am Briefanfang, ganz schrecklich
unfein. Obwohl diese Regelung widerrufen ist
und ersetzt durch den Hinweis, daß krampfhafte
Vermeidung von Ich noch viel schlimmer sei,
lungert dieser uralte Grammatik-Knigge nach
wie vor in vielen Köpfen, auch in jungen.
„Wir haben wunderbare Ferien verbracht, obwohl Cordula eine Woche unter Diarrhöe litt
und Kläuschen humpelt, seit er auf einen Seeigel
trat." Daraus geht für mich hervor, daß eigentlich nur der bumperlgesunde Familienvater einen
rundum gelungenen Urlaub hatte. Aber die
Familie soll halt nach außen dringend als unver-
brüchliche Solidargemeinschaft dargestellt werden, und wenn's intern noch so kracht. Das ist
wie bei den Parteipolitikern. Doch ist es nötig?
„Wir freuen uns schon soooo auf einen Besuch
bei Dir", schreibt die Lieblingsschwester. Daß
sie sich freut, das stimmt. Aber gelogen ist es
doch, denn Schwager Erich haßt lange Auto-
fahrten und das Campieren auf Luftmatratzen im
Hobbykeller wie die Pest und macht nach zwei
Glas Rotwein daraus auch gar kein Hehl. Die

Kinder von Ludmilla und Erich, so wird sich herausstellen, sind ebenfalls stocksauer, weil am betreffenden Wochenende der eine zu einem vielversprechenden Kindergeburtstag eingeladen 60 war, der andere ein Heimspiel seines Tischtennisvereins hatte.

Ganz besonders auf der Hut muß man sein, wenn Vorgesetzte das Wörtchen „wir" gebrauchen. „Wir müssen Ihnen leider mitteilen, daß 65 die Ertragslage heuer keinen Bonus erlaubt" - da spricht dann der Chef in Wahrheit mutterseelenallein. „Wir müssen uns anstrengen, um die Konkurrenz zu überrunden" meint dagegen mehr das Heer der Angestellten, die gefälligst 70 einen Schlag mehr reinhauen sollen.

Päpste reden stets von „Wir", aber da sind ja immer zwei: der Papst und der liebe Gott. Solches Selbstbewußtsein hat der kleine Landpfarrer wahrscheinlich nicht, aber auch er sagt „Wir 75 wollen beten", obwohl das die Konfirmanden da unten meist kein bißchen wollen.

Hochbeliebt ist das nebulöse „Wir" bei Verfassern von Reiseberichten und bei Restaurantkritikern: „Wir fanden den Chardonnay eine Spur zu warm und waren auch vom Forellensüppchen 80 nicht eben angetan." Wer spricht da? Hat sich des Testers Ego verdoppelt, oder hat er heimlich auf Spesen seine LAG (sprich Lebensabschnittsgefährtin, wie auf neudeutsch die Liebste heißt) mitgenommen? Wenn dem so ist, muß es sich 85 um eine erstaunliche Person handeln, die stets das gleiche ißt, trinkt, riecht, fühlt und meint wie der Schreiberling.

Es tröstet mich nur, daß die gschamige Ich-Vermeidung mal ausnahmsweise kein deutsches 90 Problem ist. Ein bekannter amerikanischer Kolumnist fängt, wenn er etwas Persönliches berichten will, so an „Ein Mann, den ich gut kenne, weil ich ihn täglich rasieren muß ..."

Wir im Visier „Neue Zeitgeist-Kolumnen. o.O 1991, S. 197 f.

Unser täglich Schrot

Von Philipp Maußhardt

Dies ist eine winselnde Bitte um Gnade. Auf den Knien liegen wir vor den Bäckern in Stadt und Land und stammeln mit brosamenschwerer Zunge: Verschont uns! O ihr großen Teig-
5 Modellierer, ihr mächtigen Backstuben-Manager, ihr weitsichtigen Hafer- und Vollkornstrategen, haltet ein! Wir können nicht mehr.

Unsere hungrigen Mäuler sind schon ausge-
10 trocknet vom Buchstabieren der neusten Produkte. Freiwillig verzichten wir auf das „dreifach geschrotete Halbkornbrot mit ungebleichten Kürbiskernen", und auch das „Aerobic-Frühstücks-Laibchen" soll bitte wieder „kleines
15 Bauernbrot" heißen dürfen. Da konnten wir uns immerhin noch vorstellen, daß Brot irgend etwas mit Landwirtschaft zu tun haben muß.

Was aber ist ein „Jogging-Brot"? Ist es besonders luftig gebacken? Hat es der Lehrling im
20 Laufschritt in den Laden getragen? Oder sollte es jeder Sportler unter seinem verschwitzten T-Shirt mit sich tragen? Kommt das „Alpenbrot" tatsächlich aus der Eigernordwand, und verlängert „Sovital" wirklich unser Leben?
25 Der Gang zum Bäcker stellt uns täglich vor die Sinnfrage: Haben wir richtig gewählt? Ist das Neunkornbrot mit geraspelten Haselnüssen vielleicht nicht doch gesünder als das Sechskornbrot aus kontrolliertem Anbau? Tun wir

unserem Körper nicht unrecht, wenn wir ihm das 30 Buttermilch-Roggenbrot mit Haferkeimlingen vorenthalten?

Längst vorbei sind die Zeiten, als die Scheibe Brot lediglich dazu diente, zu verhindern, daß das Rädchen Wurst zu Boden fiel. Je weniger 35 Geschmack im Brot, um so mehr Geschmack am Belag. Kein Sesamstreusel, kein Kümmelkorn, kein Fenchelsamen und keine Pistazienkerne verfälschten einstmals Omas selbstgemachte Erdbeer-Konfitüre. 40

Das Problem hat ja schon damit begonnen, daß der Bäcker plötzlich nicht mehr Bäcker heißen wollte. Über Nacht stand über dem Eingang seines Ladens „Brotboutique" oder „Back-Shop", und hinter dem Tresen bedienten junge, 45 freundliche Frauen mit Lippenstiftlippen und lackierten Fingernägeln, von denen man unmöglich nur die Herausgabe eines ordinären Mischbrots verlangen konnte. Wo „Backwarenverkäuferinnen" aussehen wie Flugbegleiterinnen, muß 50 selbstverständlich auch der Brotlaib gestylt werden.

Wer heute im Brotfachhandel nach einem „Schwarzbrot" verlangt, wird von den Brothostessen angestarrt, als hätte er im Buchgeschäft 55 um „ein Taschenbuch" gebeten. Kurzsichtige Kunden, die die Schilder am Regal nicht mehr lesen können, helfen sich darum meist mit dem

Zeigefinger: „Das da, links oben, nein, eins dar-
60 unter, das längliche daneben, ja, genau das."
Die neueste Methode einiger Bäckereien, Ordnung in das Körner-Wirrwarr zu bringen, indem
sie das Brot auch scheibchenweise verkaufen, ist
zwar löblich, aber völlig ungeeignet. Damit kön-
65 nen wir auf einen Streich sieben verschiedene
Brotsorten mit nach Hause nehmen, doch schon
beim nächsten Einkauf müssen wir die Nutzlo-
sigkeit unseres Tuns erkennen. Die Namen
wechseln schneller, als ein Mensch verdauen
70 kann. Kaum können wir „Bulgur-Weizen-Rund-
brot" fehlerfrei aussprechen, ist es schon durch
einen „Hirseschrotlaib mit Speck und Zwiebeln"
ersetzt.
Wie viele Brotsorten sind es nun wirklich?
75 1 000? 5 000? 10 000? „Genau 200", sagt die

Leiterin des Deutschen Brotmuseums in Ulm,
Karla Winkler. Irgendwann zwischen Steinzeit
und Römern muß sie mit dem Zählen aufgehört
haben.
Ein bißchen mehr gibt Herr Stechmann zu, der 80
Redakteur der Zeitschrift *Brot und Backwaren -
Organ der Vereinigung Deutscher Backtechnik
e.V.* in Hamburg ist. Es seien, meint Herr
Stechmann am Telephon, mit Sicherheit „mindestens mehrere hundert Brotsorten", wobei 85
jedoch die verschiedenen Zutaten „noch tausend
und aber tausend Sortenkombinationen zulassen".
Das muß man sich mal auf der Zunge zergehen
lassen.

Die Zeit vom 31.01.1992.

Auf den Punkt gebracht

**Ob Auto oder Kaffee - eine Düsseldorferin findet dafür garantiert den Namen, der beim Kunden
richtig ankommt**

Auf den ersten Blick ein ganz normales Büro: Glastüren, Ledersofa, Computer.
Nur in den Regalen steht Außergewöhnliches:
5 eine Packung Kaffee, ein Glas Fetakäse, ein
Parfumflakon - alles leer. Denn der Inhalt der
Packungen ist unwichtig - Hauptsache, man
kann den Namen darauf lesen. Grund: Susanne
Latour hat sie erfunden. Sie betreibt „Nomen",
10 eine Produktnamen-Erfindungs-Agentur in Düsseldorf. Die 31jährige ist die einzige Frau
Deutschlands in diesem Beruf, für den es gar
keine Bezeichnung gibt.
freundin: Wie nennen Sie sich denn selbst, wenn
15 Sie in einem Formular Ihren Job angeben?
Latour: Ich schreibe immer Marketing-
Beraterin. Das trifft meine Tätigkeit auch so
ungefähr. Wenn ich mich als Namens-
Entwicklerin vorstelle, muß ich sonst jedesmal
20 erklären, was das eigentlich ist. Den richtigen
Namen für meinen Job gibt es leider noch nicht.
freundin: Warum erfinden Sie nicht einfach einen?
Latour: Weil das eine Gattungsbezeichnung für
25 den ganzen Berufsstand wäre. Angenommen, ich
finde einen richtig guten Namen für meinen Job,
dann könnten den meine zwei Konkurrenten in
Deutschland auch verwenden. Das würde mich
ärgern. Nein, ich kreiere lieber Namen, die nur
30 ein einziges Produkt tragen darf.

freundin: Wie stellen Sie es an, daß Ihnen immer
etwas Passendes einfällt?
Latour: Zuerst muß uns der Kunde genau sagen,
wer sein Produkt kaufen und welchen Charakter
es haben soll. Als wir mal ein kleines Stadtauto 35
taufen sollten, redeten wir stundenlang mit dem
Auftraggeber, und plötzlich sagte jemand: „Der
Wagen soll eigentlich wie ein kleiner Frechdachs
sein." Von diesem Moment an suchten wir nur
noch nach einem Namen für einen kleinen 40
Frechdachs, nicht mehr für ein Auto.
freundin: Und dann blättern Sie im Großen Lexikon der Vornamen?
Latour: Nein, dann beginnt ein sechswöchiger
Prozeß, bei dem wir Brainstorming-Gruppen 45
bilden und unsere eigenen Namens-Datenbanken
aus früheren Projekten anzapfen. Wir forschen
nach, welche Silben international aussprechbar
sind und überall positive Assoziationen wecken.
Der Name Nike beispielsweise wurde in drei 50
arabischen Ländern verboten, weil er dort ein
schlimmes Schimpfwort bedeutet. Mit uns wäre
das nicht passiert. Außerdem prüfen wir, welche
Namen juristisch noch nicht als Warenzeichen
eingetragen wurden. Am Ende machen wir dem 55
Kunden zehn Vorschläge, von denen wir einen
besonders empfehlen.
freundin: Klingt sehr teuer.
Latour: Eine komplette Namens-Entwicklung
kostet etwa 80 000 Mark. Aber wir bieten auch 60

399

Einzelleistungen an, zum Beispiel die juristische Prüfung. Das ist dann billiger.

freundin: Und wenn dem Kunden keiner ihrer zehn Vorschläge gefällt?

65 *Latour:* Das ist zum Glück noch nie passiert. Aber dann würden wir für eine kleine Pauschale neue Ideen unterbreiten.

freundin: Wie wird man denn Namens-Erfinderin?

70 *Latour:* Vor allem braucht man ein Gefühl für Sprache. Ich habe erst Literatur studiert und wäre eigentlich gern Schriftstellerin geworden. Aber das war mir dann zu mühselig. Ich fürchte-te, am Hungertuch nagen zu müssen, und habe
75 deshalb noch mein Diplom in Betriebswirtschaft gemacht. Über die freie Mitarbeit bei einer Na-mens-Agentur in Paris fand ich schließlich zu meinem Job. Aber insgeheim träume ich noch davon, vielleicht doch irgendwann einen Roman
80 zu schreiben ...

Taufregister
Einige der grundverschiedenen „Babys", denen Susanne Latour zum richtigen Namen verhalf: Renault Clio, Mein Mild'Or (Kaffee), Scenario
85 (Stereoanlage), Opel Tigra, Lift Sérum (Gesichtscreme), Scenic (Computer), Altea (Hotelkette), Anthracite (Parfum), Iloe (Dessous), Start'N'Go (Müsli), Monrepos (Geschirrdekor), Patros (Fetakäse).

90 *freundin:* Haben Sie auch einen Traumnamen?

Latour: Elody. Diesen Namen hatte ich als Fa-voriten für die Stereoanlage Scenario vorge-schlagen. Der Vorstand entschied sich leider dagegen. Aber mir ging Elody nicht mehr aus
95 dem Kopf. In diesem Wort schwingt so viel Harmonie. Ich wollte es unbedingt noch mal verwenden. Und jetzt heißt meine acht Monate alte Tochter so.

freundin: Fürchten Sie nicht, daß Ihnen irgend-
100 wann nichts Neues mehr einfällt?

Latour: Diesen Alptraum habe ich besonders, wenn ich wieder ein neues Parfum benennen soll, denn die müssen allesamt nach Leidenschaft und Liebe klingen. Da denke ich jedesmal, o Gott, beim Deutschen Patentamt ist doch schon 105 alles registriert, was Leidenschaft vermittelt. Sogar das Wort Orgasmus, obwohl es noch kein Parfum dieses Namens gibt. Und unser Alphabet hat nur 26 Buchstaben, was soll ich denn da 110 noch finden? Aber es klappt dann doch, weil jedes Produkt seine eigene Note hat. Ein Parfum hat mir immerhin auch meinen Traumauftrag beschert.

freundin: Nämlich? 115

Latour: Daß ein Hersteller zu mir kommt und sagt, suchen Sie uns einen Namen, wir machen dann das Produkt dafür. In diesem Fall wird der Duft des Parfums dem Namen angepaßt. Wie er genau lauten wird, weiß ich noch nicht. Drei 120 stehen in der Endauswahl.

freundin: Gibt es Produkte, für die Sie keine Ideen hätten?

Latour: Ich hoffe nicht. Aber es gibt auch wel-che, für die ich nicht so gern suchen würde. Zi- 125 garetten beispielsweise. Zweimal gab es da schon Anfragen. Ich habe den Preis beide Male so hoch gehalten, daß es schließlich nicht zum Auftrag kam.

freundin: Und wie würden Sie sich selbst nen- 130 nen, wenn Sie sich einen Namen aussuchen könnten?

Latour: Ich könnte mir schon etwas Klangvolle-res für mich vorstellen. Besonders für russische Namen habe ich eine Schwäche. Katinka würde 135 mir gut gefallen. Aber eigentlich bin ich mit Su-sanne ganz zufrieden. Jedes Produkt paßt sich im Lauf der Zeit irgendwie seinem Namen an. Das ist bei mir auch geschehen. Ich bin eine echte Susanne geworden.

freundin 5/95, S. 119.

Prospektpoesie

Von Monika Putschögl

Einmal muß ja die Entscheidung fallen, wo wir die zwei kostbaren Wochen verleben wollen, auf die wir Monate hingearbeitet haben. Das Quar-tier im beliebten Clubhotel aus Prospekt F wird
5 gebucht. Punktum. Die Kataloge können ent-

sorgt werden. Zum Abschied ein letztes flüchti-ges Blättern.

Stopp. Da kommt plötzlich doch noch einmal unser Hotel. Und jetzt in Katalog D. Mit fahri-gen Fingern fahnden wir weiter alle Prospekte 10 durch. Und siehe da - achtmal unsere Herberge und jedesmal aus einem anderen Blickwinkel. Schon optisch tut sich eine ungeahnte Vielfalt auf: hier ein tropischer Garten direkt am Meer; dort ein cool durchgestyltes Areal wie das Modell für einen Architekturwettbewerb; dann ein karger, kahler Komplex, einer Mietskaserne ähnlich. Kein Zweifel - die Namen sind identisch, immer unser Hotel. Verwirrt vertiefen wir uns daraufhin ins Textstudium. Gewisse Kriterien sprechen auch hier dafür, daß es sich um ein und dieselbe Herberge handelt. Wir wollen ja nicht pingelig sein, sei's drum, ob sie nun etwa zehn oder circa zwölf Kilometer, circa fünfzehn oder zwanzig Minuten von der Stadt entfernt liegt. Neugierig geworden, verstärken wir die vergleichende Analyse. Hier erwartet uns internationales Flair, dort wird uns eine angenehme Atmosphäre in Aussicht gestellt. Wo werden wir nur hineingeraten? In luxuriös ausgestattete (A), geschmackvoll eingerichtete (B), in gemütlich moderne (D), in elegante (F) oder in ansprechend möblierte (H) Zimmer? Jedes Preislied klingt ein bißchen anders. Die Sache mit dem Strand schließlich bringt uns vollends durcheinander. Was denn nun? Vor dem Hotel felsig, dann Sand- und Kiesstrand (B), Felssandstrand (E), kieselige Badebucht (F) oder Sand- und Badeplateau (G)? Wochen später. Die Stunde der Wahrheit. Kataloge contra Wirklichkeit. Wer hat recht? Wir haken ab: Radio und Telephon im Zimmer, TV auch, Minibar und (Mini-)Balkon, alles kataloggemäß, da waren sich die Prospektpoeten einig. Und daß wir den „Meeresblick (seitlich)" nicht erhascht haben, sehen wir generös nach.

Wir entdecken das Spielcasino, das uns in Katalog A und B avisiert wurde, das Fitneßcenter aus Katalog A und E, gottlob tobt die Open-air-Disco aus Katalog D nicht mehr. Den ersten Preis für die beste Strandschilderung verleihen wir feierlich A: eine betonierte Terrasse, daneben ein flach ins Meer abfallender Sandstrandbereich, fast so haben wir das auch gesehen. A bekommt auch noch ein Sonderlob für die Zimmerbeschreibung: Man kann es nicht leugnen - achteckig und mit vielen Spiegelflächen; mit dem Zusatz „ziemlich klein" wäre es ein Volltreffer gewesen, aber wohl der Wahrheit zuviel. In puncto Verpflegung kommt lediglich einer der Kataloge unseren Wahrnehmungen nahe: Im Speiseraum Frühstücks- und Abendbuffet. Das trifft den Sachverhalt schon viel eher als die Geschichte von den zwei Restaurants mit heimischer und internationaler Küche. Wir empfinden: Anstehen zum Essenholen. Vom öden Umland mit den Neubauten und Baustellen hat kein Katalog berichtet. Das war die Kehrseite. Die Meerseite mit dem schier endlos langen Strand, dem sauberen Wasser hätte mehr Lob verdient. Und schließlich die Sache mit dem Airport: Kurzer Transferweg zum nahe gelegenen internationalen Flughafen (H), das signalisiert dem kundigen Reisenden genausoviel wie das Wort „Flughafennähe" (D). Aber ehrlich, hätten wir ganz wahrheitsgemäß gedichtet: Vom Strand aus ständig kostenloser Blick auf Flugzeuge der verschiedensten Chartergesellschaften? Und die Moral von der Geschicht: Wenn viele dasselbe beschreiben, muß es nicht das gleiche sein.

Die Zeit vom 27.11.1992, S. 78.

Erhard Eppler: **Die politische Funktion von Wörtern**

„Ich gehe davon aus, daß die Entwicklung der Lage die Lösung der Probleme erleichtert, aber auch eine Herausforderung darstellt, denn die unverzichtbare Voraussetzung für die Akzeptanz unserer Politik ist es, daß wir den Bürgern nicht in die Tasche greifen, sondern uns durch gezielte Maßnahmen als Partei des Aufschwungs profilieren."

1. „Ich gehe davon aus ... "

– Die Tätigkeiten des Annehmens, Vermutens, Erwartens, Fürchtens und Hoffens scheinen nicht mehr beliebt zu sein.
Warum?

Wer politisch zu entscheiden hat, weiß nur selten alles, was er dazu wissen müßte. Er muß seine Entscheidungen also aufgrund von Vermutungen fällen. Dies zuzugeben, fällt Politikern schwer. Sie fürchten zu Recht, daß das Vertrauen der Bürgerinnen und Bürger in die Politik noch einmal abnähme.

Der Satz verwischt die Grenze zwischen Wissen und Vermuten, und das macht den Ausdruck so ungeheuer attraktiv.

– Bei der Formulierung „ich hoffe" weiß der Redner auch nichts Genaues. Sagt er jedoch „ich rechne damit", so ist dies verbindlicher.

2. „daß die Entwicklung ... "

– Kaum ein Wort fließt uns leichter von der Zunge als dieses, denn es ist bequem, paßt beinahe immer, klingt seriös und ein wenig optimistisch.

Wenn wir von „Entwicklungsländern" sprechen, so steckt in diesem Begriff mehr an Ideologie, als wir uns eingestehen. Jede Entwicklung hat ein Ziel, in diesem Fall wahrscheinlich jene Industriegesellschaft, die wir in der nördlichen Halbkugel an vielen Stellen geschaffen haben.

Für die meisten Länder der Dritten Welt stehen am Beginn des Prozesses, den wir „Entwicklung" nennen, Ereignisse, die mit natürlicher Entfaltung aus eigenem Ansatz nichts zu tun haben: die Vernichtung aller gewachsenen Strukturen, die Zerstörung eines gesellschaftlichen Gleichgewichts.

– „Entwicklung" ist heute fast alles, was geschieht, notfalls auch, was nicht geschieht. Eine hohe Inflationsrate heißt „negative Preisentwicklung", die positivste Preisentwicklung wäre die Preisstabilität, also gar keine Entwicklung.

– Weil das Wort „Entwicklung" nichts mehr sagt, müssen Adjektive Bedeutung beisteuern, z.B. unerwartete Entwicklung u.a.

– Ich kann von der „Entwicklung in einem Krisengebiet" sprechen und den Krieg in dem Land meinen. Das Wort „Entwicklung" schließt zunächst einmal unsere Mitverantwortung aus.

3. „der Lage ... "

Was ist eine Lage? (Weinbau, Buchbinderei, Kriegsschauplatz) Def.: Alle zu einem bestimmten Zeitpunkt gegebenen Bedingungen, die die Vorbereitung, den Verlauf und den Ausgang von Operationen beeinflussen können.

Das Wort wird häufig durch schmückende Adjektive ergänzt, die dann das Nomen vergessen lassen (energiepolitisch, sicherheitspolitisch, arbeitsmarktpolitisch). Für Arbeitslosigkeit kann man nach Verantwortlichen suchen, aber kaum für die entsprechende Lage. „Versorgungslage" und „Waldschadenslage" sind entsprechende Begriffe.

Auch das Wörtchen „Lage" hilft, eine wichtige Grenze zu verwischen, die Grenze zwischen dem, was als unabänderlich hinzunehmen, und dem, was zu ändern ist.

4. „Lösung der Probleme ... "

Das Wort „Problem" zeigt eine Tendenz zur Mathematisierung der Umgangssprache. Probleme werden auch in der Mathematik gelöst: hier das Problem, da die Lösung, und zwar nur eine richtige. Gilt dies auch für die Politik? Es kann viele Problemlösungsansätze in der Politik geben, die alle auf begründeten Aussagen beruhen.

War es richtig, die „Lösung der deutschen Frage" zu verlangen? Ist die deutsche Frage heute gelöst? Oder stellt sie sich nur anders? Wer etwas als Problem definiert, darf sich nicht wundern, wenn nach Lösungen gesucht wird. Wer weiß, daß sein Anliegen oder Wunsch keine raschen Lösungen erlaubt, tut gut daran, diese nicht „Problem" zu nennen.

5. „Herausforderung ... "

Herausforderungen hat es in der Politik schon immer gegeben, aber nur solche durch Personen. Herausforderung ist nicht jede kleine Schwierigkeit. Aber Wörter, hinter denen ein Anspruch steht, sind gegen Abnützung besonders empfindlich. Das Wort „Herausforderung" dramatisiert. Seit vielen Jahren sind die Müllawine, die Ozonwerte oder das Waldsterben eine Herausforderung, aber die Lawine wächst weiter, der Kraftverkehr, der die Ozonwerte steigen läßt, auch, und die Wälder sterben vor sich hin. Wer „Herausforderung" sagt, muß auch eine Antwort haben oder sich wenigstens darum bemühen. Bei den meisten Politikern ist das Wort ein oder zwei Nummern zu groß für das, was gemeint ist.

6. „unverzichtbar ... "

Das Wort klingt sehr stark und kompromißlos. Die Nachsilbe „-bar" bezeichnet eine Möglichkeit, etwas, das man tun kann. Sichtbar ist, was man sehen kann, wählbar jemand, den man wählen kann, verzichtbar etwas, auf das man verzichten kann. Wie viele Autobahntrassen, über die heute kein Mensch mehr redet, waren vor zwanzig Jahren für die Technokraten in Verwaltung, Wirtschaft und Politik noch unverzichtbar. In den meisten Fällen wendet sich dieses Adjektiv an die eigenen Anhänger oder an die Betroffenen, etwa die Rentner oder die Mitglieder der Gewerkschaft. Ihnen soll gezeigt werden, daß da entschlossene, harte, unbeugsame Männer und Frauen ihre Interessen vertreten. „Unverzichtbar" gehört zum Muskelspiel vor dem Wettkampf, es ist eine Imponiervokabel.

7. „Voraussetzung ... "

Politisch in Mode gekommen ist der Begriff in folgender Weise: Tatbestand, der erst einmal gegeben sein muß, damit etwas anderes bestehen oder erreicht werden kann.
Beispiele:
Wenn eine Bürgermeisterin auf das Verlangen nach einem Parkhaus erwidert, dafür fehle vorerst die wichtigste Voraussetzung, nämlich ein Gelände, ein Bauplatz, dann kann sie auf Verständnis zählen.
Wenn ein Regierungspolitiker sagt, eine Energiesteuer habe zur Voraussetzung, daß die ganze Europäische Gemeinschaft mitspiele, so können bis zur Erfüllung dieser Voraussetzung viele Jahre vergehen. Also tun wir eben nichts. Aber handelt es sich hier um eine Voraussetzung? Wäre es nicht möglich, in einem großen Lande anzufangen, vielleicht mit einem geringen Satz, der sich von Jahr zu Jahr steigert, bis die europäischen Partner nachziehen? Wer immer nur Voraussetzungen definiert und alle erfüllt sehen will, ehe er handelt, hat zwar immer gute Ausreden, aber zum Handeln kommt er nicht.
Politik ist keine Rechenaufgabe, bei der erst alle Faktoren der Rechnung klar sein müssen, ehe mit dem Rechnen begonnen werden kann.
Auch dieses Wort entlastet. Das unablässige Reden von Voraussetzungen hilft die Grenze verwischen zwischen dem, was zu tun wäre, und den Verhältnissen, die eben nicht so sind und sinnvolles Handeln nicht zulassen.

8. „Akzeptanz ... "

Das Wort ist erst vor wenigen Jahren in den deutschen Sprachschatz eingedrungen: Def.: Bereitschaft, etwas (ein neues Produkt oder ähnliches) zu akzeptieren (anzunehmen). Was da verkauft und akzeptiert werden soll, ist immer ein neues, fertige Produkt.

Der Begriff „Akzeptanzproblem" zeigt, was gemeint ist. Die Bürger entscheiden nur noch darüber, ob sie sich gegen Tatsachen wehren wollen, die andere längst geschaffen haben. Wenn „Akzeptanz" das eindeutige Wort „Zustimmung" immer mehr ersetzt, dann ist das ein Politikum. Zustimmung ist aktiv, Akzeptanz passiv. Wer in der Demokratie regieren will, muß sich um Zustimmung, nicht um Akzeptanz bemühen.

9. „den Bürgern in die Tasche greifen ... "

Dieses Bild ist besser als viele andere. Aber was sagt es politisch? Wer anderen in die Tasche greift, um sich dort etwas zu holen, ist ein Taschendieb. Diebstahl, so bestimmt es das Strafgesetzbuch, wird bestraft. Wie will ein parlamentarisches Regierungssystem handlungsfähig bleiben, wenn jede Anforderung an die Bürger von der jeweiligen Opposition mit einem kriminellen Akt verglichen wird? Jede Opposition muß damit rechnen, daß sie wieder Regierung wird. Auch mit Wörtern können Parteien sich gegenseitig blockieren.

10. „gezielt ... "

Politiker sagen, daß sie das Geld des Steuerzahlers „gezielt" ausgeben, wobei meist nicht gesagt wird, was denn das Ziel sei, auf das da gezielt wird. Inzwischen gibt es gezielte Zuschüsse oder Kredite - wurden die früher aufs Geratewohl vergeben? - gezielte Entwicklungsprojekte - waren die früher ohne Sinn und Zweck? Es gehört einfach zum guten Ton, gezielt zu handeln. Haben es die Politiker von heute nötig, unentwegt zu betonen, daß ihr Handeln nicht ziellos ist?
Im Grunde sagt dieses Modewort nur etwas, was sich unter vernünftigen und einigermaßen gewissenhaften Menschen von selbst versteht: daß politisches Handeln Sinn, Zweck und Ziel haben soll. Wer allzuviel von „gezielten" Hilfen oder Maßnahmen redet, hat kein ganz gutes Gewissen.

11. „Maßnahmen ... "

Maßnahmen können beinahe alles sein (kommunale Maßnahmen, Maßnahmen zur weiteren Rationalisierung, Maßnahmen zur Verbesserung des Familien-Lastenausgleichs).
Am 03.07.1934 beschloß der gleichgeschaltete Reichstag ein Gesetz mit nur einem Artikel: „Die

zur Niederschlagung hoch- und landesverräterischer Angriffe am 30. Juni, 1. und 2. Juli vollzogenen Maßnahmen sind als Staatsnotwehr rechtens." Gemeint waren mindestens 83 Morde an Anhängern und Gegnern Hitlers.

215 Das Wort „Maßnahmen" besagt also nur, daß jemand, der die Macht dazu hat, etwas veranlaßt, etwas tut, und zwar mit einer Absicht, einem Zweck. Er sagt nicht, was er tut, und schon gar nicht, wie er es tut. „Maßnahmen" deuten 220 immer auf Hierarchien. Es muß jemand dasein, der die Maßnahmen anordnet, andere, die sie durchführen (Absperrmaßnahmen, Stützungsmaßnahmen). Weil das Wort so abstrakt, wertneutral, hierarchisch und im Grunde inhaltslos 225 ist, bietet es sich fast immer an. Wer „gezielte Maßnahmen" fordert, will den Anschein erwecken, er wisse genau, was zu tun ist. Wüßte er es wirklich, würde er es sagen.

12. „Aufschwung ... "

230 „Aufschwung" gehört zu den wenigen Wörtern, die uneingeschränkt positiv besetzt sind. Daher hat die Regierung auch das Programm für den Wiederaufbau in den neuen Bundesländern „Aufschwung Ost" genannt. Korrekt ist das 235 nicht. Aufschwung bedeutet „die Konjunkturphase, die dem unteren Wendepunkt folgt." (Brockhaus)
Konjunktur kümmert sich nur wenig um Regierungen. Ob es in der Konjunktur bei uns auf-240 wärts- oder abwärtsgeht, hat mit den Schwankungen des Ölpreises, dem internationalen Zinsniveau oder auch der Konjunktur in Amerika weit mehr zu tun als mit der jeweiligen Regierung in Bonn, Berlin, Mainz oder Düsseldorf. Ihre Zyklen folgen eigenen Gesetzen. Aber das 245 gilt in der politischen Propaganda nur für den Abschwung. Dieser ist immer Folge "weltwirtschaftlicher Verwerfungen" oder einfach einer „gesamteuropäischen Entwicklung". Anders die Phase des Aufschwungs. Dafür zeichnet 250 die jeweilige Regierung verantwortlich.
Das Wort „Aufschwung" zeigt an: Es geht aufwärts, das ist immer gut, ganz gleich, wo man ankommt. So ist das positiv aufgeladene Wort immer wieder zum Wahlschlager geworden. 255

13. „profilieren ... "

Für den Publizisten ist „Profilierung" ein eindeutiges, praktisches, ja unentbehrliches Wort. Am wirksamsten profiliert sich, wer seiner Partei widerspricht. Wo dies um der eigenen Profilie- 260 rung willen geschieht, erzeugt es nicht nur Schlagzeilen, sondern auch Bitterkeit, und es vergiftet jede Gemeinschaft. Das Wort „profilieren" ist dem Berichten über Politik mehr zugute gekommen als der Politik. Wenn gar Parteistra- 265 tegen von der Profilierung ihrer Partei reden, vermuten inzwischen auch Einfältige, daß sie als Mittel dazu weniger an praktische Politik als an professionelle Öffentlichkeitsarbeit denken.

Die Kavalleriepferde beim Hornsignal. Die Krise der Politik im Spiegel der Sprache. Frankfurt 1992, S. 138 ff. (Text wurde zusammengefaßt und gekürzt.)

LINGUA BLABLATIVA

Wie Journalisten mit der Sprache umgehen

Von Wolf Schneider

Verhunzen Journalisten die Sprache?
Ja, die Journalisten verhunzen die Sprache - fahrlässig, träge oder aus Hochmut gegenüber denen, für die sich schreiben sollten: die
5 **Leser.**
Natürlich nicht alle Journalisten und die meisten mit mildernden Umständen; de facto aber wirken zu viele zu oft daran mit, daß der Wortschatz schrumpft und Blähungen, Verkrampfungen und 10 Vertuschungen regieren.
Ist auch die klare Absicht der Verhunzung selten, so tritt ein bedingter Vorsatz schon recht häufig auf, und Fahrlässigkeit ist der Regelfall. Sie zeigt sich darin, daß die Mehrzahl der Redakteure es arglos oder müde unterläßt, sich von 15 einem einseitigen Deutschunterricht zu emanzipieren und zwei übermächtigen Einflüssen zu widerstehen: **dem Jargon der Politiker und den vorgestanzten Floskeln der Nachrichtenagenturen.**
1. Der Jargon der Politiker. Ihre Reden, Pres- 20 sekonferenzen und Verlautbarungen machen zwei Drittel des Stoffes aus, den Nachrichtenredakteure auf den Bildschirm bekommen.

Da werden Durststrecken, Konfliktfelder, Akzeptanzschwellen, Schuldzuweisungen „angedacht" - stets in der Absicht, mit Hilfe sprachlicher Vernebelung politische Interessen durchzusetzen.

Erhard Eppler baut in seiner brillanten Untersuchung über die Krise der Politik im Spiegel der Sprache („Kavalleriepferde beim Hornsignal", Suhrkamp-TB, 1992, S. 180) aus den typischen Versatzstücken seiner Kollegen den Mustersatz: „Ich gehe davon aus, daß die Entwicklung der Lage die Lösung der Probleme erleichtert, aber auch eine Herausforderung darstellt, denn die unverzichtbare Voraussetzung für die Akzeptanz unserer Politik ist es, daß wir den Bürgern nicht in die Tasche greifen, sondern uns durch gezielte Maßnahmen als Partei der Aufschwungsprofilieren." Das ist die Lingua blablativa, wie Niklas Luhmann sie nennt.

Dies können die Journalisten nicht ändern. Aber sie haften für die Form und für die Menge, in der sie es multiplizieren. Die Menge: Es gibt kein Grundrecht des Politikers, das, was er im Bierdunst des Wahlkampfes vor 30 Zuhörern ausgebreitet hat, an 30 Millionen Leser weitergegeben zu sehen; der Redakteur hat die Freiheit, die Rede kurz oder überhaupt nicht zu bringen.

Und Journalisten übernehmen eine Mithaftung für die Form. Hohle Sätze lassen sich entweder gelegentlich als abschreckendes Beispiel zitieren oder auf ihren Gehalt zurückführen. Wenn der Politiker sagt „Ich muß diese Unterstellung mit äußerster Entschiedenheit zurückweisen", so ist es erlaubt und geboten zu schreiben: „X sagte, das treffe nicht zu".

2. Die vorgestanzten Floskeln der Nachrichtenagenturen. Deren Redakteure setzen zunächst ihrerseits der Sprache der Politiker zuwenig Widerstand entgegen und geben damit den Schwarzen Peter an Zeitungen und Sender weiter. Darüber hinaus aber produzieren sie dubiose Sprachmodelle in eigener Regie. So führt ihr Wunsch, in den Anfang alles Wichtige hineinzupacken, zu Verschachtelungen und Verkrampfungen wie diesen: Um bei Unglücksfällen gleich im ersten Satz die Toten unterzubringen, beginnt jede Nachricht dieser Art mit einem zwanghaften bei. „Beim Untergang einer Autofähre auf der Ostsee sind vermutlich fast 900 Menschen ums Leben gekommen." Niemals würde der Redakteur, der so geschrieben hat, es auch so erzählen, und selbstverständlich würde kein Leser gelangweilt weiterblättern, wenn die Nachricht in normalem Deutsch begänne: Auf der Ostsee ist eine Autofähre mit mehr als tausend Menschen an Bord gekentert und untergegangen. Dabei kamen ...

Die Empfänger solcher Texte, die Nachrichtenredakteure von Zeitungen und Sendern, wären also aufgerufen, zusammen mit dem Politikerjargon auch den Agenturenjargon zu tilgen. Oft reicht die Zeit dafür nicht; überwiegend aber verstecken sich die Journalisten hinter der Behauptung oder dem tief verinnerlichten Irrtum, das Agenturdeutsch sei nun mal maßgeblich.

3. Der einseitige Deutschunterricht. Diskussionen mit Abiturienten aus allen Himmelsrichtungen lassen das Urteil zu: in einem entscheidenden Punkt verhalten sich die meisten Deutschlehrer nicht anders als im 19. Jahrhundert. Zu Recht lehren sie Grammatik, Wortschatz-Erweiterungen und mannigfache Satzbau-Modelle. Zu Unrecht unterlassen sie es, die andere Hälfte anzufügen: nämlich vor verknoteten Satzgebilden zu warnen und Rezepte dafür anzubieten, wie man sie zerschlägt.

Am Anfang hätte die Einsicht zu stehen, daß wichtiger als die Vorlieben des Schreibenden die mutmaßlichen Wünsche des Lesenden sind - jedenfalls wenn der Schreiber nicht Lyriker werden, sondern einen Dienstleistungsberuf, wie den des Journalisten ergreifen will.

Von solchen Deutschlehrern verbildet, produzieren die Redakteure auch und gerade unserer großen Zeitungen immer wieder Sätze, von denen Leser sich mit Grausen wenden, und wenn das folgende Beispiel der *FAZ* entnommen ist, so heißt das nicht, daß sich nicht in jeder Ausgabe der *Zeit*, der *Süddeutschen Zeitung*, der *Neuen Zürcher Zeitung* eine ähnliche Sprachverhunzung fände. „Frankfurt, 30. Juni. **Ihren kühnen Versuch,** in Sachsen-Anhalt eine Regierung der SPD mit dem Bündnis 90/Grünen durchzusetzen, die sich auf nicht mehr als 39 Prozent der Wähler stützen könnte und die sich einer hilfswilligen Einvernahme durch die PDS, unter welchem Kürzel heute die SED, die einstige Staatspartei der DDR auftritt, nicht erwehren könnte und dies sogar als Hilfe in der Not willkommen heißen müßte, wird von lebhaften Rufen ‚haltet den Dieb' begleitet."

Der Hauptsatz ist hier durch Fettung hervorgehoben - eine Suchhilfe, die in der Zeitung leider nicht üblich ist. Die beiden Hälften des Hauptsatzes hat der Schreiber durch 60 Wörter voneinander getrennt. Wenn der Leser endlich die zweite Hälfte erreicht hat, weiß er nichts mehr von der ersten - eine Vermutung, die durch zwei Tatsachen zur Gewißheit wird: Auch dem Autor muß bei der zweiten Hälfte die erste entfallen gewesen sein, sonst hätte er nicht „Ihren kühnen Versuch ... wird begleitet" geschrieben; ja dem Schreiber ist entgangen, daß alle 71 Wörter des Satzes keinen Aufschluß darüber geben, welche Personen oder Sachen mit „Ihren" gemeint sind.

Eine exakte Wissenschaft namens Verständlichkeitsforschung, im deutschen Sprachraum seit zwanzig Jahren etabliert, hätte dem Schreiber ein Rezept liefern können: Was im Satz zusammengehört (wie die Teile des Hauptsatzes oder Subjekt und Prädikat), darf nicht um 60, es darf nur 6 Wörter voneinander getrennt sein - das ist die Kapazität des Kurzzeitgedächtnisses bei durchschnittlichen Lesern mit durchschnittlicher, das heißt mäßiger Aufmerksamkeit. Wer meint, seine Leser hießen alle Thomas Mann oder könnten hilfsweise durch ein Sprachangebot wie das zitierte in Thomas Mann verwandelt werden, der irrt.

Solche Königssätze sind mit der Formel „phantasielos angewandter Deutschunterricht" nicht hinlänglich erklärt. Mit ihnen wird vielmehr die Grenze von der Fahrlässigkeit zum bedingten Vorsatz überschritten - was in Fällen wie diesem ungefähr besagt: „Es ist keineswegs meine Absicht, unverständlich zu schreiben; doch um die, die mich nicht verstehen, ist es auch nicht schade." Der bedingte Vorsatz tritt im Journalistendeutsch vor allem in vier Formen auf: den Hang zum Hochmut gegenüber dem Leser und der Vorliebe für akademischen Jargon, Amerikanismen und die SPIEGEL-Soße - die Verhunzungsgründe 4 bis 7.

4. Der Hochmut der Schreiber. Gerade in den großen Blättern trifft man Redakteure, die sich abfällig über Leser äußern oder sie gönnerhaft einladen, sich durch mehrfache Lektüre nebst Benutzung von Nachschlagewerken zum Niveau des Schreibers emporzuarbeiten. Sie haben geradezu Angst, einen Satz zu produzieren, den der Leser mühelos zur Kenntnis nimmt.

Dabei haben Luther und Brecht ausschließlich so geschrieben - und doch nie einen deut-
schen Professor durch Unterforderung beleidigt. Intellektuellere Sprachmodelle von gleichwohl schönster Transparenz bietet die Prosa von Lessing, Lichtenberg, Heine, Büchner, Benn, Enzensberger an, und deren braucht sich nun wirklich kein Leitartikler zu schämen.

5. Der Hang zum akademischen Jargon. Die Verachtung der Leser und die Verliebtheit ins eigene Stilniveau lassen sich sinnreich ergänzen durch den Jargon der Geisteswissenschaften, zumal der Soziologie. Er erlaubt es, Dürftiges oder Selbstverständliches durch pompöse Silben mit der Aura des Tiefsinns zu umgeben.

So putzen allzuviele Journalisten Wissenslücken zu Kompetenzdefiziten auf, erkennen nicht mehr, daß Befindlichkeit auf Deutsch Befinden, Zustand, Stimmung oder Laune heißt, haben über der gespreizten und nicht ganz frischen mathematischen Metapher Stellenwert die simplen Wörter Rang oder Rolle vergessen - erniedrigen ihre Freunde zum sozialen Umfeld und fühlen sich verpflichtet, in leere Hotelbetten mit dem Silbenschleppzug Kapazitätsüberhänge im Beherbergungsgewerbe hineinzurumpeln.

6. Der Hang zu Amerikanismen. Als die Fahrradindustrie das Mountain Bike auf den Markt schleuderte, da war dies nach aller Vernunft ein Bergrad, wie es in überlegener Kürze hätte heißen können. Im Frühstadium hätten die Sportredakteure die Macht gehabt, ihm seinen deutschen Namen aufzunötigen; doch statt des notwendigen Mißtrauens entwickelten sie eine Zuneigung zum Schick jenes amerikanischen Klangs, von dem auch die Industrie sich ihr Geschäft versprach, und auf ihre Weise hatte sie recht. Die Tatsache, daß heute Tausende von Mountain Bikes über Hamburgs platte Straßen rollen, wäre den potentiellen Käufern wahrscheinlich als die kostspielige Albernheit erscheinen, die es ist, wenn sie für ein „Bergrad" hätten blechen müssen. Die Sportjournalisten haben sich also im Wege der Sprachverhunzung zu unbezahlten Handlangern der Industrie gemacht.

7. Der Hang zur SPIEGEL-Soße. Als Henry Luce 1923 *Time* gründete, die Mutter aller Nachrichtenmagazine, verordnete er dem Blatt ein Quantum Sprachmarotten als Markenzeichen. Als Rudolf Augstein 1947 den SPIEGEL aus der Taufe hob, tat er das gleiche. Geblieben ist die Abneigung gegen schlichte Wörter: Statt Luxusauto muß es

„Nobelkarosse" heißen. Geblieben ist die mutwillige Beugung der Deklination: „Die Frau von Astronaut Ulf Merbold" - was erstens falsch und zweitens eigentlich kein erkennbarer Gewinn gegenüber der Frau des Astronauten ist. In jüngerer Zeit hinzugekommen ist die Marotte, den Zitierten an der dümmstmöglichen Stelle ins Zitat zu schieben: „ „Hier zögert', frotzelte die *Frankfurter Allgemeine*, ‚selbst die Informationselite'."

Einerseits nehme ich mir die Freiheit (und registriere mit Respekt, daß die Redaktion mir die Freiheit gönnt), solche Mätzchen als einen üblen Fall von Sprachverhunzung einzustufen - noch dazu eine mit vollem Vorsatz. Andererseits läßt sich eben darin ein mildernder Umstand erkennen: Hier wird ja ein Markenzeichen gepflegt, und kaufmännisch hat das Zukunft.

Die aber fehlt ganz und gar den ungeladenen Multiplikatoren der SPIEGEL-Maschen - und das sind, mindestens bei einigen der Marotten, mehr als neunzig Prozent aller Journalisten deutscher Sprache. Natürlich druckt *Focus* auf der Titelseite: „Der Anwalt von Baulöwe Schneider im Interview" (von Baulöwe!). Zieht es hier wenigstens noch ein paar Kollegen die Schuhe aus?

„Wir wehren uns nicht dagegen, und ein bißchen mögen wir es auch": Diese Sprachverhunzung mit bedingtem Vorsatz ist beim Einschwenken auf den SPIEGEL-Jargon, den Soziologen-Jargon und die Amerikanismen sowie bei der Leserverachtung im Spiel. Nun wird es ganz einfach: beim klaren Vorsatz nämlich.

8. Die Krawallsprache der Boulevardzeitungen. Der Grad der Verständlichkeit, den sie anstreben und erreichen, ist durchaus aller Ehren wert, und politische oder soziologische Blähungen machen sie nicht mit. Ihr Beitrag zur Sprachverhunzung ist vor allem von dreierlei Art: Permanente Überreizung, Allgegenwart von Super! und Wahnsinn! Flapsige

Wortbildung, Schiri für Schiedsrichter. Liebe zu Küchenmief und Albernheit: „Markus Wasmeier, unser Ski-Wasi, gewinnt den Super G von Lillehammer. Er fährt los wie der Teufel, macht einen katastrophalen Fehler, stürzt fast. Aber Wasi Wahnsinn rappelt sich noch mal ..." (*Bild*).

9. Die Hohlprosa der Moderatoren in Hörfunk und Fernsehen, zumal auf den privaten Kanälen. Schon ihre Versprecher finden sie komisch, und über ihre Witze lacht niemand herzlicher als sie selbst. Plappernde Narren mag es schon an Lagerfeuern der jüngeren Altsteinzeit gegeben haben - aber erstens war damals ein Häuptling zu Stelle, der ihnen das Wort verbieten konnte, und zweitens hatte niemand die Chance, sein Geschwätz elektronisch in Millionen Ohren zu blasen.

So könnte man als den obersten Sprachverhunzer die Technik anprangern, die über Druckerpressen und Sendemasten aus der privaten Entgleisung erst die öffentliche Katastrophe macht. Ihrem Lärm sollten unverdrossen drei Forderungen entgegenschallen:

> Wer nichts zu sagen hat, der möge schweigen.

> „Wer's nicht einfach und klar sagen kann, der soll schweigen und weiterarbeiten, bis er's klar sagen kann." (Karl Popper)

> Wer aber etwas zu sagen hat und es klar sagen möchte, der halte sich bitte an Arthur Schopenhauers Regel:
„Man brauche gewöhnliche Worte und sage ungewöhnliche Dinge."

Schneider, 69, ist Leiter der Hamburger Journalistenschule, Autor von sechs Büchern über Sprache und Träger des Medienpreises für Sprachkultur der Gesellschaft für deutsche Sprache

Spiegel special 1/1995, S. 115 ff.

Propaganda

„Das ist das Geheimnis der Propaganda: den, den die Propaganda fassen will, ganz mit den Ideen der Propaganda zu durchtränken, ohne daß er überhaupt merkt, daß er durchtränkt wird. Selbstverständlich hat die Propaganda eine Absicht, aber die Absicht muß so klug und so

virtuos kaschiert sein, daß der, der von dieser Absicht erfüllt werden soll, das überhaupt nicht bemerkt."

Joseph Goebbels vor den Rundfunkintendanten, 25. März 1933.

Wolf Schneider: **Propaganda**

Propaganda (lat.) das zu Verbreitende: der Versuch, die Öffentlichkeit für die eigene Meinung zu gewinnen, und die dafür angewandten Mittel; ein Spezialfall der *Sprachlenkung* und der *Manipulation*.
Das Wort, mit der päpstlichen Bulle von 1622 eingeführt, wurde bis ins 20. Jh. als Oberbegriff für politische, religiöse und kommerzielle Werbung verwendet. Heute wird die politische Propaganda meist *neben* die Wirtschaftswerbung gestellt; als Oberbegriff für beide wurde umgekehrt *Reklame* (Sombart 1928) oder Werbung (Buchli 1962) vorgeschlagen, während die religiöse Propaganda dem Sprachgebrauch entgleitet.
Lenin (1903) definiert Propaganda als Indoktrination der Parteimitglieder; i.U. zur *Agitation*, die sich an die Massen wendet. Stalin (1939) verwendete Propaganda, Agitation und Parteischulung als Synonyme. In der DDR ist Propaganda der Oberbegriff für die Agitation, die sich an alle „Werktätigen" richtet, und die Parteischulung. Hitlers Propaganda schloß die Nichtwerktätigen ein.

Wolf Schneider: Wörter machen Leute. Magie und Macht der Sprache. München/Zürich 1992, S. 398.

Was man gut nennt

Sprache in Kriegsbriefen

„Und wenn es wieder kracht, dann fragt man sich, wer weiß ob -." Die Todesangst ist ein Gedankenstrich. Kriegsbriefe verschweigen, verhüllen, verharmlosen, weil ihre Verfasser das Eigentliche nicht sagen können. Stärker als militärische Kontrollen wirken innere Blockaden, die den Sprachfluß hemmen und kanalisieren.
Die Feldpost aus den Kriegen des neunzehnten Jahrhunderts und den beiden Weltkriegen durchziehen konstante Formulierungsmuster, die, wie Isa Schikorski zeigt, mit der existentiellen zugleich eine kommunikative Grenzsituation spiegeln (in: Wirkendes Wort, 42. Jg., Heft 2, Bouvier Verlag, Bonn 1992). Der Brief selbst, als Lebenszeichen, wird zur Botschaft und zum dünnen Faden, der den Soldaten mit dem Alltag der Heimat verbindet. Die dort vermuteten Erwartungen will er erfüllen. Die Mutter, die Ehefrau, sie sollen geschont werden. Ihnen schickt er „schöne Grüße aus dem Osten". Furcht, Kälte, Hunger, Schmerzen und Erschöpfung finden keinen Niederschlag.
In der formelhaften Harmlosigkeit erschreibt sich der Soldat selbst ein Stück Normalität als Fluchtraum. Der Kampf wird zur „Sache" oder „Affäre". Das Töten und der Tod bleiben bürokratisch-anonym: „Leider haben wir rund zehn Prozent unseres Bestandes verloren." Für männliche Empfänger wird das Register burschikoser Floskeln und schneidiger Militärrhetorik gezogen. Ein Verwundeter im Feldzug gegen Napoleon „mußte mit Bedauern das Schlachtfeld verlassen, auf welchem ich noch so viel zu thun übrig fand". Im zweiten Weltkrieg „leisten die MGs ganze Arbeit". Die Angst, die keine Worte findet, entlädt sich in Beschwörungsformeln: „Unkraut vergeht nicht." „Und da wir siegen müssen, werden wir siegen."
Unter den Mitteln der sprachlichen Bewältigung erweist sich die Poetisierung als besonders zeitgebunden. Gedichte, expressive Metaphern und Versatzstücke aus romantisierender Kriegsliteratur finden sich in der Feldpost des neunzehnten Jahrhunderts und besonders zahlreich in den Briefen des Ersten Weltkriegs. Danach verschwinden sie aus dem Arsenal der konfektionierten Sprache. Mitunter geht ein Riß durch die Fassade: „Mir persönlich geht es ganz gut. Was man so gut nennt. Ich bin wirklich arg danebe." Doch erst in den „Vermächtnisbriefen", geschrieben im Kessel von Stalingrad, zerbrechen die sprachlichen Konventionen: „Die Wahrheit ist das Wissen um den schwersten Kampf in hoffnungsloser Lage. Elend, Hunger, Kälte, Entsagung, Zweifel, Verzweiflung und entsetzliches Sterben. Mehr sage ich darüber nicht."

Frankfurter Allgemeine Zeitung vom 13.11.1993.

Zwischen Team und Kollektiv

Heike-Ulrike Wendt über die immer noch bestehende Begriffsverwirrung in Ost- und West-deutschland

Mein Chef kriegt immer Zustände, wenn ich ihm Montagfrüh meine Planvorschläge überreiche und mittags frage, ob wir sie noch im Kollektiv besprechen wollen.
Es gibt keine Planvorschläge mehr. Die heißen heute Themenvorschläge. Und außerdem sind wir ein Team und kein Kollektiv.
Wenn ich dann noch quer über den Flur brülle, daß in fünf Minuten unsere Sitzung beginnt, sind alle restlos genervt. Es gibt nämlich auch keine Sitzungen mehr. Im Westen heißt das Konferenz oder Meeting. Sitzen ist viel zu negativ besetzt. Klar, wir Ossis kannten nichts anderes. Wir haben immer irgendwie gesessen - auf unseren Posten, auf unseren Datschen. Manche hinter Gittern, viele an den Schalthebeln der Macht, und zu guter Letzt alle auf dem falschen Dampfer. Nun müssen wir umdenken. Aber zum Meeting geh' ich trotzdem nicht mehr.
Meetings fanden bei uns nämlich immer nach den Parteitagen statt. Da trafen sich die Angehörigen der werktätigen Klasse auf Straßen und Plätzen, um die Hauptschwerpunkte der Beschlüsse der Partei- und Staatsführung zu diskutieren. O Gott, o Gott, o Gott.
Deutsche Sprache? Schwere Sprache! Oder haben Sie nach vier Jahren Einheit dieses Kauderwelsch gleich auf Anhieb verstanden? Wenn nicht, dann können Sie in Halle (an der Saale) anrufen. Da gibt es seit kurzem am Germanistischen Institut eine Sprachberatung per Telefon. Die Fachleute dort dolmetschen Ihnen jedes Wort vom Ostdeutschen ins Westdeutsche. Und umgekehrt!
Ich jedenfalls rufe fast jede Woche dort an, um mich auf den neuesten gesamtdeutschen Stand zu bringen. So interessierte mich unlängst brennend, warum unsere politisch blitzblanke „Fahrerlaubnis" in „Führerschein" umbenannt werden soll.
Daß ich da nicht selbst draufgekommen bin! Das Wort „Fahrerlaubnis" assoziiert nämlich: „Du darfst, Ossi!", also Bevormundung. „Führerschein" klingt dagegen viel selbstbewußter und signalisiert: „Ich, der Lenker!" (Nicht, was Sie dachten.)
Außerdem versuchte ich herauszufinden, weshalb gute Restaurants heutzutage immer alles „an Blattsalat" oder „mit Gemüsen" servieren. Doch die Hallenser Sprachberater waren da genauso ratlos wie ich. Oder wie Karl Valentin. Der hat auch nie klären können, ob es Semmelknödel, Semmelknödeln oder Semmelknödel heißt.
Von mir wollte ein Mann aus Magdeburg wissen, was ein „Bauerwartungsland" ist und ob „Gesundschrumpfen" weht tut. Und Sebastian, ein siebenjähriger Knirps aus Doberlug, Kirchhain, bat um die schriftliche Bestätigung, daß „geil" nichts anderes bedeutet als „super" oder „toll". Sein Opa würde bei diesem Wort stets und ständig an Schweinkram denken und jedes Mal Kopfnüsse verteilen.
Eine Dame aus Frankfurt/Main, gerade unterwegs in Frankfurt/Oder, war völlig von den Socken, als sie zwischen den prächtigen Plattenbauten eine „Komplexannahmestelle" entdeckt hatte. Ehrlich, so was gab es bei uns. Aber leider konnte man dort nur seine kaputten Schuhe oder bekleckerten Hosen, doch nie seine Komplexe abgeben. Was eigentlich sehr bedauerlich war. Gerade für uns Ossis.
Es gibt aber auch ganz normale Menschen, die sich hin und wieder in der Wortwahl irren. Erst neulich düste ein Mantafahrer auf der Suche nach einem Supermarkt quer durch die Stadt Bochum. Endlich sah er einen Türken am Straßenrand stehen, den er fragen konnte: „Wo geht's denn hier nach Aldi?" „Zu Aldi", verbesserte der. Darauf der Manta-Fahrer ganz verwundert: „Wieso, is schon halb sieben?"

Stern 15/94, S. 22.

Ironie

Von den bisher behandelten Erscheinungen der indirekten Sprechakte und der Metaphorik unterscheidet sich das Phänomen Ironie dadurch, daß es im Sprachbewußtsein des normalen Kommunikationsteilnehmers eine andere Rolle spielt.
Ironie wird als solche meist wahrgenommen, man muß sich zu ihr auf eine bestimmte Art in Beziehung setzen, sie tangiert in hohem Maße soziale Beziehungen, ist mit Wertungen verbunden, kann problematisch werden. (...) Auch umfaßt die Ironie mehr als nur die Ebene des sprachlichen Handelns; es gibt die Ironie des Schicksals, man kann ironisch lächeln, Ironie kann eine Art Lebenshaltung werden, dann spricht man vom Ironiker etc.
Gemeinsam hat sie z.B. mit den indirekten Sprechakten, daß sie oft zu diesen gezählt wurde, mit der Metaphorik darüber hinaus, daß sie auf eine lange Tradition in der Behandlung verweisen kann, wenn auch nicht so sehr in der Sprachwissenschaft, sondern vor allem in der Literaturwissenschaft und Rhetorik. Gemeinsam mit den bisher behandelten Arten des indirekten Kommunizierens ist schließlich auch, daß es sich bei der Ironie trotzdem nicht um etwas Besonderes, Ausgefallenes handelt, sondern um eine in der alltäglichen Kommunikation allgegenwärtige Erscheinung. (...)

Was ist Ironie? - Definitionsversuche
Die meisten der in den letzten Jahren erschienenen Arbeiten zur Ironie führen zuerst die in KNOX (1973) zusammengefaßten Ironie-Definitionen der Rhetorik an, um sich dann auf die eine oder andere Art zu diesen Definitionen in Beziehung zu setzen. Danach ist Ironie:
– das Gegenteil von dem sagen, was man meint,
– etwas anderes sagen, als man meint,
– tadeln durch falsches Lob und loben durch vorgeblichen Tadel,
– jede Art des Sich-Lustigmachens und Spottens.
ENGELER (1980, 70) übernimmt zunächst den Begriff des Gegenteils und definiert: „Ironisch ist eine Äußerung dann und nur dann, wenn der Hörer merkt oder merken kann, daß der Sprecher das Gegenteil von dem, was er eigentlich meint, ausdrückt", betont aber, daß mit dem Begriff „Gegenteil" keine logisch-semantische, sondern eine pragmatische Größe gemeint sei;

daß man das Gegenteil auch und vor allem aus dem Kontext und der Situation entwickeln müsse (vgl. ebenda, 71 f.). Er erweitert dann seine Definition wie folgt: „Ist die empirische Bedeutung eines Teils eines Satzes mit der kontextuellen, kommunikativen Bedeutung dieser Teile des Satzes unverträglich, und ist dies nach den Intentionen des Sprechers dem Hörer bekannt, dann haben wir einen ironischen Satz" (ebenda, 75). GROEBEN/SCHEELE (1986) gehen mit der Problematik des Gegenteil-Begriffes auf eine andere Weise um. Ausgangspunkt ist für sie die sprechakttheoretische Rekonstruktion von Ironie. Während bei einer ironischen Äußerung auf der illokutiven Ebene eine Dissoziation zwischen Geäußertem und Gemeintem zwar möglich und häufig, aber nicht notwendig sei, liege auf propositionaler Ebene stets eine solche Dissoziation vor. Da die einfache Gegenteil-Relation aber eine zu große Einschränkung für die Analyse ironischer Sprechakte bedeuten würde, wird diese Dissoziation unter den etwas verschwommeneren Begriff des Kontrastes gefaßt; ironische Sprechakte werden dann als uneigentlich-kontrastives Sprechen definiert (vgl. ebenda, 45 ff.).
In jüngerer Zeit wird aber auch diese Definition als noch zu eng abgelehnt. ROSENGREN weist anhand von Beispielen nach, daß Äußerungen auch ohne propositionalen Kontrast ironisch sein können, daß dieser propositionale Kontrast also weder ein notwendiges noch ein hinreichendes Kriterium für Ironie sei (vgl. ROSENGREN 1986, 55 f.). Sie sieht das entscheidende Merkmal von Ironie im Widerspruch zwischen wirklicher und ausgedrückter propositionaler *Einstellung* und der Vermittlung dieses Widerspruchs an den Hörer (ebenda, 63).
Noch offener in der Definition bleibt JANUSCHEK, der die These vertritt, daß ironische Äußerungen keine Sprechakte seien und daß das Spezifikum des Ironischen nicht im Verhältnis des Gesagten zum Gemeinten liegen könne. Wenn dies so wäre, dann müßten sich auch Regeln formulieren lassen, mit deren Hilfe das Gemeinte aus dem Gesagten erschlossen werden könne. Und dies ginge wiederum nur über die Annahme des Gegenteils des Gesagten. Aber selbst in Beispielen, wo dieses Gegenteil eindeutig feststellbar sei, bestünde die Ironie nicht darin, dieses Gegenteil zu meinen, denn das „eigentlich" Gemeinte ließe sich weder explizieren noch erschließen, weil es gar nicht existiert

105 (vgl. JANUSCHEK 1986, 76 ff.). Das, was JA-
NUSCHEK dann als den Kern der Ironie definiert, nämlich, etwas sagen und gleichzeitig
deutlich zu machen, daß man es nicht meint,
ohne, daß ganz deutlich werden müßte, was man
110 denn nun wirklich meint, deckt sich ungefähr mit
der Ironie-Definition ROSENGRENs als Kontrast zwischen der wirklichen und der zum Ausdruck gebrachten Einstellung.

Diese Auffassung kommt wahrscheinlich dem
alltagssprachlichen Verständnis von Ironie am 115
nächsten, das auch weiter ist und wo fließende
Grenzen zur Metaphorik und zum Sarkasmus
bestehen, wie von GROEBEN/SCHEELE
(1986) experimentell nachgewiesen wurde.

*Wolfdietrich Hartung (Hrsg.): Kommunikation und Wissen.
Annäherung an ein interdisziplinäres Forschungsgebiet. Sprache und Gesellschaft. Bd. 23. Berlin 1991, S. 306 ff.*

Leserbrief: Geschmack am Fußball

Dieses Gedicht ist ein wahres Meisterwerk.
Aufgrund seiner Vieldeutigkeit könnte man es
auch das Gedicht der Gedichte nennen. Wir
wollen hier einige der zahlreich möglichen Inter-
5 pretationen zu Papier bringen.
Eine wahrhaft ernst zu nehmende Interpretati-
onsmöglichkeit diese Gedichts, dieses Meister-
werks, ermöglicht uns etwas ganz Alltägliches,
nämlich der Sport. Ja, der Sport, in dem es um
10 Kraft, Ausdauer, Intelligenz und Strategie geht.
Dieses Meisterwerk läßt sich unschwer auf die
Welt des Sports beziehen. Borussia Dortmund
ist ein Verein, der sehr fair und erfolgreich die
Bundesliga prägt. Dieser Verein hat als Mas-
15 kottchen eine Banane. Es ist naheliegend, daß
viele begeisterte Fußballfans diesen Verein ab-
göttisch lieben.
So glaube ich, daß die Mutter ebenfalls zu den
Anhängern Borussias gehört und daß sie ihrem
20 Kind mit der Darbietung der Banane ein Doppel-
tes nahelegen will: den Geschmack der Banane
und den Geschmack am Fußball, und zwar an
dem Verein Borussia Dortmund. Doch in dem
Meisterwerk wird deutlich, daß die zuneigungs-
25 volle Erziehungsmaßnahme völlig fehlschlägt.
In meinen Augen ist das kein Wunder und sehr
leicht zu erklären: das Kind begeistert sich zwar
für Fußball, aber für den blau-weißen Fußball.
Es ist ein Fan des Ruhrpott-Vereins 1. FC
30 Schalke 04, welcher der größte Feind von
Borussia Dortmund ist. Um dieses Feindbild - in
Form der Banane - zu bekämpfen, zerquetscht
das Kind die Banane und wirft sie auf den stau-
bigen Boden. Wahrhaft einzigartig, wie der
35 Verfasser diesen Kontrast in Spiel brachte. Doch
dies ist nur eine der möglichen Deutungen dieses
Textes.
Eine Frage bleibt jedoch offen: Ist die Banane
geschält oder noch versiegelt durch ihre graziöse
40 Außenhülle? Diesen Punkt läßt der Dichter völ-

lig offen, was ich für sehr intelligent und raffi-
niert halte. Dadurch können mehr Deutungs-
möglichkeiten benutzt werden. Survival of the
fittest. Dieser Spruch zählt für jeden Menschen,
der aus seinem Leben etwas machen will. Doch 45
jeder muß Überleben vorher lernen, bevor man
es kann. Wie die Jaguarmutter ihrem Kind ein
Stück Antilope gibt, wie die Schlange ne Maus
für ihre Kinder würgt, so gibt diese erfolgreiche
Mutter ihrem Schützling eine Banane zum 50
Überleben. Doch das Kind weigert sich und
zerstört das ungewohnte Eßmaterial. Wird es
jemals in der Lage sein, sich selbst zu ernähren?
Wir hoffen es und wünschen der Mutter alles
Glück dieser Welt (und viele viele Küsse). 55
Eine weitere Deutungsmöglichkeit bezieht sich
auf die ehemalige DDR. Die Menschen dort
mußten unter den härtesten Bedingungen leben.
Sie froren im Winter, schwitzten im Sommer
und kannten nicht einmal das labende Gefühl, in 60
eine Banane zu beißen. Was für grausame Bedingungen herrschten, wissen wir ja heute.
Selbst so etwas erfaßt das Meisterwerk. Ich
glaube, daß die Mutter unter schwersten Bedingungen diese Banane errang und sie nun dem 65
liebsten Geschöpf auf der ganzen Erde geben
will. Doch durch Unkenntnis über den Wert
dessen, was nun die Mutter dem Jüngsten gab,
wirft jener es unbeachtet weg und fängt an zu
weinen, da die Mutter nun sichtlich sauer ist. 70
(...)
Es ist eine so große Herausforderung, für jeden
in diesem Lande, das Gedicht so zu deuten, wie
er es für richtig hält.
Ich kann dazu nur sagen: Weiter so, Herr Se- 75
stendrup! Sie machen das Leben für manche
Menschen enorm leichter. Warum? Weil jeder
denkt, daß es zumindest einen Menschen gibt,
der idiotischer ist als ich.
TIM PAWLISKA und ALBERT SCHREIBER 80

Dülmener Zeitung vom 09.04.1993.

411

Albert Janetschek: Verteidigung des Konjunktivs

Die Umfunktionierer
unserer Sprache
nennen ihn überflüssig
und veraltet

5 Sie plädieren
für seine Abschaffung
mit dem Hinweis
auf seine Schwierigkeit

Doch wie drückt man
10 (beispielsweise)
Wünsche aus
im Indikativ?

Könnten wir uns abfinden
mit einer Sprache
15 ohne Flügel?

Günter Müller: revolutionär

wenn man mich ließe
wenn ich dürfte
wenn ich könnte
5 wenn ich wirklich wollte
dann hätte ich

Schreiben in Stationen. München 1992, S.25.

Leserbrief: Mein lieber Otto ...

„Otto ... find' ich" ja wirklich „gut". Aber eine „Antwort"-Karte, die ich neulich mit einem Katalog bekam, hat mich doch ein wenig verwundert.

5 Man wollte wissen, ob und in welchem Zustand „meine Kataloge" eingetroffen seien. Nun habe ich allerdings nur einen Katalog erhalten. Ist ein zweiter auf dem Postweg abhanden gekommen? Daß ich ganz, ganz schnell antworten soll, ent-
10 nehme ich der Schlußaufforderung:

Bitte schicken Sie diese Karte gleich ab!

Muß ich mir merken. Einfach das Verb zweimal schreiben, um deutlich zu machen, wie dringend die Aussage gemeint ist.

15 Schwierigkeiten hat der Otto-Texter offenbar mit Pfennigen gehabt. Denn rechts oben auf der „Antwort"-Karte ist zu lesen:

> Falls
> zur Hand,
> bitte mit
> 60 Pfenning
> frankieren!

Meine Tochter meinte, sie könne nicht mit „Pfennigen" frankieren, sondern nur mit Briefmarken; aber das fand ich zu spitzfindig. Mit 20 ihrem Hinweis, daß es doch nicht „Pfennige", sondern „Pfennige" heiße, hatte sie jedoch recht. Man kann sich die Sache natürlich vereinfachen, indem man, wie üblich, die Münzbezeichnung wählt. Dies bietet sich um so mehr an, als an 25 dieser Stelle ohnehin nicht viel Platz ist. So hat's ein anderer Otto-Texter (oder war's derselbe?) auf einer anderen „Antwort"-Karte auch versucht. Aber das ging ebenfalls schief. Denn richtig ist nicht „ 60 Pfg.", sondern „60 Pf". 30
Wiederum zwei andere Otto-Texter (oder war's erneut derselbe?) haben zwei weitere Auswege gefunden, einen sympathischen und einen weniger sympathischen. Der weniger sympathische:

> Bitte 35
> ausreichend
> frankieren!

Wieso weniger sympathisch? Erstens muß ich überlegen, was für eine Marke ich denn da

draufkleben soll, Postkarten verschicke ich nämlich selten. Zweitens aber, und das ist wichtiger -
siehe sympathischeren Ausweg:

> Gebühr
> bezahlt
> Empfänger

Mit der Fassung „Bitte ausreichend frankieren!"
tut man so, als wenn ich das Porto tragen müßte, wenn die Ottos Lust darauf haben zu erfahren, ob ihr Katalog unbeschädigt bei mir angekommen ist. Muß ich aber gar nicht. Wenn ich
es dementsprechend nicht tue, muß Otto!
Mit der sympathischeren Fassung geht man allen
Pfennigbezeichnungen mit ihren Tücken aus dem
Wege und übernimmt außerdem freiwillig, was
man - wenn ich mich nicht überreden lasse -
sowieso übernehmen muß.
Um meine Nörgelei auf die Spitze zu treiben:
Heißt es „Gebühr bezahlt Empfänger" oder
„Gebühr zahlt Empfänger"? Wenn sich auch
längst nicht alle daran halten: Man bezahlt Wa-
ren oder Leistungen, man zahlt Beträge, Versi-
cherungsprämien, Zinsen ... also auch Gebühren.
Schlußendlich, wie die Schweizerinnen und
Schweizer sagen, will ich nicht undankbar sein.
Der Otto-Katalog bietet viel. Und meine kleine
„Pfennigfuchserei" hat mich auf angenehme
Weise davor bewahrt, während einer unbe-
schreiblichen Sendung vor dem Fernsehapparat
einzuschlafen.

texten + schreiben 8/94, S. 11.

Passiv ist zu vermeiden
Vermeiden ist zu passiv

Von Ulrich Schoenwald

Das Passiv kann einem leid tun. Es wird verachtet und verstoßen. Sprachpfleger sähen es am liebsten ausgesetzt in einem Binsenkörbchen, ohne Hoffnung, ohne Zukunft. (...) Das Passiv taugt in Stilistikerkreisen seit Generationen allenfalls noch für den totalen Horror oder für Amtsstuben.

Es ist „ein Lieblingskind der Bürokratie", sagt
zum Beispiel Wolf Schneider in seinem Buch
Deutsch für Profis, Hamburg, 1987. „Das Passiv
ist eine späte, künstliche, gleichsam ent-
menschlichte Form des Verbs, in Dialekten selten oder unbekannt, Kindern spät zugänglich
und bei jedem Verständlichkeitstest im Hinter-
treffen."
Wir aber, bitte, bleiben noch einen Moment beim
Passiv. Ist es wirklich nur Bürokratensprache?
(...) Normen, Regeln sind keine bleibenden
Werte, auch Sprachnormen nicht. Menschen
machen Normen, um besser mit sich und den
anderen zurechtzukommen. Aber Menschen
ändern sich, sehen heute Dinge anders als gestern, vielleicht nicht klarer, aber eben anders,
lernen und vergessen. Und alles, was Menschen
tun, das tun sie in einer bestimmten Situation.
Trifft eine Norm hier und jetzt zu, so kann sie
dort und gleich schon versagen. Sie ist halt
Menschenwerk.
Bei den Sprachnormen zum Passiv ist das nicht
anders. Während die einen noch das Passiv ver-
dammen, fragen sich die anderen, was Passiv
überhaupt ist.

Vom Werden und Sein
Karl wurde vom Hund gebissen.
Da sind sich alle einig, der Satz ist eindeutig
passiv: eine Konstruktion mit dem Wort werden
und dem 2. Partizip, egal ob man leidet oder
genießt. Meistens wird es ohne Nennung des
Täters benutzt, man spricht vom
„täterabgewandten" Geschehen, wie in diesen
Sätzen:
Für Ihr Wohl wird gesorgt.
Karl wurde gebissen.
Außerdem gibt es das werden-Passiv mit dem
Wort *es*:
Es wird für Ihr Wohl gesorgt.
Ebenfalls anerkannt ist die Konstruktion mit
sein. Diese Form des Passivs scheint fast immer
ohne Täter, mit Ausnahme der Sätze, in denen
er unerläßlich ist:
Unser Produkt ist von höchster Reinheit.
Alles war hell erleuchtet.
*Wir sind von allen guten Geistern verlas-
sen.*
Und nun, bitte Achtung, der schönste Passivsatz
der Welt!
Vom Eise befreit sind Strom und Bäche

413

Durch des Frühlings holden, belebenden Blick

Dieses sein-Passiv wird auch *Zustands-Passiv* genannt, denn es bezeichnet den Zustand, in dem sich etwas befindet.

Damit haben wir die klassischen Passivformen, auf die Grenzfälle und Umschreibungen kommen wir noch. Fragt sich nun, wann wir das Passiv verwenden. Sicher nicht mehr ausschließlich, wenn wir ein Leiden ausdrücken wollen, das haben die Beispiele gezeigt.

Wie wichtig ist Ihnen der „Täter"?

Da beim Passiv der Täter meistens nicht genannt wird, eignet sich diese Formulierung für alle Fälle, in denen er unwichtig ist oder sich lieber ein bißchen verstecken möchte:

Der Hausmeister öffnet das Tor um 17 Uhr.	*Das Tor wird um 17 Uhr geöffnet.*
	Ab 17 Uhr (ist) geöffnet.

Wer hinein will, wird sich nicht dafür interessieren, wer das Tor öffnet, Hauptsache, er kann ab 17 Uhr hindurchgehen.

Wir haben den Fehler jetzt erst entdeckt.	*Der Fehler hat sich erst jetzt herausgestellt.*

Man muß den Leser ja nicht mit der Nase draufstoßen, daß man nicht gründlich gesucht hat.

Freie Auswahl

Wir sind der Meinung, daß von seiten der EDV-Abteilung zur Prüfung der Unterlagen Vorarbeit geleistet werden muß.

Dieser Satz ist sicher nicht der Gipfel der Formulierkunst, das sieht jeder. Dennoch ist er ein üblicher Satz, jeden Tag könnte er in fast jedem Büro entstehen. Besser:

Die Prüfung der Unterlagen sollte (muß) von der EDV-Abteilung vorbereitet werden.

Bleibt noch der passivische Hauptsatz, das Passiv mit *werden.* Es scheint hier ohne Absicht verwendet zu sein, denn von der EDV-Abteilung wird eine Aktivität erwartet:

Die EDV-Abteilung sollte (muß) die Prüfung der Unterlagen vorbereiten.

Damit stehen uns mindestens drei Sätze zur Auswahl; der etwas übertrieben formulierte Originalsatz, der kürzere Passivsatz und der Aktivsatz. (...)

Sprachwitz und Kontrast

Jetzt wird aber geschlafen!

Dies ist das Standardbeispiel für befehlendes Passiv. Gewiß, der Satz berührt uns unangenehm, doch liegt das nicht am Passiv, sondern am Inhalt. Das wird an einem anderen Satz sofort klar:

Heute wird gefeiert!

Auf einmal stört das Passiv nicht mehr, es ist sogar treffender als der Aktivsatz:

Heute feiern wir!
Alle feiern heut!

Der Befehl schafft einen reizvollen Kontrast zur positiven Aussage. „Heute wird gefeiert", sagt der Schreiber, „da gibt es kein Wenn und Aber." Wenn wir das Passiv feuern, gehen uns solch feine Ausdrucksvarianten verloren, und niemand könnte mehr sagen: „Das Passiv ist gegangen worden."

Schön, daß es das Passiv gibt!

... und nochmal Goethe?

Der Worte sind genug gewechselt ...

Ein großer Satz - im Passiv. Nach der Stilregel wäre er noch größer, stände er im Aktiv:

Wir haben genug Worte gewechselt ...

Jetzt ist die Luft raus, die Vertrautheit. Das ist nicht mehr unser Goethe! Aber halt, zuerst war der Satz da, dann erst unsere Bewunderung. Vielleicht hätte auch ein Aktivsatz Einzug in den Deutschen Zitatenschaft gehalten, wäre da nicht das Problem mit dem Rhythmus. Und noch etwas spricht für das Passiv - die nächste Zeile:

Der Worte sind genug gewechselt,
Laß mich auch endlich Taten sehn!

Aha, der zweite Teil, die Forderung nach Taten, steht im Aktiv! Die Worte erdulden, daß sie gewechselt werden, die Taten wollen wir sehen. Vielleicht ist das ein Hinweis auf Goethes Verhältnis zu Wort und Tat.

Schön, daß es das Passiv gibt!

Komm, wir ziehen den Dolch wieder raus und lassen das Passiv leben. Dann schließen wir mit diesem kleinen Satz - mit Passiv! - von Heine: „Lebt das Wort, wird es von Zwergen getragen; ist das Wort tot, so können es keine Riesen aufrechterhalten."

texten + schreiben 3/91, S. 14.

Folglich

Von Ulrich Holbein

In diesem Gebiet ist es verboten, a) die Land-
schaft zu verunstalten oder ihren Charakter zu
verändern, z.B. störend wirkende Reklameschil-
der aufzustellen - folglich dürfen Reklameschil-
der, die nicht störend wirken, in diesem Gebiet
aufgestellt werden.
Wir bitten die Besucher unseres Lesesaals Es-
sen, Trinken, Rauchen und laute andauernde
Unterhaltungen zu vermeiden. Folglich brauchen leise andauernde Unterhaltungen und laute
kurze Unterhaltungen, die auch sehr störend sein
können, nicht vermieden werden.
Wenn Sie also die Unberührtheit Gomeras ge-
nießen wollen, dann fahren Sie gleich hin, be-
vor es zu spät ist. Folglich sind die, die dieser
Aufforderung nachkommen und in aller Un-
schuld sofort nach Gomera fahren, ganz andere
Leute als jene, derentwegen die Unberührtheit
Gomeras in Kürze ungenießbar sein wird.
Wir bitten deshalb auch in Ihrem Interesse um
Verständnis, wenn der Verzehr von Speiseeis
und anderen unverpackten Eßwaren in unseren
Fahrzeugen nicht gestattet ist. Folglich ist der
Verzehr von verpackten Eßwaren in unseren
Fahrzeugen gestattet. Sobald man aber die betreffenden Eßwaren, um sie zu verzehren, aus-
packt, sind sie von genau diesem Moment an
unverpackt und ihr Verzehr ist deshalb nicht
mehr gestattet. Man wird zum Mitbringen von
verpackten Eßwaren geradezu aufgefordert und
darf sie dann doch nicht verzehren.
Das Besteigen von Bäumen, Brunnen, Denkmä-
lern, Plastiken und ähnlichen Einrichtungen ist
verboten. Abfälle sind ausnahmslos in die
hierfür vorgesehenen Behälter abzugeben. Per-
sonen, die mit Herstellungs- bzw. Erhaltungsar-
beiten in den Anlagen beauftragt sind, unterlie-
gen nicht den Bestimmungen der Parkordnung.
Folglich muß ich, um einmal ein Denkmal legal
zu besteigen oder um meine Abfälle ausnahmslos auf den hierfür nicht vorgesehenen Rasen
abgeben zu dürfen, mit Herstellungsarbeiten in
den Anlagen beauftragt werden.
Camping, Baden, unerlaubtes Angeln und an-
dere Wassersportarten sind strengstens verbo-
ten. Folglich ist erlaubtes Angeln nicht ganz so
streng verboten wie unerlaubtes Angeln, nämlich
nicht strengstens, sondern nur halb so streng.
Völlig unerlaubt hingegen ist verbotenes Angeln.

Die Zeit vom 13.01.1995.